오늘날 서구 문명이 세계를 주도하고 지배하는 세력임은 자명하다. 어떻게 이러한 역사적 발전이 일어났는가를 심층적으로, 그리고 공정하게 분석하는 일은 우리 자신을 성찰하는 데 꼭 필요한 교훈을 얻게 한다. 저자는 그리스 문명과 중세 기독교 문명의 자산이 바탕을 이루어 근대 서구 문명의 우위가 성립되었음을 광범위한 문헌을 통해서 증명한다. 서구 문명의 발전을 추동해온 핵심 요인은 자유의지적 개인과 지식 추구에 대한 헌신이었다. 이 과정에서 기독교의 공헌은 일반적인 통념보다 훨씬 지대했음을 저자는 주장한다. 현재 한국 기독교는 반성과 쇄신의 요구를 강하게 받고 있다. 기독교의 흑역사를 통렬하게 직시하는 것도 필요하지만, 동시에 기독교가 역사적으로 어떠한 사회적 성취를 이루었고, 어떠한 자산을 지니고 있는지도 돌아봐야만 더욱 책임 있는 성찰이 될 것이다. 그 성찰은 객관적인 자료에 근거해야 하며, 그 점에서 이 책의 저자 로드니 스타크는 가장 신뢰할 만한 권위자라 해도 과언이 아니다.

김선일 웨스트민스터신학대학원대학교 실천/선교신학 교수

"기독교로 대표되는 서구 근대문명은 이미 한계에 직면하여 몰락했다"는 서구문명 종말론자들에게 단호하게 "그렇지 않다"고 반론하는 도전적인 책을 스타크는 또다시 우리에게 선사했다. 개인주의를 기반으로 한 근대의 제국주의 패권 시대는 지나갔고 새로운 아시아의 공동체 정신으로 미래 사회는 재편될 것이라는 주장에 대해 스타크는 근대사회의 주요 특징인 "과학과 자본주의가 왜 다른 곳이 아닌 유럽에서만 발전했는가?"를 묻고 여전히 기독교가 근대사회의 토대임을 강변한다. 아시아권에서 대표적인 중국 문화의 한계와 이슬람 문화의 환상을 폭로한 스타크를 통해 어떻게 해서 기독교가 근대문명과 과학의 토대가 되었는지 또한 타 종교에 비해 기독교가 어떻게 우월한지를 확인하고자 하는 독자들은 반드시 이 책을 읽어야 할 것이다.

김태식 한국침례신학대학교 교회사 교수, 『종교와 선택: 로드니 스타크와 기독교』 저자

『서구는 어떻게 역사의 승자가 되었는가?』는 식민주의와 제국주의의 역사적 과오 때문에 서구는 가해자요 비서구는 피해자라는 그간의 잘못된 통념을 논박한다. 계몽주의의 잘못된 주장 때문에 서구가 피해자가 되고 말았다는 논증을 펴는 저자는 이슬람, 중국 문명과 대비하여 서구 문명만이 번성한 이유를 추적한다. 과학/의학, 건강/교육, 민주주의, 자본주의의 성장과 확산 그리고 노예제도, 지식 탐구, 이성 중시 등의 영역에서 서구가 끼친 긍정적인 영향력을 강조하며, 기존 역사서의 이면에 숨겨진 더 '큰 그림'(big picture)을 볼 수 있도록 새로운 시각을 제시한다.

변창욱 장로회신학대학교 선교역사 교수, 총회 선교사훈련원장

기독교의 역사를 둘러싼 통념적 상식에 야심 찬 도전장을 내밀었던 로드니 스타크가『기독교 승리의 발자취』(2020)를 통해 새물결플러스의 독자들과 첫 팬 미팅을 나눈 이래로,『기독교와 이성의 승리』(2021)를 거쳐『서구는 어떻게 역사의 승자가 되었는가?』(2022)에 이르기까지 벌써 세 차례의 만남을 이어오고 있다.『기독교 승리의 발자취』가 2,000여 년에 걸친 기독교의 성장 과정과 동력을 재조명하는 "새로운 관점"을 제시하였다면,『기독교와 이성의 승리』는 그 성장의 동력으로서 기독교 신관 내지 신학이 지닌 이성적 합리성에 대한 미시적 톺아보기라고 하겠다. 반면에『서구는 어떻게 역사의 승자가 되었는가?』는 기독교의 확산과 공헌을 가능케 한 문화적 태반이라 할 수 있는 서구 문명을 2,500여 년에 걸친 보다 거시적인 틀에서 조망한다. 스타크의 이 3부작(trilogy)은 기독교 문명이라는 역사적 대상을 바라보는 삼차원적 입체시(立體視)를 열어준다. 이 3D 퍼즐의 나머지 조각을 놓을 때 현전(現前)하게 될 실체가 자못 기대된다.

서종원 감리교신학대학교 교회사 교수

로드니 스타크의 주장을 요약하면 합리성, 진보, 자유, 과학, 민주주의와 같은 서구 근대성의 핵심에 기독교 신앙이 있다는 것이다. 기독교는 하나님이 세상을 합리적으로 창조하였고, 인간은 하나님이 부여한 이성을 통하여 세상을 이해하고 바꿀 수 있다고 믿기 때문이다. 만일 스타크의 주장이 옳다면 우리가 사는 세계의 질병의 원인은 두 가지다. 첫째는 기독교 신앙을 제거한 서구 문명은 뿌리가 잘린 나무와 같이 곧 말라 죽을 것이라는 점이다. 도구적 이성을 앞세운 기술자들이 권력을 휘둘러 삶의 의미라든지 민주적 가치와 같은 것들을 파괴하고 있다. 둘째는 합리성을 잃어버린 반(反)지성적 기독교다. 이런 종교는 세상에 어떠한 영향력도 미치지 못하고, 몇 안 남은 추종자들을 주술의 세계로 인도할 뿐이다. 슬프게도 이 두 가지 현상이 21세기 대한민국을 쇠락으로 이끌고 있다.

장동민 백석대학교 역사신학 교수

본서는 종교사회학자인 스타크의 이전 저술들을 총망라하여 서구 기독교의 발흥과 영향에 관한 참신한 시각으로 역사와 문명 다시 보기를 시도한다. 또한 스타크는 그리스-로마 제국의 분열로 인한 다원성의 도래가 촉발한 진보와 기독교의 발흥에 관한 풍부한 역사적 탐구와 다양한 사료들을 제시하며, 서구 근대성의 총아인 진보의 발자취를 흥미진진하게 추적하여 오늘날 전체주의 현상 및 기독교 선교를 포함하여 세계화의 다양한 측면들을 역설한다. 기독교와 서구 사상 그리고 과학이 가져온 근대와 세계화, 그리고 그것이 초래한 발전과 진보의 다양한 역사 속의 이야기를 접하는 즐거움을 원하는 독자들에게 일독을 권한다.

최형근 서울신학대학교 선교학 교수

스타크의 책은 학문적이면서도 대중이 이해하기 쉽다.『기독교 승리의 발자취』는 *World* 잡지에서 선정한 2012년 올해의 책이었다. 그의 최신작인『서구는 어떻게 역사의 승자가 되었는가?』는 스타크가 깨트리는 신화만으로도 읽을 가치가 있다.

마빈 올라스키 *World Magazine*

다행스럽게도 [스타크는] 서구 문명을 당당하게 수호하는 소수[중 하나]다. 그는 서구 문명이라는 옛 교과과정에 상당한 내용을 더해준다.

Wall Street Journal

지배적인 담론 속에 크게 벌어져 있는 틈을 드러낸다. 스타크는 서구의 발전을 다른 문명의 발전과 비교하는 소위 "정치적 올바름"을 거스르는 일에 기쁘게 참여한다.

Crisis

스타크의 활기차고 흥미진진한 새 저작은 학계를 독재하고 있는 상대주의의 목을 벤다. 이 책은 가능한 한 많은 사람이 보아야 한다.

Catholic World Report

독서의 순전한 기쁨을 준다. 거의 매 장에서 널리 고수된 의견을 부순다. 생동감 있고 박식한 역사서를 찾고 있다면 이 책이 훌륭한 친구가 될 것이다.

Smoky Mountain News

How the West Won

The Neglected Story of the Triumph of Modernity

Rodney Stark

HOW THE WEST WON?

The Neglected Story
of the Triumph of Modernity

서구는 어떻게
역사의 승자가
되었는가?

근대의 승리에 관해 무시된 이야기

로드니 스타크 지음
한바울 옮김

새물결플러스

목차

서론

서구의 발흥에 대해 당신이 모르는 것

이 책은 눈에 띄게 유행에 뒤떨어진 책이다.

40년 전 미국 최고의 대학에서 가장 중요하고 인기 있는 신입생 과정은 "서구 문명"이었다. 이 강좌는 서양의 일반적인 역사를 다루었을 뿐만 아니라 예술, 음악, 문학, 철학, 과학에 대한 역사적 조사도 했다. 그러나 이 과정은 서구 문명이 많은 문명 중 하나일 뿐이고 우리가 우리의 것을 연구하는 것은 민족 중심적이고 오만하다는 이유로 대부분의 대학 강의목록에서 사라진 지 오래다.[1]

"서구 문명"이라는 강좌를 개설하는 것은 "서구의 패권과 억압에 대한"(고전학자 Bruce Thornton이 적절하게 표현했듯이) 변증가가 되는 것이라고 널리 알려져 있다.[2] 따라서 스탠퍼드 대학교는 제시 잭슨(Jesse Jackson) 목

---

[1]   Ricketts et al., 2011. 2008년 9월 21일 자 「뉴욕타임즈」는 "서구 문명" 강좌를 복원하기 위한 노력에 관한 기사를 길게 실었는데, 그 기사의 제목은 "보수주의자들이 교내에서 새로운 관점을 시도한다"였다. 이 기사는 텍사스 대학교에서 "서구 문명" 과정을 결국 없애는 데 일조했다.

[2]   Thornton, 2000(그는 이 주장을 거부한다).

사가 캠퍼스에 와서 흑인학생연합 회원들을 이끌며 "이봐, 호호, 서구 문명은 가야 해"라는 구호를 외친 지 불과 몇 달 만에 널리 칭송받던 "서구 문명" 강좌를 폐강했다.[3] 게다가 최근 텍사스 대학교의 교수들은 "서구 문명" 강좌가 본질적으로 우파라고 비난했으며, 심지어 예일 대학교는 그 과정을 재개하지 않고 2천만 달러의 기부금을 반환하기도 했다.

이러한 기조가 우세해지는 만큼 미국인들은 현대 세계가 어떻게 생겨났는지에 대해 점점 더 무지해질 것이다. 설상가상으로 그들은 대학교 캠퍼스에서 인기를 끌며 범람하는 터무니없고 정치적인 거짓에 의해 심하게 현혹될 위험에 처해 있다. 즉 그리스인들이 흑인 이집트인들의 문화를 모방했고,[4] 유럽의 과학이 이슬람에서 유래했으며,[5] 서구의 부요함이 비서구 사회에서 훔쳐 온 것이고,[6] 서구의 근대성이 중국에서 만들어졌고 오래되지 않았다는 거짓 등이다.[7] 실제로 서구가 아시아로부터 이런저런 기술을 가져오기는 했지만, 근대성은 온전히 서구 문명의 산물이다.

나는 과학 지식과 절차, 강력한 기술, 예술적 업적, 정치적 자유, 경제적 방식, 도덕적 감수성, 그리고 서구 국가들을 특징짓고 있고 오늘날 다른 나라들의 삶에 대변혁을 일으키고 있는 향상된 삶의 수준을 가리키기 위해 "근대성"이라는 용어를 사용한다. 또 다른 진실도 있다. 다른 문화권 사람들이 서구의 주요 방식을 채택하지 못한 만큼 도태되고 가난한 상태에 머물러 있다는 것이다.

---

3   Shaw, 2012; Kimball, 2008: 56.

4   Bernal, 1987.

5   Goldstone, 2009; Nasr, 1968; Saliba, 2007.

6   Frank, 2011; Wallerstein, 1974, 2004.

7   Frank, 1998; Hobson, 2004; Pomeranz, 2000.

아이디어는 중요하다

그러나 이 책은 단순히 예전의 표준적인 "서구 문명" 강의를 요약해놓지 않았다. 그런 강의들은 나름대로 가치가 있었지만 보통 철학과 예술에 너무 치우쳐 있었고, 기독교의 긍정적인 영향을 인정하지 않으려고 애썼으며, 기술의 진보, 특히 농업과 은행 업무와 같은 일상적인 활동을 변화시키는 기술을 놀라울 정도로 의식하지 못했다.

또한 이 책을 집필하면서 나는 서양사에 대해 널리 알려진 내용에 도전할 필요가 있다는 것을 알게 되었다. 몇 가지 예를 들면 다음과 같다.

- 로마의 쇠락은 큰 비극이라기보다는 서구 문명이 발흥하는 데 가장 **유익한** 사건이었다. 로마의 통치로 인해 망가진 수 세기 동안 단지 두 가지 중요한 진보만 있었다. 콘크리트의 발명과 기독교의 발흥(로마의 방해에도 불구하고 이루어졌다)이다.
- "암흑시대"라는 것은 없었다. 그 시기에는 자본주의를 포함한 놀라운 발전과 혁신이 이루어졌다.
- 십자군은 토지를 차지하고 약탈하기 위해 동쪽으로 행군하지 않았다. 그들은 종교적 사명으로 간주되는 일에 참여하기 위해 재정적으로 큰 빚을 냈다. 대부분의 사람은 그들이 살아서 돌아오지 못할 거라고 보았다(대부분은 돌아오지 못했다).
- 대다수의 역사학자가 여전히 무시하지만, 기후의 급격한 변화는 서구 문명이 발흥하는 데 큰 역할을 했다. 유난히 따뜻한 날씨가 이어진 기간(약 800-1250년)이 있었고, 그 후에는 오늘날 소빙하기로 알려진 극심한 추위가 수 세기 동안 이어졌다(약 1300-1850년).

- 17세기에는 "과학 혁명"이 없었다. 그런 눈부신 업적은 스콜라주의의 자연철학자들이 대학교들을 세운 12세기까지 거슬러 올라가는 정상적인 과학적 진보의 정점이었다.
- 종교개혁은 종교의 자유로 귀결되지 않았고 억압적이고 독점적인 가톨릭교회를 역시 억압적이고 독점적인 개신교 교회로 바꾸었을 뿐이었다(대부분의 개신교 유럽에서는 미사를 드리는 것이 심각한 범죄였다).
- 유럽은 전 세계 식민지에서 부를 착취함으로 부유해지지 않았다. 사실 식민지 국가들이 유럽의 부를 고갈시켰고, 근대성의 혜택을 얻었다.

기존의 "서구 문명" 과정에 있던 교과서와 가르침은 단지 서구 문명의 발흥을 묘사하는 데 그쳤다. 그 과정은 이슬람이나 아시아와의 비교를 꺼렸고 왜 서구에서만 근대성이 일어났느냐는 문제를 무시했다. 이런 무시된 이야기가 바로 내가 말하고자 하는 바다.

이 문제를 다룬다고 해서 민족중심적인 것은 아니다. 그것은 현대 세계가 어떻게 그리고 왜 이렇게 등장했는지에 대한 정보에 입각한 이해를 발전시키는 유일한 방법이다. 초기에 중국은 필수적인 기술 면에서 여러모로 유럽을 훨씬 앞섰다. 그러나 1517년에 포르투갈 항해자들이 중국에 도착했을 때 그들은 특권층이 빈번한 기근에도 불구하고 농업을 더 생산적으로 발전시키기보다 여자아이들의 발을 동여매어 불구로 만드는 데 훨씬 더 관심을 둔 후진적인 사회를 발견했다. 왜 그랬을까?

또한 왜 강력한 오스만 제국이 함대와 무기를 제공받으려고 서양 외국인들에게 의존했는가?[8]

혹은 소수의 정규군 장교와 부사관의 도움을 받은 소수의 영국 관리가 거대한 인도 아대륙을 통치하는 것이 어떻게 가능했을까?

아니면 초점을 바꾸어서 왜 과학과 민주주의가 재현 예술, 굴뚝, 비누, 파이프 오르간, 악보 체계와 함께 서양에서 기원했을까? 왜 13세기부터 수백 년 동안 유럽인들만이 안경과 기계식 시계를 가지고 있었을까? 망원경, 현미경, 잠망경은 어떤가?

이러한 질문에 답하기 위한 많은 시도가 있었다. 최근 몇몇 저자는 유럽이 유리한 지리적 특성에 덕을 보았다고 했다. 온화한 기후, 비옥한 토양, 풍부한 천연자원, 특히 철과 석탄의 혜택을 누렸다는 것이다.[9] 그러나 빅터 데이비스 핸슨(Victor Davis Hanson)이 『대학살과 문화』(*Carnage and Culture*)에서 말했듯이, "중국과 인도 및 아프리카에는 천연광물이 풍부하며 식물이 북유럽보다 월등히 잘 자란다."[10] 게다가 대부분의 유럽은 철제 도구가 가능해지기 전까지는 농사나 방목을 위해 쉽게 개간될 수 없는 경엽수림으로 덮여 있었다. 유럽이 중동과 아시아에 비해 훨씬 뒤떨어진 문화권 사람들에 의해 오랫동안 점령된 것은 놀랄 일이 아니다.

다른 학자들은 서구의 성공을 총과 강철, 범선, 우수한 농업 때문이라고 보았다.[11] 여기서 문제는 이런 "이유들"이 설명되어야 할 부분이라는 점이다. 왜 유럽인들은 야금술, 조선, 농업에 뛰어났을까? 과학이 "서양

---

8   Stark, 2009. 1453년 투르크족이 콘스탄티노플을 점령했을 때, 그들은 헝가리 장인들이 만든 대포로 성벽을 뚫었다(McNeill, 1982을 보라).
9   가장 최근에는 Ian Morris, 2010.
10   Hanson, 2001: 16.
11   Diamond, 1998; Cipolla, 1965.

지배"[12]의 비밀을 쥐고 있다는 주장과 이 모든 것이 자본주의 덕이라는 마르크스주의 주장에도 같은 반론이 제기된다.[13] 왜 과학과 자본주의는 유럽에서만 발전했는가?

이 놀라운 문화적 특이성을 설명하기 위해 물론 물질적 요인에 주의를 기울일 것이다. 유럽이 철과 석탄이 없었거나 육지에 둘러싸여 있었다면 역사는 분명히 상당히 달랐을 것이다. 그렇다 하더라도 이 책의 설명은 주로 물질적인 조건과 힘에 근거하지는 않을 것이다. 그 대신 나는 아이디어에 우선권을 부여한다. 비록 이것이 현대 학계에서는 꽤 인기가 없지만 말이다. 내가 그렇게 하는 이유는 저명한 경제학자이자 역사가인 디어드리 맥클로스키(Deirdre McCloskey)의 말에 전적으로 동의하기 때문이다. "물질적·경제적 힘은 현대 성장의 독창적이고 지속적인 원인이 아니었다." 또는 그녀가 훌륭한 책의 부제에서 표현했듯이, "왜 경제학은 현대 세계를 설명할 수 없는가." 카를 마르크스를 조용히 조롱하면서 맥클로스키는 유럽이 "이념" 때문에 근대성을 달성했다고 주장했다.[14]

만약 마르크스가 사상이 원인 인자가 될 수 있다는 가능성을 "이데올로기적 속임수"[15]로 일축했을 때 진심이었다면, 우리는 그가 왜 "경제적 결정론"이 "불가피한" 길을 가도록 내버려 두기보다는 사회주의 사상을 전달하기 위해 그렇게 오랫동안 노력했는지 의아해할 수밖에 없다. 사실 마르크스가 사랑하는 물질적 원인은 주로 인간이 **인지할 때** 존재한다. 사람들은 무엇이 바람직하고 가능한지에 대한 그들의 생각에 따라 목표를

---

12   Mendelssohn, 1976.
13   Marx, Engels, *The Communist Manifesto*.
14   McCloskey, 2010: 6, 8.
15   Marx [1845] 1998: 61.

추구하기 때문이다. 왜 노동자 계급 사람들이 대부분 사회주의 혁명을 수용하지 않았는지를 설명하기 위해, 마르크스와 프리드리히 엥겔스는 전적으로 **이데올로기적** 원인인 "허위의식"이라는 개념을 발명해야 했다.

마찬가지로 왜 과학이 서양에서만 발생했는지를 설명하는 것은 아이디어다. 서양인들만이 과학은 가능하고 우주는 발견될 수 있는 합리적인 규칙에 따라 기능한다고 생각했다. 이 믿음의 일부는 고대 그리스인들 그리고 일부는 신을 이성적인 창조자로 보는 독특한 유대-기독교적 개념에 기인한다. 빈곤이 만연해 있지 않았다면 프랑스 혁명이 일어나지 않았을 테지만 또한 동시에 혁명 철학이 없었어도 프랑스 혁명이 일어나지 않았을 것이고, 이는 "사람들을 움직이게 한 것이 아이디어"였기 때문이라고 말한 프랑스 역사학자 다니엘 모르네(Daniel Mornet)가 옳았음을 보여준다.[16]

일단 우리가 아이디어의 우월성을 인식하게 되면, 특정한 발명품들이 유럽에서 독자적으로 개발되었는지 아니면 동양에서 수입된 것인지에 대한 오랜 학문적 논쟁이 무의미함을 깨닫게 된다. 발명의 행위는 분명히 중요하지만, 사회도 혁신을 충분히 가치 있게 여겨야 한다. 예를 들어 중국인들은 매우 초기에 화약을 개발했지만, 수 세기가 지나서도 여전히 대포와 총기가 부족했다. 11세기에 중국 북부에서 제철 산업이 번성했지만, 그 후 황궁에 있던 고관들은 철에 대한 국가의 독점을 선언하고 모든 것을 빼앗아 중국의 제철 생산을 파괴했다.

이 책은 왜 그런 퇴보가 일어났는지, 그리고 그런 퇴보가 왜 서양에서는 일어나지 않았는지를 설명한다.

---

16   Mornet, 1947(Christopher Hill, 1980: 2-3 번역).

전환점

마지막으로 역시 구식이지만 나는 특정 사건에 무게를 둘 것이다. 전투와 같은 사건들이 역사의 큰 흐름에 놓인 장식일 뿐이라는 것은 사회적 통념이 되었다. 즉 거대한 페르시아가 주최한 마라톤 대회(기원전 490년)에서 그리스가 쟁취한 승리나 그리스인들이 살라미스에서 페르시아 함대를 침몰시킨 사건(기원전 480년)은, 단지 (어떤 대중적인 역사가가 말했듯이) "비옥한 초승달 지대(티그리스강, 유프라테스강, 나일강을 아우르는 초승달 모양의 지역—역주)에서 지중해로의 경제력의 이동"과 같은 "무언가 더 깊은 것"을 반영한다는 것이다.[17] 헛소리다! 만약 수적으로 매우 열세인 그리스인들이 두 전투에서 모두 졌다면 그러한 "이동"은 일어나지 않았을 것이고, 우리는 플라톤이나 아리스토텔레스에 대해 결코 듣지 못했을 것이다.

물론 그리스인들이 이겼고 플라톤과 아리스토텔레스는 살았으며, 서구 문명은 번성했다. 이것이 바로 내가 하고자 하는 이야기다.

---

17   Osborne, 2006: 60.

제1부

고전적 시작

(기원전 500-기원후 500)

1장

침체된 제국들과 그리스의 "기적"

사람들은 대규모 사회가 현대적 현상이라고 쉽게 추측한다. 그렇지 않다. 역사의 여명기에 대부분의 사람은 넓은 지역을 뒤덮은 폭압적인 제국들 아래서 착취당하며 비참하게 살았다.[1]

최초의 제국은 6천 년도 더 전에 메소포타미아에서 생겨났다.[2] 그 후 이집트, 중국, 페르시아, 인도 제국이 등장했다. 이 제국들은 모두 지배 엘리트 사이의 만성적인 권력 투쟁으로 어려움을 겪었지만, 국경 전쟁과 거대한 공공사업 프로젝트를 제외하고는 별다른 사건이 없었다. 기술적이든 문화적이든 변화는 너무 느려서 거의 눈에 띄지 않았다. 인류학자 마빈 해리스(Marvin Harris)에 따르면, 수 세기가 흐르면서 대부분의 사람은 항상 그래왔던 대로 "최소한의 생계 수준보다 한 단계 높은…즉 그들의 황소보다 조금 더 나은" 삶을 살았다.[3] 이것은 그들이 훨씬 더 높은 생활 수

---

1   Taagepera, 1978, 1979.
2   Oppenheim, 1977; Saggs, 1989.
3   Harris [1977] 1991: 235.

준을 달성할 수 있는 잠재력이 부족해서가 아니라 약탈적인 지배 엘리트들이 모든 "잉여" 생산물을 가져갔기 때문이다. 저항은 기미만 보여도 모두 잔인하게 짓밟혔다.

이러한 모든 불행과 억압 가운데 그리스에서 진보와 자유의 "기적"이 한 제국이 아니라 수백 개의 작은 독립 도시국가들에서 일어났다. 서구 문명이 형성되기 시작한 것은 바로 이곳에서였다. 슬프게도 인간의 잠재력에 대한 이 봉화는 결국 새로운 제국의 출현으로 소멸되었다. 하지만 그 유산은 살아남았다.

고대 제국의 빈곤

우리는 고대 황실의 사치스러운 화려함, 금 장식과 비단을 댄 벽이 있는 거대한 궁궐, 수많은 노비와 신하들의 수발을 받으며 보석으로 치장한 부인과 후궁들의 이야기에 여전히 매료되어 있다. 그다지 중요하지 않은 인물로 단명한 투탕카멘(기원전 1341-1323년)과 함께 묻힌 놀라운 보물들로 위대한 이집트 파라오들이 누렸을 부를 상상해보라. 투탕카멘의 관이 순금으로 만들어졌기는 하지만, 모든 파라오 중 가장 부유하고 가장 강력한 람세스 2세와 함께 묻혔을 것들에 비하면 그의 보물은 단지 장신구일 뿐이다. 그러나 초기 파라오와 함께 묻힌 것은 보물뿐만이 아니었다. 그들의 신하들, 아내들, 후궁들, 심지어 애완견들도 도살되어 무덤에 안치되었다. 이집트 제1왕조 왕실의 한 무덤에는 318명의 사람들이 함께 희생되어 있다. 그들의 평균 나이는 25살로 추정된다.[4] 메소포타미아에서는 부인과 신하들뿐만 아니라 고위 관리들과 측근들을 포함한 황제의 궁정 전체가 국왕과 함께 묻혔다. 기원전 제2천년기 후반에는 중국 왕실의 장례식이 있을 때마다 **수천 명**의 사람들이 함께 사형에 처해졌다.[5]

고대 모든 제국은 기념비주의에 빠져 있었다. 파라오들은 피라미드, 스핑크스 같은 거대한 조각상, 거대한 사당, 심지어는 자신만을 위한 개인 도시들을 지었다. 메소포타미아의 통치자들은 위로 갈수록 크기가 줄어들며 거대한 정사각형 블록(또는 층)으로 구성된 거대한 지구라트를 지었는데, 그것은 보통 다섯 층 이상이었다. 각 블록을 둘러싼 드러난 부분들은 종종 나무와 관목으로 조경되었다. 이란 남부의 수산 근처에 있는 현존하는 가장 큰 지구라트는 기단이 한 면당 100m이며 약 17층 높이로 추정된다.[6]

그러나 그러한 기념물과 엄청난 왕실 재산에도 불구하고 위대한 제국들은 매우 가난했다. 역사학자 E. L. 존스(Jones)가 지적했듯이 "황제는 막대한 부를 축적했지만, 통치되는 영토와 인구의 폭에 비해 적은 소득을 받았다."[7] 사실 마빈 해리스가 말했듯이[8] "세기마다 중국, 북부인도, 메소포타미아, 이집트의 생활 수준은 빈곤의 한계점보다 약간 위나 아래를 맴돌았다." 역사가들은 대중들에게 가해지는 희생을 파악하지 못한 채 통치자들의 엄청난 부를 주목해왔다. 기원전 321년부터 185년까지 인도의 대부분을 지배했던 마우리아 제국에 대한 위키피디아 기사는 그 제국이 번

4   Wilkinson, 2010: 37-38.
5   Harris [1977] 1991: 172-73.
6   Ghirshman, 1955.
7   Jones, 1987: xxiii-xxiv.
8   Harris [1977] 1991: 234.

영을 창출했다고 칭찬하며, 마치 단지 선호의 문제인 것처럼 인도인들이 "모두 검소하게 살고…그들의 음식은 주로 쌀죽"이라는 당시의 보고서를 순진하게 언급한다. 다시 한번 존스의 말을 인용하자면 "아시아 왕궁들의 화려함은…돌이 충분히 있었다면 정치 조직이 돌의 피마저도 짜낼 수 있다는 것을 증언할 뿐이다."[9]

고대 제국들에 의해 부과된 세율을 살펴보면 귀족들이 얼마나 심하게 쥐어짰는지를 알 수 있다. 메소포타미아에서 공식 세율은 모든 농작물의 10%였지만, 사실 징수원들은 종종 절반까지도 요구했다. 이집트에서 파라오는 모든 수확의 최소 5분의 1을 가져갔고 비수기에는 농부들을 "공공" 프로젝트에 투입했다. 인도에서는 통치자가 작물의 4분의 1을 차지할 권리가 있었고 "긴급사태" 시에는 3분의 1을 차지할 수도 있었다.[10] 대개 지역 엘리트들과 지주들은 훨씬 더 가져갔다. 세금이 수확의 절반 이상을 차지하고, 곡물의 약 3분의 1이 다음 농사를 위해 비축되면, 농부들에게 생계를 위해 남겨진 것은 거의 없었다. 세금 외에도 개인의 전 재산을 완전히 몰수하는 경우도 있었는데, 아무런 설명도 없이 집행될 때가 왕왕 있었다. 리카르도 카미노스(Ricardo Caminos)가 고대 이집트인에 대해 말했듯이, "농민 가정은 항상 절망적인 가난과 완전한 빈곤 사이에서 흔들렸다."[11]

만약 엘리트들이 생존에 필요한 최소 생산량 이상을 빼앗는다면, 사람들에게는 더 많이 생산할 동기가 사라진다. 통치자들이 통제하는 사람들로부터 최대한 착취하는 독재국가에서는 피지배자들 역시 눈에 띄게

---

9   Jones, 1987: 5.
10   Wittfogel [1957] 1981: 71-72을 보라.
11   Wilkinson, 2010: 342에 인용됨.

탐욕스러워진다. 그들은 자신들의 노동 결과물을 소비하고, 비축하고, 숨기며, 그들이 할 수 있는 만큼 생산하지 못한다. 어떤 사람들은 생산적이었겠지만, 그들의 노력은 통치자들만 부유하게 했을 것이다. 결과적으로 생활 수준은 그 사회의 잠재적 생산 능력에 훨씬 못 미치게 된다. 보통의 자유 시민도 고대 제국에 노예로 잡혀 있던 수많은 사람보다 훨씬 더 잘 살지는 못했다.

고대 제국과 모든 독재국가의 경제 체제는 **명령 경제**로 알려졌다.[12] 국가가 시장과 노동을 자유롭게 기능하게 하기보다는 국가의 부를 위해 명령하고 강요하기 때문이다. 사람들은 보통 몰수세뿐만 아니라 강제 노동의 대상이 되는데, 이는 제국의 기념비주의를 설명해준다. 파라오들은 피라미드를 짓기 위해 수만 명의 농부를 고용하지 않았다. 강요했을 뿐이다. 파라오들은 농부들을 너무 형편없이 먹였고 다수가 살아남지 못한 위험한 작업 환경에 노출시켰다.[13] 거의 6백만 명에 가까운 중국 농민들이 대운하 건설에 강제로 투입되었고, 그중 2백만 명이나 죽었을 것으로 추정된다.[14] 또 다른 백만 명은 만리장성을 쌓다가 죽었을 것이다.[15]

명령 경제는 초기 제국으로부터 시작되었고 현대 세계의 많은 지역에서 지속되었으며 여전히 열렬한 지지자들을 끌어들인다. 그러나 명령 경제는 삶의 가장 기본적인 경제적 사실, 즉 **모든 부는 생산에서 나온다**는 것을 무시한다. 부는 재배하고, 파내고, 베어내고, 사냥하고, 벌채하고, 제작하는 작업을 통해, 또는 다른 방법으로 만들어져야 한다. 어떤 사회에서

---

12   Grossman, 1963.
13   Wilkinson, 2010: 344.
14   Russell, 1967: 99.
15   Dawson, 1972: 62.

생산되는 부의 양은 생산에 관련된 사람들의 숫자뿐만 아니라 그들의 동기부여와 생산 기술의 효율성에 달려 있다. 살인적인 세금과 지속적인 찬탈의 위협을 받을 때, 사람들은 자신의 부를 **지키려고** 하지 생산성을 유지하려고 하지 않는다. 이 원칙은 부유한 사람들뿐만 아니라 가진 것이 매우 적은 사람들에게 더욱 적용된다. 이는 명령 경제의 실질적인 저생산성을 설명해준다.

한 가지 예시가 이 점을 잘 보여줄 것이다.

10세기 후반에 중국 북부의 일부 지역에서 제철 산업이 발달하기 시작했다.[16] 1018년에 이르러서는 제련소에서 연간 약 3만 5천 톤을 생산했는데, 이는 그 당시로서는 놀라운 성과였고, 60년 후에는 10만 톤 이상을 생산했을지도 모른다. 이것은 정부의 작업이 아니었다. 개인들이 철에 대한 큰 수요와 쉽게 채굴되는 광석과 석탄의 공급으로 인한 기회를 잡았다. 운하와 항해 가능한 강을 따라 위치한 제련소와 주조 공장 덕분에 철은 먼 시장으로 쉽게 운반될 수 있었다. 이 새로운 중국 제철 산업가들은 곧 막대한 이익을 거두었고 제련소와 주조 공장의 확장에 막대한 투자를 했다. 철의 대량 공급은 철제 농기구의 도입으로 이어졌고, 이로 인해 식량 생산이 증가하기 시작했다. 간단히 말해서, 중국은 "산업혁명"에 접어들기 시작했다.

그러나 모든 것이 시작하자마자 갑자기 멈췄다. 11세기 말에는 소량의 철만 생산되었고, 그 직후 제련소와 주조 공장은 폐허가 되었다. 무슨 일이 일어났던 것일까?

결국 궁정의 관료들은 몇몇 평민이 제조업으로 부자가 되어 높은 임

---

16   Hartwell, 1966, 1967, 1971; McNeill, 1982.

금으로 농민들을 고용하고 있다는 것을 알아차렸다. 그들은 그러한 활동이 유교적 가치와 사회적 평온을 위협한다고 생각했다. 평민은 그들의 분수를 알아야 하고, 오직 엘리트만이 부유해야 한다는 것이다. 그래서 그들은 철에 대한 국가의 독점을 선언하고 모든 것을 장악했다. 그리고 그게 다였다. 19세기 역사학자 윈우드 리드(Winwood Reade)가 요약했듯이, 중국이 수 세기 동안 경제 및 사회 침체를 겪어온 이유는 분명하다. **"재산이 불안정하다.** 이 한 구절에 아시아의 전체 역사가 담겨 있다."[17]

고대 제국의 발전이 그렇게 느렸던 것은 당연하다. 땅, 농작물, 가축, 건물, 심지어 어린이들까지 모든 가치 있는 것들은 임의로 압수될 수 있었고, 중국 제철 산업의 거물들이 배웠듯이, 실제로 종종 그랬다. 설상가상으로 폭압적인 제국들은 그들이 착취한 부를 생산을 늘리는 데 별로 투자하지 않았다. 대신 그것을 소비했다. 종종 다양한 형태로 드러났듯이 말이다. 이집트의 피라미드, 바빌론의 공중정원, 타지마할은 모두 억압적인 통치를 위한 아름다운 기념물로 지어졌다. 그것들은 생산적인 가치가 없었고 불행과 가난을 대가로 세워졌다.

고대 제국은 그들이 합병하고 통치한 사회로부터 상당한 수준의 문명을 물려받았고, 기술적인 진보는 제국이 지배력을 강화하면서 계속되었을지도 모른다. 하지만 그 후 발전은 사실상 멈췄다.[18] 예를 들어, 1900년에 중국 농민들은 실질적으로 3천 년 이상 사용해온 도구와 기술을 사용하고 있었다. 이집트도 다를 바 없었다. 농업에 의존했음에도 로마를 포함한 고대 제국에서는 식물이나 동물의 선별적인 번식이 없었다.[19]

---

17   Reade, 125 : 108.
18   McNeill, 1963 : 40.
19   Finley, 1965 : 29.

지배층은 기술혁신을 할 필요가 없었고 대개 혁신가에게 보상을 주지도 않았으며 그들의 기술혁신을 채택하지도 않았기 때문에 침체가 발생했다. 설상가상으로 지배층은 국내에서든 외국에서든 간에 새롭게 일어난 혁신을 파괴하거나, 불법화하거나, 거의 사용하지 않는 경우가 잦았다. 예를 들어, 로마인들은 물레방아에 대해 알았지만 거의 사용하지 않았고, 밀가루를 빻기 위해 계속해서 팔 근육에 의존했다.[20] 오스만 제국은 기계식 시계를 금지했고, 중국도 그렇게 했다.[21] (2장에서는 진보에 대한 왕실의 반대를 더 길게 다룬다.)

그리스의 "기적"

이러한 수 세기 동안의 착취와 침체 속에서 엄청난 진보의 시대인 그리스의 "기적"이 갑자기 터져 나왔다. 그것은 지적·예술적·기술적 기적이었다.[22] 유명한 책 『그리스 방식』(Greek Way)에서 위대한 고전학자 에디스 해밀턴(Edith Hamilton)은 그리스인들을 이전의 모든 사회로부터 구별한 것은 즐거운 생활이었다고 말했다. 이러한 삶의 방식은 "매우 새로운 것"이었다. 그녀는 다음과 같이 썼다.

그리스인들은 세계 최초로 경기를 한 사람들이었고, 엄청난 규모로 경기를

---

20   Moritz, 1958.
21   Lewis, 2002: 118; Gimple, 1976.
22   그리스인들이 그것을 아프리카에서 훔쳤다는 말도 안 되는 주장을 반박할 필요가 없다고
      본다. Bernal, 1987.

했다. 그리스 전역에는 모든 종류의 게임이 있었다. 모든 종류의 운동 경기···한쪽이 다른 쪽을 능가하는 음악 경연대회, 춤 경연 등···너무 많은 게임이 있어서 그 목록에 현기증이 날 정도다. 불쌍한 사람들, 고통 받는 사람들은 놀지 않는다. 그리스 경기와 같은 것은 이집트나 메소포타미아에서는 상상할 수 없다. 놀이는 그리스가 죽으면서 죽었고 그것이 부활하기 전까지는 많은 세기가 흘렀다.[23]

그리스 연극은 자유 시민들로 이루어진 작은 사회들에 있던 삶의 풍요를 반영했다. 이 시대에는 자유도 그리스에만 국한되었다(노예들이 많긴 했지만). 그리고 이러한 자유로부터 즐거움과 놀이뿐만 아니라 근대성으로 이어진 첫 번째 혁신의 물결이 솟아났다.

역사가들은 고대 그리스 문명의 시작을 기원전 750년경으로 추정하지만, 그리스의 황금기는 기원전 600년경에 시작되어 기원전 338년 마케도니아의 필리포스(알렉산드로스 대왕의 아버지)가 그리스를 정복했을 때 끝났다. 이 황금시대에도 고대 "그리스"라는 것은 없었다. 헤로도토스(기원전 484-425년)가 지적했듯이 공통의 혈통, 관습, 언어, 종교에 의해 단결되었지만 약 천 개의 도시국가에 살았던 단일 민족인 그리스인들만 있었다.[24] 처음에 이 도시국가들은 정치적으로 독립적이었다.[25] 시간이 흐르면서 몇몇은 다른 나라들을 정복했고 다수는 동맹하고 연합을 맺었지만, 전반적으로는 작고 독립적인 그리스 사회들이 남아 있었다.

그리스 도시국가들은 오늘날의 그리스 전역과 시칠리아와 남부 이

---

23   Hamilton [1930] 1993: 24-25.
24   Herodotus, *The History*, bk. 8; Hansen, 2006b.
25   Grant, 1988: xiii.

탈리아, 흑해 주변 및 소아시아 해안(대부분은 현재 터키)에 자리 잡고 있었다. 플라톤의 표현대로 "연못 주변의 개구리들처럼" 말이다. 다수의 도시국가는 작았고, 거주자가 천 명도 안 되었으며,[26] 가장 큰 도시국가들도 이 시대 제국의 인구와 비교하면 작았다. 기원전 430년에 아테네의 인구는 155,000명이었을 것이며, 코린토스는 7만 명으로 추산되고, 스파르타인들은 약 4만 명이 있었다.[27] 대조적으로 페르시아인들은 약 4천만 명이었다.[28]

도시국가들의 독립성은 지리적인 영향을 받았다. 그리스는 국토 면적의 약 80%를 차지하는 산맥과 교차하고 있으며,[29] (대부분 해안가에 놓인) 산들 사이에 흩어져 있는 각각의 계곡은 하나의 도시국가를 유지했고, 때로는 두 개의 국가를 지탱하기도 했다. 게다가 근처의 여러 섬이 도시국가가 되었다. 물론 그리스의 지리는 유럽의 궁극적인 우위가 자연적 이점에 달려 있었다는 주장과는 상당히 상반된다. 레오폴드 미게오테(Leopold Migeotte)가 『그리스 도시의 경제』(The Economy of the Greek Cities)에서 지적한 바와 같이, 그리스에서 가장 좋은 농경지도 바위가 많고 "생산성은 보통이다."[30] 또한 빅터 데이비스 핸슨(Victor Davis Hanson)은 『대학살과 문화』에서 그리스는 "항행할 수 있는 큰 강이 하나도 없고 천연자원도 풍부하지 않다"고 말했다.[31] 이와는 대조적으로 이집트, 페르시아, 중국을 포함한 그 시대의 위대한 제국들은 주요 강이 잘 흐르는 거대하고 비옥한 평야를

---

26   Hansen, 2006b.
27   Chandler, 1987 : 461.
28   Lacey, 2011 : 125.
29   Migeotte, 2009 : 16.
30   Migeotte, 2009 : 16.
31   Hanson, 2001 : 17.

점령하고 있었다. 이것은 중앙 수도로부터의 통제를 용이하게 했다.[32] 따라서 "불리한" 지형이 그리스의 위대함에 기여했는데, 분열과 경쟁은 다른 모든 것의 근본이었기 때문이다.

마이클 그랜트(Michael Grant)의 다음과 같은 말은 모든 고전 역사학자들을 대변한다. "그리스인들의…업적은 다양한 분야에서 굉장했다."[33] 여기서는 6개의 영역에 초점을 맞출 것이다. 첫 번째 영역은 전쟁인데, 왜냐하면 그리스인들의 두드러진 군사적 우위가 그들이 페르시아 제국에 의해 삼켜지지 않고 독립적인 도시국가로 살아남을 수 있게 해주었기 때문이다. 다음은 그리스 민주주의의 위대한 업적이며, 경제 발전, 읽고 쓰는 능력, 예술, 기술이 그 뒤를 잇는다. 그런 다음 이 장은 일곱 번째 영역으로 넘어간다. 그것은 그리스의 업적 중 가장 오래 지속되는 분야로서 사변 철학과 형식 논리다.

전쟁

여러 그리스 도시국가 사이에 전쟁이 끊이지 않았기에 그리스인들은 당대 제국들, 특히 인근 페르시아 제국보다 훨씬 더 우수한 무기와 전술을 개발할 수 있었다. 아마도 그리스 군대와 주변 제국의 군대를 구분 짓는 가장 중요한 요소는 사병들이 용병도 노예도 아닌 시민 군인(장갑 보병으로 알려짐)이었다는 것이다. 그러므로 그리스 전사들의 목적은 전투에서 살아남는 것뿐만 아니라 승리하여 그들의 집과 소유물 및 가족을 보호하는 것이었다. 민간인이었음에도 그리스 병사들은 그들의 적들보다 훨씬 더

---

32   Chirot, 1985.
33   Grant, 1988: 28.

잘 훈련되고 통솔되었다. 이것은 전술을 수행하는 데 필수적이었고, 그 전술은 그리스 편대가 그들의 적들을 가뿐히 뛰어넘게 했다.

다른 모든 조건이 같다면 승리는 분명히 상대보다 숫자가 많은 쪽에 돌아갈 것이다. 보다 덜 알려진 점은 수적 우위가 실제로 중요한 곳이 전투의 전 분야가 아니라 접점에 있다는 것이다. 치밀하게 고도로 조정된 대형인 팔랑크스를 사용함으로써, 그리스인들은 양측이 실제로 맞닥뜨린 곳에서 적들보다 수적으로 훨씬 우세했다.

팔랑크스는 4열에서 8열의 보병들로 빽빽하게 구성되어 있으며, 청동 투구와 볼판, 가슴판, 정강이받이 또는 다리 갑옷을 착용했다. (갑옷의 무게 때문에 그들은 중보병이라고 불렸다.) 또한 각각의 그리스 병사들은 자신의 왼쪽과 오른쪽에 있는 사람을 보호하는 큰 방패를 가지고 있었다. 적이 무기를 들고 그리스인들에게 도달하기 전에, 이 방패 벽으로부터 적을 찌를 수 있는 날카로운 창(약 2-3m)이 투사되었다.[34] 집중적인 연습을 통해 팔랑크스는 명령에 대응하여 단일 유닛으로 기동할 수 있었다. 비그리스인 적들과 싸울 때 특히 중요한 것은, 팔랑크스가 기병의 돌격에 거의 영향을 받지 않았고 말들은 창에 찔렸다는 것이다. 군사 역사학자 짐 레이시(Jim Lacey)가 설명했듯이, "팔랑크스로 돌격하는 기병에게 인간의 용기는 아무런 의미가 없다. 중요한 것은 말의 용기였다. 그리고 이 경우(마라톤 전투)에는 페르시아의 전설적인 네사이안 말들도 여느 말보다 용감하지 않다는 것이 증명되었다."[35]

그리스의 적수들(주로 페르시아인)은 갑옷을 거의 혹은 전혀 입지 않았

---

34   Jones [1987] 2003: 2.
35   Lacey, 2011: 136.

고, 대부분 칼이나 도끼와 같은 무기를 사용했다. 그것들은 찌르지 않고 휘두르는 무기였고, 따라서 "팔꿈치 공간"을 필요로 했다. 팔랑크스의 치밀함과 적들의 느슨한 대형 때문에, 두 집단이 충돌했을 때 그리스인들은 상대편보다 많게는 3대 1로 수적으로 우세했고, 훨씬 적은 사상자를 냈다. 헤로도토스는 플라타이아 전투(기원전 479년)에서 스파르타에 대항한 페르시아의 전술을 이렇게 묘사했다. "그들은 개별적으로 또는 10명씩 전선을 넘어 돌진하고 있었다.…그들은 스파르타의 진영으로 돌진했고 거기서 쓰러졌다."[36] 헤로도토스에 따르면, 유명한 마라톤 전투(기원전 490년)에서 약 1만 명의 아테네 사람이 약 5만 명의 페르시아인과 맞섰고, 그리스인은 192명만 목숨을 잃었지만 페르시아인은 6천 명 이상이 목숨을 잃었다.[37]

그리스는 잘 조직되고 잘 무장되고 고도로 훈련되고 통제된 보병과 높은 사기 및 전술적 유연성을 갖춘 전투 방식을 보여줌으로써,[38] 거대한 페르시아 군대를 전장에서 몰아낼 수 있었다. 그 전투 방식은 서방의 기본 모델로 남아 있다. 사기는 간과할 수 없다. 유명한 그리스 극작가 아이스킬로스(기원전 525~456년)가 죽었을 때, 그가 직접 쓴 묘비명은 자신의 희곡에 대해서는 언급하지 않고 오직 그가 마라톤 전투에서 싸웠다는 것만을 언급했다. "그의 고귀한 용맹, 마라톤의 숲, 또는 그것을 잘 아는 긴 머리의 페르시아인."[39]

---

36 Lacey, 2011: 135에서 인용됨.
37 헤로도토스는 아테네의 참전 용사들과의 대화를 바탕으로 자신의 이야기를 했다. 우리는 아테네의 사망자 수를 확신할 수 있다. 그들은 공동무덤에 묻혔고 그 자리에 놓인 세 개의 작은 대리석 비석 중 하나에 각각의 이름이 새겨져 있기 때문이다. 이 무덤은 아직도 방문할 수 있는데, 두 개의 기념물이 사라졌고, 세 번째 기념물은 현재 아테네 박물관에 있다.
38 Hanson, 2001, 2009.
39 Lacey, 2011: 189.

그리스 군대가 경험한 페르시아에서의 감동적인 모험에 대해 그리스 장군이자 저명한 작가 및 역사가인 크세노폰(기원전 430-354년)이 전달한 내용보다 그리스의 군사적 우위에 대해 더 잘 요약한 것은 없다. 그의『페르시아 탐험대』(*The Persian Expedition*. 이 책은 *March Up Country*로도 알려져 있음)는 서양 문학의 위대한 책 중 하나다.

크세노폰은 아테네 귀족 집안에서 태어나 철학자 소크라테스(기원전 약 470-399년)와 몇 년 동안 함께 공부했고, 그에 관한 책을 쓰기도 했다. (소크라테스의 제자가 유명한 군인이 되었다는 것은 소크라테스가 세 번의 군사 작전에 일반 병사로 참여했고 용맹하기로 유명했다는 좀처럼 언급되지 않은 사실을 고려하면 그리 이상하지 않다.) 30세 무렵 크세노폰은 소(小)키루스가 동생 아르타크세르크세스 2세로부터 페르시아 왕위를 빼앗기 위해 모집한 그리스 용병단에 합류했다.[40] 기원전 401년에 만 명의 그리스 용병은 페르시아로 출발했고, 페르시아 군대와 합류하여 바빌론 북쪽 쿠낙사에서 아르타크세르크세스의 제국군과 맞서기 위해 약 2,400km를 행진했다. 전투 중에 그리스 팔랑크스는 오직 한 명의 사상자만 낸 채 거대한 제국 군대의 진영 하나를 완전히 박살 냈다. 그러나 키루스 왕자가 그의 형을 추격하려고 무모하게 전열을 가로질러 돌진하다가 전사했기 때문에 그들의 뛰어난 활약은 수포로 돌아갔다. 그 후 그리스 사령관 클레아르코스는 다른 고위 장교들과 함께 평화 회의에 초대되었다가 아르타크세르크세스 2세에게 배신당하고 참수당했다. 적대적인 메소포타미아의 깊은 곳에서 지도자 없이 남겨진 그리스인들(그 후 "만 명"으로 알려진)은 어떤 선택을 할지 고려해

---

40   그리스 군대는 시민 의용군으로 구성되었지만, 평화로운 시기에는 모험심이 강한 영혼들이
      보수를 받기 위해 다른 곳에서 기꺼이 싸우기도 했다.

야 했다. 일련의 민주적 투표를 통해 그들은 항복하지 않고 집으로 돌아가기로 했다. 그들은 장군이 된 크세노폰을 포함하여 새로운 장교들을 선출하고 위험한 길을 따라 긴 행진을 시작했다. 그들이 계속 무찔러야 했던 훨씬 더 큰 페르시아 군대에 의해 쫓겼고, 야만적인 지역 부족들에게 내내 도전을 받았으며, 높은 산길에서는 눈더미에 걸리기도 하며, 질병의 발발로 고통 받은 만 명은 수천 킬로미터에 이르는 1년간의 여행 끝에 안전하게 도착했다. 빅터 데이비스 핸슨은 "6명 중 5명은 살아남았다"며 "사망자의 대부분은 전투에서 진 것이 아니라 아르메니아의 폭설에 패했다"고 보도했다.[41]

만 명의 군인이 보여준 공적은 앞으로 서방 세력이 몇천 년 동안 외국을 침략할 것을 예상하게 해주었다. 알렉산드로스 대왕부터 아프리카와 인도의 영국 군인들에 이르기까지 대부분의 서방 원정군은 수적으로 크게 열세였고 종종 고향에서 멀리 떨어져 있었다. 그런데도 그들은 고대 그리스 시대부터 있었던 서양의 무기와 전술, 조직의 우월성 때문에 상대방을 지속해서 패배시켰다. 예를 들어, 1879년 아프리카의 로크 드리프트 전투에서 80명만이 소총병이었던 139명의 영국 정규병들은, 포획한 영국군의 소총으로 수백 명이 무장했고 아프리카의 가장 유명한 전사들이었던 4천 명 이상의 줄루족에 의해 공격당했다. 10시간의 총격이 끝났을 때, 영국군의 작은 무리는 천 명 이상이 죽은 줄루족에 둘러싸여 훈련된 대형으로 여전히 굳건히 서 있었다. 영국은 15명의 사망자와 12명의 부상자를 냈다.[42]

---

41   Hanson, 2001 : 2.
42   Hanson, 2001 : 279-333.

영국의 이 승리는 플라톤에 의해 표현된 서구 전쟁의 근본적인 원리에 바탕을 두고 있다. 즉 진정한 용기는 상황이 자신에게 불리하다는 것을 알면서도 싸우고 대열을 유지하는 군인의 능력이라는 것이다.[43] 젊은 신병들이 아테네 군대에서 선서한 내용은 다음과 같다. "내가 어디에 서 있든지, 나는 내 옆 사람을 버리지 않겠다."[44] 로마군의 안내서에서는 승리는 "단순한 숫자와 타고난 용기"가 아니라 기술과 훈련에 의해 달성된다고 강조했다.[45] 사실 집중적이고 현실적인 훈련은 오랫동안 서방 군사력의 중심이었다. 위대한 유대인 역사가이자 로마의 사령관 요세푸스(기원후 35-100년)가 설명했듯이, 로마 군대의 "움직임은 무혈 전투와 같고 그들의 전투는 유혈이 낭자한 움직임과 같다."[46]

플라톤이 군사적 문제에 관심을 가졌다는 것은 서구 군사 문제에서 가장 근본적인 측면이 무엇인지를 강조한다. 즉 전쟁은 용감하지만 성급한 사람들에게 맡기기에는 너무 중요하다는 것이다. 오히려 그것은 성찰과 이성이 필요한 문제다. 따라서 서방은 그리스에서 시작하여 항상 명확하게 표현된 전쟁 원칙을 가지고 있었으며, 미국 육군 전쟁 대학교, 프러시아 전쟁대학, 프랑스 고등 전쟁학교와 같이 군사 과학에 특화된 기관들에서 절정을 이루었다.

43   Plato, *Laches*.
44   Tod, 1948: 2:204.
45   Hanson, 2001: 329.
46   Josephus, *Jewish War* 3:107

민주주의

서로 가까이 있었던 그렇게나 많은 독립 공동체의 존재는 그리스의 통치 방식에 많은 결과를 가져왔다. 우선 시민들은 불만이 너무 자주 생기면 다른 곳으로 옮겨갈 수 있었다. 철학자와 같은 다수의 역사적 인물은 거처를 여러 번 옮긴 것으로 알려져 있다. 게다가 엘리트들이 멀고 접근하기 어려운 통치자가 되는 것은 불가능했다. 아테네는 너무 작아서 관리들이 대중을 대면해야 했고, 이것은 그들의 통제와 권력을 크게 제한했다.

자유가 비공식적 의사결정에 의존하기엔 너무 큰 집단과 결합할 때 정치 조직의 실험은 불가피하다. 결과적으로 그리스인들은 민주주의의 다양한 시스템을 체계적으로 탐구하고 발전시킨 첫 번째 사람 중 하나였다. 사실 그들이 민주주의라는 단어를 만들었다. "데모스"(*demos*)는 사람들을 의미하는 그리스어이고, "크라토스"(*kratos*)는 권력을 의미한다. 따라서 민주주의(democracy)는 사람들의 힘을 의미한다. 민주주의는 아테네에서 처음 만들어졌을지 모르지만, 곧 널리 채택되었다. 아테네에서와 같이 대부분의 도시국가에서는 직접민주주의가 시행되었다. 즉 대부분의 중요한 이슈는 모든 남성 시민의 투표에 의해 결정되었다. 아테네(및 대부분의 도시국가)의 시민권에는 계급적 차이가 없었다. 수공업 종사자들은 시민권의 완전한 권리를 누렸고, 가장 부유한 지주들도 마찬가지였다. 실제로 대부분의 공무원은 제비뽑기로 뽑혔고 모든 유권자는 자격이 있었기 때문에 "예술가, 가게 주인, 노동자, 상인들"이 항상 공무원 중에 있었다.[47] 주요 혁신은 통치 규칙을 설명하는 성문 헌법이었다. 아리스토텔레스는 157

---

47   Austin, Vidal-Naquet, 1972: 107.

개의 그리스 도시국가 헌법을 요약했다.[48]

민주주의는 단지 사람들에게 권력을 줄 뿐이며, 권력이 현명하거나 인도적으로 사용되도록 보장하지는 않는다는 것을 명심하라. 즉 아테네에는 법치와 기본 인권에 헌신하는 "자유" 민주주의로 알려지게 된 것이 없었다. 예를 들어, 아테네 사람들은 투표를 통해 정복한 도시국가의 남자를 모두 죽이고 여성과 아이들을 모두 노예로 만들기로 여러 번 결정했다. 또한 그들은 투표를 통해 소크라테스를 이단으로 단죄하고 사형 선고를 내리기로 결정했다.

최근 그리스 "민주주의"가 여성과 노예를 배제한다는 이유로 그것을 비웃는 것이 유행했다. 하지만 당시 다른 대안이 다양한 형태의 권위주의적 통치였다는 점을 고려하면 그러한 자세는 지나치게 시대착오적인 것으로 보인다. 대안 중 어느 것도 노예들을 해방시키거나 여성들에게 힘을 실어주지 못했다. 물론 그리스 민주주의는 다소 불안정했고, 폭군들에 의한 통치가 이루어졌던 때도 있었다. 그러나 민주주의는 마케도니아의 침략과 로마의 후속 통치가 있을 때까지 어떻게든 계속해서 복원되었다.

그리스 민주주의의 주요 이익은 충분한 자유였다. 이는 개인이 더 생산적인 혁신으로부터 이익을 얻고 집단적인 경제 발전을 이루도록 했다.

경제 발전

비록 고대 경제학에 대한 연구가 믿을 만한 사실의 부족 때문에[49] 정확하지 않지만, 학자들은 고대 그리스인들이 현대의 기준에 비추어 볼 때는 느

---

48   Johnson, 2003: 48.
49   Austin, Vidal-Naquet, 1972; French, 1964; Finley, 1973, 1981; Migeotte, 2009; Scheidel, Morris, Saller, 2007.

려도 그 당시에는 상당한 경제 성장을 누렸다는 것에 동의한다.[50]

　민주적 통치의 결과로 그리스 도시국가들은 그 시대의 어느 제국보다도 세금이 훨씬 낮았고, 재산은 임의적인 압류 대상이 아니었다. 따라서 생산성 향상에는 수익성이 있었다. 예를 들어, 그리스 농부들이 더 많이 재배할수록 그들의 삶의 수준은 더 높아진다. 그러므로 우리는 그들이 더 생산적인 농작물, 방법, 장비를 찾고 채택하려 했다고 추정할 수 있다. 이것은 다른 생산자들에게도 똑같이 적용되었을 것이다. 그렇다면 그리스 도시국가들은 장기적인 경제 성장을 경험했어야 했다.

　증거는 그들이 그랬다는 것을 시사한다. 예를 들어, 고고학적 증거는 평균적인 식단에서 현저한 향상이 있었음을 보여준다. 고대 공동묘지에 묻힌 그리스 남성들의 해골을 측정한 결과 그들은 평균적으로 1949년 그리스군의 신병들보다 키가 더 컸던 것으로 밝혀졌다.[51] 게다가 주요 그리스 도시국가들이 수 세기에 걸쳐 인구가 상당히 많아졌음에도 불구하고,[52] 농민들의 평균 소비 수준은 약 50% 증가한 것으로 추정된다.[53] 고대 그리스 경제 성장의 또 다른 징후는 그리스 주택의 평균 크기가 크게 늘어났다는 것이다. 기원전 8세기에는 53m²였고, 기원전 6세기에는 122m²로 넓어졌으며, 기원전 5세기에는 325m²였다.[54]

　또한 그리스인들은 몇 가지 현대적 측면으로 훨씬 더 정교한 경제를 발전시켰다. 먼저 상품을 기반으로 한 상업이 재정에 기반을 둔 상업으로 전환되었다. 『정치학』에서 아리스토텔레스는 이것을 "화폐 획득"의 추구

50　Migeotte, 2009; Scheidel, Morris, Saller, 2007.
51　Morris, 2009: 113.
52　Migeotte, 2009: 21; Scheidel, Morris, Saller, 2007: 42.
53　Scheidel, Morris, Saller, 2007: 11.
54　Reden, 2007: 400.

라고 묘사했다. 이러한 변화에 따라 그리스인들은 은행을 발명했다. 고대 경제 전문가인 에드워드 코헨(Edward Cohen)은 이를 "개인 사업"("은행", *trapezai*)이라고 표현했다. 이 사업은 "절대적인 상환 의무가 있지만 대출과 투자 활동을 통해 벌거나 심지어 잃을 수 있는 자금(예금)을 다양한 곳으로부터 받았다."[55] 많은 고대 사회는 예금을 보호하는 기관을 가지고 있었다. 주로 신전이 이러한 기능을 했다. 그러나 이런 사업은 은행이 아니었다. 이 그리스 기관을 최초의 은행으로 규정하는 것은 예금 대출과 투자였다. 이상하게도 그리스인들은 자유인이 다른 사람의 통제하에 일하는 것을 모욕적으로 여겼기 때문에, 은행들조차도 소유주와 노예 직원들로 구성되어 있었다.[56] 어쨌든 이러한 발전은 경제 발전을 반영했을 뿐만 아니라 촉진시켰다.

그리스 "기적"이 절정에 달했을 때, 평범한 자유 그리스인들은 그들의 조상들과 제국 통치하에서 고통 받은 이웃들(예. 페르시아인들)보다 훨씬 더 잘 살았다.

읽고 쓰는 능력

글쓰기는 아마도 고전 그리스가 부흥했던 시기보다 몇천 년 전에 시작되었을 것이다. 하지만 다른 곳에서 읽고 쓰는 능력은 엘리트 계층의 요구하에 모든 의사소통과 기록에 관한 내용을 글로 남겼던 소수의 필사자에 한정되어 있었다. 다른 사람들은 모두 순전히 구술 문화 속에서 살았다. 책도 없었다. 극작가나 철학자가 있었다고 해도 그들은 흔적을 남기지 않았다.

---

55   Cohen, 1992: 3.
56   Cohen, 1992: 61.

따라서 그리스에서 읽고 쓰는 능력이 널리 퍼진 것은 문화적 혁명이었다. 아마도 아테네와 다른 고대 그리스 도시들에서 그랬던 것처럼, 자유민 태생의 3분의 1 이상의 사람들이 읽고 쓸 수 있게 되었을 것이다.[57] 그리스어를 읽고 쓰는 능력은 24글자의 음성 알파벳의 개발 덕분에 단어들이 "소리 나게" 들릴 수 있으므로 훨씬 더 쉬웠다.[58] 중국어나 고대 이집트어와 같은 표의적 문자 체계에서는 약 3천 개의 다른 문자를 통달해야 기초적으로 읽고 쓸 수 있었고, 온전히 읽고 쓰기 위해서는 5만 개의 문자를 통달해야 했다.[59] 그리스인들은 또한 많은 소년(소녀들은 제외)에게 읽기를 가르치기 위해 학교를 설립했다.[60]

읽고 쓰는 능력의 확산은 책과 배움의 축적을 가져왔다. 헤로도토스와 크세노폰이 쓴 책과 같은 것들은 중요한 역사적 지식을 보존했다. 오랫동안 구술로만 존재했던 위대한 문학 작품들은 기록되었기 때문에 살아남았다. 철학자들은 선조들의 작품을 바탕으로 저서를 쓸 수 있었고 플라톤의 보고에 따르면, 그들은 "선조들이 책에 기록하고 남겨두었던…보물들을 열어 보았다"고 한다.[61] 물론 그리스 철학자들이 계속 살아서 서구 문명을 형성한 것은 그들의 책 중 다수가 살아남았기 때문이다. 또한 읽고 쓰는 능력은 고대 그리스인들 사이에 새로운 기술에 대한 정확한 지식의 확산을 크게 촉진시켰다. 이러한 이유로 그리스인들은 글을 "기억의 어머니"라고 불렀다.[62]

---

57 Harris, 1989: 329.
58 Harris, 1989; Thomas, 1992.
59 Lyons, 2010: 13.
60 Harris, 1989: 58-59.
61 Xenophon, *Memorabilia of Socrates*, 1:6:14이 인용함.
62 아이스킬로스의 *Prometheus Unbound*(기원전 약 442년)에서 프로메테우스가 말한 내용.

예술

그리스 조각은 사실주의의 혁명이었다(이상적으로 아름다운 남성과 여성에 초점을 맞췄음에도 불구하고). 이전 예술가들은 양식화된 인간과 동물을 조각했지만, 그리스인들은 살아 있는 것처럼 보일 정도로 인간과 동물을 조각했다.[63] 또한 그리스인들은 조각가 개개인이 알려져 있었다는 의미에서 "예술가"의 전통을 시작했다. 고대 제국의 예술은 익명의 장인에 의해 전통적인 스타일로 제작되었다. 그리스 조각가들은 지배적인 스타일의 개인적인 표현을 자유롭게 추구했고, 따라서 작품 아래에 자신들의 이름을 새겼다. 다수의 사람은 그 당시에 그들에 대한 글이 나올 만큼 유명해졌다.[64] 프락시텔레스(기원전 약 370-330년)는 여성 나체의 조각상을 훌륭하게 만든 사람으로 널리 알려졌다. 그의 유명한 크니도스의 아프로디테에 대해 로마 학자 플리니우스(기원후 23-79년)는 세계에서 가장 위대한 조각상이라고 말했다(이는 그리스 문화의 우월성에 대한 로마의 믿음을 반영한다). 그리스 회화도 로마인들에게 역시 존경받았지만, 안타깝게도 그중 어느 것도 살아남지 못했다.

그리스인들은 극장을 발명하지 않았지만, 고대 종교의식이나 야외극과는 비교할 수 없을 정도로 그것을 발전시켰다. 그들은 아마도 구호를 외치기보다는 구어체 대화를 나누는 드라마를 처음으로 무대에 올렸을 것이고, 또한 비극과 코미디를 만들어냈을 것이다. 조각과 마찬가지로, 그리스 극장은 시대를 초월한 전통을 상연한 것이 아니라 유명한 극작가의 작품을 보여주었다. 그리스 극장은 언덕 비탈을 깎아 만든 야외극장에서 열

---

63   Boardman, 1988; Johnson, 2003.
64   Johnson, 2003: 60-64.

렸고, 뛰어난 음향을 갖추어 14,000명까지도 수용할 수 있었다. 에우리피데스의「메데이아」(기원전 484-406년)와 같이 필사본으로 남아 있는 연극 중 일부는 계속 공연되고 있다.[65]

그리스 사람들은 특히 음악에 창의적이었다.[66] 그들은 형식보다 소리를 강조했다. 가장 듣기 좋은 음악이 가장 좋았다. 그래서 그들은 음계를 "조율"하는 기초를 확립했다. 또한 고대 그리스인들은 음악 표기법의 첫 체계를 개발했다. 비록 그것이 오늘날 사용되는 표기법 체계에 훨씬 못 미치는 대략적인 속기이긴 했지만 말이다. 그리스인들은 어떻게 현이 소리를 만들어내는지에 대한 물리적 현상을 연구했고, 이에 대한 기본 방정식을 만들었으며, 많은 악기를 개발하고 완성했다. 물 오르간은 가장 주목할 만했다. 그것은 현대 파이프 오르간의 선구자였고, 수압을 이용해 파이프 위로 공기를 불어 넣었다. 현대의 오르간처럼 그리스식 물 오르간은 건반으로 연주되었다.[67]

마지막으로 그리스인들은 지금까지 번성해온 문학의 주요 형태에 대한 모델을 세웠다.[68] 특히 중요한 것은 서사시와 서정시였다. 신비로운 호메로스가 썼다고 여겨지는 두 개의 기념비적인 서사시 작품인『일리아스』와『오디세이아』는 서양 문학의 기둥으로 남아 있다. 헤로도토스는 그리스인들이 사건에 대한 일반적인 설명을 처음으로 기록했다는 점에서 종종 역사의 아버지라고 불린다. 그리고 물론 그리스인들은 철학적인 대화를 발명했다.

---

65   Brockett, Hildy, 2007.
66   Ulrich, Pisk, 1963.
67   Williams, 1903.
68   Beye, 1987; Whitmarsh, 2004.

기술

그리스의 발명과 기술혁신에 대한 우리의 지식은 소위 학습된 소홀함으로 인해 심각하게 영향을 받고 있다.[69] 고대와 오늘날 문학적 성향을 가진 사람들은 쟁기질, 배관질, 펌프질, 추진력과 같은 실용적인 문제에 거의 관심이 없고 그에 대한 지식이 부족한 경향이 있다. 고대 그리스 작가들은 옛 기술이나 신기술에 대해서는 거의 언급하지 않았으며, 그들이 보고한 것 중 일부는 분명히 부정확했다. 따라서 그리스 기술에 대한 우리의 지식은 부족하다.[70]

물레방아를 발명하여 제분소를 돌리고 밀가루를 빻은 사람들은 그리스인들이었다. 그들은 물레방아의 수직 운동을 수평 운동으로 변형시키는 기어 시스템을 개발함으로써 이 과정을 가능하게 했다. 위대한 수학자이자 공학자인 아르키메데스(기원전 287-212년)는 중동의 일부 지역에서 여전히 사용되고 있는 일종의 물 펌프인 유압 나사를 발명했다. 유압 나사는 낮은 지면에서 높은 지면으로 물을 끌어 올릴 수 있게 하여 관개를 크게 용이하게 했다. 그리스인들은 기원전 480년 헬레스폰토스강을 가로지르는 부교를 지탱하는 케이블을 조이기 위해 페르시아와의 전쟁 중에 처음으로 알려진 윈치를 사용했다. 기원전 515년경에 그들은 무거운 하중을 들어 올리기 위해 윈치와 도르래를 사용하는 구조물인 크레인을 개발하여 건설 작업에서 돌을 들어 올리기 위한 수단으로 사용되었던 경사로를 교체했다. 거의 같은 시기에 그들은 건설 프로젝트와 농업에 사용하기 위해 손수레를 개발했다.

---

69   Cuomo, 2007; Finley, 1959; Major, 1996; Moritz, 1958; White, 1984; Wilson, 2002.

70   Cuomo, 2007.

또한 그리스인들은 물시계(또는 클렙시드라)를 완성했는데, 이는 해시계를 크게 발전시킨 것이었다(더 정확하고 어둠 속에서도 작동했다). 물시계는 세심하게 보정된 속도로 물을 방출함으로써 시간을 측정했다. 중국, 이집트, 바빌론의 초기 물시계는 물통의 수위가 낮아지면서 정확도가 떨어졌다. 그리스인들은 흐름을 조절하는 방법을 도입했다. 또한 시간을 표시하기 위해 다이얼 표시기를 작동시키는 물시계, 심지어 알람 역할을 하는 소음 발생기를 작동시키는 시계도 고안했다. 이 그리스 물시계는 중세 유럽에서 기계식 시계로 대체되기 전까지 세계에서 가장 정확한 시간 기록원이었다. 태양, 달, 행성 및 별의 위치를 찾고 예측하기 위해 사용되는 천문기구인 아스트롤라베를 발명한 것도 그리스인들이었다. 아스트롤라베는 점성가들에게 유용할 뿐만 아니라 항해에도 엄청난 가치가 있었다.

종종 간과되는 것은 그리스의 지도 발명이다. 최초의 지도는 아마 아낙시만드로스(기원전 610-546년)에 의해 제작되었을 것이지만, 지도 제작에 경도와 위도를 도입한 것은 메시나의 디카이아르크(기원전 350-285년)였다. 그리스인들이 발명한 캘리퍼스도 지도 제작과 관련된 것인데, 가장 초기의 것은 기원전 6세기에 난파된 그리스 배에서 발견되었다.

그리스가 개발한 것 중 매우 중요한 것은 투석기(catapult; 그리스어 *katapeltes*["투척하다"]에서 기인함)였다. 시라쿠사의 도시국가에서 발명된 투석기는 큰 화살이나 돌을 강력한 힘으로 쏘기 위해 사용되었다. 투석기는 공성전에 혁명을 일으켰다. 탄환을 먼 거리나 벽 너머로 던질 수 있었고, 도르래의 아랫부분은 벽을 칠 수도 있었다.[71]

청동을 만들고 주조하는 새로운 기술, 새로운 광업 방법, 심지어 증기

---

71   Cuomo, 2007.

기관(장난감으로만 구현됨)을 포함한 그리스의 다른 기술혁신이 많이 있었다. 하지만 그리스 유산의 가장 중요한 것은 사물이 아니라 생각이었다.

그리스 합리주의

그리스인들이 삶의 의미와 자연 현상의 원인에 대해 최초로 궁금증을 가진 것은 아니었다. 그러나 그들은 체계적인 방법으로 그렇게 한 최초의 사람들이었다. 저명한 학자 마틴 웨스트(Martin West)의 말에 따르면, "그들은 스스로 이치를 배웠다."[72]

고대인들은 우주의 근본적인 특징이 무질서와 혼란 상태인 혼돈이라고 믿었다. 사람들은 그러한 우주에 대해 명상하거나 현상을 다양한 신들의 변덕 탓으로 돌릴 수 있지만, 어떤 일이 왜 그렇게 일어나는지에 대해서는 유용하게 추론하려고 하지 않을 수 있다. 이러한 가정이 널리 퍼져 있는 한, 자연에 대한 자연적인 설명은 완전히 터무니없어 보였고, 중국 도교주의자들이 말했듯이 그런 설명은 "우주의 섬세함과 복잡함에 비해 너무 순진했다."[73] 헤로도토스가 이집트를 여행한 후 지적했듯이, "왜 나일강이 매년 범람하는지"에 대해 조사해야 한다는 생각을 "사제나 다른 어떤 사람"도 하지 않았다.[74] 사람들은 그 현상을 이시스 여신에게 돌리는 데 만족했다. 헤로도토스는 이집트를 방문한 그리스인들이 왜 나일강이 범람하는지에 대해 제안한 세 가지 자연주의적 설명을 요약했다. 그는 이

---

72 West, 2001 : 140.
73 Needham, 1956 : 581.
74 Herodotus, *The History*, 2:19

46　　　제1부　고전적 시작(기원전 500-기원후 500)

세 가지 설명이 모두 틀렸다고 올바르게 일축했지만, 요점은 그리스 방문자들이 왜 그런지에 대한 질문을 제기했던 반면 이집트인들은 그들의 문명 전체가 나일강의 연간 홍수에 의존했음에도 불구하고 자연적인 설명을 추구하지 않았다는 것이다.

헤로도토스의 예가 보여주듯이 고대 그리스인들은 우주가 질서정연하고 인간의 마음이 관찰과 이성을 통해 판단할 수 있는 근본적인 원리에 의해 지배된다고 제안했을 때 서양 과학의 발흥을 향한 가장 중요한 한 걸음을 내디뎠다.[75] 누가 이 조치를 처음 취했는지, 언제 취했는지는 불확실하다. 그러나 탈레스(기원전 약 624-546년)가 기원전 585년 5월 28일에 일식이 있을 것이라고 정확히 예측했을 때 우주가 질서정연하고 예측 가능하다는 가정에 큰 힘이 실렸다. 탈레스는 소아시아(지금의 터키)의 그리스 도시국가인 밀레토스의 귀족 가문에서 태어났다. 초기에 그는 세속적인 현상에 대한 초자연적인 설명과는 반대로 자연적 원인에 대해 추측하기 시작했다. 우리는 탈레스가 초기 기하학자였다는 것과 지진을 설명하려고 노력했다는 것, 그리고 모든 물질은 반드시 하나의 기본 요소로 구성되어야 한다고 주장했다는 것을 알고 있다. 하지만 그의 저작이 하나도 남아 있지 않기 때문에, 그의 저작에 대해서는 거의 알지 못한다.

피타고라스(기원전 570년경-490년)는 우주가 질서정연하다는 주장을 강력하게 뒷받침했다. 그와 그의 추종자들은 만유가 하나의 우주(*cosmos*)라고 가르쳤는데, 그 표현은 원래 질서정연하고 조화롭다는 의미다. 피타고라스는 현대 터키 해안의 사모스섬에서 태어났다. 40세에 그는 남부 이탈리아의 그리스 도시국가 크로톤으로 이민을 했고, 그곳에서 추종자들

---

75   Freeman, 1999: 150.

을 모으고 여생을 보냈다. 피타고라스는 우주를 설명하는 데 수학의 중요성을 강조했기 때문에 오늘날 숫자의 아버지로 알려져 있다. 또한 그는 자기 이름을 딴 기하학 정리(定理)와 자신을 묘사하기 위해 철학자(지혜를 사랑하는 자)라는 용어를 창안한 것으로 유명하다. 하지만 고대 그리스에서 피타고라스는 종교적 교리로 가장 잘 알려져 있었다. 즉 살아 있는 모든 생물은 영혼을 가지고 있고, 영혼은 불멸하며, 죽은 후에 각각의 영혼이 새로운 신체로 들어간다는 것이다.

계속 중요한 인물로 남아 있는 다음 그리스 철학자는 아낙사고라스(기원전 약 500-428년)다. 소아시아의 그리스 도시국가 클라조메나이에서 태어나 훈련을 받은 그는 아테네에 철학을 가져온 것으로 알려져 있다. 아낙사고라스는 우주론에 대해 놀랄 만한 통찰이 있었다. 그는 태양과 별이 붉고 뜨거운 돌이며, 달은 스스로 빛을 내지 않고 태양으로부터 빛을 받아 반사하고, 달이 지구와 태양 사이에 있을 때 달의 일식이 일어난다고 주장했다. 그러나 아마도 그의 가장 독창적인 업적은 그의 목숨을 앗아갈 뻔한 것이었다. 온 우주의 이면에는 정신(Nous)이 있다는 것이다. 모든 것을 만들고 움직이게 한 것은 바로 이 마음이라는 것이다. "마음은 무한하고 자기 지배적이며, 아무것과도 섞이지 않았지만, 혼자이고 그 자체다. 그것은 모든 것 가운데서 가장 훌륭하고 가장 순수하며, 모든 것에 대한 모든 판단력과 가장 큰 능력을 지니고 있다."[76] 이런 식으로 아낙사고라스는 신성을 마음에만 귀속시키고 전통적인 신들을 무시하면서 유일신교의 초기 형태를 분명히 표현했다. 이에 대해 아테네 법원은 불법을 이유로 그에게 사형을 선고했지만, 페리클레스는 그가 아테네를 떠나면 풀려날 수 있도

---

76   Anaxagoras, *Fragments of Anaxagoras*, frag. 12.

록 조처했다. 그래서 아낙사고라스는 소아시아의 람사쿠스로 물러났고, 플라톤이 태어난 해에 그곳에서 죽었다.

서양 철학이 "플라톤에 대한 일련의 각주"에 불과하다는 영국의 권위 있는 수학자이자 철학자인 알프레드 노스 화이트헤드(Alfred North Whitehead, 1861-1947)의 말은 완전히 엉뚱하지만은 않았다.[77] 플라톤(기원전 약 428-348년)은 서양 철학에서 가장 유명하고 영향력 있는 두 인물 중 한 명이며, 다른 한 명은 그의 제자 아리스토텔레스(기원전 384-322년)다. 플라톤이 그의 글에서 대화 형식을 사용했고, (그의 스승이었던) 소크라테스를 "올바른" 견해의 대변자로 오랫동안 사용했기 때문에, 어떤 생각이 플라톤의 것이며 어떤 생각이 소크라테스의 것인지에 대해서는 약간의 의견 불일치가 있다. 이것은 지적인 역사학자들에게는 타당한 관심사이지만, 더 중요한 점은 플라톤이 이 생각들에 대해 썼기 때문에 우리가 이 생각들에 대해 알고 있다는 것이다. 그러므로 이러한 생각들을 플라톤주의로 보는 것이 옳다.

그의 경력 초기에 플라톤은 자연 현상을 설명하는 데 전념했다. 그가 말했듯이 "나는 모든 것의 원인을 아는 것이 영광스러운 일이라고 생각했다."[78] 그러나 결국 그는 그가 찾고 있는 원인이 자연계에 있는 것이 아니라 "만물은 정신이나 정신에 의해, 즉 신성에 의해 질서화된다"는 것을 확신하게 되었다.[79] 플라톤은 신성의 존재는 우주 질서에 내포되어 있다고 주장했는데, 이 질서는 "지적인 질서적 원인 없이는 설명될 수 없다."[80]

77   Whitehead [1929] 1979: 39.
78   Plato, *Phaedo*, 95.
79   McLendon, 1959: 90.
80   Wild, 1949: 8.

자신의 새로운 접근법을 추구하면서 플라톤은 우주는 눈에 보이는 것과 보이지 않는 것 두 영역으로 나뉘어 있다고 주장했다. 그는 (소크라테스의 입을 통해) 보이지 않는 것은 실재하며, 보이는 것은 보이지 않는 것의 흐릿한 그림자에 불과하다고 말했다. 이것은 형상론이라고 알려져 있다.

플라톤에 따르면 눈에 보이는 우주의 모든 물체는 이상적인 물체, 즉 순수한 형상의 부정확하고 열등한 표현이다. 그는 오직 이상적인 형상들만이 진정으로 현실적이며, 눈에 보이는 모든 것에 환각이 관여된다고 주장했다. 그러므로 모든 원형 물체는 순수하고 완벽한 원을 반영하고, 모든 나무는 이상적이고 완벽한 나무를 반영하며, 모든 말은 완벽한 말을 나타낸다는 것이다. 인간의 감정과 심지어 미덕 역시 보이지 않는 세계에서 오직 "이상"으로 존재하는 완벽한 형상을 반영한다.

또한 플라톤은 우주가 움직임과 활동으로 가득 차 있다고 언급했다. 이것의 원인은 무엇일까? 플라톤의 대답은 피타고라스에게서 나왔다. 생물이든 무생물이든 모든 것에는 영혼이 살고 있다. 태양을 움직이게 하는 것은 영혼이고, 철학 같은 생각을 할 수 있는 것은 인간의 영혼이다. 플라톤은 영혼을 로고스(마음, 이성), 티모스(감정), 에로스(욕망)의 세 가지 측면으로 더 구분했다. 영혼은 무엇보다도 먼저 존재했고 불멸한다. 사실 플라톤은 죽음 후에 영혼이 새로운 존재나 사물로 바뀐다는 윤회를 믿었다. 물론 모든 영혼 중의 영혼과 절대적인 선의 순수한 형태가 있어야 한다. 이러한 결론들은 플라톤을 신성에 대한 그의 개념으로 되돌아가게 했고, 이는 그를 이성 신학(신의 본질과 같은 종교적 질문에 대한 이해를 넓히기 위한 이성의 적용)의 창시자로 불리게 했다.[81]

---

81   Caird, 1904; McLendon, 1959; Wolfson, 1947.

플라톤은 『법률』에서 신들이 존재하며 실제로 만물의 원인이라고 주장했다. 신들은 완벽한 지식과 완벽한 선함을 가지고 있고,[82] 우주의 도덕적 지배자이며 희생이나 선물에 의해 영향을 받을 수 없다는 것이다. 플라톤은 마음에 대한 아낙사고라스의 개념을 떠올리게 하면서 "모든 면에서 완벽한" 최고의 신이 있다고 결론지었다.[83] 그는 신의 변화가 반드시 덜 완전해지는 것이기 때문에 신은 불변의 존재라고 추론했다. 신은 모든 것을 알고 전지전능하다.[84] 신은 영원한 존재다. 그는 항상 존재해왔고 항상 그럴 것이다. 하지만 플라톤은 이 최고의 신이 너무 멀리 떨어져 있고 개인과 상관없기에 어떤 일에도 참여하지 않는다고 생각했다. 심지어 우주의 창조는 플라톤이 이성의 의인화이며 데미우르고스라고 명명한 더 작은 신의 작업이었다. 여기서 플라톤은 우주가 창조되지 않았고 영원하며 끝없는 존재의 순환에 갇혀 있다고 믿었던 대부분의 다른 그리스 철학자와 달랐다. 예를 들어, 아리스토텔레스는 "우주가 어느 시점에 존재하기 시작했다는 것은…상상도 할 수 없는 것"이라고 비난했다.[85] 또한 플라톤은 전통적인 그리스 신들의 존재를 일종의 하급 신으로 받아들였다.

아리스토텔레스는 플라톤의 제자였을 뿐만 아니라 알렉산드로스 대왕(기원전 356-323년)의 스승이었다. 그는 마케도니아에서 태어났고 18세에 플라톤 밑에서 공부하기 위해 아테네로 갔다. 플라톤이 죽은 후 그는 소아시아를 여행하고 나서 알렉산드로스와 미래의 두 왕, 즉 이집트의 첫 그리스 왕이 된 프톨레마이오스와 마케도니아의 왕이 된 카산드로스를

---

82   Plato, *Laws*, bk. 10.
83   Plato, *Republic*.
84   Plato, *Laws*.
85   Lindberg, 1992: 54에서 인용함.

가르치기 위해 마케도니아로 돌아왔다.

플라톤과 달리 아리스토텔레스는 자연 세계를 설명하는 데 흥미를 잃지 않았다. 그의 성찰은 모든 운동의 첫 번째 원인인 "부동의 동자"(unmoved mover)가 있어야 한다는 결론에 이르게 했다. 그는 첫 번째 동자를 신이라고 정의했다.[86] 그의 개념에서 신은 플라톤의 최고신성만큼이나 멀고 개인과 관계가 없는 존재였다. 아리스토텔레스에 따르면 일단 우주를 움직이게 해놓는다면, 신은 오직 완벽한 것, 즉 자신의 사색만을 생각할 수 있다. 이것으로부터 아리스토텔레스는 신은 세계의 존재를 알지 못하는 것이 틀림없다고 추론했다.[87] 그러므로 신은 우리가 경이로움을 느끼도록 하지만, 그를 숭배하는 것은 무의미하다.[88] 또한 아리스토텔레스는 전통적인 그리스 판테온을 전혀 다루지 않았고 신성에 대한 알렉산드로스의 주장을 공개적으로 경멸했다. 알렉산드로스의 죽음 이후, 아테네에서 아리스토텔레스가 신을 공경하지 않았다는 이유로 그를 재판에 넘기려는 움직임이 있었다. 그래서 그는 아테네를 떠나 유보이아섬의 칼키스에 있는 가족 사유지로 달아났고, 그다음 해에 그곳에서 죽었다.

서구 문명에 대한 아리스토텔레스의 주요한 영향은 그의 형이상학이나 자연현상에 대한 많은 관찰로부터 온 것이 아니다. 가장 중요한 것은 철학적인 토론이 전형적으로 한 명 이상의 참가자들이 잘못된 추론을 했다는 데 중점을 두었다는 그의 인식이었다. 이것은 그가 올바른 추론을 위한 규칙을 개발하도록 이끌었고, 거기서 형식 논리가 탄생했다. 아리스토텔레스 논리라고 불리게 된 것을 요약하기 위해 여기서 잠시 멈출 필요가

---

86   Aristotle, *On the Heavens and Metaphysics*를 보라.
87   Aristotle, *Eudemian Ethics*.
88   Aristotle, *Metaphysics*.

없다. 삼단논법이 주된 예다. 신비주의와 명상과는 반대로 논리적인 추론에 대한 강조가 기독교의 결정적인 특징이 되었다는 것을 인식하는 것으로 충분하다.[89]

그리스 유산에 대한 마지막 손길은 제논(기원전 334-262년)에 의해 설립된 철학자 학파인 스토아학파에서 나왔다. 스토아라는 이름은 제논이 아테네의 스토아 포실레(색칠한 현관)에서 그의 추종자들을 만났다는 사실에서 유래되었다. 페니키아 상인의 아들인 제논은 22세에 철학 교육을 받기 위해 아테네로 왔다. 그는 철학을 논리, 물리학(특히 형이상학을 포함함), 윤리(올바른 삶) 등 세 부분으로 나누었다. 그러나 그와 스토아학파는 만족스럽고 도덕적인 삶을 위한 열쇠로서 자기 통제와 올바른 추론을 강조한 윤리로 가장 잘 기억된다. 제논은 신이 일어나는 모든 일의 원인(우주가 하나님이다)이기 때문에, 인간은 삶이 다가오는 대로 침착하게 받아들여야 하며 기쁨이든 슬픔이든 감정적인 반응을 피해야 한다고 주장했다. 자기 통제에 대한 강조는 로마인들, 특히 엘리트층이 큰 매력을 느꼈다. 스토아주의는 도덕적 결점이 포함된 선도적인 이교도 철학이 되었다.

고대 도덕성

서구 문명에 대한 고대 그리스의 엄청난 공헌에 대한 평가에서 흔히 실패하는 것은 대리석 건물, 웅장한 조각상, 빛나는 철학, 그리고 민주주의에 대한 헌신만을 알아채는 것이다. 독일의 철학자 빌헬름 폰 훔볼트(Wilhelm

---

89   Stark, 2005.

von Humboldt, 1767-1835)가 말했듯이, "우리는 그리스인들에게서만 우리가 되고 싶은 것에 대한 이상을 발견한다."[90] 그러나 결국 그리스 문명의 몰락에 실질적인 역할을 한 어두운 면이 있었다. 그리스 철학자들은 그들의 모든 탁월함에도 불구하고 고대 세계의 도덕적 한계를 넘어서지 못했다는 것이다.

모든 그리스 도시국가들의 경제는 광범위한 노예제도에 의존했다. 아테네를 포함한 많은 곳에서 노예는 아마도 자유 시민보다 수가 더 많았을 것이다.[91] 심지어 평범한 가정도 종종 두세 명의 노예를 소유했다. 아리스토텔레스는 13명, 플라톤은 6명을 소유했다.[92] 압도적인 수의 노예의 존재와 학대에 대한 제한이 거의 없었다는 사실은 시민들을 점점 더 게으르게 만들었고 그리스의 감성을 거칠게 했다. 놀랍게도 많은 작가가 고대 그리스를 지탱한 거대한 노예제도를 그리스 문화의 화려함을 위해 치러야 했던 대가일 뿐이라고 무시했다.[93] 예를 들어, 영향력 있는 20세기 역사학자 요제프 포크트(Joseph Vogt)는 그리스 노예제도를 필요악으로 받아들였다. "노예는 영적인 것을 고려하는 데 헌신하는 [그리스 사람들]에게 필수적이었다.…노예제도와 그에 수반되는 인간성의 상실은 이 업적을 위해 치러야 할 희생의 일부였다."[94] 그러나 그리스의 "기적"이 노예제도의 방해에도 불구하고 일어났을 가능성이 훨씬 더 커 보인다. 자유 시민에 대한 노예의 비율이 증가하면서 그리스의 발전은 비례적으로 감소했다. 어떤 그리스 철학자도 노예제도를 비난할 만큼 충분히 "계몽"되지 않았다. 그

---

90   Freeman, 1999: 6.
91   Westermann, 1941.
92   Freeman, 1999: 121.
93   Finley, 1980에 요약된 내용을 보라.
94   Vogt, 1974: 25.

것은 기독교의 등장을 기다렸다. 세계 어느 곳에서나 노예제 폐지에 대해 알려진 최초의 사례는 천 년 후 중세 유럽이었다.

게다가 전쟁은 그리스 도시국가들 사이에서 고질적으로 일어났다. 역사가 찰스 프리만(Charles Freeman)은 "5세기에는 아테네가 어딘가에서 누군가와 싸우지 않은 해가 거의 없었다"고 지적한다.[95] 특히 패배의 여파로 잔인성이 지배했다. 기원전 416년에 아테네는 섬 도시국가인 멜로스에 식민지가 될 것을 요구했고, 멜로스 사람들이 거절하자 그들을 포위했다. 멜로스가 항복한 후에 아테네 사람들은 남자를 전부 죽이고 모든 여자와 아이들을 노예로 팔았다. 이후에 미틸레네 시민들이 아테네의 통치에 반대하여 반란을 일으켰을 때, 아테네의 민주 의회는 미틸레네의 사람들을 멜로스 사람들처럼 대우하도록 투표했다.

이렇게 그리스 민주주의는 자기 파괴적인 폭정을 받아들였다.

신제국

그리스 "기적"이 많은 독립 도시국가의 존재에 바탕을 두고 있었다면, 도시국가들이 새로운 제국 아래에 잠기면서 그리스의 진보는 정체되었다.

가장 먼저 생겨난 제국은 아테네 제국이었다. 기원전 478년에 그리스의 여러 도시국가는 페르시아의 거듭된 그리스 정복 시도에 대응하여 델로스 동맹이라고 알려진 군사 동맹을 결성했다. 출발부터 아테네는 동맹을 자국의 이익을 위해 이용했다. 아테네는 동맹의 자원과 다른 회원 도

---

95   Freeman, 1999: 3.

시국가들의 내정에 대한 지배력을 점차 증가시켜 결국 제국을 지배하게 되었다. 아리스토텔레스에 따르면, "아테네 사람들은 제국을 획득한 후, 그들의 동맹국을 독재적으로 대했다."[96] 이것은 특히 스파르타와의 분쟁을 악화시켰고 기원전 431년에 펠로폰네소스 전쟁으로 이어졌다. 그것은 긴 전쟁이었고 아테네 제국은 스파르타가 이끄는 펠로폰네소스 동맹과 맞서야 했다. 전쟁의 첫 국면은 기원전 421년에 체결된 평화 조약으로 끝났다. 기원전 415년 아테네가 원정군을 보내 시칠리아에 있는 그리스 도시국가인 시라쿠사를 공격했을 때 전쟁은 재개되었다. 시라쿠사를 정복하려는 시도는 비참한 실패였다. 아테네 함대 전체가 패했다. 전쟁은 기원전 405년 리산드로스 휘하의 스파르타 해군이 헬레스폰토스를 봉쇄함으로써 아테네의 곡물 공급을 끊으면서 끝났다. 이어진 전투에서 180척의 아테네 함선 중 168척이 침몰했다. 스파르타인들이 1년 동안 점령한 후 아테네는 자유를 되찾았고 민주주의를 회복했다.

기원전 378년 아테네는 스파르타에 대항하여 자주국방을 위해 도시국가연합을 조직함으로써 제국의 외관을 갖추었다. 기원전 371년 테베가 스파르타를 물리친 후에도, 아테네는 다른 연합국에게 힘을 행사하려고 했고, 그것은 기원전 357년 사회전쟁(또는 동맹국의 전쟁)으로 이어졌다. 다시 한번 아테네 함대는 파괴되었고, 그렇게 아테네 제국의 자취는 영원히 지워졌다. 그것은 또한 독립된 그리스의 종말을 의미했다.

그리스인들이 서로 전쟁을 계속하는 동안, 새로운 세력이 그들의 북쪽으로 자라고 있었다. 마케도니아의 작은 왕국은 그리스 사투리를 사용하고 심지어 스스로 그리스인이라고 주장하는 사람들에 의해 점령되었

---

96   Aristotle, *Constitution of Athens*, 24.

다. 대부분의 다른 그리스인, 특히 아테네인들은 이 주장을 거부하고 마케도니아인들을 무례하다고 일축했는데, 부분적으로는 마케도니아인들이 선출된 집회가 아닌 세습된 왕에 의해 통치되었고 왕을 포함한 일부 귀족들이 여러 명의 아내를 두고 있었기 때문이다. 그러나 필리포스 2세가 마케도니아의 왕이 된 직후 그리스인들은 마케도니아의 위협에 대해 걱정하게 되었다.

필리포스는 첫 번째로 군대를 재설계했다. 그는 전통적인 중무장 보병대 팔랑크스가 탑재한 창의 길이를 늘였고 잘 무장된 기갑부대를 만들었다. 이러한 혁신은 아테네가 사회전쟁으로 바쁜 동안 필리포스가 테살리아를 대부분 장악했을 때 곧 그 가치를 드러내었다. 그리스인들이 필리포스의 침입에 대해 점점 더 우려하게 되자, 데모스테네스는 그리스 도시국가 중 가장 강력한 테베를 포함한 아테네 연합군을 결성했다. 기원전 338년 카이로네이아 전투에서 이 동맹군들이 마케도니아인들과 맞섰을 때 마케도니아는 상대를 압도했고, 필리포스는 그리스 전체의 지배자가 되었다.

하지만 그것은 오래 지속되지 않았다. 2년 후 필리포스는 암살당했다. (오늘날까지 누가 음모에 가담했는지에 대한 논쟁이 있다.) 필리포스는 물론 곧 대왕으로 불리게 될 그의 아들 알렉산드로스에 의해 계승되었다. 아리스토텔레스가 그의 가정교사였지만, 알렉산드로스는 철학자가 아니었다. 대신 그는 군사적 천재였다. 그가 13년간의 통치 후에 죽었을 때 마케도니아 제국은 그리스에서 인더스강까지 뻗어 나갔고, 페르시아 전체와 남쪽으로는 이집트까지 포함했다. 마케도니아 제국의 동쪽 끝은 곧 사라졌지만, 그리스 지역은 수 세기 동안 마케도니아 왕국으로 남아 있었고, 이집트 지역은 기원전 30년에 클레오파트라가 죽을 때까지 알렉산드로스 대왕의 장군 프톨레마이오스가 세운 그리스 왕조에 의해 통치되었다.

로마의 발흥은 마케도니아 제국의 운명을 결정지었다. 로마는 처음에 이탈리아의 많은 그리스 도시국가들을 차지했다. 그 후 로마가 카르타고와 두 번째 전쟁(기원전 218-207년)을 치르는 동안, 마케도니아의 필리포스 5세는 카르타고 사령관 한니발과 동맹을 맺고 북아프리카로부터 그의 보급로를 보호하는 것을 도왔다. 한니발의 패배 직후 로마는 마케도니아를 치러 원정군을 보냈다. 로마는 기원전 197년에 필리포스의 군대를 물리쳤고 기원전 168년에 그의 아들의 군대를 물리쳤다. 이로 인해 그리스는 대부분 로마의 지배를 받게 되었다. 그 후 기원전 31년 악티움에서 그리고 기원전 30년 알렉산드리아에서 마르쿠스 안토니우스와 클레오파트라의 군대가 패배한 후, 전체 그리스 세계는 로마의 지배하에 들어갔다.

사라졌지만 잊히지 않았다

로마인들은 그리스 문화를 대부분 유지했지만, 혁신의 시대는 끝났다. 사실 그리스 "기적"의 종말은 수백 개의 독립 도시국가들이 아테네 제국과 펠로폰네소스 동맹으로 연합하면서 수 세기 전에 시작되었다. 이것은 미국의 위대한 인류학자 알프레드 크로버(Alfred L. Kroeber)의 놀랍지만 잊힌 연구에 의해 확인된다. 『문화 성장의 구성』(*Configurations of Culture Growth*, 1944)에서 그는 철학, 과학, 예술에 대한 뛰어난 공헌자들이 역사를 통해 언제 나타났는지에 대한 자료를 제시했다. 그는 기원전 900년부터 현재까지를 살펴보았다. 고대 그리스의 경우 크로버의 자료는 기원전 450년에서 350년 사이에 높은 봉우리를 보여주었고, 가파르고 빠른 쇠퇴가 뒤

따랐다.[97] 이것은 그리스 철학자들의 지리와 일치한다. 아테네가 지배하기 전에, 유명한 철학자들은 여러 다른 도시국가에서 살았다. 그러나 4세기가 되어서는 소크라테스, 플라톤, 아리스토텔레스, 제논 등 모든 중요한 철학자들이 아테네에 살았다. 물론 마지막 사람은 다른 세 사람에 미치지 못했고, 제논 이후 그리스 철학은 쇠퇴하여 평범해졌다. 한편 그리스 예술가들은 혁신을 중단했고, 새로운 기술이 등장하지 않았으며, 민주주의는 결코 되살아나지 않았다. 끝난 것이다.

그러나 잊히지 않았다. 20세기 영국의 역사학자 J. M. 로버츠가 (Roberts) 잘 말했듯이 "일단 이집트 문명을 보호하는 정치적·군사적 구조가 사라지자, 고대 이집트 문명은 학자들과 괴짜들에게만 중요해졌다. 그리스는 그리스 도시 자체가 폐허로 전락한 지 오랜 뒤에도 세계에 계속 영향을 끼쳤다."[98]

---

97   Kroeber가 발견한 내용은 Gray, 1958에서 되풀이된다.
98   Roberts, 1998: 38.

2장

예루살렘의 이성적인 신

그리스에서 일어난 지적 혁명은 이웃 사회에 별로 영향을 미치지 않았다. 페르시아인들은 이집트인들만큼이나 관심이 없었다. 그러나 그리스 철학은 유대인들에게 깊은 영향을 끼쳤다. 세계 곳곳에서 발흥했던 수많은 종교들의 사제들과는 달리, 초기부터 유대 신학자들은 성경에서 신에 대해 말한 것이 최고신에 대한 그리스 신화 개념의 일부 측면과 상당히 양립할 수 있다는 사실에 충격을 받았다. 게다가 자신들이 신에 대한 추론에 전념했기 때문에, 유대인들은 타당한 추론에 대한 그리스인들의 관심사를 재빨리 받아들였다. 이에 따라 나타난 것은 영원하고 불변할 뿐만 아니라 의식적이고 관심을 가지며 **이성적인** 신의 모습이었다. 초기 기독교인들은 이런 하나님의 이미지를 완전히 받아들였다. 그들은 또한 하나님과 그의 창조물에 대한 우리의 지식이 **점진적**이라는 명제를 덧붙이고 강조했다. 이성과 진보에 대한 믿음은 서구의 부흥에 필수적이었다.

헬레니즘과 유대교

현재 그리스 사상이 유대 신학에 영향을 미쳤는지에 대한 쓰라리고 잘못된 논쟁이 있다. 한쪽에는 두 전통이 광범위하게 혼합된 명백한 예가 있다. 다른 쪽에는 탈무드를 만든 랍비들이 그리스 철학에 대해 거의 알지 못했으며 경멸했다고 주장하는 유대인 학자들이 있다. "돼지를 번식시키는 사람은 저주를 받고 그의 아들에게 그리스 지혜를 가르치는 사람은 저주를 받을 것이다."[1]

탈무드를 쓴 랍비들이 그리스 철학에 대해 무엇을 알았든 무엇을 몰랐든 상관없어 보인다. 그들의 글은 기원후 3세기까지 시작되지 않았고, 이전 시대에 유대인의 삶과 신학에 그리스의 영향이 광범위했다는 것은 확실하다. 20세기 역사학자 모튼 스미스(Morton Smith)가 말했듯이, "헬레니즘화는 랍비 사상의 기본 구조에까지 미쳤다."[2] 초기 기독교 신학자들에게 영향을 준 것은 이 헬레니즘화된 유대교였다. 그들은 사실상 탈무드 랍비들과 아무런 접촉도 없었고, 그들의 가르침에도 관심이 없었다.

이르면 기원전 200년부터 대부분의 유대인이 팔레스타인이 아니라 로마의 도시, 특히 그리스 문화가 지배하는 도시에 살았다는 것을 깨닫는 것은 중요하다. 이 공동체들은 유대인 디아스포라(문자적으로 "분산")로 알려져 있었고, 팔레스타인에 여전히 살고 있는 유대인이 백만 명에 불과했던 것에 비해, 그 공동체들은 적어도 6백만 명의 유대인들의 고향이었다.[3] (바빌론에 있던 상당한 크기의 공동체를 포함하여 팔레스타인 동부에 수백만 명

---

1   Cohen, 1975; Kadushin, 1965; Urbach, 1975. Quotation from Fuller, 2003: 27을 보라.
2   Smith, 1956: 71.
3   Meeks, 1983: 34.

의 유대인들이 더 살았지만, 그들에 대한 기록은 거의 남아 있지 않고, 그들은 서구의 부흥에 거의 또는 전혀 역할을 하지 못했다.) 헬레니즘화된 서부 도시에 살고 있던 대다수의 유대인은 꽤 동화되었다. 이방인과의 혼인은 널리 퍼져 있었다.[4] 게다가 디아스포라 유대인들은 그리스어로 읽고, 쓰고, 말하고, 생각하고, 예배했다. 로마의 유대인 지하묘지에서 발견된 비문 중 2% 미만이 히브리어나 아람어로 되어 있지만, 74%는 그리스어로 되어 있고 나머지는 라틴어로 되어 있다.[5] 대부분의 디아스포라 유대인은 그리스 이름을 가지고 있었고, 이스라엘 학자인 빅토르 체리코버(Victor Tcherikover)는 그들 중 다수가 "아폴로니오스와 같은 그리스 신들의 이름에서 파생된 이름들을 [채택하기를] 주저하지 않았다"고 언급했다.[6] 기원전 3세기 초에 디아스포라 유대교 회당에서 거행된 예배는 그리스어로 진행되었고, 극소수의 디아스포라 유대인만이 히브리어를 읽을 수 있어서 토라를 그리스어로 번역할 필요가 있었다(70인역).

유대인들의 헬레니즘화는 디아스포라에 국한되지 않았다.[7] 알렉산드로스 대왕의 중동 정복과 함께 팔레스타인은 프톨레마이오스의 (그리스식) 이집트의 지배하에 들어갔다. 이로 인해 곧 팔레스타인에 29개의 그리스 도시들이 세워졌다. 그들 중 일부는 갈릴리에 있었는데, 가장 큰 두 도시는 티베리아스(갈릴리해)와 나사렛으로부터 6.5km밖에 떨어지지 않은 세포리스였다.[8] 기원전 2세기 초, 예루살렘은 "예루살렘에 있는 안티오케이

---

4   Tcherikover [1959] 1999: 353.
5   Finegan, 1992: 325-26.
6   Tcherikover [1959] 1999: 346.
7   Hengel, 1974, 1989; Levine, 1998; Smith, 1987.
8   Batey, 1991.

아"로 알려질 정도로 그리스 도시로 변모했다.[9] 저명한 학자이자 신학자인 헨리 채드윅(Henry Chadwick) 경에 따르면, "혜롯 왕(기원전 73-04년) 치세에 그리스의 영향이 극에 달했다.…그는 예루살렘이나 그 근방에 그리스 극장과 원형극장 및 대경기장을 지었다."[10]

고도로 헬레니즘화된 이러한 사회 환경에서 그리스 철학이 종교적 관점에 영향을 미치는 것은 불가피했다. 채드윅이 말했듯이, "이르면 필론부터 우리는 사회의 보다 문학적 계층의 당시 지적 화폐가 스토아적 윤리와 플라톤적 형이상학과 아리스토텔레스적 논리의 혼합이라는 것을 알게 되었다. 헬레니즘 세계에서 사용되는 그리스어의 형태처럼…필론은 그것을 그저 당연하게 여긴다."[11] 따라서 그 시대의 가장 존경받고 영향력 있는 유대인 지도자이자 작가인 알렉산드리아의 필론(기원전 20-기원후 20년)은 "그리스 철학이라는 거울을 통해"[12] 율법을 해석하려고 시도했고, 플라톤이 친숙하다고 느꼈을 방식으로 신을 묘사했다. "미덕을 초월하고, 지식을 초월하고, 선과 아름다움 그 자체를 초월하는 우주의 완전히 순수하고 무결한 정신."[13] 학자 어윈 구디너프(Erwin R. Goodenough)는, 필론은 "모세의 관점에서 플라톤을 읽고 플라톤의 관점에서 모세를 읽으며, 두 사람이 본질적으로 같은 말을 한다고 확신하기까지 했다."[14]

하지만 필론은 틀렸다. 비록 신에 대한 유대인의 개념이 플라톤과 아리스토텔레스 그리고 다른 그리스 철학자들에 의해 제안된 최고신의 일

---

9   Feldman, 1981: 310.
10   Feldman, 1981: 310.
11   Chadwick, 1966: 6.
12   Frend, 1984: 35.
13   Corrigan et al., 1998: 88.
14   Goodenough, 1962: 10.

부 측면과 일치하는 것이 사실이지만, 유대인의 신은 중요한 면에서 다르다. 플라톤과 아리스토텔레스의 신처럼, 야웨는 완벽하고 영원하며 불변하는 존재라고 믿어진다. 그러나 그는 멀리 떨어진 이상이 전혀 아니다. 그는 인류를 깊이 의식하며 사랑하는 창조주다. 그는 보고 듣고 소통하고 간섭한다. 그리고 기독교 신학을 형성했고 서구 발흥의 밑바탕에 깔린 것은 완전히 발전된 유대인의 신 개념이었지, 그리스인들의 멀리 있고 역사하지 않는 신이나 심지어 필론의 신도 아니었다.

초기 기독교와 그리스 철학

시작부터 초기 기독교 교부들은 그리스 철학에 익숙했다. 바울은 아테네의 마르스 언덕에서 지역 철학자들에게 즉석에서 설교하며 스토아 그리스 시인 아라투스(기원전 약 315-240년)를 정확하게 인용했다. 사실 몇몇 초기 영향력 있는 기독교 신학자들은 그들이 기독교로 개종하기 전에 철학자로 훈련을 받았다. 그들의 개종이 증명하듯이 철학자들과 기독교 신학자들 사이의 많은 합의점이 널리 인정되었다. 십중팔구 아테네에서 태어나 개종하기 전에 몇몇 철학 석학과 함께 공부했던 알렉산드리아의 클레멘스(약 150-215년)는 다음과 같이 썼다.

주님이 나타나시기 전에, 그리스인들에게 철학은 의를 위한 일종의 준비 훈련이었다. 주님이 그리스인을 부르실 때까지 철학은 직접적으로 그리고 주로 그리스인들에게 주어졌다. 이는 율법이 히브리인들을 그리스도께로 인도하는 것처럼 "그리스인"을 그리스도께로 인도하는 교사는 철학이기 때문이

다. 그러므로 철학은 준비였고 그리스도 안에서 온전해질 사람에게 길을 열어주었다.[15]

아마도 순교자 유스티누스(약 100-165년)만큼 그리스 철학을 높이 평가한 초기 교부는 없었을 것이다. 유스티누스는 사마리아에 있는 그리스어를 사용하는 이교도 집안에서 태어나 정식으로 철학 교육을 받았고, 130년에 기독교로 개종한 후에도 계속해서 철학자의 망토를 입었다. 결국 그는 미래의 교부인 이레나이우스와 타티아누스가 그의 제자였을 수도 있는 학교를 로마에 열었다. 유스티누스는 마르쿠스 아우렐리우스의 통치 아래 반기독교 박해가 발발하는 동안 매를 맞고 참수당했기에 "순교자"라는 별칭을 얻었다.

　　그는 "복음과 플라톤 및 스토아학파의 최고의 요소는 같은 진리를 이해하는 거의 동일한 방법"이라고 주장했다.[16] 유스티누스에 따르면, 이러한 긴밀한 유사점의 한 가지 이유는 그리스인들이 모세에게 크게 의존했기 때문이다. 이것은 필론뿐만 아니라 플로티노스를 포함한 유스티누스 시대의 신플라톤주의자들이 동의한 견해다. 플로티노스는 "플라톤이 아테네 그리스인의 모습을 한 모세가 아니면 무엇인가?"라고 물었다.[17] 이런 점에서 유스티누스는 유대인 예언자들과 그리스 철학자들을 "그리스도 이전의 기독교인들"이라고 보았다.[18] 물론 성 아우구스티누스가 『하나님의 도성』에서 씁쓸하게 인정했듯이, 초기 그리스인들이 모세로부터 배웠

15　　Clement of Alexandria, *The Stromata*: 1:5.

16　　Chadwick, 1966: 10-11.

17　　In Chadwick, 1966: 15.

18　　In Chadwick, 1966: 16.

다고 주장한 유스티누스와 다른 초기 기독교 사상가들은 틀렸다.[19] 하지만 그렇다고 해서 기독교와 플라톤주의 사이에 유사성이 많다는 사실이 바뀌지는 않는다.

유스티누스는 기독교 신학과 그리스 철학 사이에 있는 여러 유사성에 대한 두 번째 이유를 제시했다. 둘 다 이성이라는 신성한 선물에 의존했다는 것이다. 그는 "이성이 신의 형상으로 창조된 존재인 모든 사람에게 진리의 씨앗을 뿌렸다"고 말했다.[20] 그리고 인류에 대한 신의 가장 큰 선물은 사고하는 힘이었기 때문에 기독교의 계시는 "최고의 이성"과 완전히 양립할 수 있어야 한다.[21] 결과적으로 유스티누스는 예수를 신의 아들이자 철학자로 보았고 "올바른 이성"의 의인화로 보았다.[22]

유스티누스는 플라톤이 신을 우주 바깥에 있는 영원하고 불변하는 존재로 여기며 인간이 자유의지를 소유했다고 말한 것을 옳게 여겼다. 유스티누스와 클레멘스 및 다른 초기 기독교 작가들도 그리스 철학의 여러 단점을 지적했다. 예를 들어 그들은 신이 멀리 있고 개인과 관계가 없고, 영혼들이 새로운 신체에서 생명을 얻었으며, 더 작은 신들이 존재한다는 그리스인들의 주장을 부인했다. 그리스 철학과 기독교가 동의하지 않았던 곳에서는 유스티누스에 따르면, 후자에 권위가 있었다. 왜냐하면 철학은 인간적일 뿐이지만 기독교는 신성했기 때문이다. 즉 종교는 진리의 궁극적인 기초였다.

초기 기독교 작가들이 확인한 한 가지 문제는 그리스 판테온의 수많

---

19   Saint Augustine, *The City of God*, 8:11.
20   In Chadwick, 1966: 16.
21   In Chadwick, 1966: 19.
22   In Chadwick, 1966: 17.

은 신들 중 어느 누구도(제우스마저도) 타당한 우주의 의식적인 창조자로서의 역할을 하기에 충분하지 않다는 것이었다. 인간처럼 그리스 신들은 모든 사물의 자연적 순환의 끊임없는 작용의 대상이었다. 아리스토텔레스를 포함한 몇몇 그리스 학자는 우주를 관장하는 무한한 신을 상정했지만, 그들은 이 신을 근본적으로 중국의 도처럼 비인격적인 본질로 생각했다. 그러한 신은 주기적인 우주와 그것의 이상적이고 추상적인 성질에 어떤 영적 아우라를 주었지만, 본질인 "신"은 **아무것도 하지 않았고** 소유하지 않았다.

플라톤이 데미우르고스(세상의 창조자로서 역할을 한 열등한 신. 최고신은 그러한 일을 하기에는 너무 멀고 영적인 존재였다)를 상정했을 때에도, 이 창조자는 무에서 우주를 창조한 전지전능한 신에 비하면 빛이 바랬다.[23] 게다가 플라톤에게 우주는 확고한 작동 원리가 아닌 이상에 따라 창조되었다. 이것들은 주로 이상적인 모양들로 구성되어 있었다. 따라서 우주는 구체여야 한다. 그것이 대칭적이고 완벽한 모양이기 때문이다. 천체는 원 안에서 회전해야 한다. 그것이 가장 완벽한 운동이기 때문이다.[24] 선험적인 가정으로, 플라톤주의의 이상주의는 오랫동안 발견을 방해했다. 수 세기 후 이상적인 모양에 대한 코페르니쿠스의 흔들리지 않는 믿음은 그가 행성의 궤도가 원형이 아니라 타원형일 수도 있다고 생각하는 것을 방해했다.

초기 기독교 작가들에 따르면 그리스 철학의 두 번째 문제는, 우주가 영원하고 창조되지 않았을 뿐만 아니라 끝없는 진보와 붕괴의 순환에 갇

---

23   Lindberg, 1992. 많은 학자는 플라톤이 그가 상정한 데미우르고스를 문자 그대로 받아들이도록 의도한 것인지 의심한다. 그러나 실제 창조주든 은유든, 데미우르고스는 창조주에 대한 기독교적 개념과 전혀 다르다.

24   Mason, 1962.

혀 있다는 그리스 개념과 관련이 있다. 『천상에 관하여』(*On the Heavens*)에서 아리스토텔레스는 "같은 생각들이 한두 번이 아니라 여러 번 반복된다"라고 했고, 『정치학』(*Politics*)에서는 모든 것이 "세대에 걸쳐 여러 번, 아니 오히려 수없이 발명되었다"라고 말했다. 그는 자신이 황금시대에 살고 있으므로, 그의 시대의 기술 수준은 성취할 수 있는 최대 수준에 도달했고 더 이상의 발전은 불가능하다고 결론지었다. 발명에 관해서는 개인에게도 마찬가지다. 우주의 맹목적인 순환이 진행되면서 똑같은 사람들이 계속해서 태어날 것이다. 크리시포스는 지금은 잃어버린 『우주에 관하여』(*On Cosmos*)에서 스토아인들은 "같은 사람들의 이전 존재와 실제 존재 사이의 차이는 단지 외적인 것일 뿐이고 우연적인 것일 뿐이며, 그러한 차이는 이전 세계에서 살았던 그의 존재와는 다른 존재를 만들어내지 않는다"고 가르쳤다고 한다.[25] 우주 그 자체에 대해 파르메니데스는 변화에 대한 모든 인식이 환상이라고 주장했다. 왜냐하면 우주는 "창조되지 않고 파괴될 수 없는" 온전하고 정적인 상태에 있고, "완전하고 움직이지 않으며 끝이 없기 때문이다."[26] 이오니아 철학자들처럼 영향력 있는 그리스인들은 비록 우주는 무한하고 영원하지만, 그것은 또한 끝없는 연속적 순환의 영향을 받는다고 가르쳤다. 플라톤은 사물을 조금 다르게 보았지만, 그 역시 순환을 굳게 믿었다. 영원한 법칙이 각 황금기 다음에 혼란과 붕괴가 오도록 했다는 것이다.

마지막으로 초기 기독교인들은 그리스인들이 우주, 그리고 보다 일반적으로 무생물들을 **생물**로 바꾸는 것을 주장했다고 보았다. 플라톤은

---

25   Jaki, 1986: 114에서 인용됨.
26   전문은 Danielson, 2000: 14-15에 있다.

데미우르고스가 우주를 "보이는 하나의 생명체"로 창조했다고 가르쳤다. 그러므로 세상은 영혼을 가지고 있었고, 비록 "고독"하지만 "다른 지인이나 친구가 필요 없이 그 자체로 충분하므로 스스로 지낼 수 있었다."[27] 무생물체를 목표, 감정, 욕망이 가능한 생물로 바꾸는 것의 문제는 그것이 물리적인 이론의 탐구를 중단시켰다는 것이다. 예를 들어, 물체의 운동 원인은 자연적인 힘이 아니라 동기 때문이라는 것이다. 아리스토텔레스에 따르면, 천체들은 원을 그리며 움직이는 행동에 대한 애정 때문에 그렇게 움직였고, 물체들은 "세계의 중심에 대한 타고난 사랑 때문에" 땅에 떨어졌다.[28]

이러한 이유로 초기 교부들은 그리스 철학을 완전히 수용하지 않았다. 그들은 그것이 기독교 교리를 지지하는 곳과 의견이 불일치한 곳에서, 기독교의 견해가 얼마나 더 합리적이고 만족스러운지를 보여주는 것에 만족했다.[29] 그러므로 그리스 철학이 기독교에 미치는 일차적인 영향은 초기 기독교 신학자들의 이성과 논리에 대한 헌신보다는 교리 그 자체와 훨씬 더 관련이 있다.[30]

---

27   Plato, *Timaeus*.
28   Jaki, 1986: 105.
29   Clark, 1989; Nash, 1992.
30   Grant, 1994, 1996; Jaki, 1986; Lindberg, 1992; Mason, 1962과 인용된 원자료들.

우주의 합리적 창조자

순교자 유스티누스만 이성의 권위를 강조한 것은 아니었다.[31] 그것은 초기부터 영향력 있는 기독교 신학자들의 가장 근본적인 가정이었다. 처음부터 교부들은 예수가 기록된 성서로 남겨두지 않은 그의 가르침이 내포하고 있는 의미를 추론해야만 하는 상황이었다. 추리와 추론의 신학의 선례는 바울로부터 시작되었다. "우리의 지식은 불완전하고 우리의 예언도 불완전하다."[32]

테르툴리아누스(약 160-225년)가 말했듯이, "이성은 하나님의 것이다. 모든 것을 창조하신 하나님이 이성에 따라 제공하고, 처분하고, 정하지 않으신 것이 없듯이, 그가 의도하지 않은 것은 이성에 의해 다루어지고 이해되어서는 안 된다."[33] 전통적으로 로마의 클레멘스 저작으로 알려진 『인식』(*Recognitions*)에서 이러한 내용이 암시된다. "우리가 이러한 것들은 오직 믿음으로 받아들여야 한다고 말한다고 생각하지 말라. 그것들은 또한 이성으로 주장되어야 한다. 진리는 반드시 이성이 없을 수 없으므로, 이 모든 것을 이유 없이 믿게 하는 것은 안전하지 않다."[34]

그러므로 대단히 영향력 있는 성 아우구스티누스(354-430년)가 이성은 믿음에 없어서는 안 된다고 주장했을 때 단지 보편적인 상식을 표현했을 뿐이다. "하나님이 우리를 동물들보다 우월하게 만드신 것을 증오하신다는 것은 당치도 않다! 우리는 이성적인 영혼이 없으면 믿지도 못하기

---

31   이 부분에서는 내가 『기독교와 이성의 승리』(*The Victory of Reason*, 새물결플러스 역간)에서 연구하고 쓴 내용에 상당히 의존한다. Stark, 2005: ch. 1을 보라.

32   고전 13:9, RSV.

33   Tertullian, *On Repentance*: ch. 1.

34   *Recognitions of Clement*: 2: 69.

에, 우리가 이성을 받아들이지도 구하지도 않는 방식으로 믿는다는 것은 당치도 않다." 아우구스티누스는 "아직 이해할 수 없는 중대한 순간에 이성에 앞서 믿음이 필요하긴 했지만, 확실히 이에 대해 우리를 설득하는 아주 작은 부분의 이성이 믿음보다 앞서야 한다"고 덧붙였다.[35]

아우구스티누스는 『하나님의 도성』에서 그리스 철학과 기독교 사이의 유대를 설명하고 평가하는 데 제8권을 전부 할애했고, 진리의 기초로서 이성에 중점을 두었다. 그는 플라톤이 신의 존재를 증명하고 천체의 예측 가능한 움직임과 계절의 순환 그리고 조수의 부침과 같은 우주의 질서에 대한 많은 관찰로부터 여러 관점을 추론하기 위해 이성을 사용함으로써 철학을 "완성시켰다"고 말했다.[36]

하지만 아우구스티누스는 이성에 대한 플라톤의 헌신에 내재된 다른 것을 인식했다. 소크라테스는 그의 전임자들을 능가했고, 플라톤은 소크라테스를 능가하는 진보적인 지식을 가졌으며, 기독교는 모든 그리스인보다 훨씬 진보적이었다. 철학은 확실히 진보적이다. 사실 몇몇 그리스 철학자는 역사 자체가 진보적인 현상이라고 생각하는 경향이 있었다.[37] 아우구스티누스는 지식이 축적되고 기술이 발전하므로 역사의 일반적인 궤도는 진보적이라고 강조하면서 이 같은 견해를 공유했다. 학자들은 이 믿음을 **진보의 개념**으로 여겼다.

고트프리트 라이프니츠(Gottfried Leibniz, 1646-1716)가 믿었던 것처럼 인간의 진보가 불가피하다는 것은 아니지만, 적어도 서구에서는 특히 기술 분야에서 그리고 상황이 나아질 수 있고 개선되어야 한다는 광범위한

35   Lindberg, Numbers, 1986: 27-28.
36   Saint Augustine, *The City of God*, 8: 4; Wild, 1949: 8.
37   Edelstein, 1967.

합의에서 진보적인 경향이 있었다. 인간은 "사상이라는 마법 아래서"[38] 삶을 영위하기 때문에, 진보라는 생각은 근대성으로 가는 길을 표시해왔다.

진보에 대한 믿음

사람들은 진보라는 개념에 대해 말도 안 되는 것들을 놀랄 만큼 많이 배웠다. 다작의 케임브리지 교수 J. B. 베리(Bury)의 1920년 저서 『진보라는 사상』(*The Idea of Progress*)은 진보에 대한 믿음이 계몽주의라고 불리는 18세기에 시작된 최근의 발전이라는 주장으로 여러 세대에 걸쳐 지배적인 영향을 끼쳤다. 이 주장은 종교가 세운 장벽에도 불구하고 과학이 발전했다는 개념만큼 잘못된 것이다. 실제로 과학이 생겨난 것은 오직 이성적인 우주의 이성적인 창조자라는 교리가 과학적 연구를 타당하게 만들었기 때문이다. 또한 진보라는 개념은 유대인의 역사 개념에 내재되어 있었고 아주 초기부터 기독교 사상의 중심이었다.

유대인들은 역사가 메시아 황금기로 가고 있다고 믿었는데, 저명한 역사학자 마조리 리브스(Marjorie Reeves)의 말에 따르면, "성스러운 사람들이 평화, 정의, 풍요의 시대에 팔레스타인에 군림하고 지구는 풍성하게 꽃을 피울 것으로 예상되었으며, 메시아의 시대는 역사 너머가 아니라 역사 안에 있다고 여겨진다."[39] 초기 기독교는 유대교의 천년왕국설과 그에 따른 진보적인 역사관을 받아들였다. 진보하는 기독교 신앙에 또 다른 측면

---

38   Nisbet, 1980: 4.
39   Marjorie Reeves, *The Influence of Prophecy in the Latter Middle Ages*, Nisbet, 1980: 49에서 인용함.

이 있었다. 거의 예외 없이 기독교 신학자들은 이성의 적용이 신의 의지에 대한 점점 더 정확한 이해를 줄 수 있다고 가정했다.[40]

아우구스티누스는 "구원의 교리와 관련하여 아직 우리가 이해할 수 없는 문제들이 있다"고 말했지만, "언젠가는 이해할 수 있을 것이다"라고 덧붙였다.[41] 그는 전반적인 진보도 불가피하다고 추정하며 이렇게 썼다. "인간의 천재성이 무수히 많은 놀라운 기술을 발명하고 응용하지 않았는가? 부분적으로는 필요성의 결과로, 부분적으로는 열의가 넘치는 발명의 결과로 말이다. 그래서 이 마음의 활력은…그러한 기술을 발명하거나 배우며 또는 사용할 수 있는 자연에서 얻는 무궁무진한 부에 대한 전조가 된다. 직조, 건축, 농업, 항해 등의 분야에서 인간의 산업이 발전을 이루었다는 것은 얼마나 놀라운(충격적이라고 말할 수도 있겠다) 일인가!" 그는 또한 "계량법과 산수에서 얻은 기술"을 높이 평가했다. "별들의 움직임과 연결고리가 얼마나 현명하게 발견되었는가!" 아우구스티누스는 이 모든 진보가 신이 그의 창조물에 부여한 "말할 수 없는 은혜" 즉 "합리적 본성"에서 비롯되었다고 결론지었다.[42]

많은 다른 기독교 사상가들은 진보에 대한 아우구스티누스의 낙관론을 되풀이했다. 13세기에 질베르 투르네(Gilbert de Tournai)는 이렇게 썼다. "우리가 이미 알려진 것에 만족한다면 결코 진리를 발견하지 못할 것이다.…우리 앞에 기록된 것들은 법이 아니라 지침이다. 진실은 모든 사람에게 열려 있다. 그것은 아직 완전히 소유된 것이 아니기 때문이다."[43] 1306

---

40 이 부분에서도 내가 『기독교와 이성의 승리』(*The Victory of Reason*, 새물결플러스 역간)에서 연구하고 쓴 내용에 상당히 의존한다.
41 Lindberg, 1986: 27.
42 Saint Augustine, *The City of God*, 22: 24.
43 Gimpel, 1961: 165.

년 프라 지오르다노(Fra Giordano)는 피렌체에서 이렇게 설교했다. "모든 기술이 발견된 것은 아니다. 우리는 그것들을 아무리 찾아내도 그 끝을 결코 볼 수 없을 것이다. 매일 새로운 기술을 발견할 수 있다."[44] 그러나 가장 주목할 만한 진술은 성 토마스 아퀴나스(1225-1274)의 『신학 대전』에서 나왔는데, 이것은 이성의 신학에 대한 기념비로 서 있고 이후의 모든 기독교 신학자들을 위한 기준을 세웠다. 아퀴나스는 인간이 사물의 본질을 꿰뚫어 볼 수 없으므로, 신학을 구성하기 위해 철학, 특히 논리의 원리를 이용하여 단계적으로 지식으로 가는 길을 추론해야 한다고 주장했다.[45]

아우구스티누스와 아퀴나스 및 다른 사람들에게 그러한 견해는 신의 계시가 항상 그 당시 인간의 이해 능력에 한정되어 있다는 기독교의 근본적인 전제를 반영했다.[46] 4세기에 성 요안네스 크리소스토모스는 스랍이라는 천사조차도 신을 있는 그대로 보지 않는다고 말했다. 대신 그들은 "자신들의 본성에 맞춰진 겸손"을 본다. "이 겸손은 무엇인가? 그것은 하나님이 나타나 자신의 있는 그대로가 아닌 방식으로 자기를 알리시면서 그를 볼 능력이 없는 사람이 그를 볼 수 있도록 할 때 드러나는 것이다. 이와 같이 하나님은 자기를 보는 사람의 나약함에 맞추어 자신을 나타내신다."[47]

게다가 이러한 모든 사상가에게서 우리는 인간의 이성(즉 아우구스티누스가 "말할 수 없는 은혜"라고 부른 것)에 대한 기독교적 믿음과 또한 이성의 전형인 신에 대한 믿음을 본다.[48] 만약 그들이 그리스 철학자들이 그랬듯

---

44   Gimpel, 1961 : 149.

45   Grant, 1996 ; Meyer, 1944 ; Southern, 1970a : 50.

46   Benin, 1993.

47   Benin, 1993 : 68에서 인용함.

48   Lindberg, 1986 : 27-28.

이 신을 설명할 수 없는 본질로 보았다면, 합리적 신학(그리고 보다 광범위하게 진보 그 자체)에 대한 생각은 할 수 없었을 것이다.

20세기 고전학자 모지스 핀리(Moses I. Finley)는 유럽의 진보 수용이 "인류 역사에서 독특하다"는 것을 잘 알고 있었다.[49] 그러나 그는 진보라는 개념이 온전히 기독교적이라는 것을 깨닫지 못한 것 같다. 철학자 존 맥머레이(John Macmurray)가 "우리가 진보에 대해 생각한다는 것 자체는 기독교가 우리에게 미치는 영향의 정도를 보여준다"고 말했을 때 그는 상황을 가장 정확하게 표현한 것이다.[50]

서구와 나머지 지역

이 논의에 단서가 추가되어야 한다. 즉 진보에 대한 믿음은 서구 기독교에 근본적이었다는 것이다. 비잔틴 동부의 정통 기독교는 교회에 시계와 파이프 오르간을 모두 금지했다.[51]

진보라는 개념을 받아들이지 않은 것은 정교회뿐만이 아니었다. 동양의 다른 주요 전통을 봄으로써 우리는 서양 접근법의 독특함을 이해할 수 있다.

기독교가 생겨난 지 몇 세기 후에 종교적·문화적 세력으로 등장한 이슬람 아래에서의 삶을 생각해보자. 1485년 오스만 제국의 술탄이자 이슬람의 칼리프인 바예지드 2세는 인쇄를 금지했다. 이 금지는 적어도 다

---

49   Finley, 1965: 147.
50   Macmurray, 1938: 115.
51   White, 1975: 527.

음 3세기 동안 이슬람 세계 전역에서 유효했다.

술탄의 행동은 폭군의 힘보다 훨씬 더 많은 것을 상징했다. 그것은 진보라는 생각과는 대조적으로 쇠퇴라는 개념에 이슬람이 헌신했음을 반영했다. 코란 외에도 이슬람교도들은 하디스로 알려진 모음집에 큰 권위를 부여한다. 이것들은 무함마드가 했다고 여겨지는 말과 그의 행동에 대한 설명으로 구성되어 있다. 첫 번째 하디스에서 무함마드는 이렇게 말했다. "천지가 처음 창조된 날로 시간이 완전히 돌아왔다." 두 번째 하디스는 그 예언자의 말을 이렇게 인용한다. "가장 좋은 세대는 내 세대요, 그다음은 이를 따르는 세대요, 그다음은 그들을 따르는 세대다." 팔레스타인 역사학자 타리프 칼리디(Tarif Khalidi)는 이슬람 학자들에 의해 "자주 인용되고 논평된" 이 구절들을 "인류와 그들의 모든 업적의 임박한 종말을 암시하는" 것으로 해석했다.[52] 그것들은 또한 과거의 우월한 미덕을 암시한다. 이런 맥락에서 인쇄를 금지하는 것은 놀라운 일이 아니다. 손으로 쓴 책, 즉 과거의 표준이 더 나은 것처럼 보일 것이기 때문이다.

더욱 중요하게도 이슬람교는 모든 것이 그 특정한 시기에 알라의 의지의 직접적인 결과로 일어나기 때문에 우주가 본질적으로 비이성적이라고(원인과 결과가 없다고) 주장한다. 모든 것이 가능하다는 것이다. 그렇다면 과학적 탐구를 시도하는 일은 어리석을 뿐만 아니라 신성모독적인데, 그것이 알라의 힘과 권위에 대한 한계를 암시한다는 것이다.[53] 그러므로 이슬람 학자들은 과학이 아닌 법(알라는 무엇을 요구하는가?)을 공부한다.

하지만 유럽이 "암흑시대"에 허덕이는 동안 번성했던 이슬람 과학과

---

52   Khalidi, 1975: 279.
53   Reilly, 2011.

학문의 "황금시대"는 어떻게 되었는가? 4장은 "암흑시대"가 신화라는 것을 분명히 밝힌다. 이슬람 과학과 학문의 황금시대도 그렇다. 일부 이슬람 교도가 점령한 사회는 단지 유대인들 및 다양한 기독교인들과 같은 그들의 종속국 사람들에 의해 지탱된 문화 때문에 세련된 모습을 보였다(14장 참조).

우주에 대한 이슬람의 개념과 그에 따른 이성, 과학, 철학적 연구에 대한 반대는 오늘날까지 심오한 영향을 끼쳤다. 오늘날 이슬람 사회는 서구 사회와 비교했을 때 명백히 후진적이다. 로버트 라일리(Robert Reilly)가 『닫힌 무슬림 마음』(The Closing of the Muslim Mind)에서 지적했듯이, "아랍 세계는 인간 발전의 모든 척도에서 최하위에 있다.…과학 연구는 이슬람 세계에서 거의 빈사 상태에 가깝다.…스페인은 단 1년 만에 전체 아랍 세계가 지난 천 년 동안 번역했던 책보다 더 많은 책을 번역했다.…사우디아라비아의 일부 사람들은 인간이 달에 갔었다는 것을 여전히 믿지 않는다. 그리고 일부 이슬람 언론들은 허리케인 카트리나와 같은 자연재해를 신의 직접적인 응벌로 제시한다."[54]

중국을 살펴보는 것도 유용하다. 다수의 역사가는 근대까지 거의 모든 중요한 발명품은 중국에서 처음 만들어졌다고 주장한다. 만약 그렇다면 이러한 중국의 발명품 중 거의 모든 것이 무시되거나 이용되지 않았고 심지어 일부는 금지되기도 했다는 것을 인정해야 한다. 중세 발명품을 연구하는 프랑스 역사가 장 짐펠(Jean Gimpel)이 말했듯이, "중국의 위대한 발명들이 중국 역사에서 중요한 진화적 역할을 한 적이 없다는 점이 중국

---

54 Reilly, 2011: 6. 또한 Stark, 2009: ch. 3을 보라.

기술의 특징이다."[55]

화약의 경우를 생각해보자. 화약이 유럽에서 독자적으로 발명되었는지 아니면 중국에서 수입된 것인지는 중요하지 않다. 중국인들이 13세기까지 화약을 가지고 있었고 심지어 몇 개의 대포를 만들었다는 것은 잘 알려져 있다. 그러나 16세기에 서양의 항해자들이 중국에 도착했을 때 중국인들은 포와 총기가 부족했던 반면, 유럽인들은 두 가지를 모두 많이 가지고 있었다. 중국인들은 기계식 시계도 발명했지만, 궁정 관리들은 곧 그것들을 전부 파괴하라고 명령했다. 그 결과 서양인들이 중국에 도착했을 때 중국에서는 아무도 몇 시인지 알지 못했다.[56]

중국에서 그렇게 많은 혁신과 발명품들을 버리거나 심지어 불법화한 이유는 과거가 훨씬 우월하다는 이유로 변화를 반대한 유교와 관련이 있었다. "만약 학자들로 하여금 고전에만 관심을 집중하도록 하고 후대의 저속한 관습에 대한 연구에 빠지는 것을 막는다면, 제국은 참으로 전도유망할 것이다!"라고 말했던 12세기 중국 관료 리엔창은 이러한 관점을 잘 담아냈다.[57]

중국의 위대한 장군 정화의 이야기만큼 진보의 중요성을 요약하는 것은 없다.[58] 1405년 정화는 인도양을 건너 동아프리카 해안에 도달한 커다란 중국 함대를 지휘했다. 그의 목적은 중국의 힘을 과시하고, 황실을 위해 특이한 동물과 같은 진기한 것들을 수집하기 위함이었다. 그 항해는 큰 사고 없이 아프리카를 오가며 완전히 성공했고, 이국적인 상품과 몇 마

---

55   Gimpel, 1976: 13.
56   Gimpel, 1976: 13.
57   Hartwell, 1971: 691에서 인용함.
58   Dreyer, 2007; Jung-Pang Lo, 1955; Levathes, 1994; McNeill, 1982.

리의 낯선 동물들을 싣고 돌아왔다. 정화는 모두 일곱 번의 항해를 이끌었고 매번 성공적으로 임무를 완수했으며, 1433년에 마지막 항해를 마쳤다 (마지막 항해 시 사망하여 수장되었을 수도 있다). 정화의 중국 함대는 수백 척의 범선을 포함했고, 주요 범선들은 이 시기에 서양에서 항해하던 모든 것을 압도했다고 믿어진다.[59]

중국 소함대는 그들이 방문한 인도와 아프리카 항구들에 거주하던 사람들로 하여금 경외심을 갖게 했을 것이고, 만약 중국인들이 마음만 먹었다면, 1498년 인도에 도달한 바스쿠 다 가마의 포르투갈 탐험에 뒤이어 서양인들이 곧바로 했던 것처럼, 이동 경로에 있는 해안 지역들을 쉽게 지배할 수 있었을 것이다. 게다가 중국의 항해가 계속되었더라면, 그들은 아프리카를 돌아 유럽이나 태평양을 건너 "신세계"로 항해했을지도 모른다.

그러나 1433년 이후 항해는 중단되었다. 무슨 일이 일어났는가?

정화의 죽음은 이전 탐험의 명백한 성공과 당면한 기회를 고려할 때 항해를 완전히 멈추기에는 충분하지 않았을 것이다. 대신 어떠한 원양선도 건조하지 말라는 명령이 황제로부터 내려왔다. 또한 황제는 정화의 함대를 해안으로 끌고 가서 유용한 목재를 벗겨내고 그 잔해들은 썩도록 내버려 두었다. 심지어 그러한 배들에 대한 계획도 무너졌고, 중국인들은 정화의 항해에 대한 모든 기록을 지우려고 했다. 곧 (해안과 내륙 수로를 따라 항해하기 위한 범선이 아닌) 항해선을 건조하면 사형에 처하게 되었다. 또한 정

---

59 정화의 배 중 일부의 길이가 120m를 넘었다는 주장은 가능성이 작아 보인다. 바닥이 평평하고 나무로 된 중국 범선이 타이타닉호나 제2차 세계대전 최대 전함 길이의 거의 절반에 달한다는 것이다(Dreyer, 2007을 보라). 정화의 함대가 어떤 서양 해군도 격파했을 것이라는 생각 또한 터무니없다(11장을 보라). 정화와 그의 함대가 콜럼버스를 이기고 미국으로 갔다는 최근의 선정적인 주장도 마찬가지로 어리석다(Menzies, 2002; Finlay, 2004을 보라).

화가 황실 동물원으로 데려온 외래 동물들은 모두 죽임을 당했다.

왜 그랬을까? 궁정 관료들은 외부 세계에 중국이 가치 있게 여길 만한 것은 없으며 어떠한 접촉도 잠재적으로는 유교 사회의 질서를 불안하게 할 수 있다고 믿었다. 발전은 말도 안 되는 것이었다.

이것을 다른 곳에서 발명된 기술을 열렬하게 채택한 중세 서구와 대조해보라. 사무엘 릴리(Samuel Lilley)가 기술 진보의 역사를 살펴보며 썼듯이, "유럽 중세 시대는 전 세계, 특히 중국으로부터 혁신을 모았고, 그것들을 현대 문명의 기초를 형성한 새로운 통일체로 만들었다."[60]

서구의 역사에 대한 이러한 반례는 기술적 진보가 거의 시대의 불가피한 산물이라는, 널리 받아들여지는 주장의 약점을 드러낸다. 예를 들어, 조건이 맞았다면 백열전구와 축음기는 토머스 에디슨의 존재 여부와 관계없이 발명되었으리라는 것이다. 발명은 그냥 이루어지지 않는다. 누군가는 그것들을 가능하게 해야 하고, 누구나 그렇게 하려고 시도할 가능성은 그들이 발명이 가능하다고 믿는 정도, 즉 문화가 진보의 개념을 받아들이는 정도에 의해 영향을 받는다.

아마도 훨씬 더 중요한 것은 발명품들이 만들어져야 할 뿐만 아니라 사용될 수 있도록 충분히 가치 있게 여겨져야 한다는 것이다. 그것 또한 피할 수 없다. 인쇄기가 오스만 제국에서 금지되었던 것처럼 축음기가 금지되었다면 어땠을까? 만약 국가가 백열전구의 독점을 선언하고, 11세기에 중국이 철을 생산했을 때처럼, 민간에서 생산된 모든 전구를 파괴했다면 어땠을까?

---

60   Lilley, 1966: 45.

근대성으로 가는 길

본서의 나머지 부분에서 우리는 이해할 수 있는 우주의 합리적인 창조자이며, 인간이 점점 더 정교해지고 지식을 얻게 될 것으로 기대하는 신에 대한 기독교적 관념이 어떻게 서구 세계에 현대화를 계속 추진하게 만드는 원동력이 되었는지를 보게 될 것이다.

3장

로마의 막간극

많은 면에서 로마 제국은 아테네의 확장판이었다. 아테네처럼 로마는 도시 국가로서 권좌에 오르기 시작했는데, 대부분 그리스인으로 이루어진 이탈리아 반도에 흩어져 있는 여러 나라 중 하나였다. 로마의 문화는 그리스 이웃 국가들에 영향을 받아 "그리스-로마" 문화로 불리기도 한다. 또한 아테네와 마찬가지로 로마도 거의 끊임없이 전쟁을 치렀다. 비록 로마와 아테네 모두 노예들이 많았지만, 아테네 사람들이 그랬듯이 로마인들은 공화국으로서 통치되어왔기에 상대적인 자유의 시대를 오래 누렸다. 아테네 제국처럼 로마의 통치는 문화적·기술적 진보를 억압했다. 결국 아테네와 로마는 모두 기독교화되었다. 그리고 로마 제국이 아테네보다 훨씬 더 오래 버텼음에도 불구하고 로마 역시 북쪽의 적들을 막을 수 없었다.

독자들은 내가 왜 로마 시대보다 로마의 막간을 언급하는지 궁금할 것이다. 그 이유는 내가 로마 제국을 기껏해야 서구의 발흥을 잠시 멈추게 한 제국, 더 그럴듯하게는 후퇴로 여기기 때문이다.

제국 세우기

일곱 개의 언덕에 있는 유명한 도시는 기원전 8세기에 지중해로부터 22km 정도 떨어진 테베레강 위의 한 언덕에 있는 마을로 시작했다. 안타깝게도 수 세기 동안의 구전 전통이 처음으로 기록으로 남겨지기 시작했던 기원전 200년 이전의 로마사는 없다. 이 기록들에 따르면 기원전 500년경 공화정 형태의 정부를 수립하기 전에 일곱 명의 왕이 로마를 통치했다. 공화정 로마는 군사적으로 팽창주의자였고, 로마군은 이탈리아에 서서히 그들의 지배를 행사했다. 먼저 그들은 라틴어를 사용하는 다른 도시국가들을 굴복시켰고 기원전 393년에 마지막 두 나라를 제압했다. 그다음 기원전 387년에 갈리아인들이 로마를 약탈한 후, 로마인들은 북부 이탈리아의 갈리아 지역을 점령하고 남쪽으로 돌아서서 점차 이탈리아의 모든 그리스 도시국가들을 합병했다. 타렌툼은 기원전 272년에 멸망한 마지막 국가였다. 이 시점에서 로마의 팽창주의는 이탈리아를 넘어섰고, 그것은 카르타고와의 분쟁으로 이어졌으며 세 차례의 포에니 전쟁(기원전 264-146년)을 초래했다.

카르타고는 북아프리카 해안(오늘날의 튀니스에 근접함)에 자리 잡고 있었고 광범위한 해양 제국을 소유했다. 분쟁은 로마인들이 당시 카르타고의 통치 아래에 있던 시칠리아로 영역을 넓혔을 때 시작되었다. 몇 차례의 해전에서 패한 후 카르타고는 시칠리아를 양도하고 로마와 평화조약을 맺었다. 그 직후 카르타고는 스페인을 침공했고 수익성이 좋은 은광산을 장악했다. 스페인은 당시 로마 제국의 일부가 아니었지만, 계속되는 분쟁으로 인해 로마는 카르타고에 전쟁을 선포하게 되었다. 이에 대응하여 기원전 218년 스페인의 카르타고 사령관 한니발 바르카(기원전 247-182년)

는 36마리의 코끼리와 함께 알프스를 넘어 한겨울에 이탈리아로 진군했다. 역사상 가장 위대한 장군 중 하나로 기억되는 한니발은 이탈리아에서 로마군을 상대로 한 모든 전투에서 승리했다. 가장 유명한 전투는 기원전 216년 칸나에(Cannae)에서 벌어졌고, 소규모임에도 뛰어난 병력으로 로마군을 전멸시켜 적어도 5만 명을 죽였다.[1]

그러나 한니발은 공성기구가 부족했고 로마와 같은 잘 요새화된 도시들을 정복할 수 없었다. 게다가 카르타고는 그의 군대에 보급품을 보내기 위한 노력을 거의 하지 않았기 때문에, 한니발의 군대는 자급자족해야 했다. 16년 동안 무패 역사를 이어가며 이탈리아를 이리저리 돌아다닌 후, 결국 한니발은 로마 해군의 공격으로부터 카르타고를 지키기 위해 집으로 달려가야 했다. 아프리카로 돌아간 한니발은 잘 훈련된 노련한 전사들의 도움을 받지 못하고(그 당시 그들 대부분은 중년이 되었다) 기원전 202년 자마 전투에서 패배했다.

마침내 기원전 149년에 로마인들은 다시 한번 번영하는 카르타고로부터 모든 경쟁자를 없애기로 하고 도시를 포위하려고 군대를 보냈다. 3년 후 로마인들은 성벽을 뚫고 카르타고를 완전히 파괴했다. 카르타고의 건물들은 완전히 무너졌고 주민들은 모두 죽임을 당하거나 노예로 팔렸다.

일단 카르타고가 박살 나자, 그리스는 로마의 지배에 빠르게 굴복했다. 한편 로마의 정복자들은 갈리아로 북진했고, 스페인을 제압했으며, 페르시아, 팔레스타인, 이집트의 많은 지역을 점령했고, 몇 번의 좌절 끝에 브리타니아를 획득했다. 이제 또 다른 거대하고 억압적인 제국이 진보를 가로막고 있었다.

---

1   Hanson, 2002.

수 세기 동안 독재자들에 의해 통치되었던 동양의 제국들과는 달리, 로마는 공화국으로 통치되었다. 비록 이것이 그리스 민주주의만큼 개인의 자유를 제공하지는 않았지만 말이다. 입법권은 기원전 509년에 결성된 귀족계급에서 태어나 적어도 10만 데나리우스(로마 직업군인들은 하루에 1데나리우스씩 지급)의 땅을 소유한 부유한 사람들로 구성된 원로원에 의해 행사되었다. 새로운 원로원 의원들은 기존 원로원 의원에 의해 선출되었고, 행정권은 원로원에 의해 각각 선택된 1년 임기의 두 명의 집정관에게 주어졌다. 결국 기원전 367년에 원로원 자격을 얻지 못한 사람들은 법을 통과시킬 수 있는 권한을 가진 평민회를 만들도록 강요했다. 곧 평민들도 원로원 의원으로 선출되었다.

한편 로마 엘리트들은 엄청난 양의 전리품과 엄청난 수의 노예를 집으로 가져온 군사적 승리의 결과로 굉장히 부유해졌다. 플루타르코스(기원후 46-120년)는 갈리아에서 벌어진 율리우스 카이사르의 원정에서 적어도 백만 명의 노예가 발생했다고 추정했다.[2] 끊임없이 들어온 값싼 노예들은 독립적인 농부들의 인구를 제거해버렸고, 그들의 토지는 매수되어(때로는 강탈되어) 노예 노동자들을 기반으로 한 거대한 대토지(*latifundia*; 라틴어: *latus*=넓은; *fundus*=농장 또는 토지)를 형성했다. 난민 농부들은 로마와 다른 이탈리아 도시들로 쏟아져 들어와 정치적 불안정을 초래하고 무료 "빵과 서커스"로 진정될 필요가 있는 의존적인 인구를 형성했다. 사실 피터 헤더(Peter Heather)가 그의 로마 제국사에서 지적했듯이, 모든 로마 도시에서 다수의 사람에게 "매일 빵, 올리브유, 포도주를 무료로 기부할 능력"이 있

---

2 Osborne, 2006: 97에서 인용됨.

었다.[3] 경기장의 좌석은 무료였지만, 더 좋은 좌석은 돈이 들었다. 또한 독립적인 농부들의 말살은 시민 군인들의 가장 중요한 원천인 농부들의 아들들을 로마로부터 빼앗았다.

거의 한 세기 동안 원로원이 여전히 통치하는 모양새만을 연출한 후, 로마는 결국 공화국이 되는 것을 멈췄다. 로마의 "군중"은 공화국을 종식시키는 데 도움을 주었고, 새로운 장기 복무 형태의 전문 군대도 그랬다. 두 집단 모두 그들에게 즉각적인 보상을 약속하는 폭군을 항상 지지할 준비가 되어 있었다. 기원전 44년에 발생한 율리우스 카이사르의 암살은 기원전 31년에 옥타비아누스가 로마의 초대 황제인 카이사르 아우구스투스로 즉위하면서 막을 내린 권력 투쟁을 촉발시켰다. 황제들에 의해 통치된 로마는 이후 5세기 동안 지속되었다.

그리스-로마 문화

로마의 첫 역사가 기원전 200년경에 로마의 원로원 의원 파비우스 픽토르에 의해 그리스어로 기록된 것은 우연이 아니다. 로마 상류층은 라틴어보다 그리스어를 더 자주 사용했는데, 이것은 로마인들이 그리스 문화의 우월성을 인정했다는 것을 보여주었다. 기원전 167년 로마가 마케도니아인들을 패배시킨 이후 그리스에 대한 집착이 생겨났고, 그 이후 로마에는 그리스의 음악가, 요리사, 미용사, 예술가, 철학자, 그리고 심지어 숙련된

---

3   Heather, 2006: 15.

매춘부들로 넘쳐났다.[4] 부유한 로마인들은 교육을 위해 아들들을 그리스로 보냈다.[5] 아주 초기부터 로마 문화는 이웃한 그리스 도시국가들에 의해 큰 영향을 받았다. 그리스 판테온 전체를 로마화한 것보다 이것이 더 명확하게 드러나는 곳은 없었다.

신들

초기 로마인들의 종교적인 삶은 알려지지 않았다. 그들은 곧 올림포스산의 모든 신을 자신의 신들로 채택했기 때문이다. 단지 이름만 바뀌었다(표 3-1을 보라).

　　주요 차이점은 그리스 도시국가들에서 신전들은 세금으로 지원받고 전문 사제들이 상주했지만, 로마 신전들은 자발적인 기부금을 지원받고 무급 임시 사제들이 있었다는 것이다. 그리스 성직자들의 생활방식은 열성적인 신도들을 끌어들이는 것에 의존하지 않았던 반면, 지지를 얻기 위한 로마 신전들 사이의 경쟁은 왜 로마인들이 그리스인과 페르시아인, 이집트인 및 그들 시대의 다른 이교도들보다 훨씬 더 종교적이었는지를 설명하는 데 도움이 된다.[6] 로마에서는 제대로 된 의식을 치르지 않고서는 중요한 일이 진행되지 않았다. 징후와 징조가 호의적이지 않을 경우, 원로원 회의는 열리지 않았고, 군대는 행진하지 않았으며, 크든 작든 결정은 연기되었다. 점괘에 큰 중요성을 부여했기에 역사학자 J. H. G. 리베쉬츠(Liebeschuetz)의 말에 따르면, 예를 들어 만약 어떤 공공 기구의 회의 중에 번개가 관측된다면, "의회는 해산될 것이고, 심지어 투표가 실시된 후에

4　　Fox, 2008: 323.
5　　Osborne, 2006: 100.
6　　Stark, 2011.

도 점쟁이들은 그것이 무효라고 선언할 수도 있었다."[7]

표 3-1: 그리스-로마 신들

그리스 이름	로마 이름
제우스	유피테르/요베
헤라	유노
포세이돈	넵투누스
데메테르	케레스
아테나	미네르바
아폴론	아폴로
아르테미스	디아나
아프로디테	베누스
아레스	마르스
헤르메스	메르쿠리우스
헤파이스토스	불카누스
디오니소스	바쿠스
크로노스	사투르누스
하데스	하데스/플루토
티케	포르투나
판	파우누스
헬리오스	솔
셀레네	루나
에로스	쿠피도

---

7   Liebeschuetz, 1979: 3.

엘리트들만이 신전에 완전히 접근할 수 있었던 다른 이교도 사회와는 대조적으로, 신전들은 일반 로마인들에게 폐쇄되지도 않았고, 우상들은 대중의 시야에서 숨겨지지도 않았다. 모두가 환영을 받았고 그들의 후원이 요청되었다. 결과적으로 많은 가난한 사람과 노예들조차 신전 건설에 자금을 기부했다. 기증자를 나열한 신전 비문에 이것이 입증되었다.[8] 그러나 만약 로마인들이 종교에 더 관여했다면, 적어도 유대교와 기독교 및 다양한 동양 신앙이 도래하기 전까지, 그들이 추구했던 것이 그리스 종교였다는 것은 여전히 사실이다.

예술과 문자

로마의 예술과 문자는 의식적으로 그리스 예술과 문자를 본으로 삼았을 뿐만 아니라, 로마인들은 자신의 작품들이 그리스의 작품들보다 상당히 열악하다고 여겼다. 부유한 로마인들은 그리스 조각품 구매를 선호했는데, 그중 수천 점이 로마가 그리스에 승리한 후 로마로 돌아가는 개선 행렬에서 전시하기 위해 로마 지휘관들에 의해 약탈당했다. 그리스 조각품들의 로마 복제품들 또한 수천 점이나 제작되었다. 틀은 그리스 원본으로 만들어졌고 그 후 청동 복제품이 주조되는 경우가 많았다. 종종 대리석 복제품도 원본을 신중하게 측정하여 조각되었다. 현재 박물관에 있는 여러 유명한 "그리스" 조각품들은 사실 로마의 복제품이다. 이상하게도 로마 복제품 제조자들은 지지받지 않고 서 있을 수 있는 조각상들을 만드는 데 그리스인들을 따라가지 못했다. 로마 복제품들을 지지하기 위해 거의 항

---

8   MacMullen, 1981: 109.

상 관목이나 나무로 위장한 기둥이 사용되었다.[9] 그리스 조각가들 역시 아름다운 흰 대리석의 풍부한 현지 공급의 덕을 보았다고 오랫동안 강조되었지만, 그 후 그리스와 로마 둘 다 그들의 모든 조각품을 칠했다는 것이 발견되었다(페인트는 오래전에 벗겨졌다). 기원후 79년 베수비오산의 폭발로 묻힌 폼페이가 발굴되기 전까지 그리스나 로마의 그림에 대해서는 알려진 것이 거의 없었다. 대부분의 그림은 벽화였고 사라진 지 오래였다. 그러나 폼페이에 남아 있는 벽화들은 로마인들이 그들의 벽을 실제와 같은 그림으로 장식하기 위해 화가들을 고용하는 일이 흔했음을 보여준다. 그림 중 일부는 다양한 성행위를 하는 부부들을 묘사한다.[10]

예술과 마찬가지로, 로마 문학 역시 근본적으로 그리스 문학이었다. 사실 로마 문학은 어떤 그리스 사람이 그리스 작품의 라틴 번역본을 소개하기 전까지 그리스어로 쓰였다. 기원전 240년에 그리스 희극을 각색한 리비우스 안드로니쿠스(기원전 284-204년)는 노예로 로마에 끌려온 그리스인이었다. 자유를 얻은 그는 일련의 연극을 제작했고 라틴어로 글을 쓴 최초의 로마인이었다고 전해진다. 안드로니쿠스의 주요 업적은 『오디세이아』를 라틴어로 번역한 것일지도 모른다. 안드로니쿠스가 죽은 지 오래 후에, 로마 극장은 그리스 연극에 의해 계속 지배되었다. 티투스 플라우투스(기원전 254-184년)는 모두 그리스 원작에서 각색된 40개 이상의 인기 있는 연극을 한 것으로 알려져 있다. 잘 알려진 테렌티우스(기원전 195-159년)는 노예로 로마에 왔고 희극으로 여전히 유명한데, 그의 희극은 모두 그리스 원작을 번역한 것이며 그리스를 배경으로 한다. 마찬가지로 유

---

9   Gombrich, 1978.
10   Clarke, 1998.

명한 루키우스 아키우스(기원전 약 170-86년)는 50편 이상의 희곡을 썼는데, 대부분(전부가 아니라면)은 그리스어에서 라틴어로 번역되었고, 일부는 트로이 전쟁과 관련이 있었다.[11] 철학에 관해서 로마인들은 스토아주의(1장을 보라)와 신플라톤주의를 추구하는 것에 만족했는데, 둘 다 주로 그리스적이었다.[12]

기술

로마인들은 오랫동안 공학자로 칭송받았지만 발명가로는 칭송받지 못했다. 사무엘 릴리(Samuel Lilley)가 말했듯이, "로마인들은…그리스인들로부터 배운 기술들을…착취하는 것 외에는 할 수 없었다. 아마도 로마인들이 세상에 준 유일한 주요 발명품은 콘크리트와 그것을 건축에 적용한 것이었을 것이다.[13] 게다가 로마의 위대한 공학적 업적은 주로 제국들이 항상 탁월한 역량을 보이곤 하는, 기념비적인 공공사업의 건설과 관련이 있었다. 로마인들은 거대한 경기장을 지었고, 물을 꽤 먼 거리에서 공급하기 위해 여러 도시에 높은 수로를 건설했으며, 제국을 가로지르는 정교한 도로망으로 자주 칭송을 받는다. 그들은 하수구도 만들었다. 그러나 이들 중 어떤 것도 그리스인들에게 잘 알려지지 않은 원리나 기술을 사용한 것은 없다.[14] 릴리는 "예를 들어 스페인과 포르투갈은 광산에서 물을 퍼내기 위해 물을 끌어 올리는 바퀴와 그리스인 아르키메데스의 나선양수기를 기반으로 한 크고 정교한 기계들을 사용했지만, 동물이나 수력 대신 노예들

---

11   Smith, 1867.
12   Morford, 2002; Saunders, 1997.
13   Lilley, 1966: 40.
14   White, 1984.

을 투입시켜 그것들을 작동시켰다"고 썼다.[15]

로마의 도로는 포장용 돌을 만들고 쌓는 것 외에는 다른 기술이 사용되지 않았다. 로마의 도로 체계에 대한 지나친 찬사는 현존하는 많은 예시 중 하나를 실제로 검사한 적이 없거나 실제 경험이 너무 부족해서 명백한 결점을 알아차리지 못한 고전주의자들로부터 비롯되었다. 로마의 도로는 보통 폭이 3m도 안 되어 매우 좁았고,[16] 도보 외에 다른 교통수단을 이용하기에는 너무 가파른 곳이 많았다. 게다가 로마인들은 보통 다리를 건설하지 않고 걸어서 건널 수 있는 여울을 애용했지만, 여울은 수레와 마차가 지나가기에는 너무 깊고 가파르기도 했다.[17] 로마 도로의 유일한 목적이 병사들이 제국의 한 지역에서 다른 지역으로 빠르게 진군할 수 있도록 하는 것이었기 때문에 이러한 부족함이 존재했다. 그러나 군인들조차도 가능하면 길가를 따라 걷는 것을 선호했고, 길가는 거의 모든 민간 여행객들이 걷거나 그들의 짐승을 인도한 곳이었다. 왜 그랬을까? 포장용 돌은 마르면 다리와 발에 딱딱하고, 젖으면 매우 미끄럽기 때문이다.

기술혁신이 부족하기도 했지만, 로마인들은 알려진 몇몇 기술을 거의 혹은 전혀 사용하지도 않았다. 예를 들어 그들은 수력에 매우 익숙했지만, 위에서 언급한 것처럼 밀가루를 빻거나 갱도를 파내는 데 노예를 사용하는 것을 선호했다. 릴리가 설명했듯이, "포로로 잡힌 노예의 공급은 끝이 없어 보였다. 노예제도는 큰 힘을 다루는 기계보다 더 편리한 방법이었다. 부유한 로마인은 기계가 아닌 노예에 자본을 투자했다."[18]

---

15   Lilley, 1966: 40.
16   Carcopino, 1940.
17   Leighton, 1972: 59.
18   Lilley, 1966: 39.

스포츠 및 오락물

로마인들은 그리스인들이 그랬던 것처럼 전차 경주를 보고 내기하는 것을 좋아했다. 그러나 로마인들은 관중 스포츠를 선호했기에 그리스인들과는 달랐다. 전차 경주가 위험할 수 있지만, 목적은 다른 경쟁자들을 죽이는 것이 아니라 1등을 함으로써 승리하는 것이었다. 다른 주요 로마 관중 스포츠는 그렇지 않았다. 몇몇 공공 오락물은 야생동물들이 서로를 죽이는 것을 포함했다. 다수의 다른 오락물은 기독교인을 포함한 다양한 범죄로 인해 사형 선고를 받은 남녀를 야생동물로 죽이는 것이었다. 야생동물에게 먹이로 던지는 것 외에도 사람들은 채찍질, 태우기, 가죽 벗기기, 꿰뚫기, 토막 내기, 심지어 십자가형에 이르기까지 다양한 가학적인 방법으로 경기장에서 처형되었다.

전쟁터에서 끌려온 포로들의 고문과 학살이 흔한 구경거리였다. 306년에 콘스탄티누스 황제는 트리에르에 있는 경기장에서 사로잡힌 게르만 프랑크 왕 둘을 야수들에게 먹이로 줌으로써 라인강 국경의 침입자들을 물리친 승리를 축하했다. 383년에 발렌티니아누스 2세는 포로로 잡힌 페르시아 병사들을 콜로세움에서 학살했다. 이 사건으로 인해 로마의 정치가 퀸투스 아우렐리우스 심마코스(기원후 345-402년)는 황제에게 찬사를 보내는 글을 썼다.

포박된 포로들은…1열 종대로 끌려갔고 한때 그렇게 사나웠던 얼굴들이 이제는 가엾고 창백한 얼굴로 변했습니다. 한때는 무섭던 이름이 이제는 우리의 기쁨의 대상이 되었고, 기이한 무기들을 휘두르도록 훈련된 자들은 검투사들의 무기와 마주치는 것을 두려워합니다. 자주 그리고 쉽게 승리의 영광을 누리시길 바랍니다.…우리의 용감한 병사들이 야만인들을 포로로 잡고

도시의 경기장에서 그들을 끝장내도록 합시다.[19]

물론 노예들도 다양한 방법으로 죽일 수 있는 괜찮은 사냥감이었다. 하지만 누구나 피해자가 될 수 있었다. 야생동물에 의해 살해될 사형수가 다 죽으면, 칼리굴라 황제는 앞줄에 앉아 있던 구경꾼들을 짐승들에게 던지라고 명령했고, 그렇게 되었다.[20]

그리고 검투사들이 있었다. 검투사들은 특수훈련학교에서 다양한 형태의 전투 훈련을 받았고 잘 죽는 것에 큰 중점을 두었다. 일부 로마인들이 자발적으로 검투사의 대열에 들어갔지만, 대부분의 검투사는 노예였다. 심지어 여성 검투사들도 있었다. 그들은 다른 여성들뿐만 아니라 남자 난쟁이들과도 싸웠다.[21] 여성들은 갑옷을 입기도 했지만, (그들이 여성이라는 것을 증명하기 위해) 맨 가슴으로 싸우는 경우가 더 많았다.[22] 네로는 때때로 원로원 의원의 아내들에게 경기장에서 싸우라고 강요했다. 기원후 200년에 세베루스 황제는 여성들의 싸움을 금지했다.

검투사들이 시합에서 항상 죽는 것은 아니었기 때문에, 살아남아 좋은 성적을 거둔 패자는 다시 싸울 수 있었다. 하지만 유명한 베테랑 검투사들이 종종 초보자들과 맞붙었기에 대부분의 검투사는 첫 경기에서 죽었을 것이다. 검투사들이 항상 짝을 지어 싸우지는 않았지만, 때때로 다수의 검투사가 "전투"를 벌이기도 했다. 율리우스 카이사르는 한때 640명의 검투사들이 참여하는 쇼에 돈을 냈다. 그는 더 많이 투입하길 원했지만,

19   Heather, 2006: 68에서 인용됨.
20   Barton, 1993: 63.
21   Baker, 2000.
22   Wiedmann, 1992: 38-39; Zoll, 2002.

원로원이 허락하지 않았다. 기원후 108-109년에 트라야누스 황제는 123일 동안 지속되는 여흥에서 1만 명의 검투사와 11,000마리의 야생동물들을 투입시켰다. 그러한 놀이는 4세기에 기독교 황제들에 의해 금지될 때까지 계속되었다.

경기장에서 벌어진 죽음의 광경은 로마 제국 전역에서 매우 균일하게 인기가 있어서 로마인들은 (기원전 80년에 완공된) 로마의 콜로세움 외에도 제국 전역에 걸쳐 251개의 원형 경기장을 지었다.[23] 이들 중 다수는 2만 명 이상을 수용할 수 있었으며, 가장 작은 경기장도 약 7천 명을 수용할 수 있었다.[24] 기원후 100년에는 제국의 31개 도시만이 인구가 3만 명 이상이었다는 것을 기억하라.[25] 그래서 대부분의 경기장은 마을, 시골, 육군 부대에서 구경꾼들을 끌어모았다.

전체적인 관점에서 보자면, 콜로세움에서 적어도 20만 명의 사람들이 죽었다고 추산되는데, 이는 신뢰할 만한 추정치다.[26] 다른 251개의 원형극장에서 각각 적어도 1만 명, 또는 총 250만 명이 죽었을 것이란 추정은 꽤 보수적인 것 같다. 이걸 다 재미로 한 것이다! 그러나 이디스 해밀턴 (Edith Hamilton)이 지적했듯이, "잔혹하고 피비린내 나는 로마의 게임은 놀이의 정신과는 아무런 관련이 없었다. 그런 게임들의 아버지는 그리스가 아니라 동양이었다."[27]

---

23 Futrell, 1997; Golvin, 1988.
24 Futrell, 1997.
25 Stark, 2006.
26 Heather, 2006: 68.
27 Hamilton [1930] 1993: 25.

로마군

초기 로마인들은 그리스의 다른 도시국가들처럼 싸웠다. 그리스 군대와 마찬가지로 로마군은 시민군 병사들로 구성되어 있었고, 이들은 전투를 위해 팔랑크스를 형성했으며, 가장 부유한 가문의 아들들이 최전방을 구성했다. 불행하게도 이탈리아의 다른 라틴 국가들과 그리스 도시국가들을 정복한 후 남은 로마의 적들은 대부분 언덕 부족들이었고, 그들은 어려운 지형을 유리하게 이용했다. 운용하기 힘든 팔랑크스들은 그들과 접전하여 끝까지 싸울 수 없었다. 설상가상으로 기원전 387년에 갈리아인들은 로마의 팔랑크스를 압도하고 로마를 약탈했다. 그 후 로마군은 재설계되었다.[28]

모든 로마 병사들은 여전히 6년 동안 임무를 수행했고, 재산을 소유하고 장비를 공급한 엘리트 시민층으로부터 제비뽑기로 뽑혔다. 그러나 기동성을 높이기 위해 군대는 갑옷의 양을 줄이고 방패를 작게 만들었다. 대형은 3개의 전선으로 축소되었다. 제1열은 창과 검으로 무장한 하스타티였다. 그들은 복무 1-2년차 부대였다. 그들은 적과 가까워지면 창을 내던진 후 칼로 싸웠다. 중무장 보병들(*principes*)이 있는 제2열은 중무장하고 장갑을 두른 경험이 풍부한 3-5년차 부대로 구성되었다. 만약 하스타티들이 승리를 거두지 못하면, 그들은 흉포하고 잘 무장된 중무장 보병들 뒤로 물러났다. 트리아리이들은 복무 마지막 기간에 있던 이들이었고 옛 팔랑크스만큼 중무장했다. 그들은 팔랑크스 부대의 긴 창으로 무장했고 전투가 잘못되면 하스타티와 중무장 보병들이 후퇴할 수 있는 마지막 방어

---

28   Ferrill, 1986; Heather, 2006; Luttwak, 1976.

선을 형성했다.

이것이 가이우스 마리우스(기원전 157-86년)가 집정관이 될 때까지의 상황이었다. 기원전 112년 다뉴브강의 노레이아에서 로마군이 게르만족에게 대패하자, 마리우스는 로마군을 재편성했다. 먼저 그는 3열로 구별되는 전열을 제거했다. 그 이후로 모든 병사는 같은 무기를 가졌고 같은 갑옷을 입었다. 아서 페릴(Arther Ferrill)이 『로마 제국의 몰락』(*The Fall of the Roman Empire*)에서 관찰한 것처럼, 이제 "사용 가능한 모든 인력이 바로 전투에 참여할 수 있었다. 깊은 대형의 후방 부대를 낭비하는 일은 없었다.…로마 병사들은 후방 병사로 대체되기 전까지(죽을 때까지) 싸우지 않아도 되었다. 주기적으로 전장의 파도가 회전되었다."[29] 로마의 새로운 기본 부대 단위는 군단이었다. 군단은 6천 명의 병사들로 이루어졌고, 10개의 대대로 나뉘었으며, 각각의 대대는 100인대로 구성되었다.

그러나 단연코 마리우스의 가장 중요한 "개혁"은 누가 얼마나 오랫동안 참여할 수 있는지를 바꾸는 것이었다. 6년 동안 복무한 정예 시민군들은 사라졌다. 이제 가난한 사람이나 로마인이 아닌 사람도 누구나 가입할 수 있게 되었다. 게다가 자원하는 자들은 편안한 은퇴를 약속받음으로써 장기 입대를 할 수 있도록 격려받았다. 로마의 직업 군대가 탄생했다. 그 후 로마인들의 주요한 전술적 이점에는 훈련과 "지독한" 규율이 포함되었다. 그들의 무기는 "야만적인" 적들이 가지고 있던 것과 다를 바 없었다. 그들의 방패는 켈트족의 방패를 따라 한 것이었다. 그러나 그들은 대열에서 굳건히 선 채 칼을 휘두르는 것이 아니라 상대방을 짧고 날카롭게 찌르도록 잘 훈련되었다. 그리스인들에게도 그랬듯이 이것은 근접전에서

29　Ferrill, 1986: 29.

큰 이점을 주었다. 또한 부대원들은 적절한 나팔 신호에 일사불란하게 반응할 수 있었다.[30]

그러나 그리스의 용병부대(Ten Thousands)와 달리 로마군은 무적이 아니었다. 로마군은 끔찍한 패배를 많이 겪었다. 언급한 바와 같이 가장 유명한 사건은 기원전 216년 칸나에에서 일어났는데, 이때 한니발이 이끄는 카르타고 군대가 훨씬 더 많은 로마군을 물리치고 약 5만 명의 로마인들을 전멸시켰다. 기원전 112년 다뉴브강 노레이아에서 패배한 이 전투는 로마군 8만 명과 수만 명의 종군 민간인들의 목숨을 앗아갔고, 마리우스의 군 개혁으로 이어졌다. 기원후 9년에는 토이토부르크 숲에서 게르만족 부족들에 의해 세 개의 군단이 학살당했다. 기원후 378년에는 아드리아노폴리스 전투에서 고트족에게 패해 약 25,000명의 병력을 잃었다. 다소 피해가 적은 패배도 많았다. 로마인들이 그러한 손실을 받아들일 수 있었던 것은 제국이 거대하여 인구가 약 6천만 명이었기 때문이다. 그들은 1세기에는 약 30만 명의 군인들을 유지했고 3세기 중반에는 약 60만 명까지 유지했다.[31]

이것이 5세기 동안 위대한 제국을 지탱한 로마 군대였다. 가장 큰 단점은 오랫동안 복무한 직업군으로서 군대는 로마보다는 장군에게 충성을 다하는 경향이 있었다는 것이다. 이것은 군단이 정기적으로 황제를 전복시키고 새로운 황제를 세우면서 만성적인 정치적 불안으로 이어졌다. 그리고 곧 알게 되겠지만, 이후의 변화들은 군단의 효율성을 약화시켰다.

---

30   Heather, 2006: 7.
31   Luttwak, 1976: 16; Ferrill, 1986; Osborne, 2006.

기독교의 발흥

근대로의 여정에서 제국의 기독교화는 로마 시대의 가장 유익한 측면이었다. 나는 이 이야기를 이전 책들에서 자세히 다루었다.[32] 여기서는 개요만으로 충분할 것이다.

십자가 사건 이후, 예수가 하나님의 아들이라고 믿은 사람은 200명도 채 되지 않았을 것이다(행 1:15). 그럼에도 불구하고 십중팔구 1-2년 안에(기원후 35년경) 로마에 작은 모임이 생겼다. 의심할 여지 없이 그 모임은 팔레스타인에서 이주한 소수의 신자로 형성되었다. 이 새로운 운동은 일단 도시에 자리를 잡은 후 개종을 통해 빠르게 성장했다. 사도 바울이 로마인들에게 편지를 쓸 무렵(기원후 57년경), "로마에는 적어도 일곱 개의 가정교회가 있었다."[33] 게다가 기독교는 로마의 귀족사회에 이미 침투했을 것이다.[34] 사실 최근의 역사가들은 초기 기독교가 주로 가난한 사람들과 노예들로 이루어졌다는 전통적인 확신을 반박해왔다. 그들은 이제 대부분의 새로운 종교 운동과 마찬가지로, 기독교의 주된 매력이 특권층에 있었음을 받아들인다.[35] 또한 대부분의 초기 기독교인은 도시인이었는데, 이는 "이교도"라는 말이 시골 사람을 지칭하는 부적절한 용어(시골뜨기나 촌놈)라는 사실에서 반영된다. 그 용어가 종교적으로 사용된 이유는 도시들이 너무 기독교화되어서 예전의 신들을 믿는 사람들이 대부분 시골에 살았기 때문이었다.

---

32 Stark, 1996, 2006, 2011.
33 Hvalvik, 2007: 191.
34 Harnack, 1905: 382; Sordi, 1986: 28.
35 Stark, 1996, 2011.

꽤 이른 시기부터 로마인들은 기독교인들을 박해했다. 64년 여름, 때때로 네로 황제는 의식이 온전한 기독교인들을 밀랍으로 뒤덮고 직장에 막대기를 꽂아 높이 세워놓고는 밤에 불을 질러 정원을 밝히곤 했다. 또한 그는 몇몇 기독교인을 콜로세움으로 보내어 야생동물들에게 던져주고 다른 기독교인들은 십자가에 못 박히게 했다. 그러나 기독교에 대한 그러한 공격은 249년 데키우스 황제가 로마 신들에게 일회성 제물(옛 신들이 로마를 향해 다시 한번 미소 짓게 하려는 희망으로 제국의 모든 사람에게 요구했던 행위)을 바치기를 거부한 기독교인들을 제국 전역에 걸쳐 박해하기 시작할 때까지는 산발적이었다. 그 결과 다른 저명한 기독교인들처럼 많은 기독교 주교들이 색출되어 처형되었다. 그러나 전통적인 로마 신들은 감명을 받지 않은 것으로 보인다. 데키우스가 군대를 이끌고 고트족의 침략에 맞섰을 때, 그는 죽임을 당했고 그의 군단은 전멸했다.

발레리아누스는 데키우스의 뒤를 이어 왕위에 올랐고 기독교인들을 계속 박해했다. 더 많은 주교의 은신처가 발견되었고, 그들 역시 고문을 당하고 살해당했다. 그러나 발레리아누스가 페르시아의 위협에 맞서 군대를 이끌다가 전투에서 패배하여 포로로 잡혔던 것보다 더 나쁜 최후를 맞이한 기독교 희생자는 없었다. 페르시아인들은 그를 모욕하고 오랫동안 고문했으며, 그가 죽은 후 그의 피부를 짚으로 채워서 전리품으로 신전에 보관했다.

발레리아누스의 아들 갈리에누스가 다음 황제가 되었다. 다른 여러 황제처럼 갈리에누스는 군대에 의해 살해당했지만, 자기 아버지의 모든 반기독교 정책을 폐지했다. (당시 주조된 동전에서 알 수 있듯이 그의 아내는 기독교인이었다.)[36] 303년에 마지막이자 가장 맹렬한 박해가 시작되기 전까지는 모든 것이 조용했다.

데키우스와 마찬가지로 디오클레티아누스 황제는 모든 것을 바로잡기 위해 옛 신들에게 요청하려고 했다. 기독교인들이 다시 한번 참여를 거부하자, 그의 후임자로 지명된 갈레리우스는 그들을 탄압하라고 그를 압박했다. 디오클레티아누스는 자신의 아내와 딸이 기독교인임에도 불구하고,[37] 기독교 모임을 모두 금지하고 모든 교회를 압류하거나 파괴할 것을 명령했으며, 모든 기독교 경전을 불태우고, 기독교인들에게 공직을 금지하며, 기독교 노예를 풀어주지 못하도록 하는 법령을 반포했는데, 그것은 아마도 갈레리우스(2년 후 그를 이어 황제가 되었다)에 의해 고안된 법령이었을 것이다. 체포와 고문, 잔혹한 처형이 한꺼번에 시작됐다. 대략 3천 명의 기독교 지도자들과 저명 인사들이 죽었고, 수천 명의 사람이 노예 선고를 받았다.

그러나 311년 갈레리우스는 임종하면서 모든 반기독교적인 칙령을 취소했다. 그는 박해가 효과가 없었다고 불평하고 기독교인들에게 그의 회복을 위해 기도하라고 명령했다(몇몇은 기도했을 것이다).

박해는 끝났다. 로마인들이 실패한 부분적인 이유는 교회를 파괴하는 방법이 위에서 아래로 내려오는 것이라고, 즉 지도자들이 사라지면 일반 구성원들이 떠나갈 것이라고 잘못 생각했기 때문이다. 이런 방식은 아마도 이교도 사원들을 파괴하는 데는 주효했을 것이다. 하지만 기독교인들 사이에서는 모든 지도자 뒤에 그 역할을 대신할 준비가 된 구성원들이

---

36   Mattingly, 1967: 54.
37   Barnes, 1981: 19; Mattingly, 1967: 56.

줄을 서 있었다. 어찌 됐든 황제의 박해는 너무 늦었다. 기독교는 멈추기엔 너무 거대해졌다.

303년 갈레리우스에 의한 큰 박해가 시작되었을 때, 기독교인들은 이미 로마 시민의 약 3분의 2를 차지했다. 그리고 그들은 곧 제국의 대다수를 차지하게 되었다.[38] 312년 콘스탄티누스가 밀비우스 다리 전투에서 승리하고 왕좌를 차지한 후, 그는 기독교로의 개종을 선언했다. 그 후의 로마 황제들은 임기를 2년도 채우지 못한 율리아누스(332-363년)를 제외하고는 모두 기독교인이었다. 로마의 기독교화는 완료되었다.

그러나 "기독교의 로마화"(Peter Heather의 표현을 사용하자면)가 시작되었다.[39] 콘스탄티누스는 교회 통치에 끊임없이 개입했고, 곧 기독교는 로마 국가를 모델로 한 고도로 중앙집권화된 관료제가 되었다. 얄궂게도 이 새로운 교회 구조는 제국보다 더 오랫동안 존속되어 서구의 부흥에 중추적인 역할을 할 운명이었다.

로마의 몰락

410년에 로마는 알라리크 왕이 이끈 고트족 군대에 약탈당했다.[40] 제국 전역에서 교육받은 특권층들은 애도했고, 애도는 수 세기 동안 이어졌다. 이 소식을 들은 성 히에로니무스(347-420년)는 "한 도시에서 전 세계가 죽었

---

38   Stark, 2011: ch. 10.
39   Heather, 2006: 126.
40   종종 서고트인(동고트인과 대조적인)이라고 불린다.

다"라며 안타까워했다.[41] 2006년 옥스퍼드 역사학자 브라이언 워드-퍼킨스(Bryan Ward-Perkins)는 로마의 몰락이 "서부 거주민들을 선사시대의 전형적인 생활 수준으로 되돌리는 비극적인 결과를 가져왔다"라고 썼다.[42]

　　로마는 당시 서로마 제국의 수도도 아니었으며, 황제는 라벤나를 새로운 수도로 삼았다. 라벤나는 (로마에서 북쪽으로 320km 이상 떨어진 아드리아 해안의 지형 때문에) 쉽게 방어할 수 있었지만, 이탈리아를 방어하기에 적합한 곳은 아니었다. 어쨌든 로마시는 그 끔찍한 운명이 제국의 종말을 가져왔다고 여겨질 정도로 상징적으로 매우 중요했다. 엄밀히 말하면 서로마 제국은 몇십 년 더 지속되었고(마지막 황제는 476년에 폐위되었다), 동로마 제국은 천 년간 더 지속되었다. 그러나 고트족 군대가 세계에서 가장 크고 가장 강력한 도시였던 거리를 배회하며 궁전과 공공건물을 약탈할 수 있었을 때, 로마의 막간극은 끝이 났다.

책임 돌리기

시작부터 이 "재앙"을 설명하기 위한 적극적이고 쓰라린 노력이 있었다. 첫 번째는 로마 서부의 마지막 황제가 폐위된 후 수십 년 동안 그리스어로 쓰인 『새로운 역사』(*New History*)를 출판한 비잔틴의 이교도 조시모스에 의한 것으로 보인다. 그의 책 초기에 조시모스는 역사가 폴리비오스(기원전 200-118년)가 "로마인들이 그들의 주권을 어떻게 획득했는지를 기록한 것처럼…나는 그들이 어떻게 맹목적인 어리석음으로 그것을 잃었는지 말할 것이다"라고 썼다.[43] 그는 기독교를 비난함으로써 에드워드 기번(Edward

---

41　Saint Jerome, *Commentary on Ezekiel*, preface.
42　Ward-Perkins, 2006 : 183.
43　Goffart, 1971 : 413.

Gibbon, 1737-1794)이 주장한 내용의 선구자가 되었지만, 놀라운 반전이 있었다. 기번과 마찬가지로 조시모스는 "기독교 종교의 계율은 사기를 저하시키는 효과가 있다"라고 비난했다. 그러나 이교도로서 조시모스는 기독교인들이 로마의 전통적인 신들을 불쾌하게 하여 제국을 운명에 내맡겨버린 것에 대해 비난하는 황제들의 의견에 동의했다. 조시모스는 로마의 다른 어리석은 행동도 언급했다. 그는 황제에 의한 통치를 위해 공화국이 버림받은 이후 모든 것이 악화되었다고 믿었다. 이러한 변화는 점점 더 지지할 수 없는 과세제도, 도덕적 타락, 부패, 군대의 약화, 그리고 야만인들에 대한 불필요한 유화 정책으로 이어졌다. 기번은 여섯 권으로 된 방대한 저서인 『로마 제국의 쇠퇴와 몰락의 역사』(*The History of the Roman Empire and Falls of Roman Empire*)에서 이 모든 것을 우아한 산문으로 표현했다. 그러나 조시모스는 기번도 충분히 알고 있었듯이 그의 결론을 대부분 예상했다.

　기번의 시대부터 로마의 멸망을 설명하는 것은 전문 역사학자들 사이에서 부산스러운 가내 산업이었다. 1984년 독일의 한 교수가 로마가 멸망한 이유에 대한 210개의 이론을 발표했는데,[44] 여기에는 로마인들이 납파이프에 의한 납 중독으로 인해 정신적으로 무능해졌다는 주장이 포함되어 있다.[45] 이후 다른 이론들도 추가되었다. 납 독극물 이론보다 확실히 더 이상한 것은, 로마가 농사를 너무 많이 지어서 "수백만 제곱마일의 유럽 토양이 곧 고갈되었고, 자급할 수 없는 상황으로 인해 무너졌다"는 커크패트릭 세일(Kirkpatrick Sale)의 주장이다.[46] 이는 기근에 대한 기록을 남

44　Demandt, 1984.
45　Gilfillan, 1965.
46　Sale, 1990: 82.

기지 않고 일어난 것으로 보인다.

　거의 모든 이론은 로마가 내부적 실패와 결점 때문에 멸망했다며 로마인들에게 책임을 돌린다는 점에서 조시모스 및 기번과 일치한다. 역사가 A. H. M. 존스(Jones)가 지적했듯이 "이 역사가들이 강조하는 대부분의 내부적 약점은 제국의 동서 제국 모두에게 공통적"이었고, 오직 서로마 제국만이 몰락했다.[47] 예를 들어 기독교가 로마의 결의를 약화했다면, 기독교가 훨씬 더 강했던 동로마 제국은 왜 무너지지 않았을까? 또한 정부의 관료주의와 부패는 서로마만큼이나 동로마에도 타격을 주었다.

　다른 학자들은 심각한 경제적 쇠퇴가 로마의 몰락을 촉발했다고 주장한다. 예를 들어 유명한 영국 역사학자 아놀드 토인비(Arnold J. Toynbee)는 전성기 동안 로마가 약탈 경제(로마 제국의 생활수준은 정복지에서 나온 전리품과 약탈품에 기초했음)를 발전시켰다고 주장했다. 제국의 팽창이 멈추자 세입은 상당히 떨어지기 시작하여 점차 무거운 세금을 부과하게 되었고, 그 후 불경기가 찾아왔다는 것이다.[48] 또 다른 20세기 역사학자 미하엘 로스토프체프(Michael Rostovtzeff)는 로마가 주로 경제적 쇠퇴와 침체로 인해 몰락했다는 것에 동의했다.

　노동은 산만해졌고 생산성은 떨어졌다. 불안한 바다와 도로로 인해 상업은 황폐해졌으며, 공업은 번창할 수 없었다. 공업 시장은 꾸준히 위축되고 사람들의 구매력이 감소했기 때문이다. 농업은 혹독한 위기를 맞이했다.…물가는 계속해서 상승했고 통화 가치는 전례 없는 속도로 평가절하되었다.…국가와 납세자의 관계는 거의 조직적인 강도 행위에 기반을 두고 있었다. 강제

47　Jones, 1964, 2:1027.
48　Toynbee, 1936.

노동, 강제 운반, 강제 대출, 증여가 일상이었다. 행정부는 부패하고 사기가 저하되었다.…가장 끔찍한 혼란은 폐허가 된 제국 전체를 그렇게 지배했다.[49]

문제는 매우 많은 고고학적 증거들이 제국 말기에 경제가 호황을 누렸음을 보여준다는 것이다.[50]

어쨌든 알라리크와 그의 고트족은 경제를 활성화시키고 세금을 줄이거나 통화를 안정시키겠다고 약속함으로써 로마를 정복한 것이 아니다. 그들의 승리는 군사적 승리였고, 로마의 몰락은 주로 전쟁터에서 일어났다. 왜 그랬을까?

군사적 단점

19세기의 걸출한 독일 역사학자 테오도르 몸젠(Theodor Mommsen)은 콘스탄티누스 황제가 핵심적인 "전략적 예비군"을 창설함으로써 로마군에 혁명을 가져왔다고 주장했다. 이후 여러 역사가는 몸젠이 관찰한 내용을 사회적 통념으로 격상시켰다. 1976년에 저명한 군사 분석가 유진 러트왁(Eugene N. Luttwak)은 그것을 로마의 "대전략"으로 환영했다.[51]

312년 콘스탄티누스가 왕위에 올랐을 때 로마는 국경, 특히 라인강과 다뉴브강을 따라 다양한 게르만족 "야만인"들과 마주한 국경들을 정적인 방어선으로 둘러 방어했다. 군대는 일련의 요새가 자리 잡은 국경을 따라 배치되었고, 요새는 벽으로 연결되기도 했으며, 군인들은 침입자를 격퇴하기 위해 성벽에서 빠르게 움직일 수 있었다. 많은 수의 야만인이 로

---

49   Rostovtzeff, 1926: 453-54.
50   Heather, 2006: 114; Ward-Perkins, 2006: 42.
51   Luttwak, 1976.

마 영토에 들어왔을 때 가장 가까운 수비대들이 공격했는데, 그들은 지원군이 올 것을 알고 있었고, 수적으로 열세할 때조차도 자신들의 뛰어난 전투 태세가 굳건히 버틸 수 있게 해줄 것이라 확신했다.

콘스탄티누스는 이 체계에 너무 많은 병력이 필요하며, 큰 돌파에 취약하다고 판단했다. 그는 국경 초소에서 대부분의 군대를 철수시켰고, 도적 떼의 습격과 같은 작은 문제를 처리할 수 있을 만큼만 군인들을 국경에 흩어놓았다. 콘스탄티누스는 국경에서 철수한 군대를 이용하여 최고의 군단으로 구성된 대규모 예비군을 만들었다. 예비군은 보급이 용이한 핵심 도시와 그 주변에 배치되었다. 도시들은 예비군이 빠르게 집결할 수 있도록 서로 충분히 가까이 있었다. 야만인들의 중대한 공격이 있을 경우, 국경 수비대는 요새에 틀어박혀 있으면서 전략 예비군을 소집하려고 빠른 기병을 보냈다. 따라서 어느 곳에서든 침략자는 언제나 로마의 가장 큰 최고의 군대를 마주하게 된다. 현대의 많은 아마추어 전략가들이 이것을 기발한 조치로 여기는 것은 놀랍지 않다. 그러나 아서 페릴이 통찰력 있게 지적했듯이, 이 혁신은 군단의 붕괴와 패배의 씨앗을 포함하고 있었다.[52]

한 가지 예로, 그것은 게르만 부족들이 국경 지역을 습격하는 것을 꽤 안전하고 대개 이익을 가져다주는 일로 만들었다. 라인강과 다뉴브강을 가로지르는 침략은 만성화되었고, 요새군은 포위되어 있었으며, 침략자들은 예비군이 도착하기 훨씬 전에 떠날 수 있었다. 이것은 국경 지역의 주민들에게 매우 심각한 부담을 주어서 떠날 수밖에 없도록 했고, 결과적으로 그 땅에 "야만인"이 정착하도록 허용함으로써 매력적인 공백을 만들었다.

---

52 Ferrill, 1986.

둘째, 중앙 예비군은 외딴 지역에서 훈련하며 약탈자들을 추격하지 않았다. 그들은 도시 사람들이 제공할 수 있는 모든 즐거움에 노출되었다. 조시모스는 이러한 결함을 인지했다.

> 콘스탄티누스는 국경에서 보조 병력이 필요 없는 도시들로 병사들을 대부분 이동시킴으로써 이 국경의 안보를 폐지했다. 이렇게 그는 야만인들에게 괴롭힘을 당한 사람들에게서 도움을 빼앗았고, 평온한 도시들에 성가신 군대로 짐을 지웠으며, 곧 여러 도시가 버려졌다. 게다가 그는 군인들을 유하게 대했고 그들은 공연과 사치품을 즐겼다. 실제로 (솔직히 말해서) 그는 우리의 황폐화된 현재 상황에 첫 씨앗을 심었다.[53]

셋째, 국경 부대는 전투에 참여할 기약이 없었기 때문에, 그들은 곧바로 싸움에 임할 준비가 되지 않았고 더 이상 승리에 기여할 수도 없었다. 최고의 병력이 중앙군을 위해 남겨졌기에, 국경 수비대는 페릴의 표현대로 "방어 정책의 2류 배우"가 되었다.[54] 그러므로 문서상으로는 4세기의 로마 군대가 2세기의 군대보다 더 컸지만, 그 군대는 사실상 더 작았다.

마지막으로 페릴은 "새로운 대전략의 가장 큰 특징은 보병을 약화시킨다는 점"이라고 말했다.[55] 전략 예비군은 기동성에 의존했다. 지원이 필요한 곳에 예비군이 얼마나 빨리 도착할 수 있었을까? 기병대는 보병보다 훨씬 먼저 그곳에 도착할 수 있었다. 그래서 비록 모든 시대에 걸쳐 주요 전투는 보병들이 결정했지만, 기병은 선호되는 군대가 되었다. 기병이 잘

---

53   Ferrill, 1986: 25에서 인용됨.
54   Ferrill, 1986: 46.
55   Ferrill, 1986: 47.

훈련된 보병의 상대가 되지 않는다는 것은 역사를 통해 알 수 있듯이 그 당시에도 마찬가지였다. 로마 기병대는 당시의 모든 기병대와 마찬가지로 등자가 없고 엉덩이를 지탱하는 안장 대신 얇은 패드를 이용했던 점을 고려하면 더욱 그러했다. 결과적으로 기병대는 창을 낮게 잡고 옆으로 몸을 기울여 돌격할 때 말에서 떨어지지 않을 수 없었다. 그래서 이 시대의 기병은 검이나 도끼를 휘두르거나 창을 던지거나 활을 쏘는 것밖에 할 수 없었다.

그럼에도 불구하고 로마 기병대는 보병보다 더 커졌다. 더 안 좋은 소식은 4세기 말에 보병이 기병대에게 갑옷을 빼앗기고 근접전에 적합하지 않은 장검을 휴대했다는 것이다. 로마의 군사 작가 플라비우스 베게티우스 레나투스는 400년경에 로마 군인들이 "흉갑과 갑옷 그리고 헬멧을" 없앴다고 보고했다. "그래서 병사들은 가슴과 머리를 보호하지 못한 채 고트족과 싸웠고 궁수들에게 종종 당했다. 많은 재난이 발생하여 대도시들을 잃었지만, 아무도 보병에게 흉갑과 투구를 다시 착용하도록 하지 않았다. 따라서 전투 중에 갑옷이 없어서 부상에 노출된 병사들은 전투에 대해 생각하지 않고 도망갈 생각을 하게 된다."[56]

로마화된 "야만인들"

로마 군단이 무장과 장갑에 소홀하고 복잡한 작전을 수행할 능력이 떨어짐에 따라, "야만" 군단은 더 잘 무장했고 장갑을 갖추었으며 전술적으로 훨씬 더 정교해졌다. 이것은 378년 고트족 군대가 아드리아노플 전투에서 로마인들을 학살했을 때 입증되었다. 또한 로마군은 "야만인" 군단병

---

56   Ferrill, 1986: 129에서 인용됨.

들로 가득 차 있었고 심지어 로마군을 이끄는 게르만 장군들이 다수 있었다는 것을 생각해보라. 비록 일부 역사가들은 이것이 로마 군대의 충성심과 근면성을 훼손했다고 보지만, "야만인"이 복무하는 동안 충성스럽고 헌신적인 사람이 아니었다는 증거는 없다.[57] 그러나 사실 "야만인" 군대의 대열은 로마에서 돌아온 참전 용사들로 채워져 있었고, 많은 "야만인" 지도자들이 로마 부대에서 지휘한 경험이 있었다. 실제로 언젠가 고트족의 로마 약탈을 이끌었던 알라리크는 황제 테오도시우스 1세 휘하에서 부대 지휘관으로 근무하다가 로마인들이 그가 장군으로 승진하는 것을 거부했을 때(아마도 불공평했을 것이다) 고트족을 이끌기 위해 돌아왔다.[58] 또는 "야만인" 반달족 지도자의 아들인 플라비우스 스틸리코가 수년간 서로마 제국의 집정관으로 근무했으며(이는 사실상 그를 로마군 전체의 최고사령관으로 만들었다), 402년에는 알라리크가 이끄는 고트족 군대를 물리치기도 했다. 408년 스틸리코는 정치적 음모의 희생자가 되어 처형되었다. 페릴이 지적하듯이 "거의 3만 명의 야만군 연합이 알라리크와 합류하기 위해 북쪽으로 진군했다."[59]

이렇게 서로 얽혔다는 점을 고려한다면, 이 모든 일에도 불구하고 고트족에게 아무런 영향도 없었고 그들이 여전히 미개한 "야만인"으로 남았다고 생각하는 것은 터무니없는 일이다. 로마와 처음 접촉한 직후 고트족이 긴 머리를 더 짧은 로마 스타일로 자르기 시작했다는 점은 그들이 "로마화"되기를 원했음을 보여준다.[60]

---

57   Jones, 1964, 2:1038.
58   Heather, 1998: 139.
59   Ferrill, 1986: 102.
60   Wolfram, 1997: 77.

더 중요하게도 고트족이 기독교인이 되기 훨씬 전에 고트족 주교가 325년 니케아 공의회에 참석했다. 341년 고트족 울필라스는 당시 콘스탄티노폴리스의 황제 주교였던 에우세비오스에 의해 주교로 서임되었다. 울필라스 주교는 383년에 성경을 그리스어에서 고트어로 완전히 번역했다(그렇게 고트어를 기록된 언어로 바꾸었다).[61]

또한 고트족의 발전은 로마를 모방하는 것에 국한되지 않았다. 로마인들과 그리스인들 모두 비누를 가지고 있지 않았다는 점을 생각해보라. 비누는 북부 "야만인"들에 의해 발명되었다.[62] 라인강과 다뉴브강 너머의 게르만족 농부들은 로마인들이 사용하는 어떤 것보다도 뛰어난 철제 쟁기를 가지고 있었다.[63] 그들은 또한 바지와 끈 달린 부츠를 만드는 데 있어서 로마인들을 훨씬 능가했고, 심지어 원시적인 형태의 안전핀을 가지고 있었다.[64] 역사학자 뤼시앙 뮈세(Lucien Musset)에 따르면, 게르만족의 야금술은 로마인들보다 훨씬 더 뛰어났으며, 그들은 "19세기까지 월등한" 칼과 강철로 된 전투 도끼를 생산했다고 한다.[65] 또한 그들은 북해뿐만 아니라 지중해에서도 로마와 성공적으로 싸우는 데 필요한 함선과 항해 기술을 보유하고 있었다. 이 문제들은 4장에서 더 자세히 다룰 것이다.

요점은 로마인들이 모든 게르만족 집단을 "야만인"이라고 불렀지만, 로마는 무지한 야만인 무리에 의해 망한 것이 아니다.

---

61   Wolfram, 1997: 76.
62   Mokyr, 1992: 26.
63   Heather, 2006: 87.
64   Jones, 1988: 57.
65   Musset [1965] 1993: 203.

약탈당하다!

상당한 정도로 페르시아인들은 고트족의 로마 약탈을 부추겼다. 그들은 동쪽으로부터 끊임없는 군사적 위협을 가함으로써 서로마의 구원군으로 보내졌을지도 모르는 대규모의 제국군을 묶었다. 대신 서로마 제국은 홀로 감당해야만 했다.

408년 10월 알라리크는 그의 강력한 고트족 군대를 이끌고 알프스산맥을 넘어 이탈리아로 들어갔다. 호노리우스 황제가 라벤나에 숨어 있었기에, 그를 대적하는 세력이 없었다. 공성 무기가 없었으므로 알라리크는 로마를 점령할 의도가 없었을 것이다. 그가 원했던 것은 장군 진급이 거절된 것을 만회하기 위한 로마의 명예뿐만 아니라 땅과 돈이었을 것이다. 이를 위해 그는 군대를 이끌고 로마시를 지나 로마의 항구인 오스티아를 점령했다. 오스티아는 로마시를 먹여 살리는 데 필요한 엄청난 분량의 곡물이 지나가는 곳이었다. 기근에 대한 공포가 그 도시에 공황을 일으켰다. 페릴의 말에 따르면, 그때 원로원은 "금 5천 파운드, 은 3만 파운드, 비단 튜닉 4천 파운드, 진홍색 가죽 3천 파운드, 후추 3천 파운드의 배상금"을 제안했다.[66] 알라리크는 봉쇄를 풀었으나 배상금을 받지 않았고, 호노리우스 2세가 고트족에게 영구적인 정착을 제공하는 동맹 조약에 동의할 것을 요구했다. 개인적으로 봉쇄에 영향을 받지 않았기 때문에 황제는 이를 거절했다. 알라리크는 봉쇄를 재개했다. 다시 협상이 있었다. 결국 410년 8월 알라리크는 도시를 포위했다. 그때 안에 있던 누군가가 문을 열었고 고트족이 쏟아져 들어갔다.

그다음에 무슨 일이 일어났는지에 대한 논쟁이 있다. 일부 역사가들

---

66   Ferrill, 1986: 103.

은 약탈, 강간, 학살 같은 일상적인 난행이 있었다고 주장한다. 윌리엄 맨체스터(William Manchester)에 의하면 "3일간의 약탈 후에, [로마]는 거의 알아볼 수 없을 정도로 난타를 당했다."[67] 다른 사람들은 그것이 놀랍도록 절제되어 실행되었다고 주장한다. 피터 헤더는 그것을 "고도로 문명화된 약탈"로 묘사했다.[68] 교회들이 약탈당하지 않았고 원로원이 유일하게 불탄 건물이었다는 데 모두가 동의한다. 어쨌든 가장 중요한 것은 로마의 상징적인 황폐화였고, 그것은 지속되고 있다.

막간극의 끝

멸망한 것은 로마이지 로마의 문명이 아니었다. 고트족은 갑자기 야만적인 상태로 돌아가지 않았다. 또한 이전 제국의 수백만 명의 주민들은 그들이 알고 있던 모든 것을 갑자기 잊어버리지 않았다. 반대로 로마의 숨 막힐 듯한 억압이 이제 끝나면서, 근대성을 향한 영광스러운 여정이 재개되었다.

---

67   Manchester, 1993: 5.
68   Heather, 2006: 228.

제2부

그다지 어둡지 않은 시대

(500-1200)

4장

분열의 축복

로마의 몰락이 유럽을 어떻게 암흑시대로 몰아넣었는지에 대한 오랫동안 우세했던 엉터리 주장에 대해, 일부 역사가들은 현재 서로마 제국이 붕괴한 후 별다른 사건이 거의 일어나지 않았다고 주장한다. 피터 브라운(Peter Brown)이 150년부터 750년까지로 본 "후기 고대 세계"는 느린 변혁의 시대였다.[1] 브라운은 물론 이 세기들의 역사를 "중간중간의 대재앙을 언급하지 않고, 부패에 대한 널리 퍼진 개념에 대해 립서비스를 하려고 잠시 멈추지도 않고" 말할 수 있다고 올바르게 말한다.[2] 하지만 부패를 부정하는 것이 변화의 거부를 요구하는 것은 아니다.

로마의 몰락은 사실 서구 문명의 발흥에 가장 유익한 사건이었는데, 그 이유는 로마의 몰락이 매우 실질적이고 진보적인 변화를 촉발했기 때문이다.

---

1   Brown [1971] 1989.
2   Brown, 1997: 14-15.

이번 장에서는 로마의 통일성이 무너진 후 시작된 극적인 진전에 대해 알아보겠다. 이 시기의 유럽은 지속적인 분열로 축복을 받았고, 제국을 재건하려는 주기적인 노력은 실패했다. 분열은 소규모 사회 실험을 광범위하게 가능하게 했고, 수백 개의 독립적인 정치 단위들 사이에 창조적인 경쟁을 촉발했으며, 이는 결과적으로 빠르고 엄청난 진보로 이어졌다. 따라서 그리스 "기적"이 분열에서 발생했듯이, "유럽 문명도 정치적 무정부 상태에서 기원하고 존재하게 되었다"고 노벨상 수상자인 F. A.하이에크(Hayek)는 말했다.[3]

놀랄 것도 없이 초기의 혁신과 발명품은 대부분 농업에서 왔다. 곧 대부분의 중세 유럽인은 역사상 어떤 일반인들보다 더 잘 먹어 다른 사람들보다 더 크고 강해졌다.[4] 또한 그들은 수력과 풍력을 혁명적으로 이용했다. 게다가 그들 사이의 끊임없는 전쟁에 직면하여, 중세 유럽인들은 새로운 군사 기술과 전술을 발명하고 채택하는 데 뛰어났고, 그런 기술과 전술은 모두 고대 그리스에 의해 시작된 서양의 전쟁 원리와 일치했다. 732년 무슬림 침략자들이 갈리아로 쳐들어왔을 때, 그들은 훌륭하게 무장하고 훈련된 프랑크 군대를 만났고 말살되었다. 그 후 프랑크인들은 유럽의 대부분을 정복했고 새로운 황제를 세웠다. 다행히도 모든 것이 곧 무너졌고 유럽의 창조적인 분열이 다시 일어났다.

---

3   Hayek, 1988: 33.
4   Privat et al., 2002; Wells, 2008: 139-40.

암흑시대라는 신화

암흑시대에 대한 믿음은 매우 끈질기게 남아 있기에, 그것은 기독교를 비방하고 자신들의 현명함을 축하하려고 결심한 18세기 지식인들이 지어낸 신화라는 것을 빨리 밝히는 것이 적절해 보인다.[5]

로마가 멸망한 후 기독교가 유럽 전역에 무지와 미신의 시대를 여러 세기 동안 강요했다는 것은 오랫동안 "잘 알려진" 의견이었다. 중세 철학자들에 관한 연구로서 오랫동안 존경받아온 『믿음의 시대』(The Age of Belief, 1954)에서 앤 프리맨틀(Anne Fremantle)은 "어둡고 암울한 곳, 약 10세기의 따분하고 더러운 부분"에 대해 썼다.[6] 프리맨틀의 주장은 단지 18세기 반대자들의 반기독교적인 맹렬한 비난을 그대로 반영했을 뿐이다. 볼테르는 로마 이후를 "야만주의와 미신 그리고 무지가 세계를 뒤덮었던 시대"라고 묘사했다.[7] 루소에 따르면, "유럽은 가장 이른 시대의 야만으로 다시 빠져들었다. 이 지역의 사람들은 몇 세기 전에…무지보다 더 나쁜 상태로 살았다."[8] 에드워드 기번은 로마의 몰락을 "야만과 종교의 승리"라고 불렀다.[9]

버트런드 러셀(Bertrand Russell)은 1959년 유명한 대학 교과서의 삽화에서 다음과 같이 말했다. "로마 제국의 중앙 권위가 쇠퇴함에 따라 서유럽은 전반적인 문화적 쇠퇴를 겪었던 야만의 시대로 가라앉기 시작했다.

---

5   이 단락과 이 장 이후의 단락은 내가 『기독교 승리의 발자취』(The Triumph of Christianity, 새물결플러스 역간)에서 연구하고 쓴 내용에 의존한다. Stark, 2011을 보라.
6   Fremantle, 1954: ix.
7   Voltaire, Works, vol. 12.
8   Gay, 1966에서 인용됨.
9   Gibbon, The History of the Decline and Fall, 6:71.

그것은 암흑시대라고 불린다."[10] 1991년 찰스 반 도렌(Charles Van Doren)은 『지식의 역사』(*A History of Knowledge*)라는 책으로 찬사를 받았는데, 이 책에서는 로마의 몰락이 "유럽을 500년 동안 암흑시대로 몰아넣었다"라고 언급했다. "강제력 외에는 법이 거의 없었다"는 이유로 그 시대는 "강탈과 죽음"의 시대였다. 설상가상으로 "대부분의 사람이 집 주변의 땅에서 얻을 수 있는 것에 의존하면서 삶은 고달파졌다."[11] 반 도렌은 기독교가 가난을 자축하고 만족을 촉구하며 소비와 물질세계를 경멸함으로써 이 암울한 시대를 연장시켰다고 비난했다.[12] 1993년 매우 존경받는 역사학자 윌리엄 맨체스터는 그의 책 제목 『불로만 밝히는 세계』(*A World Lit Only by Fire*)에서 "기원후 400-1000년"에 대한 그의 견해를 요약했다. 그는 암흑시대를 더 이상 믿지 않는 사람들을 일축했는데, "그 시대에 대해 알려진 것들은 대부분 사랑스럽지 않다.…그 시대에서 드러나는 모습은 끊임없는 전쟁, 부패, 무법, 이상한 신화에 대한 집착, 그리고 거의 헤아릴 수 없는 무념무상의 혼합이다"는 것을 이유로 들었다.[13]

그럼에도 불구하고 진지한 역사학자들은 수십 년 동안 이러한 주장이 완전한 사기라는 것을 알고 있었다. 심지어 존경할 만한 백과사전들조차도 지금은 암흑시대를 신화로 정의하고 있다. 컬럼비아 백과사전은 "중세 문명은 더 이상 그렇게 어두웠다고 생각되지 않는다"라고 말하며 이 용어를 거부한다. 브리태니커는 암흑시대라는 이름을 경멸적으로 여긴다. 그리고 위키피디아는 암흑시대를 "로마의 멸망 이후 지적 암흑기로

---

10   Russell, 1959: 142.
11   Van Doren, 1991: 89.
12   Van Doren, 1991: 95-97.
13   Manchester, 1993: 3.

추정되는 가상의 시기"로 정의한다. 이러한 견해는 쉽게 확인할 수 있다.

로마 통치의 붕괴와 새로운 지방 정치 단위의 조직과 관련한 심각하지만 오래 지속되지는 않은 혼란이 있었을지도 모른다. 그러나 암흑기의 신화는 네 가지 주요 요인을 근거로 수 세기 동안 무지한 비참함이 있었다고 상정한다. (1) 대부분의 도시가 버려져 폐허가 되었고, (2) 무역이 붕괴되어 지역 공동체를 그들의 매우 제한된 자원으로 내몰았고, (3) 읽고 쓰는 능력은 거의 사라졌으며, (4) 평균적인 사람들의 삶의 수준은 최저 생활 수준으로 떨어졌다.

로마 제국의 도시와 마을이 로마의 멸망 이후 수와 규모가 크게 줄어든 것은 사실이다. 로마시의 인구는 400년에 약 50만 명에서 600년에 약 5만 명으로 감소했다. 플리니우스가 열거한 이탈리아의 로마 도시 372개 중 3분의 1은 함락 직후 사라졌다.[14] 『문명』(*Civilization*)에서 로저 오스본 (Roger Osborne)은 갈리아와 영국의 많은 마을과 도시들은 "소수의 인구만 사는 유령 마을처럼 되었다"고 진술한다.[15] 통틀어 제국의 약 2천 개의 "도시"(대부분은 읍 단위)는 대부분 이러한 운명을 겪었다.[16]

그러나 이러한 변화들이 서방세계가 퇴보했다는 것을 의미하지는 않았다. 진실은 대부분의 로마 도시들이 더 이상 어떤 목적에도 도움이 되지 않았다는 것이다. 그들은 국가로부터 자금을 지원받았으며 세금 징수, 지방 통치, 군대의 숙영 등 통치 목적으로만 존재했다. 오스본은 "그곳은 생산이 아닌 소비의 중심지였으며, 자율적인 존재 이유가 없었다"고 지적했

---

14   Osborne, 2006: 163.
15   Osborne, 2006: 165.
16   Osborne, 2006: 163.

다.[17] 대조적으로 후기 로마 유럽에서 생겨났거나 살아남은 도시들은 무역과 제조업의 중심지였다. 북부 "야만인"의 여러 마을 역시 그랬고 계속해서 번창했다. 이 새로운 시대의 마을과 도시들은 규모가 보통 크지 않았는데, 이는 실업자들을 위한 무료 식량과 오락물의 일일 분배를 위한 국가 보조금이 없었기 때문이다. 역사가 A. R. 브리드베리(Bridbury)의 표현에 따르면, 이 사람들은 "자급자족하지 않는 한 전혀 음식을 먹지 못했다."[18] 확실히 이것은 큰 변화였다. 확실히 그것은 부패가 아니었다.

매우 부유한 로마 엘리트들의 몰락과 함께, 이국적인 음식과 보석, 먼 곳에서 생산된 옷감을 들여오는 사치스러운 무역은 쇠퇴했을지도 모른다. 그러나 암흑기라는 신화의 지지자들은 모든 형태의 무역이 곧 사라졌다고 주장한다. 반 도렌은 "도로에는 여행객과 화물이 없었다"라고 말한다.[19] 하지만 그렇지 않았다. 로마의 몰락 **이후에** 유럽의 무역이 훨씬 더 활발했다. 우선 로마인들이 많은 상품을 운송했지만, 로빈 윌리엄스-맥클라나한(Robin Williams-McClanahan)이 적절하게 말했듯이, 그것은 실제 거래가 아니라 단지 "임대료와 공물의 수송"이었다.[20] 동전과 귀금속, 음식, 노예, 사치품이 로마로 흘러들어 왔다. 그러나 세금 징수원과 군인 외에는 거의 그들에게로 돌아오지 않았다. 브리드베리가 설명했듯이, 로마의 무역은 "소득을 창출하지 못했으며, 단지 강탈당한 사람들을 가난하게 했을 뿐이다."[21] 둘째로, 로마가 멸망하기 훨씬 전에 "야만인" 지역들은 매우 활

---

17   Osborne, 2006: 163.
18   Bridbury, 1969: 533.
19   Van Doren, 1991: 91.
20   Williams-McClanahan, 2006: 2.
21   Bridbury, 1969: 532.

발하고 밀집된 장거리 무역망을 구축했고,[22] 이 지역들은 살아남았을 뿐만 아니라 곧 남쪽과 서쪽으로 확장되었다. 로마 시대 이후의 유럽은 철제 도구와 무기, 도자기, 유리 식기, 모직과 같은 실용적인 것들을 다루는 분주한 무역망을 유지했다. 이 물건들은 대부분 일반 사람들이 구매할 수 있는 것들이었고, 상품 중 일부는 수천 킬로미터 떨어진 곳에서 가져온 것들이었다.[23]

로마의 몰락이 곧 문맹의 시대로 이어진다는 것을 "모든 사람"은 알고 있다. 의심할 여지 없이 로마 이후의 세계에서 살았던 대부분의 사람은 읽거나 쓸 줄 몰랐다. 그러나 이것은 새로운 것이 아니었다. 제국 시대에도 글을 읽을 수 있는 사람은 아마 5% 미만이었을 것이다.[24] 또한 로마의 멸망 이후, 라틴어나 그리스어로 글을 쓰는 사람들이 줄어들었다는 것도 사실이다. 그들이 그 언어들을 구사하지 않았기 때문이다. 한편 많은 "야만인" 언어들은 이미 문자 언어였거나 곧 문자 언어가 되었다. 예를 들어, 문자로 쓰인 고트어는 4세기까지, 그리고 고대 영어는 약 5세기까지 거슬러 올라간다.

보통 사람들의 생활 수준에 대해서는 국가가 더 이상 식량을 보조하거나 빵, 올리브유, 와인을 매일 무료로 배급하지 않았다는 것이 사실이다. 그러나 두개골의 동위원소 분석에 기초한 연구에 따르면 소위 암흑기 시대의 사람들은 매우 잘 먹었고, 다량의 고기를 얻었으며, 그 결과 제국 시대의 사람들보다 더 크게 성장했다.[25]

---

22   Jankuhn, 1982; Wells, 2008.
23   Hodges, 1989b; McCormick, 2001.
24   Harris, 1989: 272.
25   Singman, 1999: 54-55; Wells, 2008: 139.

마지막으로 게르만족 북부 지역은 비록 제국 밖에 있었지만 이미 "로마화"되어 있었다. 역사가 알폰스 돕슈(Alfons Dopsch)는 게르만 사회가 1세기 말에 이르러서는 "화폐의 사용과 무역에 대한 의존을 포함한 완전한 경제 문명의 특성을 대부분 획득했다"는 것을 입증했다.[26] 게다가 고트족과 프랑크족 및 다른 게르만족들이 제국에 거주하거나 혹은 제국의 일부였던 곳에 나중에 거주하게 되었을 때 그들은 빠르게 동화되었다. 그러므로 현대 유럽 어디에서도 프랑크어나 고트어를 구사하는 사람은 없다. 대신 수백만 명의 사람들이 프랑스어, 스페인어, 이탈리아어를 사용한다. 물론 로망스어는 라틴어의 "낮은" 형태일 뿐이다. 이러한 변화는 매우 일찍 일어났다.

소위 암흑기 동안 쇠퇴한 것은 문학적 열정이었다. 맨체스터는 "지적 삶은 유럽에서 사라졌다"라는 공통된 주제를 표현했다.[27] 사실 어떤 주제에 대한 글도 거의 남아 있지 않다. 그 결과 여러 세대의 학자들과 마찬가지로, 19세기의 유명한 예술가인 하워드 파일(Howard Pyle)은 "우리 세계의 역사에서 그 무시무시한 시기에 대한 기록은 거의 남아 있지 않으며, 우리는 깨지고 분리된 조각들을 통해서만 그것을 안다"라고 불평했다.[28] 비록 그 시대의 몇몇 기록이 소실되었을지라도, 로마가 멸망한 후 몇 세기 동안은 그 이전이나 그 이후보다 훨씬 적은 수의 기록들이 남겨진 것으로 보인다.

왜 그랬을까? 상당 부분은 제국 체제의 기생적인 성격에 내재된 부유한 여가 계층이 사라졌다는 데 기인한다. 로마 제국하에서 속주들로부터

---

26   Dopsch, 1969. 인용문은 Postan, 1952: 158에 있는 Dopsch가 결론지은 내용의 요약이다.
27   Manchester, 1993: 3.
28   Pyle, 1888: 1.

빠져나간 막대한 재산은 로마의 한가한 부자들을 지탱해주었다. 이런 공물의 흐름이 사라지자 여가 계급도 사라졌다. 따라서 생계를 위해 일할 필요가 없고 글쓰기를 비롯하여 다른 "생산적이지 않은" 사업에 전념할 여유를 가진 사람들은 훨씬 더 적었다. 예술작품과 문학작품을 자유롭게 만드는 사람들이 다시 나타나기 시작한 것은 몇 세기가 지난 후였다.

당시 신기술이 풍부했더라도 여러 세대의 학자들에게는 그것만으로도 한 시대를 "어둠"이라고 부르기에 충분했다. 어떠한 경우에도 이 학자들은 신기술을 알아차리지 못했을 것이다.

불일치의 지형도

중세 유럽의 독립적인 정치 단위의 지도는 놀라울 정도로 기원전 3000년에 이 지역을 점령한 원시 문화의 지도처럼 보인다.[29] 그 이유는 지리가 통일에 해악이 되었기 때문이다. E. L. 존스(Jones)에 따르면 유럽은 "쓰레기와 숲의 대륙 가운데 높은 경작 잠재력을 가진 지역들이 산재한 곳"이었다.[30] 중국이나 인도와는 달리 이곳은 하나의 넓은 평원이 아니라 산과 울창한 숲으로 둘러싸인 비옥한 계곡들이 많았으며, 각각의 계곡은 종종 독립 국가의 핵심 지역이기도 했다. 파리와 런던을 둘러싼 몇몇 평원만이 더 큰 정치 단위를 쉽게 유지할 수 있었다. 발전한 나머지 정치 단위는 매우 작았다. "작은 주"가 적절한 용어다. 우리는 로마 이후 시대 초기에 있

---

29   Waterbolk, 1968: 1099을 보라.
30   Jones, 1987: 105.

었던 주와 작은 주들을 헤아릴 만큼 충분한 정보가 부족하지만, 늦어도 14세기에는 유럽 전역에 걸쳐 천 개 이상의 독립된 지역들이 퍼져 있었다.[31] 오늘날에도 30개 이상이 있다.

유럽의 지리적 장벽은 많은 정치적 단위뿐만 아니라 문화적·언어적 다양성을 만들어냈고, 이는 통합에 대한 노력을 방해했다. 로마가 유럽의 절반보다 훨씬 적은 지역, 라인강 및 다뉴브강 남서부 지역에만 강압적으로 통치할 수 있었다는 것을 기억해야 한다. 심지어 브리타니아에서도 하드리아누스 장벽은 로마 지역을 북부 부족의 지역과 분리시켰다. 로마 제국 내에서 지중해는 로마로부터 중앙 통제를 용이하게 하는 거대한 평야를 대체했다. 즉 로마는 본질적으로 거대한 내해를 둘러싼 해안 제국이었고, 로마인들의 여행과 무역은 대부분 배로 이루어졌다. 만약 군단이 온전히 육로를 통해 침략하고 자급하도록 요구되었다면, 로마가 스페인과 레반트 중에 하나라도 지배할 수 있었을지 의심스럽다. 그리고 로마가 함락된 후 두 지역은 여러 작은 단위로 다시 나뉘었다.

그러나 로마와 달리 대부분의 유럽은 지중해 무역로를 의존하지 않았다. 유럽은 존스가 "길고 움푹 들어간 해안선과 선박이 지나갈 수 있는 여러 강의 기능이었던, 육지로 이어지는 가항 경로의 비정상적으로 높은 비율"이라고 부른 것 때문에, 아시아와 아프리카에 비해 엄청난 이점을 가지고 있었다.[32]

---

31   Jones, 1987: 106.
32   Jones, 2003: 227.

이주와 불일치

다양한 그룹의 유럽으로의 이동 및 유럽 내 이동에 대한 우리의 지식은 엉망인 상황이다. 대부분의 그룹은 그들의 움직임에 대한 설명을 기록으로 남기지 않았다. 고대 로마인들이 보고하는 내용은 종종 틀리고 거의 항상 편향적이다. 현대 고고학은 우리가 알고 있다고 생각하는 많은 것들에 도전했다.

예를 들어, 모든 영국 학생들은 앵글족과 색슨족의 침략에 대해 알고 있는데, 앵글족과 색슨족은 서로 관련이 있는 게르만족으로서 5세기에 영국을 접수했다. 이는 그들의 언어(고대 영어)가 곧 그곳을 지배했다는 사실에서 증명되었다. 사실 잉글랜드라는 단어는 "앵글족의 땅"을 의미한다. 앵글로색슨족이 잉글랜드에 도착하고 권력을 장악한 것은, 『잉글랜드인들의 교회사』(*Ecclesiastical History of the English People*)라는 호평받는 책에서 가경자비드(Venerable Bede, 672-735)에 의해 조심스럽게 입증된다.

그러나 현재 고고학자들은 상당한 수의 앵글로색슨인이 이주했다는 주장에 이의를 제기하고 있다.[33] 고고학 교수 피터 웰스(Peter S. Wells)가 말했듯이, 모든 사람이 앵글로색슨 공동묘지로 간주하는 곳의 두개골에 대한 동위원소 연구는 "초기에 조사한 사람들이 대륙에서 온 이민자로 해석했을 개인들이 사실은 지역 주민이었다는 것을 일관적으로" 보여준다. 인류학자들은 이제 그 유명한 이주가 "특히 서유럽과 북유럽의 여러 기록이 나타내는 큰 숫자와 관련이 거의 없다"고 보고 있다. 대신 "종종 충성스러운 전사들과 함께 하는 소수의 엘리트 집단은 때때로 한 지역에서 다른 지

---

33   Arnold, 1984; Burmeister, 2000; Hamerow, 1997; Hodges, 1989a.

역으로 이동했고, 그들은 이주한 땅에 있는 사람들에게 그들의 권력을 빠르게 주장했다"라고 믿어진다.[34] 앵글족과 색슨족의 엘리트 집단이 도착한 후, 잉글랜드의 사람들은 대부분 앵글로색슨족이 되었고, 적어도 그들의 후손들은 곧 그렇게 되었다.[35]

분명히 로마 제국의 국경에는 다양한 "야만인" 집단이 있었다. 또한 분명하게도 이 집단 중 다수가 로마 지역에 심각한 위협을 가할 만큼 충분히 컸다. 그리고 분명히 그들 중 일부는 로마의 통치가 흔들리면서 제국 내부로 밀고 들어갔다. 예를 들면 동고트족과 서고트족이다. 그러나 후기 로마 시대에 대규모 집단, 혹은 엘리트들만이 이주에 참여했는지는 알기 어렵다. 5세기에 프랑크인들은 북부 갈리아로 대거 이주했는가? 아니면 프랑크 전사 엘리트들은 단순히 지역 주민들이 거주하는 여러 작은 왕국을 개척했을까? 어찌 됐든 문화적 다양성이 급격히 증가했고, 이로 인해 불화가 커졌다.

유럽 정치 단위의 확산은 몇 가지 중요한 결과를 가져왔다. 첫째, 그 것은 약한 통치자를 만드는 경향이 있었다. 둘째, 그것은 사람들에게 자유나 기회의 측면에서 더 바람직한 환경으로 떠날 기회를 제공했다.[36] 마지막으로 그것은 창조적인 경쟁을 가능하게 했다.

---

34   Wells, 2008: 33, 31.
35   Arnold, 1984; Burmeister, 2000; Hamerow, 1997; Hodges, 1989a; Wells, 2008.
36   Chirot, 1985: 183.

기술 발전

아마도 암흑기라는 신화의 가장 주목할 만한 측면은 장 짐펠의 말처럼, 실제로는 "인류의 위대한 혁신적 시대 중 하나"에 그런 꼬리표를 붙여버렸다는 것이다. 이 기간에는 기술이 개발되어 "이전의 어떤 문명도 알지 못했던 규모"로 사용되었다.[37] 유럽이 세계 다른 나라들보다 앞서 기술적이고 지적인 발전을 이룬 때는 암흑기라고 여겨지는 시기였다.[38] 저명한 프랑스 역사학자 조르주 뒤비(Georges Duby)는 이 시대가 서구에서는 "지속적인 성장의 시대"인 반면, 살아남은 동로마 제국에서는 "쇠락의 시대"라고 지적했다.[39]

농업 혁명

로마가 멸망하기 훨씬 전에 라인강 너머의 "야만인"들은 로마인들이 사용했던 것보다 훨씬 더 효과적인 철제 날을 가진 쟁기를 발명하여 인구 폭발을 일으켰다.[40] 몇 세대에 걸쳐 고트족과 다른 사람들은 영토를 확장해야 했다. 그 결과는 3장에 언급되어 있다. 로마가 멸망한 직후, 이 쟁기는 농법 혁명의 일환으로 훨씬 더 효과적으로 만들어졌다.

로마 제국의 농부들은 땅 파는 막대기를 줄을 지어 배열한 것에 불과했던 갈퀴 쟁기에 의존했다. 갈퀴 쟁기는 흙을 뒤집는 것이 아니라 단순히 표면 위로 끌기만 하여 얕은 고랑 사이에 손대지 않은 흙을 남긴다. 이것

---

37   Gimpel, 1976: viii, 1.
38   White, 1962: 151.
39   Duby, 1974: 4.
40   Heather, 2006: 87.

은 남유럽의 건조하고 얇은 토양에도 효과가 없고, 더 북쪽의 무겁고 축축한 토양에 사용하기에도 매우 불만족스럽다. 게르만 부족들은 깊은 이랑을 파는 무거운 보습(날)을 가진 쟁기를 고안함으로써 이 문제를 바로잡았다. 그들은 첫 번째 보습으로 들어낸 흙을 잘라내기 위해 두 번째 보습을 비스듬히 덧붙였다. 그리고 흙을 완전히 뒤집기 위해 볏을 만들었다. 마지막으로 쟁기를 한 밭에서 다른 밭으로 옮기는 것을 돕고 다른 깊이에서 쟁기를 갈 수 있도록 바퀴가 추가되었다. 완전히 발달한 쟁기는 5세기경부터 존재했던 것으로 알려져 있다.[41]

이 새로운 쟁기로 로마인들이 전혀 경작할 수 없었던 땅이 생산성을 갖추게 되었다. 더 얇은 땅에서도 밭갈이만 개선하면 농작물 수확량은 거의 두 배가 되었다. 얼마 지나지 않아 써레가 발명되는데, 써레는 틀과 빗으로 이루어진 도구로서 밭에 끌어서 사용하면 흙덩어리를 더 잘게 만들었다.[42]

로마 제국 이후의 시대는 또한 속도를 크게 증가시켰다. 로마인이나 다른 어느 사람도 짐을 끄는 데 말을 효과적으로 다루는 방법을 알지 못했다. 말은 보통 소와 같은 방식으로 마구를 채웠는데, 이는 말의 목에 압력을 가했기에 질식하지 않는 수준에서 가벼운 짐만 끌 수 있게 했다. 그 후 아마도 9세기에 스칸디나비아에서 단단하고 패딩이 잘 된 말 목줄이 나타났다(아마 중국에서 가져온 것으로 보인다). 이것은 목 대신 어깨에 무게를 실어 말이 소가 당길 수 있는 무게보다 더 많이 당길 수 있게 했다. 말이 소보다 더 빨리 짐을 끌 수 있었기 때문에, 말을 사용하는 농부들은 하루에 두

---

41   White, 1962: 43.
42   McNeil, 1996: 21.

배 이상의 땅을 경작할 수 있었다. 또한 두 마리 말을 세로로 둘 수 있도록 마구를 개조하여 견인력을 높였다. 농부들은 말들로 재빨리 바꾸었는데, 아마도 5세기 갈리아에서 만들어진 발굽에 못 박힌 철제 편자의 초기 발명 덕분에 이미 말들의 생산성이 향상되어 있었기 때문이다. 편자는 말발굽의 마모를 방지해줄 뿐만 아니라 말의 견인력도 높였다.

이것만으로 충분하지 않다는 듯, 8세기 동안 농부들은 끊임없는 농사로 땅을 고갈시키는 것을 멈췄다. 대신 그들은 땅을 세 가지 밭으로 나누는 제도를 도입하여 가을에 심는 밭(곡식)과 봄에 심는 밭(완두류와 콩류, 채소 등)으로 나누고, 세 번째 밭은 묵혔다. 땅을 묵힐 때는 종종 가축들이 풀을 뜯을 수 있게 하여 잡초를 제거했고 또한 그렇게 비료를 얻었다. 그다음 해 가을에는 묵혀두었던 밭에 심고, 가을에 심은 밭은 봄에 심고, 봄에 심은 밭은 묵혔다. 경작과 파종과 수확이 더 고르게 퍼져 있었기 때문에, 이것 역시 훨씬 더 많은 생산과 노동의 효율적인 사용을 가져왔다.

이 농업 혁명은 중세 서양의 대부분의 사람이 부유한 로마인을 제외한 모든 사람보다 훨씬 더 잘 먹었다는 것을 의미했다. 따라서 평균적인 로마인(또는 세계의 다른 곳에서 평균적인 사람)과 비교했을 때, 영양실조가 신체뿐만 아니라 두뇌를 방해하기 때문에, 평균적인 중세 유럽인은 더 건강하고 더 활기차고 아마도 더 똑똑했을 것이다. 게다가 식량 공급의 급격한 증가는 오랫동안 인구 증가를 지속시켰다.[43]

---

43   Russell, 1958.

풍력과 수력

로마가 멸망한 후에야 인간의 힘이 아닌 다른 힘에 주로 의존하는 경제가 생겨났다.[44] 로마인들은 수력을 이해했지만, 이미 언급했듯이 그들에게 필요한 일을 수행할 노예가 있었기 때문에 수력을 이용할 이유를 찾을 수 없었다. 그러나 9세기에 이르러서는 어떤 재산 목록에 의하면, 파리 주변 지역의 센 강변에 있는 사유지의 3분의 1에 물레방아가 있었으며, 그 대부분은 종교적 사유지에 있었다.[45] 정복자 윌리엄(William the Conqueror)이 1086년에 토지대장을 편찬했을 때, 현대 인구조사의 선구자격인 이 책은 영국에 적어도 6,500개의 수력 발전 공장이 있었다고, 즉 그런 공장이 50가구당 하나씩 있었다고 보고했다.[46] 12세기 초 툴루즈 해협 건너편에 소시에테 뒤 바자클(Société du Bazacle)이라는 회사가 설립되어 가론강을 따라 있는 일련의 수력 발전 공장들에 주식을 제공했다. 주식이 자유롭게 거래되었기 때문에, 짐펠은 소시에테가 "세계에서 가장 오래된 자본주의 회사"일 것이라고 보았다.[47] 100년 후 물레방아가 매우 중요해져 파리는 센 강의 1.6km도 안 되는 한 부분에 68개의 물레방아를 보유하고 있었다. 이는 평균적으로 약 21m마다 하나씩 있는 셈이다.[48]

암흑기의 유럽인들은 댐을 건설하고 소위 상사식 제분소를 개발함으로써 이러한 초기 물레방아의 생산성을 극적으로 향상시켰다. 대부분의

---

44   이 단락에서는 『기독교와 이성의 승리』(*The Victory of Reason*, 새물결플러스 역간)에서 연구하고 쓴 내용에 의존한다. Stark, 2005: 38-40을 보라.

45   Lopez, 1976: 43.

46   Holt, 1988: 7-8. 그 책이 불완전하다고 알려져 있기에 이것은 적게 계산된 것이다. Gies, Gies, 1994: 113을 보라.

47   Gimpel, 1976: 13.

48   Gimpel, 1976: 16.

초기 물레방아는 하사식 물레방아, 즉 강의 흐름이 모든 힘을 제공했다. 방앗간은 물이 여수로를 통해 바퀴의 꼭대기에 폭포처럼 부딪히는 상사식 바퀴로부터 훨씬 더 큰 힘을 얻었다. 이 설정에서는 물의 속도와 무게가 힘을 생성했다. 대부분의 경우 댐의 무게와 압력을 이용하여 전력을 생산하기 위해 물을 가둘 댐이 필요했다. 적어도 12세기 초에는 거대한 댐들이 존재했는데, 그중 툴루즈에 있는 댐은 폭이 400m나 되었다.[49] 14세기에 이르러서는 상사식 바퀴에 대한 언급이 많았지만, 대형 댐의 증식을 고려하면 그것은 훨씬 더 빨리 등장했을 것이다.

물레방아의 힘을 증가시키고 회전 운동에서 상호 작용으로 전환하기 위해 다양한 크랭크와 기어 조립을 사용한 유럽인들은 나무와 돌을 자르고, 선반들을 돌리고, 칼과 검을 갈고, 천을 축융하고, 금속을 두드리고 철사를 뽑으며, 종이를 만들기 위해 재료를 걸쭉하게 만드는 등 모든 종류의 생산적인 작업에 수력을 이용했다.[50] 종이를 만들기 위한 물레방아의 사용은 발명 그 자체가 기술과 관련하여 고려하는 데 가장 중요한 요소가 아니라는 점을 명확히 보여준다. 더 중요한 것은 문화가 얼마나 발명을 가치 있게 여기고 사용하느냐다. 짐펠이 지적했듯이, 중국은 약 천 년 전에 종이를 발명했고 아랍인들은 수 세기 동안 종이를 사용해왔다. 그 모든 세월 동안 그들은 수작업으로(그리고 발로) 종이를 제조했다. 그러나 거의 13세기에 종이가 유럽에 도착하자마자 새로운 생산 과정이 등장했다. 짐펠은 중세 유럽인들이 종이 제작을 하기 전까지 "종이는 전 세계에 퍼져 있었지만, 그 과정에서 어떤 문화나 문명도 종이 제작을 기계화하려고 시도하

---

49   Gies and Gies, 1994: 117.
50   Landes, 1998: 46.

지 않았다"라고 썼다.[51]

중세 유럽인들은 바람도 재빨리 이용했다. 로마 시대에는 현재 벨기에와 네덜란드의 넓은 지역이 물에 잠겨 있었다. 중세 기술자들은 물을 퍼낼 수 있는 풍차를 개발했다. 수천 대의 풍차가 대부분의 암흑기 동안 밤낮으로 물을 퍼내어 농사를 짓기 위한 광대한 땅을 개간했다.

바람은 어디에나 있으므로 풍차는 물레방아보다 훨씬 더 빠르게 증식했다. 공학자들은 바람이 방향을 바꿀 때조차도 바람을 최대한 활용하는 법을 배웠다. 소위 회전식 풍차라고 불리는 풍차는 바람에 따라 회전할 수 있는 거대한 기둥 위에 돛을 올려놓았다. 12세기 후반에 이르러서 유럽은 풍차로 붐볐고, 주인들은 자신들의 바람을 막았다는 이유로 서로 소송을 제기하기 시작했다.[52]

운송

말 목줄의 도입은 농업에 혁명을 일으켰을 뿐만 아니라 무역도 증가시켰다. 로마인들은 무거운 짐을 끌기 위해 황소를 이용하는 것 외에도, 브레이크가 없고 앞차축이 회전할 수 없는 원시적인 수레와 마차를 가지고 있었다. 놀랄 것도 없이 상당히 무게가 나가는 것은 육지로 멀리 이동하지 못했다.[53]

로마가 멸망한 후 중세 혁신가들은 앞차축이 회전할 수 있고 브레이크가 달린 마차를 설계했고, 여러 말이 큰 마차를 끌 수 있도록 마구를 만들었다. 유명한 케임브리지 경제학자 마이클 포스탠(Michael Postan)은 "로

---

51   Gimpel, 1976: 14.
52   Gimpel, 1976: 25-27.
53   Leighton, 1972: 74-75.

마의 짐을 끄는 동물 사용은 비효율적이었다"라고 지적했다. "로마인들은 말을 타고 말에 물건을 실어 날랐지만, 중세인들은 수레를 이용했다."[54] 말이 주요한 역축이 되면서, 중세 유럽인들 또한 훨씬 더 크고 강한 품종의 말을 개발하기 시작했다.

말이 끄는 대형 마차를 가지고도 육로를 통해 상품을 운송하는 것은 여전히 비쌌다. 선박 운송에서도 게르만족은 로마의 기술을 상당히 발전시켰다. 그러한 개선은 사실 제국이 멸망하기 훨씬 전에 시작되었다. 게르만족은 오랫동안 야만인이라는 이미지를 가지고 있었지만, 1세기부터 지중해에서 로마의 선박을 공격할 수 있는 해상 기술을 보유하고 있었다. 그들의 공격은 바이킹 습격이 아니었다. 그런 습격은 훨씬 더 늦게 나왔다. 이 공격들은 차우치족, 프랑크족, 색슨족, 고트족, 반달족에 의해 수행되었다.[55] 게다가 로마인들은 주로 노를 젓는 갤리선에 전적으로 의존했지만, 게르만족들은 이미 돛에 주로 의존했다.[56]

로마 이후의 시대는 훨씬 더 큰 혁신을 가져왔다. 특히 원형 선박은 안정성이 뛰어나고 화물 공간이 늘어난 범선이다. (이전 선박들보다 그 배의 선체가 길이에 비해 훨씬 넓었기 때문에 원형이라고 불렸다.) 여러 면에서 이 둥근 배는 바이킹 수송선 크나르의 연장선이었다.[57] 외돛 상선이라고 불리는 완전히 개발된 최초의 둥근 배는 10세기에 나타났다.[58] 외돛 상선은 노가 없었지만 큰 화물을 싣고 긴 항해를 할 수 있는 진정한 범선이었다. 바이킹들처럼 외돛 상선을 가진 사람들과 그 후계자들은 로마의 갤리선 선장

54   Postan, 1952: 148.
55   Haywood, 1999.
56   Haywood, 1999: 32-33.
57   Haywood, 1999: 36-37.
58   Unger, Gardiner, 2000.

들은 꺼렸을 겨울 모험을 감행했다.

놀랍게도 수 세대에 걸쳐 암흑기라는 개념이 역사가들을 매우 확고히 장악하고 있어서, 그들은 이 시대가 놀라운 창의성의 시대임을 인식했음에도 불구하고 그 개념을 고수했다. S. C. 질필런(Gilfillan)은 발명이 문명이 발흥하는 메커니즘이라고 주장한 마르크스가 틀림없이 잘못되었다고 보았다. 발명품이 "계속되고 심지어 성장"하는 동안에도 암흑기에 있던 문명은 쇠퇴했기 때문이라는 것이다.[59] 만약 그 시대가 발명이 활발하게 이루어지는 시대였다면, "어두운" 시대는 아니었을 것이라는 생각이 그에게 들지 않았다.

제조와 무역

너무 오랫동안 역사가들은 유럽을 지배하게 된 게르만족에 대한 로마의 주장을 받아들이는 것에 만족했다. 가장 영향력 있는 것은 타키투스(기원후 약 55-120년)의 묘사로서, 그것은 거의 2천 년 동안 게르만족에 대한 전통적인 생각을 형성했다. 게르만족에 관해 타키투스는 이렇게 기록했다.

모두 사나운 파란 눈, 빨간 머리, 큰 체격을 가지고 있었다.…그들은 싸우는 시간 외에 많은 시간을 나태하게 보내며 잠에 빠져 있다.…그들은 나태함에 파묻혀 있다.…게르만족 국가에는 도시가 없고 인접한 주거지조차 용납하지 않는다는 것은 잘 알려진 사실이다. 그들은 흩어져서 살고 있다.…그들은 모

---

59   Gilfillan, 1945: 66.

두 걸쇠로 고정된 망토로 몸을 감싸거나, 그것이 없다면, 벗은 채로 가시만 두르고 있다.…그들은 [금이나 은을] 소유하거나 사용하는 데 거의 신경을 쓰지 않는다.…그들 무기의 특성으로 미루어 볼 때 철도 풍부하지 않다.[60]

터무니없는 말이다. 프랑스의 저명한 역사학자 뤼시앵 뮈세가 지적했듯이, 소위 야만인들은 "감탄할 만한 금세공인"이었고, 그들의 "기술적 우수성은 또한 필수 분야인 금속, 특히 무기 제조 분야로 확장되었다.…그들은 19세기까지 타의 추종을 불허했고 [로마의] 무기 공장에서 생산하던 강철보다 한없이 뛰어난, 칼이나 전투용 도끼의 날을 위한 특수 강철을 생산할 수 있었다."[61] 이 정교한 금속 작업은 대부분 라인강 너머에 흩어져 있는 여러 게르만 도시에서 이루어졌다.[62] 게르만족들도 얼어붙은 북쪽에서 망토만 두르고 다닐 만큼 강하지는 않았다.

스톡홀름에서 서쪽으로 약 30km 떨어진 멜라렌 호수에 있는 작은 스웨덴 섬에 관한 고고학 연구만큼 게르만족에 대한 어리석은 생각을 반박하는 것은 없다.[63] 여기서 헬괴라고 알려진 정교한 산업 공동체는 250년에서 700년까지 번성했으며, 피터 웰스가 묘사했듯이 "많은 양의 철제 도구와 무기, 청동 보석, 금 장신구, 그리고 다른 제품들…자물쇠와 열쇠…그리고 유리구슬"을 생산했다. 게다가 헬괴는 "아일랜드에서 온 주교의 주교장"과 "인도에서 만들어진 청동 불상"뿐만 아니라 그 장소에서 발견된

---

60   Tacitus, *Germany and Its Tribes*: 5-6.

61   Musset [1965] 1993: 203.

62   프톨레마이오스가 만든 최근 해독된 2세기 게르마니아 지도는 이 시대에 많은 도시가 있었음을 보여준다(Kleineberg et al., 2011).

63   Holmqvist, 1979.

주화에서 증명되었듯이, "대륙 전역의" 교역망과 밀접한 관련이 있었다.[64] 또한 헬괴가 예외적인 것이 아니었다. 북유럽 전역에 그와 같은 산업 중심지가 많았다.[65] 이들 무역의 중심지는 대부분 해안이었고, 다른 여러 중심지는 기차와 트럭이 등장하기 전까지 유럽의 주요 무역의 동맥 역할을 했던 강에 자리 잡고 있었다.[66]

유럽 경제가 약화했고 12세기까지 회복하지 못했다고 주장한 유명한 역사학자 앙리 피렌(Henri Pirenne)과 같은 학자들은[67] 부분적으로 유럽 경제의 중심이 로마 남부 지역에서 게르만 북부로 이동한 것으로 인해 오해했다. 그들은 지중해를 가로지르는 무역의 감소일 수 있는 부분에만 초점을 맞추었고, 북유럽과 서유럽을 흑해와 카스피해로 연결하는 주요 강들의 증가하는 역할은 고려하지 못했다. 게다가 그들은 비단과 향신료와 같은 몇몇 고급 상품의 수입 부족을 근거로 무역이 감소했다는 주장을 펼쳤다.[68] 예를 들어, 올리브유의 수입은 게르만족들이 버터를 매우 선호했기 때문에 급격하게 감소했고,[69] 그중 많은 양이 현재의 덴마크에서 무역로로 이동했다. 비단 수입의 감소에 대해 말하자면, 가장 부유한 북유럽인들조차 모피가 훨씬 더 호화롭다고 보았다.

마지막으로 역사가들은 과거에 대한 지식을 거의 전적으로 문학적인 증거에 의존해왔다. 즉 어떤 시대의 문헌 자료에서 어떤 것에 대한 언급이 감소한다면, 그들은 이것을 그것이 감소했다는 증거로 받아들인다. 그러

---

64   Wells, 2008 : 143-44.
65   Holmqvist, 1979 ; Jankuhn, 1982 ; Wells, 2008.
66   Jankuhn, 1982.
67   Pirenne [1927] 1939.
68   Bridbury, 1969 : 527.
69   Lopez, 1952 : 261.

나 그러한 접근법은 오해를 불러일으킬 수 있다. 웰스가 밝혔듯이 "무역은 일상적인 일이었고 이 시기에 대한 서면 정보의 주요 원천이었던 교회 관계자들에게는 중요한 관심사가 아니었다."[70] 어찌 됐든 중세 시대에 무역이 급속히 팽창했다는 것을 보여주는 고고학적 증거들이 지금은 풍부하게 있다.[71] 그러한 팽창의 주된 이유는 로마가 그들에게서 빼돌렸던 부를 사람들이 이제 개인적인 용도로 사용할 수 있었다는 데 있을 것이다.[72]

고등 문화

비록 볼테르, 기번, 그리고 암흑기라는 개념을 지지하는 다른 사람들이 공학적인 업적과 농업의 혁신을 망각한 것을 용서받을 수 있다 하더라도, 확실히 그들은 음악, 예술, 건축에서 중세 유럽인들이 이룬 놀라운 업적들을 무시하거나 일축한 것에 대해 엄중한 평가를 받아야 한다.

로마인들과 그리스인들은 단성음악(모든 목소리나 악기에 의해 연주되는 단선율)을 부르고 연주했다. 두 개 이상의 음률의 동시적 소리(즉 하모니)인 다성음악을 발전시킨 것은 중세 음악가였다. 이 일이 일어난 시점은 정확히 알려지지 않았지만, 900년경 영향력 있는 안내서인 『음악 편람』(*Musica enchiiradis*)이 출판되었을 무렵에 그 관행이 잘 확립되었다.[73]

비슷하게 8세기 말경에 (아마도 메츠에서) 음악적 기보법의 초기 형태

---

70   Wells, 2008:154.
71   Wells, 2008.
72   Bridbury, 1969:533.
73   Daniel, 1981:705.

가 개발되었고, 200년 이내에 완전히 적절한 체계가 발명되고 대중화되었다. 이러한 혁신들은 어떤 음악을 들어본 적이 없는 음악가들이 그것을 정확하게 연주할 수 있게 해주었다. 그것이 현대 합창단이 그레고리오 성가를 부를 수 있는 이유다.

8세기 후반에 시작된 소위 카롤링 르네상스는 예술과 건축에 혁신을 일으켰다. 현존하는 대부분의 예술작품은 채색된 원고와 금속 세공으로 구성되어 있다. 건축은 주로 교회와 성에 초점을 두었고, 많은 건물이 매우 크고 꽤 매력적이었다.

11세기 유럽에서 나타난 주목할 만한 예술 시대는 로마인들이 했던 어떤 것과도 상당히 달랐음에도 불구하고 "로마네스크"로 알려져 있다. 이 이름은 유럽이 오직 로마 문화로 거슬러 올라가야만 암흑기로부터 회복된다고 믿었던 19세기 교수들로부터 유래되었다. 그러므로 이 시대는 단지 로마의 것을 빈약하게 모방했을 뿐이라고 여겨졌다. 사실 로마네스크 건축, 조각, 그림은 미술사학자 헬렌 가드너(Helen Gardner)가 썼듯이 "고대 로마의 예술가들도 결코 이해하지 못했을" 방식으로 독창적이고 강렬했다.[74]

로마네스크 시대는 12세기에 훨씬 더 강력한 고딕 시대로 이어졌다. 볼테르와 다른 18세기 비평가들이 고딕 건축(샤르트르 대성당을 포함한 놀라운 성취)과 그림을 고대 그리스와 로마의 기준에 부합하지 않는다고 경멸했다는 사실은 놀랍다. 이러한 비평가들은 그 스타일이 "야만적인" 고트족에서 유래했다고 잘못 생각했기에 이름을 그렇게 지었다. 유럽의 위대한 고딕 성당 중 하나라도 본 적이 있는 사람이라면 알겠지만, 이 비평가

---

74   Gardner and Crosby, 1959: 236.

들의 예술적 판단은 그들의 역사 인식보다 나을 것이 없었다. 얇은 벽과 큰 창문으로 매우 높은 건물을 지을 수 있게 하여 스테인드글라스의 주요한 업적을 불러일으켰던 공중 부벽(flying buttress)을 포함한 고딕 시대의 건축 발명품들을 무시하는 것은 말할 것도 없다.

게다가 13세기 북유럽의 예술가들은 처음으로 유화 물감을 사용했고 나무나 회반죽보다는 늘어진 캔버스 위에 그림을 그렸다.[75] 위대한 그림이 이탈리아의 "르네상스"에서 시작되었다고 생각하는 사람은 반에이크(Van Eycks)의 작품을 살펴봐야 한다.

그렇다면 로마가 멸망한 후 수 세기 동안 예술적으로 공허하거나 더 나빴다는 개념은 터무니없다.

만성적인 전쟁, 끊임없는 혁신

초기든 후기든 모든 역사가는 중세 유럽이 전쟁터였다는 데 동의한다. 그만큼 교황들은 11세기 내내 귀족들이 서로 전쟁을 벌이는 것(단순한 유흥을 위해서)을 멈추게 하려고 휴전을 강요하려고 했다. 1095년 교황 우르바노 2세는 제1차 십자군 원정을 제안하기 위해 클레르몽에 모인 기사들에게 다음과 같이 연설했다. "계속 헛되이 전쟁의 구실을 찾는 기독교 전사들이여, 기뻐하십시오. 오늘 여러분이 진정한 구실을 찾았기 때문입니다.… 지옥의 군인들이여, 살아계신 하나님의 군인이 되소서."[76] 많은 기사가 십

---

75   Johnson, 2003: 190.
76   Stark, 2009: 3-4.

자군에 참여함으로써 반응했지만(다음 장에서 볼 수 있듯이), 그들은 서로 싸우는 것을 멈추지 않았다.

그러나 이 만성적인 중세의 전쟁에는 중요한 부산물이 있었다. 바로 혁신이다. 로마가 멸망한 몇 세기 동안, 유럽인들은 로마인들뿐만 아니라 지구상의 다른 모든 사회의 군사 기술을 훨씬 능가하는 군사 기술을 발전시켰다.

무기와 갑옷

쇠사슬 갑옷은 켈트족이 발명한 것으로 추정되며, 우리가 이에 대해 처음 알게 된 것은 루마니아에 있는 기원전 3세기 켈트 족장의 무덤에서 유래한다. 로마인들은 갈리아인들과 싸울 때 처음 쇠사슬 갑옷을 보았고, 이후 게르만족들은 그것을 완성했다. 쇠사슬은 금속으로 된 작은 고리(가급적 강철)로 구성되어 있었다. 표준은 각 링을 다른 링 4개와 연결하는 것이었다. 일부 쇠사슬은 하나의 층으로 구성되었지만, 더 많은 경우 두세 개의 층으로 구성되었다.[77] 십자군 기간의 서양 기사들은 팔과 몸통, 때로는 다리, 심지어 머리와 목까지 사슬로 덮었고, 이슬람 궁수들과 맞닥뜨린 후에도 종종 온몸에 화살을 맞아 고슴도치와 같은 모습을 하고서도 살아나왔는데, 화살이 상처를 입힐 만큼 깊이 침투하지 못했기 때문이다.[78]

군사 역사학자 앤드루 아이튼(Andrew Ayton)에 따르면 쇠사슬 셔츠 하나에 25,000개의 고리가 들어 있었기 때문에 매우 비쌌으며 "매우 큰 마을의 연간 수입"만큼 비용이 들었을 것이라고 한다.[79] 좋은 검 한 자루

---

77   Wigelsworth, 2006: 89.
78   Smail, 1995: 81.
79   Ayton, 1999: 188.

도 그 정도 비용이 들었다. 군비 부담으로 인해 재력가들로만 참여가 제한되는 경향이 매우 심했다. 고약한 예외는 있었다.[80]

　비록 영국인들은 장궁으로 유명했고 다양한 게르만족들이 뛰어난 합성 활을 사용했지만, 중세의 가장 인기 있고 치명적인 무기는 10세기에 널리 채택된 석궁이었다.[81] 석궁은 중거리에서도 무거운 판금 갑옷까지 뚫을 수 있었다. 석궁은 조준하고 방아쇠를 당기면 되었기 때문에 누구나 1-2주 안에 효과적으로 사용할 수 있도록 훈련받을 수 있었다. 그게 문제였다. 미국 서부 개척시대의 콜트 리볼버와 마찬가지로 석궁은 훈련받지 않은 농민들이 군사 기술을 배우는 데 평생을 바친 귀족 기사들에 맞설수 있게 하는 위대한 무기였다. 1139년 교황 인노첸시오 2세의 지시로 제2차 라테라노 공의회에서는 석궁을 "신에게 혐오감을 주는 무기"라고 선언하고 기독교인들에 대한 석궁 사용을 금지했다. 그러나 십자군이 무슬림에 대항하여 석궁을 사용하는 것은 허용했다. 1191년 제3차 십자군 원정에 나선 사자왕 리처드는 다수의 석궁병을 데리고 있었다. 그러나 교황의 금지는 거의 영향을 미치지 못했다. 제노바인들은 한 전투에서 2만명의 석궁병을 여러 차례 배치했고,[82] 프랑스군은 1415년 아쟁쿠르에서 1,500명의 석궁병을 사용했다. 교황의 금지가 이뤄낸 것은 석궁이 당대의 글과 이후 역사가들에 의해 거의 언급되지 않게 한 것이다. 사자왕 리처드

80　많은 사람은 중세 시대의 무기와 갑옷의 높은 비용이 봉건제도에 이르게 했다고 주장한다. 그 이유는 영주들이 그들의 병사들에게 무기를 주고 지원해주기보다는 그들이 무장하기에 충분한 수입을 얻을 수 있도록 토지를 할당했기 때문이다. 그러나 최근에 역사가들은 봉건제도를 드러내는 관계적 설정이 중세 유럽에 좀처럼 없었다는 것을 이유로 봉건제도라는 개념 자체를 거의 사용하지 않고 있다. Brown, 1974; Reynolds, 1994를 보라.

81　White, 1962: 35.

82　Payne-Gallwey, 2007.

의 죽음에 대한 일부 기록에서도 괴저로 발전하여 그를 죽인 상처가 석궁에 의한 것이라는 언급은 하지 않고 있다.

기병대 논쟁

3장에서 언급했듯이, 등자가 없으면 기병들은 말에서 떨어지지 않고는 옆으로 몸을 낮추어 창을 잡고 돌격할 수 없었다. 따라서 등자가 7세기경에 등장하고 나서야 긴 창으로 무장한 채로 거대한 군마에 탄 유명한 장갑 기사가 나타났다. 안타깝게도 이 기사 중기병의 발전은 많은 역사학자를 심각하게 잘못된 길로 이끌었다. 찰스 부텔(Charles Boutell)은 그의 고전적인 『고대와 중세 시대의 무기와 갑옷』(*Arms and Armour in Antiquity and the Middle Ages*, 1871)에서 "쇠사슬 갑옷을 입고 긴 창과 강한 칼을 가지고 강력한 말들을 탄 병력의 충격을 보병이 견뎌내는 것은 불가능했다. 따라서 당시의 심각한 전투는 기마병들 사이에서 벌어졌다."[83] 1960년에 이워트 오크쇼트(R. Ewart Oakeshott)는 "무거운 말에 창과 검을 들고 싸우는 기마병이 다음 1,100년간 전쟁의 결정권자가 되었다"라고 썼다.[84] 마찬가지로 아치볼드 루이스(Archibald R. Lewis)는 등자가 "창을 든 중무장 기병대를 그 시대의 결정적인 전투부대로" 만들었다고 주장했다.[85] 그리고 영향력 있는 린 화이트(Lynne White)는 "말에 타 충격을 주는 전투라는 새로운 군사 방식"이 기병을 "[중세] 군대의 근간"으로 만들었다고 보았다.[86]

만약 그렇다면 왜 기사들은 전장으로 말을 타고 가다가 싸울 때가 되

83   Boutell [1907] 1996: 105-6.
84   Oakeshott [1960] 1996: 83.
85   Lewis, 1969: 56-57.
86   White, 1962: 30.

면 말에서 내려왔을까? 예를 들어, 아쟁쿠르 전투(1415년)에서 프랑스와 영국 모두 수천 명의 기마병을 거느렸고, 그들은 모두 말에서 내려 전투로 진군했다. 기병이 승리의 열쇠였다면, 왜 중세 유럽 군대에서 보병대가 기병대보다 압도적으로 많았을까? 대표적인 예로, 1298년 팔커크 원정을 위해 잉글랜드의 에드워드 1세는 3천 명의 중기병과 25,700명의 보병을 소집했다.[87]

사실 중세 시대 내내 전투는 보병으로 치러지고 승리를 거뒀다. 훌륭한 지휘관들은 적의 보병이 대열을 무너뜨릴 때까지 기병을 투입하지 않았다. 그들의 군마에 있는 "영광스러운" 기사들은 이미 목숨을 걸고 도망치는 불쌍한 영혼들을 몰아내기 위한 것이었다.

무슬림의 위협

632년 예언자 무함마드가 죽기 직전에, 아라비아반도에 모인 선지자 무함마드의 군대는 동로마 제국의 시리아와 페르시아에 대한 탐색전을 시작했다. 이 공격은 무함마드의 작별 연설과 일치한다. 이 연설에서 그는 "나는 모든 사람에게 명하여 그들이 '알라밖에는 신이 없다'라고 말할 때까지 싸우라 했노라."[88] 이는 코란(9:5)과 완전히 일치한다. "어디든지 우상 숭배자들을 찾으면 쳐 죽이고 [포로로] 끌고 가며 포위하여 매복 공격을 하라." 이러한 정신으로 무슬림 군대는 성공적인 정복의 세기를 시작했다.

---

87   Ayton, 1999: 193.
88   Karsh, 2007: 4에서 인용됨.

가장 먼저 함락된 나라는 3년간의 전투 끝에 636년에 패배한 시리아였다. 다른 아랍 세력들은 오늘날 이라크로 알려진 메소포타미아 페르시아 지역을 정복했다. 그 후 칼리프 알만수르는 티그리스강에 그의 수도를 건설했다. 이곳의 공식 명칭은 마디나 알살람(평화의 도시)이었지만, 모든 사람은 이곳을 바그다드(신의 선물)라고 불렀다. 오늘날의 이란인 동부 페르시아도 곧 무슬림 침략자들에게 함락되었다.

다음으로 무슬림 군대는 서쪽으로 이동했다. 첫 번째는 성지 팔레스타인으로서, 그 당시 동로마 제국 시리아의 가장 서쪽에 있었다. 636년에 이슬람 군대가 이곳에 진입했고, 오랜 포위 후 638년에 예루살렘은 칼리프 우마르에게 항복했다. 639년에 우마르는 기독교의 중심지이자 비잔틴 식민지였던 이집트를 침공했다. 이집트의 주요 도시들이 강하게 요새화되었기 때문에, 아랍인들은 동로마 제국의 군대가 밖으로 나와 전투하기를 바라며 마을과 시골 지역을 학살했다. 때때로 밖에서 전투가 발생했지만, 각 교전 후 동로마 제국 사람들은 별 타격 없이 요새로 철수했다. 641년에는 이집트의 새로운 동로마 총독이 임명되었다. 알 수 없는 이유로 그는 알렉산드리아에 배로 도착한 지 한 달 만에 무슬림 사령관을 만나기로 하고 알렉산드리아와 이집트 전체를 그에게 항복시켰다. 약 4만 명의 무슬림 군대가 북아프리카 해안을 따라 동로마 도시들을 휩쓸었다. 711년에는 모로코에서 온 무슬림 군대가 스페인을 침공하여 수비군을 북쪽의 작은 지역으로 몰아넣어 거기서 벗어나지 못하게 했다. 100년 후 시칠리아와 남부 이탈리아는 무슬림 세력에게 함락되었다.

스페인에서의 승리를 제외하면 중동, 북아프리카, 시칠리아, 이탈리아에서 기독교에 대한 무슬림의 승리는 모두 동로마 제국 군대에 대한 것이었다. 동로마 세력은 대부분 하급 요새 부대로서 모두 용병이었다. 스페인에서 무슬림들은 작은 서고트 군대를 물리쳤다. 수 세기의 평화 이후, 서고트의 지배층은 상당한 크기의 군대를 유지할 필요성을 느끼지 못했다. 설상가상으로 많은 서고트 지도자들과 그들의 군대는 무슬림들과 합류하기 위해 탈영했다. 이렇게 쉽게 승리를 쟁취한 무슬림들은 다가올 일에 대해 별로 준비가 되어 있지 않았다.

투르/푸아티에 전투

피레네산맥은 스페인 북부에서 무슬림들의 진격을 저지했다. 몇 년간은 말이다. 그러나 721년 스페인의 무슬림 총독 알삼 이븐 말리크 알하울라니는 갈리아 남부(현재의 프랑스)의 아키텐 공국을 합병하기 위해 군대를 이끌고 북쪽으로 향했다. 그의 첫 단추는 툴루즈를 포위하는 것이었다. 3개월 후 도시가 항복하기 직전에, 아키텐 공작 오도가 프랑크 군대와 함께 도착했다. 오도가 군대를 모으기 위해 떠나 있는 동안, 저항이 거세지 않자 무슬림들은 오만해졌다. 그들은 캠프 주변에 방어선을 구축하지 않았고, 다가오는 위협을 경고할 정찰병도 보내지 않았으며, 보초조차 배치하지 않았을 수도 있다. 프랑크인들이 공격했을 때 무슬림들은 완전히 놀라서 도망쳤고, 다수는 무기나 갑옷도 없이 도망쳤으며, 그들 대부분은 도망치다가 프랑크 중기병들에 의해 학살당했다. 알삼 이븐 말리크 알하울라니는 치명상을 입었다.

732년, 압드 알라만이 이끄는 무슬림들은 훨씬 더 많은 병력을 이끌고 재도전했다. 무슬림 소식통들은 그것이 수십만의 군대였다고 주장한다. 생 드니의 기독교 연대기는 이 전투에서 무슬림 30만 명이 죽었다고 확신했다. 더 현실적인 것은 폴 데이비스(Paul K. Davis)가 추정한 8만 명의 무슬림 군대다.[89] 여하튼 그 교전의 중요성을 최소화하고자 하는 일부 역사학자들과는 달리, 이것은 단순한 급습이나 탐험이 아니었다. 무슬림들은 대군을 이끌고 갈리아 깊숙이 진입했다. 전투는 파리에서 남쪽으로 약 240km 떨어진 곳에서 일어났으나 정확한 장소는 알려지지 않았다. 클레인강과 비엔강이 합류하는, 투르강과 푸아티에강 사이에서 전투가 일어났다고 보는 것이 최선이다. 따라서 일부 역사학자들은 투르 전투라고 부르는 반면, 다른 역사학자들은 푸아티에 전투라고 부른다.

이슬람교도들이 스페인에서 북쪽으로 이동하면서 그들에게 모든 일이 잘 풀렸다. 그들은 보르도를 방어하려고 하던 프랑크 중대를 격퇴하고 도시를 약탈했다. 그리고 가론강 전투에서 또 다른 소규모 기독교 군대를 죽였다. 베야의 이시도르에 따르면, 이 무슬림 사령관은 이 시점에서 "교회들을 불태우고, 투르의 생 마르탱 성당을 약탈할 수 있겠다고 생각했다"고 한다. 하지만 먼저 그는 재정비하기 위해 잠시 멈추었다. 이슬람교도들은 다시 한번 자신감에 차 있었다. 익명의 아랍 연대기 작자에 따르면, "압드 알라만과 그의 단장들 및 그의 부하들의 마음은 분노와 자부심으로 가득 차 있었다.[90] 따라서 그들은 정찰병을 보내지 않았고, 전투에 강한 프랑크 군대를 이끌고 있던 갈리아의 실질적인 통치자 샤를 마르텔(688-741년)의 접근을 탐지하는 데 실패했다.

샤를(마르텔은 "망치"라는 뜻)은 매우 크고 튼튼한 체격의 남자였고, 페핀 2세의 사생아로서 그의 군사적 공훈으로 유명했다. 그가 무슬림 침략

---

89   Davis, 2001: 105.
90   Mitchell, Creasy, 1964: 111에서 인용됨.

자들과 맞서지 않았더라도 마르텔은 중요한 역사적 인물이 되었을 것이다. 그는 바이에른족, 알라만족, 프리지아족, 색슨족을 상대로 많은 전투에서 승리함으로써 카롤링 제국을 세웠다(제국은 그의 이름을 따서 이름 지어졌고, "샤를"은 "카롤루스"로 라틴어화되었다). 이 제국은 나중에 그의 손자 샤를마뉴 대제가 완성했다. 이제 그의 군대를 모은 후, 마르텔은 무슬림의 위협에 맞서기 위해 남쪽으로 행진했다.

무슬림들을 완전히 놀라게 한 마르텔은 자신의 마음에 드는 전장을 선택했고, 잘 무장된 보병들의 밀집된 대열을 측면에 나무들이 있는 꼭대기에 배치했다. 따라서 무슬림들이 언덕으로 돌격하거나 전투를 거부할 수밖에 없도록 유도했다. 그들은 돌격하기로 했다. 반복적으로 말이다.

전술한 바와 같이, 잘 무장되고 잘 훈련된 보병 대형을 상대로 기병이 수적으로 우세하지 않다면 승리할 수 없다는 것은 군사학에서 자명하다.[91] 군사 역사학자 에드워드 크리시(Edward Creasy)와 조지프 미첼(Joseph Mitchell)은 "무슬림 군대는 주로 방패가 없이 창과 검을 들고 다니며 갑옷을 거의 입지 않은" 경기병대였다고 말했다. 그들에 맞선 군대는 "거의 전적으로 보병들로 구성되어 있었으며, 쇠사슬 갑옷을 입고 방패를 들고 있었다."[92] 그것은 매우 고르지 못한 경기였다. 베야의 이시도르가 그의 연대기에서 보고했듯이, 아랍 기병대로는 베테랑 프랑크 보병들을 움직일 수 없었다. "그들은 얼음의 보루처럼 서로 가까이 서 있었다."[93] 무슬림 기병대는 프랑크 전선을 향해 계속 돌진했고, 그때마다 심각한 사상자를 낸 후 후퇴했으며, 점점 더 많은 수의 말들이 기수가 없이 피를 흘리면서 전장의

---

91   Hanson, 2001 ; Montgomery, 1968.
92   두 인용문 모두 Mitchell, Creasy, 1964: 110-11에서 가져왔다.
93   Davis, 1913: 363.

혼란을 가중시켰다.

늦은 오후에 무슬림 대열이 흩어지기 시작했고, 그들 중 일부는 진지로 후퇴했으며, 프랑크인들은 중무장한 기병대를 풀어 우레와 같이 돌격하도록 했다.[94] 무슬림 기병대는 도망쳤고, 그날 오후 프랑크족 창기병들에게 반복적으로 찔린 압드 알라만을 포함하여 수천 명이 사망했다.[95]

많은 역사학자는 투르에서의 승리가 서구 문명의 생존에 결정적이라고 여겼다. 에드워드 기번은 투르에서 무슬림들이 승리했다면, "아마도 코란에 대한 해석이 옥스퍼드의 학교에서 가르쳐지고 있었을 것이고, 학교 강단은 할례를 받은 사람들에게 무함마드 계시의 신성함과 진실을 보여주었을 것이다"라고 추정했다.[96] 19세기 독일의 군사 역사학자 한스 델브뤼크(Hans Delbrück)는 "세계 역사에서 더 중요한 전투는 없었다"라고 썼다.[97]

예상한 바와 같이 최근의 몇몇 역사학자는 투르 전투가 거의 또는 전혀 중요하지 않다고 재빨리 주장했다. 필립 히티(Philip Hitti)에 의하면 "투르의 전쟁터에서 결정된 것은 아무것도 없다. 이슬람의 물결은 이미 소모되었고 자연적인 한계에 도달했다."[98] 그리고 프랑코 카르디니(Franco Cardini)는 이 모든 것이 "프랑크인들과 교황이 퍼뜨린 선전"에 불과하다고 썼다.[99] 이는 이 전투가 이슬람교도들, 특히 다마스쿠스에 있는 무슬림들에게 아무런 인상을 주지 못했다는 증거에 맞추려고 한 말이다. 버나드

---

94   White, 1962, 1940.
95   Mitchell, Creasy, 1964.
96   Gibbon [1776-88] 1994: 5:52:336.
97   Delbrück [1920] 1990: 441.
98   Hitti, 2002: 469.
99   Cardini, 2001: 9

루이스(Bernard Lewis)는 아랍의 역사가 중 이 전투에 대해 언급한 사람은 거의 없으며, 언급이라도 한 역사가들은 이 전투를 "비교적 작은 교전"으로 표현했다고 주장했다.[100]

이슬람의 강력한 지방주의와 다른 사회에 대한 이슬람 세계의 고의적인 무지를 고려할 때,[101] 다마스쿠스의 무슬림들은 십중팔구 투르에서의 패배를 **정말로** 사소한 문제로 간주했을 것이다. 그러나 스페인에서는 그렇게 생각하지 않았다. 스페인의 이슬람교도들은 샤를 마르텔이 누구인지, 그리고 그가 그들이 열망하던 것에 무슨 짓을 했는지 똑똑히 알고 있었다. 패배로부터 그들은 프랑크인들이 용병 수비대가 섬기는 정착민도 아니고 야만족 무리도 아니라는 것을 배웠다. 그들 역시 제국의 건설자였고, 프랑크인 숙주는 무슬림들보다 뛰어난 무기와 갑옷, 전술을 소유한 잘 훈련된 시민 지원자들로 구성되었다.[102] 무슬림들은 735년에 다시 한번 갈리아를 침략하려고 했지만, 샤를 마르텔과 그의 프랑크인들은 그들에게 가혹한 패배를 안겨주었기에 무슬림 군대는 다시는 북쪽으로 모험을 하지 않았다.

마르텔은 무슬림 침략자들뿐만 아니라 서유럽의 거의 모든 다른 집단들을 물리쳤다. 그가 죽었을 때 프랑크 왕국은 스페인, 이탈리아, 북아프리카를 제외한 한때 서로마 제국이었던 지역을 대부분 포함했다. 마르텔의 정복은 로마의 일부가 아니었던 게르만족 지역에도 미쳤다. 그의 손자는 새로운 "로마 제국"을 창조하기 위해 왕국을 확장했다.

---

100   Lewis [1982] 2002: 19.
101   Lewis [1982] 2002: 59-60.
102   Hanson, 2001.

카롤링 막간극

샤를마뉴 대제(742-814년)는 페핀 3세(작은 페핀)의 아들이자 샤를 마르텔(샤를마뉴의 이름은 여기서 따온 것이다)의 손자였다. 768년에 그는 자기 아버지의 뒤를 이어 프랑크 왕국의 왕이 되었고 그의 형제 카를로만과 함께 통치했다. 771년에 카를로만이 사망하면서 두 사람 사이에 있을 법했던 내전은 피할 수 있었다. 그러나 둘 사이의 긴장감은 분열된 통치에 대해 프랑크인들에게 경고했어야 했다.

샤를마뉴 대제는 동시대 사람들보다 키가 컸다(1861년에 수행된 그의 골격 연구에 따르면 그의 키는 190cm 정도 되었다).[103] 비록 교육을 거의 받지 못했지만 그는 라틴어에 능통했고 그리스어를 이해할 수 있었다. 그는 세 번 결혼했고 11명의 합법적 자녀와 여러 첩 사이에서 많은 사생아를 낳았다.

샤를마뉴 대제는 형제의 죽음 직후 롬바르드족을 이탈리아 북부에서 몰아냈고, 북이탈리아를 자신의 제국에 편입시켜 로마를 그의 통치하에 두었다. 795년에 레오 3세는 교회를 지배하던 강력한 로마 가문들의 반대에도 불구하고 교황이 되었다. 레오의 반대자들은 곧 그를 간통과 위증죄로 고발하고 패거리를 파견하여 그의 혀와 눈을 도려냈다. 지역 군인들이 그를 구했지만, 그는 공식적으로 폐위되고 수도원에 갇혔다. 그는 탈출하여 샤를마뉴에게로 도망쳤고, 샤를마뉴는 그를 로마로 호송하여 다시 공직에 앉혔다. 이틀 후인 800년 크리스마스 날, 교황 레오 3세는 샤를마뉴 대제를 신성 로마 황제로 추대했다.

그의 통치 기간에 샤를마뉴 대제는 거의 끊임없이 전쟁 중이었다. 그

---

103   Barbero, 2004: 118.

의 많은 원정은 제국의 경계를 넓히기 위한 것이었고, 다른 여러 원정은 그의 통치에 대한 반란을 진압하기 위한 것이었다. 그는 주로 게르만 색슨 족에 대항하여 동방으로 원정을 떠났고, 여기에 이교도들을 몰아내고 기독교를 강요하려는 추가적인 동기가 중심 역할을 했다. 샤를마뉴 대제는 기독교화에 저항하는 것을 대죄로 규정하는 칙령을 발포했고, 그러한 이유로 수천 명을 학살했다. 그가 814년에 죽었을 때 그의 새로운 제국은 로마가 가졌던 것보다 유럽의 훨씬 더 많은 지역을 포함했다.

샤를마뉴 대제의 유일하게 살아남은 합법적 아들인 루도비쿠스 경건 왕이 그의 아버지의 뒤를 이었다. 그러나 루도비쿠스가 그의 세 아들에게 제국을 나누어주기로 하면서 문제가 생기기 시작했다. 왕위 계승 전쟁이 일어났고, "제국"은 빠르게 작은 조각들로 나누어져 곧 수백 개에 달했다. 유럽의 소중한 불일치가 회복된 것이다!

제국 간의 진보

암흑기 신화에 대한 결정타는 로마를 정복한 자들이 야만인이 아니었다는 것이다. 야금술과 같은 몇몇 기술에서 북쪽의 사람들은 로마인들을 훨씬 앞섰다. 그들에게는 도시들이 있었다. 그들은 광범위한 무역망을 구축하고 있었다. 그리고 그들의 차례가 왔을 때, 그들은 제국 이후 진보의 시대를 시작했다. 프랑크인들은 의심할 여지 없이 그 진보를 탈선시켰을 제국을 다시 세울 뻔했다. 다행히도 카롤링 제국은 단명했다.

5장

기독교국에 드리운 북극광

서구 문명은 지중해 연안에서 탄생했지만, 대서양 해안을 따라 그리고 로마의 군단이 건너기를 꺼렸던 큰 강 너머에서 발달했다. 우리가 보았듯이 로마가 함락된 후 유럽의 사회문화적 무게중심이 북쪽으로 이동했다. 카롤링 제국이 분열되었을 때 바이킹들은 서양의 영광스러운 여행을 계속하기 위해 새로운 에너지와 열정을 불러일으켰다. 놀랍게도 이 이야기의 많은 부분이 무시되었고 일부는 위조되었다.

역사가들이 바이킹보다 카롤링 제국에 더 많은 관심을 기울였음에도 불구하고, 바이킹은 카롤링 제국보다 서양의 성장에 훨씬 더 중요하고 지속적인 역할을 했다. 샤를마뉴 대제는 덴마크(스웨덴이나 노르웨이는 말할 것도 없이)를 정복할 수 없었고, 심지어 그가 살아 있는 동안에도 바이킹 약탈자들은 대서양 연안에 사는 유럽인들을 공포에 떨게 하고 식민지로 삼기 시작했으며, 결국 잉글랜드, 스코틀랜드, 콘월, 웨일스, 아일랜드, 프랑스, 아이슬란드, 그린란드, 뉴펀들랜드(잠시), 셰틀랜드 제도, 오크니 제도, 페로 제도와 같은 여러 해안 섬을 식민지로 삼았다. 스웨덴 바이킹들은 이 대서양 영토에 만족하지 않고 860년에 드네프르강을 따라 항해하여 키이우를 점령했다. 그곳에서 200척의 바이킹 함대가 드네프르강을 따라 흑해로 내려가 콘스탄티노플을 공격했다. 비록 그들은 도시의 거대한 성벽을 뚫을 수는 없었지만, 바이킹들은 그들보다 훨씬 더 많았을 비잔틴 군대의 방해 없이 모든 교외 지역을 약탈했다. 8년 후인 868년 키이우에 본거지를 둔 바이킹들은 러시아 전역에 700년 동안 지속된 왕조의 통치를 강요했다. 러시아라는 이름은 스웨덴 바이킹에 적용되는 이름인 루스(Rus)에서 유래했다.

마지막으로 10세기에 바이킹들은 그들 동포의 약탈로부터 보호해주는 대가로 프랑스 서부 해안의 큰 지방을 양도받았다. 이 지역은 노르망디로 알려지게 되었고 노르망디 주민은 노르만인(라틴어 *northmanni*는 "북쪽 사람"이라는 뜻)으로 알려지게 되었다. 이후 노르만족의 승리는, 바이킹들을 뿔 달린 헬멧을 쓰고 해골을 술통으로 사용한 후진적인 야만인으로 보는 지배적인 시각이 사실 근거가 없음을 보여준다. 바이킹 약탈자들은 잔인했을지도 모르지만(보통 약탈자들은 그랬다), 스칸디나비아는 더 남쪽의 사회들처럼 문명화되었다. 1066년 윌리엄 공작과 그의 노르만인들은 해협을 건너 잉글랜드를 쉽게 정복했다. 먼 남쪽에서 노르만족은 1071년에 이르러 무슬림과 비잔틴을 모두 몰아내고 남이탈리아를 포함한 노르만 시칠리아 왕국을 세웠다. 그런 후 1096년에 제1차 십자군 원정에서 주도적인 역할을 했다.[1] 네 명의 지휘관 중 두 명이 노르만인이었다. 그리고 제3차 십자군을 이끌었던 사자왕 리처드도 노르만족(정복왕 윌리엄의 고손자)이었다.

---

[1]   Bohemond of Taranto and Robert, *Duke of Normandy*.

제1차 십자군 기사들이 성지에 도착했을 때, 그들은 갑옷과 무기와 전술에서 무슬림 적들을 능가했고, 비록 수적으로 매우 열악했지만 무슬림 군대를 연파했다.[2] 따라서 비록 거대한 이슬람 세계에 둘러싸여 있고 그 수가 매우 적었지만, 기독교 기사들은 팔레스타인에 십자군 왕국을 유지할 수 있었고(유럽인들이 상당한 비용을 기꺼이 지불할 용의가 있는 한), 중대한 위기가 닥쳤을 때 지원군을 보냈다. 2세기 후 유럽의 지지가 시들어짐에 따라 마지막 기사들이 고향으로 돌아왔다. 십자군 전쟁이 보여주었듯이 유럽인들 사이의 통합의 진정한 기반은 잘 조직된 국제 관료주의로 발전한 기독교였다. 그래서 그 시대에는 유럽보다는 기독교 국가를 말하는 것이 더 정확할 것이다. 유럽은 그 당시에는 사회적·문화적 의미가 거의 없었기 때문이다.[3] 이제 자세한 내용을 살펴보자.

바이킹 시대

역사가들은 초창기부터 바이킹들을 잔인한 야만인으로 경멸해왔다. 20세기의 저명한 역사학자 노르만 칸토르(Norman Cantor)조차도 "스칸디나비아인들은 서유럽 문명에 기여할 것이 없었다. 그들의 문화 수준은 게르만 친척 중 더 원시적인 부족들보다 높지 않았다. 스칸디나비아 사회의 단위는 『베오울프』(*Beowulf*)에서 묘사된 것과 같은 종류의 전쟁 패거리였다.…

---

2   Stark, 2009.
3   물론 "유럽"이라는 이름이 고대 그리스에서 유래했고 중세 시대에는 "유로파"라는 용어가 가끔 쓰이기도 했던 것은 사실이다. 그러나 "유럽"이라는 표현은 18세기 이전에는 존재하지 않았다.

[그들은] 통치자들을 우물에 빠뜨려 익사시키는 경향이 있었다."[4]

　　바이킹들을 원시적인 야만인으로 보는 견해는 전적으로 바이킹 약탈자들에 대한 반응에 근거하고 있으며, 그들이 출현했던 사회에 대한 고려나 지식에 근거하고 있지 않다. 그러나 4장에서 논의한 바와 같이, 일찍이 3세기(아마도 그 이전)에 스칸디나비아에는 헬괴와 같은 진보된 제조업 공동체가 여럿 있었고, 바이킹 상인들은 페르시아까지 확장되는 복잡한 무역로를 따라 이동했다. 수만 개의 초기 중동의 동전이 현재의 스웨덴에서 발견되었다.[5] 게다가 바이킹들은 뛰어난 무기, 놀라운 선박, 뛰어난 항해기술을 보유하고 있었다.

기술

바이킹의 무기와 갑옷은 바이킹들이 전투 도끼를 더 많이 사용했다는 것을 제외하고는 카롤링 사람들이 사용하던 것들과 비슷했다. 그들은 쇠사슬 갑옷(때로는 더 자유로운 움직임을 위해 무거운 가죽만을 착용하는 것을 선호했지만), 철제 투구(뿔이 없는), 방패, 창, 그리고 강철 장검을 가지고 있었다. 바이킹의 무기와 갑옷은 일반적인 것이었지만, 그들의 선박은 그 당시 지구상 다른 어떤 곳의 선박보다 훨씬 뛰어났다.

　　오슬로에 전시된 고크스타드호와 같은 장엄한 바이킹 장선은 거의 전쟁용으로만 사용되었다. 대서양을 항해하고 화물을 운반하기 위해 바이킹들은 크나르라고 알려진 배를 이용했다. 크나르는 바이킹 장선과 비슷해 보였지만, 더 깊고 넓었으며 갑판은 앞뒤로 덮여 있었고 중간에만 열

4　　Cantor, 1993: 193-94.
5　　Ferguson, 2009: 114.

려 있었다. 종종 길이가 15m 이상이었고 선폭은 약 4.5m였다. 크나르는 바이킹들이 수 세기에 걸쳐 아이슬란드와 그린란드로 가축과 보급품을 운반할 수 있게 해주었다. 얕은 물에서도 항해할 수 있어 강을 오가는 데도 좋았다. 그것은 주로 바람이 불지 않을 때만 노를 사용하는 항해선이었다. 바람과 파도의 조건이 좋다면, 크나르는 아마 20노트의 속력을 낼 수 있었을 것이다.[6] 콜럼버스가 첫 항해에서 사용한 배 가운데 8노트를 넘는 것은 없었다.

크나르와 대조적으로, 장선(스케이로 알려진)은 주로 노에 의존했고, (잠깐은) 최고 속도로 15노트를 낼 수 있었다. 얕은 흘수 때문에, 바이킹 장선은 10m 이하의 깊이에서도 나아갈 수 있었고 해변에 상륙할 수 있어 바이킹 침입자들이 강을 거슬러 항해할 수 있었다. 바이킹 장선은 양 끝이 같았기에 배를 돌리지 않고도 방향을 전환할 수 있었다. 비록 전쟁에 사용되었지만, 장선은 전투함이 아니라 군대 수송선이었다. 고고학자들이 발견한 가장 큰 장선의 길이는 36m다. (콜럼버스의 산타 마리아호는 23m밖에 되지 않았다.) 바이킹 장선은 보통 1인치 두께의 참나무 널빤지로 만들어졌고, 이는 선박에 상당한 유연성을 주었다. 널빤지를 겹쳐서 함께 대갈못으로 고정함으로써 바이킹들은 장선을 튼튼하게 만들었다.

크나르와 스케이는 모두 바이킹들에게 소금물이든 민물이든 물을 지배할 수 있게 해주었다. 또한 조선업은 스칸디나비아 경제의 주요 요인이었음이 틀림없다. 로버트 퍼거슨(Robert Ferguson)은 바이킹 역사를 다루면서 "숲꾼, 목수, 대장장이, 돛을 만드는 사람, 밧줄 만드는 사람, 그리고 노

---

6   Ferguson, 2009: 60.

동자가 많았을 것"이라고 말했다.[7]

노르웨이와 스웨덴에서 아이슬란드와 그린란드 및 래브라도로 항해하는 데는 좋은 선박 이상의 것이 필요했다. 그리스와 로마인들은 해안을 따라 항해하거나 섬들을 들르면서 항해했다. 반면에 바이킹들은 그들의 위도를 결정하는 몇 가지 기계적 수단을 가지고 있었다. 그들은 특정 위도를 따라 항해하고 잘 확립된 지형지물, 해류의 방향, 바닷새의 모습, 그리고 언제 북쪽이나 남쪽으로 방향을 틀어야 하는지를 결정하기 위해 천문학적 신호에 대한 매우 정확한 지식을 사용했다.[8] 안타깝게도 영웅전설을 쓴 바이킹들은 기술에 관심이 없었기 때문에 우리는 바이킹 기술에 대해 기대했던 것만큼 알지 못한다. 사실 우리가 알고 있는 것은 대부분 최근의 고고학과 과학적 연구의 결과다. 2011년에 프랑스 과학자들은 스칸디나비아에서 널리 구할 수 있는 특정한 종류의 크리스털이 매우 흐리거나 안개가 긴 날에도 태양을 정확하게 찾는 데 사용될 수 있다고 보고했다.[9] 이것은 바이킹들이 일종의 태양석을 사용했다는 전통에 신빙성을 더해준다.

마지막으로 바이킹들은 대구를 잡고 말리는 데 전문가였고, 그들은 이러한 형태의 "맛없는 음식"에 의존하여 긴 항해를 버텼다.

습격과 정착

바이킹 항해자들은 남쪽의 왕국 중 어떤 곳도 바다의 침입자들로부터 자신들을 방어할 수 없으며, 특히 방어되지 않은 수도원들에 막대한 재산이 있다는 것을 발견했다. 그들은 그 기회를 십분 이용했다.

---

7   Ferguson, 2009: 61.
8   Jones, 1984: 192-94.
9   Ropars et. al, 2011.

바이킹의 습격은 8세기 후반에 시작되었고, 가장 잘 기록된 공격은 793년 잉글랜드 동쪽 해안에서 떨어진 린디스판섬에 위치한 수도원에 대한 것이었다. 12세기 연대기 작자인 더럼의 시므온(Simeon of Durham)은 다음과 같이 전했다. "그들은 교회에 와서…통탄할 약탈로 모든 것을 폐허로 만들어버리고…제단을 파헤쳤으며, 거룩한 교회에서 모든 보물을 빼앗았다. 그들은 형제 중 일부를 죽이고 일부는 족쇄를 채워 데려갔다.… 몇몇은 바다에서 익사했다."[10] 다른 수사들은 곧 이 수도원을 다시 세웠지만, 바이킹들이 다시 왔다. 이 과정은 수사들이 결국 875년에 린디스판을 떠날 때까지 여러 번 더 반복되었다. 같은 일이 스코틀랜드 서부 해안의 아이오나에 있는 수도원에서도 일어났고, 794년에 처음 습격이 있고 난 뒤 50년 후에 버려졌다. 바이킹들은 또한 795년부터 아일랜드의 서쪽 해안에서 수도원들을 약탈했다. 9세기와 10세기에 걸쳐 바이킹들은 정기적으로 대서양 연안을 따라 프랑크족 마을을 급습했고 뫼즈강, 센강, 라인강과 그 지류들을 거슬러 올라가 마을, 교회, 사유지, 수녀원, 수도원을 공격하고 약탈했다.

교회가 무방비 상태였고 부유했기 때문에 바이킹들이 특히 교회의 재산을 약탈할 가능성이 컸을 것이다. 그러나 북쪽 지역을 기독교화하려는 악랄한 노력에 화가 났기 때문에 바이킹들이 그들을 선택했고 특히 수도승과 수녀들을 잔인하게 대했다는 주장도 제기되었다.[11] 특히 그들의 분노를 자극한 사건은 샤를마뉴 대제가 저지른 잔혹 행위였을 것이다. 그는 4,500명의 비무장 색슨족 포로들을 강제로 세례를 받게 한 후 처형시

---

10   Ferguson, 2009: 42에서 인용됨.
11   Ferguson, 2009: 54.

켰다. 바이킹들은 샤를마뉴 대제가 기독교화에 저항하는 모든 사람에게 사형선고를 하도록 칙령을 내렸다는 것을 알고 있었던 것으로 보인다.

시간이 지남에 따라 바이킹의 습격은 점점 더 많은 함대를 포함했다. 832년에는 각각 바이킹 50여 명을 수송하는 130여 척의 함대가 아일랜드의 북부와 동부 해안을 공격했다. 20년 후, 기습대가 300척 이상의 배를 보유하는 것은 드문 일이 아니었다. 885년에 700척의 바이킹 함대가 센강을 거슬러 올라가 파리를 포위했다(침략자들은 은화로 큰돈을 받고 떠났다).[12]

바이킹들은 정착지를 세우기 시작했는데, 아일랜드에 더블린, 리머릭, 웩스포드, 워터포드를 세웠고, 웨일스에 스코홈과 스완지를 건설했으며, 러시아 전역뿐만 아니라 북부 스코틀랜드 전체를 지배했다. 880년대에 그들은 프랑크족 해안을 따라 가장 오래 지속되고 역사적으로 중요한 정착지를 건설했다. 이 안전한 해안 기지에서 바이킹들은 내륙을 더 침범했다. 911년 프랑스의 카롤루스 단순왕은 바이킹 지도자 롤로와 조약을 맺어 노르망디 공국으로 알려진, 루앙(바이킹이 이미 가지고 있던 곳) 주변의 상당한 해안 지역을 그에게 양도했다. 그 대가로 롤로는 더 이상 프랑크족 지역을 습격하지 않고, 바이킹들이 파리를 위협하지 못하도록 센강을 방어하며, 기독교로 개종하고, 샤를의 딸 기젤라와 결혼하는 데 동의했다. 양측 모두 조약의 조항을 준수했지만, 노르망디의 경계선은 30년 이상 확장되었다.

---

12   Bauer, 2010: 468.

노르만의 승리

노르망디 공작들은 원칙적으로 프랑스 왕의 신하였지만, 그들은 그렇게 행동하지 않았다. 그들은 그들 자신의 주화를 찍어내고, 자신들의 세금을 부과하며, 자신들의 군대를 모으고, 그들의 새로운 대교구 관리들을 임명했다. 노르만족은 또한 농민들과 귀족들을 포함한 현지 프랑크인들의 지지를 빠르게 얻었다. 그들은 사실상 노르만인이 되었다. 사실 노르망디의 바이킹 정착민들은 대부분 현지 여성과 결혼했고 몇몇 재능 있는 현지 남성을 그들의 대열에 환영했다. 곧 노르망디의 대부분의 노르만인은 최소한 부분적으로라도 프랑크계 출신이 되었다.

잉글랜드로

1035년 서자 윌리엄(1028-1087년)은 7살의 나이에 노르망디의 공작이 되었다. 그는 1047년에 반란 남작들을 물리치며 그의 통치에 대한 여러 위협에서 살아남았다. 윌리엄이 권력을 강화하자, 프랑스 왕은 노르망디를 침공하려고 시도했다가 1054년에 크게 패배했고 1057년에 또다시 패했다. 윌리엄은 인기 있는 지도자로 부상했고 1060년에는 메인을 노르망디에 편입시켰다. 그동안 그는 잉글랜드의 왕좌에 눈독을 들이고 있었는데, 그 왕좌에 대한 그의 주장은 미약했다. 교황 알렉산데르 2세가 그의 주장을 인정했을 때, 윌리엄은 침략 함대를 소집했다. 그때 그는 노르만인들에게 영국의 땅과 작위를 약속했다. 윌리엄이 항해를 하기 전에 잉글랜드의 왕위 주장자이기도 한 노르웨이의 왕 하랄드 3세가 요크 근처에 바이킹 군대를 상륙시켰다는 소식을 들었다. 잉글랜드의 앵글로색슨족의 왕이었던 하랄드 2세가 노르웨이인 하랄드를 만나기 위해 북쪽으로 군대를 진군시켰다는 것을 알고, 윌리엄은 해협을 건너 항해했다.

잉글랜드군은 노르웨이군을 압도하고 윌리엄과 노르만인들에 맞서기 위해 남쪽으로 돌진했다. 전투는 헤이스팅스에서 런던으로 가는 길에 약 10km 떨어진 곳에서 벌어졌다. 이 전투 때 잉글랜드에서는 처음으로 석궁병들이 나타났고, 그들의 치명적인 일제사격으로 인해 잉글랜드 보병이 후퇴하기 시작하자 윌리엄은 그의 중기병을 거세게 돌격시켰다. 그러나 영국 보병 부대는 기병을 후퇴시킬 만큼 충분히 견고했다. 한 시간의 전투 후, 윌리엄 보병대의 한쪽 날개가 후퇴했다. 이를 본 영국 보병대는 대열을 깨고 추격전을 벌였고, 이때 노르만 기병대가 돌진하여 잉글랜드군을 궤멸시켰다.

약간의 작전과 협상이 뒤따랐지만, 윌리엄의 승리는 의심의 여지가 없었다. 그는 1066년 성탄절에 웨스트민스터 성당에서 잉글랜드의 왕으로 왕위에 올랐다. 서자 윌리엄은 정복자 윌리엄으로 알려지게 되었다.

전투 직후 노르망디로 돌아온 노르만인들은 8천 명 정도만이 잉글랜드에 남아 지배층을 형성했다.[13] 이것은 "주요" 이주가 소수의 엘리트만의 이주였다는, 4장에서 고려된 여러 다른 사례와 일치한다. 어쨌든 이 적은 수의 노르만족은 권력을 잡기에 충분했다. 누군가는 그들이 곧 영어로 말하고 동화되었다고 생각할지도 모른다. 그렇지 않았다. 그들은 수 세기 동안 프랑스어를 사용하는 엘리트로 남았다.

윌리엄은 대부분의 시간을 노르망디에서 보냈음에도 불구하고 매우 유능한 통치자로 드러났다. 1085년 잉글랜드의 세금 잠재력을 완전히 알기 위해 그는 모든 토지, 모든 가축의 소유권과 가치, 모든 마을의 구성(심

---

13   Carpenter, 2004: 82-83.

지어 각 물레방아까지 기록함)과 교회 재산을 밝히기 위해 정교한 인구조사를 시행했다. 영국인들은 이 인구조사를 "최종 판결"에 빗대어 "최후 심판의 책"(*Doomsday Book*)이라고 불렀다. 그 책에서 보여준 것은 잉글랜드인들의 재산의 노르만화가 거의 총체적으로 진행되었다는 것이다. 영국인들은 단지 5%의 땅을 소유했고, 이는 이후 수십 년간 더욱 줄어들었다.[14] 그 결과 잉글랜드(앵글로색슨) 귀족들은 스코틀랜드와 아일랜드로, 일부는 스칸디나비아로 달아났다.[15] 그리고 1070년대의 어느 날 앵글로색슨족의 큰 무리가 영국에서 동로마 제국으로 항해했다.[16] 그곳에서 그들은 알렉시우스 1세 콤네누스가 황제의 왕좌를 차지하는 데 도움을 주면서, 효과적인 용병 역할을 했다.[17]

마침내 1215년, 부분적으로 바이킹 전통이 귀족에 대한 왕의 권력을 제한했기 때문에, 노르만 남작들은 존 왕에게 대헌장을 강요하여 민주적인 통치를 위한 첫걸음을 내디뎠다.

시칠리아 왕국

그들의 무시무시한 평판과 흔치 않은 키 때문에, 노르만인들은 용병으로 높은 임금을 받을 수 있다는 것을 곧 알게 되었고, 많은 젊은이가 대륙 전역에서 고용되었다. 동로마 사람들은 시칠리아 항구에서 무슬림 해적들이 활동하는 것을 막기 위해 1038년에 군대를 증파하며 그들을 일부 고용했다. 그것은 그들이 이후에 계속 후회할 결정이었다.[18]

---

14   Thomas, 2003: 105-37.
15   Daniell, 2003: 13-14.
16   Daniell, 2003: 13-14.
17   Russell, 1987: 138.
18   이 단락에서는 *God's Battalions: The Case for the Crusades*에서 내가 연구하고 기록한 내용에

동로마 제국의 가장 유명한 장군인 게오르기오스 마니아케스는 독특한 침략군을 이끌었다(강제로 징집된 랑고바르드족, 소수의 동로마 정규군, 상당한 수의 노르만 용병 부대). 이탈리아 남부에서 건너온 마니아케스의 군대는 메시나를 거의 한 번에 점령했고, 로메타와 트로이나에서의 주요 전투에서 승리했으며, 곧 시칠리아에 있는 12개 이상의 요새를 장악했다.[19] 그런 후 모든 것이 무너졌다. 마니아케스는 노르만족의 몫을 보류하여 그들을 화나게 했고 그의 가장 유능한 부대가 이탈리아로 돌아가게 했다.[20] 그러자 해군 사령관이 어리석게도 무슬림 함대가 동로마의 봉쇄를 뚫고 탈출하도록 했고, 마니아케스는 그를 육체적으로 학대하며 여린 포주라고 불렀다.[21] 그 해군 사령관은 황제의 처남 스테파노였다. 스테파노는 복수하기 위해 황제에게 마니아케스를 반역죄로 고발했다. 마니아케스는 콘스탄티노플로 소환되었고 즉시 투옥되었다. 스테파노는 시칠리아에서 지휘권을 잡았고, 죽기 전에 모든 것을 엉망으로 만들었다. 그의 후임자인 바실리오스라는 궁중 내시도 그다지 낫지 않았다.[22] 동로마 군대는 천천히 퇴각하기 시작했고, 이탈리아 최남단 아풀리아에서 일어난 롬바르드족의 반란을 진압하기 위해 시칠리아를 완전히 떠났다. 시칠리아는 다시 한번 적수가 없는 무슬림의 통치 아래에 놓였다.

그 상황은 노르만 용병들에게 놀라웠다. 그들은 시칠리아가 부유하고, 많은 기독교 인구가 침략을 지지할 것이며, 무슬림은 절망적으로 분열되어 있다는 것을 알았다. 그들은 또한 콘스탄티노플이 너무 멀고 음모로

의존한다. Stark, 2009: ch. 2을 보라.

19   Brown, 2003: 36.

20   Brown, 2003: 37.

21   Norwich, 1991: 285.

22   Norwich, 1991: 285.

인해 너무 타락해서 서쪽을 계속 지배할 수 없다는 것을 인식했다. 그래서 노르만족은 롬바르드족의 봉기를 진압하는 것을 돕는 대신 그 봉기를 주도하기로 결정했다. 1041년 노르만 기사들은 산을 몰래 넘어 아풀리아로 내려갔다.

　　노르만족은 오트빌의 윌리엄이 이끌었고, 그의 영웅적인 업적은 그에게 "무쇠 팔"이라는 별명을 얻게 했다. 그들은 요새화된 언덕 마을인 멜피를 재빨리 점령하고 주변의 모든 성읍을 항복시켰다. 동로마 총독은 노르만인과 반란군보다 상당히 큰 군대를 소집했다. 그리고 그는 전령을 적진에 보내어 노르만족이 롬바르드 영토로 안전하게 돌아가거나 전투를 벌이자는 제안을 했다. 이에 대응하여, 거대한 노르만 기사가 동로마 전령사가 타고 온 말 머리를 장갑된 주먹으로 내리쳤고, 말은 그 자리에서 쓰러져 죽었다. (그렇다. 실제로 일어난 일이다. 역사가들이 동의한다.)[23] 전투는 다음날 시작되었다.

　　수적으로 열세였던 노르만족은 동로마 군대를 패주시켰는데, 그들 중 대부분은 전투에서 죽거나 강을 건너 도망하려다 익사했다. 동로마 총독은 콘스탄티노플에서 많은 정규군을 불러오는 것으로 대응했지만, 무쇠 팔 윌리엄과 노르만족은 이 새로운 동로마 군대도 학살했다. 그때도 동로마인들은 패배를 인정하지 않았다. 그들은 또 다른 군대를 모아 몬테펠로소 근처에서 다시 한번 전투를 벌였다. 윌리엄과 노르만족이 또 승리했고 동로마 총독을 포로로 잡고 몸값을 위해 억류했다. 동로마 사람들은 이탈리아에서 노르만인들과 공개적으로 전투를 벌이려 하지 않았다. 그들은 요새화된 마을과 도시를 방어하는 것에 만족했다. 그러나 추가적 군사

23　　Brown, 2003: 42.

재앙을 피하기는 했지만, 서서히 노르만 왕국으로 변모한 남부 이탈리아를 점령하는 데는 실패했다.

곧 노르만인들은 그들의 관심을 무슬림이 점령한 시칠리아로 돌렸다. 1059년 이탈리아 남부의 노르만 공작 로베르 기스카르는 교황 니콜라오 2세에게 보낸 편지에서 자신을 "미래의 시칠리아 [군주]"라고 밝혔다.[24] 2년 후 그와 그의 형제 로제르는 노르만족의 엄선된 중대와 함께 침략을 시작했다. 그들은 메시나를 요새화했고, 앙숙인 시칠리아의 수장 중 한 명인 이븐 앗틴나와 동맹을 맺었으며, 이탈리아로 돌아가기 전에 시칠리아 대부분을 점령했다. 1071년 기스카르는 이탈리아 남부에서 동로마 군대를 몰아냈다. 이듬해 그는 시칠리아로 돌아와 팔레르모를 점령하고 곧 섬 전체를 장악했다. 그리하여 노르만 시칠리아 왕국이 탄생했다(남이탈리아가 포함됨).[25] 그것은 겨우 약 한 세기 동안 지속되었지만, 이슬람의 통치는 결코 재개되지 않았다.

투르 전투 이후 수 세기 동안 서부와 동부는 유럽의 영토에서 계속 충돌했다. 이러한 갈등의 결과에 대해 미리 정해진 것은 없었다. 그러나 여기서 우리는 현대 역사학자들이 자주 무시하는 문제들, 즉 군사 전술이나 기술과 같은 평범한 문제들의 결정적인 영향을 다시 보게 된다.

---

24   Van Houts, 2000: 243.
25   Matthew, 1992.

십자군 전쟁

1095년 교황 우르바노 2세는 유럽의 기사들에게 예루살렘을 무슬림의 지배로부터 해방하고 기독교 순례자들이 그들의 거룩한 성을 안전하게 방문하도록 십자군에 동참할 것을 요청했다. 비록 이슬람교도들이 638년부터 예루살렘을 지배해왔지만, 다수의 기독교인은 수 세기에 걸쳐 예루살렘으로 성지순례를 계속했다. 현지 이슬람교도들은 매년 몰려오는 참회하는 기독교인들에게서 얻은 수입을 환영했다. 그들은 기독교인들이 4세기 초에 콘스탄티누스가 세운 현지 교회들에서 예배를 드리는 것을 허용했다.[26] 10세기 말 이집트의 칼리프는 기독교 순례자들을 금지하고, 성지에 있는 모든 기독교회를 파괴하라고 명령했으며, 그리스도의 무덤으로 여겨졌던 성묘 교회와 그 교회 아래 있는 바위 동굴을 철거할 것을 요구했다. 이러한 신성모독은 유럽 전역에 격앙된 반응을 불러일으켰지만, 칼리프가 (친족들에 의해) 암살되고 그의 반순례 정책이 뒤바뀌면서 그러한 요구는 수그러들었다.

　　그러나 무슬림들은 기독교 순례자들을 환영하는 정책으로 완전히 돌아가지 않았다. 그들은 종종 기독교 신앙의 어떠한 명시적인 표현도 금지하는 가혹한 규칙을 시행했다. 예를 들어, 1026년 생반의 리샤르(Richard of Saint-Vanne)는 미사를 집전하다 발각되어 돌에 맞아 죽었다. 게다가 이슬람 관리들은 1064년에 4명의 게르만 주교들과 수천 명의 순례자들이 성지로 들어갈 때 매복하여 그들 중 3분의 2를 학살한 사건과 같이, 순례

26　Stark, 2009을 보라.

객들에 대한 빈번한 강도 사건과 유혈 공격을 무시했다.[27]

설상가상으로 이슬람으로 갓 개종한 공격적인 셀주크 투르크족이 1071년에 예루살렘을 점령했다. 그들은 원칙적으로 기독교 순례자들의 예루살렘 접근을 허용했지만, 종종 막대한 몸값을 부과하고 지역에서 일어나는 공격들을 묵인했다. 따라서 매우 크고 잘 무장된 부유한 그룹만이 순례 여행을 감행했고, 그럼에도 불구하고 많은 사람이 죽었고 더 많은 사람은 발길을 돌렸다.[28] 강도, 갈취, 고문, 강간, 살인에 대한 순례자들의 끔찍한 이야기는 다시 한번 성지 내 무슬림들에 대한 분노를 불러일으켰다. 이런 상황에서 1095년 동로마 황제 알렉시우스 1세 콤네누스는 투르크족 침략자들의 위협으로부터 콘스탄티노플을 방어해줄 것을 호소했다. 교황이 제1차 십자군을 조직한 것은 이 호소에 대한 응답이었다.

신병 모집

십자군 전쟁에 대한 반종교적이며 말도 안 되는 이야기들이 많이 있었는데, 여기에는 기사들이 종교적 신념 때문이 아니라 땅과 약탈을 위해 동쪽으로 행진했다는 혐의도 포함되어 있다. 사실 십자군은 막대한 재정적인 희생을 치렀는데, 이는 그들이 보충될 것이라는 기대조차 하지 않았던 지출이었다. 예를 들어, 노르망디 공작 로버트(정복왕 윌리엄의 아들)는 십자군의 자금을 조달하기 위해 노르망디 공국 전체를 그의 형제인 윌리엄 왕에게 1만 마르크에 저당 잡혔는데, 이는 2,500명의 선장들에게 1년 치 임금을 줄 수 있는 금액이었다. 그러한 금액을 모으기 위해 윌리엄은 영국 전체

---

27 이 두 사례는 Riley-Smith, 1997: 37-38에서 가져왔다. 이와 비슷한 사건들이 많았다. Runciman, 1969: 78을 보라.
28 Runciman, 1969: 78.

에 새로운 세금을 부과해야 했다(그것은 다수의 성난 시위를 야기했다).[29] 마찬가지로 고드프루아 드 부용은 베르됭 백국 전체를 프랑스 왕에게 팔았고, 부용 백국은 리에주 주교에게 저당 잡혔다.[30] 또한 대부분의 십자군은 그들이 남긴 많은 유언장과 편지에 표현되었듯이, 자신들이 다시는 돌아오지 못하리라는 것을 알고 있었다.[31] 사실 그들 중 극소수만이 살아남았다.

서양 기사 중 극히 일부만이 교황의 군대 소집에 귀를 기울였고, 대부분의 사람은 집에 머물렀다는 것을 인식하는 것이 중요하다. 소집에 응한 사람들은 서로 결혼과 친족의 유대로 긴밀하게 연결되어 있었다. 예를 들어 부르고뉴 백작 빌럼 테트하르디는 제1차 십자군에 아들 셋과 손자 하나를 보냈는데, 테트하르디의 딸들과 결혼한 세 남자와 테트하르디의 손녀 플로리나의 남편인 덴마크의 스벤이 합류했다. 스벤과 노르만과 같은 스칸디나비아인들은 십자군들 가운데 지나치게 많았고, 테트하르디처럼 자원한 다수의 프랑크인은 노르만족 친척들이 있었다.[32]

제1차 십자군은 4개의 주요 군대로 구성되었다.[33] 이 중 두 군대는 노르만족 기사로 구성되어 있었고, 노르만 귀족들(노르망디 공작 로베르와 [노르만 시칠리아 왕국의] 타란토 군주인 보에몽 1세)이 이끌었다. 그의 조카 탕크레드의 도움으로 보에몽은 제1차 십자군 원정을 성공적으로 이끌었다.

알렉시우스 황제는 도움을 요청하기는 했지만, 콘스탄티노플에 보에몽 1세를 들이는 것을 걱정했다. 그럴만한 이유가 있었다. 보에몽 1세(약

---

29   Duncalf, 1969: 276.
30   Duncalf, 1969: 267.
31   Riley-Smith, 1997.
32   Riley-Smith, 1997.
33   베르망두아의 위그가 이끄는 다섯 번째 군대는 바다에서 일어난 재난으로 대부분 파괴되었다.

1058-1111년)는 로베르 기스카르의 아들이었고, 그는 자기 아버지와 함께 알렉시우스가 일부분 이끌기도 했던 동로마 군대를 반복적으로 물리쳤다. 1081년 이탈리아와 시칠리아를 점령한 후, 기스카르와 보에몽 1세는 노르만 군대를 이끌고 아드리아해를 건너 동로마 제국의 주요 영토를 침략했다. 알렉시우스는 노르만족을 몰아내기 위해 북쪽으로 진군했으나 디라키움 전투에서 참패했다. 20대 초반에 보에몽 1세는 북부 그리스에서 벌어진 두 차례의 전투에서 알렉시우스를 격파하여 마케도니아와 테살리아 전역을 노르만족이 장악하게 되었다.

보에몽이 1097년 4월 9일 콘스탄티노플에 도착했을 때 그는 마흔에 가까웠다. 그는 여전히 위풍당당했다. 알렉시우스의 딸 안나는 그 노르만 지도자를 만났을 당시 14세였는데 여러 해 후에 보에몽에 대해 놀랍게 묘사했다. "그의 모습은 감탄을 자아냈고, 그의 이름이 언급되는 곳에는 공포가 생겨났다.…그의 신장은 키가 가장 큰 남자들보다 거의 12인치나 더 컸다." 사실 그의 원래 이름은 마르크였고, 그의 아버지는 그가 아기였을 때 큰 몸집을 가졌기 때문에 보에몽(신화의 거인)이라는 별명을 붙여주었다. 안나는 계속해서 다음과 같이 썼다.

그는 허리가 날씬했다.…완벽하게 균형이 잡혔다.…그의 피부는…매우 하얗고…그의 머리는 밝은 갈색이었으며 다른 야만인들의 머리만큼 길지는 않았다.…그에게는 어떤 매력이 있었지만, 그 사람 자체가 불러일으킨 불안감에 의해 다소 흐려졌다. 그의 모든 면에는 강인하고 야만적인 자질이 있었다. 아마도 그의 큰 키와 눈 때문이었을 것이다. 심지어 웃음조차도 다른 사람들에게 위협처럼 들렸다.…그의 오만함은 어디에서나 드러났다. 그는 교활하기

도 했다.[34]

보에몽과 알렉시우스 황제의 만남은 긴장감이 돌았다. 그러나 보에몽이 그의 군대를 이끌고 보스포루스강을 건너 고드프루아 드 부용이 이끄는 십자군과 연합하면서 두 지도자는 합의에 도달한 것으로 보인다. 며칠 후 툴루즈의 레몽 4세가 이끄는 제3 십자군 부대가 도착했고, 2주 후 노르망디 공작의 군대가 도착했다. 전체적으로 약 4만 명의 십자군 병력이 전투에 동원되었으며, 이는 성지를 향해 출발한 십자군 병력보다 5만 명이 적은 숫자였다. 일부는 돌아갔지만, 대부분은 질병이나 진군하다가 마주친 지역군과의 교전 때문에 사망했다.

알렉시우스는 투르크족에 맞서 도와달라는 자신의 요청에 수천 명의 유럽 귀족과 기사들이 응할 것이라고는 예상하지 못했다. 소수의 상류층 동로마 제국인은 군사 활동에 참여했고, 수 세기 동안 제국의 군대는 종종 내시의 지휘를 받는 용병들과 노예들로 구성되었다.[35] 알렉시우스는 자신의 의지로 와서 대의를 위해 헌신한 수천 명의 사람들과 마주하게 되었다. 그와 그의 왕실은 그들이 위험한 야만인이라고 생각했다.

한편 십자군들은 알렉시우스와 그의 궁전을 퇴폐적이고 기만적인 음모자 집단으로 생각했다. 제1차 십자군 원정에 대한 가장 영향력 있는 목격담인 『게스타 프랑코룸』(*Gesta Francorum*)은 알렉시우스를 언급할 때 종종 "가련한 황제"와 같은 추잡한 형용사를 붙인다.[36] 그들은 알렉시우스가 동로마와 서방 전사의 연합군을 이끌 것으로 생각했지만, 투르크족을 공

---

34 Comnena [ca. 1148] 1969: 422.
35 France, 1994: 116.
36 Anonymous [ca. 1102] 1962: 6, 10.

격할 때가 되자 알렉시우스는 지휘권을 잡지 않았다. 또한 그는 십자군과 그의 군대를 병합하지 않았다. 대신에 최근에 잃어버린 동로마 제국 영토를 회복하는 데 필요한 범위 내에서만 그들과 동행할 소규모 파견단을 보냈다. 그의 입장은 십자군이 성지로 진격하기를 원한다면 그것은 그들의 관심사이지만, "예루살렘은 전략적으로 제국과 무관하다"는 것이었다.[37] "야만인"들만 성지로 진격했다. 그렇게 동서부 사이에 반목이 시작되었고, 결국 1204년 제4차 십자군 전쟁 동안 콘스탄티노플이 약탈당하는 결과로 이어졌다.

승리

십자군은 알렉시우스를 경멸했지만, 그들은 얼마 되지 않은 동로마 군대에도 불구하고 단념하지 않았다. 오히려 그들은 니케아와 도릴라이움에서 과신하는 무슬림 군대를 물리친 뒤 성지로 가는 주요 장벽인 안티오케이아로 과감히 진군했다. 오늘날 터키 남부에 있는 안티오케이아는 산기슭에 있었고 바다로 직접 연결되는 강력하게 요새화된 도시였다. 십자군의 병력이 안티오케이아를 포위하기에는 충분하지 않았기 때문에, 도시로 보급품이 계속 들어갔다. 겨울이 오자 십자군은 식량이 떨어졌고 일부는 굶어 죽었다. 물론 알렉시우스 황제는 그들에게 바다를 통해 보급품을 쉽게 보낼 수 있었지만 그렇게 하지 않았다. 그는 소규모의 동로마 병사들에게 철수할 것을 명령했다.

곧 대규모의 무슬림 구호 부대가 도착했다. 십자군은 수적으로 크게 열세였지만 중무장 보병으로 대형을 이루어 기병인 무슬림들에게 큰 패

---

37   France, 1994: 118.

배를 안겼다. 무슬림들이 퇴각하기 시작하자 보에몽은 3백 정도 남은 기독교 기병대를 이끌고 나타났다. 그들의 맹렬한 공격은 무슬림의 패배를 대학살로 만들었다.

그러나 안티오케이아는 여전히 정복되지 않았다. 보에몽은 그 도시 안에 있는 기독교인들과 접촉하여, 탑을 지휘하고 있지만 뇌물을 받고 뒷문을 열어줄 수 있는 무슬림 한 명을 찾았다. 그날 밤 보에몽은 소규모 노르만 부대를 이끌고 성으로 들어가 10개의 탑과 길게 뻗은 성벽을 조용히 지휘했다. 그 후 나머지 십자군은 벽을 타고 안티오케이아로 들어가 무슬림 수비대 전체를 소탕했다.

그러나 며칠 안에 투르크족의 술탄 케르보가가 이끄는 강력한 무슬림 군대가 안티오케이아 성문에 도착했다. 다가오는 위험을 맞이하여, 보에몽은 그의 경험을 인정받아 십자군 총사령관으로 추대되었다. 그는 포위를 받아들이기보다는 투르크군을 공격할 준비를 했고, 이것이 "위험한 도박"이긴 하지만 최선의 군사적 선택임을 깨달았다.[38] 그리하여 6월 28일 남은 십자군 병력은 케르보가의 더 큰 숙주와 맞서기 위해 안티오케이아의 다리 문을 통해 행진했다. 투르크군은 잘 무장되고 훈련된 보병 편대와 충돌한 후 후퇴했다. 그것은 여러모로 또 다른 투르 전투였다. 무슬림 기병대가 공격하다가 죽었다. 십자군 대열은 난공불락처럼 보였다. 곧 투르크군은 철수하다가 달아나기 시작했다. 십자군은 정밀한 대형을 이루어 터벅터벅 걸어갔고, 케르보가의 진영을 점령했으며, 손이 닿는 곳에 있는 모든 사람을 죽였다. 일부 투르크군이 탈출한 유일한 이유는 십자군이 그들을 잡는 데 필요한 말이 부족했기 때문이다. 그러한 강력한 적을 상대

---

38   France, 1994: 279.

로 승리를 거둔 것은 십자군들이 사후에도 이해할 수 없는 일이었다. 성인들의 기마 부대가 하늘에서 내려와 공격에 가담했다는 이야기가 퍼지기도 했다.[39]

그래서 또 다른 주요 이슬람 세력이 파괴되었고 십자군 앞에 예루살렘으로 가는 길이 열렸다. 그러나 보에몽은 그곳을 진군할 계획이 없었다. 대신에 그는 안티오케이아에 기반을 둔 새로운 왕국의 통치자가 되는 제안을 받아들였다. 그는 도시에 남아 있는 다수의 기독교인에게 매우 인기가 있었다. 보에몽이 안티오케이아에 머무는 동안 그의 조카 탕크레드는 시칠리아에서 노르만 군대를 이끌었다. 고드프루아 드 부용은 예루살렘을 되찾기 위해 노르만족과 다른 모든 십자군을 이끌었다.

이때까지 십자군은 15,000명이 채 되지 않았는데, 이는 2년 전에 콘스탄티노플에 도착한 십자군의 3분의 1에 불과했다. 존경받는 역사학자 스티븐 런시먼(Steven Runciman) 경의 말에 따르면, "중세 세계의 위대한 요새 중 하나"인 예루살렘에 있던 이슬람 수비대는 그 수가 훨씬 더 많았다.[40] 십자군에게 더 나쁜 소식은 거대한 이슬람 구원군이 이집트에서 오고 있다는 것이었다. 이때 한 사제는 십자군이 3일간 금식하고 맨발로 예루살렘 성벽을 돌면 승리를 거둘 수 있다는 환상을 보았다. 그래서 그들은 그렇게 했고, 바보 같은 기독교인들을 관찰하기 위해 도시의 성벽을 가득 메운 무슬림들에게 내내 조롱을 받았다. 그러나 이틀 후 십자군은 두 개의 이동식 나무 탑을 세우고 석궁으로 치명적인 포탄을 발사하며 성벽에 거점을 마련했다. 그곳에서 그들은 예루살렘으로 몰려들어 가 무슬림 수비

---

39   Anonymous [ca. 1102] 1962: 69.
40   Runciman, 1951, 1:279.

병을 모두 처치했다.

기뻐할 시간이 없었다. 대규모의 이집트 군대가 예루살렘을 탈환하기 위해 오고 있었다. 이제 십자군이 만 명도 채 되지 않았지만, 그들은 즉시 예루살렘에 소수 병력만을 남겨두고 적을 맞기 위해 남쪽으로 진군했다. 예루살렘에서 남쪽으로 80km 떨어진 아스칼론이라는 마을에서, 그들은 이집트 진지에 도달하여 훨씬 우세한 군대를 다시 한번 격파했다. 극소수의 이슬람교도만 도망했다.

이 승리를 축하하기 위해 살아남은 십자군들은 대부분 배에 올라타 집으로 돌아갔고, 성지를 지키는 병력은 600명 정도밖에 남지 않았다.[41] 비록 무슬림들이 십자군보다 수백 배나 더 많았지만, 그들은 너무나 압도적인 패배를 겪었기 때문에 다시 전투를 벌이는 데는 오랜 시간이 걸렸다.

십자군 왕국

예루살렘을 점령하고, 그들을 몰아내기 위해 파견된 대규모 이집트 군대를 물리쳤기 때문에, 십자군은 승리를 지키기 위해 무엇을 해야 할지 결정해야 했다. 그들의 해결책은 지중해 연안에 독립 국가인 네 개의 왕국을 만드는 것이었다. 곧 에데사 백국, 안티오케이아를 에워싼 안티오케이아 공국, 그 공국 바로 남쪽에 위치해 레바논 해안 도시와 같은 이름을 가진 트리폴리 백국, 현재의 이스라엘과 거의 비슷한 팔레스타인 해안에 있는 예루살렘 왕국이다.[42]

---

41   Fulcher of Chartres [ca. 1127] 1969: 150.

42   Hamilton, 2000; LaMonte, 1932; Prawer, 1972; Riley-Smith, 1973; Runciman, 1951;
      Tyerman, 2006. 이 단락에서는 『기독교 승리의 발자취』(The Triumph of Christianity, 새물
      결플러스 역간)에서 내가 연구하고 쓴 내용에 의존한다. Stark, 2011: ch. 13을 보라.

에데사는 최초의 십자군 국가였다. 1098년 십자군 본대가 안티오케이아를 공격하기 위해 남쪽으로 진군했을 때, 고드프루아 드 부용의 형제인 불로뉴의 발두앵은 소규모 군대를 이끌고 에데사로 진격했고, (그리스 정교회 기독교인이며) 에데사의 지도자로서 자녀가 없었던 소로스에게 자신을 그의 아들이자 후계자로 삼아달라고 설득했다. 소로스가 분노한 신하들에 의해 암살당했을 때 발두앵이 그 자리를 이어받았다. 또한 에데사는 (1149년에) 이슬람에 의해 재탈환된 최초의 십자군 국가로 알려졌다.

1098년 보에몽이 안티오케이아를 점령한 후 그는 군주로 불렸다. 1105년에 보에몽이 비잔틴 제국과 싸울 새로운 군대를 모으기 위해 이탈리아로 돌아왔을 때 그의 조카 탕크레드가 섭정을 시작했다. 보에몽이 1111년에 사망하여 탕크레드가 종신 군주가 되었지만, 그 역시 다음 해에 죽었다. 이 지역은 예루살렘 왕국에 합병된 1119년까지 독립국이었다(하지만 보에몽의 후손들은 계속 군주가 되었다). 안티오케이아는 이집트의 술탄 바이바르스가 이끄는 군대에 의해 1268년에 함락되었고, 그들과 마주친 그리스도인은 모두 죽임을 당했다.

트리폴리 백국은 십자군 4개국 중 1102년에 세워진 마지막 국가였다. 이 백국은 툴루즈 백작 레이몽 4세가 항구도시 트리폴리를 포위했을 때 생겨났다. 1105년에 레이몽은 갑자기 죽었고 젖먹이 아들만 후계자로 남겨두었다. 결국 기사단이 그 도시를 점령했을 때 백국은 예루살렘 왕국의 속국이 되었다. 그리고 1289년에 이슬람 세력에게 함락되었다.

십자군 국가 중 단연코 가장 중요하고 강력한 나라는 예루살렘 왕국이었는데, 이 왕국은 프랑스어로 "외부"를 뜻하는 "우트레메"(Outremer)라고도 알려져 있었다. 처음에는 이 표현이 모든 십자군 국가에 적용되었지만, 나중에는 주로 예루살렘 왕국을 가리키게 되었다. 예루살렘을 점령한 고드프루아 드 부용이 초대 통치자로 임명되어 성묘 수호자라는 칭호를 받았다.

그 이름에도 불구하고 예루살렘 왕국은 약 90년 동안만 예루살렘을 가지고 있었다. 이슬람의 침략이 거세지자 서방군은 예루살렘과 해안을 잇는 긴 회랑을 방어할 병력이 부족했다. 따라서 다수의 역사가가 주장하듯이, 살라딘의 군대가 제3차 십자군 기간 동안 사자왕 리처드가 예루살렘을 탈환하는 것을 막았다는 주장은 터무니없는 것이다. 리처드는 그러한 정복이 무의미하다는 것을 알았고 예루살렘을 차지하려고 노력하지도 않았다. 대신 그는 아르수프에서 살라딘의 군대를 제압했고, 그 후 그 이슬람 지도자는 예루살렘을 안전하게 드나들 수 있는 권리를 기독교 순례자들에게 돌려주는 조약에 서명했다.

비록 이들 왕국을 지키기 위해 남아 있는 초기 십자군은 적었지만, 두 기사단의 수도회가 결국 그들의 대열을 강화했다. 역사학자 토머스 매든(Thomas F. Madden)이 지적한 것처럼 이 수도원들은 "기독교 세계에서 처음으로 수도적인 규율과 무술을 결합했다"고 한다.[43] 성지를 방문한 병든 기독교 순례자들을 돌보기 위해 설립된 구호기사단은 1120년경 순결, 가난, 순종과 더불어 팔레스타인의 기독교인들을 무장 보호하도록 서약을 확장했다. 성전 기사단은 약 1119년에 군사 종교 수도회로 시작되었다. 구호기사단은 왼쪽 소매에 흰색 십자가가 있는 검은 예복을 입었고, 성전 기사단들은 망토에 빨간색 십자가가 있는 흰색 예복을 입었다. 두 수도회는 서로를 미워했지만, 그들은 왕국들에게 믿을 만하고 잘 훈련된 병사들로 이루어진 군대를 제공했고 국경에 매우 잘 자리 잡은 성들을 세웠다.

---

43   Madden, 1999: 49.

그런데도 왕국의 존재는 거대하고 인구가 많은 무슬림 세계에 둘러싸여 여전히 위험했다. 여러 해 동안 무슬림의 위협이 특히 클 때마다, 새로운 십자군이 유럽에서 준비되어 왕국들을 지원하기 위해 동쪽으로 보내졌다. 그러나 결국 유럽인들은 성지를 지키려는 열정과, 이에 못지않게 중요한, 그에 따른 비용을 지불하려는 열정을 잃었고, 이슬람 세력은 십자군 지역을 잠식했다.[44] 그럼에도 불구하고 예루살렘 왕국이 아크레의 마지막 요새가 거대한 무슬림 군대에게 함락되었던 1291년까지 지속되었다는 것은 놀라운 업적으로 보인다.

십자군 원정이 서양에 대해 가장 많이 드러낸 것은 전술과 군사용 장비의 우월함이었다. 경무장 기병에서 벗어나고 싶지 않았던 무슬림들은 십자군 중무장 보병 편대를 약화시킬 수 없었다. 그 밖에도 무슬림들의 화살은 바로 대고 쏘지 않으면 십자군의 갑옷을 관통할 수 없었던 반면, 십자군 석궁은 상당한 거리에서도 치명적이었다. 석궁은 제1차 십자군 때 널리 사용되었지만, 제3차 십자군 때 사자왕 리처드는 수많은 석궁팀을 내보냈고, 한 명당 한두 명의 장전수가 받쳐주어 매우 높은 사격률을 가능하게 했다. 그리고 물론 리처드는 대부분의 십자군 지휘관처럼 적절히 활용되면 저항할 수 없는 중기병 부대를 예비로 두었다. 전장에서 소수의 무슬림 승리는 압도적인 숫자에 기인했고, 그들의 다른 승리들은 공성전을 포함했다.

---

44   Tyerman, 2006: 179; Issawi, 1957: 272.

십자군 "전쟁 범죄"

최근 이른바 십자군들의 만행에 대해 많이들 애통해한다. 예를 들어 1999년 「뉴욕타임즈」에서는 십자군이 히틀러의 잔혹 행위에 버금가는 수준이라고 엄숙히 제안했다.[45] 신부였던 제임스 캐롤(James Carroll)은 십자군 전쟁이 "지금도 지구와 인간의 기억에 상처를 주는 폭력의 흔적을 남겼다"라고 비난하며 이에 동의했다.[46] 그리고 한때 수녀였던 인기 작가 카렌 암스트롱(Karen Armstrong)은 기독교가 "선천적으로 폭력적인 성향"을 가지고 있기 때문에 "십자군 전쟁은 유럽 기독교인들의 절실한 요구에 부응했다"고 주장했다.[47] 다른 여러 현대 작가와 함께 캐롤과 암스트롱은 십자군과 전투를 벌였던 이슬람교도들은 문명적이고 관대한 희생자들이었다고 주장하기까지도 했다.

적절한 군사 행동에 대한 현대적 개념을 중세 군대에 강요하는 것은 터무니없는 일이다. 기독교인들과 이슬람교도들 모두 꽤 다른 전쟁 규칙을 준수했다. 그중 하나는 만약 공격군이 성벽을 넘어오기 전에 도시가 항복한다면, 주민들은 관대한 대우를 받아야 한다는 것이었다. 이는 공성전이 얼마나 오래 지속했든 사실이었다. 그러나 한 도시가 버팀으로 인해 공격자들이 성벽을 공격하여 심각한 피해를 줄 수밖에 없었을 때, (기독교인뿐만 아니라 무슬림) 지휘관들은 차후에 버티려는 유혹을 받을 수 있는 다른 도시들에게 교훈이 되도록 그들의 군대를 살상, 약탈, 방화를 위해 풀어줄 의무가 있다고 믿었다. 예루살렘이 함락될 때 이러한 일이 일어났는데, 이는 십자군 비판자들을 자극하는 "대학살"의 주요 사례다.

---

45   New York Times, June 20, 1999, sec. 4, p. 15.

46   Carroll, 2004: 5.

47   Armstrong, 2001: 4.

십자군 전쟁에 대한 많은 서양 역사는 십자군 "전쟁 범죄"에 대한 분노를 표현하지만, 이슬람교도들이 저지른 많은 대학살에는 거의 또는 전혀 관심을 두지 않는다. 영국의 역사학자 로버트 어윈(Robert Irwin)이 지적했듯이, 그의 나라는 "십자군을 야만적이고 편협한 전쟁광으로 폄하하고 사라센을 기사도를 가진 팔라딘으로 칭송하는 오랜 전통을" 가지고 있다. 어윈은 살라딘이 "무슬림 기사도의 가장 완벽한 예"로 인정받으며 "사실 기사도는 무슬림 동부에서 기원했다고 널리 믿어지고 있다"고 덧붙였다.[48] 또 다른 영국 역사학자 크리스토퍼 티어만(Christopher Tyerman)은 그러한 믿음이 최근에 생겨난 것도 아니고 영국에 국한된 것도 아니라고 지적했다. 티어만은 계몽주의 이후 "특이하게도" 살라딘이 "잘 속는 야만적인 십자군들과 대조적으로 합리적이고 문명화된 인물"로 묘사된다고 했다.[49] 1898년 독일의 카이저 빌헬름은 다마스쿠스를 방문하여 살라딘의 무덤에 청동 월계관을 놓았다. 그 화관에는 "위대한 황제로부터 다른 위대한 황제에게"라고 새겨져 있었다.[50]

살라딘이 1187년 예루살렘을 탈환할 때 기독교인들을 죽이지 않았다는 사실이 잘 알려져 있다. 1869년 영국의 역사학자 바바라 허튼(Barbara Hutton)은 살라딘이 "기독교인들을 증오했지만…그들이 간청하며 그의 자비를 바란다면, 그는 결코 잔인하게 대하거나 복수하지 않았다"고 주장했다.[51] 그러나 이슬람 작가들이 인정했듯이, 살라딘은 보통 그의 적들을 도살했고 예루살렘은 예외였다. 실제로 살라딘은 예루살렘을

---

48   Irwin, 2006: 213.
49   Tyerman, 2006: 351.
50   Siberry, 1995: 368.
51   Siberry, 1995: 115.

점령한 기사들을 학살할 계획이었지만, 그들이 저항 없이 항복하는 대가로 안전을 제공했다. 대부분의 다른 경우에서 살라딘은 별로 기사답지 않았다. 예를 들어, 살라딘의 비서 이마드 앗딘은 술탄이 하틴 전투(1187년) 이후 포로로 잡힌 기사들을 대우한 것에 대해 다음과 같이 말했다. "그[살라딘]는 그들을 참수하라고 명령했고, 그들을 감옥에 가두느니 차라리 죽게 했다. 그의 곁에는 함께 온 학자들과 수피교도들과 몇몇 독실한 사람과 금욕주의자들이 있었다. 그들은 각각 그들 가운데서 한 사람을 죽여 달라고 간청하면서 칼을 뽑고 소매를 걷어 올렸다. 살라딘은 기쁨에 찬 얼굴로 연단에 앉아 있었다. 불신자들은 암담한 절망감을 드러냈다."[52] 따라서 제1차 세계대전 중 투르크족에 대항하여 비정규 아랍군을 이끄는 놀라운 모험 중 T. E. 로렌스(Lawrence)가 살라딘의 무덤에서 카이저의 화환을 "해방"시킨 일은 적절해 보인다. 그 화환은 이제 런던의 왕립 전쟁사 박물관에 있다.

또한 다수의 서양 역사학자는 이집트의 술탄인 바이바르스를 거의 다루지 않았지만, 그는 이 시기의 이슬람 역사에서 살라딘보다 훨씬 더 유명했다. 1266년에 바이바르스가 성전기사단의 요새 사파드를 점령했을 때, 그는 협상에서 주민들을 살려주겠다고 약속한 후 모두 학살했다.[53] 같은 해 말 그의 군대는 안티오케이아라는 거대한 도시를 점령했다. 4일간의 포위 끝에 도시는 항복했지만, 바이바르스는 모든 주민(모든 여성과 어린이 포함)을 죽이거나 노예로 삼을 것을 명령했다. 토머스 매든(Thomas Madden)이 관찰한 바와 같이, 이후에 일어났던 사건은 "십자군 시대 전체

---

52   Madden, 1999: 78에서 인용함.
53   Madden, 1999: 181.

에서 단일한 최대의 학살"이었다.[54]

이 참사가 안티오케이아 군주 보에몽 6세가 도시를 떠나 있을 때 일어났기에, 바이바르스는 그에게 다음과 같은 편지를 보내 그가 못 본 것을 알렸다.

당신은 당신의 기사들이 말발굽 밑에 엎드려 있는 것과 당신의 집에 약탈자들이 들이닥치는 걸 보았을 것이다.…무슬림 적들이 미사를 집전하는 곳을 짓밟고, 제단에서 수도승, 사제, 부제의 목을 베며, 총대주교에게 급사를 선사하고, 왕족을 노예로 삼는 것을 보았을 것이다. 당신의 궁궐에 불이 번지는 것과 죽은 자들이 저승의 불로 내려가기 전에 이 세상에서 불타는 걸 보았을 것이다.[55]

안티오케이아 학살은 변증적인 서방 십자군 역사에 거의 기록되지 않았다.

물론 대부분의 십자군이 신을 위해 전쟁에 나섰고 상당한 개인적 대가를 치렀음에도 불구하고 그들 중 종교적 생활방식을 채택한 사람은 거의 없었다. 그들은 할 수 있는 한 잘 먹고 마셨고, 그들 대부분은 일상적으로 계명을 어겼는데, 특히 간통이나 남의 아내를 탐내는 일에 관련된 것들을 어겼다. 게다가 그들은 전리품을 무시하지 않고 가능한 한 약탈했다. 그러나 전리품은 십자군 원정에 드는 비용에 비하면 그리 많지 않았다. 물론 그들은 종종 잔인했고 피에 굶주렸다. 결국 그들은 어릴 때부터 전쟁을 일으키고 직접 검을 맞대는 훈련을 받았다. 십자군이 전형적인 중세 전사

---

54   Madden, 1999: 181.
55   Madden, 1999: 181–82.

였다는 사실은 분명 그들의 "몽매함"을 나타내지만, 이슬람 반대자들이 마치 무고한 희생자인 것처럼 시대착오적으로 십자군들에게 제네바 협정을 강요하는 것은 훨씬 더 몽매한 것 같다.

기독교국

십자군 전쟁과 같은 "유럽"의 노력은 교회의 지원을 통해서만 구상되고 개시될 수 있었다. 실제로 십자군 전쟁이 일어날 때까지도 북쪽의 많은 지역이 아직 기독교로 개종하지 않았다는 사실에도 불구하고, 교회는 서구에 정치적·문화적 일관성을 준 유일한 존재였다.

두 교회

아이러니하게도 로마 황제 콘스탄티누스가 기독교에 대해 보여준 엄청난 편애는 상당한 해를 끼쳤다. 에몬 더피(Eamon Duffy)는 교황의 역사를 다루면서 콘스탄티누스가 성직자들에게 높은 수준의 부, 권력, 지위를 안겨주어 주교들이 "가장 부유한 원로원 의원들과 동등한 고위층이 되도록" 했다고 지적했다.[56] 놀랄 것도 없이 리처드 플레처(Richard Fletcher)는 사람들이 "사제가 되기 위해 몰려들었다"고 했다.[57] 곧 기독교 공직들, 특히 고위직들은 귀족들의 아들들에 의해 지배되었고, 그들 중 일부는 세례를 받기 전에 주교직을 얻었다. 교회의 지위를 얻는 것은 주로 영향력과 상업

---

56   Duffy, 1997:27.
57   Fletcher, 1997:38.

그리고 결국 세습의 문제가 되었다. 성직 매매가 일반화되었고, 심지어 낮은 교구의 자리를 포함하여 종교 직위를 놓고 비싼 거래가 광범위하게 이루어졌다. 자신들의 아버지, 삼촌, 할아버지를 따라 성직으로 들어가는 아들들을 둔 위대한 성직자 가문들이 빠르게 생겨났다. 심지어 교황직도 곧 집안 내력이 되었다. 교황 인노첸시오(401-417년)는 전임 교황 아나스타시오(399-401년)의 아들이었다. 교황 실베리오(536-537년)는 교황 호르미스다스(514-523년)의 아들이었다. 다른 많은 교황은 주교와 추기경의 아들, 손자, 조카, 형제들이었다. 고위직을 차지하기 위한 경쟁은 872년부터 1012년까지 너무 부패하여 교황 중 1/3이 폭력적으로 사망했으며, 이들 중 다수가 로마 교회 가족들 간의 끊임없는 음모로 살해되었고, 적어도 한 명은 분노한 재산 관리인에 의해 살해되었다.[58]

물론 신앙생활에 입문한 많은 이가 직업인도 자유사상가도 아니었다. 사제직으로 "몰려드는 현상"은 수도원주의의 급속한 확장을 동반했는데, 아마도 놀랍게도 이 역시 특권층들에 의해 지배되었다. 금욕적인 중세 성인들의 75%가 왕의 후손들을 포함한 귀족들의 아들딸들이었다.[59] 4세기 중반까지 수천 명의 수사들과 수녀들이 있었고, 그들은 대부분 조직화된 공동체에서 살았다. 시간이 지남에 따라 수도승과 수녀들의 수는 계속 급증했다.

사실상 두 개의 평행하는 교회가 생겨났다. 이 두 교회를 편리하게 권력의 교회와 경건의 교회로 볼 수 있다.

권력의 교회는 성직자들에게 주어진 막대한 지위와 재산에 대응하여

---

58   Cheetham, 1983; Duffy, 1997; McBrien, 2000.
59   Stark, 2004: 56.

발전하면서 교회의 주체가 되었다. 16세기에 반종교개혁이 시작되기 전까지, 그것은 성직자와 주교, 추기경 및 대부분의 교황을 포함했다. 권력의 교회 성직자들은 대부분 "현명하고 온화한" 사람들이었지만, 그들은 그 표현의 두 가지 의미 모두에서 세속적인 경향이 있었다. 즉 실제적으로나 도덕적으로 어느 정도 허용적이었다.

반면 경건의 교회는 세상적인 것보다 미덕을 강조하며 권력의 교회를 끊임없이 개혁하려 했다. 1046년부터 경건의 교회는 1세기 이상 교황직을 지배했다. 실제로 1073년에 한 수도사가 교황(그레고리오 7세)이 되었고, 그 후 세 명의 교황도 제1차 십자군 원정을 시작한 우르바노 2세를 포함한 수도사들이었다. 권력의 교회가 교황직을 탈환한 후에도 경건의 교회를 침묵시킬 수 없었던 것은 경건의 교회가 지배 엘리트들과 강력한 가족 관계를 맺고 있던 수도원주의에 견고하게 기반을 두었기 때문이다.

실제적인 면에서 두 교회 간에는 분업이 있었다. 특히 이교도 영토의 개종은 경건의 교회에 맡겨진 반면, 기독교국 관리 업무는 권력의 교회에 맡겨졌다.

북방의 기독교화

게르만 "야만인"들을 개종시킨 것은 수사들이었고, 뒤이어 바이킹들을 개종시키려고 한 것도 수사들이었다. 일찍이 바이킹 지역에서 선교활동을 하던 많은 수사가 순교했다. 그러나 덜 위험해졌을 때에도 선교 수도사들은 귀족들을 개종시키려고 노력할 수밖에 없었고, 그들의 본보기가 일반 대중들에게 흘러가기를 희망했다.[60] 회심이라는 현실이 이 전략을

---

60   Fletcher, 1997: 236.

이끌었다.[61]

수 세대에 걸쳐 종교 개종은 교리적 호소의 결과로 여겨졌는데, 사람들이 새로운 신앙을 받아들였다는 것은 그 가르침이 특히 매력적이라는 것을 알았기 때문이다. 이러한 가르침이 자신들을 괴롭히는 심각한 문제나 불만을 해결하는 것처럼 보인다면 더욱 관심을 끌었다. 만약 그렇다면 바이킹들을 개종시킨 것은 대중들에게 설교함으로써 이루어졌을지도 모른다. 하지만 놀랍게도 사회학자들이[62] 밖으로 나가서 실제로 개종하는 것을 지켜보았을 때, 그들은 사람들이 개종하려는 첫 번째 결정에서 교리가 부차적으로만 중요했음을 발견했다. 물론 다메섹 도상에서 바울이 경험한 것과 같이 드문 신비로운 경험에서 비롯된 개종을 위한 여지를 남겨두어야 한다. 그러나 그러한 예들은 차치하고, 개종은 주로 한 사람의 종교적 행동을 친구나 친척의 종교적 행동과 일치시키기 위한 것이지, 매력적인 교리를 접하는 것에 대한 것이 아니다. 좀 더 격식을 차려 표현한다면, 사람들은 구성원들과의 사회적 유대가 개종에 반대할 수 있는 외부인과의 유대를 넘어설 때 종교 집단으로 개종하는 경향이 있으며, 이것은 종종 개종자가 그 집단의 신앙에 대해 충분히 알기 전에 일어난다.[63]

물론 대부분의 사람이 동참하지 못하게 할 정도로 기이한 교리도 있다는 것을 쉽게 상상할 수 있다. 성공적인 신앙이 폭넓은 매력을 지닌 교리를 지속시키는 것도 사실이다. 그러나 교리는 개종을 촉진하거나 방해할 수 있지만, 대개 개종은 주로 순응의 행위다. 비개종도 마찬가지다. 결

---

61   이 단락에서는 *Cities of God*, 『기독교 승리의 발자취』(*The Triumph of Christianity*, 새물결플러스 역간)에서 내가 연구하고 쓴 내용에 의존한다. Stark, 2006; Stark, 2011을 보라.
62   Lofland, Stark, 1965.
63   Stark, Finke, 2000.

국 그것은 개인들을 집단으로 이끌거나 집단으로부터 멀어지게 하는 사회적 유대의 상대적 강도의 문제다. 이 원리는 지금까지 수십 건의 개종에 대한 면밀한 연구에 의해 검토되었으며, 이 연구는 모두 사회적 관계가 개종이 이루어지는 기본 방식임을 확인시켜준다.[64] 누군가를 개종시키려면, 그 사람의 가깝고 신뢰할 수 있는 친구가 있어야만 한다. 사람들이 새로운 종교로 개종할 때, 그들은 보통 친구와 친척들도 개종시키려고 한다. 그러므로 개종은 사회적 관계를 통해 진행되는 경향이 있다. 이러한 역학은 설교에 대한 반응으로 일어나는 다수의 개종을 배제한다. 사실 사회과학자들은 이제 "대중 심리학"과 "집단의식"이라는 개념을 버렸다.[65]

많은 사람을 위한 성공적인 선교는 몇 세대가 걸린다. 첫 번째 선교사들은 소수의 사람과 긴밀한 관계를 천천히 형성해야 한다. 그러면 그 사람들은 자신들의 친구와 친척들을 새로운 신앙으로 끌어들일 수 있을 것이다. 물론 이는 선교사들이 그러한 긴밀한 대인관계를 구축하기 위해 항상 문을 열어놓고 실망스러운 오랜 세월을 기꺼이 인내할 수 있음을 가정한다. 바이킹들을 개종시키려는 기독교 수사들은 그들에게 접근할 수도 없었고 시간도 없었다. 바이킹 정착지 사이에서 모험을 하는 것은 지역 주민들이 접촉을 거부했기 때문에 치명적이거나 최소한 효과가 없을 가능성이 있었다. 그리고 바이킹들을 예수께로 데려올 수만 있다면 그들이 습격과 침략을 멈출 것이라고 널리 믿어졌기 때문에, 수사들은 즉각적인 결과를 얻어야 한다는 압박에 시달렸다. 결과적으로 수사들은 바이킹 통치자들을 개종시키거나 스칸디나비아 밖에서 기독교인으로 양육된 바이킹들이 권력

---

64   Kox, Meeus, t'Hart, 1991; Smilde, 2005; Stark, Finke, 2000.
65   Turner, Killian, 1987: 5.

을 장악하도록 돕는 데 초점을 맞췄다.[66] 이미 8세기 초부터 선교사들은 세례를 주고 훈련을 시키기 위해 덴마크 소년들을 모으기 시작했다.[67]

스칸디나비아에서 개종한 첫 번째 왕은 826년 게르마니아에서 세례를 받은 데인 해롤드 클라크(Dane Harold Klak)였다. 그가 기독교인이 된 동기는 종교가 아니라 정치였으며, 그렇게 함으로써 그는 카롤링 왕조의 지지를 얻었다. 그가 덴마크로 돌아갔는지는 확실하지 않지만, 만약 돌아갔다 해도 그는 다음해에 추방되었을 것이다. 그리고 약 965년에 덴마크의 왕인 해롤드 블루투스(Harold Bluetooth)가 세례를 받았다. 그 역시 카롤링파의 지지를 얻기 위해 개종한 것으로 보인다. 이후 기독교인들은 덴마크에서 간헐적으로 박해받았고, 1086년에는 크누트 4세가 교회에서 살해당했다. 1188년 그가 성 크누트로 시성된 것은 덴마크에서의 기독교 승리를 기념하는 것으로 알려져 있다. 비록 귀족을 제외한 기독교인은 여전히 거의 없었지만 말이다.

다음으로 노르웨이를 생각해보자. 올라프 트뤼그바손(Olaf Tryggvason)은 잉글랜드에서 기독교인으로 자랐다. 그는 995년에 노르웨이의 왕위를 차지했고, 귀족들을 강제로 개종시키려 했다. 저항하는 자들은 죽이고 그들의 재산을 불태웠다. 이에 대한 반발이 커지면서 귀족들은 반란을 일으켰고 1000년경 스볼데르 전투에서 올라프를 죽였다. 15년 후 프랑스에서 세례를 받았던 또 다른 올라프(하랄드손, Haraldsson)가 노르웨이의 왕좌를 차지했다. 그도 역시 기독교를 강요하기 위해 칼을 사용했고, 이는 반란의 불씨가 되었다. 망명길에 오른 그는 키이우에서 새로운 군대를 모집한 후

---

66   Brøndsted, 1965; Mayr-Harting, 1993; Sawyer, 1982; Sawyer, Sawyer, 1993; Stark, 2001.
67   Sawyer, 1982: 134.

귀환을 시도했으나, 1030년에 스티클레스타드 전투에서 패배하여 전사했다. 놀랍게도 노르웨이가 기독교 귀족(덴마크에서 개종)의 지배를 받자 살인범 올라프 하랄드손이 성 올라프가 될 정도로 역사가 다시 쓰였다.

스웨덴 귀족들의 개종에도 살인 및 강제 개종이 포함되어 있었다. 11세기 후반에 잉에 1세(Inge the Elder)는 스웨덴의 왕이었고 열렬한 기독교 신자였다(그에 대해서는 거의 알려져 있지 않으며, 그의 기독교의 근원에 대해서도 아무것도 알려져 있지 않다). 그는 이교도 숭배를 폐지하려다 추방당했다. 3년간의 망명 후 그는 무장한 추종자들과 함께 돌아와 그의 라이벌과 그의 궁중이 모여 있는 웁살라 구시가지의 한 홀을 포위했다. 잉에와 그의 부하들은 건물에 불을 질렀고 나가는 모든 사람을 죽였다. 왕좌에 복귀한 잉에는 비기독교인들에 대한 박해를 재개했다.

스칸디나비아의 왕과 귀족들에게 세례를 주는 데 성공했음에도 불구하고, 기독교는 백성들 사이로 많이 내려가지 않았다. 이교도의 외형적인 형태는 무너졌지만, 내형적인 형태는 우세했다. 덴마크의 위대한 역사학자 요하네스 브뢴스테드(Johannes Brøndsted)가 지적했듯이, 기독교가 스칸디나비아의 "공적인" 신앙이 되는 것은 꽤 쉬웠지만, "아래에 있는 복잡한 [이교도] 문화를 극복하는 것은 아주 어려웠다." 그는 12세기 앵글로-덴마크 수도사의 말을 인용했다. "만일 일이 잘되고 모든 것이 괜찮다면, 비록 순전히 형식적이지만, 사람들은 기꺼이 그리스도를 인정하고 그를 기리는 것처럼 보인다." 그러나 일이 잘못되면, 그들은 기독교에 등을 돌리고 이교로 돌아간다.[68] 또는 중세 아이슬랜드의 전설인 란드나마보크(Landnámabök)가 언급했듯이, "호리호리한 헬기(Helgi the Lean)는 그리스

---

68   Brøndsted, 1965: 312.

도를 믿었지만, 항해와 절실한 문제에 관해서는 토르를 찾았다."[69]

브뢴스테드는 스칸디나비아의 개종은 "기독교가 오래된 이교도 미신과 관습을 이어받아 그것들이 새로운 외피 아래 살도록 허락했을 때만 일어났다"고 주장했다.[70] 물론 왕들이 세례받는다는 것은 기독교가 십일조로 운영되는 국교로 거듭나는 것을 의미했기 때문에 대중의 지지에 의존하지 않았고, 교회 관료들은 대중을 설득하는 일에 힘쓸 동기가 별로 없었다. 따라서 오늘날에도 이교도의 여러 형태는 스칸디나비아에서 놀라울 정도로 인기가 있다.[71]

권력의 교회 입장에서는 경건의 교회가 스칸디나비아의 기독교 국가 교회를 권좌에 앉힌 것으로 충분했다. 십일조가 흘러들어 왔고 모든 격식이 제대로 지켜졌다.

조직화된 종교

수백 개의 중세 주들과 작은 주들에 걸쳐 있었던 교회 구조는 지리적인 단위인 교구와 감독 관구에 기반을 둔 구조였다. 교구는 안수받은 목사(때로는 보조 사제와 더불어)가 섬기는 작은 지역이다. 감독 관구는 주교가 주재하는 교구이다. (대감독 관구는 대주교가 이끈다.) 몇 세기 후 유럽 가톨릭 전체가 교구와 감독 관구로 나뉘면서[72] 교회는 대륙 통합의 도덕적·행정적 토대가 되었다.

어느 정도는 교회가 귀족들의 최악의 무절제함을 억제할 수 있었다.

---

69   Brøndsted, 1965: 306.
70   Brøndsted, 1965: 307.
71   Nickerson, 1999; Stark, Hamberg, Miller, 2005; Swatos, Gissurarson, 1997.
72   Mayr-Harting, 1993: 109.

실제든 위협이든, 파문 또는 심지어 성사를 보류함으로써 말이다. 그래서 신성 로마 황제인 헨리 4세(1050-1106년)는 교황 그레고리오 7세에게 용서를 얻기 위해 자신을 겸손하게 하고 눈 위를 맨발로 걸어야 했다. 헨리와 교황의 갈등은 독일에서 주교를 지명할 수 있는 권리와 관련이 있지만, 종종 도덕적 실수와 권력 남용과 관련된 문제들도 있었다. 프랑스의 왕은 전남편과 이혼하지 않은 여자와 결혼했기 때문에 제1차 십자군 원정에 갈 수 없었다. 교회는 귀족들 사이의 결혼에 지속적인 관심을 가졌으며, 종종 이혼을 막거나 너무 가까운 친척 간의 결혼을 무효화하기도 했다.

또한 교회는 자신들의 신민들에 대한 학대에서 도덕적 경계를 넘어선 통치자들에게 자주 그리고 놀랍도록 효과적으로 제재를 가했다. 악명 높은 앙주 백작 풀크 3세(972-1040년)의 경우를 생각해보자. 풀크("검은 백작"으로 불림)는 리처드 에르도스(Richard Erdoes)의 말에 따르면 "약탈자, 살인자, 강도, 거짓 선서를 하는 자, 기괴하게 잔인한 정말 무서운 인물"이었다.[73] 그는 자신의 첫 번째 부인을 염소지기와 성관계를 가졌다는 혐의로 웨딩드레스를 입힌 채로 화형시켰다. 이 때문에 풀크의 고해 신부는 그에게 예루살렘으로 순례를 가라고 요구했고 풀크는 예루살렘으로 갔다. 그러나 곧 원래대로 돌아갔고, "그는 이웃과 약간의 불화가 있을 때마다 그의 땅에 달려들어 유린하고 약탈하고 강간하고 살해했다."[74] 결국 풀크는 예루살렘으로 네 번의 성지순례를 해야 했고, 마지막 성지순례를 마치고 돌아오는 길에 사망했다. 풀크가 원래 하던 대로 행동했음에도 불구하고 교회의 개입이 없었다면 그의 도를 넘는 행위는 분명 끝이 없었을 것이다.

---

73   Erdoes, 1988: 26.
74   Erdoes, 1988: 26.

비록 중세의 통치자 중 풀크만큼 극단적인 사람은 드물지만, 폭력과 죄악의 경향을 깊은 종교적 헌신과 결합하는 것은 흔한 일이었다. 10세기 무렵 바이킹과 노르만 순례자들이 예루살렘으로 오고 있었는데, 이들은 "그리스도의 계명을 지키거나 그리스도께 매우 헌신적이었다"고 한다.[75] 어떤 경우에 귀족들은 맨발로 예루살렘으로 가라는 명령을 받았고, 대부분은 이에 복종했다.

교회는 다른 역할도 했다. 신자들이 왕실에서 자주 보좌관과 조언자로 활동하면서 교회는 합의를 이루고 통치자들 사이의 분쟁을 중재하는 보편적인 외교 서비스의 역할을 했다. 십자군 전쟁 동안 그랬던 것처럼, 교회는 또한 주요한 대출 기관으로서의 역할을 했다. 12세기에 일반적인 은행이 부상하기 전까지 말이다(6장 참조). 게다가 종교인들이 끊임없이 이동했기에 교회는 고립된 궁정들에 뉴스와 가십의 주요 전달 수단이 되었다.

마지막으로 교회는 중세 서양의 지적인 삶을 제공했다. 교육받은 유럽인들은 모두 교회에서 교육을 받았으며, 모든 지도교사는 성직자나 수도사였다. 대부분의 음악은 교회 음악이었고 모든 파이프 오르간은 교회에 있었다. 대부분의 큰 건물은 대성당이었다. 미술은 주로 교회가 비용을 지불했다. 대부분의 책은 종교인이 썼고, 모든 출판물은 복사를 담당하는 수도승의 작품이었다. 그리고 8장에서 볼 수 있듯이, 모든 초기 과학자들은 수도승이나 성직자였다. 여기에는 다수의 주교와 심지어 때때로 추기경이 포함되기도 했다.

이는 기독교 국가였다.

---

75   Lopez, 1969: 61.

거꾸로 된 역사

너무 오랫동안 너무 많은 역사가가 제국을 강하게 선호해왔다. 그들은 로마의 멸망을 계속 유감스럽게 생각했을 뿐만 아니라, 샤를마뉴 대제가 유럽을 거의 "구해내고" 문명을 회복시켰지만, 그의 자손들이 제국을 분할함으로써 그의 위대한 업적을 깎아내렸다고 본다. R. H. C. 데이비스 (Davis)가 설명했듯이, 샤를마뉴 대제가 피에 굶주린 폭군이었다는 사실은 무시되거나 합리화된다.[76] 진정한 로마인처럼 샤를마뉴 대제는 정복 전쟁에 전념했고, 41년의 통치 기간 중 거의 매년 누군가를 공격하기 위해 군대를 어딘가로 이끌었다. 그리고 그는 기독교인이 되는 것을 거부한 모든 사람에게 사형선고를 내림으로써 기독교에 대한 그의 헌신을 증명했다.

　대조적으로 대부분의 역사가는 바이킹을 문명의 피에 굶주린 적으로 치부했다. 노르만인에 대해서 대부분의 역사가가 정복자 윌리엄과 그의 귀족들이 보인 정교함이 그들의 바이킹 선조들이 프랑크 문화에 빠르게 동화되었음을 반영한다고 추정했다. 사실 스칸디나비아인들은 프랑크인들만큼 문명화되어 있었으며, 정복자 윌리엄은 확실히 샤를마뉴 대제만큼 능력이 있었고 훨씬 더 관대했다.

76　Davis, 1970 : 137.

6장

자유와 자본주의

셰익스피어의 비극을 고대 그리스의 비극과 비교해보라.[1] 오이디푸스는 잘못이 없었던 것은 아니지만 슬픈 최후를 맞이할 만한 일은 하지 않았다. 그는 단지 운명의 희생자가 되었을 뿐이다. 대조적으로 오셀로, 브루투스, 맥베스 부부는 맹목적인 운명의 포로가 아니었다. 카시우스가 브루투스에게 말한 것처럼, "사랑하는 브루투스여, 잘못은 우리 별에 있는 것이 아니라 우리 자신에게 있다."[2] 결국 이 셰익스피어의 캐릭터들은 각각 그들에게 응당한 것을 받았다.

　서구의 성장을 촉진하는 가장 중요한 생각 중 하나는 자유의지에 대한 믿음이다. 대부분(전부는 아닐지라도)의 고대 사회가 운명을 믿었던 반면, 서양인들은 인간이 비교적 자유롭게 양심의 명령을 따를 수 있고 상당 부분 자기 자신의 운명을 만든다고 믿었다. 이 믿음은 주목할 만한 행동적

1　이러한 비교는 Colin Morris [1972] 2000: 4에 신세를 졌다.
2　Julius Caesar, act 1, scene 2.

인 결과를 가져왔다. 아마도 가장 중요하게도 그것은 사람들이 기존 상황에 체념하지 않고 오히려 상황을 개선하려고 시도하는 경향을 만들었다. 게다가 자유의지에 대한 믿음은 개인의 자유 선택권을 가치 있게 여기게 되었고, 그 결과로 중세 유럽이 노예제도를 거부하게 되었다. 유럽은 외부의 강요 없이 그렇게 한 유일한 문화권이다. (물론 결국 서방세계는 신세계에서 노예제를 다시 행해야만 했다.) 개인의 자유에 대한 가치는 민주주의를 위해 힘썼던 그리스의 유산과 결합하여 중세 이탈리아 도시국가에서 일어난 새로운 민주적 실험으로 이어졌다. 한편 광범위한 상업 활동을 벌였던 큰 수도원 토지의 발흥은 자본주의의 발명과 상업에 유리한 방식으로 신학 교리의 개혁을 이끌었다. 그 후 자본주의는 신생 민주주의 이탈리아 도시국가들에서 확고한 기반을 잡았고, 그 국가들을 은행과 무역 그리고 심지어 제조업의 주요 중심지로 변화시켰다.

자유의지

미덕이 부족하고 인간의 잘못된 행동(적절한 방법으로 그들을 달래지 못한 것 외에는)에 관심을 두지 않는 그리스와 로마의 신들과는 달리, 유대-기독교의 신은 미덕을 보상하고 죄를 처벌하는 심판관이다.[3] 신에 대한 이러한 개념은 숙명론과 양립할 수 없다. 만약 우리가 운명의 포로라면 "가서 죄를 짓지 말라"는 훈계는 터무니없는 것이다. 유대교와 이후 기독교는 인

---

3   이 단락과 이후 몇몇 단락에서는 『기독교와 이성의 승리』(*The Victory of Reason*, 새물결플러스 역간)에서 내가 연구하고 쓴 내용에 의존한다. Stark, 2005를 보라.

간이 자신의 행동을 결정할 수 있는 능력과 책임을 부여받았다는 교리에 기초했다. 신명기(30:19-20)는 다음과 같이 말한다. "내가 오늘 하늘과 땅을 불러 너희에게 증거를 삼노라. 내가 생명과 사망과 복과 저주를 네 앞에 두었은즉 너와 네 자손이 살기 위하여 생명을 택하고 네 하나님 여호와를 사랑하고 그의 말씀을 청종하며 또 그를 의지하라."

성 아우구스티누스(354-430년)는 우리는 "의지를 가지고 있다"며 "이를 통해 옳고 명예롭게 살고자 하는 자는 이것을 이룰 수 있다"고 반복해서 썼다.[4] 아우구스티누스는 자유의지에 대한 개념은 우리가 어떤 선택을 할지 하나님께서 미리 아신다는 교리와 전적으로 양립할 수 있다고 덧붙였다. 그리스와 로마 철학자들을 반박하는 글을 쓰면서 그는 "하나님은 모든 것을 그것이 이루어지기 전에 알고 계시며, 우리가 뜻하기 때문에 우리는 우리가 알고 우리가 해야 한다고 느끼는 모든 것을 우리의 자유의지로 한다. 그러나 우리는 모든 것이 운명에서 비롯된다고 말하지 않는다. 아니, 우리는 운명으로 지나가는 것은 없다고 단언한다."[5] 다시 말해 하나님은 우리가 자유롭게 무엇을 할 것인지를 알고 계시면서도 간섭하지 않으신다. 미덕과 죄악을 선택하는 것은 우리에게 달려 있다.

아우구스티누스의 견해는 여러 세대의 기독교 사상에도 반영되었다. 예를 들어, 토마스 아퀴나스(1225-1274년)는 "사람은 자신의 행동을 지시하고 통제할 수 있다"며 "합리적인 생명체는 통치받는 것뿐만 아니라 통치하는 데에서도 하나님의 섭리에 참여한다"고 가르쳤다.[6]

자유의지에 대한 생각은 유대-기독교 유산의 전유물이 아니었다. 로

---

4   Kehr, 1916: 602에 번역되어 인용된 Saint Augustine, *De libero arbitrio* bk. 3: ch.1.
5   Saint Augustine, *The City of God*, bk. 5, ch. 9.
6   Aquinas, *Summa Contra Gentiles*, bk. 3, cap. 113.

마 철학자 키케로(기원전 106-43년)는 아우구스티누스와 다소 유사한 견해를 표명했지만,[7] 유대인들과 기독교인들에게 자유의지는 모호한 철학적 문제가 아니었다. 오히려 그것은 신앙의 근본원리였고, 그것이 없이는 십계명이 아무런 의미가 없다. 그러므로 모세와 예수는 모두 개인이 도덕적인 과오를 속죄해야 한다고 가르쳤는데, 이는 바로 잘못된 선택이 있기 때문이다.

유대인과 기독교 사상의 중심인 자유의지 이론은 개인의 자유로운 선택을 제한하는 사회 구조와 관습(특히 노예제도와 독재)의 정당성에 의문을 제기한다.

유럽 노예제 폐지

우리 각자가 자유의지가 있고 자유롭게 행한 우리의 행동으로 평가받는다면, 다른 사람의 행동의 자유에 대한 그리스도인의 의무는 무엇인가? 교부들은 자유의지에 대한 의미를 숙고하면서 노예제도에 대해 점점 더 불편해졌고, 특히 로마가 멸망한 후 노예제도에 반대했다.

역사 기록은 노예제도가 피라미드보다 훨씬 오래되었고, 많은 원주민 사회를 포함하여, 노예제를 감당할 수 있을 만큼 부유한 모든 사회에서 보편적이었다는 것을 보여준다. 예를 들어, 북서부의 아메리카 인디언들은 콜럼버스가 도착하기 훨씬 전에 광범위한 노예제를 가지고 있었다.[8] 게

---

7   Henry, 1927.
8   Donald, 1997.

다가 미 국무부의 연례 보고서에 따르면, 전 세계적으로 2,700만 명이나 되는 사람들이 현대판 노예로 착취당하고 있으며, 그들 중 대부분은 이슬람 국가들과 중앙아프리카에 있다.[9]

노예는 법과 관습의 관점에서 다른 인간이나 작은 집단의 소유물이다. 노예의 소유는 처벌권(종종 살해권), 행동을 지시하고 소유권을 이전할 권리를 포함한 절대적인 통제를 수반한다.

노예제도의 존재는 인간 생산성의 기능이다. 평균적인 사람이 충분한 잉여금을 생산하여 노예를 소유하는 것이 이익이 될 때, 노예를 유지하고 통제하는 비용이 그들이 생산하는 것에 의해 상쇄되고도 남을 때, 노예에 대한 수요가 있을 것이다. 또한 노예제는 충분히 부유한 사람들이 노예를 개인적인 하인, 첩, 유흥거리, 심지어 경호원과 같은 비생산적인 역할로 사용하는 소비의 한 형태로 존재할 수 있다. 소비 노예제는 이슬람 사회에서 전형적인 모습이었다.

모든 초기 제국은 노예 노동력을 광범위하게 사용했다. 그러나 고전학자 M. I. 핀리(Finley)가 설명했듯이, 그리스와 로마는 "시골과 도시에서 모두 대규모로 고용된 노예의 노동"에 매우 의존하게 되면서 최초의 진정한 "노예 사회"를 이루었다.[10] 사실 제국의 전성기에, 아테네와 로마의 노예들은 자유 시민들보다 수가 더 많았을지도 모른다. 그리스나 로마에서 노예제도에 반대하는 목소리가 제기되었다는 기록은 없다.

노예제도는 로마 제국 말기에 군사적 약화의 직접적인 결과로 감소하기 시작했다. 승리한 지휘관들은 노예 시장에 더 이상 다수의 죄수를 보

---

9   미 국무부, 2013 인신매매 보고서, June 19, 2013.
10   Finley, 1980:67.

내지 않았다. 로마 노예들 사이에서는 궁핍과 여성 부족으로 인해 출산율이 매우 낮았기 때문에 수가 감소했다.

그러나 게르만 왕국들의 성공적인 군사 원정은 새로운 노예를 조달할 수 있는 원천을 만들어냈다. 예를 들어, 아무도 6세기 유럽에 얼마나 많은 노예가 있었는지 실제로 알지 못하지만, 노예는 많았던 것으로 보이며, 그들은 오히려 고전 시대보다 더 가혹한 처우를 받았다. 로마 총독을 대신하여 통치한 다양한 게르만족 집단의 법전에서는 노예가 다른 인간이 아닌 가축과 동일시되었다. 그럼에도 불구하고 몇 세기 후 노예제도는 사라졌다.

일부 역사학자들은 중세 노예제가 끝난 적은 없었으며, 노예라는 단어가 농노라는 단어로 대체된 언어적 변화 외에는 아무 일도 일어나지 않았다고 주장한다.[11] 이 역사학자들은 단어 게임을 하는 사람들이다. 농노들은 소유물이 아니었다. 그들은 권리와 상당한 수준의 재량권을 가지고 있었다. 그들은 그들이 원하는 대로 결혼했고 그들의 가족은 매각되거나 흩어지지 않았다. 그들은 집세를 지불했고, 자신들의 시간과 일의 속도를 조절했다.[12] 어떤 곳처럼 농노들이 영주들에게 매년 며칠씩 노동의 의무를 졌다 해도, 그 의무는 제한적이었고 노예라기보다는 고용된 노동에 더 가까웠다. 비록 농노들이 광범위한 의무로 영주에게 구속되었음에도 불구하고, 그들의 영주 또한 그 농노들에 대한 의무로 매여 있었다.[13] 아무도 중세 농민들이 현대적 의미에서 자유롭다고 주장하지 않겠지만, 그들은 노예가 아니었다.

11   Bensch, 1998: 231.
12   Fogel, 1989: 25.
13   Bloch, 1961, 1975; Davis, 1966.

잔혹한 그 제도는 10세기 말에 유럽에서 근본적으로 사라졌다. 비록 최근의 역사가들이 대부분 그 결론에 동의하지만, 기독교가 그것과 관련이 있음을 부인하는 것은 여전히 유행하고 있다. 로버트 포시에(Robert Fossier)가 말했듯이, "노예제의 점진적인 철폐는 결코 기독교인들이 한 일이 아니었다. 교회는 그들의 처지를 받아들이라고 설교했고, 내세에서 평등할 것을 약속했으며, 인간의 얼굴을 가진 거대한 동물 무리를 유지하는 것에 대해 양심의 가책을 느끼지 않았다."[14] 또한 조르주 뒤비(Georges Duby) 역시 노예제를 폐지하는 데 교회가 담당했던 역할을 일축했다. "기독교는 노예제를 규탄하지도 않았고 조금도 공격하지 않았다."[15] 그러한 역사학자들에 따르면, 노예제도는 수익성이 없고 시대에 뒤떨어진 "생산 방식"이 되었기 때문에 사라졌다고 한다.[16] 예일대 학자인 로버트 로페즈(Robert S. Lopez)는 물레방아 같은 기술적 발전이 노예들을 "쓸모가 없거나 비생산적으로 만들었을 때"에만 노예제도가 끝났다고 주장하면서 이 견해를 받아들였다.[17] 이러한 관점에서 노예제도의 종식은 도덕적인 결정이 아니라 엘리트들의 사리사욕에서 기인한 결정이었다. 서반구의 노예제도 폐지에 대해서도 같은 주장이 나왔다. 두 주장 모두 마르크스주의 교리와 일치하지만, 경제적 현실과는 상당히 동떨어져 있다. 심지어 남북전쟁이 시작되었을 때까지도 남부 노예제도는 수익성이 좋은 "생산 방식"으로 남아 있었다.[18]

노예제도가 돈이 된다는 것은 사실이다. 그러나 노예들이 자신들의

---

14 Bonnassie, 1991: 6.
15 Duby, 1974: 32.
16 이러한 견해들의 요약은 Bonnassie, 1991; Dockès, 1982을 보라.
17 Lopez, 1979: 138.
18 Conrade, Meyer, 1958; Easterlin, 1961; Fogel, Engerman, 1974; Stark, 2003a.

경제적 이익을 추구하기 위해 동일한 업무를 수행하며 사리를 도모하는 개인들만큼 생산적이지 않다는 것 역시 사실이다. 즉 소유주는 노예를 소유함으로써 이익을 얻지만, 사회는 자유로운 노동력으로부터 훨씬 더 많은 것을 얻는다. 예를 들어, 로마는 소규모 독립 농부들이 노예 기반의 사유지(라티푼디움)에 의해 밀려나기 전에 훨씬 더 강력한 경제(그리고 군대)를 가지고 있었다. 그 결과 노예제도를 극복하는 것은 유럽의 다른 나라들에 비해 엄청난 경제적 이점을 가져다주었다.

그러나 경제적 측면이 결정적인 요인은 아니었다. 중세 유럽에서는 교회가 모든 노예에게 성사를 베풀고 기독교인(과 유대인)의 노예화를 금지했기 때문에 노예제가 종식되었다. 중세 유럽의 상황에서 그러한 금지는 사실상 보편적인 철폐 규칙이었다.

처음에 교회는 노예제도의 정당성을 주장했지만, 어느 정도 모호하게 그렇게 했다. 노예제도에 대해 가장 많이 인용된 신약 구절을 생각해 보라. 바울은 에베소서(6:5-9)에서 이렇게 권고했다. "종들아! 두려워하고 떨며 성실한 마음으로 육체의 상전에게 순종하기를 그리스도께 하듯 하라.…이는 각 사람이 무슨 선을 행하든지 종이나 자유인이나 주께로부터 그대로 받을 줄을 앎이라." 이 구절을 열심히 인용하는 사람들은 다음 구절을 거의 인용하지 않는다. "상전들아! 너희도 그들에게 이와 같이 하고 위협을 그치라. 이는 그들과 너희의 상전이 하늘에 계시고 그에게는 사람을 외모로 취하는 일이 없는 줄 너희가 앎이라." 하나님이 모두를 동등하게 대하신다는 것은 기본적인 기독교 메시지다. 모든 사람은 구원받을 수 있다. 이 같은 메시지는 초기 교회가 노예를 개종시키고 그들의 자유를 살 수 있도록 격려했다. 교황 칼리스토(223년 사망)도 노예였던 적이 있었다.

로마 제국이 존속하는 한 교회는 노예제도의 정당성을 계속 확인했다. 324년 그랑주 기독교 공의회는 노예들 사이에서 불만을 조장하는 사람들을 규탄했는데,[19] 이는 물론 그러한 활동들이 일어나고 있음을 암시한다. 그러나 노예제에 대한 지지와 하나님 앞에서 모든 사람의 평등함에 대한 강조 사이에 긴장이 고조되었다. 제국의 멸망과 함께 교회는 노예제도 아래에 있는 사람들을 포용하되 사제 서품만 허락하지 않았다. 역사학자 피에르 보나시(Pierre Bonnassie)는 이것을 누구 못지않게 잘 표현했다. "노예는 세례를 받았고 영혼을 가졌다. 그렇다면 그는 분명 사람이었다."[20] 노예가 인간과 기독교인으로 완전히 인식되면서 사제들은 주인들에게 노예를 풀어줄 것을 촉구하기 시작하며, 그것이 그들의 구원을 확고히 하는 데 일조하는 "대단히 칭찬받을 만한 행위"라고 했다.[21] 현존하는 유언장들은 많은 노예가 풀려났음을 보여준다.

노예가 가축이 아니라 인간이라는 교리는 노예와의 결혼이라는 또 다른 중요한 결과를 낳았다. 대부분의 유럽에서는 법에 저촉됨에도 불구하고 노예와의 결혼이 7세기에 이르러서는 만연했던 것으로 보이며, 대개 자유민 남성과 여성 노예가 결혼했다. 이러한 결혼 중 가장 유명한 것은 프랑크족의 왕 클로비스 2세가 그의 영국인 노예 바틸다와 649년에 결혼한 것이었다. 클로비스가 657년에 사망했을 때 바틸다는 그녀의 장남이 성년이 될 때까지 섭정으로서 통치했다. 바틸다는 자신의 지위를 이용하여 노예무역을 중단하고 노예제에 매인 사람들을 구제하기 위한 캠페인을 벌였다. 바틸다가 죽자 교회는 그녀를 성인으로 인정했다.

8세기 말에 샤를마뉴 대제는 교황과 다른 강력한 성직자들과 더불어

---

19   Bloch, 1975: 13.
20   Bonnassie, 1991: 30.
21   Bloch, 1975: 14.

노예제도에 반대했다. 9세기가 밝아올 무렵, 리옹의 아고바드 주교는 이렇게 외쳤다. "모든 사람은 형제다. 노예와 주인, 가난한 사람과 부자, 무지한 자와 학식 있는 자, 약한 자와 강한 자, 모두는 같은 하나님 한 분을 부른다.…어떤 사람도 다른 사람보다 더 높지 않다.…종도 자유민도…없고, 만물에는 언제나 그리스도만이 있다."[22] 동시에 생미이엘의 스마라크드 수도원장은 샤를마뉴 대제에게 바치는 저서에서 "가장 자비로운 왕이시여, 당신의 왕국에 어떤 노예도 없도록 하소서"라고 썼다.[23] 역사가 마크 블로흐(Marc Bloch)의 표현처럼, 노예제 자체가 하나님의 법에 어긋난다는 것을 의심하는 사람은 곧 없어졌다.[24] 11세기 동안 성 울프스탄과 성 안셀무스는 기독교에서 노예의 마지막 흔적을 없애는 운동을 벌였고, 블로흐에 따르면, "그 이후로는 어떤 사람도, 어떤 진정한 기독교인도 합법적으로 다른 사람의 재산으로 소유될 수 없었다."[25]

그러나 예외는 남아 있었고, 이는 전부 이슬람과의 광범위한 상호작용을 수반했다. 스페인에서는 기독교와 무슬림 군대가 포로로 잡힌 이들을 서로 노예로 삼았고, 이탈리아 북부의 수출 회사들과 무슬림 구매자들이 참여한 노예 거래는 교회를 무시하고 15세기까지 지속되었다. 이 무역과 관련한 노예의 수는 적었다. 노예들은 캅카스에 있는 슬라브족으로부터 매입되었다("slave"[노예]라는 단어는 "슬라브"의 변형이다). 일부는 메디치 가문과 같은 부유한 이탈리아인들에 의해 사치품의 형태로 보관되었지만, 대부분은 이슬람 지역으로 수출되었다. 로페즈는 백인 노예들이 "이

---

22   Bonnassie, 1991: 54에서 인용됨.
23   Smaragde, *Via Regia*, 필자 번역.
24   Bloch, 1975: 11.
25   Bloch 1975: 30.

집트와의 무역에서 금보다 더 소중하다"고 말했다.[26]

비록 이처럼 기존의 노예 거래는 시들해졌지만, 노예제도는 신세계에서 맹렬히 재등장했다. 교회는 16세기 교황들이 신세계의 노예제도에 반대하는 일련의 성난 칙서를 발표하면서 강력하게 대응했다. 그러나 교황들은 이 시대에 그렇다 할 세속적 권력이 없었고, 그들의 격렬한 반대는 소용이 없었다.[27]

노예제도가 죄악이라는 신학적 결론은 (비록 토라에 노예제를 반대하는 구절들이 있고 몇몇 초기 유대 종파가 노예제를 거부했음에도 불구하고) 기독교에서 유일하다.[28] 이는 부분적으로 기독교 신학자들이 이단 혐의를 받지 않고도 새로운 해석을 제안하는 것이 가능하다는 사실을 반영한다. 예를 들어, 그들은 노예제도에 관한 하나님의 뜻에 대한 성 바울의 이해를 그럴듯하게 "정정할" 수 있다. 대조적으로 불교도들과 유교도들, 힌두교도들 및 심지어 이슬람교도들은 과거의 성현이나 성인들이 종교적 진리에 대해 불완전한 이해를 가지고 있었을지도 모른다는 생각을 거부한다. 두 번째 요인은 주요 세계종교 중 유대교와 기독교만이 인간의 의무가 아니라 인권에 진지하고 지속적인 관심을 기울였다는 것이다. 다시 말하자면, 다른 위대한 종교들은 개인주의를 최소화하고 집단적 의무를 강조한다. 인류학자 루스 베네딕트(Ruth Benedict)가 적절하게 표현했듯이 그 종교들은 죄책감보다는 수치심의 문화에 놓여 있다.[29] 그들이 경전을 쓸 때 사용한 언어에는 자유를 뜻하는 단어조차 없다.[30]

---

26   Lopez, 1952: 353.
27   Stark, 2003.
28   Berman, 2008; Stark, 2003.
29   Benedict, 1946.
30   Finley, 1973: 28.

이슬람교에는 노예제도를 신학적으로 비난하기에는 넘을 수 없는 장벽이 있다. 무함마드가 노예를 사고팔고 사로잡고 소유했기 때문이다.[31] 그는 노예들을 잘 대해야 한다고 충고하기는 했다. "네가 먹는 것을 그들에게 먹이고, 네가 입는 것을 그들에게 입혀라.…그들은 너희와 같은 하나님의 백성이니, 그들에게 친절하게 대하라."[32] 또한 무함마드는 노예 중 몇 명을 풀어주었고, 한 명은 그의 아들로 입양했으며, 다른 한 명과는 결혼했다. 이와 더불어 코란은 "노예 소녀들로 하여금 강제로 매춘하게 하는 것"(24:33)이 잘못되었으며, 동료를 죽인 것에 대해 노예를 풀어줌으로써 용서를 얻을 수 있다고 가르친다(4:92). 그러나 노예제도의 기본적인 도덕 체계에 대해서는 의심의 여지가 없었다. 그리고 노예제도는 많은 이슬람 국가에서 광범위하게 지속되고 있다.

신민주주의

또한 기독교 신학은 호응적인 체제의 수립을 위한 도덕적 기초를 제공했다. 그러나 정치적 자유는 기독교 세계 전체에 걸쳐 나타나지 않았다. 오히려 그것은 여러 이탈리아 도시국가에서 가장 먼저 나타났다. 왜 그랬을까? 이러한 도시국가들이 해외무역을 확장하면서 귀족, 군대, 성직자뿐만 아니라 상인, 은행가, 제조업자, 노동자 조합 등 서로 잘 맞는 이익집단으로 정치적 권력을 분산시켰기 때문이다. 이탈리아 북부의 수십 개 도시국

---

31   Lewis, 1990; Watt, 1961, 1965.
32   Gordon, 1989: 19에서 인용됨.

가들이 이런 식으로 권력을 분리했다. 두 가지 사례인 베네치아와 제노바를 살펴보자.[33]

베네치아

자연 장벽에 의해 놀랍게 보호되고 바다로의 접근을 방해받지 않는 베네치아는 롬바르드족의 모든 정복 시도를 막아냈고 그 대신 동로마 제국의 속주가 되었다. 이것은 성장하는 그 도시에 동방과의 무역에서 동로마의 통행료나 관습으로부터 자유로워지는 등 많은 상업적 이점을 주었다. 이 무역은 이슬람이 스페인과 시칠리아, 이탈리아 및 북아프리카를 포함한 지역 전체의 무역망을 발전시키면서 점점 더 중요해졌다. 사실 베네치아는 아마도 무역만으로 생활한 최초의 사회였을 것이다.[34]

그곳은 또한 민주주의가 복귀한 선구적인 지역이기도 했다. 거리 및 베네치아의 증가하는 해상력으로 인해 베네치아에 대한 동로마의 주권은 명목에 지나지 않았다. 기록에 따르면 베네치아는 공작령으로 인정받았고 총독으로 알려진 공작에 의해 관리되었다. 그러나 베네치아는 여러 가지 면에서 다른 공작령들과 달랐다. 한 가지 예로, 총독은 세금이나 임대료로 생활하지 않았고 상업에 적극적으로 참여하여 부를 축적했다. 중세에 화폐 투자에 대해 알려진 최초의 언급은 총독 주스티니아노 파르테치파치오의 유언에 있다. 그가 829년에 죽었을 때, 그의 유산에는 "바다에서 안전하게 돌아온다면" 1,200파운드의 "채굴된 금화"가 포함되어 있었

---

33 Lopez, 1976: 99.
34 Lopez, 1967: 129. 베네치아에는 귀족 지위에 대한 합법적인 권리를 가졌지만 더 이상 임대료로 자신들을 부양할 시골 사유지가 없는 가문들이 많았다. 그러므로 그들은 상업에 종사할 기회를 놓치지 않았다.

다.[35] 둘째, 총독의 지위는 세습되지 않았다(아들이 때때로 아버지를 따랐지만). 베네치아의 전통에 따르면 최초의 총독조차도 "국민"에 의해 선택되었고, 베네치아인들은 초창기부터 상당한 정치적 자유를 누렸다. "국민"이 베네치아의 모든 주민을 포함하지 않는다고 해도, 그들은 상당한 수를 차지했다. 국민은 부자, 군사적 책임자, 사업체 운영자, 성직자의 일원 등을 모두 포함했다. 그리고 시간이 지남에 따라 "국민"은 점점 더 포용적인 집단이 되었다. 한편 선출된 평의회가 더 큰 권한을 가지면서 총독의 권력은 점차 약해졌고, 그 평의회는 투표권을 가진 시민과 그들에 의해 선출된 임원과 입법자로 구성된 공동체(commune)로 알려지게 되었다.

베네치아는 공동체를 개발한 최초의 이탈리아 도시국가는 아니었다. 그 영광은 피사의 것일지도 모른다.[36] 그러나 12세기 중반에 이르러서는 베네치아의 공동체가 5개 층의 정부로 운영되었다.[37] 이 피라미드의 꼭대기에는 총독이 있었다. 총독은 왕정적 허세는 없는 종신 최고 경영자였지만, 그의 권력은 취임 선서에 의해 조심스럽게 제한되었다. 총독 아래에는 베네치아의 각 지역을 대표하는 6명의 위원으로 구성된 공작 공의회가 있었다. 시의원들은 1년 임기로 선출되었고 2년 안에는 재선될 수 없었다. 시의원들은 총독과 긴밀히 협력했으며, 총독은 주요 결정에 대한 동의를 그들에게 얻어야 했다. 공의회 아래에는 40명의 고문관과 원로원이 있었다. 원로원은 특히 상업과 외교 정책에 관심이 많은 60명으로 구성된 반면, 40명의 고문관은 상소 재판소와 유사했다. 40명의 고문관과 원로원은 대평의회에서 (때로는 선거로, 때로는 제비뽑기로) 선출되었고, 대평의회는 함

---

35 Wickham, 1989: 90.
36 Waley, 1988: 35.
37 Lane, 1973: 95-101; Nicholas, 1997: 248-55.

대 지휘관도 선출했다. 종종 천 명이 넘었던 대평의회 구성원들은 투표에 참여한 수천 명의 베네치아인들로 구성된 총회에서 선출되었다. 총회는 기본 입법을 비준하고 새로운 총독을 선출하기 위해 불규칙적으로 소집되었다.

초기에는 베네치아 정치에 참여하는 것이 다양한 엘리트층으로 한정되었으나, 시간이 흐르면서 그리고 특히 베네치아가 무역항은 물론 제조업의 중심지가 되면서 선거권이 확장되었다. 이것이 이루어진 주요 방식은 길드 조직(특정 기술 또는 무역에 종사하는 사람들의 협회)에 의한 것이었다. 길드는 변호사, 의사, 유리 공예가, 약제사, 보석상, 재단사, 모피상인, 도살업자, 제빵사, 이발사, 항해사, 가게 주인 등을 대표했다. 길드는 잘 조직되었고 재정적인 자원을 소유했기에 매우 중요한 정치 세력이 되어 의회에서 대표자리를 배정받았으며, 이는 대중들에게 정부에 대한 중요한 발언권을 주었다. 여기에 종교 단체의 영향이 더해졌다. 그런 단체는 종교적 헌신을 특징으로 하지만 현대의 친목 조합과 같은 상호 원조도 제공하는 평신도 모임이었다.

베네치아를 비롯한 중세 이탈리아 도시국가들은 현대의 기준으로는 중간 규모의 도시국가였다. 1000년에는 베네치아의 인구가 약 3만 명이었고, 대부분의 다른 도시국가는 상당히 작았다.[38] 모두가 서로를 알고 있었고, 당대 여론은 투명했으며, 종종 쉽게 합의가 이루어졌다. 이것은 비교적 개방적인 정치 제도와 결합되어 베네치아가 상당한 수준의 자유와 호응적인 통치를 유지할 수 있게 해주었다.

---

38   Bairoch, 1988.

제노바

리구리아해의 북쪽 끝, 이탈리아 서쪽에 위치한 제노바는 전략적으로 중요한 해안 지대를 차지했는데, 그곳은 로마에서 프랑스와 스페인으로 가는 가장 좋은 육로가 지나는 곳이었다. 이 위치는 제노바를 지중해 서부의 지배적인 항구(이는 1284년 큰 해전에서 제노바가 피사를 격파하면서 확고해졌다)로 만드는 데 도움을 주었다.

처음부터 독립한 베네치아와 달리 제노바는 롬바르드족에 의해 지배되었고, 934-35년에 무슬림들에게 약탈당했다.[39] 그러나 11세기 말에는 독립 도시국가로 자리매김했다.

처음에 제노바는 로마 원로원의 전통에 따라 귀족 평의회에 의해 통치되었다. 그러나 로마에서 일어났던 것처럼 독재적인 연합이 권력을 장악했다. 이로 인해 1164년부터 1169년까지, 그리고 1189년부터 1194년까지 두 차례의 내전이 일어났다. 두 전쟁에서 승자는 없었지만, 무역에 지장을 주고 해외 식민지를 잃게 만든 이 분쟁으로 인한 막대한 비용은 양측이 지속적인 정치적 해결책을 찾음으로써 이익을 얻는다는 점을 분명히 했다.[40] 제노바가 채택한 정치 체제는 기이해 보이지만 현대 게임 이론과 완전히 일치했고 효과가 있었다.

"포데스테리아"(*podesteria*)라고 불리는 이 조직은 일종의 도시 관리자와 관련이 있었는데, 도시 관리인은 매년 군사령관, 대법원장, 정치 행정관으로 고용된 비제노바인 "포데스타"였다.[41] 비록 귀족들로 구성되고 선출된 위원회가 포데스타를 선정하고 정책과 목표를 세웠지만, 1년 임기

---

39   Epstein, 1996: 14.

40   Greif, 1994: 280.

41   Greif, 1994: 282.

동안 포데스타는 최고의 권위를 가졌고 군인들과 판사들을 데리고 왔다. 포데스타도, 그의 군대도, 재판관도, 제노바 사람과 결혼하거나, 현지 부동산을 사거나, 어떤 상업적인 거래도 할 수 없었고, 연말에는 떠나서 몇 년 동안 돌아오지 않아야 했다. 포데스타가 제노바 파벌과 결합하면 다른 파벌들을 물리칠 수 있을 만큼 충분한 군대를 보유하고 있었기 때문에 이 체계가 작동했다. 동시에 포데스타는 두 파벌을 모두 물리치기에는 병력이 부족했기에 독재를 할 수 없었다. 이 시스템은 매우 잘 작동했기에 다수의 다른 이탈리아 공동체도 그것을 채택했다.[42]

제노바 정부는 1257년 길드와 신자들의 반란으로 더욱 민주화되었다. 시의회는 32명의 위원으로 확대되었고 도시의 각 구역에서 4명씩 선출되었으며, 그 네 자리는 각 구역의 귀족과 백성들 사이에서 동등하게 나뉘었다. 외부 포데스타가 1년 동안 섬기도록 하기보다, 시의회는 10년을 임기로 하여 공동체를 관리하는 "대장"을 선출했다. 첫 번째 대장으로 선출된 굴리엘모 보카네그라가 부유한 평민이었다는 사실은 보다 민주적인 정권 창출의 진정한 기반이 제노바의 활발한 상업경제였음을 시사한다. 제노바는 1100년에 만 명의 주민이 살았을 작은 마을에 불과했지만, 1250년에 이르러서는 인구가 약 5만 명으로 유럽에서 가장 큰 도시 중 하나가 되었다.[43]

교회가 북이탈리아 민주주의를 적극 지지하고 옹호했다는 점을 강조할 필요가 있다. 교회는 분명히 도덕적 평등을 주장했을 뿐만 아니라, 주교들과 추기경들이 선거권을 확장하는 데 주도적인 역할을 하면서, 정치

42   Waley, 1988.
43   Russell, 1972a; Chandler, 1987.

판에 과감히 뛰어들었다.

자본주의의 발명

아마도 모든 주요한 사회학 입문서는 막스 베버가 『개신교 윤리와 자본주의 정신』(*Protestant Ethic and the Spirit of Capitalism*, 1904-5)에서 주장한 바와 같이, 개신교가 자본주의를 창안했다는 그의 유명한 논지를 실질적이고 긍정적으로 다룰 것이다. 하지만 그렇지 않다! 유럽에서 자본주의의 발흥은 종교개혁보다 수 세기 이전에 일어났다. 1970년대에 유명한 페르낭 브로델(Fernand Braudel)은 베버의 "소박한 이론"이, "모든 역사가가 반대해 왔음"에도 불구하고 또 더 중요하게는 "분명히 틀렸음"에도 불구하고, 수십 년 동안 지속되었다고 불평했다. 브로델은 다음과 같이 덧붙였다. "북방 국가들은 오래전에 지중해 자본주의 중심지가 찬란하게 머물렀던 곳을 차지했다. 그들은 기술이나 경영 분야에서 아무것도 발명하지 못했다."[44] 이 북방 자본주의의 중심지마저도 경제 발전의 중요한 시기에는 개신교가 아니라 가톨릭이었다. 종교개혁은 여전히 먼 훗날의 일이었다.

　왜 나의 동료 사회학자들이 베버의 논문을 계속 수용하는지는 역사적 무지에 기인할 수밖에 없다. 그러나 베버의 논지에 대한 역사학자들의 공통된 반대 의견 역시 수정이 필요하다. 11세기 말에 자본주의 중심지들이 완전히 발전되었기 때문에 자본주의가 이탈리아 도시국가에서 발명된 것은 아니었다. 자본주의에 종교적 뿌리가 있다는 베버의 주장은 옳았다.

44　　Braudel, 1977: 66-67.

그러나 그것은 개신교에 의해 시작된 것이 아니다. 자본주의는 9세기에 위대한 가톨릭 수도원 영지에서 처음 나타났다.

자본주의에 대하여

자본주의란 무엇인가? 수천 권의 책이 이 주제에 대해 쓰였지만, 자본주의라는 용어가 무엇을 의미하는지에 대해 설명하는 저자들은 거의 없다.[45] 그 용어에 대한 정의가 필요하지 않아서가 아니다.[46] 자본주의는 경제적 개념이 아니라 19세기 좌파들이 부와 특권을 비난하기 위해 사용한 경멸적 용어라 정의하기 어렵기 때문이다. 진지한 분석을 위해 그 용어를 채택하는 것은 반발하는 돼지를 데리고 사회과학적 개념을 만드는 것과 같다.[47] 독자들이 자본주의의 의미를 스스로 채워 넣게 하는 것이 좋은 전략일지라도, 정의되지 않은 용어에 근거해 분석하는 것은 무책임해 보인다. 그러므로 **자본주의는 개인 소유의 비교적 잘 조직된 안정적인 기업들이 상대적으로 자유로운(규제되지 않은) 시장 내에서 복잡한 상업 활동을 추구**

---

45 이 단락과 이후 단락에서는 『기독교와 이성의 승리』(*The Victory of Reason*, 새물결플러스 역간)에서 내가 연구하고 쓴 내용에 의존한다. Stark, 2005을 보라.

46 그러나 몇몇 저자는 자본주의가 무엇인지 "모두가 안다"라고 말한다. 예. Rosenberg, Birdzell, 1986: vi.

47 전통적인 마르크스주의의 정의는 간단하다. 자본주의는 실제 생산자들이 자신들의 도구를 소유하지 않은 임금 노동자들이 있는 곳에 존재한다. 이들은 원자재 및 완제품과 마찬가지로 고용주의 소유다(Sombart, 1902과 Hilton, 1952을 보라). 진지하게 받아들인다면, 이 정의는 고대에 도자기와 금속 세공장과 같은 작은 공예품 가게의 모든 소유주를 자본가로 만들 것이다. 마르크스주의자들이 자본주의가 산업혁명 기간에 처음 등장했다는(그리고 산업혁명을 촉발시켰다는) 신념을 고수하기 때문에 그것은 특히 이상해 보인다. 이것은 모든 역사가 생산 방식의 변화에 달려 있다는 마르크스의 사회 변화 이론을 받아들이는 사람들에게 필요한 가정이다. 따라서 마르크스주의자들은 "18세기 말 이전의 자본주의에 대해 이야기하는 것"을 모두 비난하며(Braudel, vol. 2, 1979: 238), 자본주의를 "현대 산업 시스템"과 동일시한다(Gerschenkron, 1970: 4). 그러나 자본주의를 특정한 종류의 기업 및 시장과 연관 짓는 우리들에게 마르크스주의의 정의는 유용하지 않다.

하는 경제 시스템이며, 고용된 노동자들을 포함하며 예상 수익과 실제 수익에 맞춘 생산적인 활동에 (직간접적으로) 부를 투자하고 재투자하는 체계적이고 장기적인 접근법을 취한다.[48]

복잡한 상업 활동이라는 표현은 신용의 사용, 어느 정도의 다양화, 생산자와 소비자 간 직거래에 대한 낮은 의존도를 의미한다. 체계적이라는 용어는 적절한 회계실무를 내포하고 있다. 생산적 활동에 대한 간접투자는 은행원과 수동적 주주들을 포함하도록 그 용어에 대한 정의를 확장한다. 이 정의에서는 엘리트의 지원으로 진행되는 사략선 항해나 단발 무역 캐러밴과 같은 단기 활동을 위해 모인 이윤 추구 벤처는 제외된다. 또한 국가가 직접 시행하는 상업이나, 고대 중국의 해외 무역 혹은 중세 유럽의 조세 농업과 같은 광범위한 국가 통제(또는 독점 허가)하에 이루어지는 상업은 제외된다. 로마의 노예 기반 산업과 같은 강제 노동에 기반한 사업도 제외된다. 무엇보다 이 정의에는 단순 상거래가 배제된다. 즉 수 세기 동안 전 세계 상인, 무역업자, 상품 생산자들 사이에서 진행되어온 구매와 판매 말이다.

자본주의는 자유 시장, 안전한 재산권, 자유(비강압적인) 노동에 의존한다.[49] 기업들이 기회의 영역으로 진입하기 위해서는 자유 시장이 필요한데, 이는 시장이 폐쇄되거나 국가에 의해 규제가 심할 때는 불가능하다. 재산권이 보장되어야만 사람들은 재산을 숨기거나 사재기하거나 소비하기보다는 더 큰 이익을 위해 투자할 것이다. 기업이 시장 상황에 맞춰 의

---

48   Stark, 2005: 56.
49   마르크스는 "임금 노예제"에 대해 질타하지만 "역사적으로 중요한 자본의 조건 중 하나가 자유노동"이라는 말과 함께 『자본주의 이전의 경제 형성』(*Pre-Capitalist Economic Formations*)이라는 연구를 시작했다.

욕적인 인력을 유치하거나 해고할 수 있도록 비강압적인 노동력이 필요하다. 강제노동은 동기부여가 부족할 뿐만 아니라 얻기도 어렵고 없애기도 어려울 수 있다. 일에 동기를 부여하는 능력과 이윤의 체계적인 재투자는 자본주의의 엄청난 생산성을 설명한다.

기독교와 자본주의의 대두

왜 그렇게 많은 학자가 자본주의의 발흥에 기독교가 끼친 영향을 간과해왔는가? 한 가지 이유는 성경이 종종 탐욕과 부를 비난하기 때문일 것이다("돈을 사랑함이 일만 악의 뿌리가 되나니").[50] 또한 여러 초기 교부는 그리스-로마 세계에 만연한 견해를 지지하며 상업은 큰 도덕적 위험을 수반하는 모멸적인 행위라고 믿었다. 사고파는 과정에서 죄를 피하기란 어렵다는 것이다.[51]

　　그러나 성경은 상업이나 상인을 직접적으로 비난하지 않는다. 게다가 콘스탄티누스가 개종한 직후(기원전 312년) 교회는 더 이상 금욕주의에 의해 지배되지 않고 상업에 대한 태도가 부드러워지기 시작했다. 아우구스티누스의 글은 이러한 변화를 반영했다. 그는 악함이 상업에 내재되어 있지 않고, 여느 직업과 마찬가지로, 의롭게 사는 것은 개인의 몫이라고 가르쳤다.[52] 또한 아우구스티누스는 가격이 단순히 판매자의 비용뿐만 아니라 판매된 상품에 대한 구매자의 욕구의 기능이라고 판결하면서 자유무역 관행에 정당성을 부여했다.

50　디모데전서 6:10.
51　Little, 1978: 38.
52　Baldwin, 1959: 15.

9세기에 이르러서 교회는 자본주의의 초기 형태에 깊이 관여했다.[53] 중세 시대 내내 교회는 유럽에서 가장 큰 지주였고, 유동 자산과 연간 수입은 가장 부유한 왕의 자산뿐만 아니라 유럽 귀족들의 재산을 모두 합친 것을 훨씬 뛰어넘었다.[54] 대부분의 수도회는 토지를 선물로 많이 받았을 뿐만 아니라 더 많은 땅을 사거나 개간하는 데 부를 재투자했다. 많은 수도원이 50개 이상의 소수도원을 세웠는데, 11세기까지 클뤼니에 있는 거대한 수도원 중심지는 아마도 천 개의 소수도원을 가지고 있었을 것이다.[55]

이 거대한 팽창의 시기는 부분적으로 인구 증가에 의해, 그리고 무엇보다도 농업 생산성의 엄청난 증가에 의해 촉진되었다.[56] 이 시대까지 수도원 영지는 생계형 사업이었다. 그들은 자신의 음식, 음료, 연료를 생산했고, 자신의 옷을 만들고 가죽을 무두질했다. 그들은 대장간과 종종 도예 공방까지 운영했다. 그러나 생산성이 증가함에 따라 특정한 작물이나 생산품을 전문으로 다루기 시작했다. 어떤 땅은 포도주만을 생산했고, 어떤 곳은 곡식을 재배했으며, 어떤 곳은 소나 양을 키웠다. 포사노바의 시토회는 좋은 말을 기르는 것을 전문으로 했다.[57] 각 지역에서는 자신들의 다른 필요를 확보하기 위해 무역에 참여했을 것이다. 농업 흑자의 급속한 증가는 또한 도회지와 도시의 설립 및 성장을 촉진했다. 실제로 많은 수도원 중심지는 그 자체로 도시가 되었다. 크리스토퍼 도슨(Christopher Dawson)은 스위스 세인트갈 수도원에 대해 "820년경에는 그곳이 더 이상 옛 수도원 규칙에 의해 상상된 단순한 종교 공동체가 아니라 건물, 교회, 공방, 창

---

53   Mumford, 1967: 266.
54   Hayes, 1917; Herlihy, 1957; Ozment, 1975.
55   Little, 1978: 62.
56   Gilchrist, 1969; Russell, 1958, 1972a.
57   Little, 1978: 93.

고, 사무실, 학교, 자선단지로 이루어져 고대의 신전 도시들처럼 부양가족, 노동자, 하인들에게 삶의 터전을 제공했다"라고 말했다.[58]

토지들이 작은 도시로 성장하여 흩어진 여러 소수도원을 유지하며 전문화되고 무역에 의존하게 되면서, 세 가지 중요한 발전이 일어났다. 첫째, 그들은 더 정교하고 멀리 내다보는 경영을 진화시켰다. 귀족들과는 달리 수도원들은 내부의 일을 단지 지도자의 위치를 물려받은 자들의 변덕에 맡기지 않았다. 수도회에 내재된 본질적인 성과주의는 장기간의 계획을 추진할 수 있는 능력 있고 헌신적인 관리자들이 끊이지 않도록 했다. 조르주 뒤비(Georges Duby)가 말했듯이, 새로운 시대는 수도원 관리자들이 그들의 관심을 내부 경제로 돌리고, 합계를 내고, 수치를 처리하며, 이익과 손실을 계산하고, 생산을 확장하는 방법과 수단을 생각하도록 강요했다.[59]

전문화는 두 번째 발전이었고 물물교환에서 현금경제로의 전환이 이루어졌다. 포도주 제조장이 물건을 이리저리 운반하면서 다른 곳과 물물교환을 하기에는 일이 너무 복잡하고 불편했다. 포도주를 현금으로 팔아 가장 편리하고 경제적인 출처에서 필요한 것을 사는 것이 훨씬 더 효율적이라는 것이 증명되었다. 9세기 후반부터 현금에 대한 의존이 확산되었고, 루카(피렌체 근처)의 수사들이 아마도 현금 경제를 처음으로 받아들였을 것이다. 이 제도는 유럽 전역에 잘 자리 잡았으며, 1247년에 프란치스코회 연대기 저자는 부르고뉴에 있는 자신의 수도회 영지에 대해 수도사들이 "심거나 수확하거나 창고에 아무것도 보관하지도 않지만, 포도주를 파리로 보낸다. 파리로 흐르는 강이 가까이에 있고, 좋은 가격에 팔기 때

---

58   Dawson, 1957: 63.
59   Duby, 1974: 218.

문이다. 그들은 그 돈으로 먹을 음식과 입을 의복을 산다"라고 기록했다.[60]

세 번째 발전은 신용이었다. 물물교환은 신용을 제공하지 않는다. 예를 들어, 300마리의 닭을 미래에 지불하는 것의 가치는 쉽게 논쟁이 될 수 있다. 이 닭들은 늙은 암탉인가, 수탉인가, 또는 어린 암탉인가? 그러나 누군가에게 2온스의 금을 빚졌다는 것의 정확한 의미에 대해서는 의심의 여지가 없다. 큰 교회의 단지들은 서로 융자를 확대하기 시작했다. 그밖에도 그들의 수입이 증가하면서, 많은 수도원과 주교들이 은행이 되어 귀족들에게 이자를 받고 돈을 빌려주었다. 11세기와 12세기 동안 클뤼니는 부르고뉴 귀족들에게 많은 돈을 빌려주었고,[61] 1071년 리에주 주교는 플랑드르 백작부인에게 금 100파운드와 은 175마르크라는 믿을 수 없는 금액을 빌려주었으며, 그 후 북 로타링기아 공작에게 은 1,300마르크와 금 3마르크를 빌려주었다. 보름스 주교는 1044년에 20파운드의 금과 많은(명시되지 않은) 양의 은을 황제 헨리 3세에게 빌려주었다.[62]

13세기에 이르러서 수도원 대출은 "모르가주"(mort-gage; 말 그대로 "사망 서약")의 형태를 띠었는데, 이는 땅을 담보로 하고 빌려주는 사람이 대출 기간 동안 그 토지로부터 나오는 모든 수입을 거둬들이고 이 수입을 대출 금액에서 공제하지 않는 계약이었다.[63]

펜실베이니아 대학교의 사회학자 랜달 콜린스(Randall Collins)가 지적했듯이, 이 시대에 발전된 경제 체제는 단순히 "자본주의의 제도적 전제조건"만을 포함하는 일종의 원시자본주의가 아니라, "자본주의 자체의

---

60   Little, 1978: 65.
61   Little, 1978: 65.
62   Fryde, 1963: 441-43.
63   de Roover, 1948: 9.

218   제2부   그다지 어둡지 않은 시대(500-1200)

발달된 특징의 한 형태였다." 콜린스는 이를 "종교 자본주의"라고 부르며 "중세 경제의 역동성은 주로 교회의 것이었다"라고 덧붙였다.[64]

교회의 꽉 찬 금고는 또 다른 영향을 끼쳤다. 수사들은 자신들의 밭을 떠나 더 생산적인 노동력을 고용했다.[65] 따라서 "종교 자본주의"가 펼쳐지면서, 더 많은 수사가 경영 간부와 감독으로 일했다. 이러한 방식으로 중세 수도원들은 잘 관리되고 신속하게 최신 기술을 채택하는 현대의 회사들과 닮게 되었다.[66]

또한 이러한 상황은 수사들이 전례 업무에 종사할 수 있도록 했는데, 그들은 연옥에 있는 영혼들과 내세에서 자신들의 운명을 개선하기를 원하는 후원자들을 위해 보수를 받고 미사를 끝없이 집전했다. 수사들은 이제 여가를 즐겼다.

성직자들과 다른 교회 관계자들을 위한 여가의 출현은 서구의 성장에 지대한 영향을 끼쳤다. 아래에서 살펴보겠지만, 교회의 인물들은 그 후 수 세기 동안 과학, 경제, 학문을 발전시키는 데 중요한 역할을 했다.

일의 미덕

이러한 경제적 발전만큼이나 중요한 것은 기독교가 영감을 준 일에 대한 태도의 변화였다. 노동의 존엄성이라는 개념은 고대 로마나 다른 자본주의 이전 사회에서는 이해할 수 없는 것이었다. 전통 사회는 일을 업신여기고 소비를 높이 샀다. 예를 들어, 중국에서는 고관들이 자신들은 노동을 하지 않는다는 것을 명백하게 보여주기 위해 가능한 한 길게 손톱을 길렀

---

64   Collins, 1986: 47, 55, 52.
65   Duby, 1974: 91.
66   Gimpel, 1976: 47.

다(파손으로부터 보호하기 위해 은색 피복을 입히기도 했다). 자본주의는 일을 본질적으로 고결하다고 보는 현저하게 다른 태도를 요구했고 장려했다. 막스 베버는 이것을 개신교 윤리로 규정했고, 그것이 가톨릭 문화에서 존재하지 않는다고 믿었기 때문에 그렇게 불렀다. 그러나 베버는 틀렸다.

일의 미덕에 대한 믿음은 마르틴 루터가 태어나기 몇 세기 전에 생겨났다.[67] 많은 혹은 거의 대부분의 수사와 수녀가 귀족과 부유한 가문 출신이라는 사실에도 불구하고,[68] 그들은 신학적 측면에서뿐만 아니라 실제로 그것을 행함으로써 일을 중요하게 생각했다. 랜달 콜린스(Randall Collins)의 말에 따르면, 그들은 "개신교 없이 개신교 윤리를 가지고 있었다."[69]

6세기에 성 베네딕토는 자신의 유명한 『규칙서』에서 다음과 같이 적었다. "나태함은 영혼의 적이다. 그러므로 형제들은 기도하며 독서하는 시간뿐만 아니라 육체노동을 위한 기간을 지정했어야 했다.…그들이 우리의 조상과 사도들이 한 것처럼 노동하면서 살면, 그들은 진정으로 수사가 될 것이다."[70] 14세기에 영국 아우구스티노 수도회의 월터 힐튼(Walter Hilton)은 "육체적인 삶의 훈련으로 우리는 영적인 노력을 할 수 있다"라고 썼다.[71] 육체노동에 대한 이러한 헌신은 기독교 금욕주의를, 경건함을 세상과 그 활동에 대한 거부와 관련시키는 다른 위대한 종교 문화에서 발견되는 금욕주의와 구별한다. 예를 들어, 동양의 성인들은 명상을 전문으로 하고 타인의 자선으로 살았지만, 대부분의 중세 기독교 성인은 매우 생산적인 사유지를 유지하며 그들 자신의 노동으로 살았다. 세상 속에 존재

---

67   Mumford, 1967: 1:272.
68   Dawson, 1957; Hickey, 1987; King, 1999; Mayr-Harting, 1993; Stark, 2003.
69   Collins, 1986: 54.
70   Ch. 40, *The Daily Manual Labor*.
71   Hilton, 1985: 3.

한다는 사실이 경제문제와 관련하여 건전한 우려를 지속하도록 했다. 비록 "프로테스탄트-윤리"라는 논지가 틀렸지만, 자본주의는 실제로 기독교 윤리와 연결되어 있었다.

따라서 약 9세기부터 성장하는 수도원 토지는 "기대되고 실제적인 수익에 따라 고용된 노동력을 포함하는 생산적인 활동"에 투자하면서 "비교적 자유로운 시장 내의 복잡한 상업 활동"을 추구하는 "잘 조직되고 안정적인 기업"과 닮아갔다. 이것이 온전한 자본주의가 아니었다고 하더라도, 확실히 그것은 자본주의에 충분히 가까웠다.

신학적 혁명

아우구스티누스의 가르침이 상업에 대한 기독교적 태도의 변화를 알린 것처럼, 거대한 종교 수도회의 경제활동이 커지는 것을 목격한 기독교 신학자들이 이익과 이익에 관한 교리에 대해 새롭게 생각하기 시작했다. 이러한 방식으로 교회는 개신교가 존재하기 수 세기 전에 초기 자본주의와 평화를 이루었다.

유대인들에게 배웠던 것처럼 교회는 이자를 부과하는 것을 오랫동안 반대해왔다. 이 교리의 근거는 구약성경 신명기 23:19-20이다. "네가 형제에게 꾸어주거든 이자를 받지 말지니 곧 돈의 이자, 식물의 이자, 이자를 낼 만한 모든 것의 이자를 받지 말 것이라. 타국인에게 네가 꾸어주면 이자를 받아도 되거니와 네 형제에게 꾸어주거든 이자를 받지 말라."[72]

---

72   외국인에게는 이자를 부과할 수 있다는 것은 기독교 사회에서 유대인들이 대금업자로 활

물론 기독교인들이 이스라엘 사람이 아니기 때문에 신명기에서의 금지가 이자의 부과를 반드시 막지는 않았다. 그러나 누가복음 6:34에서 예수가 하신 말씀이 이자를 금하는 것으로 이해되었다. "너희가 받기를 바라고 사람들에게 꾸어주면 칭찬받을 것이 무엇이냐? 죄인들도 그만큼 받고자 하여 죄인에게 꾸어주느니라. 오직 너희는 원수를 사랑하고 선대하며 아무것도 바라지 말고 꾸어주라."

따라서 대출 이자는 고리대금업의 죄악으로 정의되었다. 벤자민 넬슨(Benjamin Nelson)은 고리대금업의 역사를 살펴보며 1139년 제2차 라테라노 공의회에서도 "교회는 회개하지 않는 고리대금업자가 구약과 신약에서 모두 정죄받기에 교회의 위로를 받거나 기독교 장례식을 받을 수 없다고 공포했다"라고 썼다.[73] 그러나 원칙적으로는 널리 비난받았지만, 실제로 이자를 부과하는 것은 꽤 간과되었다. 그것이 9세기 말에 몇몇 위대한 종교 가문이 은행업에 과감히 뛰어들 수 있게 해주었다. 마찬가지로 주교들은 빌린 돈에 대한 의존도가 귀족 다음으로 높아졌다. 많은 이가 바티칸의 완전한 승인을 받은 이탈리아의 민간 은행들로부터 대출을 받았다. 1215년에 작성된 문서에 따르면 교황청에는 고위 성직자들이 대출을 받을 수 있는 고리대금업자들이 있었다.[74]

그럼에도 불구하고 더 전통적인 성직자들은 고리대금업을 비난했고, 더 넓게는 이윤 추구를 계속 비난했다. 아우구스티누스는 자유 시장에서 책정된 가격을 승인했을지 모르지만, 이윤에 도덕적인 제한은 없었는가?

동한 것을 설명해준다. 이는 자금이 필요한 기독교인들이 때로 유대인들에게 부과한 역할이다. 역사학자들은 보통 또 다른 결과를 무시한다. 즉 빌려줄 돈이 있는 중세 기독교인들이 종종 유대인 행세를 했다는 것이다. Nelson, 1969: 11; Little, 1978: 56-57을 보라.

73   Nelson, 1969: 9.
74   Olsen, 1969: 53.

13세기 동안 기독교 신학자들은 이익이 도덕적으로 정당하다고 선언했다. 성 알베르투스 마그누스는 아우구스티누스를 따라 "정당한 가격"은 단순히 "판매 당시 시장의 평가에 따른 재화의 가치"라고 제안했다.[75] 즉 가격은 강압받지 않은 구매자들이 기꺼이 지불하려고 한다면 정당하다. 아담 스미스(Adam Smith)는 이 정의에서 결함을 찾을 수 없었을 것이다. 마그누스의 학생 토마스 아퀴나스도 마찬가지로 가치는 객관적인 가치가 아니라("물건의 정당한 가격이 절대적으로 확실한 것은 아니다") 구매자의 구매 욕구와 판매자의 판매 의향 또는 거부감의 함수라고 인식했다. 시장의 힘에 대한 아퀴나스의 존중은 기근으로 고통받는 나라에 곡물을 가져다주고 다른 상인들이 곧 이 지역에 훨씬 더 많은 곡물을 가져다줄 것을 아는 상인에 대한 그의 이야기에서 가장 잘 드러난다. 그가 당시의 가격이었던 높은 시가로 파는 것은 죄인가? 아니면 곧 더 많은 곡식이 도착하여 가격이 하락할 것이라고 구매자들에게 알려야 하는가? 아퀴나스는 이 상인이 양심에 따라 그 사실에 대해 함구하며 현재의 높은 가격에 팔 수 있다고 결론지었다.

아퀴나스는 대출 이자에 대해서는 덜 명확했다. 어떤 글에서 그는 모든 이자를 고리대금업의 죄로 비난했고, 다른 구절에서는 돈을 빌려주는 자가 보상받을 자격이 있음을 받아들였다.[76] 그러나 아퀴나스의 많은 동시대 사람, 특히 교회법학자들은 그다지 신중하지 않았다. 상업 경제가 급속히 팽창하면서, 그들은 이자 수수료가 고리대금업과 같지 않은 예외를 자세히 설명하기 시작했다.[77] 예를 들어, 토지와 같은 생산적 소유물을 대

---

75   de Roover, 1958: 422에서 인용된 그의 *Commentary on the Sentences of Peter Lombard.*
76   Little, 1978: 181.
77   Gilchrist, 1969; Little, 1978; Raftus, 1958.

출의 담보로 제공한다면 대여자는 대출기간 동안 모든 생산물을 가져가고 그것을 채무액에서 공제하지 않을 수 있었다.[78] 또한 대여자는 다른 상업적 기회에 사용할 수 있는 자금을 보유하지 못하는 기회비용을 보상받을 수 있었다.[79] 이러한 맥락에서 외상으로 산 상품에 대해 이자를 부과하는 것은 적절하다고 여겨졌다.[80] 은행들은 이러한 거래가 "원금의 모험"을 수반하지 않을 것이기 때문에 고정 금리로 만기일시상환대출을 할 수 없었다. 그러나 모험적인 것처럼 보이지만 사실 예상 가능한 수익을 내는 방식으로 은행가들이 지폐, 환어음 또는 화폐를 거래함으로써 이러한 금지를 회피하는 데는 기교가 별로 필요하지 않았다.[81] 간단히 말해서 고리대금업은 본질적으로 공허한 용어가 되었다.

그러므로 늦어도 13세기까지는 선도적인 기독교 신학자들이 신흥 자본주의의 주요 측면들(이익, 재산권, 신용, 대출 등)을 충분히 논의했다. 역사학자 레스터 리틀(Lester K. Little)은 다음과 같이 요약했다. "각 경우에 그들은 이전 세대까지 6, 7세기 동안 지배했던 태도와는 대조적으로 전반적으로 호의적인 찬성 견해를 내놓았다."[82] 자본주의는 종교의 모든 속박에서 해방되었다.[83]

그것은 놀라운 변화였다. 어쨌든 이들 신학자들은 대부분 청빈 서약을 했고, 그들의 전임자들은 대부분 상인들과 상업 활동을 경멸했다. 다른 종교인들 역시 대출에 대한 이자를 비난했고, 그들의 입장을 크게 수정하

---

78   Gilchrist, 1969: 67.
79   Hunt, Murray, 1999: 73.
80   Dempsey, 1943: 155, 160.
81   de Roover, 1946: 154.
82   Little, 1978: 181.
83   Southern, 1970b: 40.

지 않았다. 예를 들어, 이슬람에서는 빌린 돈에 대한 모든 이자를 비난한다(코란 2:275). 중세 이슬람교도들은 이자로 돈을 빌려주는 것에 대한 금지를 종종 무시했지만, 이것은 투자를 위한 것이 아니라 거의 전적으로 소비를 위한 것이었다.[84] 이자에 대한 종교적 반대는 억압적인 정권의 탐욕과 결합되어 이슬람에서 자본주의가 발생하는 것을 막았고 지금도 그렇다.[85] 그렇다면 기독교의 신학적 혁명은 어떻게 설명되는가? 이러한 변화는 대수도회들이 자유시장에 적극적으로 참여하기 시작했기 때문에 일어났다. 이러한 직접적인 경험은 수도원 신학자들이 상업의 도덕성을 재고하게 만들었다. 물론 교회 계급의 관료들은 수도회의 관료들보다 훨씬 더 세속적이었다. 교회 고위직에 있는 사람 가운데 청빈 서약을 한 사람은 거의 없었고, 방탕한 생활을 즐기는 사람은 많았다. 우리가 5장에서 보았듯이, 많은 교회 관계자는 때때로 서품을 받거나 심지어 세례를 받기 전에 그들의 지위를 샀다![86] 중세 교회의 세속적인 측면은 끊임없는 스캔들과 갈등의 근원이었으며, 이는 종교개혁으로 절정에 이르렀다. 그러나 그들은 자본주의의 발전에 엄청난 배당금을 지불했다. 교회는 방해가 되지 않았다. 사실 교회는 자본주의를 정당화했고 심지어 12세기와 13세기의 상

---

84   Rodinson, 1978: 139.

85   이슬람교도들은 그들의 경제 규칙을 재고하지 않았다. 상류층들이 상업을 경멸했고 국가의 간섭이 경제를 너무 제한하고 왜곡했으므로, 유럽에 가해진 신학적 변화에 대한 압력 같은 것은 이슬람 사회에서는 발전하지 않았기 때문이다. 사실, 상류 인사들은 의심할 여지 없이 그들의 채권자들을 잠재적인 종교적 위험에 처하게 하고 강탈을 통해 자신들의 빚을 청산하는 "합법적" 기반을 가지는 것을 선호했다. 이는 대출금을 원금 이하로만 상환하도록 하면서 대출에 대한 보상(이자)은 공유 이익에서 나오게 한다. 또 다른 계책은 대출 서비스에 대해 광범위한 수수료를 부과하는 것이다. 그럼에도 불구하고 석유를 통해 생성된 막대한 재산은 대부분 국내 경제 발전을 위해 사용되기보다 서구의 투자금으로 들어갔다. Rodinson, 1978을 보라.

86   요약된 내용은 Stark 2003을 보라.

업혁명에 적극적인 역할을 했다.[87] 이런 일이 일어나지 않았다면 서구는 이슬람 국가들처럼 되어버렸을지도 모른다.

자본주의 도시국가

비록 자본주의가 대수도원 영지에서 발전했지만, 그것은 곧 신생 민주주의 도시국가들에서 수용적인 환경을 발견했다. 이 도시국가들은 10세기에 유럽의 은행과 무역의 중심지로 부상했다. 그 후 그들은 산업화되었고 지중해와 북유럽, 영국 제도로 수출하기 위한 다량의 공산품을 생산하기 시작했다. 예를 들어 (근시뿐 아니라 원시를 위한) 안경은 피렌체와 베네치아의 공장들에서 대량 생산되었고, 매년 수만 쌍이 수출되었다.

　이탈리아 자본주의의 가장 두드러진 측면은 은행업의 빠른 완성이었을 것이다. 이탈리아의 은행가들은 빠르게 복식부기를 개발하여 채택했다. 무역을 용이하게 하기 위해 환어음을 발명하여, 동전이나 귀금속을 어렵고 위험하게 먼 거리로 운반하는 대신 종이로 자금을 송금하는 것이 가능해졌다. 또한 이탈리아의 은행가들은 육로나 해상을 통한 장거리 운송의 손실을 막기 위해 보험을 시작했다. 이탈리아의 은행업 혁신 중 가장 중요한 것은 힌두-아랍 숫자와 0의 개념을 채택한 현대 산수를 완성한 것이었을 것이다. 번거로운 숫자 체계를 고려하면 로마인들에게는 덧셈과 뺄셈마저도 힘든 일이었다. 그 새로운 시스템은 쉽고 정확하다는 면에서 혁명적이었다. 이탈리아 북부의 주요 도시국가들에서 수학 학원들이 생

87　Lopez, 1952: 289; 1976.

겨났고, 종내에는 북유럽에서 온 학생들까지도 등록했다.[88]

은행이 급증했다. 13세기에 이르러서 독립은행은 피렌체에 38개, 피사에 34개, 제노바에 27개, 베네치아에 18개가 있었다. 이탈리아 주요 도시국가들에는 총 173개의 독립은행이 있었다.[89] 이 이탈리아 은행들은 대부분 외국 지점도 가지고 있었다. 1231년에는 69개의 이탈리아 은행 지점이 잉글랜드에 있었고, 아일랜드에도 그 정도 있었다. 사실 15세기까지 서유럽의 모든 은행은 이탈리아에 있거나 이탈리아 은행의 지점이었다.[90]

이탈리아 자본주의가 부상하게 된 근원에는 유럽을 포함한 세계 대부분의 경제 발전을 억압하고 소비하는 탐욕스러운 통치자들로부터의 자유가 있었다. 이 도시국가들은 비록 정치적으로는 격동적일 때도 있었지만, 자본주의가 요구하는 자유를 유지할 수 있는 진정한 공화국이었다. 둘째로, 수 세기 동안의 기술 발전이 자본주의의 발흥에 필요한 토대를 마련했고, 특히 도시를 유지하고 전 문화를 가능하게 하기 위해 필요한 농업 흑자를 만들었다. 게다가 기독교 신학은 장기적인 투자 전략을 정당화하는 진보의 개념을 장려했고 자본주의의 근본적인 사업 관행에 도덕적 정당성을 제공했다.

---

88   Gies, Gies, 1969.
89   De Roover, 1963: 75-76.
90   De Roover, 1963; Hunt, 1994; Lloyd, 1982.

자유 요인

서구의 발흥에 원인이 되는 단 하나의 요인이 있다면 바로 자유다. 소망할 수 있는 자유, 행동할 수 있는 자유, 투자할 수 있는 자유, 자신의 노동뿐만이 아니라 꿈의 열매를 향유할 수 있는 자유 말이다.

그러한 자유의 상당 부분은 소위 암흑기 동안 나타났다. 그 결과는 그 후 몇 세기 동안 느껴질 것이었다.

제3부

중세의 변혁

(1200-1500)

7장

기후, 전염병, 사회 변화

역사학자들이 지리 문제에 다소 무관심했다면, 그들은 기후와 질병의 함의에 대해서는 훨씬 덜 민감했다. 물론 에스키모인들은 썰매를 사용하고 베두인은 사용하지 않는 것과 같은 기후의 분명한 영향은 항상 알려져 왔다. 그동안 거의 관심을 받지 못했던 것은 기후의 중대한 변화였다. 부분적으로 이것은 허버트 램(Hubert Lamb)이 1965년에 기후에 대해 글을 쓰기 전까지는,[1] 중세 유럽의 역사가 기후의 두 가지 주요한 변화에 달려 있다는 사실에도 불구하고, 2만 년 전인 빙하기가 끝난 이후 상당한 기후 변화가 있었다는 것이 널리 인식되지 않았기 때문이다. 같은 맥락에서, 여러 만성 질환의 정복이 현대화가 대두되는 데 필수적인 특징으로 여겨지지만, 역사가들은 역사의 흐름에 훨씬 더 극적인 영향을 미친 전염병을 대체로 무시해왔다. 놀랍게도 수 세대에 걸친 역사학자들은 흑사병(1346-1351년)으로 인한 세계 인구의 거의 절반이 죽음을 맞이한 사건을, 예를 들어

---

1   Lamb, 1965.

백년전쟁(1337-1453년)에 비해 별로 중요하지 않은 것으로 치부했다. 흑사병에 대한 진지한 역사 연구는 20세기에 들어서야 시작되었고,[2] 지금도 이러한 연구는 고립된 주제로 추진되고 있다.

예를 들어, 좋은 평가를 받은『문명: 서구 세계의 새 역사』(*Civilization: A New History of the Western World*)에서 로저 오스본(Roger Osborne)은 흑사병에 대해서는 한 문장만 썼고, 전염병에 대해서는 한 문장도 할애하지 않았다. 그는 빙하시대에 대해서는 두 개의 문장을 썼고 더 최근의 기후 변화에 대해서는 언급하지도 않았다. 두껍고 유명한『유럽: 역사』(*Europe: A History*, 1996)에서 노먼 데이비스(Norman Davies)는 흑사병에 대해 거의 세 쪽(1,365쪽 중)을 할애했지만, 다른 여러 역사학자처럼 그것을 독립적인 사건으로 취급했고, 그것이 끼친 사회적 영향에 대해 단 두 단락을 썼다. 또한 데이비스는 기후에 대해 한 페이지를 할애했지만, 그것은 주로 기후가 역사적으로 중요한 것이 아니라고 평가절하하기 위해서였다.

그러한 전통을 깨고, 이 장은 14세기 중반의 두 가지 비범한 사건, 흑사병과 날씨가 몹시 추워졌던 소위 소빙하기에 초점을 맞추고 있다. 아이러니하게도 이러한 쌍둥이 재앙은 근대성의 성장에 몇 가지 중요하고 긍정적인 기여를 한 것으로 보인다.

---

2   Benedictow, 2004: 5-6.

중세 기후

기후가 점점 따뜻해지고 있는지 그리고 만약 그렇다면 왜인지에 대한 현대의 격렬한 갈등 속에서, 지구의 기후에 대한 가장 기본적인 사실, 즉 온난화와 냉각화가 꽤 흔하게 일어난다는 사실은 거의 잊혔다. 기후의 큰 변화가 매우 느리게 일어나기 때문에, 사람들은 현재 기후 상태를 정상으로 간주하는 경향이 있다. 그렇지 않다. 예를 들어, 8세기 초쯤부터 지구는 뜨거워지기 시작하여 약 1250년까지 지속되었고 오늘날에는 "중세온난기"라고 알려진 것을 만들어냈다. 기온이 상승함에 따라 북유럽 전역에서 성장기가 길어지고 북극 빙하가 줄어들어 북대서양을 항해하는 것이 훨씬 더 안전해졌으며, 그린란드까지 농사를 성공적으로 지을 수 있을 정도로 농경지가 북쪽으로 확장되었다. 그 후에는 소빙하기가 시작한 14세기 초까지 기온이 떨어지기 시작했다. 이러한 매우 추운 겨울과 짧은 여름의 시대는 1850년까지 지속되었다. 17세기 소빙하기의 가장 추운 수십 년 동안 발트해는 얼어붙어 폴란드에서 스웨덴까지 썰매를 타고 갈 수 있었다. 런던의 템즈강이 얼어붙었고 유럽의 모든 대서양 항구들도 얼어붙었다.[3]

설상가상으로 두 시대 모두 매년 상당한 변화를 겪었다. 중세 온난기에는 비정상적으로 추운 해가 있었고, 소빙하기에는 비정상적으로 따뜻한 해가 있었다. 사실 이런 비정상적인 상태는 때때로 10년 동안 지속되었다. 그러나 중요한 점은 두 시대 모두 역사의 과정에 상당한 영향을 끼쳤다는 것이다.

---

3   Fagan, 2000.

의문점은 이러한 기후가 있었는지 우리가 어떻게 알 수 있는가 하는 것이다. 최근까지 우리의 유일한 자료는 문서였다. 중세의 일기 작가가 "올해는 여름이 없는 해였다"라고 언급하거나 영국의 목사가 템즈강에서 아이스 스케이팅에 대해 친구에게 쓴 것처럼 말이다. 그 후 그린란드의 바이킹 식민지가 영양실조로 인해 서서히 죽어갔음을 보여주는 해골 분석과 같은 고고학적 증거가 나왔다. 그러나 오늘날 우리는 나이테로부터 그리고 지구 여러 부분에 있는 빙하를 뚫어 채취한 얼음 핵으로부터 얻은, 기후에 대한 훨씬 더 일반적이고 정확하며 섬세한 데이터베이스를 가지고 있다. 얼음 핵은 나이테와 비슷한 연륜층을 가지고 있다. 얼음 핵에 대한 화학 및 동위원소 분석은 기온 범위, 해양 부피, 강수량, 하부 대기의 화학 물질, 화산 폭발, 태양 변동성, 심지어 산불 발생률 등 기후의 많은 측면을 보여준다. 일부 빙하의 깊이가 크기 때문에 수십만 년 전까지의 기후를 재구성하는 것이 가능했다.[4] 물론 최근의 스캔들은 인간이 만든 지구 온난화라는 논지를 대신하여 이러한 데이터를 조작하는 것과 관련이 있는데, 이는 지난 천 년 동안 기온의 소위 하키 스틱 그래프를 만들기 위해 중세 온난기의 온기를 최소화하고 소빙하기의 온도를 최대화하는 것과 관련된 사기 행위다. 이 사기 행각이 발각된 이상 이러한 온난기와 한랭기가 일어났고, 그것들이 인류 사건에 큰 영향을 미쳤다는 데는 의심의 여지가 없다.

중세 온난기

바이킹만큼 800년경부터 1250년경까지 우세했던 따뜻한 환경에서 혜택을 본 사람은 없었다. 스칸디나비아의 재배 기간이 길어지면서 농작물 수

---

4   Fagan, 2008.

확량이 크게 증가했고, 이는 결과적으로 더 많은 인구를 먹여 살렸다. 또한 온화한 기후는 바이킹들이 추운 시기에는 불가능했던 발견과 정착을 위한 항해를 할 수 있게 해주었다.[5] 줄어드는 빙하, 빙산의 감소, 바다 폭풍의 수와 강도의 감소는 북대서양을 가로지르는 바이킹의 항해에 유리했다.

아이슬란드의 발견과 정착이 처음이었다. 바이킹들은 노르웨이에서 페로 제도로 항해하는 동안 길을 잃은 후, 우연히 아이슬란드에 처음 도착했다. 다음으로, 한 무리의 스웨덴인들이 우연히 그 섬에 도착했고 겨울을 날 수 있었다. 860년대에 그곳을 의도적으로 항해한 최초의 바이킹은 플로키 빌게르다르손(Flóki Vilgerðarson)으로, 그는 그곳에서 겨울을 한 번만 났고 피요르드에서 유빙을 본 후 이 섬을 아이슬란드라고 이름 지었다. 아이슬란드의 첫 번째 정착자는 874년 가족과 함께 도착한 노르웨이의 족장 잉골프 아르나르손(Ingólfr Arnarson)이었다. 이후 60년 이내에 아이슬란드의 모든 땅은 정착민들의 소유가 되었고 정부가 수립되었다. 아이슬란드의 첫 번째 기독교 주교는 1056년에 서임되었다.

몇몇 바이킹이 아이슬란드에 처음 정착한 직후 그린란드로 항해했지만, 982년이 되어서야 누군가가 그린란드에 정착했다. 첫 번째 정착자는 여러 명을 살해한 혐의로 아이슬란드에서 3년간 추방당한 노르웨이인이었다. 그의 망명 기간이 지나자, 붉은 에릭(Eric the Red)은 당시 농사에 꽤 적합한 지역인 그린란드 남부 해안을 식민지로 만들기 위해 아이슬란드에서 이주자들을 모집했다. 스칸디나비아와의 무역이 번성했고, 1075년에는 어떤 그린란드인이 덴마크의 왕 울프손에게 살아 있는 북극곰을 선물로 보냈다. (덴마크 왕실의 문장은 여전히 북극곰을 포함하고 있다.) 그러나 그

---

5   Ferguson, 2009; Jones, 1986.

절정기에도 그린란드의 바이킹 인구는 3, 4천 명 정도였을 것이다.[6]

마지막으로 빈랜드가 등장했다. 비록 이 정착지가 북쪽 섬들에 대한 11세기 브레만의 아담(Adam of Breman)의 묘사에서뿐만 아니라 몇몇 북유럽 영웅전설에도 기록되어 있지만, 역사가들은 레이프 에릭손(Leif Eriksson)이 그린란드에서 아메리카 북부 해안까지 항해했다는 주장을 순수한 신화라고 일축했다. 1914년에 윌리엄 문(William A. Munn)은 자료를 상세히 살펴본 후, 바이킹들이 뉴펀들랜드 북부의 랜스 오 메도우(L'Anse aux Meadows)에 상륙하여 기지를 세웠다고 주장했다. 저명한 학자들 가운데 그를 진지하게 받아들이는 이는 없었다. 그러나 1960년 헬게(Helge)와 안네 스티네 잉스타드(Anne Stine Ingstad)는 문이 제안한 바로 그 지점에서 10세기 바이킹 마을의 광범위한 유적을 발견했다.[7] 오늘날에는 이곳이 북아메리카의 바이킹 정착지였고 바이킹들이 다른 여러 해안가에 캠프를 쳤다는 것이 받아들여지고 있다. 중세 온난기를 제외하면 이 중 어떤 것도 일어날 수 없었다.

한편 그 시기는 유럽에서도 황금기였다. 영국에서 양조용 포도가 매우 많이 재배되어 대륙 여러 지역의 지방 관리들이 영국 포도주의 수입을 제한하려고 했다. 매우 많은 땅이 특히 해안을 따라 새로 개척되거나 습지를 퍼내어 개간되었기에, 유럽이 당시 경작하는 땅의 규모에 이르기까지 500년이 걸렸다.[8] 식량이 풍부해지면서 유럽의 인구는 950년에 약 2,500만 명에서 1250년에 약 7,500만 명으로 급증했다.[9] 중세 경제가 주로 농업

---

6   Ferguson, 2009: 283.
7   Ingstad, Ingstad, 2001.
8   Ziegler, 1971: 31.
9   Gottfried, 1985: 17; Russell, 1972b.

에 의존했다는 점을 고려하면, 이 시기는 상당한 번영의 시대였다. 화폐에 대한 연구는 이러한 번영을 보여주는 하나의 창을 제공한다.[10] 또 다른 창은 부유한 유럽인들이 십자군에 자금을 대고 십자군 왕국에 보조금을 지급했던 거의 2세기에 이르는 시기다. 그러나 가장 분명한 풍요의 징후는 이 시기에 지어진 거대한 고딕 양식의 대성당들이다. 노트르담(1163), 캔터베리(1175), 스트라스부르(1190), 샤르트르(1194), 랭스(1212), 아미앵(1225), 그리고 그 외 수십 개가 더 있다. 고고학자 브라이언 페이건(Brian Fagan)은 "북유럽 정복과 마찬가지로, 대성당도 중세 온난기의 지속되는 유산인 지구 기후 현상의 결과였다"라고 결론지었다.[11]

그리고 그것은 잔인하게 끝났다.

소빙하기

1310-11년 겨울 동안 런던 시민들은 얼어붙은 템즈강에서 불을 피워놓고 춤을 추었다. 한 번도 일어나지 않았던 일이다. 그 후 1315년 초봄부터 몇 주 동안 비가 쏟아져 농사를 지을 수 없게 되었다. 서유럽 전역의 제방이 홍수에 의해 파괴되었고, 새로운 호수와 습지가 생겼다. 8월에는 날씨가 몹시 추워졌다. 점점 더 많은 사람이 굶주리기 시작했다. 다음 해 봄, 폭우로 인해 씨뿌리기가 다시 불가능해졌고, 그랬기에 다시 수확도 없었으며 가축을 먹일 사료도 없었다. 기근이 만연했다. 한편 강력한 돌풍이 해안 지역을 강타했다. 1317년에 이르러서는 북유럽의 귀족들조차도 굶주리고 있었다.

---

10   Metcalf, 1967: 357.
11   Fagan, 2000: 21.

그해 여름 날씨는 정상으로 돌아왔지만, 사람들이 너무 쇠약해져서 종자를 많이 먹었고 경작에 쓰이는 말과 소까지 소비되었기 때문에 참상은 계속되었다. 1325년 기근이 끝날 무렵에는 인구의 10%가 기아와 기아 관련 질병으로 사망했다.[12] 기근이 끝나기는 했지만 악천후로 농업 생산량은 계속 줄었다. 곡물 수확량은 수확한 곡물과 심은 씨앗의 비율로 측정할 수 있다. 1200년경에는 밀의 비율이 5대 1이었지만 1330년경에는 1.5대 1로 떨어졌다. 보리는 같은 기간에 10대 1에서 3대 1로 떨어졌다. 호밀은 약 4대 1에서 2대 1 이하로 떨어졌다.[13] 짧은 생육기에 더 적합한 새롭고 생산성이 높은 품종이 개발될 때까지는 농사짓는 것이 거의 이득이 없었다. (16세기에는 이 세 곡물들의 비율이 7:1로 증가했다.)[14]

날씨가 추워지면서 더 심한 폭풍이 찾아왔다. 최악은 해일을 대서양 서부 해안으로 몰아넣어 수만 명을 익사시킨 거대한 돌풍이었다. 1282년에 폭풍으로 인한 파도가 네덜란드 해안의 모래 언덕을 통과하여 해안에서 97km까지 미쳤고 너비가 48km 정도 되는 내해를 만들었다. 그것은 조이데르해(Zuiderzee)로 알려졌고 새로운 폭풍우가 닥치는 동안 계속 확장되었다. 1287년 새로운 침수로 5만에서 8만 명의 네덜란드인이 물에 잠겼고, 1421년에는 홍수로 72개의 마을이 파괴되고 1만 명이 익사했다.

한편 노르웨이와 덴마크에서 아이슬란드로 가는 배는 훨씬 적었고 그린란드로 가는 배는 없었다. 마지막 바이킹 배는 1406년에 그린란드를 방문했는데, 그것도 바람으로 인해 항로를 벗어났기 때문이었다. 그린란드에는 숲이 없었기 때문에 그린란드 바이킹들은 배를 만들 수도 수리할

---

12   Bennett, Hollister, 2006: 326.
13   Gottfried, 1985; Postan, 1973.
14   Issawi, 1980: 490.

수도 없었다. 악화된 기후에서 벗어날 수 없었고 곡식을 기를 수도 없었기 때문에 그린란드 바이킹 인구는 15세기 말에 전멸했다.

1347년 10월 카이로에서 온 갤리선이 시칠리아의 메시나 항구에 정박하면서 또 다른 재앙이 닥쳤다. 배에는 쥐들이 타고 있었는데, 모두 벼룩을 가지고 있었다. 흑사병이 유럽에 왔다.[15]

흑사병

흑사병은 림프절 페스트(페스트균)였다. (이러한 발견은 오랫동안 논란이 되었지만, 최근의 인간 두개골 분석으로 논쟁이 해결되었다.)[16] 페스트균은 쥐에 붙은 벼룩을 통해 전염된다. 인간은 그 질병을 가진 벼룩에 물렸을 때 감염된다. 페스트가 한 사람으로부터 다른 사람에게로 직접 전염될 수 있는지, 아니면 그 질병이 반드시 벼룩에 물려야 감염되는지에 대해 오랜 논란이 있었다. 감염된 사람의 체액과 직접 접촉하면 다른 사람에게 질병을 옮길 수 있다는 것이 일반적인 의견이지만, 거의 항상 벼룩에 물리는 것이 관련된다. 증상은 감염 후 며칠 이내에 나타나며, 피해자 대부분은 2-3일간 극심한 통증과 더불어 구토를 한 후에 사망한다.

물론 인류는 이전에도 많은 재앙을 겪었다. 165년부터 180년까지 전염병이 로마 제국을 휩쓸었고, 희생자 중에는 유명한 황제 마르쿠스 아우렐리우스가 있었다. 541-42년에 유스티니아누스 역병이 콘스탄티노플

---

15 Aberth, 2005; Cantor, 2002; Cartwright, 1972; Gottfried, 1985; Herlihy, 1997; Ziegler, 1971; Zinsser, 1963.
16 Haensch et al., 2010.

근처 어딘가에서 시작되어 전 세계로 퍼졌다.

하지만 흑사병이 이것들보다 훨씬 더 치명적이었다. 흑사병은 아마도 1346년에 중국에서 유래된 것으로 보인다. 그것은 그곳에서 서쪽으로 이동해 1347년 중동과 북아프리카에 도달했다.[17] 유럽인들은 흑사병이 그들에게 도달하는 것을 막기 위해 아무것도 할 수 없었다. 상선들은 감염된 쥐와 죽어가는 선원들의 화물을 메시나뿐만 아니라 지중해 항구 대부분으로 운반했다. 그리고 유럽에는 감염된 벼룩의 숙주가 될 엄청난 수의 쥐들이 있었다.

전염병은 남쪽에서 시작하여 북쪽으로 이동했으며 1348년부터 1351년까지 4년 동안 유럽 전역에서 유행했다. 비록 사망률이 지역마다 다를 수 있지만, 모든 곳에서 엄청난 수의 사람들이 죽었다. 1351년에 교황 클레멘스 6세는 유럽에서 흑사병으로 사망한 사람의 수를 파악하도록 그의 직원들에게 요청했다. 사망자는 2,384만 명, 즉 전체 인구의 약 30%라는 수치에 도달했다.[18] 분명히 이 총계는 실제 보도에 근거한 것이며 요한계시록 9:18에서 "사람 3분의 1"이 역병으로 죽을 것이라고 예언한 사실에 영향을 받지 않았다. 어떤 학자들은 60%처럼 높은 추정치를 지지하지만, 다수의 현대 학자는 30%의 추정치를 받아들인다.[19] 60%는 1361년과 1369년에 창궐한 페스트를 포함시키면 꽤 믿을 만한 수치다. 전 세계적으로도 비슷한 수준의 사망률이 제시되고 있으며, 최소 1억 명에서 많게는 2억 명이 사망한 것으로 추정된다. 가장 낮은 추정치조차 믿기 어려울 정도로 높기 때문에 어느 수치가 가장 정확한지 옥신각신하는 것은 의미가 없

---

17   Ziegler, 1971: 15.

18   Gottfried, 1985: 77.

19   Benedictow, 2004.

어 보인다.

일어난 일에 대한 참상은 상상하기 어렵다. 위대한 이탈리아 철학자이자 문학 지성인인 프란체스코 페트라르카(Francesco Petrarch, 1304-1374)는 친구에게 "빈집, 버려진 도시, 황폐한 땅, 시체가 널려 있는 들판, 전 세계를 아우르는 끔찍하고 방대한 고독"에 대해 썼다.[20] 기브리의 부르고뉴 마을 교구 등록부에 따르면 1340년에 1,200명의 인구가 있었으며, 매년 평균 30명이 사망했다. 그리고 1348년에는 14주 동안 615명의 사망자가 기록되었다.[21] 묘지에는 그만큼 수용할 공간이 없었으며, 곧 시체들이 겹겹이 해자 속으로 밀려들어 갔다.

유럽 전역의 동시대 기록들은 수녀와 수사들이 고통 받는 이들을 보살피고 매장하는 데 헌신했다고 전하지만, 역부족이었다. 곳곳에 부패한 시체들이 쌓여 있었고 거주자가 모두 죽은 집과 오두막들이 즐비했다. 애가 탄 이탈리아인 신부는 시에나의 상황에 대해 다음과 같이 썼다.

> 그리고 돈이나 우정을 위해 죽은 자를 묻을 만한 사람은 찾을 수 없었다. 한 가정의 구성원들은 죽은 사람을 최선을 다해 해자로 데려왔다.…그리고 시에나의 여러 곳에는 거대한 구덩이가 파였고 수많은 시체가 쌓여 있다.…그리고 나는…내 손으로 내 다섯 아이를 묻었다. 흙으로 너무 듬성듬성 덮여 있어서 개들이 끌어내 먹은 시체들도 도시 곳곳에 있었다.[22]

어디에도 안전한 곳은 없었고, 심지어 외딴 마을에서도 마찬가지였다. 치

---

20   Aberth, 2005: 72.
21   Gottfried, 1985: 54.
22   Benedictow, 2004: 91에서 인용됨.

사율이 60%에 달했던 것으로 보이는 아이슬란드도 안전하지 않았다.[23]

반응

흑사병이 기독교, 특히 교회에 대한 신뢰를 잃게 만들었다고 주장하는 것은 역사가들에게 흔한 일이 되었다. 어떤 사람들은 그랬을지도 모르지만, 『데카메론』(*Decameron*)의 구절을 인용하는 것은 대중적인 의견을 확립하지 못한다.[24] 또한 교회에 출석하지 않는 것이 흑사병에 대한 반응으로 교회를 떠났음을 드러낸다는 역사학자들의 주장은 확신이 들지 않는다. 이같은 반응이 드러내는 것은 대부분의 역사학자가 중세 시대, 심지어 이탈리아에서도 교회 출석률이 항상 낮았다는 사실을 모른다는 사실이다.[25] 사실, 흩어져 있는 자료들은 전염병이 진행됨에 따라 사람들이 교회에 유산을 남길 가능성이 커졌음을 시사한다.[26] 흑사병에 대한 광범위한 종교적 반응에 대한 믿을 만한 유일한 증거는 다소 괴기스럽기는 하지만 신앙의 깊어짐에 관한 것이다.

고행자들

흑사병이 발생하기 훨씬 전에 고행자 운동이 시작되었는데, 그것이 기근에 대한 반응으로 1259년에 이탈리아에서 처음 나타났다고 보고되었다.

---

23   Gottfried, 1985: 58.
24   Gottfried, 1985: 78–80.
25   Stark, 2011: ch. 15.
26   Benedictow, 2004: 166; Gottfried, 1985: 56.

그러나 흑사병 초기 하나님이 인류를 벌하기 위해 역병을 보내셨다는 믿음이 퍼지면서 대중 운동이 일어났다. 스웨덴의 망누스 2세가 말했듯이, "인간의 죄로 인해 하나님은 갑작스러운 죽음이라는 이 무거운 형벌로 세계를 때리셨다. 그로 인해 우리 국민 대부분은 죽었다."[27]

헝가리에서 시작하여 독일 전역으로 빠르게 퍼져나간 수만 명의 기독교 남성들은[28] 조직을 이루어 이 마을 저 마을로 다니기 시작했고, 자기 죄를 속죄하기 위해 자신과 서로를 채찍질했다. 동참하려면 적어도 33일 반나절 동안 활동해야 했고(그리스도가 땅 위에서 보낸 세월을 상징한다), 모든 빚을 미리 갚고, 아내의 허락을 얻어야 했으며, 지도자들에게 절대적으로 복종해야 했다. 고행자들은 마을에 함께 들어가 하룻밤 이상 한곳에 머무르지 않았고, 여자와 절대 말하지 않겠다고 맹세했으며, 방석에 앉거나 면도하거나 목욕하지 않겠다고 맹세했다.[29]

처음에 교회는 고행자들을 지지했다. 교황 클레멘스 6세는 (교황이 로마에서 망명 중이던) 아비뇽으로 그들 한 무리를 초대하기도 했다. 고행자들은 그들이 방문한 지역 사회에 도덕적 영향을 끼쳤는데, 죄책감에 사로잡힌 간음자들이 공개적으로 자백을 하고 도둑들은 훔친 물건을 돌려주기도 했다.[30] 그러나 고행자들의 지도자들은 곧 노골적으로 이단적인 색채를 띠었다. 필립 지글러(Philip Ziegler)는 흑사병의 역사를 다루면서 다음과 같이 말했다. "형제 중 일부는 초자연적인 힘을 주장하기 시작했다. 고행자들이 악마를 몰아내고, 병든 자를 치유하며, 심지어 죽은 자를 살려낸

---

27   Gottfried, 1985: 57에서 인용됨.
28   몇몇 고행자 무리에는 여성들이 포함되어 있었으며, 엄격하게 남녀를 구별하고 여성의 참회 행위를 제한했다.
29   Leff [1967] 1999: 488.
30   Ziegler, 1971: 96.

다는 주장이 흔하게 제기되었다. 일부 회원은 그리스도와 함께 먹고 마시거나 성모와 이야기를 나눴다고 밝혔다. 한 사람은 자신이 죽음에서 살아났다고 주장했다.”[31] 성직을 받지 못한 그 운동의 지도자들은 자백을 듣고, 면죄를 선언하며, 참회를 강요하기 시작했다. 1349년 교황 클레멘스는 고행자들을 이단으로 정죄했고 일부 지도자들을 체포하여 처형했다. 그러는 동안 흑사병은 계속되었다.

유대인 탓하기

필연적으로 왜 전염병이 발생했는가 하는 질문이 지속되었다. 이에 유대인들이 역병으로 우물을 중독시키고 있다는 이야기가 퍼지기 시작했다. (유대인들은 정결함을 유지하는 것에 대한 우려 때문에, 대중을 위한 물을 마시기보다는 그들 자신의 우물을 가지고 있었다.) 이 소문은 유대인에 대한 공격이 처음 일어난 스페인에서 유래된 것으로 보이며, 20명의 유대인이 바르셀로나에서, 18명이 세르베라에서, 그리고 몇 명은 카탈루냐와 아라곤에서 살해되었다.[32] 그러나 스페인계 유대인에 대한 공격은 클레멘스 교황의 칙서로 무장한 현지 주교들에 의해 빠르게 진압되었다.

유대인을 보호하기 위한 명령

1348년 10월 1일

우리의 구세주가 인류를 구원하기 위해 사람의 몸을 입으실 때 유대인의 혈통으로 태어날 가치가 있다고 여기셨기 때문에 우리는…유대인을 은신시

---

31 Ziegler, 1971: 92.
32 Stark, 2001: 131.

켜야 할 의무가 우리에게 있음을 염두에 두고 있습니다.…그러나 최근에는 일부 기독교인들이 경솔한 마음에 역병을 사탄과 비견된다고 하는 유대인의 오염 탓으로 잘못을 돌려…여러 유대인을 살해하는 일이 벌어졌는데, 이는 사실 분노하신 하나님이 기독교인들을 그들의 죄 때문에 때리신 결과입니다.…유대인들이…책임이 있다는 것은 믿을 수 없어 보입니다.…왜냐하면 거의 보편적인 이 전염병이…유대인들을 괴롭히고 또 계속 괴롭히고 있기 때문입니다.

우리는 여러분[주교들]이 모두…사도적 서신을 통해 성직자들이나 백성 할 것 없이 여러분의 사람들에게 미사를 집전하는 동안 경고할 것을 명령합니다. 그리고 그들이 유대인을 붙잡거나 때리거나 상처를 입히거나 살해하지 않도록 파문의 형벌로 경고하며 분명하게 명하길 바랍니다.[33]

교황의 명령은 거의 모든 곳에서 지켜졌다. 일어나지 않은 유대인 학살이 일어났다고 주장하는 역사학자들과는 달리,[34] 유럽에서는 라인강 근처나 강을 따라 세워진 일련의 도시들을 제외하고는 더 이상 유대인에 대한 공격은 없었다. 약 2만 명의 유대인들이 에르푸르트, 마인츠, 슈파이어, 스트라스부르, 아우크스부르크, 쾰른, 뮌헨, 뉘른베르크, 프랑크푸르트, 슈투트가르트 등에서 살해되었다.[35] 이곳들은 1096년부터 시작된 반유대주의 유혈사태의 역사가 깊은 지역이다.[36] 여기서 몇몇 가정은 이전의 대학살 사건들을 되짚어보며 자신들이 "유대인 학살자"(Judenbreter)의 후손이라

---

33 Aberth, 2005: 158-59에서 인용됨.
34 예. Gottfried, 1985: 52-53.
35 Stark, 2001: 132.
36 Stark, 2009.

7장 기후, 전염병, 사회 변화

245

고 자랑스럽게 주장했다.[37] 왜 이 지역들인가? 왜냐하면 역사학자 슐라미트 마그누스(Shulamit Magnus)의 표현에 따르면 라인강 유역은 "정치적으로 분열된 지역"이었고,[38] 교회도 국가도 실효적인 통제권을 가지고 있지 않았기 때문이다. 결과적으로 대중들의 격분에 대한 제한은 거의 또는 전혀 없었다. 이러한 이유로 이단적인 기독교 운동이 이곳에서도 크게 성공했고, 루터의 종교개혁도 그랬다(14장 참조). 불행하게도 이들 도시의 악랄한 반유대주의 문화는 중세의 쇠퇴와 함께 사라지지 않고 살아남아 히틀러의 "최종 해결책"을 지지하기에 이르렀다.

정체된 인구 변동

흑사병으로 인한 엄청난 인명 손실의 여파로 유럽의 인구는 정체되었다. 흑사병 이전의 인구는 16세기가 되어서야 회복되었다. 이것은 출산율 가속화로 인해 인구 대란이 빠르게 회복된다는 것을 전제하는 이론을 지지하는 많은 인구학자를 당황하게 했다.[39] 이것은 학계만이 지탱할 수 있는 논쟁의 종류이며, 토머스 맬서스(Thomas Malthus, 1766-1834)의 의심스러운 이론에 대한 수많은 해석을 불러일으켰다.[40] 그러나 유럽의 인구가 증가하지 않은 주된 이유는 명백하다. 전염병은 1352년 이후에도 사라지지 않았다는 것이다! 대신, 역병이 새롭게 일어나기를 반복했다. 각 발생이

---

37   Graetz, 1894: 3: 611.

38   Magnus, 1997: 18.

39   Bolton, 1996: 29-33.

40   Herlihy, 1997: 31-33에 탁월하게 요약되어 있다.

작은 규모도 아니었다. 1361년에 새로운 전염병이 수백만의 사람을 죽였다. 유럽 인구의 10-20%가 사망했다. 1369년 세 번째 대유행은 유럽 전역에서 10%를 더 죽인 것으로 추정된다.[41] 지글러에 따르면 "최고의 추정치는 1349년부터 1450년까지 유럽 인구가 60%에서 75% 사이로 감소했다는 것이다.[42]

이러한 손실을 메꾸려면 불가능할 정도로 높은 출산율이 필요했을 것이다. 사실 이 시기의 출산율은 유난히 낮았다. 여기서 인구학자들은 그럴듯한 설명을 내놓았다. 페스트의 치사율이 여성보다 남성이 더 높았던 것을 고려하면, 평소보다 훨씬 많은 여성이 결혼도 하지 않고 아이도 갖지 않았다는 것이다. 게다가 특히 젊은 성인들이 큰 타격을 입었기 때문에 살아남은 인구는 불균형적으로 노인이 많았다.[43]

그러나 훨씬 적은 수의 인구가 살아남은 것은 대부분의 사람에게 완전히 불행은 아니었다.

농노제의 종말

흑사병이 발생하기 전, 농노들은 유럽의 농사일을 대부분 했다. 농노는 토지 소유주가 자신의 밭에서 노동력을 얻는 대가로 주택뿐 아니라 한 구획의 땅을 제공해주는 소작농을 말한다. 농노들은 그들의 땅에 대한 세습적인 권리를 가지고 있었다. 그 대가로 그들은 땅과 집주인에게 속박되었다.

---

41   Ziegler, 1971: 131.
42   Ziegler, 1971: 133.
43   Bolton, 1996: 34-39.

즉 그들은 쫓겨날 수 없었지만, 떠날 수도 없었다. 농노들에게 토지를 제공하는 것 외에도, 영주(잉글랜드에서는 물론 유럽에서도 지주들이 이렇게 불렸다)들은 그들을 보호했다.[44]

모든 중세 농민들이 농노였던 것은 아니다. 많은 이가 지주에게 별도의 의무 없이 토지를 자유롭게 임대했다. 토지대장에 따르면 11세기 말 영국 인구의 12%가 자유농민이었고 35%가 농노였다.[45] 농노에 대한 자유농민의 비율은 14세기 초부터 증가하기 시작했고, 흑사병으로 인한 엄청난 인명 손실은 이러한 추세를 가속화시켜 서유럽에서는 농노 제도가 곧 사라졌다.[46]

흑사병의 직접적인 결과로 소유자나 상속자가 없는 엄청난 양의 농경지가 생겼다. 그 결과 살아남은 지주들은 재산을 크게 늘렸다. 토지가 두세 배로 커지자, 그들은 노동력 부족이라는 심각한 위기에 즉각 직면했다. 지주들은 노동력을 얻기 위해 경쟁하기 시작했고, 그 결과 임금과 고용 조건이 모두 개선되었다. 예를 들어, 영국에서 농사꾼의 평균 임금은 1347년에 주당 2실링에서 1349년에 7실링으로 올랐고, 1350년에는 10실링 6펜스로 올랐다. 비슷한 증가가 도처에서 일어났다.[47] 아마도 더 중요한 것은 소작의 조건도 극적으로 바뀌었다는 것이다. 그들을 땅에 구속하는 규칙에서 해방되지 않는다면, 농노들은 그냥 그곳을 버려두고 다른 곳에서 자유 소작인으로 등록했다. 그들의 새 지주들은 이를 묵인했다. 지주들은 소작인을 유지하기 위해 농노제도에서 그들을 해방시켜야 했다.

---

44   Blum, 1978.
45   McGarry, 1976: 242.
46   Hilton [1973] 2003, 1969; Gottfried, 1985.
47   Gottfried, 1985: 94.

게다가 새로운 임대 계약들은 점점 더 소작농에게 호의적으로 다가갔다. 지주들은 더 낮은 임대료로 씨앗, 소, 말, 더 나은 주택을 제공하는 데 동의했다. 또한 소작인의 부족으로 가축, 특히 노동을 집약적으로 필요로 하지 않는 양과 소의 방목을 위해 농사를 포기하는 지주들이 많았다. 이러한 발전은 노동 계급이 더욱 풍요로워짐에 따라 육류 소비를 증가시켰다. 단백질 섭취의 증가는 사람들의 신장과 체력에 빠르게 반영되었다.

산업과 도시 직장의 다른 형태의 급속한 증가는 또한 농민들의 상황을 개선시켰다.[48] 실제로 도시 건설 노동자들의 실질 임금은 15세기 중반에 19세기 말만큼이나 높았다.[49] 14세기 후반 잉글랜드에서는 모직 제조 산업이 급속히 성장하면서 높은 임금을 제시하여 많은 노동자가 농촌으로부터 멀어지게 되었고, 이에 따라 임금 상승 압력이 증가하게 되었다.[50] 모직 의류에 대한 수요는 부분적으로는 점점 추워지는 기후에 따라 증가했다는 점에 주목해야 한다.

중세 노동자들이 얻은 재정적·법적 이득의 결과로, 엘리트들의 재정 상황은 상당히 감소했다. 먹여 살려야 할 인구가 많이 줄어들면서 농산물 가격이 하락했고, 이로 인해 지주들의 수입이 줄어들었다. 저명한 A. R. 브리드버리(Bridbury)의 표현에 따르면, "많은 토지를 소유한 계급의 구성원들은…이 중요한 시대의 움직임으로 인한 희생자 중 두드러지게 많았다."[51] 그 결과 서유럽 전역의 귀족 지주들은 법으로 임금 인상을 금지하려고 했다. 프랑스에서는 1349년 법령에 의해 임금이 1348년 이전 수준

---

48   Hilton, 1969: 55.
49   Phelps Brown, Hopkins, 1962: 179-96.
50   Bridbury, 1962; Stark, 2005.
51   Bridbury, 1962: 85.

으로 제한되었다. 하지만 그것은 무시되었고, 1350년에는 새로운 법령이 임금 인상을 1348년 수준보다 33%를 넘지 못하도록 제한했다. 잉글랜드에서는 1349년의 노동 조례가 임금을 동결했다. 그리고 1350년에 의회는 같은 일을 시도하는 법을 제정했다. 하지만 시장은 그들을 압도했다. 역사학자 로버트 고트프리드(Robert S. Gottfried)는 "이 모든 노력은 헛수고였고, 지주들은 노동자를 유지하는 유일한 방법이 현행 요율을 지불하는 것임을 발견했다"라고 썼다.[52]

그럼에도 불구하고 더 큰 자유를 요구하는 농민들과 도전받지 않는 농노제도로의 복귀를 원하는 귀족들 사이의 긴장은 몇 차례의 농민 반란으로 이어졌다. 1358년에는 프랑스의 자크리 반란, 1378년에는 이탈리아의 치옴피 반란, 1381년에는 영국의 농민 반란(또는 와트 타일러의 반란)이 일어났다. 이 모든 반란은 무자비하게 진압되었다. 그러나 그들의 목표는 주로 경제력에 의해 달성되었다. 역사학자 짐 볼튼(Jim Bolton)이 적절하게 표현했듯이, "변화는 거의 불가피하게 찾아왔고, 14세기 후반의 경제적 사건들, 특히 인구의 갑작스러운 감소로 인한 사건들이 농민들에게 저항할 수 없는 협상적 지위를 주었기 때문에 그렇게 되었다. 1380년대 후반에 이르러서는 농노제를 복원하려는 귀족들의 노력이 소작인의 저항과 경제적 현실주의로 인해 대체로 실패했다."[53]

---

52   Gottfried, 1985: 95.
53   Bolton, 1996: 49.

혁신?

20세기 역사학자 데이비드 헐리히(David Herlihy)는 사후에 출판된 매력적인 책에서[54] 흑사병으로 인한 노동력 부족이 노동력 절약 기술의 발명과 발전을 자극했다는 그럴듯한 가설을 제시했다. 이전 장에서 보았듯이, 로마인들이 노예들의 손으로 곡식을 갈기 위해 물레방아를 무시했을 때처럼, 사회는 노동력이 충분히 저렴할 때 종종 혁신을 무시했다는 점에서 이 가설은 특히 매력적이다. 실제로 헐리히는 흑사병 이후 수력과 풍력이 수작업 대신 널리 채택되었다고 주장했다.

인쇄술은 14세기의 노동력 부족으로부터 중요한 자극을 받았다고 하는 또 다른 혁신이었다. 헐리히에 따르면, "수많은 필사자가 원고를 복사하기 위해 고용되었다. 임금이 낮았을 때는 인간의 집중적인 노동에 기초한 이 재생산 방법은 충분히 만족스러웠다. 그러나 중세 후기의 인구 급감은 인건비를 증가시켰다. 따라서 인쇄술의 출현은 중세 후기 경제를 변화시킨 요소 대체 정책의 두드러진 예다."[55] 또한 헐리히는 노동력 부족이 더 적은 수의 승무원을 보유한 대형 선박의 개발과 서유럽 군대의 빠른 총기 도입의 원인이 되었다고 주장했다.

우아한 논지이지만 헐리히의 가설이 증거에 의해 뒷받침되지 않았다는 점은 실망스럽다. 수력 발전은 흑사병 시대 이전부터 서유럽 전역에 널리 퍼졌고(4장에서 보았듯이), 수력 발전 축융공장들은 13세기 잉글랜드 모직 산업이 폭발적으로 성장하기 위한 기초가 되었다. 가장 중요한 요인은

---

54   Herlihy, 1997.
55   Herlihy, 1997: 50.

비록 최소한의 생계 임금만 지불한다고 하더라도 수작업이 경쟁할 수 없다는 것이었다. 축융기는 너무 효율적이었다.[56] 잉글랜드산 모직은 가격이 너무 싸서 유럽 시장 전체를 빠르게 장악했다. 인쇄기와 필경사를 비교해 봐도 마찬가지다. 흑사병으로 필경사의 수가 줄어들면서 언론도 생겨났지만, 책을 손으로 복사하는 한, 아주 돈이 많은 사람을 제외하고는 책값이 너무 비쌌을 것이다. 필경사들이 넘쳐났다고 하더라도 훨씬 저렴한 프린터들이 시장을 장악하는 것을 막을 수 없었을 것이다. 선박의 경우 흑사병으로 인한 인력 부족 사태로 선박이 갑자기 더 커지거나 선원이 줄어들지는 않았다. 오랫동안 확립된 경향이 단지 그 방향으로 계속되었을 뿐이다. 결국 유럽군은 병력의 부족이 아니라 방탄 병력의 부족을 보완하기 위해 총기를 채택했다.

지금까지 아무도 흑사병으로 인한 노동력 부족에 의해 촉발된 노동력 절약 기술의 믿을 만한 예를 발견하지 못했다.

대조적으로 유리창, 덧문, 스키, 아이스 스케이트, 선글라스(설맹 방지를 위해 처음 사용됨), 증류주, 바지, 뜨개질한 옷, 단추, 굴뚝 등 많은 혁신은 소빙하기에 기인할 수 있다.[57]

그러한 발명이 광범위한 사회적 영향을 미친 것을 살펴보기 위해 마지막 사례를 고려해보자. 굴뚝은 방의 난방을 잘 유지하고 연기가 나지 않게 하는 중요한 기능을 했지만, 그 이상의 역할도 했다. 굴뚝은 사람들이 집을 정리하고 생활하는 방식을 근본적으로 바꾸었다.

사람이 불을 사용한 증거는 적어도 40만 년 전으로 거슬러 올라가며,

---

56   Carus-Wilson, 1941, 1952.
57   Dresbeck, 1976: 181.

일부 학자들은 불을 처음 사용한 시기를 훨씬 이전으로 추정한다. 사람들은 오두막집에 머물 때 지붕의 구멍에 의지하여 모닥불을 피웠다. 이는 실내에 연기가 자욱하게 하고 차가운 바람과 비를 들이는 비효율적인 방법이다. 벽난로는 불연성 난로에만 불을 가두어놓아 안전성을 높였지만, 연기와 통풍 문제를 해결하는 데는 아무런 도움이 되지 않았다. 이것은 중앙난로에 의해 가열되는 하나의 큰 홀에 구조물을 제한함으로써 어느 정도 최소화되었다.

굴뚝은 약 12세기경에 처음 등장했고, 처음에는 매우 부유한 사람들만 사용했다. 유감스럽게도 너무 많은 중세 역사가가 하층민 주택에는 근현대까지도 굴뚝이 없었다고 추측한다.[58] 그들은 미술사학자들과 상의했어야 했다. 15세기 초의 많은 그림은 시골 지역의 대다수 건물뿐만 아니라 도시의 매우 수수한 집에도 굴뚝이 있었음을 보여준다.[59]

굴뚝은 상대적으로 작은 방에서 가장 잘 작동하기 때문에, 큰 방들은 곧 버려지거나 여름에만 사용되었다. 중세 건물들은 작은 방들로 세분화되었고, 각각 벽난로와 굴뚝이 있었다. 작은 방들이 많이 생기면서 이전에는 없었던 사생활이 생겨났고, 그것과 함께 새로운 정숙함이 생겼다. 중세 겨울 기후에 대한 연구에서 리로이 드레스벡(LeRoy Dresbeck)은 "중세 후기에 특히 침실은 사람들이 가장 아끼는 방 중 하나가 되었고, 굴뚝은 이 시기의 성 풍습을 바꾸는 데 도움을 주었다"고 결론을 내렸다.[60] 즉 성관계는 반공개적 활동이 아닌 사적인 활동이 되었다.[61]

---

58 예. Rodney Hilton, 1969: 98.
59 Dresbeck, 1976: 184.
60 Dresbeck, 1976: 186.
61 그것은 어느 정도 부유한 사람들에게만 해당되었다. 원룸형 집을 가진 사람들에게는 방이 더 따뜻하고 연기가 나지 않는다는 것 외에는 아무것도 변하지 않았다.

역사 잘못 읽기

여러 세대의 역사학자들과 사회과학자들은 1315-18년의 기근, 흑사병에 의한 파괴, 그리고 다른 재앙들이 인구에 대한 "긍정적인 억제"이며, 인구를 (자동적으로) 식량 공급에 비례하도록 만들었다는 토마스 맬서스의 주장을 받아들였다. 즉 기근과 전염병은 너무 많은 사람이 있을 때 뒤따르는 정상적인 결과라는 것이다. 1960년대와 1970년대 초 맬서스의 인구이론은 학계에서 가장 우세했고, 모든 사회학 교과서(필자의 초기판도 포함)는 언제라도 비극이 닥칠 수 있다고 경고했다. 스탠퍼드 대학교의 폴 에를리히(Paul Ehrlich)는 그의 인기도서 『인구폭탄』(*The Population Bomb*, 1968)에서 다음과 같이 거들먹거리며 말했다. "모든 인류를 먹여 살리기 위한 싸움은 끝났다. 1970년대에는 전 세계가 기아에 시달릴 것이다. 수억 명이 굶어 죽을 것이다." 또한 1960년대 말에 유명한 과학자 C. P. 스노우(Snow)는 「뉴욕타임즈」에 "아마도 10년 안에 가난한 나라의 수백만 명의 사람들이 바로 우리 눈앞에서 굶어 죽을 것이다.⋯우리는 그들이 그렇게 죽는 것을 텔레비전에서 보게 될 것이다"라고 말했다.[62]

물론 그런 일은 일어나지 않았다. 그리고 역사학자들과 사회과학자들에게 맬서스 이론이 14세기의 재앙에 대해서도 아무것도 알려주지 않는다는 것이 서서히 밝혀졌다. 1315-18년의 기근은 인구 과잉이 아니라 날씨 때문이었다. 대부분의 농작물이 갑작스럽게 파괴되기 전에는 식량 공급이 충분했다. 흑사병은 임파선 페스트에 의해 발생했으며, 런던이나 파리처럼 인구가 많은 곳만큼이나 아이슬란드와 같이 드문드문하게 정착

---

62   Stark, 2007b: 527에서 인용됨.

된 곳에서도 그 정도가 심하거나 강하게 발생했다.

어쨌든 좋든 나쁘든, 기후 변화와 흑사병 모두 서구 문명의 진로에 중대한 영향을 미쳤다.

8장

지식의 추구

서구 문명의 발흥에 가장 근본적인 열쇠는 가장 뛰어난 인재들이 지식을 추구하는 데 헌신했다는 것이다. 깨달음이 아니다. 계몽이 아니다. 지혜가 아니다. 지식이다. 그리고 지식에 대한 이러한 헌신의 기초는 **신학**에 대한 기독교의 헌신이었다.[1]

대부분의 서양 지식인 사이에서 신학은 평판이 좋지 않다. 이 단어는 불합리와 독단주의를 포용하는 종교적 사고의 구식 형태를 의미하는 것으로 받아들여진다. 스콜라주의도 그렇다. 대부분의 사전에 따르면, "스콜라주의"(scholastic)라는 단어는 종종 중세 교회 학문의 무미건조함을 나타내며, "현학적이고 독단적인"이라는 의미를 띤다. 18세기 영국의 철학자 존 로크는 스콜라주의 학자들을 "자신의 무지를 가리기 위해" 사용된 쓸모없는 표현들을 만들어내는 "위대한 조폐국장"이라고 일축했다.[2] 20세

---

1   이 장의 이 단락과 이후의 단락에서는 『기독교와 이성의 승리』(*The Victory of Reason*, 새물결플러스 역간)에서 내가 연구하고 기록한 내용에 의존한다. Stark, 2005: ch. 1을 보라.

2   John Locke, *Essay Concerning Human Understanding*, 3:9.

기에 윌리엄 댐피어(William Dampier) 경은 과학적 사상이 "점성술, 연금술, 마술, 신지학으로 뒤엉킨" 스콜라주의 학파 가운데 "우세한 정신적 전망과는 상당히 이질적"이라고 불평하며 대부분의 기존 학자를 대변했다.[3]

그렇지 않다! 스콜라주의 학자들은 유럽의 훌륭한 대학을 설립하고, 실험 방법을 공식화하고 가르치며, 서양의 과학을 시작한 훌륭한 학자들이었다.

신학은 대부분의 종교적 사고와 다르며, 유대교와 그리스 철학에 뿌리를 두고 있지만 기독교에서만 완전히 발달한 정교하고 매우 **합리적인** 학문이다. 하나님을 더 완전하게 이해하려는 노력이 하나님의 창조물을 포함하도록 확장되었기 때문에 지식의 추구는 신학에 내재되어 있었다. 따라서 그것은 자연과 자연 현상에 관한 연구로 정의되는 **자연철학**으로 알려진 학술 산업을 만들어냈다. 중세 시대 동안 훌륭한 스콜라주의 자연철학자들의 이어진 출현은 코페르니쿠스식 "혁명"과 16세기와 17세기의 비범한 과학적 업적으로 이어지는 방식으로 서양의 지식을 발전시켰다.

초기 기독교와 그리스 철학

때때로 "신앙의 학문"으로 묘사되는 신학은 신에 대한 형식적인 추론으로 구성된다.[4] 신학은 하나님의 본성과 의도 및 요구를 **발견하고**, 이것들이 인간과 하나님의 관계를 어떻게 정의하는지 이해하는 데 중점을 둔다.

---

3   Dales [1973] 1994: 170에서 인용됨.
4   Rahner, 1975: 1687.

신학은 하나님(여러 신이 아닌 한 분 하나님)을 무한한 능력과 역량을 가진 의식적이고 이성적이며 초자연적인 존재로 보는 것을 필요로 한다.

그래서 동양에 신학자가 없는 것이다. 설사 그러한 지적 추구를 시작할지라도 그들은 신학의 이 첫 번째 전제를 거부한다. 도교를 생각해보라. 도는 초자연적인 본질, 근본적이고 신비적인 힘 또는 생명을 지배하는 원리지만, 비인간적이고, 멀리 떨어져 있으며, 의식이 없고, 확실히 존재가 아닌 것으로 여겨진다. 그것은 영원한 길이며 조화와 균형을 만들어내는 우주적인 힘이다. 고대 중국 철학자 노자에 따르면, 도는 "항상 존재하지 않으"면서도 "항상 존재하고", "이름 지을 수 없"지만 "이름 지어질 수 있는 이름"이며, "소리도 없고 형태도 없"고 "항상 욕망이 없다"라고 한다.[5] 사람은 그러한 본질에 대해 영원히 명상할 수 있지만, 그것은 추론할 수 있는 것을 거의 제공하지 않는다. 불교와 유교도 마찬가지다. 비록 이러한 신앙의 대중적인 형태가 다신교적이고 (대중적인 도교의 경우처럼) 수많은 작은 신들을 포함하지만, 이러한 신앙의 "순수한" 형태는, 지식 엘리트들이 추구하는 것처럼, 신이 없고 막연한 신적인 본질만을 가정한다. 부처는 특히 의식 있는 신의 존재를 부정했고, 학자 브래들리 클러프(Bradley Clough)의 말에 따르면, "불교도들은 심지어 그러한 신에 대한 믿음이 종종 윤리적 타락으로 이어진다고까지 말했다."[6]

하지만 의식적이고 전능한 신이라는 첫 번째 전제조차도 신학을 지탱하기에 충분하지 않다. 신에 대한 질문에 인간의 이성을 적용하는 것이 정당하다고 생각할 필요도 있다. 그래서 무슬림 신학자가 없는 것이다. 이

---

5   Stark, 2007a.
6   Clough, 1997: 57.

슬람 성직자들은 자연법이 알라가 누려야 할 행동의 자유에 한계가 있음을 시사한다고 믿기 때문에 과학을 이단이라고 거부했듯이, 또한 그들은 알라에 대한 이해를 넓히기 위해 이성에 의존하는 정당성을 부인한다. 알라에 대해 이해해야 할 모든 것은 코란에 쓰여 있다. 이슬람 사상가들의 적절한 역할은 경전을 해석하는 것이다. 즉 사람들이 알라의 명령을 따르도록 확실히 하는 것이다.

대조적으로 기독교 신학자들은 하나님의 본성과 하나님의 가르침의 의미에 대해 추론하는 데 수 세기를 바쳐왔다. 시간이 지남에 따라 몇몇 신학적 해석은 극적으로 발전했다. 예를 들어, 비록 성경이 점성술을 비난하지 않지만(동방 박사의 이야기는 심지어 그것이 타당하다고 암시하는 것처럼 보일 수도 있다), 성 아우구스티누스는 한 사람의 운명이 별에서 운명지어졌다고 믿는 것은 자유의지라는 하나님의 선물에 반대되는 것이기 때문에 점성술은 죄악이라고 추론했다.[7] 이것은 단순히 성경 내용의 증폭이 아니라, 교회는 점성술을 금지한다는 **새로운 교리**로 이어진 신중한 연역적 추론의 한 예다. 이와 비슷하게 6장에서 요약된 바와 같이, 중세 기독교 신학자들은 노예제도를 수용했던 이전의 교리들이 잘못되었다고, 노예제도가 사실 하나님의 법에 어긋난다고 추론했다. 이러한 예들이 보여주듯이, 위대한 지성인들은 교회의 교리를 바꾸거나 심지어 뒤집을 수 있고 종종 그랬다. 설득력 있는 추론에 근거해서 말이다.

성 아우구스티누스와 토마스 아퀴나스와 같은 선도적인 기독교 신학자들은 오늘날 엄격한 해석자로 불릴 수 있는 사람들이 아니었다. 그들은 이성을 신의 의도에 대한 더 큰 통찰력을 얻기 위한 수단으로 기념했다. 6

---

7   Saint Augustine, *The City of God*, 5:1

장에서 그들이 상업에 관한 교리를 어떻게 수정했는지를 떠올려보라. 2세기의 테르툴리아누스의 가르침도 기억하라. "이성은 하나님의 것이다. 창조주께서 이성으로 공급하거나 배치하거나 정하지 않으신 것은 아무것도 없다. 그가 의도하지 않은 어떤 것도 이성에 의해 다루어지고 이해되어서는 안 된다."[8] 또는 『인식』(*Recognitions*)의 한 구절을 다시 생각해보라. "우리가 이런 것들을 단지 믿음으로만 받아들여야 한다고 말한다고 생각하지 말고, 그것들이 이성으로 주장되어야 한다고 생각하라. 이런 일을 이성 없이 단지 믿음에만 맡기는 것은 안전하지 않다. 확실한 진리에는 이성이 없을 수 없기 때문이다." 사실 그 진술은 아마도 믿음과 이성 간의 가장 설득력 있고 영향력 있는 연결고리일 것이다. 『인식』에서는 이어서 다음과 같이 말한다.

그러므로 이치에 의해 강화된 이런 것을 받은 사람은 결코 그것들을 잃을 수 없다. 반면에 증거 없이 간단한 진술을 동의하여 받아들이는 사람은 그들을 안전하게 지킬 수도 없고, 사실인지도 확신할 수도 없다. 쉽게 믿는 사람은 쉽게 양보하기 때문이다. 그러나 그가 믿고 받은 것들에 대해 이성을 찾는 사람은, 마치 이성의 사슬에 묶인 것처럼, 그가 믿었던 것들로부터 결코 떨어지거나 분리될 수 없다. 그러므로 누구든지 이성을 찾는 데 더 열심인 것만큼, 그는 신앙을 지키는 데 더 확고해질 것이다.[9]

이러한 견해는 영국의 저명한 역사학자 R. W. 서던(Southern)으로 하여금

---

8   Tertullian, *On Repentance*, 1.
9   *Recognitions of Clement*, 2:69.

스콜라 신학자들에게 "우리가 지금 개연성이 있다고 믿는 것보다 더욱, 인간이 더 합리적이고, 인간의 본성이 더 고귀하게 보이고, 인간이 우주의 신성한 질서를 더 살펴볼 수 있고, 인간, 자연, 신의 복합체 전체를 더 이해할 수 있다고 여기게 만드는" 경향이 있었음을 성찰하도록 이끌었다. 그러나 서던은 "단순히 우주의 구조를 이해하려는 노력이자…인간의 마음이 모든 것을 알 수 있다는 것을 보여줌으로써 인간 마음의 존엄성을 증명하려는 노력으로서, 이 사상은 지금까지 시도된 과학적 인본주의의 가장 야심 찬 모습 중 하나다"라고 결론지었다.[10]

지식의 추구에 대한 이러한 헌신을 고려할 때, 기독교 신학과 자연철학은 중세 시대에 밀접하게 연관되어 있었다. 저명한 역사학자 에드워드 그랜트(Edward Grant)가 언급했듯이, "중세 후기 서구 기독교 내에서…거의 모든 전문 신학자들은 자연철학자이기도 했다. 중세 대학교육의 구조를 감안하면 대부분의 신학자가 경력 초기에 실제로 자연철학을 가르쳤을 가능성도 있다."[11] 대조적으로 자연철학은 이슬람교 내에서 매우 논란이 많았다. 그것은 위험을 무릅쓰고 "사적으로 그리고 조용히 가르쳐야 할" 것이었고, 저명한 이슬람 종교 사상가들은 그것을 가르친 적이 없었다. 그러나 그랜트는 서양에서는 "학문의 기초를 이루는 많은 문제에 대해 공개적으로 의견을 제시할 자유가 있다고 믿는 재능 있는 사람들을 자연철학으로 끌어들일 수 있었다"라고 설명했다.[12]

서구 문명의 발흥에 신학과 자연철학 사이의 유대가 지닌 중요성은 아무리 강조해도 지나치지 않을 것이다. 이러한 유대감의 결과로, 자연 세

---

10   Southern, 1970a: 49.
11   Grant, 1996: 182.
12   Grant, 1996: 183.

계에 대한 지식의 추구는 중세 대학 교육과정의 중심이 되었고, 궁극적으로 서양 과학의 발흥을 이끌었다.[13]

대학의 발명

아마도 우리 시대의 정치적 올바름을 존중해서인지 아니면 무지해서인지는 몰라도, 최근 들어 최초의 대학을 중국이나 인도 혹은 페르시아에서 기인한 것으로 보려는 노력이 많이 있었다. 물론 많은 고대 제국은 사색과 명상에 전념하는 사람들을 보호하는 기관들뿐만 아니라 종교 문화를 가르치는 데 전념하는 학교들을 가지고 있었다. 그러나 동양에 신학자가 없는 것처럼, 이러한 고대 기관들은 지식 추구에 전념하지 않았다. 오히려 다작의 하버드 학자인 찰스 호머 해스킨스(Charles Homer Haskins)가 말했듯이, "대학은 대성당이나 의회와 마찬가지로 중세 시대의 산물이다."[14] 좀 더 구체적으로 말하자면, 그것들은 중세 교회의 산물이었다.

"대학"(University)이라는 단어는 라틴어 *Universitas tumorroum et scholarium*의 축약어로, "교사와 학자의 공동체"로 번역할 수 있다. 중세 대학이 된 대부분의 학교는 6세기부터 내려온 많은 성당과 수도원에 의해 유지된 종교 문화를 전달하는 학교들이었다. 최초의 대학들은 그러한 가르침을 넘어서기 위해 특별히 만들어졌다. 그들은 "고등 학습"과 적극적인 지식 추구에 전념했다.

---

13   Grant, 1996: 184.
14   Haskins [1923] 2002: 3.

최초의 대학교는 노르만족이 잉글랜드를 침공한 직후이자 제1차 십자군 전쟁이 발발하기 직전인 1088년경에 이탈리아 북부 볼로냐에 세워졌다. 그다음으로는 약 1150년에 파리 대학교가 세워졌고, 1167년경에 옥스퍼드 대학교, 1208년경에 팔렌시아 대학교, 1209년경에 케임브리지 대학교가 세워졌다. 14세기 말 이전에 24개의 다른 대학들이 설립되었고, 그다음 세기 동안 스웨덴의 웁살라(1477년)까지 28개가 더 문을 열었다.

이 새로운 기관들은 그들의 학문적 노력을 사회적 통념을 답습하는 것에 국한하지 않음으로써 차이를 보였다. 대신, 대학을 세운 스콜라주의 학자들은 혁신을 존중했다. 마르시아 콜리시(Marcia L. Colish)의 묘사는 통찰을 더해준다.

그들[스콜라주의 교수]은 과거의 권위자들과 현재의 의견들을 검토하고, 그들에 대한 [자신들의] 분석 및 그중 일부는 거절하고 일부는 받아들인 이유를 제시했다. 전체적으로 12세기 초에 이미 확립된 방법론은 각 분야의 기초 문헌을 비판하고자 하는 학자들의 의지와 준비성을 보여준다. 단순히 고전적이고 기독교적인 전통을 받아들이고 확장하는 것 이상으로, 그들은 더 이상 유용하다고 보이지 않는 전통적인 생각들을 제쳐두었다. 또한 그들은 권위자들이 이상하고 참신하다고 생각할 수 있는 입장을 옹호하기 위해 그들이 지지하던 권위자들의 입장을 자유롭게 재정비했다. [해설]은 이제 저자의 견해를 요약하고 설명하는 데 그치는 경우가 거의 없었다. 스콜라주의 논객들은 자신들이 선택한 저자를 문제 삼거나, 그 저자의 저작을 떠오르는 사상 학파나 스콜라주의 학자들의 의견과 견주어볼 가능성이 훨씬 더 컸다.[15]

---

15   Colish, 1997: 266.

8장   지식의 추구   **263**

매우 중요하게도 중세 대학들은 처음부터 경험주의에 의해 지배되었다.[16] 만약 관찰 테스트에 지적인 주장을 하는 것이 가능하다면, 그것은 행해져야 할 일이었다. 경험론에 대한 스콜라주의의 헌신이 인간 생리학에서만큼 완전히 드러난 곳은 없었다. 인체 해부학에 기초를 놓은 것은 그리스인이나 로마인이나 무슬림이나 중국인이 아니라 스콜라주의자였다.[17] 고전 시대에는 인체의 존엄성으로 인해 해부가 금지되어 있었는데,[18] 이것이 해부학에 대한 그리스-로마 작품들이 결함이 있는 이유다. 아리스토텔레스의 연구는 켈시우스와 갈레노스와 마찬가지로 동물 해부에 국한되었다. 이슬람교에서도 인간 해부가 금지되었다. 그러나 기독교 대학교의 설립과 함께 해부에 대한 새로운 관점이 나타났다. 이 새로운 관점은 인간에게 고유한 것은 몸이 아닌 영혼이라는 가정에 근거했는데, 이는 해부가 신학적 의미를 갖지 않는다는 것을 의미한다. 또한 적절한 의학 지식은 인체 해부의 직접적인 관찰을 요구했다. 어쨌든 희생자들의 시체가 신중하게 부검되지 않았기 때문에 너무 많은 살인자가 발각되지 않았다.

13세기에 (특히 이탈리아 대학가의) 지역 관료들은 사인이 불분명한 경우에 부검을 허가하기 시작했다. 13세기 후반 몬디노 데 루치(Mondino de' Luzzi, 1270-1326)는 두 구의 여성 시체에 관한 연구를 바탕으로 해부학 교과서를 썼다.[19] 그 후 1315년경에 그는 볼로냐 대학교의 학생들과 교수진들 앞에서 인간 해부를 진행했다. 거기서부터 인간 해부는 이탈리아 대학교 사이로 빠르게 퍼져나갔다. 이는 흑사병이라는 재앙으로 더욱 가속화

---

16   이 장의 이 단락과 이후의 단락에서는 *For the Glory of God*에서 내가 연구하고 기록한 내용에 의존한다. Stark, 2003을 보라.
17   Grant, 1996; Porter, 1998.
18   Porter, 1998: 56.
19   Mason, 1962.

되었다. 공적인 해부는 1391년 스페인에서 시작되었고, 빈에서의 첫 번째 해부는 1404년에 시행되었다.[20] 해부는 해부학 수업의 관습적인 부분이 되었다. 에드워드 그랜트(Edward Grant)가 관찰한 바와 같이, "라틴 지역 서부에 교회의 심각한 반대 없이 인간 해부가 도입된 것은 중대한 사건이었다."[21]

인간 해부학의 발흥은 중세 대학의 자율성을 반영했다. 네이선 샤크너(Nathan Schachner)는 다음과 같이 설명했다.

> 대학교는 왕과 지방 자치체 및 교황과 제국의 총아로서 응석받이 자식이었다. 훌륭한 대학들은 지속적인 황금 물줄기 같은 특권을 누렸다. 전무후무한 특권이었다. 교회의 신성한 위계조차도 대학의 보호를 주장할 수 있는 가장 가난한 학자가 받았던 면제를 받지 못했다. 각 지방 자치단체는 자기 지역에 대학교를 들이기 위해 치열한 경쟁을 벌였고, 왕들은 경쟁자들의 영역에서 불만을 품은 학자들을 유혹하기 위해 매혹적인 편지를 썼으며, 교황들은 왕족들이 이 기관의 불가침성을 존중하도록 하려고 위협적인 언어로 개입했다.[22]

교수진들은 이 특권적 지위로부터 이익을 얻었다. 느린 교통수단과 제한된 통신수단에도 불구하고, 학자들은 놀라울 정도로 자주 한 대학에서 다른 대학으로 이동했다. 언어의 장벽이 문제가 되지 않았기 때문에 그렇게 할 수 있었다. 모든 교육이 어디에서나 라틴어로 진행되었기 때문이

---

20 Porter, 1998.
21 Grant, 1996: 205.
22 Schachner, 1938: 3.

다. 오늘날과 같이 그때도 그들은 획기적인 업적을 통해 명성을 얻었고 다른 교수단에 합류할 수 있는 초대를 받았다. 아리스토텔레스의 말을 토씨 하나 틀리지 않고 아는 사람이 아니라 아리스토텔레스에게서 오류를 발견한 사람이 존중받았다. 파리 대학교의 신학 교수인 오베르뉴의 윌리엄(William of Overgne, 1180-1249)은 다음과 같이 표현했다. "내가 말하려는 것을 증명하려고 아리스토텔레스의 말을 권위 있는 것으로 사용하기를 원한다고 생각하지 말라. 나는 권위자의 증거가 변증법적일 뿐이고 오직 신념만을 생산할 수 있다는 것을 알고 있기 때문이다. 그러나 이 논문에서나 내가 할 수 있을 때마다, 증명 가능한 확신을 자아내는 것이 나의 목표다."[23] 고전 세계에 알려지지 않은 것을 발견하는 것은 더 좋았다.

따라서 스콜라주의 학자들이 단지 교리를 읊거나 신학적으로 사소한 것들에 관해 토론했다는 주장은 설득력이 떨어진다.

배움의 요람: 파리 대학교

중세 시대에 번창했던 수십 개의 대학 중 다른 대학들과 교수진들의 성취를 위한 모범으로 가장 중요한 곳은 단연 파리 대학교였다.

이 대학은 유럽에서 가장 크고 명성 있는 고등 교육 기관으로 빠르게 자리 잡았다. 이는 적어도 부분적으로는 도시 자체의 매력 때문이기도 하다. 그 당시에도 파리는 1200년에 약 10만 명의 인구가 사는 매우 크고 세

---

23   Grant, 2007: 148-49에서 인용됨.

련되고 아름다운 도시로 명성이 자자했다.[24] 프랑스의 수도로서 파리는 또한 눈부신 궁정 및 끊임없는 음모와 정사와 국정에 내재된 흥분이 특색이다.[25]

파리 대학교 졸업생들과 교수진 명단은 가장 유명한 중세 지식인들의 화려한 진열로 우뚝 서 있다. 그 대학이 여전히 노트르담 드 파리의 성당 학교였을 때, 거의 전설적인 페트루스 아벨라르두스(1079-1142년)는 학생이었고 이후에 자연철학 교수직을 맡았다. 중세 학자 중 가장 존경받는 토마스 아퀴나스(1225-1274년)는 이 대학에서 신학부 강사로 재직했다. 이후 졸업생으로는 이냐시오 로욜라(1491-1556년)와 장 칼뱅(1509-1564년)이 있다. 그리고 앞으로 보겠지만, 코페르니쿠스의 "혁명"에 참여했던 대부분의 위대한 자연철학자는 파리 대학교와 관련이 있었다.

학생들

많은 독자가 중세 대학들이 몇 명의 석사와 100여 명의 학생으로 구성되어 꽤 작았을 것이라고 생각할 것이다. 사실 설립 50년 만인 1200년에는 파리 대학교에 2,500명에서 5,000명의 학생과 수백 명의 교수진이 있었던 것으로 추정된다.[26] 이 학생 중 다수가 멀리서, 심지어 스칸디나비아에서도 왔다. 1167년(옥스퍼드 대학교가 설립된 해)에 헨리 2세는 영국 학생들에게 파리 대학교 입학을 금지했다. 그 직후 금지는 해제되었고, 따라서 옥스퍼드와 파리 사이에 수 세기에 걸쳐 긴밀한 관계가 형성되기 시작했다.

---

24   Chandler, 1987.
25   Grant, 1996; Haskins [1923] 2002; Janin, 2008; Rashdall [1936] 1977.
26   Janin, 2008: 73.

학생들은 매우 어렸고, 대부분 14-15세에 입학했다. 그 당시 세상은 대부분 젊은 남자들에 의해 운영되었고 기대수명이 다소 짧았다는 것을 기억하라. 역사학자 헤이스팅스 래쉬달(Hastings Rashdall)은 대부분의 학생이 "기사와 자작농, 무역상, 상인, 검소한 장인의 아들 등, 사회적으로 가장 높은 지위와 가장 낮은 지위 사이에 있었다"라고 말했다.[27] 그럼에도 불구하고 매우 많은 수의 학생이 가난했다. 심지어 어떤 학생들은 총장으로부터 집마다 구걸해도 좋다는 허락을 받았다. 래쉬달은 "학생 거지에게 자선을 베푸는 것은 중세 세계에서 자선 활동으로 인정받았다"라고 지적했다.[28]

파리 대학교 주변 지역은 라틴구(Latin Quarter)로 알려지게 되었고, 이 이름은 오늘날까지 이른다. 이는 학생들이 수업시간뿐만 아니라 일상에서도 라틴어로만 말하도록 장려했기 때문이다. 그럼에도 불구하고 라틴어를 유창하게 구사하는 학생은 거의 없었다. (교구 사제에서 추기경까지 대부분의 성직자도 그랬다.)[29] 그랜트가 언급했듯이, "중세 대학의 대부분의 학생이 학사 학위를 취득하지 못한 채 2년 또는 그 안에 떠났기 때문에 그러한 라틴어 문제는 일반적으로 심각한 문제가 아니었다."[30] 대부분의 학생에게는 대학에 있었던 것만으로도 충분했다.

대부분의 학부생이 교수진의 높은 수준에 부응하지 못한 것은 라틴어뿐만이 아니었다. 1205년부터 1210년까지 파리에서 학생 생활을 했던 자크 드 비트리(Jacques de Vitry) 추기경은 다음과 같이 썼다. "단순한 성적

27   Rashdall [1936] 1977: 3:408.
28   Rashdall [1936] 1977: 3:407.
29   Stark, 2011: 258.
30   Grant, 1996: 38.

문란 행위는 죄가 되지 않는다. 사창가에서 가까운 어느 곳에서나 매춘부들은 도시의 거리와 광장을 지나다니는 학생들을 가장 뻔뻔하고 적극적으로 초대했다."[31] 물론 학생들이 그러한 초대에 응하는 것은 규정에 어긋나는 일이었다. 그러나 많은 학생이 매춘부와 관계를 맺었을 뿐만 아니라 소란을 일으키거나 과음하는 등 다른 규칙들도 어겼다.[32]

　　이러한 방탕하고 때로는 불법적인 행위는 놀라운 결과를 가져왔다. 그것은 대학이 지방 정부로부터 완전히 독립할 수 있게 했다. 그 일은 이렇게 일어났다.

"학문의 자유" 획득

1229년 3월 사순절 전야제(가면과 제약 없는 행동으로 완성된 현대의 참회 화요일[Mardi Gras]과 매우 유사함) 초기에, 한 무리의 파리 대학교 학생들이 청구서를 놓고 한 선술집 주인과 갈등에 휘말리게 되었다. 싸움이 벌어졌고, 다른 손님들은 주인을 지지했으며, 학생들은 구타를 당해 거리로 쫓겨났다. 다음날 학생들은 지원군과 몽둥이를 들고 선술집에 침입하여 주인과 손님들을 때리고, 모든 것을 부수며, 거리에서 폭동을 일으켰다.

　　시 당국은 처벌을 요구했다. 대학교가 종교 기관이었기 때문에 대학 관계자들은 지방 법원으로부터 교회를 면제해주는 것을 방패로 삼았다. 그러나 당시 프랑스의 섭정이었던 루이 9세의 어머니인 카스티야의 블랑슈는 응징을 요구했다. 그 후 대학교는 도시가 그 학생들에 대해 조치를 취하도록 허용했다. 불행히도 도시 경비원들은 폭동에 참여하지 않은 학

31　Janin, 2008: 77에서 인용됨.
32　Rait, 1918: 63-64.

생들을 골라 그들 중 몇 명을 죽이기도 했다.

그 대학교는 파업에 돌입했다. 교수진은 강의하기를 거부했고 모든 수업은 취소되었다. 많은 학생이 집으로 돌아갔고, 일부는 옥스퍼드와 케임브리지 같은 다른 대학으로 갔다.[33] 그 파업은 파리에 심각한 경제적 위기를 초래했다.

2년 후, 그 대학교의 졸업생이었던 교황 그레고리오 9세는 지역 당국을 교황청의 직접적인 후원과 통제하에 놓음으로써 지역 당국(교회 지도층도 포함)으로부터의 완전한 자유를 보장한다는 칙서를 발표했다. 따라서 대학교는 위반 행위를 처벌할 수 있는 독점적 권리뿐만 아니라 자체적인 규칙과 법령을 제정할 수 있는 권리를 갖게 되었다. 심지어 교직원과 학생들을 상대로 한 형사 소송도 민사가 아닌 교회 법원에서만 심리할 수 있었다. 교황의 칙서는 대학의 헌장이 되었고, 이는 다시 다른 새로운 대학들의 본보기가 되었다.

행정 당국으로부터 교회를 면제하는 것 외에도, 헌장은 모든 권한을 교수진에게 위임했다. 그들은 자신들의 계급에 누구를 인정하고 누구를 해고할지 결정했다. 두 단어로 요약하면, 대학교는 사실상 무제한의 "학문적 자유"를 누렸다.

교육과정

교육과정은 중세 대학들 사이에서 비슷했다. 학부 단계는 7개의 교양 과목으로 구성되었다. 문법, 수사학, 논리가 삼학(*trivium*)을 형성했고, 산수, 기하학, 천문학, 음악이 사학(*quadrivium*)을 구성했다. 적절한 과정 아래,

---

33   Janin, 2008: 79.

학생들은 라틴 고전, 프톨레마이오스의 천문학, 유클리드의 전집, 아리스토텔레스 논리학을 공부했다. 역사학자 찰스 호머 해스킨스(Charles Homer Haskins)에 따르면, 아리스토텔레스 논리학은 "교양 과정의 중추"를 형성했다. 논리는 "그 자체가 연구의 주요 주제였을 뿐만 아니라 방법으로서 다른 모든 주제에 널리 퍼졌고 중세 정신에 어조와 성격을 부여했기" 때문에 그것이 대두되는 것은 매우 타당했다.[34]

대학원 수준의 학문은 신학, 법학, 의학, 자연철학 등 4개 분야로 구성되었다. 해스킨스는 "신학을 공부하는 학생들이 상대적으로 거의 없었다"고 지적했다.[35] 신학생들의 수가 부족했던 것을 설명하는 몇 가지 이유가 있었다. 사제직에는 신학 교육이 필요하지 않았고, 많은 수도회는 그들 자신의 가르침을 제공했으며, 상위 학위를 위한 작업을 완료하는 데 오랜 시간이 걸렸고, 여전히 손으로 복사된 책들은 비쌌으며, 의학이나 법학에 비해 기대 수입은 낮았다.[36]

교수진

오늘날에도 그렇듯이 대부분의 대학생은 지식을 추구하는 데서 어떠한 역할을 하는 것은 말할 것도 없이 배움에 대해 그렇게 진지하지 않았다. 그것은 일부 고급 대학원생의 영역이기도 했지만 주로 교수진의 영역이었다. 그러나 "출판하지 않으면 죽는다"는 말은 아직 유행하기 전이었다. 따라서 할 말이 있는 헌신적인 학자만이 새로운 지식을 추구하기 위해 시간을 할애했다(당시는 현대처럼 출세 제일주의자 교수들이 사소한 것들을 대량으

---

34   Haskins [1923] 2002: 41.
35   Haskins [1923] 2002: 46.
36   Janin, 2008: 76.

로 생산하는 상황은 아니었다).

가르치는 것이 교수진의 주된 의무였다. 위대한 스콜라주의 학자들은 학기 동안 매일 수업을 했다. 그들은 보통 큰 그룹의 학생들에게 강의했고, 인쇄기 이전에는 책이 매우 부족하고 비쌌기 때문에 종종 학생들에게 본문을 받아쓰도록 했다.

교수진도 대학을 운영했다. 그들은 그 기관을 관리하기 위해 학장이나 총장을 선출했다. 그러나 교수진의 권력을 감안하여 파리 대학교의 학장 임기는 3개월로 제한되었다.[37] 해스킨스가 지적했듯이, "중요한 기부자가 없었기 때문에 이사도 없었고, 국가 통제 체계도 없었다.…현대적 의미의 행정은 현저하게 부재했다.…상당히 주목할 만한 정도로 대학은 자율적으로 운영되고 있었다."[38]

그렇다면 대학교는 어떻게 자금을 지원받았을까? 교수진들은 어떻게 보수를 받았을까? 전액 학생 등록금으로 충당했다. 강좌에 등록하는 학생들이 수업료를 교수에게 직접 지급하는 경우도 많았다. 그러나 지급하지 않은 것이 문제였다. 한 교수는 다음과 같이 말하며 종강했다. "내년에는 늘 그래왔듯이 평범한 강의를 잘 할 수 있을 것으로 기대하지만 특별한 강의는 없을 것이다. '모두가 알고 싶어하지만 대가를 치르지 않는다'는 말이 있듯이, 학생들이 학비를 잘 내지 않기 때문이다. 하나님의 축복을 빌며 너희를 해산하고, 너희가 미사에 참석하기를 간청하는 것 외에 더할 말이 없다."[39]

---

37   Janin, 2008: 81.
38   Haskins [1923] 2002: 69.
39   Haskins [1923] 2002: 60-61.

스콜라주의 학자들과 코페르니쿠스적 "혁명"

"암흑시대"가 없었던 것처럼 "과학혁명"도 없었다. 오히려 과학혁명이라는 개념은 기독교가 더 이상 억압할 수 없을 정도로 약화되었을 때에만 과학이 활짝 피었다고(따라서 앞선 스콜라주의 학자들에게 전혀 빚진 것이 없다고) 주장함으로써 중세 교회를 폄하하기 위해 발명되었다. 그러나 13장에서 보겠지만, 16세기와 17세기의 위대한 과학적 업적은 기독교 대학교들에 기반을 두었고 경건함으로 유명한 학자들에 의해 만들어졌으며, 그들의 뛰어난 업적은 수 세기에 걸친 스콜라주의 학문의 귀중한 유산을 기반으로 만들어졌다.[40]

소위 과학혁명의 시작은 보통 니콜라우스 코페르니쿠스(1473-1543년)에 기인한다고 여겨진다. 유행하는 설명에 따르면, 코페르니쿠스는 멀리 떨어진 폴란드에서 알려지지 않은 가톨릭교회 성직자였고, 어찌된 일인지 모든 사람이 믿었던 것과는 달리 지구가 태양 주위를 돈다는 것을 발견한 고립된 천재였다. 게다가 그 이야기에 따르면, 교회는 이 견해를 억압하기 위해 끊임없는 노력을 했다.

이 설명에는 사실보다 허구가 훨씬 더 많다. 코페르니쿠스는 무명의 폴란드 사람이기는커녕, 당대 최고의 이탈리아 대학교인 볼로냐, 파도바, 페라라에서 우수한 교육을 받은 사람이었다. 지구가 태양 주위를 돈다는 생각은 갑자기 떠오른 것이 아니다. 그는 스콜라주의 교수들로부터 태양계의 태양 중심 모델에 이르는 기본 원리를 배웠다. 코페르니쿠스가 덧붙인 것은 도약이 아니라 수 세기로 거슬러 올라가는 발견들의 긴 연속에 내

---

40   나는 이것에 대해 Stark, 2003: ch. 2에서 길게 썼다.

포된 다음 단계였다.

로버트 그로스테스트(Robert Grosseteste, 약 1175-1253)

잉글랜드에서 자란 노르만족인 로버트 그로스테스트는 옥스퍼드를 다녔고, 1208년부터 1213년까지 파리 대학교에서 공부하고 가르쳤으며, 귀국후 옥스퍼드의 총장이 되었고, 옥스퍼드를 포함한 잉글랜드에서 가장 큰 교구인 링컨의 주교가 되었다. 그로스테스트는 광학, 물리학, 조수에 중요한 기여를 한 뛰어난 대학자였다. 그는 아리스토텔레스의 무지개 이론을 반박했다. 그로스테스트는 무지개가 굴절된 빛을 포함한다는 것을 처음으로 깨달은 사람이다.[41] 또한 그는 동시대의 여러 천문학자와는 달리 점성술과 천문학을 조심스럽게 구별하면서 천문학을 계속 연구했다.

그러나 아마도 그의 가장 중요한 공헌은 과학적 방법이라고 불리게된 것과 관련이 있을 것이다. 이러한 기여 중 하나는 그가 "해결과 구성"의 원리라고 부르는 것이었다. 이는 특정 사례에서 일반 사례까지 추리하고 나서 그 과정을 반대로 하는 것을 포함했다. 예를 들어, 특정한 경우를 봄으로써 자연에 대한 보편적인 법칙을 만들고, 그다음 이 법칙을 적용하여 다른 모든 관련 사례에 관한 예측을 할 수 있다. 달의 일식에 대한 법칙을 공식화하고 이를 태양의 일식에 적용함으로써 그 법칙을 테스트하는 것처럼 말이다.

모든 과학의 기초로서 관찰을 강조하는 것에 주목하라. 경험주의에 대한 그로스테스트의 헌신은 그로 하여금 서양 사상에 통제된 과학 실험이라는 개념을 도입하게 할 정도였다. 과학의 기본 원리는 한 역사가가 요

---

41   Dales [1973] 1994: 83-86.

약했듯이, "결과에 대한 다른 가능한 원인을 제거함으로써 관찰을 통제할 때, 잠정적인 진실에 대한 실험적인 보편적 실재에 도달할 수 있다"는 것이다.[42]

사크로보스코의 존(1195-1256)

그의 진짜 이름은 아마도 할리우드의 존이었을 것이다. 그는 잉글랜드인이거나 아일랜드인이었을 것이고 옥스퍼드 대학교를 다녔을 수도 있다. 그러나 분명 그는 1221년부터 파리 대학교의 교수직을 수행했다. 비록 그에 대해 알려진 것은 거의 없지만, 그는 두 권의 영향력 있는 책을 썼고, 둘 다 남아 있다. 첫 번째는 힌두-아라비아 숫자와 새로운 계산 방법을 유럽 대학에 처음으로 도입한『알고리스무스』(*Algorismus*)였다. 그의 두 번째 책인『구체에 관한 논문』(*Tractatus de Sphaera*, 보통 *Sphere*로 언급된다)은 프톨레마이오스의 우주론에 기초한 읽기 쉬운 천문학 교과서였다. 제목에는 지구와 모든 천체가 구형이라는 주장이 반영돼 있다. 이 책은 이후 몇 세기 동안 유럽 대학생들의 필독서였으며, 종종 그 명료함으로 찬사를 받았다.[43]

알베르투스 마그누스(약 1200-1280)

바이에른의 볼슈테트 백작의 아들로 태어난 알베르투스는 이탈리아 파도바 대학교에서 교육을 받았고, 이후 파리 대학교(토마스 아퀴나스는 여기서 그의 헌신적인 학생이었다)에서 신학 석사로 일하기 전까지 여러 독일 대학에서 가르쳤다. 1248년 알베르투스는 독일로 돌아왔고 1260년에는 레

---

42   Dales [1973] 1994: 64. 또한 Crombie, 1953을 보라.
43   Pederson, 1985.

겐스부르크의 주교로 임명되었으나 학계로 복귀하기 위해 3년 만에 사직했다. 38권의 책을 저술한 그는 매우 유명해서 로저 베이컨(Roger Bacon)을 포함한 그의 동료들은 그의 이름에 "마그누스"(위대한 사람)라는 칭호를 붙였다. 그는 중세 시대의 신학적 거인 중 한 명으로 여겨졌지만, 또한 아리스토텔레스와 다른 고전 그리스 철학자들이 자연에 관해 주장했던 것들을 경험적으로 시험해보았다. 과학사학자 데이비드 린드버그(David Lindberg)에 따르면, 그렇게 함으로써 그는 "아마도 중세 시대 전체에서 최고의 식물학자가 되었을 것"이라고 한다.[44] 알베르투스는 관찰과 실험에 전념하면서 지리, 천문학, 화학을 포함한 많은 다른 분야에서 중요한 공헌을 했고, 그의 동료들은 그에게 "만물박사"(*Doctor Universalis*)라는 칭호를 주었다. 어쩌면 가장 중요하게도 그는 동료들과 학생들에게 단순히 고전적인 학문을 받아들이는 것뿐만 아니라, 사회적 통념에 도전하고 신뢰할 수 있는 관찰을 찾도록 영감을 주었다.[45]

로저 베이컨(약 1214-1294)

이 뛰어난 영국인은 실험 방법에 대한 그로스테스트의 헌신을 완전히 수용하고 그것을 세부적으로 확장했다는 점에서 종종 "최초의 과학자"로 인식된다. 서머셋에서 태어난 그는 13살에 옥스퍼드에 입학했고 마침내 석사가 되어 그곳에서 아리스토텔레스에 대해 강의했다. 1240년에 파리 대학교로 옮긴 후 그는 몇 년 동안 교직에 있었지만, 프란치스코회에 입회하고 교편을 더 이상 잡지 않고 저술에 전념했다.

---

44 Lindberg, 1992: 230.
45 Crombie, 1953; Evans, 2002; Grant, 1996.

처음에는 프란치스코회 간부들이 베이컨이 출판하는 것을 막았지만, 교황 클레멘스 4세는 베이컨에게 자신을 위해 글을 쓰라고 명령했다. 베이컨은 교황에게 『대서』(*Opus Majus*)를 보내는 것으로 응답했다. 그것은 놀라운 작품이다. 1년 동안 사력을 다해 집필된 그 책은 현대판이 1996쪽에 이른다. 그 책에서 베이컨은 수학, 천체의 크기와 위치, 시력의 생리학, 굴절과 거울과 렌즈 및 돋보기와 안경을 포함한 광학, 화약의 정확한 제조법, 달력 개혁 등 다양한 분야에 대한 지식을 보여주었다. 전기작가 브라이언 클레그(Brian Clegg)는 그것이 "자연과학의 모든 측면을 다루는 진정한 도서관"이라고 말했다.[46]

또한 베이컨은 권위에 반하는 경험주의를 강조했다. 그는 다음과 같이 선언했다. "권위에 대한 이유가 주어지지 않는 한 권위는 향취가 없고, 또한 그것은 이해를 주지 않고 신념을 준다. 우리는 권위의 힘을 믿지만 그것을 통해서는 이해하지 못하기 때문이다. 우리가 연구를 통해 결론을 시험하는 것을 알지 못한다면 궤변과 실증을 구별할 수 없다."[47] 베이컨은 일부 사람들이 아리스토텔레스가 뜨거운 물이 차가운 물보다 더 빨리 언다고 (잘못) 주장했음을 예시로 들었다. 베이컨은 이 문제가 아리스토텔레스의 권위나 다른 학자들과 상의해서 받아들여질 문제가 아니라고 말했다. 대신 뜨거운 물과 찬물 한 통을 챙겨 추운 날씨에 바깥에 내놓고 어느 쪽이 먼저 어는지 살펴봐야 한다는 것이다.

베이컨의 실험에 대한 전반적인 논의는 전임자인 로버트 그로스테스트의 연구에 기초했다. 추가 실험으로 이론을 적용하고 적절한 관찰을 하

---

46   Clegg, 2004: 99.
47   Fisher, Unguru, 1971: 358에서 인용됨.

는 것은 그로스테스트와 베이컨 그리고 아마도 대부분의 스콜라주의 과학자가 말하고자 했던 실험 방법이다. 이러한 접근은 관념과 추상적 형태가 경험적 현실보다 우월하다고 믿은 그리스인 및 기독교 사상가들로부터 비상하게 벗어남을 나타냈다. 스콜라주의 학자들의 전임자들에게는 관찰이 아닌 이성이 철학적 주장의 진정한 시험대였다. 이것은 실험주의 지지자들이 극복해야 했던 강력한 전통이었다. 베이컨, 그로스테스트, 그리고 다른 스콜라주의 학자들이 경험주의를 위한 싸움에서 싸워 이겼기 때문에 과학의 발흥이 가능했다.

마지막으로 『대서』는 현미경, 망원경, 하늘을 나는 기계 등을 포함한 미래의 발명품에 대한 놀라운 예측들로 가득했다. 옥스퍼드 역사학자 존 헨리 브리지스(John Henry Bridges)는 베이컨의 "과학적 상상력"이 이러한 예측을 가능하게 했다고 언급했다. 그러나 브리지스는 "가장 적절하게 말할 수 있는 것은 그가 세계를 발견으로 향하는 올바른 길로 이끌었다는 것"이라고 덧붙였다. 즉 "수학을 이용할 수 있을 때는 수학과 결합된 실험과 관찰을, 수학을 이용할 수 없을 때는 실험과 관찰만"을 요구하는 방법을 개략적으로 설명함으로 그렇게 했다는 것이다.[48]

노바라의 캄파누스(1220-1296)

롬바르디아에서 태어난 조반니 콤파노(캄파누스는 그 이름의 라틴 형식이다)는 네 명의 교황들의 사제로 지냈다. 한편 그는 수학자로서의 명성을 얻었다. 로저 베이컨은 그를 세계에서 가장 위대한 수학자 중 한 명으로 여겼다. 그러나 캄파누스의 가장 큰 공헌은 지식에 대한 두 가지 비범한 저

---

48   Bridges, 1914: 162. 또한 Clegg, 2004; Easton, 1952을 보라.

작을 정교하게 번역하고 해설한 데 있었다. 첫 번째는 유클리드의 『원소』(*Elements*)를 번역한 것인데, 그 책에서 이 위대한 고대 그리스 수학자는 자신의 기하학 연구물을 전부 발표했다. 캄파누스의 번역은 유럽 중세 대학교에서 표준 교과서가 되었다. 그리고 물론 기하학은 우주를 연구하는 데 필수적인 도구였다. 여기에 캄파누스는 두 번째 귀중한 번역을 추가했다. 행성 이론에 대한 프톨레마이오스의 2세기 논문인 『알마게스트』(*Almagest*)가 그것이다. 프톨레마이오스는 지구가 태양계의 중심에 있고 그 주변 다른 모든 것이 지구를 도는 것으로 보았지만, 그가 발표한 체계의 기하학은 매우 잘 구성되어 있어서 그것을 기반으로 한 계산은 미래의 상태에 대한 정확한 예측을 산출하고 부활절과 일식을 정확하게 계산할 수 있게 했다. 캄파누스가 스콜라주의 학자들에게 프톨레마이오스의 전집을 볼 수 있도록 한 것은 매우 중요한 일이었는데, 그 책은 모든 것을 지구 주위에 놓는다는 것이 얼마나 복잡한지를 드러냈기 때문이다.[49]

프라이베르크의 테오도릭(1250-1310)

파리 대학교에서 공부하다가 나중에 교수진으로 돌아온 독일인 테오도릭은 무지개에 대한 최초의 기하학적 분석을 공식화했고, 이를 확실한 실험 결과로 뒷받침하여 "14세기와 15세기 광학계의 가장 극적인 발전"이라고 불리는 것을 이루어냈다.[50] 테오도릭은 무지개가 굴절이나 반사에 의해서가 아니라 **빗방울 하나 안에 있는 굴절과 반사**에 의해 발생한다는 것을 처음으로 깨달은 사람이다. 그는 구형 플라스크와 물로 채워진 유리구

---

49   Benjamin, Toomer, 1971.
50   Grant, 1974: 864.

8장   지식의 추구

279

슬을 사용하여 실험실에서 무지개 효과를 만들 수 있었다.[51] 테오도릭의
특별한 실험 기구 사용은 스콜라주의 자연철학자들에게 널리 존경받고
모방되었다.

토머스 브래드워딘(1290-1349)

토머스 브래드워딘은 옥스퍼드에서 교육을 받은 영국인이며 머튼 칼리지
의 교수로 있다가 결국 옥스퍼드 대학교의 총장이 되었다. 그는 크레시 전
투에 참전한 에드워드 3세의 고해신부로 섬기기 위해 옥스퍼드를 떠났고
(1346년 8월 26일), 1349년에는 캔터베리 대주교로 선출되었다. 40일 후 브
래드워딘은 흑사병으로 사망했다.

브래드워딘은 "옥스퍼드 계산기"라고 알려진 그룹의 선도적인 구성
원이었고, 그 그룹은 동역학과 역학의 원리를 공식화하고 정량화한 선구자
였다. 그들은 평균 속도 원리를 공식화한 첫 번째 사람들이다. 미국의 저명
한 수학자 클리포드 트루스델(Clifford Truesdell)은 다음과 같이 설명했다.

현재 출판된 자료들은 이론의 여지가 없이, 균일하게 가속되는 운동의 주요
운동학적 특성이 (물리학 교과서에서는 갈릴레이에게 여전히 공을 돌리지만) 머튼
칼리지의 학자들에 의해 발견되고 증명되었다는 것을 입증하고 있다.…원칙
적으로 그리스 물리학의 질은 (적어도 운동에 대해서는) 그 이후로 서양 과학을
지배해온 수치로 대체되었다. 이 작업은 프랑스와 이탈리아, 유럽의 다른 지
역으로 빠르게 확산되었다. 조반니 디 카살레(Giovanni di Casale)와 니콜 오레
스메(Nicole Oresme)는 기하학적인 그래프에 결과를 표현하는 방법을 즉시 찾

---

51   Crombie, 1953: 236-37.

아냈고 기하학과 물리적 세계 사이의 연관성을 소개했는데, 이는 서구 사상에 두 번째 특징적 관습이 되었다.[52]

오컴의 윌리엄(약 1285-1349)

옥스퍼드에서 공부한 또 다른 영국인인 오컴의 윌리엄은 프란치스코회에 합류했고 그 후 유럽 대륙에서 학문적 경력을 쌓았다. 그는 신성 로마 황제인 바이에른의 루트비히 4세의 보호를 받는 동안 교황과 끊임없이 마찰을 빚었다. 브래드워딘과 마찬가지로 오컴도 흑사병이 창궐하는 동안 사망했지만, 그것이 그의 죽음의 원인인지는 알려지지 않았다.

오늘날 오컴은 설명을 최소한으로 유지해야 함을 강조하는 "오컴의 면도날"로 알려진 그의 원리로 주로 기억되고 있다. 그가 표현했듯이 설명은 "필요를 넘어서서는 안 된다." 종종 이것은 가장 간단한 설명을 선호해야 한다고 잘못 표현되지만, 가장 간단한 설명은 열등한 설명이 될 수 있다. 오컴이 의미한 것은 다루는 문제들을 설명하는 데 용어와 원리들을 필요 이상으로 포함해서는 안 된다는 것이었다. 따라서 만약 두 이론이 똑같이 효율적이면, 더 간단한 이론을 선호하라.

그러나 오컴의 면도날이 우주를 이해하는 데 오컴이 기여한 중요한 내용은 아니었다. 그리스인들은 진공이 존재할 수 없다고 생각했기 때문에, 우주가 투명한 물질로 채워진 구라고 생각했다. 그것은 천체가 계속 움직이기 위해 마찰을 끊임없이 극복해야 한다는 것을 의미했다. 이 개념은 많은 그리스 철학자가 태양, 달, 별, 다른 물체들을 스스로 움직일 수 있는 능력을 가진 생물로 바꾸도록 자극했고, 다른 사람들은 신과 영혼의 형

---

52   Truesdell, 1968: 82에서 인용됨.

태로 된 다양한 종류의 추진체를 상상했다. 초기 기독교 학자들은 천사들이 천체를 경로에 맞추어 밀었다고 추측했다. 공간이 무마찰 진공임을 인식해 추진체의 필요성을 없앤 사람이 오컴이었다. 그리고 그는 신이 천체를 움직여 놓으면 천체가 마찰을 일으키지 않고 계속 움직이게 된다는 뉴턴의 제1운동법칙을 예측했다.[53]

장 뷔리단(1300-1358)

프랑스에서 태어난 장 뷔리단은 파리 대학교의 학생이었고 그 후 교수진에 합류했다. 뷔리단은 수도회에 가입하기보다는 세속적인 사제로 남았다는 점에서 대부분의 학계 동료와 달랐다. 그의 연애설에 대해 많은 이야기가 계속되고 있지만, 그것이 사실이든 아니든 그는 파리 주변에서 매력적인 인물로 여겨졌다.

　　뷔리단은 우리가 현재 관성으로 알고 있는 개념을 도입할 때 중추적인 기여를 했는데, 이것은 움직이는 사물이 움직이는 경향을 가진다는 오컴의 통찰을 설명했다. 뷔리단 시대 대부분의 스콜라주의 학자를 포함하여 아리스토텔레스와 그의 추종자들은 물체는 외력이 지속적으로 가해질 때만 움직임을 유지한다고 믿었다. 그래서 예를 들어 아리스토텔레스주의자들은 추진력을 가하는 주변 공기의 소용돌이나 흔들림이 없다면 발사체가 즉시 땅에 떨어질 것이라고 주장했다. 뷔리단은 초점을 강제력에서 움직이는 물체의 특성으로 옮겼다. 그는 이 성질을 추동력이라고 불렀다. 그의 묘사에 따르면 "던지는 사람의 팔을 떠난 후 발사체는 던지는 사람이 가한 추동력으로 움직이며 저항력보다 강한 추진력이 유지되는 한

53　　Adams, 1987; Panaccio, 2004.

계속 움직일 것이고, 그 움직임은 상반되는 힘이나 반대로 움직이게 하는 것으로 약해지지 않는다면 무기한 계속된다."[54]

뷔리단이 오컴의 물리학을 확장시켰지만, 이상하게도 그들은 몇 가지 신학적 문제에 대해 격렬하게 대립했다.[55]

니콜 오레스메(약 1320-1382)

태양 중심 모델을 향한 다음 중요한 단계는 스콜라주의 학파의 가장 뛰어난(하지만 안타깝게도 무시된) 과학자 니콜 오레스메에 의해 취해졌다. 프랑스에서 태어난 오레스메는 파리 대학교의 학생이었고 그 후 교수진에 합류했다. 1364년 그는 루앙 대성당 주임사제로 임명되었고, 1377년에는 리지외의 주교로 임명되었다.

그의 많은 주요 업적 중 오레스메는 지구가 축을 중심으로 돌고 있기에 다른 천체가 지구를 도는 듯한 착각을 불러일으킨다는 것을 확고히 했다. 그는 우리가 관찰한 천체의 움직임이 지구가 돌든 이 천체가 지구를 돌고 있든 동일하게 보일 것이라고 언급하며 시작했다. 그 문제를 해결할 수 있는 관측 자료는 없었다. 그러나 오레스메는 지구의 회전이 엄청난 수의 천체가 지구를 선회한다는 개념보다 훨씬 더 경제적인 설명을 제공한다고 추론했다.

지구가 자전한다는 생각은 수 세기에 걸쳐 많은 사람에게 떠올랐지만, 두 가지 이의는 항상 그것을 믿을 수 없게 만들었다. 첫째, 지구가 돌고 있다면 왜 자전으로 인한 동풍이 불지 않는가? 둘째, 공중으로 쏜 화살이

54   Glick, Livesey, Wallis, 2005: 107.
55   Klima, 2008; Zupko, 2003.

왜 쏜 사람 훨씬 뒤에(혹은 앞에) 떨어지지 않는가? 오레스메는 지구의 운동이 대기를 포함하여 지구상의 모든 물체나 그 근처에 있는 모든 물체에 전달된다고 제안함으로써 두 가지 반대 의견을 모두 다루었다.[56]

작센의 알베르트(약 1316-1390)

독일에서 태어난 농부의 아들인 알베르트는 어린 시절에 그의 총명함을 인정받았고, 처음에는 프라하 대학교 그다음엔 파리 대학교로 보내졌다. 파리에서 석사 학위를 받은 후 그는 교수진에 합류했다. 그 후 오스트리아 공작을 설득하여 빈 대학교를 설립했고 1365년에 초대 총장이 되었다. 이 듬해 그는 자신이 태어난 할버슈타트의 주교가 되어 죽을 때까지 섬겼다.

알베르트는 장 뷔리당의 제자로서, 공기의 저항이 물체의 움직임을 느리게 하지만 추동력이 사용된 후에는 중력만이 물체를 지구로 끌어당긴다는 점에 주목하여, 추동력 이론을 확장하고 더 정밀하게 만들었다. 그러나 알베르트의 가장 중요한 공헌은 그의 전임자들의 업적을 주의 깊게 요약하고 주요 명제에 대한 많은 독창적인 증거를 수집한 교과서인 『물리학』(*Physics*)이었다. 이 책은 수 세기 동안 유럽 전역에서 읽혔다.[57]

피에르 다이(1350-1420)

피에르 다이는 프랑스 태생으로 파리 대학교에서 교육을 받았으며, 1368년에 파리 대학교 교수진에 합류했고 1389년부터 1395년까지 총장으로 지냈다. 그 후 그는 차례로 르퓌, 누아용, 캉브레의 주교가 되었고 1411년

---

56   Clagett, 1968; Grant, 1971.
57   Moody, 1970.

에는 추기경으로 서임되었다.

1410년에 그는 우주론에 관해 널리 읽힌 작품인 『세계의 이미지』(*Ymago mundi*)를 출간했다. 그 책에서 그는 지구의 둘레가 50,700km라는 자신의 계산을 포함시켰는데, 이는 실제 거리인 40,075km보다 크지만, 플라톤의 추정치인 약 64,374km보다 상당히 향상된 수치다.[58] 이 책은 또한 작은 바다만이 동서를 갈라놓았다고 주장했고, 이것은 콜럼버스를 크게 오도했다. 더 중요한 것은 다이의 책이 지구와 별의 관계에 대한 질문에 관심을 불러일으켰다는 섬이다.[59]

쿠사의 니콜라스(1401-1464)

브릭센의 주교가 된 후 1448년에 추기경으로 서임된 독일인 쿠사의 니콜라스 1세는 위대한 이탈리아 파도바 대학교에서 교육을 받았고, 그곳에서 "태초에 주어진 자극"에 대한 반응으로 지구가 회전한다는 것을 배웠다. 그는 일식을 근거로 지구가 태양보다는 작지만 달보다는 크다는 점에 주목했다. 그런데 지구의 위치는 어떤가? 고정되어 있었는가? 니콜라스는 "사람이 지구에 있든 태양이나 다른 별에 있든, 그 사람에게는 자신이 차지하고 있는 위치가 움직이지 않는 중심이고, 다른 모든 것들은 움직이는 것처럼 보일 것이다"라고 말했다.[60] 따라서 인간이 지구가 우주에 정지해 있다는 자신의 인식을 신뢰할 수 없다는 것이다. 사실 니콜라스에 따르면 지구는 우주를 가로지르며 움직인다고 한다.[61]

---

58   Grant, 1994: 620-21.
59   Smoller, 1994.
60   Danielson, 2000: 98; Mason, 1962: 120-21.
61   Evans, 2002: 173. Bellitto, 2004; Yamaki, 2001.

니콜라우스 코페르니쿠스(1473-1543)

앞서 진행된 이러한 모든 이론은 코페르니쿠스에게 잘 알려져 있었는데, 예를 들어 작센의 알베르트가 쓴 『물리학』은 코페르니쿠스가 파도바에서 학생이 되기 바로 전인 1492년에 출판되었다.

그렇다면 코페르니쿠스는 어떤 기여를 했을까? 그는 태양을 태양계 중앙에 놓고 지구를 태양 주위를 도는 행성 중 하나로 만들었다. 그의 저작을 특별히 빛나게 한 것은 그가 이 모든 것을 수학으로 표현했다는 것이다.[62] 그는 부활절 날짜, 지점(至點) 등을 정하는 데 필수적인, 관련된 물체들의 미래 위치를 계산할 수 있도록 그의 체계의 기하학을 연구했다. 그러나 이 계산들은 2세기 프톨레마이오스의 체계에 기초한 계산들보다 더 정확하지 않았다. 그것은 코페르니쿠스가 태양계의 궤도가 원형이 아닌 타원형이라는 것을 깨닫지 못했기 때문이다. 자신의 체계를 작동시키기 위해, 코페르니쿠스는 궤도를 완성하는 데 드러나는 외견상의 지연을 설명하려고 천체의 궤도에 만곡이 있다고 가정해야 했다. 이 주장에 대한 관찰 증거는 없었다.

결과적으로 코페르니쿠스의 유명한 책인 『천구의 회전에 관하여』(*On the Revolutions of the Heavenly Spheres*)의 모든 것은 틀렸다. 태양의 중앙 위치만 빼고 말이다. 독일 개신교 신자인 요한네스 케플러(Johannes Kepler, 1571-1630)가 코페르니쿠스의 원 대신 타원을 대입함으로써 바로잡은 것은 거의 한 세기 후였다. 이제 각각의 천체는 항상 정해진 시간에, 만곡 없이 제자리에 있었다.

물론 케플러가 추가한 내용에도 불구하고 태양계가 왜 그렇게 기능

---

62   Crosby, 1997: 104.

했는지에 대한 설명은 없었다. 예를 들어, 왜 천체들이 우주로 날아가기보다는 각 궤도에 남아 있는지에 대한 것이다. 그러한 설명에 대한 업적은 아이작 뉴턴(Isaac Newton, 1642-1727)을 기다리고 있었다. 그러나 앞선 몇 세기 동안, 우주가 진공 상태이고, 천체가 움직이면 계속 움직이기 때문에 추진체가 필요하지 않으며, 지구가 회전하고 태양이 태양계의 중심이며, 궤도가 타원형이라는 등 이론의 많은 필수적인 부분들이 이미 자리를 잡았다.

이 체계적인 진보의 기록은 저명한 과학사학자 버나드 코헨(I. Bernard Cohen)이 "과학에서 코페르니쿠스 혁명이 일어났다는 생각은 증거에 반하며…후대 역사학자들의 발명이다"라고 말한 이유를 설명한다.[63] 코헨의 수준 높은 동료들 대부분이 이에 동의한다.[64] 코페르니쿠스는 정상적인 과학의 긴 과정에 작은 진전을 추가한 것이다. 비록 거기에 엄청난 논쟁과 철학적 함축이 있었음에도 말이다.

이 긴 과정에 관여한 학자들이 반체제 세속주의자들이 아니었다는 점도 주목해야 한다. 그들은 독실한 기독교 신자였을 뿐만 아니라, 모두 사제나 수도사였고, 심지어 주교나 추기경이었다.

그리고 한 가지 덧붙이자면, 그들은 모두 훌륭한 스콜라주의 대학들에 속해 있었다. 사실 코페르니쿠스의 "혁명"을 가능하게 했던 선배 학자 13명 중 9명은 파리 대학교의 교수였다.[65]

---

63   Cohen, 1985: 107.
64   Jaki, 2000; Rosen, 1971.
65   Cohen, 1985; Jaki, 2000.

믿음과 이성

지식의 추구는 17세기에 갑자기 나타난 것이 아니다. 초기부터 기독교 신학자들은 자연철학에 전념했다. 그것은 대학 설립의 근본적 토대를 제공했고, 따라서 과학에 기관적 보금자리를 제공했다. 이러한 대학교에서 공부하고 가르쳤던 기독교 사상가들은 진보가 부족했다고 여겨진 시대에 일어난 주목할 만한 진보에 대한 책임이 있었다.

유사한(그리고 비슷하게 인정받지 못한) 진보가 산업과 기술에서 일어나고 있었다.

9장

산업, 무역, 기술

유럽의 산업적·기술적 우세가 18세기 말, 심지어 19세기 말에 갑자기 나타났다는 착각이 수정주의 학자들에 의해 조장되고 있다.[1] 어떤 사람들은 심지어 서방이 아시아로부터 모든 것을 훔쳤다고 주장하는데, 이것은 아시아가 갑자기 후진국으로 쇠퇴하기 전에 이미 산업화되었다고 가정한다.[2]

이러한 수정주의자들의 주장처럼, 16세기 동안 중국에서 거래되던 물건의 총 가치가 유럽 무역의 총 가치보다 더 컸다는 것은 사실일 수 있다.[3] 그러나 그 차이는 단지 더 많은 인구를 기준으로 한 더 많은 양을 반영할 뿐이다. 그것은 무역 상품이 어떻게 만들어졌는지 또는 거래되는 물품의 기술적 장점에 대해 우리에게 말해주지 않는다. 예를 들어, 안경은 이 시기에 오직 유럽에서만 그리고 많은 양이 판매되고 있었지만, 쌀 45kg

---

1   Frank, 1998; Pomeranz, 2000.
2   Frank, 1998.
3   Frank, 1998: 10.

이 안경 한 짝보다 더 크고 가격도 더 나갔을 것이다.

어쨌든 이러한 문제들이 학계에서 엄숙하게 논의되고 있음에도 불구하고, 어떤 진지한 독자도 그런 터무니없는 말을 반박하는 데 나의 도움이 필요하지 않다. 나는 흑사병이 우주에서 왔다는 "훌륭한" 주장도 무시했다.[4]

중세 유럽에 은행업, 정교한 제조망, 기술과 금융의 빠른 혁신, 무역도시의 바쁜 네트워크가 부상한 것은 사실이다. 또한 이 시기에 결국 산업 "혁명"으로 발전된 초기 자극들이 있었다. 유럽은 기술면에서 세계 다른 나라들보다 오랫동안 앞서 있었지만, 16세기 말에는 그 격차가 크게 벌어졌다.

군사력을 고려해보라. 유럽의 16세기 해군은 중무장된 크고 정교한 범선들로 구성되어 있어 어디든 갈 수 있었고, 무엇이든 침몰시킬 수 있었다.[5] 오직 유럽군만이 사격을 할 수 있었고, 기동성 야전포의 지원을 받았다.[6] 이 거대한 기술적 우위에 더해 고대 그리스 시절부터 서방에 유리했던 전술적·훈련적 이점이 있었다. 그러한 장점들은 사실 수 세기 동안 서구에 계속 유리하게 작용했다. 1900년에 이르러 중국군이 서양에서 수입한 현대식 화기와 포를 모두 갖춘 후, 409명의 서양 병사들은 소총, 권총, 기관총 3정(매우 적은 탄약), 사제 대포로 무장한 채, 베이징의 대사관저에 대한 제국군의 55일간의 공격을 견뎌냈다. 수천 명의 제국군을 저지한 서방군은 50%에 가까운 사상자를 냈지만 여전히 굳건했다.[7]

---

4   Cantor, 2002: 178-83.
5   Rose, 2002.
6   Chase, 2003; Norris, 2003; Parker [1988] 2010.
7   Fleming, 1960.

그리고 군사 기술은 단지 시작에 불과했다.

자본주의가 북상하다

수 세기 동안 이탈리아 도시국가 수출 회사의 구매자들은 지중해 주변에서 재판매할 상품을 찾기 위해 북유럽을 횡단했다. 그들은 처음에는 샹파뉴 지역과 다른 북부 지역에서 정기적으로 열리는 무역 박람회에서 구매했지만, 결국 현지 생산업체로부터 직접 구매했다. 특히 플랑드르 모직물은 이런 식으로 거래되었다. 이러한 거래를 용이하게 하기 위해 많은 이탈리아 은행이 플랑드르에 지점을 열었다. 이들 은행은 가족관계가 아닌 능력을 바탕으로 고용되고 승진된, 잘 훈련된 간부들이 경영하는 정교한 자본주의 회사였다.

플랑드르에서 이탈리아인들은 낙후되고 비효율적인 모직 산업을 조직화했을 뿐만 아니라 억압적이고 역생산적인 상인 직조 조합도 다루었다. 플랑드르 여러 마을과 도시의 상인 직조 조합은 정기적인 허가료에 대한 대가로 지역 통치자의 전폭적인 지원을 받았고, 카르텔로 운영되어 산업을 제한하고 위반자들을 처벌했다. 예를 들어, 인기 있는 다홍색 염료의 공식을 바꾼 사람은 엄청난 벌금에 직면했고, 만약 벌금을 내지 않으면 오른손을 잃었다.[8] 길드 규칙은 회사가 소유할 수 있는 베틀의 수를 보통 5개 이하로 제한했다. 그들은 가격을 통제하고 협상을 금지함으로써 효율성 증대로 인한 어떠한 이익도 제한했다. 직조 조합은 또한 근무일의 길이

---

8   Carus-Wilson, 1952: 389-90.

를 정하고 모든 회사가 준수하도록 요구했다.[9]

길드가 임금도 정했다. 임금 수준은 고용된 직조공뿐만 아니라 양털 세척자, 소모하는 사람, 방적공, 염색업자, 축융공, 양털 깎는 사람, 그리고 업계의 다른 모든 사람에게도 적용되었다. 자기 가게가 있는 직공들만 길드에 가입할 수 있었기 때문에 경영진이 단독으로 임금을 정했다. 회사마다 임금 변동은 허용되지 않았으며, 길드 규칙뿐만 아니라 지역 법으로도 모든 형태의 단체 교섭이 금지되었다. 그 결과 양모 산업은 비창의적이고 비생산적이었다.

이탈리아의 은행가들은 이 상황을 조사하면서 길드 제도를 극복하면 막대한 경제적 이득을 얻을 수 있음을 알게 되었다. 그들은 당근과 채찍으로 그 문제에 접근했다. 채찍은 다수의 옷 제작자를 이탈리아로 이주하도록 초청하는 것을 포함했고, 그곳에서 그들은 모직 산업을 시작하는 대가로 특별한 특권을 받았다. 예를 들어, 경제사학자 엘리노어 캐러스 윌슨(Eleanora Carus-Wilson)이 지적했듯이, 1265년 파도바에서 제정된 법령은 "파도바로 오는 외국인들에게 모든 통행료와 관세를 면제하고 나중에는 개인 세금도" 면제했다.[10] 당근은 길드가 항복하면 모두에게 훨씬 더 많은 수입을 주겠다는 약속이었다. 은행가들은 결국 모두를 설득했고 약속을 지켰으며, 상인 직조조합을 양털 산업을 통합하는 잘 관리된 회사로 대체했다. 그들은 양털을 수입하고, 모든 단계를 조정하고, 양털을 천으로 만드는 데 필요한 모든 하청업자를 고용하고, 시장 상황에 따라 천을 수출했다. 플랑드르는 값비싼 고급 모직 외에도 덜 비싼 품종을 곧 생산하기 시

---

9   Carus-Wilson, 1952: 386.
10   Carus-Wilson, 1952: 392.

작했고, 이것은 엄청난 판매 증가로 이어졌다.

플랑드르에서는 사회적 혼란과 전쟁에도 불구하고 모직 산업이 몇 세기 동안 번창했다. 그러고 나서 13세기 말에 프랑스는 남부 플랑드르를 합병했다. 북부 플랑드르는 프랑스를 저지했지만, 남부 양모 산업의 파괴는 심각한 결과를 가져왔다. 일부 회사들은 프랑스의 세금과 억압을 피해 북쪽으로 이동했고, 다른 많은 회사는 이탈리아와 영국으로 갔다. 결국 플랑드르 전체는 스페인에 의해 점령되었고, 스페인은 플랑드르의 모든 상업과 산업 시설을 파괴했다. 15세기 말에 대륙의 모직 산업과 공격적인 자본주의 기업들은 암스테르담 북쪽으로 내몰렸다. 이 모든 것은 영국에 큰 기회를 주었다.

잉글랜드 자본주의

플랑드르에서와 같이 자본주의는 이탈리아 반(半)식민주의의 형태로 영국에 왔다. 이탈리아 은행은 13세기 동안 잉글랜드(그리고 아일랜드)에서 번성했는데,[11] 이는 1215년에 서명된 대헌장에서 인정한 사실로서 외국 상인들이 국내에 들어와 방해 없이 사업을 할 수 있는 권리를 보장했다. 13세기 초 런던에는 서구 식민주의자들이 아시아에 형성한 것과 매우 유사한 외국 상인 주거지들이 있었다. 그러나 이것은 반식민지주의였다. 외국 상인들은 오직 국왕의 의지에 따라 잉글랜드에서 활동했고 군사적 압력을 받지 않았기 때문이다.

---

11   Lloyd, 1982.

영국 해협을 방패막으로 삼은 영국은 유난히 생산성이 높은 농업, 어마어마한 광물 자원, 풍부한 수력 등의 혜택을 받은 서구 주요 강대국 중 하나가 되었다. 그러므로 그들이 외국 기업과 제품에 불리한 세금과 관세를 부과하면서 그들 자신을 위해 사업을 시작하는 것은 시간문제였다. 그럼에도 불구하고 영국의 자본주의에 더 큰 자극을 준 것은 정치적 자유의 두드러진 상승이었다. 대헌장에서 분명히 드러났듯이, 영국 상인은 이탈리아 남부의 초기 자본가들과 폭정에 의해 파괴된 플랑드르 왈롱 지역의 사람들과는 달리 안전한 재산권과 자유시장을 누렸다. 자유와 재산의 안전은 혁신을 촉진했고, 그 결과 영국의 산업들은 유럽의 경쟁자들에 의해 사용되는 것보다 훨씬 우수한 기술을 개발하거나 활용했다. 산업"혁명"이 18세기에 시작되었을 때, 그것은 혁명이 아니라 이르면 11세기 초에 영국에서 시작된 발명과 혁신적 발전의 일부였다.

플랑드르에서 그랬던 것처럼 자본주의는 양모 무역에 대한 반응으로 영국에 처음 왔고, 영국 자본주의의 초기 발전은 거의 전적으로 이 단일 산업 내에서 일어났다. 그러므로 자본주의가 영국 모직 산업을 어떻게 변화시켰는지에 대한 면밀한 조사는 영국 산업 자본주의의 발흥에 대한 의미심장한 관점을 제공한다.

양털에서 모직물

이 이야기의 기본 윤곽은 표 9-1에서 명확하게 드러난다(모든 수치는 반올림되었다). 13세기에 영국은 사실상 대륙의 양모 산업에 종사하는 광대한 양떼 목장이었다. 영국의 옷감 수출은 매우 미미하여 세금 기록이 없었지만, 양모 수출은 1278-80년 연평균 17,700포대에서 14세기 첫 10년 동안 34,500포대 혹은 9백만 마리의 양털로 급증했다(보통 한 포대는 260개의 양털을 담았다).[12] 하지만 그 상황은 곧 바뀌었다. 옷감 수출에 대한 첫 통계는 14세기 중반부터 시작되었고, 연간 수치는 1347-48년에 수출된 4,400필에서 15세기 초에 31,700필로 급증했다. 한편 양털 수출은 연간 약 33,700포대에서 13,900포대로 감소했다. 세기가 바뀌면서 의류 수출은 급격히 증가했고 양털 수출은 감소했다. 1543년에서 1544년까지 영국의 옷감 수출량은 137,300필에 달했고, 양털 수출은 1,200포대로 미미했다.

표 9-1: 영국 양모 수출(1278-1544)

연도	옷감 연간수출 평균(필)	양털 연간수출 평균(포대)
1278-1280	–	17,700
1281-1290	–	23,600
1301-1310	–	34,500
1347-1348	4,400	–
1351-1360	6,400	33,700
1401-1410	31,700	13,900
1441-1450	49,400	9,400
1501-1510	81,600	7,500
1531-1540	106,100	3,500
1543-1544	137,300	1,200[13]

이 표는 영국 의류 제조 회사의 발전 그리고 우수한 영국 모직물을 외국 직조업자의 손에 들어가지 않도록 특별히 고안된 세금과 수출 관세 부과에 의해 추진된 영국 모직 산업의 성장을 반영한다. 당연하게도 국내 모직

---

12   Carus-Wilson, Coleman, 1963: 13.
13   Carus-Wilson, Coleman, 1963을 바탕으로 만듦.

산업이 발전함에 따라 영국인들은 더 이상 그들의 옷을 대부분 수입할 필요가 없어졌다. 1333-36년에 수입된 옷감은 연평균 1만 필이었지만, 불과 20년 후인 1355-57년에는 수입된 옷감이 연평균 6천 필로 감소했다.[14] 영국인들은 마침내 세계 모직 시장을 지배했고, 수 세기 동안 그들의 명성을 유지했다.

이렇게 영국 모직이 두각을 나타내게 된 한 가지 요인은 영국 현지 양털의 우월함이었다. 영국의 모직 제조업이 소규모로 운영되던 13세기 초에도 부유한 유럽인들은 영국산 옷감만을 구매했는데,[15] 그중 최고는 종종 주홍색으로 염색되고 유럽 왕족들에게 존중받았다. 베네치아인들은 1265년에 잉글랜드산 양모에 특별 수입 관세를 부과할 만큼 잉글랜드 경쟁자들을 우려했다. 영국 왕실은 이것을 간과하지 않았고, 10년 후 왕은 영국 양털에 수출세를 부과했다. 물론 이것은 영국의 옷 제작자들이 플랑드르와 이탈리아의 옷 제작자들보다 훨씬 더 저렴하게 영국 양털을 살 수 있어서 완성된 옷들을 해외에서 더 싸게 팔 수 있었다는 것을 의미했다.

그러나 영국의 양털 시장 통제에는 단지 최상의 양털 보유와 유리한 정부 세제 정책만 있었던 것이 아니었다. 이전 이탈리아의 모직 산업과 마찬가지로 영국 산업도 플랑드르로부터 이주한 숙련된 다수의 장인 덕을 보았다. 1271년에 헨리 3세는 "다른 지역과 마찬가지로 양털 옷과 관련한 플랑드르의 모든 남녀 노동자들은 안전하게 우리 왕국에 들어와 옷감을 만들 수 있다"라고 공표했고, 그들은 5년 동안 세금 면제를 받았다.[16] 1337년에 에드워드 3세는 플랑드르 직물 제조업자들에게 이러한 혜택을 확대

---

14   Gray, 1924.
15   Carus-Wilson, 1952: 374.
16   Carus-Wilson, 1952: 415.

했고, 그들에게 모집인까지 보내기도 했다. 어떤 기업가들은 그들의 노동자를 포함하여 회사 전체를 영국으로 이전했다. 이 사람들은 단순히 플랑드르를 괴롭힌 시민 소요를 피해 도망치려는 것이 아니라 더 많은 자유, 정치적 안정, 낮은 비용, 더 훌륭한 원자재, 우수한 기술, 그리고 무엇보다도 더 높은 임금과 이익 때문에 영국으로 마음이 끌렸다.

아마도 영국 모직 산업의 가장 주목할 만한 특징은 분산이었을 것이다. 즉 영국 모직 회사들이 시골 전역에 흩어져 있었다는 사실이다. 다른 많은 영국 산업의 특징인 이러한 분산은 기술적·정치적 이유로 인해 일어났다.

13세기 산업혁명

1941년에 엘리노어 캐러스 윌슨은 영국의 모직 산업이 아주 초기부터 도시 지역에서 마을과 시골 지역으로 이주해왔다는 것을 지적했다. 왜 그랬을까? 몇 가지 요인들이 관련되었지만, 수력 축융공장들이 매우 중요한 역할을 했기에 캐러스 윌슨은 그녀의 유명한 논문 제목을 "13세기의 산업혁명"으로 지었다.[17]

축융은 좋은 천을 생산하는 중요한 단계다. 베틀에서 나온 천은 꽤 헐겁다. 축융 과정은 천을 물(보통 축융공의 흙이라고 불리는 천연 점토 세제를 함유하고 있다)에 담그고 세게 두드리는 것을 포함한다. 적절하게 축융하면 천이 줄어들면서 더 촘촘해지고 단단해지며 표면은 더 부드러워진다.[18] 물에 잠긴 천을 발과 손 및 곤봉으로 때리는 축융의 전통적인 세 가지 방법

---

17   이 단락과 이후 단락에서는 『기독교와 이성의 승리』(*The Victory of Reason*, 새물결플러스 역간)에서 필자가 연구하고 기록한 내용에 의존한다. Stark, 2005를 보라.
18   Carus-Wilson, 1941:40.

이 사용되었다. 폼페이의 벽화는 거의 벌거벗은 축융공이 수조에 서서 천을 밟고 있는 것을 보여준다. 이러한 전통적인 방법들은 플랑드르와 이탈리아에서 여전히 사용되었고, 잉글랜드에서도 한동안 사용되었다. 그러나 11세기 또는 12세기에(역사학자들은 정확한 날짜에 대해 의견이 분분하다) 새로운 방법이 도입되었는데, 두 개의 나무망치를 드럼통에 부착하고 크랭크를 돌려 옷감을 치는 것이었다. 진정한 돌파구는 이 장치가 물레방아(곡물을 빻기 위해 만들어졌을 것이다)에 연결되었을 때 찾아왔다. 그 결과 일련의 해머를 감독하는 한 명의 작업자가 이전에는 여러 축융공이 필요했던 작업을 훨씬 더 빠르게 수행할 수 있게 되었다.[19]

이것이 캐러스 윌슨이 축융공장의 발명이 "18세기의 방적과 직조의 기계화만큼이나 [양모 산업에] 결정적인 사건"이라고 언급한 이유다.[20] 축융기가 11세기에 개발되었든 12세기에 개발되었든, 그것은 13세기에 너무 흔해서 잉글랜드 산업에 혁명을 일으켰고 대륙은 훨씬 뒤처지게 되었다. 축융은 국제 시장에서 영국산 직물에 상당한 이점을 주었다. 유럽 대륙의 옷 제작자들은 축융기가 훨씬 더 적었기 때문에 그들의 옷 중 일부만 축융할 수 있었고, 이것은 품질 면에서 큰 희생을 수반했다.[21]

축융공장의 증가는 좋은 하천이 있는 마을과 시골 지역에 대한 영국 모직 산업의 두드러진 선호도를 설명하는 데 도움을 준다.[22] 그러한 장소들은 몇 가지 추가적인 이점을 가지고 있었다. 흐르는 물은 옷에서 불필요

19 축융공장이 없었다면 기업은 방직공의 절반만큼이나 축융공이 필요했을 것으로 추정되었다. "한 공장에서 일하는 한 명의 축융공은 40명에서 60명의 방직공이 생산해내는 제품을 완성할 수 있었다." Usher, 1966: 269.

20 Carus-Wilson, 1952: 409.

21 Usher, 1966: 270.

22 Bridbury, 1982; Gray, 1924; Miller, 1965.

한 염료를 헹구어내야 하는 염색업자들에게 유용했다. 게다가 시골 지역에 위치함으로써 기업들은 억압적인 길드의 규제를 피할 수 있었고, 읍이나 도시가 부과한 것보다 낮은 세금을 낼 수 있었으며, 낮은 임금을 지불할 수 있었다(생활비는 도시보다 시골이 더 낮았다).[23]

왜 대륙의 모직 산업은 이와 비슷하게 작은 마을로 흩어지지 않았는가? 왜냐하면 유럽 대륙에서는 도시들만이 산업을 유지할 수 있는 충분한 자유와 재산권을 제공했기 때문이다. 유럽의 시골에서는 귀족들의 통치가 우세했고, 모든 사람이 지역 영주의 탐욕을 두려워해야 했다. 그러나 잉글랜드에서는 자유와 안전이 널리 보장되었고, 중세 영국의 산업가들은 플랑드르, 네덜란드, 라인강, 이탈리아에 있는 산업가들처럼 혼잡하고 비싸고 무질서하고 더러운 도시(수력도 부족했다)에 옹기종기 모여 있을 필요가 없었다. 따라서 영국의 모직 산업은 현저하게 분산되었다.

축융공장의 이점을 이용하는 것은 영국 섬유산업 기계화의 첫 단계였을 뿐이다. 축융기 이후 직물 더미를 올리기 위한 기모기가 곧 나왔다. 그 후 뜨개질 기계(1589년), 무늬 짜는 북(1733년), 다축 방적기(1770년), 뮬 방적기(1779년), 동력 베틀(1785년)이 나왔다. 제임스 와트가 1776년에 실용적인 증기 엔진을 최초로 만들었을 때, 이 모든 발명품은 연결되기를 기다리고 있었다. 기술 혁신은 영국 자본주의의 특징이었다.

마지막으로 분산과 상대적으로 구속되지 않은 자본주의는 더 멋지고 매력적인 제품을 생산하도록 촉진함으로써 영국 모직이 국제적으로 두각을 나타내는 데 기여했을지도 모른다. A. R. 브리드버리가 표현하듯이, 영국 모직의 성공을 설명하려면 더 나은 양털이나 더 낮은 가격을 언급하는

---

23   Carus-Wilson, 1952: 422.

것만으로는 충분하지 않다. 강조되어야 할 것은 "예술과 기술…이 옷들의 이국적인 염색…디자인과 색상의 미묘한 혼합…국제적으로 더 유행할 수 있는 옷을 찾는 것"이다.[24] 유럽의 직물 중심지에서 길드는 종종 색깔과 디자인에 전통의 압박을 가했으며, 창조적인 사람들이 모여 서로의 작품을 완전히 파악하고 있으면 거의 항상 독창성을 잃어버린다. 디자이너들이 서로의 어깨너머를 볼 수 없었던 영국의 분산된 모직 산업에서는 스타일과 품질에 더 큰 변화가 나타났다. 게다가 자본주의적 관리자들은 대중재 쪽으로 생산을 이동시킴으로써 시장의 반응에 자유롭게 대응할 수 있었다. 현대 용어로 표현한다면 영국의 모직 산업은 시장 중심적이었다.

석탄 발전

모직 산업의 성장은 영국 상업의 국제적인 명성의 시작을 알렸다. 영국은 모직으로부터 얻은 교훈을 다른 기회에 적용함으로써 세계 최초로 진정한 산업 국가가 되었다. 중요한 다음 단계는 영국이 자본주의와 기술 혁신 사이의 역동적인 연결을 보여주는 발전인 석탄 발전 산업으로 전환했을 때 왔다.

고대 이래로 대부분의 문명이 그랬듯이 영국은 오랫동안 나무에 의존해왔다. 나무는 석탄보다 열등한 연료였지만, 석탄과는 달리 비교적 풍부하고 가까이 있으며 운송이 쉬웠다. 따라서 나무와 목탄은 건물을 따뜻하게 하고 요리하고 굽는 데 사용될 뿐만 아니라 야금에나 벽돌, 유리, 비누, 소금, 도자기 등을 만드는 데도 사용되었다. 나뭇불에 의한 낮은 온도는 이 제품들의 품질에 심각한 제한을 가했다. 예를 들어, 대부분의 무기

---

24   Bridbury, 1982: 103.

와 갑옷은 청동과 황동으로 만들어졌는데, 이것들은 상대적으로 낮은 온도에서 녹는 연금속의 합금이었기 때문이다. 이러한 목적을 위해서는 철이 더 우수하다는 것이 잘 알려져 있었지만, 그것은 훨씬 더 높은 온도가 필요했다.

12세기와 13세기에 런던의 인구가 증가함에 따라, 장작의 가격도 그에 상응하여 올랐다. 런던에서 약 8km 떨어진 햄스테드에서는 1270년대와 1290년대 사이에 장작 가격이 거의 두 배가 되었다. 런던에서 약 32km 떨어진 서리에서는 1280년대와 1330년대 사이에 가격이 약 50% 올랐다.[25] 석탄과 목재의 가격 차이가 줄어들자 산업용 열이 필요한 기업들이 점점 석탄으로 바꾸었고 뉴캐슬에서 런던으로 수로를 통해 석탄을 들여왔다. 영국의 경쟁력 있는 석탄 가격은 부분적으로 광업과 운송의 기술적 향상을 반영했지만, 무엇보다도 석탄 시장이 커지면서 이러한 기술의 발명과 채택이 촉진되었음을 반영한다. 게다가 수력발전이 양모 산업을 하천 근처에 집결시켰듯이, 나무에서 석탄으로 전환되면서 많은 산업이 탄광 근처에 집결하게 되었다.[26]

질 좋은 석탄이 풍부했던 영국에서도 땅속 깊이 층을 따라가는 것이 곧 필요해졌다. 보오링 로드는 층을 찾기 위해 발명되었다. 지하에서 채광할 때에는 갱도를 범람시키는 물을 제거해야 했다. 로마인들은 양동이 줄을 세워 스며드는 물을 수작업으로 퍼냈다. 영국인들은 수력 펌프나 마력으로 돌린 바퀴 펌프 등 다양한 펌프로 그 문제를 해결했다. 그들은 같은 방식으로 환기팬을 작동시켜 신선한 공기를 광산 갱도로 밀어 넣었다.[27]

---

25   Galloway, Keene, Murphy, 1996: 449.
26   Nef, 1934: 102.
27   Reynolds, 1983: 77-79.

이러한 기술들은 유럽 대륙에서도 사용되었고, 일부는 아마도 그곳에서 유래되었을 것이지만, 영국인들은 그들의 광산이 훨씬 더 큰 규모로 관리되었기 때문에 더 광범위하게 그것들을 이용했다.

광업계가 직면한 또 다른 문제는 무거운 석탄이나 광물 광석을 운송하는 방법이었다. 엘리자베스 1세의 통치 말기에 노팅엄셔 남부의 무명 발명가들은 말이 끄는 짐마차(나중에 트램 또는 트롤리로 알려짐)를 지지하기 위해 금속 레일을 설치함으로써 해결책을 찾았다. 두 가지 기술이 사용되었다. 하나는 짐마차 바퀴가 선로에 머물도록 바퀴에 플랜지를 붙인다는 점에서 현대의 철도와도 같았다. 두 번째는 "플레이트웨이"로 알려졌으며, 짐마차 바퀴를 안내하기 위해 선로에 플랜지를 부착했다. 처음에는 후자의 방식이 선호되었는데, 그 이유는 바퀴에 플랜지가 없어 짐마차가 선로 끝에 도달했을 때 정상적으로 진행할 수 있었기 때문이다. 그러나 선로를 따라 플랜지를 다는 것보다 그것을 마차 바퀴에 부착하는 비용이 훨씬 적게 들기 때문에 전자의 방법이 대중화되었다.

선로의 가장 큰 장점은 마찰을 줄여 짐을 옮기는 데 훨씬 적은 동력이 필요하다는 것이었다. 동력 공급이 중단된 후 선로 위를 주행하는 짐마차는 포장된 도로에서 주행하는 짐마차보다 약 5배 더 멀리 굴러간다.[28] 결과적으로 말은 길에서보다는 선로에서 훨씬 더 무거운 짐을 끌 수 있었다. 그래서 증기 기관차가 등장하기 훨씬 전에, 영국은 산업 지역에 광범위한 선로 시스템을 가지고 있었다. 영국에서 기관차가 발명되었고 영국이 철도의 발전을 이끌었다는 것은 별로 놀랄 일이 아니다. 사실, 와트의 비유동적인 엔진이 실용적이고 신뢰할 수 있다는 것이 증명되자 말이 끄는 광

---

28   Shedd, 1981: 477.

범위한 선로 시스템은 기관차의 도입으로 이어지지 않을 수 없었다.

석탄으로의 전환은 영국의 기술 발전을 가속했다. 광석을 제련하고 주철을 생산할 만큼 철을 제대로 다룰 수 있게 되자, 영국은 16세기 초에 이르러서는 유럽에서 제일 뛰어난 대포를 만들었다. 철로 주조된 이 무기들은 대륙에서 주조된 놋쇠나 청동 무기보다 사거리가 길고 튼튼했으며 생산 비용이 저렴했다. 스페인 함대와 교전할 때 영국 함선은 수적으로 열세였지만, 스페인 함대는 화력이 열세였다.

자본주의는 영국의 산업화에 필수적인 요소였다. 석탄을 채굴하고, 환기가 잘 되며, 건조하고, 선로 시스템을 갖춘 광산을 유지하기 위해서는 상당한 투자와 정교한 관리, 대규모의 신뢰할 만한 노동력이 필요했다. 그래서 영국 회사들은 더 커지고 복잡해졌는데, 이러한 추세는 전염병과 전쟁 및 정치적 혼란에 놀라울 정도로 영향을 받지 않았다. 물론 영국 자본주의는 영국인들이 전례 없는 수준의 자유를 누렸기 때문에 그렇게 발전할 수 있었다.

한자동맹

영국의 번영과 혁신이 이루어지면서 북대서양과 발트해 해안에 있는 독일의 도시국가들도 발전했다. 놀랍게도 이 도시들의 상인들에게 이름까지 붙여주면서 그들의 공통적인 상업적 관심사에 대한 분명한 감각을 심어준 것은 영국인들이었다. 한자(*Hansa*)는 영국인들이 상인들의 결사권을 지칭하는 용어로, 결국 런던에 있는 외국인 상인들만을 지칭했다.[29] 이 독일 도시들의 상인들이 공식적인 제조업과 무역 구역을 조직했을 때, 그들은 그들의 영어 명칭을 채택했고 한자동맹으로 알려지게 되었다.

한자동맹은 뤼베크, 함부르크, 로스토크, 단치히, 브레멘, 쾰른, 안트베르펜, 브뤼헤 등의 몇몇 대도시에 의해 지배되었지만, 대부분의 회원 도시에는 천 명 미만의 인구가 살고 있었다.[30] 큰 도시들도 매우 큰 것은 아니었다. 브뤼헤는 1400년에 약 6만 명의 주민이 거주하는 가장 큰 도시였다. 더 전형적인 도시는 8,500명의 단치히와 22,000명의 함부르크였다. 물론 그 당시 런던에는 단지 약 5만 명의 시민들이 있었다.[31]

한자동맹은 주요 강뿐만 아니라 해안 수로를 이용하여 동서와 남북 두 축을 따른 무역을 통해 번창했다. 털과 밀랍은 러시아와 핀란드에서, 구리와 철은 스웨덴에서, 말린 대구는 노르웨이에서, 소와 버터 및 소금에 절인 엄청난 양의 청어는 덴마크에서, 곡물, 목재, 호박은 프로이센과 폴란드에서, 양모, 린넨, 양초, 소금은 플랑드르와 독일 서부에서 왔다. 역사학자 로널드 핀들리(Ronald Findlay)와 케빈 오루크(Kevin O'Rourke)는 한자 무역의 규모에 관해 "3척의 호송선이 45만 개의 가죽을 싣고 리가에서 브뤼헤로 항해했다"라고 한다.[32] 영국 궁수들이 사용한 대부분의 화살대는 런던의 한자 상인들이 동유럽에서 수입한 것이었다.[33] 또한 대형 범선들이 사용하는 돛대들(대부분 30m 이상의 높이)은 스웨덴에서 수입되었다. 한자동맹 도시국가들은 또한 이탈리아 도시국가들과 많은 거래를 했는데,

29   Postan, 1952: 224.
30   Pounds, 1974: 382.
31   Chandler, 1987.
32   Findlay, O'Rourke, 2009: 120-1.
33   Findlay, O'Rourke, 2009: 121.

후자는 모피, 금속, 경목 등을 수입하면서 향신료, 비단, 양단, 갑옷, 안경 등을 수출했다. 이 무역 역시 해상으로 이루어졌으며, 이탈리아인들은 북부인들이 범선으로 바꾼 후에도 오랫동안 갤리선을 계속 이용했다.

13세기 초에 이미 유럽에서는 경제 전문화가 발달해 있었고, 한자동맹은 이를 가능하게 하는 주요 구조였다. 예를 들어, 플랑드르는 식량과 음료를 무역 상대국에 의존하면서 모직과 아마직물에 거의 모든 경제를 할애할 수 있었다.

결국 한자동맹은 더 강력한 민족 국가의 부상과 그들 사이의 전쟁으로 해체되었다. 그러나 상업 무역의 정교한 네트워크는 계속해서 번성했다.

아시아 사업

플랑드르, 영국, 그리고 한자 상인들의 경제적인 성공에도 불구하고, 이탈리아 도시국가들은 유럽의 지배적인 무역 중심지로 남아 있었다. 제노바, 피렌체, 베네치아가 선두에 서면서, 그들은 영국과 북유럽 및 지중해 전역에서 번창했고, 13세기 후반에 이르러서는 중국까지 정기적인 무역 관계를 구축했다. 역사학자 J. R. S. 필립스(Phillips)는 1340년경에 "피렌체의 상인이자 은행가인 프란체스코 발두치 디 페골로티(Francesco Balducci di Pegolotti)가 아조프해의 타나에서 투르케스탄과 몽골을 거쳐 베이징으로 가는 길이 밤낮으로 안전하다고 기록했으며, 지역 화폐와 관세에 대한 상세한 정보를 제공할 수 있었다"고 언급했다.[34]

---

34   Phillips, 1998: 96.

아마도 마르코 폴로의 여행담의 진위성에 대한 수 세기 동안의 허풍 때문에, 비록 폴로 가족이 허구일지라도, 이탈리아 상인들은 아시아 전역, 특히 중국과 수익성이 좋은 무역망을 유지했다는 사실이 너무 자주 간과되었다. 사실 마르코가 페르시아보다 더 동쪽으로 가지 않았다는 최근의 선풍적인 주장에도 불구하고, 폴로 가족은 존재했고 그들은 중국으로 여행을 갔다.[35] 현명한 역사학자들은[36] 『마르코 폴로 여행기』(*The Travels of Marco Polo*, 1298)의 많은 오류와 누락에 현혹되지 않는다. 왜냐하면 항상 알려진 것처럼 마르코 폴로가 그 책을 쓰지 않았기 때문이다. 이 책을 오늘날 출판한다면, 저자 부분에 "마르코가 피사의 루스티켈로에게 말한 대로"라는 문구가 붙을 것이다. 루스티켈로는 인기도서를 집필하려고 했기 때문에 허튼소리를 많이 집어넣었고, 모든 책을 손으로 베껴야 한다는 사실에도 불구하고 성공했다. 여행기는 여러 번역본으로 유럽 전역에 퍼졌다. 14세기와 15세기에 만들어진 80여 권의 사본이 남아 있으며, 그중에는 상당한 양의 소설이 포함되어 극단적으로 변형된 사본들도 있고, 변형이 적은 사본들도 있다.[37] 아이러니하게도 폴로 이야기의 초기 의심자들은, 폴로가 머리가 없고 가슴에 얼굴이 있는 사람들 등 당시 동양에 관해 일반적이었던 내용을 보도하지 않았기 때문에, 폴로의 이야기에 의문을 제기했다.

어쨌든 이탈리아인들은 중국과의 수익성이 좋은 무역을 계속했다. 중국 상품이 육로 대상들을 통해 대부분 운송되어야 했기 때문에 작고 가벼워야 했음에도 불구하고 이런 무역이 가능했다. 아시아에서 베네치아

---

35 Wood, 1995.
36 논쟁 전체를 잘 설명해놓은 Larner, 1999을 보라.
37 Phillips, 1998: 193.

로 연간 수입된 양은 1,000톤에서 2,000톤에 불과했던 것으로 추정된다.[38] 그러나 이것들은 비단과 향신료와 같은 사치품들로 이루어진 매우 값비싼 것들이었다. 물론 수 세기 동안 중국에서 서양으로 가는 육로는 실크로드로 알려져 있었다. 비록 이탈리아인들이 13세기 초에 그들 자신의 비단 산업을 발전시켰지만, 비단은 중국이 훨씬 더 저렴했기에 이탈리아 상인들은 그것을 서쪽으로 운송하는 것이 이익이었다. 당시에도 중국의 임금은 서구에서 지급되는 임금에 크게 못 미쳤기에 중국의 생활 수준은 낮았다. 비단과 향신료에 대한 보답으로 중국은 플랑드르 리넨을 열렬히 수입했다.[39] 1340년에 제노바 상인이 프랑크족 전마 몇 마리를 중국으로 가져갔는데, 그 말들은 중국 말보다 훨씬 크고 힘이 센 "천산의 말들"로 높이 평가받았다.[40] 이탈리아와 중국의 무역은 1337년에 무슬림들이 아르메니아를 정복했을 때 훨씬 더 위험해졌다. 10년 후 흑사병은 유럽과 아시아 전역의 무역 활동을 방해했다. 결국 1368년에 몽골 왕조가 멸망하고 모든 외국인을 경멸한 명나라가 부상하면서 이탈리아는 중국과의 무역이 불가능해졌다.

유럽의 우수한 기술

중국의 영광에 대한 마르코 폴로의 보도는 쿠빌라이 칸의 궁전의 화려함과 부, 웅장한 공공사업, 중국의 밭과 과수원의 비옥함과 같은 것들을 고

---

38   Phillips, 1998: 97.
39   Lopez, 1976: 111.
40   Phillips, 1998: 104.

려했다는 것을 주목해야 한다. 그것은 기술적 경이로움에 대한 설명이
아니었다.

그럴만한 이유가 있었다. 그 시대의 가장 놀라운 기술적 진보가 유럽
에서 일어나고 있었기 때문이다. 1200년부터 1500년까지 유럽의 기술은
야금, 선박, 군비 같은 중요한 분야에서 빠르게 발전하고 있었다. 이러한 개
선은 서방세계가 다른 나라들에 대한 우위를 크게 높일 수 있게 해주었다.

용광로

아마도 중세 시대의 가장 중요한 기술적 돌파구는 용광로였을 것이다. 용
광로는 많은 양의 우수한 철을 저렴하게 생산할 수 있도록 해주었고, 따라
서 더 나은 대포, 더 나은 화기, 더 나은 쟁기, 그리고 모든 종류의 더 나은
도구들이 생산되었다. 충풍로는 석탄의 열을 증가시키기 위해 용광로 상
자 안에 공기를 불어넣기 때문에 그렇게 불린다. 다른 여러 발명품과 마찬
가지로 충풍로는 중국에서 처음 개발되었다고 하지만, 역시 처음 만들었
다는 것은 지속적인 중요성을 거의 띠지 않는다. 1장에서 살펴본 것처럼
중국 궁정이 11세기 동안 잠깐 번성했던 제철 산업을 어떻게 파괴했는지
상기해보라. 어쨌든 유럽 최초의 충풍로는 1150년경에 스웨덴에서 나타
난 것으로 보이며,[41] 바이킹이 중국으로부터 기술을 배웠다는 증거는 없
다. 충풍로 기술은 스웨덴에서 유럽 전역으로 빠르게 퍼져나갔고, 결국 영
국의 주요 산업단지에 이르게 되었다.[42]

---

41   Bjökenstam, 1995.
42   King, 1973.

무장상선과 갤리온선

벨기에의 역사학자 앙리 피렌(Henri Pirenne)은 유럽이 이슬람에 의해 육지로 밀려난 후 지중해를 항해할 수 있는 능력을 10세기와 11세기 동안 되찾았다는 유명한 제안을 했다. 그는 지중해가 "이슬람의 호수"가 된 7세기 후반까지 "지중해는 로마의 호수였다"라고 썼다.[43] 피렌은 파피루스, 비단, 향신료 수입의 감소를 보여주는 무역 통계에 근거하여 결론을 내렸는데, 그는 이것을 지중해 횡단 무역이 시들해진 것으로 해석했다. 그러나 피렌은 해군의 교전에 대한 역사적 기록을 참조했어야 했다. 이 기록은 문제의 시기 동안 지중해가 동로마의 호수였다는 것을 보여준다. 무슬림 지도자들은 여러 차례 해군을 소집했지만, 동로마와의 조우에서 해군이 완전히 파괴되었다.[44] 그리고 제4장에서 논의했듯이, 피렌과 관련된 무역의 쇠퇴는 해군의 역량이 아니라 오히려 무역로의 북쪽으로의 이동과, 브리드버리가 관찰한 것처럼, 피렌이 주목한 품목들에 대한 유럽 수요의 사실상 소멸을 반영했다.[45]

그러나 10세기에 이르러서는 베네치아와 제노바와 같은 다양한 이탈리아 도시국가들의 해군이 그들에게 도전하는 무슬림 해군들을 격침시켰다는 피렌의 말은 옳았다.[46] 실제로 십자군 전쟁 동안 이탈리아인들은 그들이 원하는 곳 어디든 항해할 수 있었을 뿐만 아니라 프랑스, 노르망디, 영국, 덴마크에서 온 배들도 일상적으로 기사와 보급품을 성지로 운반했다.[47] 무슬림들이 십자군 함대에 도전하려고 몇 차례 시도했지만, 그들

---

43   Pirenne [1927] 1939: 25.
44   Stark, 2009: 36-39.
45   Bridbury, 1969: 527.
46   Lewis, 1951: 242.
47   Stark, 2009.

은 빠르게 침몰했다.[48] 물론 양측의 "선박"은 대부분 갤리선이었고, 해안을 끌어안지 않고는 지브롤터 해협을 넘어 멀리까지 모험을 할 수 없었다. 한편, 대서양을 따라 살고 있던 유럽인들은 훨씬 우수한 선박을 개발했다.

4장에서는 10세기에 발명된 외돛 상선에 대해 논의했는데, 그것은 돛으로만 움직이는 최초의 원형 선박이었다. 이 외돛 상선은 고대부터 유럽의 선박을 지배해온 갤리선을 뛰어넘는 큰 발전이었으며, 훨씬 더 크고 항해에 더 적합했다. 그러나 15세기 초에는 해군의 훨씬 더 극적인 돌파구로서 3-4개의 돛을 단 무장상선이 등장했다. 보통 돛대가 3개인 무장상선은 6개의 돛을 달고 바다에서 심한 폭풍을 견딜 수 있을 만큼 충분히 컸다. 흔히 1,000톤 이상의 배수량과 여러 개의 갑판을 갖추고 있었다. 바이킹 배와 마찬가지로 무장상선은 갑옷식 판붙임으로 만들어졌다. 선체를 형성하는 판자를 겹쳐서 서로 고정한 다음 강도를 높이기 위해 내부 버팀대를 추가했다. 갑옷식 판붙임으로 만든 배는 매우 튼튼했고 선체는 다소 유연했다.

무장상선은 매우 큰 것도 있었다. 아마도 가장 큰 것은 1416년 영국의 헨리 5세를 위해 사우샘프턴에서 지어진 그레이스 디유였을 것이다(고고학자들이 1933년에 잔해를 발견했다).[49] 그레이스 디유는 길이가 56m였고, 15m의 갑판보와 수면 위로 15m 이상 치솟은 선원실이 있었으며, 큰 돛대는 60m였다. 갑판에 대형 대포를 적재한 이 무장상선은 치명적인 군함이었고, 거대한 짐칸이 그것을 이상적인 상선 화물선으로 만들었다. 바스쿠 다 가마와 콜럼버스는 모두 무장상선을 타고 항해했다. 비록 콜럼버스가

---

48   Rose, 2002; Stark, 2009.
49   Konstam, 2008: 25-28.

첫 항해에서 사용한 함선 중 두 척은 작은 범선으로 알려진 외돛 상선의 진보된 형태였고 훨씬 더 작았지만 말이다.

한 세기 후 훨씬 더 위협적인 전투함인 갤리온이 등장했다. 최종 모델은 1550년대에 만들어졌다.[50] 전투함으로서 무장상선의 가장 큰 단점은 포문이 주갑판에 한정되어 있다는 점이었는데, 이는 함체의 측면을 잘라 2-3개 이상의 포구를 내는 것이 함선을 약화시켰기 때문이다. 갤리온선은 하부 포갑판을 설치할 수 있도록 작은 범선처럼 제작되었다. 선박의 기본 골격을 만들기 위해 용골에 프레임을 부착한 다음, 선체 판자를 이 틀에 겹치지 않고 끝과 끝을 맞물리도록 하며 방수를 위해 틈을 채웠다. 갤리온선은 또한 유선형이었는데, 이는 상부구조를 낮게 두어 배를 물속에서 더 안정적이고 빠르게 만들었다. 갤리온선의 포갑판에는 상당한 화력을 장착했다. 주갑판에 있는 대포들 외에도 보통 48문의 대포가 있었다.[51] 스페인 함대(1588년)의 주요 전투함들은 갤리온선이었고, 그들을 저지한 영국의 주요 함선들도 갤리온선이었다. 화물선으로 무장상선이 계속 선호되었지만, 스페인의 연례 보물선단에는 해적들과 영국 사략선들로부터 보호하려고 갤리온이 사용되었다.

대포와 화기

화약이 중국에서 서양으로 들여온 것인지 아니면 유럽에서 독자적으로 발명된 것인지에 대한 학문적 논쟁이 있다.[52] 위대한 스콜라주의 학자인 로저 베이컨은 1242년에 암호문에 화약 공식을 담은 후 자신의 『제3서』

---

50   Walton, 2002.
51   Konstam, 2008: 40-41.
52   Messenger, 1996.

(*Opus Tertium*, 1267)에 공개적으로 발표했고, 파리 대학교의 동료 알베르투스 마그누스는 1270년자 원고에 화약의 효과적인 제조법을 포함시켰다. 화약에 대한 서구의 지식이 어디서 시작되었든 간에, 중국인들은 화약이 유럽에 나타난 때와 거의 비슷한 시기나 조금 더 일찍 화약을 가지고 있었다. 그러나 그들은 그것을 거의 사용하지 않았다. 그들은 대포를 만들었지만 불꽃놀이를 위해 화약을 사용하는 것에 만족하는 것처럼 보였다. 불꽃놀이는 주로 악령을 쫓기 위해 사용되었다.

대조적으로 화약이 서구에 알려지고 몇 년이 지난 후, 유럽 전역의 교회 종 제작자들은 대포를 만들기에 바빴다. 곧 군인들은 전장에서 이 기술을 사용하게 되었다. 1306년에 카스티야의 페르난도 4세는 지브롤터에서 무어인들을 향해 대포를 사용했다. 1314년에 플랑드르에서 포병이 사용되었다고 전해지고 있으며, 대포는 1324년 메츠 공성전과 1327년 스코틀랜드에 맞선 잉글랜드에 의해 확실히 사용되었다. 에드워드 3세는 1346년 크레시 전투에서 프랑스군을 상대로 대여섯 개의 대포를 사용했는데, 그것들은 "프랑스군에게 공포를 안겨주었다.…그들이 우렛소리가 나는 기계를 본 것은 처음이었다"고 전해진다.[53] 1350년에 이르러서 이탈리아의 위대한 학자 페트라르카는 대포를 "다른 종류의 무기처럼 흔하고 친숙하다"라고 묘사했다.[54]

대포의 사용은 특히 기동성이 높아지면서 증가했다. 초기의 대포는 거대하고 바퀴가 없어서 전장으로 운반되어 가장 유용하게 쓰일 것으로 예상되는 곳에 놓였다. 그러나 14세기 말 이전에 바퀴 달린 마차에 장착

---

53   Norris, 2003: 15에서 인용됨.
54   Norris, 2003: 19.

된 작은 대포들이 유럽에서 널리 사용되었다. 1377년 부르고뉴 공작의 군대는 140개의 대포를 가지고 있었고, 모두 바퀴가 달렸다.

유럽인들이 더 작고 강한 대포를 쏘는 법을 배우면서, 무기의 범위와 정확성이 향상되었다. 초기의 대포들은 돌을 발사했지만, 철제 포탄이 곧 채택되었다. 크기와 모양이 균일한 철제 포탄은 훨씬 정확했다. 대포가 등장한 그 세기의 말에 익명의 연대기 작가는 다음과 같이 썼다. "전쟁 문제에서 용맹은 더 이상 쓸모가 없다.···소름 끼치는 포가 너무 압도적이라 펜싱, 전투, 타격, 갑옷, 무기, 체력, 용기는 더 이상 쓸모가 없다. 남성적이고 용감한 영웅이 고독한 악당에게 총으로 살해당하는 일이 너무 자주 일어나기 때문이다."[55]

여기서 말하는 "총"은 대포였다. 개별 화기는 개발에 좀 더 오랜 시간이 걸렸다. 최초의 개인 화기는 15세기 초에 등장했지만 너무 무거워서 바닥에 놓인 쇠막대기로 지탱해야 했다. 그러나 16세기 초에는 개인 화기가 크게 간소화되었다. 화승총이라고 불리는 그것들은 1503년 스페인이 훨씬 더 거대한 프랑스 군대를 궤멸시키는 데 처음 사용되었다. 그 무기는 사용하기 어렵고 위험함에도 불구하고 빠르게 확산되었다. 화승총은 오래 타는 성냥을 사용하여 점화구를 통해 화약을 폭발시켜 발사되었는데, 성냥과 함께 화약을 많이 들고 다니는 것은 치명적인 조합이었다. 또한 화승총은 엄청난 반동이 있었고 장전하는 데 오랜 시간이 걸렸다.

머스킷총이 15세기 후반과 16세기 초에 등장했을 때, 그것들은 상당히 발전되어 있었다. 더 신속히 재장전될 수 있었고, 천천히 타는 성냥이 이제 필요 없었다. 머스킷총은 부싯돌에 의해 발사되었다. 방아쇠를 당겼

---

55   Norris, 2003: 52.

을 때, 스프링이 장착된 해머가 움직여 부싯돌 조각에서 불꽃을 튀김으로써 화약을 점화시켰다. 머스킷총병들은 곧 유럽 군대의 자부심이 되었고, 종종 두 배의 급료를 받았다.[56] 몇 년 동안 창병들은 기병의 돌격으로부터 머스킷총병들을 보호하기 위해 그들과 같은 전열에 배치되었다. 그 후 총검이 발명되어 머스킷총병들이 스스로 기병을 물리칠 수 있게 되었다.

포병이나 머스킷총병이 부족한 병력은 유럽의 새로운 화약군을 전혀 상대할 수 없었다. 게다가 유럽의 대포들이 발전하면서 유럽의 군함은 무적이 되었다. 1509년에 18척의 포르투갈 선박이 인도 해안의 디우 항구에서 100척 이상의 무슬림 함대를 만났다. 이슬람 함대는 육상포의 지원을 받으며 난공불락의 위치에 있는 것처럼 보였다. 그러나 거대한 포르투갈 대포는 육지의 대포조차 능가했고, 결국 떠 있는 무슬림 배는 하나도 없었다.[57] 13장에서 자세히 설명하겠지만, 이 결과는 60년 후인 1571년에 레판토에서 스페인과 이탈리아 함대가 지중해를 장악하기 위해 오스만 함대를 격파하면서 재연되었다.

세계가 손짓하다

이때쯤 유럽인들은 동양을 여행하는 사업가들에게 열려 있는 상업적 기회들을 모두 알고 있었다. 이미 1291년 초에 제노바의 두 형제 우골리노(Ugolino)와 바디노 비발디(Vadino Vivaldi)가 인도로 항해하기 위한 재정

---

56   Parker, 1972: 274.
57   Ames, 2005.

적 지원을 확보했다. 그들은 보급품을 실은 대형 갤리선 두 척으로 지브롤터 해협을 항해했다. 그들이 대서양을 건너 서쪽으로 항해하려 했는지 아니면 아프리카를 둘러 남쪽으로 항해하려고 했는지는 알려지지 않았다.[58] 그들의 소식을 다시는 듣지 못했기 때문이다. 그러나 이러한 항해에 대한 생각은 점점 더 인기를 얻었고, 무장상선은 그것을 훨씬 더 실현 가능한 것처럼 보이게 만들었다.

---

58   Lopez, 1976: 111.

10장

세상을 발견하다

근대를 향한 가장 중요한 단계 중 하나는 발견의 시대가 밝으면서 찾아왔다. 유럽인들은 아시아로 가는 안전한 항로를 오랫동안 원했고, 이제는 배와 항해 기술이 그 임무에 필적했다.

유럽 탐험의 시대는 포르투갈인들이 대서양을 탐험한 15세기 초에 시작되었다. 1433년에 그들은 아조레스 산맥을 발견했고, 마데이라를 식민지로 삼았으며, 서아프리카 해안을 탐험하기 시작하여 남쪽 끝을 돌 때까지 천천히 남쪽으로 나갔다. 거기서 바스쿠 다 가마는 1497년에 인도까지 항해했다. 이것은 매우 긴 항해였지만 포르투갈인들에게 엄청난 부를 가져다 주었다. 그들은 인도양을 완전히 지배했고 아대륙에 식민지 무역 지역을 세웠다.

한편 콜럼버스는 서쪽으로 항해하면 인도로 가는 지름길이 있을 것으로 예상했다. 콜럼버스는 죽을 때까지 그가 신대륙을 발견했다는 것과 인도가 수천 마일이나 더 멀리 떨어져 있다는 것을 인정하지 않았다. 콜럼버스가 인도에 도착하지 못한 것을 알지 못한 이탈리아인 조반니 카보토(Giovanni Caboto)는 항해 자금을 마련하기 위해 잉글랜드의 상인들을 설득했고, 1497년에 북아메리카 해안, 십중팔구 뉴펀들랜드나 래브라도에 도달했을 것이다. 1500년에는 페드루 알바레스 카브랄(Pedro Alvares Cabral)이 브라질이 포르투갈의 것이라고 주장했다. 곧이어 신세계로의 항해는 흔한 일이 되었다.

지리에 대한 유럽의 지식

그리스인들은 지구가 둥글다는 것을 알고 있었고, 스콜라주의자들도 마찬가지였다. 기후대의 존재 역시 잘 알려져 있었다. 그러나 수 세기 동안 지구의 둘레와 유럽의 대서양 해안에서 인도까지의 거리에 대해서는 상당한 의견 차이가 있었다. 지구의 실제 둘레는 40,075km이다. 플라톤은 그 거리를 약 64,374km로 추측했고, 아르키메데스는 약 54,718km로 추정했다. 또 다른 그리스인인 두로의 마리누스는 그 거리를 약 28,968km로 정했다. 그의 추정은 2세기에 그리스의 위대한 천문학자이자 지도 제작자인 프톨레마이오스가 지도를 그 수치에 기초했기 때문에 매우 큰 영향력을 행사했다. 로저 베이컨은 프톨레마이오스의 원주 수치를 그대로 받아들였는데, 이것은 콜럼버스가 인도를 향한 항해가 약 22,500km가 아니라 4,800km에서 6,400km만 가면 된다고 잘못 믿게 했다. 16세기가 되어서야 플랑드르 지도 제작자인 헤르하르뒤스 메르카토르(Gerardus Mercator)가 적도의 적절한 거리를 알려주는 지도를 출판했다.

아시아의 풍경

서쪽으로 인도 제도로 가는 경로에 대해 의구심이 있었지만, 유럽인들은 아프리카의 존재와 유라시아 대륙의 기본 지형을 충분히 알고 있었다. 고대 그리스 시절부터 유럽 상인들은 실크로드를 넘어 중국으로 향했고, 알렉산드로스 대왕은 현대 파키스탄의 인더스강까지 의기양양하게 행진했다. 엄청나게 부유한 로마 엘리트들은 한 작가의 표현대로, 거의 만족할 줄 모르는 시장에 "향신료, 진주, 향수, 고무, 상아, 보석" 등 동양산 사치품을 제공했다.[1] 로마 상인들은 인도로 가기 위해 실크로드와 뱃길을 이용했다. 후자는 홍해의 이집트 해안에서 인도 북부까지 해안을 따라가는 것을 포함했다. 중국의 비단이 그들의 가장 가치 있는 수입품 중 하나임에도 불구하고, 로마 상인들은 인도를 넘어서지 않은 것으로 보인다. 로마의 부를 고갈시키는 것에 반대했던 대플리니우스(23-79년)는 그의 유명한 『자연사』(*Natural History*)에서 "로마 여인이 투명한 천에 그녀의 매력을 나타낼 수 있도록 노동이 증식되어 지구의 땅끝까지 가로지르는 것"에 대해 불평했다.[2]

로마가 멸망한 후, 아시아와의 무역과 더불어 동양의 사치품에 대한 수요는 급감했다. 그러나 카롤링 왕조 시대에는 무슬림 정착지에서의 방해에도 불구하고 비단과 다른 동양 생산품들의 활발한 무역이 재개되었다. 그러다가 13세기부터 몽골과 중국 등지에 기독교 선교사들이 잇따라 여행을 떠났고 돌아와서는 자신의 여행에 대한 글을 썼다.

가장 먼저 간 사람 중 한 명은 조반니 다 피안 델 카르피네(Giovanni da Pian del Carpine)로서, 그는 본래 프란치스코회 회원이자 아시시의 성 프란

---

1   Burman, 1989: 10.
2   Burman, 1989: 13에서 인용됨.

치스코의 개인적인 친구였던 조안네스 데 플라노(Joannes de Plano, 1182-1252)로도 알려져 있다.[3] 65세의 나이에 조반니는 몽골의 대칸 구유크의 사절단을 이끌도록 교황 인노첸시오 4세에 의해 선택되었다. 이들은 1245년 부활절에 리옹을 떠나 볼가강에 있는 몽골 캠프로 향했다. 그곳에서 그들은 동쪽으로 약 4,800km 떨어진 몽골의 칸의 궁전으로 향했다. 도착하자마자 조반니는 칸을 접견하고 교황의 편지를 전했다. 그 편지는 무엇보다도 칸을 기독교인이 되도록 초대했다. 이에 대해 칸은 인노첸시오와 유럽의 모든 왕이 와서 그에게 충성을 맹세할 것을 요구하는 편지를 보냈다. 조반니의 느리고 위험한 귀향길 이후, 교황은 그를 이탈리아 바리에서 아드리아해 건너편에 있는 도시인 안티바리의 대주교로 임명했다. 『타르타르 관계』(*Tartar Relation*)로 알려진(그때 유럽인들은 몽골인들을 타타르족으로 잘못 인식했다), 자신의 여행에 대한 조반니의 신중한 이야기는 몽골의 예절과 풍습에 대한 탁월한 설명을 제공하며, 몽골의 군사력과 전술에 대한 괜찮은 평가와 그들을 물리칠 방법을 제시한다.

그다음으로는 기욤 드 뤼브룩(약 1215-1295년)이었다.[4] 1248년, 프란치스코회 회원이기도 한 기욤은 제7차 십자군 원정에 루이 9세(나중에 생루이가 됨)와 동행했다. 1253년에 왕의 지시에 따라 뤼브룩은 몽골인들을 개종시키기 위해 몇몇 동료와 함께 출발했다. 그들의 여정은 몽골 카라코룸에 있는 칸의 궁정에 도착하기까지 수천 킬로미터를 아울렀다. 칸은 뤼브룩을 정중하게 맞이했지만 개종하지는 않았다. 뤼브룩은 또한 몇 명의 유럽인들을 만났는데, 그들 중 다수는 네스토리우스파 기독교인이었다.

---

3   Burman, 1989; Phillips, 1998.
4   Burman, 1989; Phillips, 1998.

1254년 7월 그는 귀국 여행을 시작했고, 집에 도착하기까지 1년이 걸렸다. 뤼브룩은 예리한 관찰자이자 정확한 기자였으며, 그의 여행담은 지리적인 문제에서 특히 귀중했다. 예를 들어, 카스피해는 유럽의 많은 사람이 믿었던 것처럼 북극해의 연장선이라기보다는 내해였다.『뤼부룩 드 기욤의 동방 여행』(*The Journey of William of Rubruck to the Eastern Parts*)의 영어 번역본이 1900년에 출판되었다.

프란치스코회 선교사인 몬테코르비노의 요한(John of Montecorvino, 1247-1328)은 마르코 폴로와 거의 같은 시기에 중국에 있었다.[5] 폴로나 프란치스코회 전임자들과는 달리 몬테코르비노는 인도에서 배를 타고 1294년에 베이징에 도착했다. 그가 도착했을 때 그는 위대한 쿠빌라이 칸이 방금 죽었다는 것을 발견했다. 그러나 그것은 몬테코르비노를 단념시키지 못했다. 그는 칸에게 보내진 전령이 아니었지만 개종을 위해 진지한 노력을 기울였다. 그는 많은 교회를 세웠고, 많은 어린 중국 소년들을 부모들로부터 사들여 기독교인으로 키웠으며, 약 6천 명을 개종시킨 공로를 인정받았고, 베이징의 초대 주교로 임명되었다. 또한 그는 신약성경을 몽골어 중 하나인 위구르어로 번역했다. 1328년에 몬테코르비노가 북경에서 죽었을 때 기독교 선교는 상당한 성공을 거둘 것으로 보였다. 중국의 3개 도시에 선교 기지가 추가로 설립되었다. 그러나 1368년에 중국인들은 몽골인들을 중국에서 몰아냈고, 강박적으로 고립주의적인 명나라는 기독교인들을 추방하거나 살해했다.

하지만 문을 닫기에는 너무 늦었다. 유럽인들은 아시아의 부유함뿐만 아니라 지리에 대한 훌륭한 실무 지식을 가지고 있었다.

---

5   Burman, 1989; Phillips, 1998.

서반구?

15세기 유럽인들이 서반구의 존재에 대해 무엇을 알았는지에 대한 논란은 계속되고 있다. 존 카보토의 항해에 자금을 대던 영국 상인들은 자신들의 지역 어선들이 뉴펀들랜드 해안의 그레이트 뱅크스 어장을 수년간 드나들었다는 것을 알고 있었을 것이다. 물론 그들이 이곳을 아이슬란드나 그린란드 같은 큰 섬과는 다른 곳으로 생각했음을 암시하는 것은 없다. 후자의 두 곳은 데인족들이 알고 있었고, 바티칸도 그랬다. 교황은 1056년부터 아이슬란드의 주교를 임명해왔으며, 1126년에는 그린란드가 공식 교구가 되었다. 그럼에도 불구하고 이 두 섬에 대한 지식은 그 너머에 두 개의 대륙이 극에서 극으로 뻗어 있다는 암시를 주지 못했다.

바이킹이 빈랜드에 대해 알고 있었다는 것에 관해서는, 소위 빈랜드 지도라고 불리는 것의 진위에 관한 흥미로운 논쟁이 있다. 1957년에 발견되었고 조반니의 『타르타르 관계』의 15세기 사본에 묶여 있던 이 지도는 아이슬란드와 그린란드 그리고 그 너머로 비닐란다 인술라(Vinilanda Insula)로 식별된 또 다른 상당한 섬을 보여주는 세계 지도다. 1965년에 예일 대학교가 이 지도의 진위를 확증하는 광범위한 연구와 함께 이 지도를 출판했을 때, 분노한 학자들은 이 지도가 현대의 위조품이라고 떼를 지어 비난했다. 초기에는 비평가들이 화학 분석을 포함한 다양한 증거들을 가지고 우세한 것처럼 보였다. 이후 지도의 진위에 대한 지지자들이 결집했고,[6] 지도의 진위에 대해서는 현재 합의가 이루어지지 않고 있다.

빈랜드 지도가 진품이라면 그것은 매력적인 역사적 유물이다. 그러나 그것은 서쪽으로의 항해를 촉진하는 데 아무런 역할을 하지 않았다는

---

6   Skelton, Marston, Painter, 1995.

점에서 더 큰 역사적 그림과 무관하다. 콜럼버스가 그것을 봤더라도, 그는 빈랜드를 새로운 대륙은 고사하고 인도로 생각하지 않았을 것이다. 지도 상으로는 그것이 단지 또 다른 북쪽 섬인 것으로 보인다.

항법 기술

바이킹 외에도 15세기 후반까지 전 세계의 선원들은 해안선을 따라 항해 하거나 섬에서 섬으로 다녔다. 이 방법은 섬이 빽빽하게 들어차고 남북 사 이의 거리가 짧아 대부분의 지역에서 육지가 보이는 지중해를 항해하기 에 충분했지만,[7] 12세기 이후부터 기술의 발전으로 망망한 바다를 항해하 는 것이 가능해졌다.

첫 번째 주요 성과는 자기 나침반이었다.[8] 다른 많은 중세의 발명품 들처럼, 자기 나침반은 일반적으로 중국에 기원을 둔 것으로 여겨진다. 중 국인들은 아마도 액체에 떠다니는 자화된 바늘이 북쪽을 가리키고 있다 는 것을 처음으로 발견했을 것이다. 그러나 중국인들은 이 현상을 주로 마 술적인 의식을 행하는 데 사용했다. 그들은 유럽인들이 이 장치를 배에서 사용한 지 오랜 후에야 그것을 그렇게 사용했을지도 모른다. 게다가 떠다 니는 자석화된 바늘이 북쪽을 가리킨다는 지식이 중국에서 유럽에 도달 했다고 믿을 이유가 없다. 자연적으로 발생하는 자철석의 자성은 고대 세 계에 널리 알려져 있다. 기원전 6세기에 그리스 철학자 탈레스가 그에 대

---

7   Luce, 1971: 53.
8   Aczel, 2000; Gurney, 2004; Hitchins, May, 1951; Kreutz, 1973; May, Howard, 1981.

322   제3부 중세의 변혁(1200-1500)

해 기록했다. 어쨌든 북쪽을 가리키는 부동 화살표는 유용한 항해 도구와는 거리가 멀다. 자기 나침반의 발명은 중세 유럽인들이 나침반의 지침면을 추가했을 때 실제로 일어났다. 즉 유럽인들은 처음으로 자화된 나침반 바늘 바로 아래에 원형 지침면을 놓았는데, 눈금 32개를 표시했고 북쪽은 0점에 두었다. 이것은 선원들이 어느 방향이 북쪽인지 알 수 있게 해줄 뿐만 아니라 어떤 방향으로도 정확한 항로를 설정할 수 있게 해주었다("조타수, 24포인트로 고정하라"). 그런 코스는 지형지물이 필요 없고 어두운 곳에서도 따라갈 수 있었다. 서구에서 나침반을 처음 사용한 것은 1187년이지만, 그것은 아마도 그 이전부터 사용되었을 것이다.

다음으로 주요 천체의 위치로 위도를 측정하는 장치인 아스트롤라베가 있다.[9] 아스트롤라베가 기초한 이론은 고대 그리스인들에게 잘 알려져 있었는데, 그리스인들은 바다에서는 아니지만 위도를 찾기 위해 조잡한 장치를 사용했다. 진정한 돌파구는 1478년 스페인의 랍비 아브라함 자쿠토(Abraham Zacuto, 1452-1514년경)가 정확한 금속 아스트롤라베와 태양, 달, 다섯 행성의 다른 날짜의 위치를 보여주는 천문표 세트를 결합했을 때 이루어졌다. 이 조합을 통해 항법사들은 위도를 매우 정확하고 쉽게 계산할 수 있었다. 자쿠토는 지역의 유대교 신자들을 섬기는 것과 더불어 사라고사 대학교와 카르타헤나 대학교에서 천문학을 가르쳤다.[10] 1492년에 유대인들이 스페인에서 추방되자, 자쿠토는 포르투갈로 가서 왕실 천문학자로 임명되었다.[11] 자쿠토의 아스트롤라베와 표는 빠르게 채택되었다.

---

9   Evans, 1998; Morrison, 2007.
10   Chabas, Goldstein, 2000.
11   Watkins, 2004: 161-62.

바스쿠 다 가마는 그의 첫 인도 여행에서 그것들을 사용했다.[12]

나침반과 아스트롤라베가 있어도 코스를 따라가려면 속도를 알아야 했다. 15세기에 이르러서는 배의 속도가 한 줄에 연결된 세 줄의 밧줄에 부착된 나무판을 바다에 던짐으로 계산되었다. 하나의 선은 일정한 간격으로 매듭지어졌다. 줄에 장력이 가해진 상태에서, 나무 판은 물속에 (대략) 제자리를 잡았고, 따라서 일정 기간 동안(보통 모래시계로 측정되는) 내려진 줄의 길이(매듭의 수)를 시간 내에 이동한 거리로 환산할 수 있었고, 그렇게 배의 속도를 계산했다. 결국 속도는 시간당 매듭 수로 표현되었고, 이는 항해의 기준으로 남아 있다.[13]

마침내 배가 어디에 있고 어디에 있었는지를 밝혀낼 수 있는 능력이 주어졌을 때, 항해사들은 항해를 쉽게 되돌아보기 위해 기록을 남기기 시작했다. 이 기록들은 프랑스인들이 "루티에"(routiers; 영어에서는 "러터스"[rutters]라고 바꾸었다)라고 불렀는데, 그것은 단순히 한 장소에서 다른 곳으로 항해하는 데 필요한 일련의 길잡이였다. 예를 들어, "이 항구를 떠나, [어떤] 위도에 도달할 때까지 [몇] 지점을 항해한 후 서쪽으로 방향을 틀어서 300해리를 항해하라." 항해 지침은 결국 나침반 북쪽을 기준으로 한 정확한 방향과 정확한 거리 척도를 가진 특정 지역을 묘사하는 차트로 대체되었다.

이제 탐험을 하는 것이 가능해졌다.

---

12   Watkins, 2004: 161–62.
13   Kemp, 1976.

포르투갈의 부상

포르투갈은 1128년에 돔 아폰수 엔리케(Dom Afonso Henriques)가 상마메데 전투에서 그의 모친이 이끄는 군대를 물리치고 스스로를 포르투갈의 군주로 선포하면서 건국되었다고 전해진다. 이후 포르투갈 군주들은 남부 지역에서 서서히 무어인들을 몰아냈고, 1250년에 재탈환을 완료했다 (무어인들은 남스페인에 1492년까지 남아 있었다). 1385년 후안 데 아비스(John of Avis)가 카스티야인들을 물리치고 왕 후안 1세가 될 때까지 포르투갈은 완전한 독립을 이루지 못했다.

    신생 포르투갈 왕국은 해양 강국이 되었고 해양 탐사의 선두주자가 되었다. 그 첫걸음이 지브롤터 바로 맞은편 북아프리카의 주요 무슬림 항구도시인 세우타를 정복하는 것이었다. 1415년에 후안 1세와 그의 아들들 및 군주 엔리케(곧 항해사 헨리로 알려짐)가 이끄는 포르투갈 군대가 바다에서 세우타를 공격했고 해질녘에는 무슬림 방어군을 궤멸시켰다. 몇 차례의 시도에도 불구하고 1956년에 모로코가 스페인으로부터 독립할 때까지 이슬람교도들은 세우타를 되찾지 못했다. 세우타를 손에 넣은 포르투갈인들은 서쪽으로 시선을 돌렸다.

항해사 엔리케

한때 항해사 엔리케(1394-1460년) 왕자를 둘러싼 짜릿하고 낭만적인 이야기가 있었다. 수 세기 동안 역사가들은 그를 케이프 세인트 빈센트 근처의 메마른 절벽을 따라 항해, 항해 천문학, 지도 제작과 관련한 상급 학교를 설립하고 지도 제작을 지도한 "조숙한 천재이자 혁신가"로 여겼다.[14] 그곳에서 한 무리의 전문가들이 지식을 모으고 발견을 위한 탐험을 직접 하기 위해 비밀리에 일했다고 한다. 이 전문가들이 방대한 양의 정보를 모아서 누구보다 앞서 항해 기술을 개발했지만, 당시 과도한 비밀 유지와 후대의 태만한 기록 파기 때문에 모든 것이 소실되었다고 여겨졌다. 유럽의 여러 당국과 투자자들은 항행 지식과 항해를 비밀에 부치는 경우가 많았던 것이 사실이다. 하지만 아쉽게도 엔리케 왕자의 연구소에 대한 나머지 이야기는 초기 전기작가들이 덧붙인 전설로 보인다.[15]

　　엔리케 왕자가 성취한 것은 여러 탐험 여행에 자금을 댄 것이다. 그의 풍부한 자금은 그가 세우타의 행정가였다는 사실과 교황이 성전 기사단의 부속 기관인 부유한 포르투갈 그리스도회의 이사로 그를 임명한 것에서 비롯되었다. 이 위치에 맞게 엔리케 왕자는 비록 성직을 받지는 않았지만 평생 독신으로 지냈으며, 그 시대의 다수의 금욕주의자가 그랬던 것처럼 때때로 거친 옷을 입었다고 여겨진다.[16]

"대서양 지중해" 탐험

엔리케가 처음 보낸 항해는 대서양으로의 짧은 항해였다. 포르투갈은 포르투갈과 서아프리카 해안에서 아조레스 제도와 카나리아 제도에 이르

14　Fritze, 2002: 64.
15　Russell, 2000.
16　위키피디아 기고자들 사이에서 엔리케 왕자를 동성애자로 봐야 하는지를 놓고 무대 뒤에서 험악한 싸움이 벌어졌다. 그의 동성애에 대한 증거는 없다. 그것은 전적으로 그가 독신이었다는 사실을 바탕으로 추론된다. 이 시대에 많은 남성, 특히 귀족들은 명백한 이성애자임에도 불구하고 독신을 선택했다는 사실에 주목해야 한다. 성 아우구스티누스를 생각해보라. 내게는 엔리케가 동성애자였는지는 중요하지 않다. 그러나 사실을 희망사항으로 대체하지 않는 것이 중요하다고 생각한다.

는 "대서양 지중해"라고 불리는 지역을 탐험하기에 이상적인 위치에 있었다.[17] 역사가 펠리페 페르난데스 아르메스토(Felipe Fernández-Armesto)가 관찰한 바와 같이, 그 이름은 "이 지역이 한동안 항해의 실질적인 한계를 구성했던 주요 대륙과 군도로 둘러싸인 '중해'였다는 사실에서 유래되었다."[18]

유럽인들은 오랫동안 이 지역의 대서양 섬들에 대해 어느 정도 알고 있었다. 75년에 그리스 역사가 플루타르코스는 오늘날 마데이라와 포르토 산토로 알려진 두 개의 대서양 섬에서 돌아온 선원을 만났다고 주장했다.[19] 카나리아 제도는 고대에도 알려져 있었다. 로마인들이 그곳에 방문했고, 프톨레마이오스는 그곳을 그의 2세기 지도 중 하나에 꽤 정확하게 표기했다. 이 섬에 대한 더 최근의 지식은 1341년에 포르투갈의 아폰수 4세가 파견한 지도 제작 원정에서 비롯되었을 것이다. 1351년에 제노바에서 출판되었을 『메디치 아틀라스』(*Medici Atlas*)에 아조레스, 마데이라스, 카나리아가 적절히 표시되어 있다.[20] 이 지도에 대해 알았든 몰랐든, 엔리케 왕자는 그의 조상 아폰수가 보낸 원정의 결과를 확실히 알고 있었다. 그러므로 그가 이 근처의 섬들을 차지하기로 결심한 것은 놀랄 일이 아니다.

첫 번째는 마데이라스였다. 엔리케 왕자가 보낸 항해단이 1419년에 그곳에 도착했고, 정착민들은 1420년에 그곳에 상륙했다. 정착민들은 소수의 귀족과 현장 노동자로 일할 죄수들을 포함했다. 마데이라는 포르투갈에 상당한 양의 밀을 수출하는 수익성 있는 모험이었다. 그리고 사탕수

17   Fernández-Armesto, 1987: 152.
18   Fernández-Armesto, 1987: 152.
19   Sertorius.
20   Babcock, 1922; Russell, 2000.

수를 키우는 것을 기반으로 한 막대한 수익의 원천이 나왔다. 1480년까지 네덜란드인들은 마데이라에서 안트베르펜으로 원당을 운송하는 데 70척 이상의 배를 할애했다. 원당은 안트베르펜에서 정제되어 배포되었다. 10년 안에 마데이라가 유럽 설탕의 주요 생산지가 되었다.[21]

포르투갈의 사령관 디오고 드 실베스(Diogo de Silves)는 1427년에 아조레스에 도착했다. 그가 그곳에 보내졌는지 아니면 우연히 그곳에 도착했는지는 알려지지 않았다. 그러나 1431년 또는 1432년에 엔리케는 이 지역을 항해하는 선박에 보급물자를 지원하기 위해 소와 양을 아조레스에 배치했고, 1439년에는 포르투갈 정착민들이 상륙했다. 자원 봉사자들을 찾을 수 없었기 때문에 이들은 주로 죄수들이었고 바람직하지 않은 사람들이었다.[22] 결국 아조레스 제도는 아메리카 대륙에서 돌아오는 선박들의 휴식처로서의 가치를 입증했다.

마침내 1450년대에 포르투갈 탐험가들은 아프리카 해안에서 거의 966km 떨어져 있고 아조레스 제도나 마데이라스 제도보다 훨씬 남쪽에 있는 군도인 카보베르데 제도를 발견했다. 그 이름에도 불구하고 그 섬들은 별로 푸르지 않았고 비옥하지도 않았다. 그러나 이 위치는 새롭게 부활한 노예무역에 상당한 도움이 되었다(11장 참조).

포르투갈은 여러 번의 시도에도 카나리아 제도를 합병할 수 없었고, 카나리아 제도는 결국 1495년에 스페인이 그들의 저항을 극복하기까지 독립적으로 있었다. 아조레스, 마데이라스, 카보베르데에는 사람이 살지 않는 반면, 카나리아에는 신석기 문화를 가진 푸른 눈의 백인들이 살고 있

21   Ponting, 2000: 482.
22   Diffie, Winius, 1977: 61-62; Fernández-Armesto, 1987: 197.

었다. 그들 중 다수는 금발이었고 북아프리카의 베르베르족과 같은 혈통이었다. 이 원주민들은 밀을 재배하고 염소, 양, 돼지를 길렀다. 그들이 언제 도착했는지는 아무도 모른다. 스페인 사람들은 그들을 노예로 만들려고 했지만 교황이 금지시켰다.[23] 결국 이 토착민들은 동화되었다. 카나리아 제도는 대서양을 횡단하는 스페인 함대의 주요 기착지가 되었다.

"대서양 지중해"의 섬들의 장기적인 가치는 상당했지만, 단기적으로는 아프리카를 일주하는 것이 훨씬 더 수익성이 좋았다.

아프리카 해안을 따라 내려가다

『메디치 아틀라스』의 가장 놀라운 특징은 아프리카에 대한 묘사다. 포르투갈인들이 아프리카 서부 해안을 천천히 조심스럽게 탐사하기 시작하기 1세기 전, 메디치 지도는 기니만의 동쪽 급커브를 보여주었다. 그것은 또한 대서양과 인도양이 대륙의 끝 아래에서 합류하기에 아프리카를 돌아 인도로 항해하는 것이 가능하다는 것을 보여주었다. 역사가들은 이제 이 모든 것을 운이 좋았던 추측으로 간주하지만, 우리는 알려지지 않은 항해에 대해 의문을 품지 않을 수 없다. 어떤 경우든 엔리케 왕자는 프레스터 존과 관련된 전설에 대한 믿음과 모든 대양이 연결되어 있다는 성경의 함축에 근거하여 아프리카를 항해할 수 있다고 확신한 것으로 보인다. 하지만 엔리케는 이 항로를 추적하기 위해 함선을 보내지 않았다. 그는 단지 그의 선장들을 해안을 따라 보냈고 소규모 항해를 조금씩 늘려갔다.

처음에는 포르투갈인이나 카스티야인 모두 모로코의 주비곶 남쪽을 항해하지 않았다. 배를 해안으로 밀어 부숴버릴 수 있는 위험한 해류 때문

---

23   Panzer, 1996: 8.

이다. 게다가 지브롤터 해협에서 세네갈강까지 이어지는 해안선은 험악했고 바위가 많은 사막이었으므로 몇몇 유목민 무리만이 살고 있었다. 역사학자 로널드 프리츠(Ronald Fritze)가 지적했듯이, 1433년 이전에 엔리케 왕자는 주비곶을 돌도록 15개의 다른 모험단을 보냈지만, 매번 그의 선장들은 용기를 잃고 돌아섰다.[24] 마침내 1434년, 왕자의 가족 구성원인 질 이어니스(Gil Eannes)는 더 먼 바다에 머물면서 주비곶을 안전하게 돌았고, 돌아와 그것에 대해 보고했다.[25] 엔리케 왕자가 다시 갔다 오라고 요청하자, 이어니스는 그렇게 했다. 아프리카 해안의 탐험이 시작된 것이다. 디오고 고메스(Diogo Gomes)가 1457년에 감비아강을 탐험했지만, 탐험보다는 노예무역을 시작하는 데 더 많은 관심을 기울였다. 탐험은 1458년부터 1459년까지 포르투갈이 모로코를 정복하려고 했던 처참한 시도로 더 지연되었다.

엔리케 왕자가 위임한 마지막 항해는 1460년 초에 출발하여 감비아강 남쪽으로 적어도 800km를 항해하며 해안 지도를 만들었다. 헨리는 항해단이 돌아오기 전에 죽었지만, 아프리카를 돌아 인도로 항해하는 왕자의 꿈은 그와 함께 죽지 않았다. 1488년에 바르톨로메우 디아스(Bartolomeu Dias)가 희망봉을 돌아 아프리카 동부 해안으로 수백 킬로미터를 올라갔을 때 주요한 다음 단계가 밟아졌다.

---

24   Fritze, 2002: 81.
25   Fritze, 2002: 81.

인도로 가다

엔리케 왕자가 사망한 해,[26] 바스쿠 다 가마는 포르투갈의 남서쪽 해안에 있는 작은 항구에서 태어났다.

다 가마의 어린 시절이나 학력에 대해서는 알려진 것이 거의 없지만, 그는 천문학에 정통하고 랍비 천문학자인 아브라함 자쿠토의 제자였을 것이다.[27] 1492년에 포르투갈의 왕 후안은 다 가마를 지휘자로 세워 프랑스가 금을 실은 포르투갈 선박을 압류한 것에 대한 보복으로 포르투갈 항구에 있는 프랑스 선박의 모든 상품을 압류하는 군대를 이끌도록 했다. 다 가마는 이 일을 매우 잘 감당했고 프랑스 왕은 재빨리 포르투갈 배와 모든 금 화물을 돌려주었다. 다 가마는 왕으로부터 다른 임무를 받았을 수도 있으며, 그중 일부는 비밀에 부쳐졌을 수도 있다. 알려진 것은 1497년에 다 가마가 아프리카를 돌아 인도로 가는 오랫동안 계획된 원정대를 이끌기 위해 선발되었다는 것이다.

1497년 7월 8일, 다 가마는 4척의 함대와 170명의 선원으로 항해했다. 상 가브리엘호와 상 라파엘호는 각각 길이 27m, 배수량 170톤에 달하는 대형 무장상선이었다(9장을 보라). 세 번째는 약간 작은 범선인 베리오였고, 네 번째는 이름을 알 수 없는 보급선이었는데 바다에서 침몰했다. 두 무장상선 모두 큰 갑판 대포를 가지고 있었다. 아마 함선마다 대포가 10문씩 있었을 텐데, 이는 당시에 매우 강력한 전투함과 같았다. 이를 힘입어 다 가마는 이슬람이 지배하는 아프리카 동부 해안을 따라 마주친 아

---

26   그의 출생 연도는 논란이 되고 있다. 어떤 이는 1460년, 어떤 이는 1469년이라고 말한다. 포르투갈 국왕이 포르투갈의 주요 항구에서 프랑스 선박을 나포하기 위한 부대를 지휘하라고 23세의 젊은이에게 요구하지는 않았을 것이기 때문에 전자가 더 가능성이 있어 보인다.

27   Subrahmanyam, 1997: 62.

랍 상선들을 약탈할 수 있었다. 다 가마는 포르투갈인들이 북아프리카와 지중해에서 여전히 무슬림들과 전쟁 중이었기 때문에 모든 무슬림을 적으로 여겼다.[28]

바다에서의 거의 1년 후인 1498년 5월 20일, 다 가마는 인도의 캘리컷 근처에 상륙했다. 그는 그곳 왕에게 환영받지 못했다. 왕은 힌두교인이었지만, 다 가마를 라이벌로 여겼을지도 모르는 무슬림 상인들(그들은 그를 잘 몰랐다!)의 영향을 받았다. 그러나 다 가마는 가는 길에 무슬림 배들을 약탈함으로써 귀중한 화물을 얻었다. 그가 8월 29일 고향으로 항해했을 때, 그의 화물은 함선을 건조하는 데 사용된 비용을 포함한 탐험 비용의 60배에 달하는 값어치가 있었다.

다 가마의 귀항은 출항보다 훨씬 힘들었다. 서풍이 거세게 불기 때문에 아프리카 해안의 말린디에서 인도까지의 여행은 23일밖에 걸리지 않았다. 반대 방향으로는 132일이 걸렸다. 결국 다 가마의 선원 170명 중 60명만이 포르투갈로 살아 돌아갔다.

1499년 9월 귀국하면서 다 가마는 부와 명예를 모두 얻었다. 왕은 그에게 인도양의 제독이라는 칭호를 내렸다. 그는 1502년에 18척의 배와 800명 이상의 군인과 함께 두 번째 항해를 했다. 이 원정에서 그는 인도 왕을 제압하고 캘리컷 남부 코친에 요새와 무역 센터를 설립할 수 있었다.

다 가마의 두 번째 항해 이후 새로운 포르투갈 함대가 인도로 보내졌다. 그들은 여러 이슬람 함대를 침몰시키고 코친에서 그들을 몰아내려 했던 적들을 물리침으로써 인도양, 즉 인도와의 무역을 장악했다.[29] 1510년

---

28   Cliff, 2011.
29   Cliff, 2011.

에 포르투갈군은 캘리컷 북부의 고아 왕국을 점령했고 1961년에 인도군에 의해 축출될 때까지 그곳을 무역의 중심지이자 식민지로 삼았다.

1524년 바스쿠 다 가마는 인도의 총독으로 임명되어 고아에 상륙한 후 코친으로의 세 번째 항해를 떠났다. 1524년 성탄 전날에 그는 그곳에서 말라리아로 사망했고 성 프란치스코 교회에 묻혔다. 그의 시신은 1539년에 포르투갈로 돌아와 금과 보석으로 장식된 관에 다시 묻혔다.

콜럼버스의 항해

포르투갈인들이 아프리카와 인도를 탐험하는 동안 놀라운 일들이 대서양에서 일어나고 있었다.

1485년에 크리스토발 콜론(크리스토퍼 콜럼버스가 이 이름으로 알려져 있고 자신의 이름을 그렇게 서명했다)은 포르투갈 왕 후안 2세에게 서쪽으로 항해하여 인도로 가는 지원을 요청했다. 조언자들의 의견을 받아들인 왕은 그를 거절했다. 포르투갈인들은 (모든 교과서가 주장했듯이)[30] 세계가 평평하다고 생각해서가 아니라 콜럼버스가 지구의 둘레를 심각하게 과소평가하고 있다고 정확히 보았기 때문에 그렇게 했다. 그들은 재보급을 위한 멈춤이 없으면 항해가 불가능할 것으로 보았다.

거리를 잘못 판단했음에도 불구하고 콜럼버스는 서쪽으로의 항해를 준비하기 위해 많은 연구를 했다. 라틴어를 독학한 그는 프톨레마이오스의 『알마게스트』(*Almagest*)와 피에르 다이의 『세계상』(*Image of the World*)을

---

30   Russell, 1991.

포함한 천문학과 지리학에 관한 여러 위대한 작품을 읽었다. 역사학자 새뮤얼 엘리엇 모리슨(Samuel Eliot Morison)이 말했듯이, "다행히도 우리는 그가 충분히 밑줄 쳤고 자신의 주석들로 여백을 채운 이 작품들의 사본을 가지고 있다"라고 썼기 때문에 우리는 이것을 알고 있다.[31] 또한 콜럼버스는 포르투갈 상인들과 함께 아프리카 서부 해안을 항해함으로써 귀중한 지식을 얻었다. 1476년에 그는 제노바 호송대와 함께 브리스톨, 골웨이, 아일랜드, 아이슬란드를 방문했다. 이렇게 항해하는 중에 그가 무역풍(대서양에서 다소 원형으로 된 우세한 풍계)에 대해 알게 된 것 같다. 미국으로의 첫 항해에서 그는 남쪽 위도를 따라 항해했는데, 동쪽에서 불어오는 바람이 그를 카나리아 제도에서 바하마까지 5주 만에 항해하도록 했다. 돌아오는 항해에서 그는 이런 편동풍을 거슬러 가지 않고 북반구 위도로 항해하여 서쪽으로부터 불어오는 바람을 타고 집으로 돌아갔다. 유럽에 다가와서는 그 바람이 포르투갈과 스페인을 향해 남쪽으로 휘었다.

　　포르투갈인들에게 거절당한 콜럼버스는 제노바와 베네치아에 접근했지만 성공하지 못했다. 그러다가 1486년 5월에 그는 카스티야의 여왕 이사벨라에게 "향신료의 땅"으로 항해할 계획을 제시했다. 그녀는 이에 대해 전문가들에게 자문을 구했는데, 그들은 포르투갈에 있는 전문가들과 마찬가지로 콜럼버스가 여행 거리를 심각하게 과소평가하고 있다는 이유로 자금 지원을 반대했다. 결국 콜럼버스는 그의 형제 바르톨로메에게 부탁하여 잉글랜드의 헨리 7세에게 자신의 계획을 전했다. 오랜 망설임 끝에 헨리는 기꺼이 자신의 뜻을 밝혔지만, 그 무렵에 콜럼버스는 카스티야의 이사벨라와 아라곤의 페르난도의 결혼으로 탄생한 스페인의 새

31　Morison, 1974.

왕국으로부터 약속을 받았다.

2년간의 협상을 거쳐, 스페인 군주들의 승인을 얻기 위해 비용의 절반을 부담한다는 이탈리아 개인 투자자들의 약속을 받고 나서야 일이 진행되었다. 콜럼버스가 항해를 시작한 조건은 매우 관대했다. 그의 아들에 따르면, 그것은 왕과 여왕이 그가 돌아올 것이라고 기대하지 않았기 때문이었다.

마침내 1492년 8월 3일에 콜럼버스는 세 척의 배를 타고 서쪽으로 항해했다. 가장 큰 것은 약 26m 길이의 무장상선인 산타 마리아였다. 두 번째로 큰 것은 약 21m의 범선인 핀타였고, 세 번째는 약 17m의 범선인 니냐였다.[32] 콜럼버스의 승무원은 모두 90명의 남자와 소년들이었다. 그는 먼저 카나리아 제도로 항해하여 식량을 비축하고 약간의 간단한 수리를 했다. 그리고 나서 9월 6일에는 서쪽으로 향했다. 5주 후, 핀타호에서 망보던 사람이 육지를 발견했다. 콜럼버스는 바하마에 도달했다. 그가 이 섬 중 어느 섬에 먼저 상륙했는지는 알려지지 않았다. 그는 자신이 인도에 도달했다고 확신했기 때문에, 그 거주민들을 "인도인"으로 보았다(그는 "그들은 어머니가 그들을 낳았을 때처럼 벌거벗고 다닌다"라고 기록했다).[33] 대부분의 역사학자처럼 나도 그 용어를 신대륙의 토착민들을 가리키기 위해 사용할 것이다.

다음으로 콜럼버스는 쿠바의 해안과 히스파니올라("신 스페인", 지금의 아이티와 도미니카 공화국) 북쪽 해안을 탐험했다. 이곳에서도 주민들이 벌거벗고 돌아다녔다. 또한 콜럼버스는 그가 마주친 인디언들에게 금속 무기

---

32   Morison, 1974: 45.
33   Columbus [1492–93] 2005: 123.

와, 황금 장신구를 제외하고는, 금속으로 만들어진 다른 것들이 없다는 것에 놀랐다. 그는 일기에 이렇게 썼다. "천 명이라도 우리 중 세 명을 감당하지 못할 것이다. 나는 내가 가진 병력으로 섬 전체를 정복할 수 있다고 믿는다. 이 섬은 포르투갈보다 더 크고, 인구는 두 배인 것으로 보인다."[34]

산타 마리아호는 히스파니올라 해안에서 좌초되어 버려져야 했다. 필요하지 않은 선원들이 남았기에, 콜럼버스는 지역 추장과 합의에 도달했고, 39명의 선원을 남겨두어 "라나비다드"("성탄절", 배가 좌초된 날)라는 이름의 정착지를 만들었다. 콜럼버스는 12명의 원주민을 납치한 후 스페인으로 돌아갔다. 붙잡힌 인디언 중 7-8명은 항해에서 살아남았고 지역적 돌풍을 일으켰다. 그들은 세례를 받고 콜럼버스의 두 번째 항해에 동행했다.

1493년 10월 12일, 콜럼버스는 17척의 배와 선원 및 군인들(20명 창기병의 기병중대 포함), 식민지 주민들을 포함한 1,200명과 함께 다시 항해했다. 그의 함대는 곧 소앤틸리스로 알려진 곳에 도착했다. 도미니카 해안에 닿은 후 콜럼버스는 북서쪽으로 방향을 돌려 과들루프로 향했고, 그곳에서 충격적인 발견을 했다. 새뮤얼 엘리엇 모리슨은 "스페인인들은 이곳저곳을 다니며 카리브족의 예절과 풍습에 대해 많은 것을 알게 되었다. 카리브족에서 '카니발'이라는 단어가 나왔다['카리브해'도 그렇다]. 원주민들이 버린 오두막에서 그들은 인간의 팔다리와 인육이 부분적으로 소비된 것뿐만 아니라, 연회에 주요리를 위해 거세되어 사육되고 있던 소년들을 발견했다."[35]

---

34   Columbus [1492-93] 2005: 114, 138.
35   Morison, 1974: 106.

오늘날의 정치적 올바름을 강조하는 시대에 많은 사람은 카리브족(또는 다른 원주민)이 식인종이었다는 것을 부인하며 콜럼버스와 그의 동료들이 그것을 지어낸 것이라고 주장한다.[36] 이 말도 안 되는 말을 11장 끝부분에서 자세히 반박하겠다. 일단 여기서는 카리브족이 13세기에 남아메리카의 오리노코강 지역에서 섬들을 침략한 식민주의자였고, 서로가 아니라 그들이 통치했던 덜 흉포한 부족들을 식사 대상으로 삼았음을 언급하기만 하겠다.

콜럼버스와 그의 부하들은 세인트크루아로 항해하여 카리브족과 잠깐의 교전을 벌인 후 히스파니올라로 갔다. 그곳에서 콜럼버스는 그의 식민지의 운명적인 장소인 라나비다드를 발견했다. 그가 떠난 후 라나비다드의 스페인인들은 금과 여자를 찾아 섬을 배회하는 약탈단이 되었다. 현지 원주민들(카리브족이 아님)은 더 이상 참을 수 없었고, 곧 매복하여 콜럼버스의 병사들을 모두 죽였다. 이 스페인 개척자들은 항해사였지 군인이아니었다. 라나비다드에 지어진 소수의 건물이 폐허가 된 이후, 콜럼버스는 몇 마일 떨어진 곳에 이사벨라(Isabela)라는 새로운 정착지를 세웠다(여왕의 이름엔 "l"이 2개 있었음에도 이 이름엔 "l"이 하나뿐이었다). 그 후 곧 그는 스페인으로 돌아왔다.

콜럼버스는 신대륙으로 두 번 더 항해를 했지만, 물론 그것이 인도가아니었다는 사실을 단호히 부인했다. 마지막 항해는 재앙이었다. 콜럼버스와 그의 부하들은 거의 1년 동안 자메이카에 난파되어 고립되었다. 새로운 히스파니올라 총독은 콜럼버스를 싫어했고 그를 도우려고 하지 않았다. 도움의 손길이 마침내 도착했고 콜럼버스는 스페인으로 돌아갈 수

---

36   Arens, 1979.

있었다. 그는 1506년 5월 20일에 그곳에서 사망했다. 그때에는 스페인 함대가 카리브해를 정기적으로 항해하고 있었다. 그로부터 10여 년 뒤 에르난 코르테스(Hernán Cortés)가 멕시코를 침공했다. 신세계의 식민지화는 잘 진행되고 있었다.

콜럼버스 이야기가 유럽의 진보를 위해 정치적 분열이 중요함을 잘 보여준다는 점은 주목할 필요가 있다. 만약 유럽 전체가 한 명의 황제에 의해 통치되었다면, 황제가 한 번만 거절했어도 콜럼버스는 서쪽으로 항해하지 못했을 것이다.[37] 콜럼버스가 출항하기 불과 50년 전에 중국 황제가 정화의 함대를 억류하여 모든 항해를 중단시킨 것처럼 말이다(2장에서 보았듯이). 대신 콜럼버스는 여러 궁궐에서 자신의 주장을 제기할 수 있었고, 그들 사이의 경쟁은 이사벨라 여왕이 마음을 바꾸도록 영향을 준 것으로 보인다. 경쟁은 유럽의 대서양 탐험을 유지하는 데 중요한 역할을 계속했다.

카보토의 "재발견"

조반니 카보토(1450-1499년)는 과거가 파란만장했던 이탈리아인으로, 영국이 카보토의 여행을 근거로 북아메리카에 대한 영유권을 주장하기 전까지 그의 항해는 별로 중요하지 않았다. 베네치아 태생인 그는 무슬림과의 해상 무역에 종사했으며 건설에도 관여한 것으로 보인다. 그는 1488년 빚쟁이로 베네치아로부터 도망하여 발렌시아에 정착했고 그곳에서 항구

---

37   이 단락을 쓴 후에 Jared Diamond의 비슷한 주장을 발견했다(1998: 412-3).

를 개선하기 위한 프로젝트에 입찰한 것으로 보인다. 그곳에서 그는 세비야로 가서 돌다리를 포함하는 건설 프로젝트를 시작했지만 취소되었다. 이때부터 카보토는 대서양 항해를 위한 지원을 찾기 시작했다. 지원을 거부당한 그는 1495년에 영국으로 갔다.

카보토가 그의 계획을 콜럼버스의 항해를 기반으로 했는지 아니면 콜럼버스가 항해하기 전에 독자적으로 짠 것인지는 확실하지 않다. 어쨌든 그는 헨리 7세를 찾았다. 콜럼버스에게 너무 늦은 지원을 제안했던 헨리 7세는 인도로 항해하는 카보토가 제안한 더 북쪽의(따라서 더 짧은) 경로를 기꺼이 수긍했다. 그러나 왕은 그에게 특허서 한 통만 주었고, 재정적인 지원은 브리스톨의 상인들로부터 나왔다. 1496년 카보토는 작은 배 한 척을 타고 출항했지만 곧 돌아왔다고 한다. 그다음 해에 그는 배 한 척과 약 18명의 선원과 함께 다시 항해했다. 카보토가 뉴펀들랜드 주변 어딘가에 있는 신세계에 도착했다는 것(실제로는 바이킹 빈랜드를 재발견한 것) 외에는 이 항해에 대해 알려진 것이 거의 없다. 카보토는 육지에 한 번 상륙했고 내륙으로는 200m 정도밖에 가지 않았다. 그는 영국으로 돌아가기 전에 남쪽 해안을 따라 몇백 마일을 간 것 같다. 왕을 만나러 간 카보토는 10파운드를 수여받았고 매년 20파운드가 주어지는 종신 연금을 받았다.[38]

1498년에 카보토는 마침내 상당한 노력이 들어가는 항해를 위해 충분한 지원을 받았고 5척의 배로 출항했다. 이 함대의 운명은 불확실하다. 많은 사람은 그것이 단순히 사라졌다고 믿는다. 아마도 폭풍으로 가라앉았을 것이다. 우리는 그해에 카보토의 연금 지급이 중단되었다는 것을 알고 있다. 이는 카보토가 바다에서 실종된 것에 대한 공식적인 인정을 암시

---

38   Fritze, 2002: 125.

한다.[39] 그러나 일부 역사학자들은 카보토가 2년 동안 카리브해까지 탐험한 뒤 1500년에 영국으로 돌아왔음을 시사하는 몇 가지 불명확한 문서들을 발견했다는 런던 대학교의 고 알윈 러독(Alwyn Ruddock)의 주장을 받아들였다. 수년 동안 러독은 자신의 발견을 바탕으로 책을 집필하고 있는 것처럼 보였으나, 그 책이 아직 출판되지 않은 2005년에 그녀는 자신의 모든 파일을 파기하라는 지시를 남기고 사망했다.[40] 비록 러독의 주장이 타당하다고 해도, 카보토의 항해는 신대륙으로의 항해가 시작되자마자 급속도로 확대되었다는 증거 외에는 별로 중요한 사실이 되지 않았다.

아메리카

16세기가 시작되면서 유럽인들은 비록 중국과 비슷한 본토를 발견하지 못했더라도 서부로의 항해를 통해 인도 제도에 도달했다고 계속 믿었다. 그 후 뛰어난 항해자이자 지도 제작자인 아메리고 베스푸치(Amerigo Vespucci)의 항해가 이어졌다. 베스푸치는 1499년부터 아마도 1504년까지 두 차례(어쩌면 네 차례)의 항해를 통해 남아메리카 연안을 탐험하면서 이곳이 중국 해안의 섬들이 아니라 거대한 신대륙이라는 것을 깨달았다. 그의 마지막 항해 후, 페르디난드 왕은 베스푸치를 신대륙으로의 항해를 승인하고 계획하는 스페인의 수석 항해사로 임명했다. 또한 베스푸치는 새로운 대륙에 대한 그의 결론과 그가 항해한 해안의 스케치를 공개했고,

---

39   Fritze, 2002: 126.

40   Jones, Ruddock, 2008.

이것은 훌륭한 지도 제작자인 마르틴 발트제뮐러(Martin Waldseemüller)가 1507년에 출판한 세계 지도에 이 새로운 대륙의 이름을 아메리카로 짓도록 이끌었다. 만약 콜럼버스가 카리브해에 도착하지 않고 아메리카 대륙 중 하나에 도착했다면, 그리고 그가 적절한 결론을 내릴 마음이 있었다면, 신대륙은 콜롬비아라고 이름 지어졌을지도 모른다.

경첩점

1490년부터 1520년까지 30년 사이에 세상은 바뀌었다. 1490년에는 아무도 유럽에서 서쪽으로 약 5,600km 떨어진 곳에 두 개의 거대한 대륙이 있다는 것을 알지 못했다. 1520년 말, 스페인의 카를로스 5세의 지원을 받은 페르디난드 마젤란(Ferdinand Magellan)의 탐험대는 세계 일주 항해를 통해 태평양에 도달했다.

발견의 시대는 정복과 식민지화 그리고 근대의 여명을 촉발했다.

제4부

근대의 여명

(1500-1750)

11장

신세계 정복과 식민지

유럽인들에게 발견의 시대는 인도에 도달하고 신대륙을 찾는 것보다 훨씬 더 많은 것을 포함했다. 마찬가지로 중요한 것은 그들이 전 세계에서 군사적으로 엄청난 우위를 점하고 있음을 발견한 것이었다. 몇몇 포르투갈 배들은 인도양에서 거대한 이슬람 함대를 반복적으로 침몰시켰고, 포르투갈인들이 동양의 지배자들을 제압하기 위해서는 적은 병력만 있어도 되었다. 그리고 신세계에서는 스페인 정복자들의 작은 무리가 믿을 수 없는 수적 열세를 이겨냈다. 특히 막대한 부가 관련되었음을 고려할 때, 유럽인들이 다른 사회들에 대한 그들의 장점을 이용할 것이라는 점은 불을 보듯 뻔했다.

처음에는 스페인이 신대륙의 주요 식민지 주둔지(포르투갈이 브라질을 지배함)였지만, 곧 다른 유럽인들(프랑스, 영국, 네덜란드)도 신대륙을 식민지로 삼았다.

신세계 식민주의는 거의 동시에 유럽인들의 노예제 재개라는 결과를 낳았다. 노예제도가 끝나기 전까지 수백만 명의 아프리카 노예들이 대서양을 가로질러 운송되었고, 그들 중 엄청난 수가 항해 중에 죽었다. 그러나 이것이 서반구에 노예제도를 도입한 것은 아니다. 콜럼버스 이전 시대의 토착 사회는 남부 잉카에서부터 태평양 연안 북서부 인디언에 이르기까지 노예제도를 널리 시행했다.

물론 서구 식민주의는 다른 끔찍한 결과를 가져왔다. 수십 개의 토착문화가 파괴되었고, 수백만 명의 사람들이 대부분 면역이 없었던 질병으로 죽었다. 이 이야기는 엄청난 양의 잘못된 표현과 과장, 그리고 지난 세기에 더해졌던 명백한 어리석음 없이도 충분히 슬프다.

스페인의 정복

신세계에서 첫 번째로 성공한 유럽의 식민지는 히스파니올라섬에 있는 콜럼버스의 라이사벨라이며, 빠르게 1,300명이 그곳에 자리를 잡았다. 곧 아프리카 노예들이 라이사벨라의 스페인 정착민들에 합류했다. 1574년 히스파니올라섬의 비원주민 인구 조사에 따르면 1,000명의 스페인인과 12,000명의 아프리카 노예가 있었다.[1] 이것은 전형적인 스페인의 식민지 모델이었다. 소수의 스페인인(주로 군인과 행정관)이 많은 토착민과 노예를 다스렸으며, 가치 있는 수출품(가능한 많은 금과 은 포함)을 스페인으로 보내는 것을 주된 목표로 삼았다. 스페인 식민주의의 이 모델은 12장에서 상세히 논의된다.

물론 스페인이 신세계에서 추출한 부의 적은 양만이 카리브해에서

---

[1]   Morison, 1972:71.

왔다. 대부분은 스페인이 정복한 대륙, 특히 멕시코와 페루에서 왔다.

코르테스와 멕시코 정복

1519년 에르난 코르테스는 600명의 병사를 거느리고 멕시코를 침공했는데, 그중 15명은 기병이었다. 수만 명의 잘 훈련되고 조직된 아즈텍 전사들이 그와 맞섰다. 이러한 수적 열세에도 불구하고 스페인은 어떻게 승리했을까? 두 가지 요소가 관련되었다.

첫 번째는 매우 뛰어난 군사 기술과 훈련이었다. 한 사람 한 사람을 비교하면 스페인 정복자들은 이 시대에 유럽에서도 탁월했다. 모든 유럽 군대가 대포를 채택한 반면, 스페인은 누구보다 빨리 총기를 채택했다. 1503년 초에 화승총으로 무장한 스페인 보병은, 그들보다 4배나 많았지만 개인 화기가 없었던 프랑스군을 압도했다. 같은 결과가 1522년 스위스에 대해서도 나왔다.[2] 학자 키스 윈드슈틀(Keith Windschuttle)이 관찰한 바와 같이, 정복자들이 "[나무와 돌로 만들어진] 아즈텍의 무기들이 너무 보잘것없어 그들 자신의 중금속 갑옷을 버리고 누비 솜으로 된 옷을 입었다는 것은 별로 놀랄 일이 아니다."[3] 그리고 프랑스군과 스위스군이 유럽에서 그랬던 것처럼, 아즈텍군은 100m 근방에서 위로 발사된 스페인 화승총병들의 일제사격에 의해 수백 명씩 쓰러졌다.[4] 빅터 데이비스 핸슨(Victor Davis Hanson)에 따르면, 정복자들은 멕시코로 15문의 대포를 가져왔고, 아즈텍인들은 "오는 족족 쓰러졌다"고 한다.[5]

---

2   Keegan, 1993.
3   Windschuttle, 1996: 56.
4   Hanson, 2001: 171.
5   Hanson, 2001: 171.

그러나 두 번째 요소가 없었다면, 아즈텍인들은 문자 그대로 스페인인들을 짓밟아 죽였을 만큼 수적인 이점을 누렸을 것이다. 코르테스는 이에 대응하여 지역 부족들로부터 수천 명의 전사를 모집했다.[6] 그는 아즈텍인들이 매년 종속 부족들로부터 수만 명의 남녀와 아이들을 희생시킨 잔인한 폭군들이었기 때문에 지역 동맹군을 모집할 수 있었다. 스페인 사람들이 멕시코에 도착했을 때 그들은 살육행위로 이루어지는 거대한 의식에 놀랐다. 코르테스와 동행한 베르날 디아스 델 카스티요(Bernal Díaz del Castillo)는 이렇게 썼다. "그들의 예배당들이 있는 멕시코시티 광장에는 매우 규칙적으로 배열된 해골 더미가 있었고, 나는 그 해골들이 10만 개 이상이라고 추정했다. 다시 한번 말하지만 10만 개가 넘었다.… 모든 마을에서 같은 풍습이 지켜졌기 때문에…우리는 나중에 그러한 것들을 많이 볼 수 있었다."[7] 이 기념비적인 두개골 더미들은 매년 아즈텍 사원 꼭대기에서 처형되는 엄청난 숫자를 나타낸다.

20세기 내내 특히 교과서에서, 디아스의 이야기와 같은 것은 거짓이며 스페인 제국주의를 정당화한다고 주장되었다. 그러나 이 스페인 보고서들은 아즈텍의 프레스코화, 경전, 그리고 무엇보다도 고고학에 의해 입증된다. 실제로 하버드의 다비드 카라스코(David Carrasco)는 "15세기에 42명의 아이 유골이 비의 신들에게 바치는 지저분한 잔재물로서 놓여 있는" 의식 용기를 보고 아즈텍 사람들 사이에서 있었던 인간 제사에 관해 놀라운 책을 쓰게 되었다.[8] 희생자들은 모두 5살 정도였고 십중팔구 목이 잘려 희생된 것으로 추정된다. 카라스코는 아즈텍 수도의 80개 이상의 다른 장

6   Thomas, 1994.
7   Díaz [ca. 1555] 1996: 119.
8   Carrasco, 1999: 2.

소와 수백 개의 다른 의식 중심지에서 인신공양이 행해졌다고 언급했다. 매년 대규모의 인신공양을 필요로 하는 18개의 주요 의식이 열렸다.

대부분의 희생자가 남성이었지만 카라스코는 "여성들과 아이들 또한 3분의 1이 넘는 의식에서 희생되었다"라고 밝혔다.[9] 성인 남성 희생자는 보통 피라미드 꼭대기에 있는 돌로 된 제단 위에 제압되어 있었고, 제사장은 그의 가슴을 벤 후 여전히 뛰고 있던 심장을 잡아채어 태양을 향해 높이 받쳐 들었다. 희생자의 머리는 보통 잘려져 선반 위에 올려져 있었고, 곧 기념품 더미에 추가되었다. 그러고 나서 "이제는 '독수리 인간'이라고 불리는 그 시체가 신전 계단을 따라 밑바닥으로 굴러떨어졌고 거기서 가죽이 벗겨지고 토막 났다."[10] 정선한 부분은 구경꾼들에게 나눠주었고, 구경꾼들은 그것들을 집으로 가져가서 먹었다. 여성들이 제물로 바쳐질 때 살아 있는 심장이 때때로 뽑히기도 했지만, 보통 그들의 목은 제단의 가장자리에서 뒤로 젖혀 천천히 참수당했고, 그 후에 심장이 뽑혔다. 그 시점에 제사장은 종종 희생자의 가죽을 벗겨 입고는 살육을 계속했다.[11]

얼마나 많은 희생자가 이 의식들에 의해 희생되었을까? 유럽인들과 접촉하기 훨씬 전인 1487년, 아즈텍인들은 엄청난 "템플로 마요르" 의식을 새롭게 시작했다. 이날은 4줄의 희생자로 시작했으며 각 줄은 약 3km에 걸쳐 이어졌다. 역사학자이자 인류학자인 잉가 클렌디넨(Inga Clendinnen)은 이때 희생된 총 인원을 2만 명으로 추산했지만, 다른 이들은 8만 명으로 추정하기도 했다.[12] 이것은 물론 한 번의 사건이었다. 정기적

---

9 Carrasco, 1999: 3.
10 Carrasco, 1999: 83.
11 Carrasco, 1999: 192.
12 Clendinnen, 1991: 91.

인 축제 동안 특정 신전에서 살해된 사람의 수는 하루에 약 2천 명 정도였고,[13] 이런 제단이 수백 개가 있었다. 따라서 디아스가 보고했듯이 수만 개에 달하는 두개골 더미가 널리 퍼져 있었다.

따라서 코르테스가 아즈텍 제국을 타도하고자 하는 부족의 전사를 모집할 수 있었던 것은 이상한 일이 아니었다. 물론 아즈텍을 대체한 스페인 제국은 불쾌한 측면을 많이 가지고 있었다. 하지만 적어도 인신공양과 식인 풍습의 시대는 끝났다.

피사로가 페루를 점령하다

코르테스가 아즈텍을 상대로 거둔 승리는 그의 사촌 프란시스코 피사로(Francisco Pizarro)가 잉카를 무찌른 것에 비하면 빛이 바랬다.[14] 피사로는 167명의 정복자와 8자루의 화승총, 4개의 아주 작은 대포를 가지고 남아메리카 서부 해안을 따라 4,000km에 이르는 거대한 잉카 제국을 향해 행진했다. 그곳에서 전투 경험으로 다져진 약 8만 명의 잉카 전사와 맞서 피사로는 단 한 명의 병사도 잃지 않고 승리를 거두었다.

피사로는 승리하기 전에 페루로 두 차례 원정을 떠났다. 첫 번째는 1524년 파나마에서 시작되었고, 80명의 병사와 40마리의 말로 구성되었다. 그들은 현재의 콜롬비아까지 항해했다가 적대적인 원주민들과 교전을 벌인 후 되돌아왔다. 두 번째 원정대는 두 척의 배, 160명의 병사, 그리고 몇 마리의 말과 함께 1526년에 출발했다. 피사로의 군대는 페루에 도착하여 잉카의 작은 해안 도시인 툼베즈에 이르렀는데, 그곳에서 그들은

---

13   Carrasco, 1999: 76, 81.

14   Hemming, 1970; MacQuarrie, 2008.

훌륭한 건물들, 사람들의 친절함, 전시된 금과 은의 양에 놀랐다. 피사로는 몇 마리의 라마, 몇 개의 고급 면직물과 알파카 직물, 그리고 두 명의 소년(피사로가 스페인어를 가르쳤고 그 후 통역사로 사용됨)을 태우고 파나마로 되돌아갔다.

파나마의 새 총독은 피사로가 또 다른 원정을 떠나는 것을 허락하지 않았고, 피사로는 스페인으로 돌아와 왕에게 호소했다. 왕은 피사로에게 최소 250명의 병력을 증원하는 조건으로 세 번째 원정을 승인했다. 그만큼의 병력을 충원할 수 없었던 피사로는 겨우 180명의 병사(보병대 106명과 기병 62명)를 이끌고 비밀리에 항해했다. 파나마로 돌아온 그는 침략군을 모아 1532년에 페루 해안으로 향했다.

툼베즈에 다시 상륙한 스페인군은 도시가 폐허가 된 것을 보고 충격을 받았다. 왕위 계승자 두 명이 경쟁하는 내전이 발발했던 것이다. 피사로가 도착하기 직전에, 아타우알파는 그의 동생 우아스카르를 물리치고 황제가 되었다. 그는 거대한 역전의 군대를 소유했다.

피사로가 해안에 도착했다는 소식을 들은 아타우알파는 스페인군이 카하마르카에 도착할 때까지 그들을 자기 제국의 깊숙한 곳으로 유인했다. 도시는 거의 황폐해졌지만, 카하마르카 너머 언덕을 따라 아타우알파는 스페인군을 400대 1로 압도하는 군대를 모았다. 피사로는 용기를 내어 아타우알파를 다음날 카하마르카에서 만나기 위해 사절을 보냈다. 황제는 받아들였다.

스페인인들은 아타우알파를 포로로 잡는 것에 목숨을 걸고 있었다. 『잉카의 마지막 날』(*The Last Days of the Incas*)을 쓴 킴 맥쿼리(Kim MacQuarrie)에 따르면, 아타우알파는 "스페인인들을 붙잡아 죽이고, 생존자들을 내시로 만들며, [스페인 전마들로] 강력하고 장엄한 동물들을 번식시키는" 자신만의 계획을 세우고 있었다고 한다. 잉카인들은 말을 처음 보았지만, 그들은 즉시 그 가치를 알아챘다.[15]

잉카족과의 만남은 한 면당 약 180m이며 3면이 낮은 석조 건물로 둘러싸인 마을 광장에서 열릴 예정이었다. 이에 대비하기 위해 스페인군은 4개의 작은 대포를 방해받지 않고 광장으로 쏠 수 있도록 여러 건물 안에 숨겨 두었다. 또한 그들은 화승총병들을 위한 좋은 사격장소를 발견했다. 피사로는 기병과 보병도 건물 안에 숨겼다. 아타우알파를 만나는 것은 도미니코회 수도사 빈센트 드 발베르데(Vincente de Valverde)에게 맡겨졌다.

약속 시각에 아타우알파는 80명의 고위 족장들이 운반하는 거대한 가마를 타고 광장으로 들어왔고 수천 명의 전사도 광장을 가득 채웠다.[16] 그는 스페인 사람들이 보이지 않는 것에 놀랐지만 발베르데가 그를 만나기 위해 앞으로 나오자 긴장을 조금 풀었다. 갑자기 피사로의 신호에 따라 대포와 화승총이 발사되었다. 문이 활짝 열렸고, 기병대와 보병 모두 돌격하여 날카로운 단검으로 잉카인들을 학살했다. 예상치를 훨씬 뛰어넘은 스페인군은 재빨리 아타우알파의 가마에 도착해 기수들을 학살했다. 피사로가 직접 잉카 황제를 한 건물로 끌고 들어갔다. 광장에 남아 있던 마지막 잉카 전사가 7천 명이나 되는 사망자를 뒤로하고 간신히 도망칠 때까지 학살은 계속되었다(다수는 동료들에 의해 밟혀 죽었다).[17] 부상한 스페인인은 없었다.[18] 그리고 황제가 인질로 잡혀 있었기 때문에 언덕 위에 있는 잉카 군대는 무력했다.

---

15   MacQuarrie, 2008: 79.
16   Hemming, 1970: 39.
17   MacQuarrie, 2008: 84.
18   MacQuarrie, 2008: 84.

피사로는 아타우알파의 몸값을 금으로 가득 찬 방으로 정했다. 그것은 곧 지불되었다. 그러나 스페인인들은 피사로의 뜻에 반하여 아타우알파를 처형하고 그의 동생 투팍 우알파를 꼭두각시 통치자로 세웠다. 투팍이 갑자기 죽자, 또 다른 형제인 망코 잉카가 왕좌를 차지하고 스페인인들과 동맹을 맺었다. 한편, 피사로와 에르난도 데 소토(Hernando de Soto; 이후 아메리카 남서부를 탐험한 사람)가 이끄는 스페인인들은 잉카의 통치에서 벗어나려는 부족들을 등에 입고 잉카의 수도 쿠스코를 정복하는 데 성공했다. 이 시점에서 많은 부족이 스페인에 합류하여 잉카의 반란을 진압하는 데 도움을 주었다.

그리하여 콜럼버스가 첫 항해를 한 지 40년이 지난 후 스페인은 두 개의 강력한 신세계 제국을 정복하고, 무한해 보이는 금과 은이 흘러들어 오도록 했다.

후발주자

스페인과 포르투갈은 다른 유럽 국가보다 먼저 신대륙 식민지를 건설했고, 스페인은 가장 부유한 지역을 장악했다. 후발주자들은 카리브해 섬 몇 개에 정착할 수 있었지만, 대부분은 "잔재"인 북반구에 만족해야 했다.

프랑스인

놀랍게도 이탈리아인들이 초기 항해자들의 대열에서 지배적이었다는 사실에도 불구하고, 이탈리아는 신대륙 탐험에 아무런 역할을 하지 못했다. 최초의 스페인 탐험가는 제노바인 크리스토발 콜론(Cristóbal Colón)

이었다. 최초의 "영국인" 탐험가는 베네치아의 조반니 카보토였다. 그리고 최초의 "프랑스인" 탐험가는 피렌체의 조반니 다 베라차노(Giovanni da Verrazzano)였다.

베라차노는 1524년에 프랑스 국왕 프랑수아 1세의 지원을 받아 서쪽으로 항해하여 뉴펀들랜드에서 캐롤라이나까지 대서양 연안을 탐험했고 뉴욕 항구와 나라간셋만으로 진입했다. 1527년 두 번째 항해에서 베라차노는 남쪽으로 가서 브라질 해안을 탐험했고, 좋은 견목인 브라질 소방목을 싣고 돌아왔다. 1528년에 그는 과들루프에 상륙하기 전에 플로리다와 바하마를 탐험하는 세 번째 항해를 했다. 그곳에서 그는 카리브족에게 습격당해 해변에서 잡아먹혔고, 겁에 질린 그의 동료들은 개입하기엔 해안에서 너무 멀리 떨어져 있어 배에서 보기만 했다.[19]

베라차노가 죽은 지 6년 후, 자크 카르티에(Jacques Cartier)는 북부 항로로 대서양을 항해하여 캐나다의 한 지역을 프랑스에 귀속시켰지만, 그는 자신이 아시아에 도착했다는 착각을 했다.[20] 1535년에 카르티에는 세 척의 배와 110명의 병사를 이끌고 다시 서쪽으로 항해했다. 이번에 그는 세인트로렌스강을 항해했다. 그는 강에 있는 폭포 때문에 현재의 몬트리올이 있는 곳에서 멈추었다. 카르티에는 폭포 너머에 동양으로 통하는 "북쪽 통로"가 있다고 확신했다. 1541년의 세 번째 항해에서 그는 현재의 퀘벡 지역에 식민지를 설립했고 그가 다이아몬드와 금이라고 생각했던 것을 실은 배를 프랑스로 보냈다. 다이아몬드는 석영 결정으로 밝혀졌고, 금은 철황석(혹은 나중에 알려졌듯이, 바보의 금)으로 드러났으며, 식민지는

---

19   Morison, 1971: 315; Wroth, 1970: 237.
20   Cook, 1993; Morison, 1971.

실패했다. 카르티에는 인디언들의 언어로 "마을"을 뜻하는 카나타(kanata)를 바탕으로 이 지역을 캐나다로 지정했고, 그 이름은 남았다.

다음은 사무엘 드 샹플랭(Samuel de Champlain)이었다.[21] 그는 퀘벡에 식민지를 재건하기 위해 1608년에 정착민들과 함께 항해했다. 이때 "캐나다"는 "새로운 프랑스"로 불리고 있었다. 정착은 성공적이었고, 모피 무역은 번창했으며, 이로쿼이 인디언과 프랑스 편에 선 휴런 인디언이 만성적인 전쟁을 시작했다. 샹플랭은 퀘벡에 묻혔는데, 퀘벡은 1759년에 영국이 캐나다를 점령했음에도 불구하고 프랑스어권 도시로 남았다. 로베르 드 라 살(Robert de La Salle)은 1682년에 미시시피강을 따라 뉴올리언스로 가는 카누를 타고 신세계에 대한 프랑스의 영유권 주장을 크게 넓혔으며, 프랑스의 루이 14세를 기리기 위해 미시시피강이 흐르는 지역과 캐나다 북쪽까지 이르는 거대한 지역을 루이지애나로 명명했다. 1763년에 루이지애나는 7년 전쟁을 끝내는 조약의 일환으로 스페인에 양도되었다. 1765년에는 노바스코샤에서 온 수천 명의 프랑스 난민들이 루이지애나 남부에 정착했다. 오늘날 그들은 케이즌으로 알려졌다. 1800년에 나폴레옹 보나파르트는 스페인을 상대로 승리를 거둔 후 프랑스를 위해 루이지애나를 재획득했다. 나폴레옹은 1803년에 이 지역 전체(총 2,144,510km²)를 1,500만 달러에 미국에 팔았다.

잉글랜드인

1576년 카보토가 영국에서 서쪽으로 항해한 지 80년 후, 마틴 프로비셔(Martin Frobisher)는 그린란드의 바로 서쪽에 있는 배핀섬에 도착했다. 그

---

21   Bishop, 1948.

것은 매우 짧은 방문이었고, 그의 선원 중 몇 명은 이누이트에게 포로로 잡혀 행방불명이 되었다. 그럼에도 불구하고 프로비셔는 영국으로 돌아온 후 엘리자베스 여왕으로부터 대규모 원정을 위한 자금과 캐세이 컴퍼니(Company of Cathay)로 등록된 상인 집단을 확보했다. 3척의 배에 150명의 병력과 함께 승선한 그는 탐험을 거의 하지 않았지만 약 200톤의 광석을 영국으로 가져왔다. 이 광석의 분석은 모순된 결과를 도출했지만(결국 그 광석은 황철석으로 판명되었다), 지역 사람들의 열정은 여전히 높았다. 그리하여 1578년 6월에 16척의 배가 식민지를 건설하기 위해 항해를 시작했다. 프로비셔의 세 번째 탐험대는 그린란드 남부에 상륙했지만, 참가한 사람들 간의 충돌로 인해 식민지화를 진행할 수 없었다(식민지로 삼았어도 그 사람들은 북극의 추위를 이겨내지 못했을 것이다). 영국으로 돌아온 프로비셔는 스페인 선박을 약탈하고 월터 롤리(Walter Raleigh) 경이 이끄는 함대와 함께 스페인 선박을 노리면서 번창하던 사략선과 엮이게 되었다. 그는 브르타뉴의 스페인 크로존 요새 포위전에 참여하던 중 총상을 입고 1594년에 사망했다.

1587년에 롤리는 오늘날의 노스캐롤라이나 해안에서 떨어진 로아노크섬에 최초의 영국 식민지를 건설했다.[22] 롤리가 1588년에 스페인 무적함대를 격퇴하는 데 도움을 주느라 그의 일정이 부분적으로 지연되었기에 그가 로아노크로 돌아오기까지는 3년이 흘렀다. 롤리가 마침내 1590년에 로아노크에 도착했을 때는 아무도 없었다. 이 식민지 개척자들에게 일어난 일은 역사의 위대한 미스터리 중 하나로 계속 연구되어왔다. 롤리는 여러 다른 이유로 1618년 10월 29일에 제임스 왕의 명령으로 참수당

---

22   Trevelyan, 2002.

했다. 영국의 성공적인 신세계 식민지인 버지니아 제임스타운이 세워진 지 11년이 지난 때였다.

프란시스 드레이크(Francis Drake) 경은 1577-80년에 세계 일주를 하면서 스페인의 보물선을 강탈하고 남아메리카와 북아메리카의 서부 해안을 광범위하게 탐험했다.[23] 그런 후 그는 카디스 항구에 집결해 있던 스페인 함대를 훌륭하게 공격했고, 2년 후 무적함대를 격파하는 데 주도적인 역할을 했다. 하지만 그는 새로운 신세계 식민지를 건설하지 않았다.

처음에 가장 수익성이 좋은 영국의 식민지는 카리브해에 있었다. 세인트키츠(1624), 바베이도스(1627), 네비스(1628) 등이 있다. 1655년에 잉글랜드인들은 스페인으로부터 자메이카를 빼앗았고, 1666년에는 바하마를 식민지로 만들었다. 이 식민지들은 모두 설탕과 럼주를 전문적으로 생산했다.

물론 결국 잉글랜드는 북아메리카의 동부 해안 전체를 식민지로 삼았고, 캐나다에서 프랑스를 물리쳤으며, 네덜란드로부터 뉴암스테르담을 점령하여 뉴욕이라고 이름 지었다.

네덜란드인

네덜란드는 아시아를 식민지로 만드는 데 놀라울 정도로 성공했고, 제2차 세계대전 이후까지 많은 식민지를 유지했다. 그들은 또한 신세계에 성공적인 식민지들을 건설했다. 이것 중 가장 유명한 것은 지금의 뉴욕주에 있는 허드슨강에 위치한 뉴네덜란드였다. 나사우 요새는 현재의 올버니 지역에 1614년에 세워졌고, 뉴암스테르담은 1625년에 현재의 맨해튼섬이

---

23   Bawlf, 2004; Kelsey, 1998.

라고 알려진 곳에 세워졌다. 네덜란드는 스웨덴의 크리스티나 요새(오늘날의 델라웨어)를 1655년에 합병하여 신대륙에 대한 스웨덴의 간섭을 종식시켰다. 그러나 20년 안에 네덜란드인들은 북미의 정착지를 잃었는데, 잉글랜드와의 3차 전쟁 이후인 1674년에 그 지역들을 잉글랜드에 양도했다.

불행하게도 신세계에서 유럽 식민주의의 가장 즉각적이고 가장 오래 지속한 영향 중 하나는 노예제였다.

노예제

유럽인들이 신세계에 도착하면서 천연두나 홍역 같은 질병을 가져왔는데, 인디언들은 이에 대한 면역이 없었기에 수백만의 사람이 목숨을 잃었다. 특히 카리브해에서는 황열병(아프리카에서 유래)과 같은 열대성 질병이 발생했고, 면역력이 없는 유럽인들 역시 다수가 사망했다는 사실은 훨씬 덜 주목되었다. 유럽 식민주의자들이 노동자의 필요성에 맞닥뜨린 것도 이런 배경에서였다.[24]

포르투갈인들은 자원자를 모집하는 것이 불가능해 보였을 때 그들이 소유하던 대서양 섬으로 죄수들을 보내어 강제 노동을 시켰던 것을 기억하라. 비슷한 문제에 직면한 스페인 사람들은 카나리아 원주민들에게 노예제도를 시행하려고 했지만, 교황뿐만 아니라 원주민들의 반항심 때문에 저지당했다. 이러한 노동 문제는 신세계, 특히 대규모 노동력이 필요한

---

24   나는 *For the Glory of God: How Monotheism Led to Reformations, Science, Witch-Hunts, and the End of Slavery*(2003)에서 노예제도에 대해 자세히 다루었다.

농장 농업에 가장 적합한 카리브해 섬들에서 심각해졌다. 이곳에서도 원주민을 노예로 삼으려는 노력은 여러 가지 이유로 실패했다. 첫째, 유럽인들에게 노출된 원주민들은 높은 사망률을 겪었다. 둘째, 인디언들은 반항적이었고, 그들에게 강제로 일을 시키는 데 너무 많은 힘이 소모되었기 때문에 수익성이 없었다. 셋째, 교회는 인디언들을 노예로 삼는 것을 비난했는데, 선교사 바르톨로메 데 라스 카사스(Bartolomé de las Casas)의 저서 『인도제도 파괴에 대한 간략한 설명』(*A Brief Account of the Destruction of the Indies*, 1542)이 주요 역할을 했다. 사망률을 감안할 때 유럽에서 노동자를 모집하는 것도 불가능했다. 농장을 운영하면서 얻을 수 있는 막대한 이득만이 위험을 정당화하기에 충분했고, 카리브해로 온 유럽인들조차도 부자가 될 때까지만 머물렀다.

그러나 얼마 지나지 않아 유럽의 식민지 개척자들은 열대성 질병에 대한 상당한 면역력을 가진 적절한 노동력을 아프리카의 서부 해안에서 저렴하게 구할 수 있다는 것을 깨달았다.

노예무역

정치적 올바름에 관한 집착에도 불구하고 유럽인들이 아프리카인들에게 노예 거래를 강요했다고 주장하는 것은 터무니없다.[25] 다른 흑인 아프리카인들에 의한 흑인 노예화와 판매는 적어도 고대 이집트로 거슬러 올라간다. 파라오들은 많은 수의 흑인 노예를 샀다. 게다가 역사가 존 손튼(John Thornton)이 지적했듯이, 노예제도는 "식민지 이전의 모든/대부분의

---

25   Rodney, 1984.

아프리카 사회들의" 본질적인 부분이었다.[26] 신대륙이 발견될 무렵, 흑인 노예의 수출은 수천 년 동안 계속되었고(최근 몇 세기 동안, 주로 이슬람 사회에), 아프리카 무역상들은 뛰어난 노동자들을 끝없이 공급할 수 있는 것처럼 보일 정도로 잘 조직되고 준비되었다.

약 1510년의 첫 선적부터 쿠바가 노예무역을 폐지한 1868년 마지막까지 약 950만 명의 노예가 신세계 노예 시장에 도달했고, 이는 적어도 1500만 명(아마도 그 이상)이 아프리카 내륙에서 여정을 시작했음을 의미한다. 저명한 역사학자 필립 커틴(Philip Curtin)은 이 여행에서 살아남은 약 950만 명 중 약 40만 명은 북미, 360만 명은 브라질, 160만 명은 스페인 식민지로, 나머지 380만 명은 영국, 프랑스, 네덜란드, 덴마크의 카리브해 식민지로 갔다고 계산했다.[27]

노예무역은 수익성이 매우 좋았다. 아프리카에서 일부 노예들은 다른 부족을 급습하여 생긴 포로였지만, 대부분은 족장들에 의해 팔렸고, 부분적으로 족장들은 노예 판매로 생긴 재산을 지지자들에게 쏟아부었기에 권력을 유지했다. 1638년에서 1702년 사이 서아프리카 항구에서 노예의 가격은 1인당 평균 3.8(영국)파운드였다. 이 기간에 영국의 식민지에 도착한 노예의 1인당 평균 가격은 21.3파운드였다. 물론 배 전체와 화물을 자주 잃어버리는 등 제해야 할 비용이 많이 들었지만, 대부분의 노예상인은 3-4개월 안에 200-300%의 수익을 올릴 것으로 기대했다.[28]

---

26   Thornton, 1998: 27.
27   Curtin, 1969.
28   Bean, 1975; Thomas, 1997.

무력한 교황

심지어 일부 가톨릭 작가들도 로마 가톨릭교회가 노예제도를 거부한 것이 현대가 되어서야 비로소 가능했다는 주장을 앵무새처럼 되풀이한다.[29] 말도 안 된다! 6장에서 보았듯이 유럽에서는 교회가 앞장서 노예제를 불법화했고, 13세기에 토마스 아퀴나스는 노예제에 반대한다는 뜻을 확고히 했다. 일련의 교황들이 아퀴나스의 입장을 지지했다. 먼저 1435년에 교황 에우제니오 4세는 카나리아 제도의 토착민들을 노예로 삼으려는 사람들을 파문하겠다고 위협했다. 1537년 교황 바오로 3세는 신세계에서 인디언과 아프리카인의 노예화를 막기 위해 노예제도에 반대하는 세 가지 주요 선언을 발표했다.[30]

역사가들은 교황들이 노예제도에 반대하려고 노력했다는 사실을 거의 한결같이 무시해왔는데, 이는 아마도 신세계 노예제도에 관여한 많은 가톨릭 신자가 그러한 노력을 무시했기 때문일 것이다. 사실 다수의 가톨릭 노예 주인과 상인은 아마 그러한 노력에 대해 아무것도 알지 못했을 것이다. 이 시기에 교황들은 스페인과 포르투갈 사람들에게 별로 힘을 쓸 수 없었다. 스페인은 이탈리아의 대부분을 통치했고 1527년에는 로마까지 약탈했다. 그에 따른 조약에 의하면 스페인이나 스페인 식민지에서 국왕의 동의 없이 교황령을 공표하는 것조차 불법이었으며, 스페인 국왕은 모든 스페인 주교들을 임명했다.[31] 예수회가 리우데자네이루의 공공장소에서 노예제도에 반대하는 교황 칙서를 낭독했을 때, 군중이 지역 예수회 대학교를 공격하고 많은 사제를 다치게 했다. 산토스에서도 비슷한 방법으

---

29   Hurbon, 1992; Noonan, 1993.
30   Brett, 1994; Panzer, 1996.
31   Latourette, 1975: 944.

로 교황의 노예제도에 대한 공격을 알리려고 하자 예수회 수사들은 브라질에서 추방되었다. 결국 모든 예수회 수사는 라틴 아메리카와 스페인에서 폭력적으로 추방되었다.

신세계에서는 노예제에 반대하는 교황의 칙령이 무시당했다고 해도, 가톨릭의 노력으로 인해 개신교 사회보다 가톨릭 사회에서 노예에 대한 처우가 덜 잔인해졌다.

가톨릭 노예법

내가 노예에 관한 저서들을 읽기 시작했을 때, 나는 노예의 처우가 다른 환경에 걸쳐 다양하다는 것을 언급하는 것이 널리 받아들여질 수 없다는 것을 알고 놀랐다. 예를 들어, 데이비드 브라이언 데이비스(David Brion Davis)는 퓰리처상을 수상한 『서양 문화에서의 노예제도 문제』(*Problem of Slavery in Western Culture*, 1966)에서 노예에 대한 다양한 처우가 존재했다는 모든 주장이 변명이라고 규탄했다. 데이비스에 따르면, "흑인 노예제는 단일 현상 혹은 게슈탈트였고, 노예제의 변형들은 그것을 통합하는 근본적인 형태보다 덜 중요했다."[32] 그는 가톨릭교회와 함께 시작된 노예 규범 때문에 노예제가 가톨릭 지역에서 덜 파괴적이라는 주장을 특히 경멸했다. 대부분의 다른 역사학자도 그러한 경멸을 표현했는데, 마빈 해리스(Marvin Harris)와 같은 마르크스주의자들은 그 누구보다 더 분명하게 표현했다.[33]

확실히 노예제도는 어떤 상황에서도 혐오스러운 것이다. 그러나 이

---

32   Davis, 1966: 228-29.
33   Harris, 1963, 1964.

역사가들은 노예들이 다른 지역들보다 일부 지역에서 더 잔인하게 대우 받았다는 것을 부인할 때 기록을 왜곡한다.

흑인법(Code Noir)은 1685년에 루이 14세의 재정부 장관이 프랑스 식 민지의 노예 대우를 규제하기 위해 프랑스 교회 지도자들과 협력하여 제 정한 법이다(물론 노예제는 프랑스에서 불법이었다).[34] 대부분의 최근 역사가가 이것을 단순히 무시하지는 않았지만 그것을 부정적으로 묘사해왔다. 피 터 게이(Peter Gay)는 이 법규가 "당연히 노예에게 매우 가혹했다"라고 썼 다.[35] 데이비스는 39조가 "노예들을 죽이거나 훼손한 주인과 감독관들을 고소하라"라고 명령했음에도 불구하고 "노예들을 죽였다는 이유로 프랑 스인 주인이 처형된 기록은 없는 것 같다"라며 불만을 토로했다.[36] 그러나 데이비스는 "사형을 당한 사람은 없는 것 같지만, [주인과 감독자를 상대 로 한] 사건들에 대한 기록들이 있다"라고 보도한 자신의 자료에서 나온 이 진술의 맥락을 인용하는 데 실패했다.[37]

잘못 표현된 내용은 대부분 누락에 의한 결과였다. 많은 역사가는 흑 인법이 노예들이 총을 소지하거나 군중으로 모이는 것을 금지했다고 언 급한다. 그러나 이 작가들은 소유주들이 노예들에게 세례를 받게 하고, 종 교적 가르침을 주며, 가족 구성원들의 개인별 판매를 금지하는 근거가 된 결혼식을 허락해야 한다는 것을 보고하지 않았다. 노예들은 일요일과 성 일에는 일을 면제받았고(자정부터 자정까지), 주인들은 그 조항을 위반하면 벌금을 물거나 심지어 노예들을 몰수당하기도 했다. 다른 조항들은 주인

---

34 이 단락에서는 내가 *Exploring the Religious Life*에서 연구하고 기록한 내용에 의존한다. Stark, 2004을 보라.
35 Gay, 1969: 411.
36 Davis, 1966: 258.
37 Goveia, 1969: 132.

이 제공해야 할 음식과 의복의 최소량을 명시하고 장애인과 노약자를 적절히 돌보도록 지시했다.

스페인 흑인법(Código Negro Español)은 프랑스 흑인법의 조항 대부분을 포함했고, 노예들에게 재산을 소유하고 자유를 살 권리를 보장했다. 특히 노예들은 법원에 "그들 스스로 평가를 받고, 내키지 않아 하는 주인으로부터도 법적으로 평가된 시장 가치에 따라 그들 자신을 구매하도록" 청원할 수 있었다.[38] 그들이 그렇게 할 수 있었던 것은 스페인 흑인법이 일요일과 성일로 이루어진 87일을 포함하여 쉬는 날에 노예들에게 일할 권리를 주었기 때문이다. 농촌 지역에서는 대개 노예들이 자신의 텃밭에서 재배한 농산물을 팔고 수익을 가져갈 수 있도록 허용되었다.[39]

이것들은 공허한 약속이 아니었다. 컬럼비아 대학교의 역사학자 허버트 클라인(Herbert S. Klein)은 "하급 성직자, 특히 교구 성직자들은 이 법을 효과적으로 시행했다"라고 지적했다.[40] 그들은 흑인 교구민들과 친밀한 접촉을 유지하며 인간성을 강조하는 정식 교회예배에서 갓 태어난 노예들에게 세례를 주고, 노예부부를 위한 교회결혼식을 치러주며, 노예가 해방되면 교회 의식을 치르는 방식으로 법을 시행했다.[41]

대조적으로 영국과 네덜란드의 식민지들은 노예의 처우를 통제하는 규정이 없었다. 그들은 노예들에게 세례를 주지 않았다. 역사학자 로버트 윌리엄 포겔(Robert William Fogel)이 보고한 바와 같이, 주인들은 비록 죽음을 초래하더라도 "노동을 강요하는 데 무제한적인 힘을 가할 수 있는" 공

---

38 Schafer, 1994: 2-3.
39 Tannenbaum [1946] 1992.
40 Klein, 1969: 145.
41 Klein, 1967; Meltzer, 1993; Thomas, 1997.

인된 권리를 가지고 있었다.[42] 노예들은 결혼이 허용되지 않았고, 노예를 풀어주는 것은 오랫동안 불법이었다. 1661년에 영국의 식민지 바베이도스에서는 주인이 어떤 위반에 대해 노예에게 사형을 선고하기로 한다면, 비록 강제적인 것은 아니었지만 두 이웃을 심리와 판결에 참여시켜야 하는 노예 법규를 채택했다.[43] 바베이도스에서는 노예를 풀어주는 것에 대한 법적 금지가 풀렸지만, 그것이 매우 무거운 세금으로 대체되어 노예가 풀려나는 것을 막았다.

　　너무 많은 최근의 역사학사들은 법령이 중요하지 않다고 말한다. 데이비드 브라이언 데이비스는 프랑스와 스페인 식민지에서 노예의 처우를 개선했다는 주장이 "상세한 통계의 부족" 때문에 가정될 수 없다고 주장했다.[44] 그는 틀렸다. 신뢰할 수 있는 통계는 노예의 사망률이 프랑스와 스페인 식민지에서보다 영국 식민지에서 상당히 높았다는 것을 입증한다.[45] 게다가 이용할 수 있는 통계들이 오랫동안 있었지만, 역사가들은 눈치채지 못했다. 내가 인식하기 전까지는 말이다.[46] 가톨릭교도들이 많은 루이지애나주의 상황과 개신교 성향이 강한 남부 지역의 상황을 비교해 보라. 루이지애나는 1724년에 프랑스 흑인법의 지배를 받기 시작했다. 그러다가 1769년에 루이지애나가 스페인으로 넘어갔을 때, 그곳의 노예들은 그들의 자유를 살 권리를 포함한 스페인 흑인법의 지배를 받았다. 프랑스는 1800년에 루이지애나를 되찾았고, 심지어 1803년에 그 지역이 미국에 팔린 후에도 노예제도에 관한 가톨릭 규범은 그곳에 깊이 뿌리내렸다.

42　　Fogel, 1989: 36.
43　　Dunn, 1972: 243.
44　　Davis, 1966: 243.
45　　Beckles, 1989; Curtin, 1969; Dunn, 1972.
46　　Stark, 2003: 322.

이러한 규범들은 실제적인 영향을 미쳤다. 1830년 미국 인구 조사에 따르면 루이지애나의 흑인 자유민들은 미국의 모든 다른 주에 있는 흑인 자유민보다 더 많았다(13.2%).[47] 압도적으로 그들은 모두 개신교 신자였다. 농장 경제가 유사한 다른 이웃 국가들과 비교했을 때 그 대조는 특히 뚜렷하다. 앨라배마는 1.3%, 미시시피는 0.8%, 조지아는 1.1%였다. 1830년 뉴올리언스에서는 놀랍게도 41.7%의 흑인들이 자유민이었고, 이에 비해 인근 나체즈에서는 1.2%, 몽고메리에서는 1.0%, 내슈빌에서는 3.9%가 자유민이었다. 데이비스와 같은 역사학자들은 그러한 인구 조사 자료를 쉽게 참조하여 노예법이 중요하다는 사실을 인식할 수 있었을 것이다.

물론 최고 수준의 노예 규정도 노예제라는 도덕적 잔학 행위를 폐지하지는 않았다. 그러나 우리는 서구의 현대화가 없었다면 노예제도는 여전히 어디에나 있었을 것이라는 점을 기억하는 것이 좋을 것이다. 오늘날에도 그것은 너무 많은 곳에 존재한다.

식민주의의 결과 평가하기

최종 평가가 필요한 시점이다. 유럽인들의 아메리카 정착은 정말로 학살의 잔혹한 행위, 즉 고귀한 야만인들이 사는 더 평화로운 세계를 파괴한 것인가?

---

47   Stark, 2003 초판에서는 이 수치가 31.2%로 잘못 인쇄되었다.

"고귀한 야만인"이라는 신화

유럽의 식민주의가 퍼지자 거의 동시에 유럽의 지식인들은 식민지화된 사람들 편에 서서 인디언들을 "고귀한 야만인들", 즉 문명에 구애받지 않고 순진하고 정직하고 온화하고 도덕적이며 평화롭고 친절하고 너그러운 사람들로 묘사했다.

고귀한 야만인이라는 교리에 대한 영향력 있는 지지자 중에는 "자연 상태"에 있는 인간을 미화시킨 프랑스 철학자 장 자크 루소(Jean-Jacques Rousseau, 1712-1778)가 있었다. 그의 친구 볼테르(Voltaire)는 "우리를 바보로 만들기 위해 그렇게 많은 지능이 사용된 적은 없었다"라고 응수했다.[48] 불행하게도 이러한 어리석음은 20세기 후반에 상식과 증거가 정치적 올바름에 의해 압도되면서 새로운 정점에 도달했다.

대표적인 것이 역사학자 데이비드 스탠나드(David E. Stannard)의 주장인데, 그는 "콜럼버스 이전 시대의 특정 아메리카 원주민들의 사회 관행(자녀 양육법과 우정과 충성의 법에서부터 자연환경을 숭배하고 보살피는 것에 이르기까지)은 오늘날 우리가 가지고 있는 많은 지배적인 생각보다 훨씬 더 계몽된 것으로 보인다"라고 했다.[49] 도널드 휴즈(J. Donald Hughes)의 표현대로, 거대한 합창단이 "지구에 대한 존경, 모든 형태의 생명체와 친족관계, 그리고 자연과의 조화"에 대해 아메리카 원주민들을 극찬했다.[50] 스미스소니언 연구소의 윌콤 워시번(Wilcomb Washburn)은 "인디언이 최초의 생태학자였다"라고 주장했다.[51] 커크패트릭 세일(Kirkpatrick Sale)의 책

---

48   Himmelfarb, 2005: 20에서 인용됨.
49   Stannard, 1993: 52.
50   Sale, 1990: 319에서 인용됨.
51   Washburn, 1975: 56.

제목에 따르면, 유럽인들의 신세계 도착은 "낙원의 정복"(The Conquest of Paradise)이라는 결과를 낳았다.[52]

이러한 주장을 하기 위해서는 다수의 명백한 역사적 사실을 부정하는 것이 필요했다. 가장 먼저 거부된 것 중 하나는 신세계의 식인 풍습의 존재였다. 실제로 식인 풍습이 "우세한 문화적 특징"으로서는 어디에도 존재하지 않았다는 것이 널리 제안되었다.[53] 즉 식인 풍습은 때때로 일어났지만, 그것은 마치 구명보트에서 굶주린 사람들이 가장 먼저 죽는 것을 먹는 것처럼, 정신이 이상하거나 절망적인 사람들만의 사건으로서 항상 일어났다는 것이다. 인류학자 윌리엄 아렌스(William Arens)에 따르면, 식인 풍습이 합법적인 활동으로 일어난 사회는 존재하지 않았으며, 그 반대의 모든 주장은 환상과 거짓이다. 따라서 아렌스는 콜럼버스가 카리브족에 의한 식인 풍습을 실제로 본 적이 없으며, "그들의 적에 대한 험담으로 그의 생각을 채우고자 하는" 다른 인디언들의 이야기에 속았다고 말했다.[54]

아렌스의 주장은 1992년 콜럼버스의 첫 항해 500주년을 기념하여 콜럼버스와 아메리카의 유럽 정착지에 대한 독설을 퍼부은 작가들에 의해 열렬히 받아들여졌다. 예를 들어, 커크패트릭 세일은 카리브족이 식인종이었다는 주장은 말할 것도 없이 그들이 적대적이었다는 주장도 "콜럼버스의 편집증이나 완고한 흉포함에서 비롯되어, 그의 동지와 유럽의 연대기 작가 및 역사로 퍼진 악령"이라고 단호히 비난했다.[55] 이와 비슷하게 많은 학자는 아즈텍인들이 그들의 희생자들을 먹었다는 것을 부인했고, 심지어 몇몇

---

52   Sale, 1990: 318.
53   Arens, 1979: 182.
54   Arens, 1979: 45.
55   Sale, 1990: 131.

학자는 아즈텍인들이 인신공양에 관여하지 않았다고 주장했다.[56]

사실 서반구의 여러 사회를 포함하여 많은 사회가 식인 풍습을 행해 왔다. 비록 우리가 많은 목격자의 진술이 모두 편견이거나 해석의 오류에 불과하다는 아렌스와 세일 등의 견해에 동의한다고 해도, 식인 문화가 있었다는 주장을 뒷받침할 수 있는 물리적인 증거는 압도적이다. 많은 다른 부족이 살았던 여러 다른 곳에서 고고학자들은 요리되고 시식되었던 동물들의 뼈처럼 요리되고 깨끗하게 발린 인간의 뼈에 대한 확실한 증거를 발견했다.[57]

어찌 됐든 목격자들의 진술은 모두 무시할 수 없을 정도로 많고 상세하다. 1519년에 베르날 디아스 델 카스티요(Bernal Díaz del Castillo)는 아즈텍의 관습에 대해 다음과 같이 기록했다. "우리는 매일 세 명, 네다섯 명의 인디언들이 희생되는 것을 보았다. 그들의 심장은 우상에게 바쳐졌고 그들의 피는 벽에 발렸으며, 희생자들의 발과 팔과 다리는 잘려서 우리가 정육점에서 구입하는 소고기를 먹듯 먹혔다."[58] 나중에 디아스는 그의 동료 정복자들의 희생을 목격했다고 회고했는데, 그는 아즈텍인들이 "계단에서 그들의 몸을 걷어차고, 아래에서 기다리고 있던 인디언 도살자들이 그들의 팔과 발을 잘랐다"라고 했다.[59] 마지막으로 카리브인들은 베라차노를 먹었고 그의 일행들은 그것을 배에서 지켜보았다.

유럽인들이 인디언들에게 끔찍한 짓을 했다는 것은 확실하다. 그러

---

56   저명한 David Carrasco가 아즈텍의 인신공양에 대해 강의했을 때 무례하게 시위하는 사람들이 있었다. Carrasco, 1999: 4을 보라.

57   Abler, 1980; Carrasco, 1999; Culotta, 1999; Gibbons, 1997; Mead et al., 2003; Turner, 2011.

58   Díaz [ca. 1555] 1996: 102.

59   Díaz [ca. 1555] 1996: 436-37.

나 콜럼버스와 서구의 신세계 식민지화에 대한 가장 거친 비평가들조차
도 유럽인들이 식인 풍습에 관여했다고 주장하지는 않는다.

유럽인들이 인디언들에게 머릿가죽을 벗기는 것을 가르쳤다고 널
리 알려져 있다.[60] 바인 델로리아(Vine Deloria)는 "머릿가죽 벗기기는…프
랑스와 인디언 전쟁 이전에 영국에 의해 소개되었다"고 설명했다.[61] 이 주
장은 1972년에 NBC에서 방영된 어떤 텔레비전 서부극의 수백만 시청자
들에게도 전달되었다.[62] 그러나 이 부분에서도 콜럼버스 이전에 머릿가
죽이 벗겨진 북아메리카 인디언들의 유해를 발굴한 고고학적 증거가 널
리 퍼져 있다.[63] 역사학자 마이클 헤인즈(Michael Haines)와 리처드 스테켈
(Richard Steckel)은 "아마도 북아메리카에서 선사시대 폭력의 가장 극적
인 예는 사우스다코타 중부의 크로우 크릭 유적지에서 비롯됐을 것"이라
고 썼다. "고고학적 발굴 결과 거주지 주변에 있던 요새의 도랑 안에서 약
486구의 유골이 발견되었다. 이 유적지는…기원후 1325년경으로 거슬러
올라간다.…분석 결과, 개인의 90%가 머릿가죽 벗기기의 특징적인 자국
을 가지고 있는 것으로 나타났다."[64]

식인 풍습을 부정하는 작가 중 다수는 콜럼버스가 도착하기 전에 북
미 인디언들은 매우 평화로웠고 백인으로부터 전쟁을 배웠다고 역시 단
호하게 주장했다. 다르시 맥니클(D'Arcy McNickle)은 북미 부족의 최소
70%가 평화주의자였다고 주장했다.[65] 커크패트릭 세일은 적어도 그만큼

---

60   광범위하게 요약된 내용은 Axtell, 1981: 18-21을 보라.
61   Deloria, 1969: 6-7.
62   Richard Boone이 출연한 *Hec Ramsey.*
63   Axtell, 1981.
64   Haines, Steckel, 2000: 68.
65   McNickle, 1975.

의 부족들이 전투 전설이나 전쟁 신화를 가지고 있지 않다고 말하며 이 주장을 단언했다. 그는 전해지는 전쟁 신화 중 "사실 모든 것은 말과 관련이 있다"라고 덧붙였는데, 이는 유럽인들이 신대륙으로 말을 가져온 이후로부터 시작되었다는 것을 의미한다.[66]

그러나 사우스다코타에서 발굴된 콜럼버스 이전의 인디언들은 자신들의 머릿가죽을 벗기지 않았다. 그들은 운동하려고 요새의 도랑을 파지도 않았다. 신세계의 모든 곳에서 전쟁은 만성적으로 일어났다.[67] 심지어 바이킹의 모험담도 빈랜드 원주민들이 가한 공격을 보고했고, 샹플랭은 이로쿼이족과 휴런족 사이의 오랜 전쟁에 연루되었다. 미국 남동부에는 콜럼버스 이전의 요새가 광범위하게 존재했으며, 해골들로 가득한 전장이 발견되었다. 미국 남서부에서도 평화롭다고 알려진 호피와 주니스에서 전쟁은 지속적으로 일어났고 유혈이 낭자했다.[68] 그리고 물론 아즈텍과 잉카는 그들 지역의 다른 부족들을 식민지로 삼아 잔혹하게 지배했으며 빈번한 내전을 벌인 전사 국가였다.

미국 원주민이 백인과 달리 자연과 밀접하게 조화를 이루며 살아갔고 생태계를 훼손하지 못하게 할 만큼 지구에 대한 경외심이 있었다는 점도 거의 신념이 됐다. 일부 작가들은 이것이 그들이 유럽인들처럼 기술을 발전시키지 않기로 선택한 이유라고 주장하기도 했다.[69] 사실 신대륙 주민들은 생태에 대한 개념이 없었고, 환경에 무리를 주지 않은 것은 그들이 더 많은 것을 할 수 있는 능력이 부족했기 때문에 의도하지 않은 결과였

66   Sale, 1990: 318.
67   Arkush, Allen, 2008; Chacon, Mendoza, 2007.
68   LeBlanc, 2007; Turner, 2011.
69   Sale, 1990: 322.

다. 게다가 삼림 벌채 및 지력이 쇠한 들판 등 지구에 대한 존경과 일치하지 않는 인디언 활동에 대한 충분한 증거가 있다. 저명한 환경 고고학자인 칼 버처(Karl Butzer)가 말했듯이, "경험적 증거는…아메리카 원주민들이 그 땅에 명백하고 때로는 추악한 흔적을 남기지 않고 그 땅을 사용할 수 있는 어떤 상서로운 방법을 가지고 있다는 낭만적인 개념과 모순된다."[70] 마야 제국의 유적지보다 이것이 더 완전하게 증명된 곳은 없다.

마야 제국은 아즈텍의 남쪽으로 유카탄 반도에 위치해 있었고, 약 3세기부터 10세기까지 번성했다. 그들의 거대한 폐허 도시들로 미루어 볼 때, 마야인들은 잉카나 아즈텍보다 더 진보했을 것이다. 비록 그들은 금속 도구가 없었지만, 0의 개념을 이해했고 1960년대와 70년대까지 학자들이 해독하지 못한 완전히 발달된 문자 언어를 가지고 있었다. 오랜 세월 동안 위대한 역사적 미스터리 중 하나는 무엇이 마야 문명의 급격한 멸망을 야기했느냐는 것이었다. 10세기에 마야인들은 갑자기 그들의 대도시를 버렸고, 살아남은 사람들은 훨씬 낮은 수준의 지적·물질적 정교함을 누렸다. 오늘날에는 많은 발굴과 연구 후에, 마야 제국이 생태학적 재난과 지역 전쟁으로 무너졌다고 믿어진다. 마야인들은 농경지를 위해 너무 많은 우림을 개간한 것으로 보이며, 서서히 토양이 고갈되어 강수량이 약간 감소했을 때 속수무책이 되었을 것이다.[71] 해골과 반달리즘의 증거들을 포함한 고고학적 증거들이 보여주듯이, 생태계가 악화되면서 마야 도시들은 수많은 학살을 저지른, 알려지지 않은 외부인들의 습격을 받았다.[72] 요점은 마야인들은 생태학자도 평화주의자도 아니었다는 것이다.

---

70   Butzer, 1992: 348.
71   Medina-Elizalde, Rohling, 2012.
72   Schele, Freidel, 1990.

콜럼버스 이전 아메리카 인디언 사회의 우월한 덕목을 찬양하는 사람들 대부분은 인디언에 의한 인디언 노예화가 널리 행해졌음에도 불구하고 그들의 노예제 관행에 대해 침묵을 지키고 있다. 이 사실을 인정한 몇 안 되는 작가 중 대부분은 그것이 실제 노예제가 아니라고 일축했다. 따라서 모튼 프리드(Morton Fried)는, 북서부 인디언들 사이에 있던 소위 노예제라고 부르는 것이 실제 노예제와 별로 닮지 않았기 때문에, 노예라고 불리는 사람들을 "포로"라고 불러야 한다고 주장했다.[73] 로날드와 에블린 로너(Ronald, Evelyn Rohner)는 이에 동의했다. 북서부 콰키우틀 인디언에 대한 논문에서, 그들은 콰키우틀 인디언들에게 "일반적으로 다른 부족의 전쟁 포로였던 노예들이 있었다"라고 인정했다. "노예들은 주인에게 위신을 더해주는 것 외에는 전통적인 사회 체제에 거의 기여하지 않았다. 우리는 그들에게 더 이상의 관심을 기울이지 않을 것이다." 아마도 이러한 이유로 수십 년 동안 노예제도에 대한 언급이 학부 교과서와 1986년에 출판된 "확정적인" 『북미 인디언에 관한 스미스소니언 도서』(*Smithsonian Book of North American Indians*)에 포함되지 않았다.

진실은 노예제도가 콜럼버스 이전 북아메리카에 널리 퍼져 있었다는 것이다. "표준 비교 문화 자료"(Standard Cross-Cultural Files)에 따르면 최소 39개의 사회가 노예제를 시행했다. 그리고 북서부 인디언들의 노예제도는 다른 여느 곳 못지않게 잔인했다.[74] 노예 신분은 평생 지속되었을 뿐만 아니라 세습될 수도 있었다. 인류학자 릴런드 도날드(Leland Donald)가 보여주었듯, 주인들은 "노예에 대한 완전한 육체적 통제권"을 가지고 있

---

73   Fried, 1967.
74   Ruby, Brown, 1993; Ruyle, 1973.

었고, 원한다면 그들을 죽일 수도 있었다."[75] 그리고 실제로 그들은 늙고 병들거나 반항적인 사람들을 종종 죽이기도 했다. 따라서 1990년에 이르러서는 스미스소니언 연구소도 북서부 인디언들이 실제 노예를 가지고 있었다는 것을 기꺼이 인정하고 "노예는 단지 위신을 세워주는 상품일 뿐 그들의 주인처럼 잘 살았다"라는 "표준적인 견해를" 비판했다.[76]

19세기에 아메리카 인디언들이 흑인 노예를 얻기 시작했다는 것도 주목해야 한다. 1838년에 체로키 인디언들이 오클라호마 지역에 정착하기 위해 조지아주를 떠날 수밖에 없었을 때(유명한 "눈물 자국"), 그들은 흑인 노예들을 데리고 갔다.[77]

마지막으로는 대량학살의 혐의가 있다. 천연두, 홍역, 발진티푸스와 같은 전염성 유럽 질병에 대한 면역력이 부족했기 때문에, 아메리카 원주민들이 재앙적인 사망률을 보였다는 데 모두가 동의한다. 수백만 명이 유럽인들과의 접촉 후 몇 년 안에 사망했다. 그러나 최근 수십 년 동안 많은 사람은 이 재앙을 대량학살로 특징지었고 콜럼버스를 주요 악당으로 지목했다. 미국 원주민 활동가 러셀 민스(Russell Means)는 "콜럼버스는 히틀러를 비행 청소년처럼 보이게 한다"라고 비난했다.[78] 1997년에 데이비드 스탠나드가 쓴 책의 제목은 이것을 잘 담아낸다. 『아메리칸 대학살: 신대륙의 정복』(*American Holocaust: The Conquest of the New World*).

1347년 10월 메시나 항구로 노를 저어 들어온 알려지지 않은 갤리선 선장을 생각해보자. 그 배에는 흑사병을 옮기는 벼룩이 들끓는 쥐들이 타

---

75   Donald, 1997: 33-34.
76   Suttles, Jonaitis, 1990: 87.
77   Jahoda, 1975.
78   Royal, 1992: 19에서 인용됨.

고 있었다. 그를 히틀러보다 더한 대량학살의 가해자로 지목해야 할까? 왜 그러지 않았을까? 갤리선 선장은 면역력이 부족한 사람들에게 의도치 않게 그리고 자신도 모르게 전염병을 옮겼다. 콜럼버스도 그랬다. 신세계에서 일어난 일은 예방할 수 없는 재앙이었다. 질병이 의도적으로 확산되었다는 불평은 정당화될 수 없다.[79] 역사학자 스태퍼드 풀(Stafford Poole)이 말했듯이, "그 용어[집단 학살]는 인종이나 다른 이유로 신원이 확인 가능한 사람들을 계산적이고 고의적으로 몰살하는 것에 적용된다.…서반구에서 일어난 일을 설명하는 다른 용어들이 있지만, 대량학살은 그중 하나가 아니다."[80]

왜 아메리카는 뒤처졌을까?

요즘 누군가가 서반구 주민들이 적어도 과학과 기술 면에서 왜 유럽에 그렇게 뒤처져 있었냐고 물을 때마다 통상적인 반응은 모욕적이다. 인디언들은 너무 현명해서 그런 어리석고 사악한 길을 추구하지 못했다는 것이다. 커크패트릭 세일은 그의 독자들을 다음과 같이 확신시켰다. 인디언들이 "만약 그렇게 할 필요를 느꼈다면 분명히 [고급 기술을] 개발할 수 있었을 것이다.…예를 들어, 만약 그들이 아무 데서도 쟁기를 사용하지 않았다면, 그것은 막대기로 땅을 부수는 것이 단지 10분의 1의 노력으로도 잘 통했기 때문이거나, 그들이 밭 전체를 갈고 뒤집는 것이 영양분을 줄이고 침식을 증가시킬 뿐이라는 것을 배웠기 때문이거나, 또는 그들의 사고 세계가 그런 무신경한 폭력을 허용하지 않았기 때문일 것이다." 같은 단락

---

79   Cook, 1998: 214.
80   Royal, 1992: 62-63에서 인용됨.

에서 세일은 활과 화살을 "머스킷총보다 훨씬 쉽고 빠르고 안전하다"라고 치켜세웠다.[81] 농사에 대한 세일의 지식은 무기에 대한 그의 지식과 다를 바 없다. 인디언들은 나무 기구로 땅을 갈아 엎는 것이 불가능하므로 그렇게 하지 않았던 것뿐이다.

다음과 같은 질문이 지속된다. 왜 콜럼버스 이전의 서반구의 여러 사회 중 너무 부드러워서 도구나 무기에 사용할 수 없는 금과 은 외에 금속을 다루는 법을 배운 사회가 없는가? 북미와 남미 모두 철광석, 구리, 주석(청동 제조용)이 풍부하고, 콜럼버스 이전의 많은 문화권이 채굴법을 알고 있었기 때문에 이것은 특히 설명하기 어렵다. 어쨌든 정복자들이 도착했을 때 일어난 싸움은 나무 곤봉과 강철 단검 간의 싸움이었다.

더욱 주목할 만한 것은 이것이 거의 터부시되는 화두가 됐다는 점이다. 그것은 (본서와 같이) 안전한 환경을 가진 일반 학자들의 책에서만 다뤄지고 있으며, 학계에서 만드는 학술지에서는 진행 중인 토론이 없고, 많은 학자는 종신 재직권이 없어 "정치적 올바름"의 비판에 취약하다.

어쨌든 이 주제를 다룬 사람들 사이에서는 서반구가 발전하지 못한 주요 원인이 주로 소, 양, 말, 당나귀, 낙타, 물소 등 길들여진 큰 포유류가 없었다는 데 의견이 일치한다. 세계의 더 발전된 지역에서 이 동물들은 쟁기와 수레, 전차를 끄는 힘을 제공했을 뿐만 아니라 상당한 양의 동물 단백질을 공급했다. 그것들은 또한 전령뿐만 아니라 기병을 위한 탈것도 제공했다. 재러드 다이아몬드(Jared Diamond)는 피사로가 잉카로 진군하기 전에 스페인인들이 20년 이상 파나마에서 자리 잡았음에도 불구하고, 또한 피사로가 잉카 지역으로 두 번이나 출격했음에도 불구하고, 피사로가

---

81   Sale, 1990: 322.

1532년에 내륙으로 진군하기 전까지 잉카의 지도자들은 스페인 사람의 존재를 몰랐다고 통찰력 있게 언급했다. 다이아몬드는 이러한 무지를 잉카 제국에 문자도 없고 기마전령도 없는 데서 기인한 의사소통의 부족 탓으로 돌렸다.[82] 토머스 소웰(Thomas Sowell)이 지적했듯이, 말과 낙타는 실크로드 너머 수천 마일 떨어진 유럽과 중국을 연결했지만, 서반구에 그런 동물들이 없었다는 것을 감안할 때, "북미의 대서양 연안에 있는 이로쿼이족과 중앙아메리카의 아즈텍족을 연결하거나…심지어 그들의 존재를 아는 것조차 불가능했다."[83]

게다가 풍력과 수력이 발명되기 전에는 황소, 말, 물소, 그리고 때로는 낙타까지도 기계적인 힘의 주요 원천이었다. 다이아몬드는 "대조적으로 아메리카 대륙에는 안데스 산맥과 인접한 페루 해안의 작은 지역에 국한된 라마/알파카라는 길들여진 큰 포유류 한 종만이 있었다.… [그러나] 라마는 기수를 두지 않았고, 수레나 쟁기를 끌지 않았으며, 동력원이나 전투의 수단으로서의 역할도 하지 않았다"라고 썼다.[84] 마지막으로 포유동물에서 유래한 미생물들은 종종 인간에게 옮겨져 왔는데, 그것들은 전염병의 근원이었고, 유럽과 아시아인들은 상당한 면역력을 갖게 되었지만, 이와 접촉한 아메리카 원주민들은 속수무책이었다.[85]

큰 포유류의 부재는 유럽과 인디언 사이에 있던 격차의 주요 요인이었음이 틀림없는데, 이는 평원의 인디언들이 말을 가졌을 때 급진적인 변화가 있었다는 사실에서 입증된다. 하지만 훨씬 더 많은 것이 관련되었을

---

82   Diamond, 1998: 79.
83   Sowell, 1998: 251.
84   Diamond, 1998: 355.
85   Diamond, 1998: 357.

것이다. 인디언들은 마차를 끌 말이나 황소가 부족했지만, 모든 것을 등에 메기보다는 손으로 마차를 끄는 것이 더 나았을 것이다. 그들은 바퀴에 대해 알고 있었고(그러나 장난감에만 사용했다), 아즈텍족과 잉카족 및 마야인들은 도로도 가지고 있었지만, 계속해서 인간을 이용하여 짐을 옮겼다. 아마도 이것은 부분적으로 그들이 진보에 대한 생각이 부족했기 때문에 생긴 결과일 것이다. 그러나 많은 사회는 그러한 개념을 가지고 있지 않았음에도 다른 인디언 사회들은 말할 것도 없고, 아즈텍과 잉카와 마야를 훨씬 뛰어넘어 발전했다. 철기시대는 3천여 년 전에 시작됐고 청동기 사회는 6천여 년 전에 수메르와 바빌론에서 번성했음을 생각해보자. 그러나 500년 전에는 잉카인들과 아즈텍인들조차 부싯돌 화살촉을 사용하고 나무 곤봉에 돌을 붙여 쓰는 석기 시대에 여전히 머물러 있었다.

다른 학자들은 본질적으로 동쪽에서 서쪽으로 놓여 있는 유라시아 대륙이 제한된 범위의 위도를 차지하고 있어서 기후의 변화가 적다는 사실로 인해 유럽인들이 큰 혜택을 보았다고 제안했다. 이러한 기후는 식물과 동물(그리고 이와 관련한 기술)의 확산을 촉진했고, 밀과 같은 동일한 기본 작물들이 거의 모든 곳에서 자란다. 반대로 서반구의 남북 배치는 기후변화를 극대화하고 동식물의 확산을 방해한다. 소웰이 말했듯이, "바나나는 중앙아메리카에서 캐나다로 퍼질 수 없었다."[86] 사실 북아메리카와 남아메리카의 온대 지역은 서로 너무 멀고 넓은 열대 지대로 분리되어 있어서 지식이나 농작물의 전달이 어려웠을 것이다. 결과적으로 지금의 아이다호에는 감자나 토마토가 없었고, 지금의 아르헨티나에는 호박이나 옥수수도 없었다.

---

86   Sowell, 1998: 253.

사회가 발전하면 발전할수록 기술은 국지적으로 유래된 것이 적다. 사회는 멀리서부터 온 혁신들을 배우고 발전시킨다. 그런 의미에서 등자와 화약이 유럽에서 독자적으로 발명된 것인지, 중국에서 수입된 것인지에 대한 논쟁은 무의미하다. 중요한 것은 유럽인들이 그것들을 가지고 있었고 그것들을 훌륭하게 활용했다는 것이다. 또한 그들은 대포의 경우처럼 무수한 다른 발명품들과 종종 놀라운 속도로 퍼진 새로운 기술들을 잘 활용했다. 대조적으로 서반구에서는 혁신이 별로 확산되지 못했다.

이 간략한 스케치는 콜럼버스 이전 아메리카의 기술적 진보의 상대적 부족을 일반적으로 설명하는 데 유망한 몇 가지 방향을 제시한다. 이것은 누군가가 추구할 만한 가치가 있는 지적 도전인 것 같다.

식민주의의 보편성

아마도 이러한 역사적 사건들로부터 도출되는 주요한 결론은 인간 본성의 근본적인 유사성과 관련이 있을 것이다. 마야인과 아즈텍인 및 잉카인들이 저항할 수 없는 자들에게 거대한 제국을 강요했다는 사실이 놀랍지 않듯이, 유럽인들 역시 신대륙 사람들에게 제국을 강요할 것으로 예상되었다. 특히 토착민들에게는 금속 무기가 부족했지만 귀금속이 부족하지 않았기 때문이다. 식민주의가 적어도 대부분의 서구 사회에서 용납될 수 없게 된 것은 분명 도덕적 진보의 한 예다. 그러나 16세기의 유럽인, 아즈텍인, 잉카인이 더 잘 알았어야 했다고 생각하는 것은 시대착오적이다.

12장

황금 제국

콜럼버스가 첫 항해를 떠나기 9개월 전까지 "스페인"은 온전히 존재하지 않았다. 카스티유의 이사벨라 1세는 1469년에 아라곤의 페르난도 2세와 혼인하여 두 왕국을 합병할 수 있었지만, 그라나다를 무슬림으로부터 재탈환하는 것은 1492년 1월 2일까지 이루어지지 않았다. 당시만 해도 8백만 명이 채 안 되는 인구를 가진 스페인은 유럽에서 소국일 뿐이었다. 그것은 카를 5세가 스페인의 왕이 된 1516년에 빠르게 바뀌었다. 카를은 합스부르크 왕가 출신이었고 몇몇 다른 왕위의 계승자였기에, 유럽의 거대한 지역의 통치자가 되었다. 스페인 제국이 탄생했다.

카를은 합법적인 승계를 통해 이 영토들을 얻었다. 그는 신세계에 있는 식민지에서 엄청난 양의 금과 은을 조달하여 강력한 육군과 해군으로 그 영토들을 방어하고 확장시켰다. 1555년에는 그의 아들 펠리페 2세가 왕위를 계승했고, 그의 통치 아래 제국은 절정기를 맞았다. 펠리페는 그의 아버지의 모든 왕관 외에도 포르투갈의 왕관도 가지고 있었다. 또한 그는 1554년에 메리 1세 여왕과 혼인하여 잉글랜드와 아일랜드의 왕위에 잠시

앉기도 했다. 1558년에 메리가 죽자 펠리페는 왕좌에 대한 권리를 잃었고, 그것은 곧 그의 적이 될 엘리자베스 1세에게 돌아갔다. 결국 그의 "무적함대"가 엘리자베스의 "바닷개"에 의해 좌절되었을 때, 영국에 스페인의 지배를 강요하려는 펠리페의 노력은 실패했다. 그리고 종교개혁을 박멸하기 위한 펠리페의 작전은 네덜란드에서 그의 군대를 패배시키는 것으로 끝났고, 신대륙에서 가져온 엄청난 재물 중 아무것도 남지 않아 스페인은 빚더미에 파묻혔다.

스페인 제국의 전성기 때도 스페인은 여전히 후진국이었다는 것이 분명해졌다.[1] 그럼에도 스페인은 신대륙을 개방하고, 잉글랜드를 세계적인 역할로 몰아넣었으며, 네덜란드 자본주의의 발흥을 촉진함으로써 서구의 성장을 가속화시켰다.

제국 세우기

무어인으로부터 그라나다를 정복하는 것은 지난하고 비용이 많이 드는 일이었다. 이 비용을 상쇄할 새로운 수입원의 필요성은 이사벨라 여왕이 콜럼버스에게 자금을 대기로 마음을 바꾸는 데 중요한 고려 사항이었던 것으로 생각된다. 물론 그녀는 향신료와 실크를 얻기 위해 실제로 인도를 향한 항해로 얻을 이익을 염두에 두고 있었다. 결과적으로 콜럼버스의 실수는 훨씬 더 큰 부를 가져왔고, 이 모든 것은 한 세기 동안 제국주의 사업에 쓰였다.

---

[1]   Kamen, 2002; Maltby, 2009; Thomas, 2010.

쏟아지는 금과 은

스페인의 금 열풍은 콜럼버스가 다수의 인디언이 황금으로 된 장신구를 착용하고 있다는 것을 알아차렸을 때 시작되었다. 40년 후, 피사로가 불운한 아타우알파의 몸값으로 금으로 가득 찬 방을 요구하자 잉카인들은 6,800kg 이상의 금을 가져왔다. 다음 해에 스페인인들이 잉카의 수도 쿠스코를 점령했을 때 그들은 훨씬 더 많은 양의 금을 노획했다. 그들은 금보다 훨씬 풍부했지만 가치는 낮았던 은을 실어 나르기 시작했다. 1521년과 1590년 사이에는 놀랍게도 200톤의 금과 18,000톤 이상의 은이 스페인으로 반입되었다. 그리고 이것들은 공식적인 수치일 뿐이다. 스페인 왕실의 법적 점유를 피하기 위해 50%가 더 밀수된 것으로 추정된다.[2] 이렇게 흘러들어 간 귀금속의 규모를 파악하기 위해 공식 수치만 계산하더라도 유럽의 은 공급은 3배나 늘었고, 금 공급은 약 20% 증가했다는 점을 고려해보자.[3]

처음에 금과 은은 인디언들이 소유한 것에서 왔다. 그러나 세기 중반까지 압도적인 양이 광산에서 나왔는데, 일부 광산은 이미 인디언들이 사용하고 있었지만, 멕시코, 페루, 콜롬비아 등지에서 새로 발견된 것이 다수였다. 1546년 스페인인들은 현재의 볼리비아에 있는 페토시에서 엄청나게 생산적인 은광산을 발견했다. 해발 4,000m의 높은 고도에도 불구하고 페토시는 몇 년 동안 약 10만 명의 주민이 붐비는 곳이 되었다. 처음에는 페토시와 다른 지역의 채굴은 혼합 노동자들에 의해 이루어졌다. 일부 인디언 노예들이 있었지만(반대 노력에도 불구하고), 대부분은 고용된 노동

---

2   Hamilton, 1929; Sluiter, 1998.
3   Elliot, 1966: 180.

자들이었고, 그들 중 다수는 인디언과 스페인 사람들이었다. 그러나 1608년에 흑인 노예들이 광산에서 일하기 시작했고, 곧 그들은 대부분의 채굴을 담당했다.

귀금속은 무겁기 때문에, 그것들을 스페인으로 운송하기 위해서는 정교한 준비가 필요했다. 먼저 서부 해안으로 정제된 금속을 운반하기 위해 라마나 노새를 사용했다. 그 후 선박을 통해 파나마로 금과 은을 운반했다. 노새가 끄는 수레 행렬은 그 보물을 지협을 가로질러 대서양 해안으로 운반했으며, 거기서 보물은 경비하에 보관되었고 보물을 호송하는 크고 잘 무장된 화물선(나중에는 갤리온선)으로 구성된 스페인 보물선단에 주기적으로 적재되었다. 해적과 사략꾼(privateer)들이 도처에 잠복해 있었기 때문에 그런 보안이 필요했다.

상속을 통한 제국

온갖 악조건에도 불구하고 카를 5세는 유럽에서 가장 강력한 세 왕가의 후계자였다. 첫 번째는 현대 독일과 오스트리아의 여러 지역을 통치했던 합스부르크 가문이었다. 두 번째는 발루아-부르고뉴 가문이었고, 부르고뉴 네덜란드와 북해에서 알프스 산맥에 이르는 왕국들을 통치했는데, 그 왕국 중에는 브라반트, 림부르크, 룩셈부르크, 홀란트, 젤란트, 나무르, 프랑슈콩트, 플랑드르, 아르투아 등이 있었다. 마지막으로 카를은 시칠리아, 사르데냐, 나폴리뿐만 아니라 카스티야와 아라곤의 트라스타마라 가문의 후계자가 되었다. 전자의 세 곳은 교황령 남쪽의 이탈리아 전역을 아우른다. 이 거대한 유산은 카를을 유럽에서 가장 강력한 통치자로 만들었다. 그는 1519년에 엄청난 뇌물을 지불한 후 신성 로마 제국의 황제라는 칭호를 얻었다. 신대륙과 아시아에 있던 스페인의 소유지를 고려할 때 그의 제

국은 "해가 지지 않는다"라고 불리는 최초의 제국이 되었다.[4]

그러나 카를은 만족하지 못했다. 그의 뛰어난 무장 부대(대부분 용병)는 1527년에 프랑스, 베네치아, 밀라노, 교황이 소집한 군대를 압도하고 로마를 점령했다. 불행하게도 카를은 이미 새로운 제국의 만성적인 문제로 고통 받고 있었다. 엄청난 양의 금과 은이 유입되었음에도 불구하고 그의 부채는 빠르게 증가했고, 그의 군대는 몇 달 동안 보수를 받지 못했다. 그 결과 황군들이 로마에 입성한 후 대열을 깨고 약탈을 일삼고 도시에 불을 지르는 등 난동을 부렸다.[5] 비록 카를 2세가 유럽 전역에 알려지게 된 "로마의 약탈"에 대해 진심으로 유감을 표했지만, 이 분노는 그에게 유리하게 작용했다. 그와 그의 아들 펠리페는 다시는 교황의 반대에 직면하지 않게 되었다. 한편 바티칸은 기꺼이 그리고 실질적으로 제국이 대출받는 금액의 원천이 되었다. 게다가 1년 후 제노바는 카를과 동맹을 맺었다. 1530년에 그는 피렌체를 장악했고, 5년 후 밀라노는 스페인 제국의 일부가 되었다. 일이 잘 풀리는 것처럼 보였다.

그러나 개신교 종교개혁에 관한 분쟁이 발생했던 독일에서 문제가 발생하고 있었다. 신성 로마 제국의 황제인 카를 5세는 루터에게 1521년 보름스 회의에 참석하도록 명령하면서 그에게 안전을 약속했다. 그 회의로 상황이 더 악화되었을 때 카를은 루터와 그의 추종자들의 활동을 금지시켰다. 곧 독일의 루터교 제후들은 종교개혁을 옹호하기 위해 슈말칼덴 동맹을 결성했다. 결국 카를은 동맹을 불법화했고, 1547년 뮐베르크 전투에서 루터교 군대를 물리쳤다. 그러나 1552년에 개신교 제후들은 가톨릭

---

4   Maltby, 2002.

5   Kamen, 2002: 61.

군주인 프랑스의 앙리 2세와 새로운 동맹을 맺고 카를의 군대를 네덜란드로 후퇴시켰다.

　건강이 좋지 않았던 카를은 3년 후 아들 펠리페에게 왕위를 물려주었다. 펠리페는 거대한 스페인 제국과 더불어 산더미 같은 빚과 네덜란드에서의 임박한 반란을 물려받았다. 아마도 가장 힘든 점은 그의 위태로운 재정이 달려 있는 보물선이 계속 위협받았다는 것이었을 테다.

캐리비안의 해적

그들의 모든 명성에도 불구하고 카리브해의 실제 해적들은 스페인의 보물을 약탈하는 데 화려하지만 작은 역할만을 했다. 해적들은 대부분 탈영병으로 구성된 선원들로서, 작은 상선들을 공격하고(보통 홀로 항해하는 배만) 나포하기 위해 자신들이 사용할 한두 척의 배를 어떻게든 확보했다. 훨씬 더 치명적인 것은 사략선 선원들이었다. 이들은 종종 대형 전함으로 함대를 이루어 항해했고, 영국과 프랑스 및 네덜란드 정부가 부여한 권한 아래에서 법적 지위를 주장했다. 이러한 권력은 나포 면허장의 형태를 취했는데, 나포 면허장은 공격할 수 있는 선박을 정의하고 전리품을 어떻게 분배할 것인지를 명시했다. 늘 상당한 전리품이 그 면허장을 발행한 군주에게로 배당되었다. 신대륙에서 스페인으로 운송되는 엄청난 재산은 해적들과 사략선 선원들 모두에게 너무 유혹적이었지만, 보통 강력한 스페인 보물선들과 맞설 수 있는 충분한 군대를 소집할 수 있는 것은 오직 사략선 선원들뿐이었다.

　스페인 보물선에 대한 사략선 선원들의 최초 공격은 1521년 코르테스가 아즈텍에서 가져온 귀중한 화물을 세 척의 배에 태워 스페인으로 돌려보냈을 때 일어났다. 그 안에는 0.5톤의 금, 다량의 은, 다수의 진주 상자, 세 마리의 살아 있는 재규어가 포함되어 있었다. 그러나 그중 일부만이 스페인에 도달했다. 두 척의 함선은 장 플뢰리(Jean Fleury)가 지휘하는 프랑스 사략선에 의해 나포되었다. 프랑스군은 포르투갈 해안에서 스페인 함선을 매복 공격하여 보물을 파리로 가져가 왕에게 바쳤다.[6] 비록 법적으로 왕의 명령에 따라 행동한 프랑스 전함들이었지만, 그것들은 개인 소유였다. 스페인 사람들은 해적과 사략선 선원을 구분하지 않았고, 1527년에 플뢰리를 잡았을 때 그를 해적으로 교수형에 처했다.

그러나 프랑스가 먼저 공격했다지만, 스페인의 관점에서는 영국이 최악이었다. 엘리자베스가 안전하게 왕좌에 앉자, 영국의 사략선 선원들은 공해뿐만 아니라 카리브해 연안에서도 스페인 선박에 큰 위협이 되었다. 영국 사략선 선원들은 신세계의 스페인 항구와 창고를 공격하기도 했다. 이에 대응하여 스페인 사람들은 엘리자베스를 "해적의 여왕"이라고 부르게 되었다. 그리고 그녀는 실제로 그랬다.[7] 프랜시스 드레이크(Francis Drake)의 초기 경력보다 이것을 더 명확하게 드러내는 것은 없다.

프랜시스 드레이크는 꽤 어린 나이부터 영웅이었고, 시간이 흘러도 그의 명성은 줄어들지 않았다. 13세 때 그는 프랑스 및 네덜란드와 연안무역을 하는 작은 배 선장의 견습생이었다. 나이 든 선장은 드레이크에게 깊은 인상을 받아 죽을 때 그 젊은이에게 배를 물려주었다.

드레이크는 22세의 나이에 엘리자베스 여왕을 주요 투자자로 두고

---

6   카를 5세는 신성 로마 황제 즉위식 직후 브뤼셀에 있는 세 번째 배에서 나온 보물을 자랑스럽게 전시했다(Thomas, 2005: 444).

7   Ronald, 2008.

존 호킨스가 설계하고 지휘하는 함대의 일부로서 3개의 돛을 단 50톤 선박인 주디스호를 지휘하며 신세계로 첫 항해를 했다. 호킨스는 드레이크의 육촌이었고, 스페인 함대를 상대로 한 잉글랜드의 놀라운 승리를 이끌었다. 드레이크는 그의 부사령관이었다. 호킨스는 아프리카 해안에서 다수의 포르투갈 노예선을 나포하고 카리브해 노예 시장에서 인간 화물을 판매함으로써 사략선 선장이라는 명성을 얻었다. 그러나 스페인에 대한 그의 습격은 다소 엇갈린 결과를 가져왔다. 1568년에 드레이크가 호킨스와 두 번째 항해를 했을 때는 대부분의 영국 함대가 파괴되었고 드레이크와 호킨스만이 영국으로 돌아갈 수 있었다. 그러한 시련을 겪은 후 드레이크는 혼자 하기로 결심했다.

1569년에 드레이크는 두 척의 작은 배와 함께 카리브해로 항해했다. 이 모험에 대해 더 이상 알려진 것은 없으며, 그는 이후에 그것을 "정찰"이라고 불렀다.[8] 드레이크는 1572년에 파나마 지협에 있는 놈브레 데 디오스 마을에 보관되어 있던 스페인 보물선의 화물을 두 척의 배와 70명의 소규모 병력을 이끌고 가로챘다. 공격은 성공적이었다. 그는 마을을 점령하고 보물을 탈취했으나 중상을 입었고, 그의 부하들은 선장을 매우 위했기에 보물을 버리고 그를 배로 데려갔다.

그러나 드레이크는 그만둘 준비가 되지 않았다. 그는 스페인 선박들을 계속 습격했고, 1573년에 기욤 르 테투에서 프랑스 해적과 동맹을 맺었다. 그러나 그들은 힘을 합쳤음에도 스페인 보물선을 공격하기에는 역부족이었다. 그 후 드레이크와 르 테투는 태평양에서 대서양 해안까지 보물을 육지로 운반하는 노새 행렬을 기습할 생각을 했다. 1573년 4월 1일,

---

8   Bawlf, 2003: 27.

드레이크와 르 테투, 35명의 영국 및 프랑스 선원들이 보물을 운반하는 노새 행렬을 기다리고 있었다. 동이 트자 행렬이 도착했다. 해양사학자 사무엘 볼프(Samuel Bawlf)의 말에 따르면, "190마리의 노새들을 노예들이 돌보고 45명의 병사들이 지키고 있었다."[9] 함정이 발동되자 군인과 노예들은 도망쳤고 보물은 빼앗겼다. 상당한 양의 금과 보석 외에도 15톤의 은이 있었다. 드레이크의 부하들은 들고 다닐 수 없는 은을 숲에 숨겨두고는 짐을 들고 해변으로 비틀거리며 갔다. 르 테투는 노새 행렬을 잡으려다 부상을 입어 동료들을 따라갈 수 없었다. 그는 다른 선원에게 계속 가라고 했지만, 두 명의 프랑스 선원이 자진해서 동행했다. 곧 스페인인들은 르 테투와 그의 선원 중 한 명을 붙잡았고 드레이크의 계획을 밝히기 위해 그들을 고문했다. 결국 르 테투는 참수당했고 선원은 끌려가 4등분되었다. 드레이크와 부하들이 해안에 도착했을 때, 그들은 일곱 척의 배에 탄 스페인 군인들이 순찰하고 있는 것을 보았다. 드레이크의 배는 어디에서도 찾을 수 없었다. 스페인 사람들은 역풍 때문에 지연되었지만, 드레이크가 항해하는 것을 막기에는 자신들이 너무 늦게 도착했다는 결론을 내리고 감시를 곧 포기했다. 다음날 드레이크의 배들이 도착했고, 모두가 승선하여 떠났다.

드레이크가 거대한 보물을 가지고 영국에 도착했을 때 불길한 분위기가 감돌았다. 보물은 4만 파운드 이상으로 평가되었으며, 볼프는 그것이 "엘리자베스 여왕의 연간 수입의 대략 5분의 1"이었다고 한다.[10] 엘리자베스는 막 스페인과 새로운 평화 조약을 맺었는데, 그 조약에서 그녀는

---

9   Bawlf, 2003: 34.
10   Bawlf, 2003: 35.

자국의 선원들이 스페인 선박을 공격하지 못하도록 하는 데 동의했다. 여왕의 묵인하에 드레이크는 잠시 조용히 지내면서 왕실에 바칠 큰 전리품을 조심스럽게 보존했다.

그러나 이상하게도 드레이크가 스페인 보물을 가장 멋지게 포획한 것은 그가 세계 일주를 하는 동안 일어났다. 1578년 말 스페인인들은 몰랐지만, 드레이크는 그의 기함인 골든힌드를 타고 남아메리카의 남쪽 끝을 돌아 태평양으로 항해했다. 원래 이름이 펠리칸이었던 드레이크의 배는 그의 사양에 맞게 제작되었다. 그 배는 길이가 30m가 조금 넘었고 너비가 약 6.4m였다. 선체는 이중으로 되어 있었지만, 흘수는 약 4m였다. 따라서 드레이크는 얕은 물에서도 항해할 수 있었다. 큰 돛대는 약 27m였고 속도를 높이기 위해 여분의 돛을 펼 수 있었다. 이 배는 크기에 비해 중무장을 하고 있었으며, 양쪽에 7개의 포구가 있어서 사정거리가 매우 긴 대포를 놓았고, 주갑판에 이런 대포가 4개 더 있었으며 다수의 작은 포도 있었다.[11] 여왕은 골든힌드의 건설 비용을 지불했고, 드레이크의 항해를 위해 좀 더 작은 11문의 엘리자베스호를 새롭게 제공했다.

해적과 사략선 선원들이 대서양에서만 활동했기에 태평양에 있던 스페인 선박들은 공격의 두려움 없이 항해했다. 그 결과 드레이크는 미리 낌새를 채지 못한 전리품들을 차지할 수 있었다. 그중에는 드레이크의 골든힌드호보다 훨씬 큰 화물선인 누에스트라 세뇨라 데 라 콘셉시온호가 있었고, 그 화물선은 "카가푸에고"(스페인어로 "허풍쟁이")로 더 잘 알려져 있었다. 스페인 선장이 드레이크의 배가 스페인 선박이라고 믿었기 때문에 드레이크는 카가푸에고 바로 옆에까지 다가갈 수 있었다. 그날 드레이크

---

11   Bawlf, 2003: 67-68.

가 가져간 보물은 엄청났다. 은 26톤, 금 36kg, 다량의 보석, 동전으로 가득 찬 궤 13짝이었다. 이 모든 것을 실을 공간을 마련하려고 드레이크는 배의 바닥짐을 버리고 실버바로 교체했다. 그러고 나서 그는 태평양 연안을 따라 항해를 계속했고, 세계 일주를 완성하기 위해 서쪽으로 향하기 전 그 길을 따라 여러 다른 전리품을 취했다. 마침내 1580년, 드레이크는 엄청난 보물을 가지고 영국으로 돌아왔다. 그는 후원자들이 투자한 1파운드당 47파운드가 배정되었다고 말했다. 엘리자베스 여왕의 몫은 264,000파운드에 달했을 것으로 추정되며, 엘리자베스 여왕이 다른 모든 소득원으로부터 얻는 연간 수입보다 훨씬 더 많았다.[12] 그녀는 스페인 함대를 상대할 수 있도록 준비시키는 데 곧 이 모든 돈을 사용해야 했다.

스페인의 저지대 전쟁

펠리페 2세가 그의 아버지의 뒤를 이었을 때, 그는 로마가 멸망한 이후 유럽에서 가장 큰 상비군에 의해 지탱되며 아시아에서 오스트리아에 이르는 거대한 제국을 얻었다. 이 정예 부대는 유럽 전역에서 모집된 20만 명 이상의 군인을 모았다. 그들은 아일랜드, 플랑드르, 이탈리아, 독일 등지에서 온 경우가 많았으며, 그중 20%는 스페인에서 온 것으로 추정된다.[13] 그들은 뛰어나게 무장했고 잘 훈련되었고, 전투에서 격렬했으며 매우 비쌌다. 역사학자 윌리엄 몰트비(William S. Maltby)에 따르면, 그들은 "[제국]

---

12 Bawlf, 2003: 191.
13 Maltby, 2009: 86.

정부의 다른 모든 부서를 합친 것보다 10배나 더 많은 세입을" 소비할 정
도로 비용이 많이 들었다.[14] 이것은 경솔한 지출이 아니었다. 펠리페의 통
치에 대한 여러 도전을 고려했을 때, 그는 이러한 비용을 부담하거나 재산
의 상당 부분을 포기해야만 했다.

실제로 펠리페는 경박한 면이 전혀 없었다. 그는 "신중한 펠리페"로
알려져 있었고, 오랜 재위 기간 동안 거의 매일 책상에 앉아 사건을 통제
하고 제국을 유지하기 위해 광대한 영토의 관리들과 서신을 주고받았다.

펠리페는 부지런하기도 했지만 유쾌하고 자상했다고 한다. 그러나
합스부르크 왕가 출신으로서 그는 심하게 변형된 아래턱을 물려받았고,
이는 그가 식사하거나 말하는 데 지장을 주었다. 그의 아버지도 같은 문
제로 어려움을 겪었다. "합스부르크의 턱"은 여러 세대의 근친결혼의 결
과였다. 합스부르크의 거의 모든 남성은 사촌이나 고모, 조카들과 결혼
했다.[15] 이러한 신체적 어려움 외에도 펠리페는 오랜 애도의 기간을 가졌
다. 그는 결혼을 네 번 했는데, 그의 세 아내는 직계 친척이었고, 그들은 모
두 출산 중에 죽었다. 넷째인 잉글랜드의 메리는 결혼 4년차(자궁암으로 추
정)에 사망했다. 게다가 그의 아이들도 대부분 매우 어린 나이에 죽었다.
1517년에서 1700년 사이에 합스부르크 아이들의 절반이 돌 전에 죽었다.
공교롭게도 펠리페의 외교 문제도 마찬가지로 불행했다.

---

14   Maltby, 2009: 85.
15   Alvarez, Cebellos, Quinteiro, 2009.

급진적인 네덜란드 개신교

펠리페는 변함없이 헌신적인 로마 가톨릭 신자였다. 그는 항상 그의 아버지가 루터를 붙잡아 처형하는 대신 안전한 행동권을 준 것을 후회했다. 그러나 그가 왕위에 올랐을 때, 그는 그의 아버지가 용인했던 상당한 수의 네덜란드 개신교도들과 마주하게 되었다. 처음에 그는 아무것도 하지 않았다. 그리고 나서 그는 그가 보기에 합리적이고 인간적인 계획을 채택했다. 그는 가톨릭교회를 크게 개선하고 강화함으로써 개신교를 개종시키려고 했다.

당시 네덜란드 전역을 섬기는 주교는 4명에 불과했으며, 여러 대도시에도 주교가 없었다. 주교들의 부족은 교회가 대부분의 장소에서 별 존재감이 없었음을 반영했다. 따라서 펠리페는 16명의 주교를 새롭게 임명하려고 교황의 허락을 얻었다. 그러나 이 거대한 새 기구에 재원을 댈 수 있는 자금이 거의 없었다. 교구는 자체적으로 재원을 마련할 것으로 기대되었지만, 이 새로운 교구들이 충분한 재정을 확보하는 데 필요한 강력한 교구 구조가 부족했다. 게다가 가톨릭교회가 더 강하고 더 활동적이 될 것이라는 전망은 귀족들을 포함한 개신교도들을 겁먹게 했다. 그것은 "이단"에 대한 더 격렬한 박해를 암시했기 때문이다. 또한 펠리페의 움직임은 전통적으로 교회 임원을 임명할 수 있는 권리를 가진 가톨릭 귀족들을 격분시켰다.[16] 이러한 분열은 1566년에 칼뱅주의 급진주의자들이 공격했을 때 더욱 악화되었다.

베일덴스톰(Beeldenstorm) 또는 성상파괴는 급진 칼뱅주의자들의 떠돌이 무리를 포함했는데, 그들은 교회의 모든 종교적 이미지와 장식에 반

---

16   Maltby, 2009: 104-5.

대하며 네덜란드의 가톨릭교회에 난입하여 예술품과 장식품을 전부 파괴했다. 다수의 학자는 이러한 광란의 성상파괴를, 많은 직물 노동자의 혼란과 식품 가격의 갑작스러운 상승으로 인해 야기된 것으로 설명하려고 했다. 그렇다면 교회만 공격당했다는 사실을 어떻게 설명할 수 있을까? 왜 정부 관리나 시청에 대한 공격은 없을까? 왜 가게와 식료품점을 약탈하지 않았는가?[17]

성상파괴는 8월 21일 안트베르펜에 이르렀다. 성상파괴자들이 나아가자 환호하는 군중들이 몰려들었고 반대는 없었다. 역사학자 조나단 이스라엘(Jonathan Israel)은 "시내 42개의 교회가 모두 약탈당했다"며 "그들은 이미지와 그림 및 다른 물건들을 거리로 끌고 나가 부수었고 헌금을 빼돌렸다. 이 작업은 밤에도 횃불 아래에서 계속되었다"라고 썼다.[18]

그러나 에스코리알궁에서는 응원이 없었다. 펠리페 2세는 제3대 알바 공작인 돈 페르난도 알바레스 데 톨레도(Don Fernando Álvarez de Toledo)를 통해 네덜란드를 통치할 때가 왔다고 결정했다. 만 명의 군대와 수백 명의 매력적인 기마병들의 선봉에서,[19] 알바 공작은 밀라노(당시 스페인의 속주)에서 "스페인로"라고 알려진 길을 따라 알프스 고갯길을 지나 라인강 계곡으로 진군했다. 그는 성상파괴의 폭풍이 안트베르펜을 강타한 지 거의 정확히 1년 후인 1567년 8월 22일 브뤼셀에 도착했다.

그리고 피바다가 시작되었다. 이단보다는 반역에 대한 알바의 분노가 더욱 컸기에 알바가 얼마나 많은 성상파괴자를 잡았는지는 확실하지 않다. 그는 반역죄를 지방의 주권을 조금이라도 선호한 것으로 정의했다.

---

17 Israel, 1998: 148.
18 Israel, 1998: 148.
19 Kamen, 2002: 178.

따라서 아무도 안전하지 않았고, 심지어 가톨릭 귀족들도 마찬가지여서 그들 중 다수가 참수당했다.[20] 알바가 저지른 만행의 주요 결과는 네덜란드 독립 투쟁을 이끈 오라녜의 빌럼을 포함한 상류층을 반대파로 몰아넣은 것이었다.

싸우는 네덜란드인

반항적인 네덜란드인은 바다에서 무시무시한 반발을 일으켰다. "바다 거지들"("괴"[Gueux]라고도 함)은 1568년에 브레데로드의 백작 헨드릭과 네덜란드를 독립시키려고 노력했던 개신교 귀족들에 의해 결성되었다. 그들은 네덜란드의 총독에게 종교적 관용을 청원했을 때 거지라는 조롱을 받았고, 청원이 거부되자 그 이름을 명예 훈장으로 사용했다. 그들은 곧 네덜란드와 플랑드르 해안의 복잡한 해역을 활개 치며 항해할 수 있는 매우 빠르고 작으며 흘수가 얕은 전투함대를 만들었다. 그들의 습격으로 알바는 안트베르펜을 포함한 주요 항구에 대규모 수비대를 주둔시켰고, 안트베르펜에 매우 큰 요새를 세우기도 했다. 그러나 스페인군은 조선소 지역을 어느 정도 보호해주긴 했지만 선박 공격에 대해서는 소용이 없었다. 바다 거지는 곧 안트베르펜과 다른 네덜란드 남부 항구들을 효과적으로 봉쇄했다. 수출입 기업들의 이탈이 시작됐다.

　1572년에 알바는 부담스러운 세금을 새롭게 부과했고, 이로 인해 바다 거지들은 항구를 습격할 뿐만 아니라 항구를 점령하고 보유하게 되었다. 브릴이 처음이었지만, 몇 주 안에 다른 항구들도 함락되었다. 물론 이것은 전쟁이었다. 알바는 여러 차례 공성전을 벌였고 1573년에 하를렘

20　　Israel, 1998: 156-57.

을 점령했다. 그해 말 알바의 뒤를 이어 돈 루이스 드 레퀘센스(Don Luis de Requeséns)가 펠리페 2세의 지시로 북쪽으로 가서 협상 타결을 시도했다. 그 회담은 진척이 없었다. 종종 참가자들은 합의점을 찾았지만, 그때마다 펠리페 2세는 개신교 신자들에 대해서는 관용이 있을 수 없다는 이유로 그들의 노력을 거부했다.

한편, 펠리페는 그의 아버지처럼 자기 군인들에게 돈을 지불하지 않았다. 제국군은 11월에 반란을 일으켰다. 한 무리의 군인들은 몇몇 작은 마을을 점령한 후 여전히 제국의 충실한 전초기지였던 안트베르펜에 도착했다. 그 뒤에 일어난 일은 스페인의 광포로 알려지게 되었다. 수천 명이 죽었고, 큰 고통 없이 죽는 경우는 드물었다. 저비스 웨그(Jervis Wegg)는 다음과 같이 말했다. "스페인 사람들은 남자들을 다리와 팔로 매달았고, 여자들은 머리털로 매달았으며, 사람들을 채찍질하고 발바닥을 불태워 그들의 숨겨진 재산을 갈취했다."[21] 젊은 여성들은 비명을 지르며 새로 지은 요새로 끌려갔다. 아무도 안전하지 않았다. 가난한 사람들은 돈이 없어 종종 살해당했고, 심지어 제단의 성배와 헌금을 포함한 귀중품들이 숨겨져 있는 곳을 밝히도록 강요당했던(고문까지 당했던) 성직자들도 마찬가지였다.[22] 당시 독일 최대 금융회사인 푸거사는 안트베르펜 상인들이 최소 200만 크라운의 금화와 은화를 잃었다고 추정했다.

군대가 떠나자 안트베르펜은 위트레흐트 프로테스탄트 연합에 가입하여 네덜란드 남부에서 저항의 중심지가 되었다. 안트베르펜의 선박은 이제 바다 거지에 의해 봉쇄되지 않고 그들의 보호를 누렸다. 그러나 도시

---

21   Wegg, 1924: 202-3.
22   Wegg, 1924: 202-3.

의 상업 생활은 심각하게 위축되어 있었다.

1578년에는 파르마 공작 돈 알레산드로 파르네세(Don Alessandro Farnese)가 레퀘센스를 대신해 네덜란드의 총독이 되었다. 저명한 장군인 파르마는 네덜란드의 반란을 진압하기 위한 작전을 재개했다. 그는 1584년에 안트베르펜을 포위하기 전까지 몇 차례 공격을 감행했지만 성공하지 못했다. 1년 후 안트베르펜은 함락되어 스페인의 손으로 돌아왔다. 하지만 그것은 더 이상 대단한 전리품이 아니었다. 안트베르펜은 다시 한번 봉쇄에 의해 바다에서 차단되었다. 그리고 개신교도들이 자신들의 상업을 가지고 도피하면서 그곳의 인구는 매우 감소했다. 안트베르펜은 재정적인 영광을 결코 회복하지 못했다.

안트베르펜에서 도망친 사람들은 대부분 그들의 자본주의 기업을 북쪽에 있는 암스테르담으로 가져갔다. 경제 역사가들은 암스테르담의 호황이 안트베르펜이 파르마 공작에게 함락된 바로 그해인 1585년에 시작된 것으로 추정한다. 암스테르담에는 자유와 관용이 있었고, 세금은 시민들의 승인이 필요했으며, 라인강과 뫼즈강으로의 접근은 네덜란드가 풍부하고 매우 활발한 발트 무역을 지배할 수 있게 해주었다. 한때 안트베르펜에 모여들었던 외국 상인들과 무역상들이 지금은 암스테르담에 모여들었고, 특히 영국인들이 그러했다.

네덜란드가 한때 대서양에서 수복되었다면, 이제는 바다가 뛰어난 방어수단을 제공함으로써 네덜란드를 구했다. 국내에서 자신들의 집을 위해 싸우면서 자기들이 만든 무기를 사용했고 번창하는 상업 경제에 의해 자금을 지원받았으며, 방해받지 않고 바다로 접근할 수 있었고 강력한 영국의 동맹이 있었기에, 네덜란드는 계속해서 싸울 여유가 있었다. 그들에 대항하기 위해 스페인 제국은 주로 해외에서 공급된 외국산 무기를 사용하는 값비싼 용병 부대에 의존했다. 바다를 통제하지 못한 스페인군은 알바의 대대와 마찬가지로 스페인로를 따라 모든 것을 육지로 가져와야 했다. 이 모든 것의 비용은 어마어마했다.

여왕과 그녀의 해적이 승리하다

1580년대가 시작하면서 펠리페 2세는 일이 잘 풀리지 않았다. 거듭된 맹공에도 불구하고 네덜란드가 물러나지 않았던 것이다. 1585년에 엘리자베스 여왕은 레스터 백작이 지휘하는 6,350명의 보병과 1,000명의 기병으로 구성된, 작지만 효과적인 군대를 네덜란드로 보냈다. (그녀는 오랫동안 바다 거지가 영국의 항구를 사용하는 것을 허락했다.)[23] 또한 엘리자베스는 스페인 선박, 특히 동양과 아메리카에서 온 보물선들을 급습하는 데 자금을 조달하기 위해 조직된 증권 회사의 주식을 샀다. 설상가상으로 프랑스는 계속 공모하여 항상 스페인을 후방에서 공격하려고 했다.

뭔가 조처를 취해야 했다. 우선순위를 두고, 펠리페 2세와 그의 조언자들은 잉글랜드를 경쟁관계에서 도태시키기로 했다. 그들은 네덜란드에서 영국 해협을 가로질러 무적의 대대를 수송하여 엘리자베스가 소집할 수 있는 비정규군을 제압하고, 그녀를 가톨릭 군주로 대체하려고 했다.

멋진 계획이었다. 만약 영국도 폭군에 의해 통치되었다면 그것은 충분히 성공했을 것이다. 그러나 이 계획은 기술이 발전했고 기업이 양성되었으며 여왕조차 헌신적인 자본가이자 해적으로 활동하는 "상점주들의"

---

23   Williams, 1975: 86.

자유 국가에 맞서서는 실패할 수밖에 없었다.

1587년에 스페인은 잉글랜드를 침공하려고 거대한 함대를 모으기 시작했다. 이 계획은 영국 해협을 향해 북쪽으로 항해하여 영국 함선에 피해를 준 후 파르마 공작의 퇴역 군인들을 네덜란드에서 영국 해안으로 수송하는 바지선과 작은 선박들의 거대한 선대를 스페인 함대로 보호하는 것이었다. 기병 부대를 말과 함께 수송할 수 있는 바지선이 파도를 헤치고 모든 접근자를 공격할 수 있도록 특별한 준비가 되어 있었다. 스페인 함대의 주요 집결항은 카디스(지브롤터 해협 바로 서쪽)와 리스본이었다.

드레이크의 습격

스페인의 의도를 잘 알고 있던 영국군은 습격하기로 결정했다. 이 계획은 개럿 매팅리(Garrett Mattingly)가 무적함대의 역사를 다루며 관찰했듯이, "엘리자베스가 개인적으로 개입한 모든 징후"를 띠고 있었다.[24] 영국군은 1581년에 엘리자베스로부터 기사 작위를 받은 프랜시스 드레이크가 지휘했다. 드레이크는 엘리자베스가 총애하는 사람 중 한 명이었지만, 영국 해군 장교는 아니었다. 자유 사업을 선호하는 영국에 맞게, 민간인들은 여왕의 배를 지휘할 수 있었고, 영국의 전투함대는 종종 왕실의 배와 민간 소유의 배가 혼합되어 있었다.

드레이크는 아직 싸울 준비가 안 된 배들이 가득 차 있기를 바라며 카디스 항구와 리스본 항구를 공격할 계획을 세웠다. 그가 구성한 함대는 전쟁에 대한 진정한 "자본주의적" 접근법과 영국 상선의 독특한 성격을 드러낸다. 드레이크는 자신이 소유했던 네 척의 강력한 함선부터 움직였다.

---

24   Mattingly, 1962: 88.

그런 후 엘리자베스는 드레이크의 지휘하에 왕실 갤리온 4척을 두었고, 런던 상인들이 공급할 수 있는 만큼의 상선을 모집하여 함대를 꾸릴 수 있는 권한을 부여했다.

상선이 전함대에 무슨 소용이 있겠는가? 그 상선들이 대륙 상인들이 사용하던 넓고 깊고 가볍게 무장한 거추장스러운 배였다면, 아무 소용이 없다. 그러나 영국 상인들은 전투함을 건조했고 가볍고 가치 있는 상품을 위해 부피가 큰 화물을 거절함으로써 이러한 함선의 상업적 결함을 극복했다. 전열을 갖추기 위해 건조된 이 배들은 속도를 내기 위해 바닥이 좁았고, 선체는 포갑판을 마련하기 위해 수면 위로 가장 큰 폭으로 펼쳐졌다. 역사학자 바이올렛 바버(Violet Barbour)가 지적한 바와 같이, 왕실의 군함을 영국의 대형 상선과 구별하는 방법은 형태, 포구 수, 또는 장비가 아니라 "배에 아낌없이 베풀어진 장식"이었다. 여왕의 배들은 다수의 채문과 조각 및 인상적인 형상들을 가지고 있었기 때문이다.[25]

상선의 군사적 가치를 인식한 드레이크는 정찰, 통신, 연안 서비스를 위한 9척의 호위함과 소형 범선을 제공하도록 레반트 컴퍼니를 설득했다. 상인들의 동기가 순전히 애국적인 것은 아니었다. 드레이크의 함대는 사실상 주식회사로 위촉되었고, 참가자들(여왕 포함)은 원정대가 획득한 모든 상품과 전리품을 나누기로 되어 있었다. 매팅리가 지적했듯이, 이 항해는 "사적인 상업 모험의 측면을 일부분" 가지고 있었다.[26]

1587년 4월 29일 카디스에 도착한 드레이크는 모든 것이 그가 바라던 대로 진행되는 것을 보았다. 항구는 붐볐다. 스페인 함선은 대부분 선

---

25   Barbour, 1930: 263.
26   Mattingly, 1962: 88.

원이 없었고, 다수는 대포와 돛이 부족했다. 드레이크는 배를 30척 정도 침몰시킨 후, 노획한 수많은 선박을 잉글랜드로 보냈다. 드레이크는 포르투갈의 세인트빈센트 곶으로 향했고, 리스본에 도착하려는 소함대를 요격하기 위해 함대를 배치했다(그는 소함대가 너무 강해서 기습이 아니면 공격할 수 없다고 판단했다). 그는 다시 많은 전리품과 보급품을 가져가며 스페인에 큰 피해를 입혔다.[27] 이 일격은 스페인군이 거대한 함대의 출항일을 다음 해로 연기하도록 만들기에 충분했다. 드레이크는 두루두루 잘 살펴보았고, 엘리자베스의 첩보원 프란시스 월싱엄(Francis Walsingham)에게 "영국에서 튼튼하게 준비하되 특히 해상 준비에 힘쓰라!"고 편지를 썼다.[28]

무적함대가 침몰하다

무적함대가 이듬해 출항했을 때 스페인의 계획에 몇 가지 심각한 결함이 드러났다. 영국 함대는 전통적인 방식으로 싸우기를 거부했기 때문에 사실상 패배할 수 없었다. 민첩한 영국 함선들은 갑판 대 갑판 보병전에 참가하기보다는 스페인군의 사정거리를 능가하는 대포의 강력한 공격에 의존했다. 스페인 함선들은 영국 해군을 무찌르기를 열망하는 군인들로 가득 찼지만, 그들의 대포는 사정거리와 무게 및 수가 부족했고, 화약과 탄환도 동이 나기 시작했다. 영국군은 해안에 있는 군중이 전투를 일부분 볼 수 있을 정도로 본국과 가까이에서 싸웠기 때문에, 바지선을 통해 화약과 탄환을 계속 보급받았다.

그럼에도 불구하고 무적함대는 영국 해협을 거슬러 올라가면서 충분

---

27   Marcus, 1961: 89.
28   Mattingly, 1962: 109에서 인용됨.

히 잘 싸웠고, 파르마 공작이 기다리고 있던 플랑드르 해안을 지나쳤을 때도 여전히 강력했다. 그러나 두 번째 중대한 전술적 결함이 드러났다. 무적함대는 바지선 선단을 보호할 수 있었고, 실제로 그 선단을 해안에서 끌어내면 영국군은 갑판 대 갑판 전투를 위해 근접전을 벌여야 했을 것이다. 그런데 파르마의 베테랑들은 왜 안 나왔을까? 네덜란드의 바다 거지가 플랑드르를 봉쇄하고 있었기 때문인데, 그들의 배는 무적함대의 손이 닿지 않는 얕은 해안가에서 항해할 수 있었다. 만약 파르마의 바지선들이 바다로 나왔다면, 바다는 곧 물에 빠진 스페인 병사들과 기수 없는 말들로 가득 찼을 것이다.

그래서 스페인군은 해변에 머물렀고, 무적함대는 북쪽으로 계속 이동하며 영국군의 장거리 포격을 받았다. 무적함대는 스코틀랜드 북부를 지난 후 서쪽으로 방향을 틀어 아일랜드 주변을 돌아 리스본으로 돌아가려고 했다. 그러나 끔찍한 폭풍이 닥쳐 수십 척의 스페인 선박들이 아일랜드 해안을 따라 난파당했고, 몇 주 동안 시체가 아일랜드 해변으로 떠밀려 왔다.

무적함대에 가장 큰 피해를 입힌 것이 폭풍이라는 사실은 두 해군에 대해 많은 것을 보여주었다. 역사학자 G. J. 마커스(Marcus)가 지적한 바와 같이, 영국 함선의 구조는 매우 훌륭했고 그들의 선원들은 매우 능숙해서, 엘리자베스의 45년 통치 기간에 "단 한 척의 영국 군함도 난파를 통해 손실되지 않았다. 반면 같은 기간 동안 스페인의 함대는 전부 바다에 압도당했다."[29]

---

29   Marcus, 1961: 84.

스페인의 현실

펠리페 2세가 1598년에 죽었을 때, 스페인 제국이 쇠퇴하고 있다는 것은 이미 명백했다. 제국이 유럽 문제에서 더 이상 중요한 역할을 못하게 되기까지는 한 세기가 지나야 했지만, 스페인 주변국들은 이미 제국의 쇠퇴하는 힘을 이용하고 있었다. 영국과 네덜란드는 바다를 지배했고 (프랑스처럼) 북아메리카를 식민지로 삼았을 뿐만 아니라 카리브해의 스페인 식민지에도 침입했다. 영국인들은 심지어 카리브해의 새로운 항구에서 (진짜) 해적들을 환영하고 세금을 부과했다. 게다가 스페인 보물선에 대한 공격이 계속되었고, 이제는 영국의 전투함대가 개입되었다. 1592년에는 아조레스 제도 바로 앞바다에서 대기하고 있던 6척의 영국 함대가 거대한 무장상선인 마드레 데 데우스(신의 어머니)를 가로채어 역사상 가장 큰 보물을 탈취했다. 그 배는 영국인들이 본 가장 큰 배였다. 하버드 대학교의 데이비드 랜즈(David S. Landes)가 기록한 바에 따르면, 마드레 데 데우스는 "길이 50m, 선폭 14m, 1,600톤, 영국에서 가장 큰 배의 세 배 크기였고, 7개의 갑판, 32개의 포, 그리고 다른 무기들"이 있었다.[30] 보물에 관해서는 "보석과 진주, 금화와 은화로 가득 찬 궤짝…후추 425톤, 정향 45톤, 계피 35톤" 그리고 다른 것들이 많이 있었다. 총 가치는 50만 파운드로 추정되었고, "이 포획물의 상당 부분은 여왕의 몫이었다."[31] 이 손실은 스페인 경제에 끔찍한 타격을 주었다.

스페인은 어떻게 그렇게 취약해졌는가?

---

30   Landes, 1998: 151.
31   Landes, 1998: 151.

재정 파탄

신대륙에서 금과 은이 쏟아져 나왔음에도 불구하고, 스페인 제국의 부는 엄청난 부채 때문에 대체로 신기루에 불과했다. 이 문제는 페르난도와 이사벨라가 예산 균형을 맞추지 못하면서 시작되었다. 카를 5세는 즉위식에서 상당한 부채를 떠안았고 제국적 크기로 부채를 늘렸다. 그는 은행가 야코프 푸거에게서 금 50만 길더 이상을 빌려 신성 로마 제국의 황제직을 얻었다. 이것 역시 한 방울에 불과했다. 그의 통치 기간에 카를은 유럽의 은행가들로부터 약 2,900만 더컷에 달하는 대출을 500회 이상 받았다.[32] 1556년 그의 아들 펠리페 2세가 왕위에 올랐을 때 이 금액의 대부분은 여전히 상환되지 않았고 1년 후 펠리페는 파산을 선언했다. 그럼에도 불구하고 겨우 5년 후에 빚이 너무 많아져서 제국은 연간 총예산의 25%가 넘는 140만 더컷을 대출 이자로 지불했다.[33] 1565년에 이르러서는 저지대 국가에서만 제국 부채가 500만 더컷에 달했고, 이자 지급과 통치 비용은 추가적으로 연간 25만 더컷의 적자를 낳았다.[34]

제국 전체에 이러한 일이 일어났다. 부채가 모든 것을 지배했다. 1570년대 상반기 동안 펠리페 2세의 수입은 평균 550만 더컷이었고, 그의 총지출은 종종 수입의 2배 가까이 증가했고, 부채 이자만 연간 200만 더컷을 초과했다.[35] 1575년에 다시 펠리페가 약 3,600만 더컷에 달하는 자신의 빚을 모두 부인했다는 것은 그리 놀라운 일이 아니었다. 그러나 그렇게 함으로써 그는 네덜란드에 있는 그의 정권을 무일푼으로 남겨두었다. 그

---

32   Kamen, 2002: 89.
33   North, Thomas, 1973: 129.
34   Parker, 1970: 75.
35   Parker, 1970: 85.

의 총독이 "왕이 천만금을 발견하고 이곳에 보내기를 원한다고 해도, 그는 이런 파산 상황에서 그렇게 할 방법이 없다"라고 하소연했다.[36] 그것을 바다로 보내는 것은 너무 위험했다. 불과 몇 년 전인 1568년, 스페인인들은 알바 공작의 병사들에게 돈을 지불하기 위해 155개의 더컷 상자와 함께 네 개의 작은 밑받침을 안트베르펜으로 몰래 가져가려 했다. 그러나 영국은 배를 가로챘고, 대부분의 돈은 엘리자베스 여왕의 금고에 들어갔다.[37] 서신이나 환어음으로 돈을 보내는 것 역시 불가능했는데, 네덜란드의 스페인 은행가들은 더 이상 그러한 금액을 지불할 수 없었고, 다른 은행가들도 스페인의 신용을 존중하지 않았기 때문이다. 결국 제때 군대에 지불할 돈이 부족해서 북부 네덜란드를 잃게 되었다. 제국은 이후 많은 파산을 겪으며 고군분투했다.

퇴보하는 스페인

17세기 초부터 서양 역사학자들은 "스페인의 몰락"을 설명하기 위해 엄청난 노력을 기울였다. 영국의 여행가 프랜시스 윌러비(Francis Willughby)는 1673년에 스페인이 다음과 같은 이유로 몰락했다고 썼다. "1) 나쁜 종교, 2) 폭압적인 종교재판, 3) 창녀들의 무리, 4) 척박한 토양, 5) 웨일즈와 아일랜드 사람들과 같은 비참한 게으름…, 6) 유대인과 무어인들의 추방, 7) 전쟁과 농장."[38] 40년 후 스페인 주재 피렌체 대사는 "여기는 빈곤이 심각하며, 나는 그것이 국가의 질 때문이 아니라 스스로 노력하지 않는 스페인인들의 특성 때문이라고 생각한다. 그들은 자기 나라에서 자라는 원료

---

36   Parker, 1970: 86.
37   Read, 1933.
38   Kamen, 1978: 26에서 인용됨.

를 다른 나라에 보내어 그것이 조제품으로 만들어지면 다시 사들인다."[39] 그러한 견해는 지속되었다. 저명한 역사가 J. H. 엘리엇이 1961년에 요약했듯이, "스페인의 쇠퇴에 대한 어떠한 설명도 일반적으로 받아들여진 17세기 스페인 역사를 실질적으로 바꿀 수 있을 것 같지 않다. 아무리 카드를 섞어도 항상 같은 카드가 있기 때문이다."[40] 그러나 헨리 카멘(Henry Kamen)은 완전히 새로운 카드를 제시했다. 스페인은 결코 부흥하지 않았기 때문에 쇠퇴하지도 않았다는 것이다![41]

통념에 대해 카멘이 놀랍게 수정한 내용은 스페인과 스페인 제국 사이의 결정적인 차이에 달려 있다. 제국은 신대륙의 거점 외에는 스페인의 팽창이나 정복으로 건설된 것이 아니라 왕조가 만들어낸 것이었다. 제국을 위해 스페인이 기여한 부분은 주로 신병 모집과 신대륙에서 가져온 금과 은이었다. 이러한 엄청난 양의 정금은 스페인에 큰 이익을 가져다주지 않았다. 오히려 그것 때문에 서유럽 전체에 인플레이션이 일어났고, 제국의 크고 잘 갖춰진 군대는 그 자금을 지원받아 프랑스, 개신교 독일 군주들, 다양한 이탈리아인, 네덜란드인, 잉글랜드인과 싸웠다. 사실 제국에 들어간 비용은 낙후된 봉건 국가로 남아 있던 스페인으로부터 부를 빼앗아 갔다. 스페인의 후진성이 제국의 웅장함에 의해 더 이상 가려지지 않자, 그것은 더 좋은 시대로부터의 쇠퇴로 잘못 인식되었다.

가난한 스페인은 공산품뿐만 아니라 식량도 수입에 의존했다. 스페인의 농업은 "메스타"라고 알려진 이상한 제도와 척박한 토양으로 인해 지장을 받았다. 스페인 양모는 영국 양모만큼은 아니지만 다른 곳보다 품질이

---

39   Cipolla, 1994: 238에서 인용됨.
40   두 인용구 모두 Kamen, 1978: 24-28에서 가져옴.
41   Kamen, 1978, 2002.

더 좋았다. 사실 스페인은 플랑드르와 이탈리아의 양모 산업을 위한 양모 제공원으로서 잉글랜드를 대체했다. 메스타는 수백만 마리의 양 떼를 유지할 수 있는 왕실 특권을 가진 양 주인들의 조직이었다. 양 떼는 여름에는 북쪽으로, 겨울에는 남쪽으로 스페인 전역에서 풀을 뜯으며 이동했기에 그 경로를 따라서는 농사를 지을 수 없었다.[42] 지주들과 갈등이 일어났을 때, 왕실은 양모 수출보다 경제에 더 중요한 것은 없다는 것을 근거로 항상 메스타의 편을 들었다. 정부의 메스타 보호는 농업에 대한 투자를 위축시켰고, 스페인은 곡물과 다른 식료품을 대량으로 수입해야 했다.[43]

또한 지리적 요건은 스페인 국가를 통합하거나 국내 무역을 어렵게 만들었다. 험준한 산맥은 (나폴레옹 전쟁 당시 웰링턴이 보여주었던 것처럼) 쉽게 방어할 수 있는 지역을 만들었지만, 이와 같은 자연 장벽은 상업 수송에 큰 장애가 되었고, 엘리엇이 말하듯이 "가격을 무시무시하게 올렸다."[44] 예를 들어, 향신료를 리스본에서 톨레도로 운송하는 것은 리스본에서 향신료를 사는 것보다 더 큰 비용이 들었다.

스페인에 제조업은 거의 없었고, 아메리카에서 온 금과 은의 범람으로 수입에 대한 의존도가 높아지면서 그나마 있던 제조업도 대부분 사라졌다. 또한 스페인은 토착 상인 계급으로 크게 발전하지 못했으며, 상업 생활은 대부분 이탈리아 출신의 외국인 손에 맡겨졌다. 이것은 "이달고"(Hidalgo)라고 알려진 스페인의 주요 시민들 사이에서 자부심의 원천이었다. 그들은 제조업과 상업은 열등한 사람과 나라들을 위한 것이기에

---

42   Elliot, 1966: 33.
43   North, Thomas, 1973: 130.
44   Elliot, 1966: 120.

스페인을 위해 다른 사람들이 일하도록 내버려 두라고 말했다.[45]

제국이 북유럽을 지배하고 있는 동안, 스페인 자체는 봉건주의로 얼어붙어 있었고 주로 귀족 출신의 젊은이들을 배출했으며, 직업 군인 외에는 기회가 없었다. 잘 훈련되고, 오래 복무하며, 장비를 잘 갖춘 스페인 병사들은 유럽에서 가장 두렵고 무서운 전투 부대였다. 하지만 그들은 스페인이 아닌 제국을 위해 싸웠다. 그들의 승리는 저지대 국가들, 이탈리아, 라인강 주변 등 집에서 멀리 떨어져 있었다. 그리고 그들의 임금을 지불할 수 있는 수단은 대서양을 가로질러 수천 마일을 왔다.

스페인은 이 훌륭한 병사들을 무장시킬 수도 없었다. 스페인은 무기 공장도 없었고 화약도 만들지 않았으며 대포나 포탄도 주조하지 않았다. 1572년에 포탄 부족 사태가 일어나자 펠리페 2세는 이탈리아에 편지를 보내 "여기엔 포탄을 만들 줄 아는 사람이 없다"며 포탄을 주조하는 두 명의 이탈리아 전문가를 당장 마드리드로 보내달라고 요청했다.[46] 문제는 해결되지 않았다. 거대한 무적함대가 1588년에 잉글랜드로 항해했을 때, 빵을 포함한 대부분의 다른 물품과 마찬가지로 대포와 포탄들도 전부 수입되었다. 물론 그 선박들도 스페인에서 만들어진 것이 아니다.

식민지 이동

비록 무적함대의 패배는 끔찍한 타격이었지만, 스페인 제국은 다른 곳에서 더 중요한 패배를 겪었다. 1594년에 네덜란드가 카리브해에 침입하기 시작했다. 잉글랜드도 곧 그렇게 했고 1605년에는 서인도 제도의 바베이

---

45 Cipolla, 1994: 239.
46 Kamen, 2002: 169.

도스에 대한 영유권을 주장했다. 신대륙은 더 이상 논쟁의 여지 없이 스페인의 것이 아니었다. 또한 신세계는 더 이상 무한한 은의 원천이 아니었다. 광맥을 더 깊게 파헤칠 필요가 생기면서 채굴 비용이 상당히 올랐다. 게다가 아메리카에서 스페인산 수입품에 대한 수요가 급격히 떨어지기 시작했다. 문제는 스페인 식민지 개척자들이 근본적으로 스페인 경제를 재창조했다는 것이었다. 이제 그들은 오랫동안 본국에서 수입해온 곡식과 포도주, 기름, 거친 천을 직접 생산했다. 오랫동안 아메리카와의 무역에서 번창했던 스페인 상인들은 재고가 넘쳐난다는 것을 곧 알게 되었다. 엘리엇은 "스페인이 생산한 상품은 아메리카에서 원하지 않았다. 아메리카가 원하는 상품은 스페인에서 생산된 것이 아니었다"라고 표현했다. 1590년대 초부터 스페인은 아메리카 식민지 경제에 덜 중요해졌고, 네덜란드와 잉글랜드의 침입은 더 활발해졌다.[47]

스페인 식민지는 인구 밀도가 낮았기 때문에 이러한 침략에 특히 취약했다. 아마도 스페인의 신세계 정착에서 가장 주목할 만한 점은 16세기 초부터 19세기까지 이민자가 적었다는 것이다. 스페인 이민자들은 세비야의 무역관에 등록해야 했고, 16세기 내내 56,000명만이 등록했다. 한때 역사학자들은 불법 이민자들이 이 총계를 여러 번 초과했을 것으로 추정했지만, 현재는 미등록 이민자의 수가 적었던 것으로 받아들여지고 있다.[48] 마찬가지로 1500년부터 1640년까지 약 30만 명이 넘는 스페인인들이 신세계로 갔다는 추정은 현재 너무 높은 것으로 여겨진다.[49] 그러나 이러한 수치가 사실이라고 하더라도 대부분의 라틴 아메리카에 유럽 정착

---

47   Elliot, 1966: 289.
48   Kamen, 2002: 130.
49   Engerman, Sokoloff, 1997: 264; Jacobs, in Kamen, 2002: 130.

민들이 없었을 것이다.

다수의 스페인인이 서쪽으로 항해하지 않은 데에는 많은 이유가 있었다. 우선 첫째로 스페인은 잉글랜드와 달리 "가게 주인"이나 성공적인 소규모 자작농이 되려는 전망을 품은 사람들이 많지 않았다. 스페인은 큰 토지가 있는 곳이었고 농노보다 약간 높은 노동자들이 있는 곳이었다. 봉건지주들이 지배하는 신세계에서 성공적인 가게 주인이나 소주인이 될 전망도 보이지 않았다. 물론 스페인보다 그곳이 더 유망했지만 말이다.

둘째, 신세계로의 항해는 매우 위험했다. 많은 사람이 배 안에서 다양한 질병이나 물 부족으로 죽었다. 또한 대서양은 넓고 폭풍우가 몰아쳤으며, 스페인의 좋지 않은 배, 형편없는 정비, 상대적으로 미숙한 선원들은 많은 배가 사라지는 원인이 되었다. 1516년과 1555년 사이에 약 2,500척의 배가 스페인을 떠나 서인도제도로 향했다. 그중 약 750척, 즉 30%가 소실되었다.[50]

또한 이민을 간 대부분의 사람은 그곳에 머물 계획이 없었다. 그들은 단지 빨리 부를 추구하기 위해 체류할 작정이었다. 돈을 많이 번 사람들은 스페인으로 돌아왔고, 돌아오고 나서는 엄청난 안도감을 표현했다. 이 시대의 서신은 식민지로 간 사람들이 종종 후회했음을 보여준다.

결국 스페인과 식민지의 당국은 이민을 제한했다. 스페인 식민지 경제는 주로 금과 은의 채굴과 수출에 의해 활성화되었기 때문에, 당국은 추가적인 인구를 식민지 생활 비용만 증가시키는 것으로 간주했다. 이민을 제한하기 위해 당국은 친척이 거주지에 정착하지 않는 한 입국을 거부했다.

---

50   Thomas, 2010: 199.

영국 이민자들이 스페인에서 라틴 아메리카로 온 이민자보다 훨씬 더 많이 영국 식민지로 이주했다. 1640년에서 1760년 사이에 약 60만 명이 이주했을 것으로 추정된다.[51] 다른 많은 사람은 네덜란드, 프랑스, 독일, 그리고 유럽의 다른 지역에서 왔다. 그들은 봉건적인 사유지를 찾거나 금과 은을 채굴하기 위해 온 것이 아니었다. 이들 대부분은 식민지에 만연한 높은 임금과 비옥한 농지를 얻거나 공방이나 상점을 차릴 수 있는 특별한 기회 때문에 왔다. 그들은 돌아가는 것에 관심이 없었다. 게다가 그들은 영국 배를 타고 왔고 한 세기 후에 오기 시작했기 때문에, 그들의 항해는 더 안전하고, 덜 힘들고, 더 짧았다. 대부분 소규모 자작농이 되었지만, 북부 식민지로 이주한 이민자들은 일반적으로 생계형 농부가 되지 못했다.[52] 그들의 가족 농장은 유럽의 소작농 토지에 비해 규모가 컸고, 농작물과 가축을 영국으로 수출하여 얻은 이익을 나누었으며 비농업 식민지 주민을 함께 먹여 살렸다. 이와 대조적으로 스페인 식민지들은 공산품뿐만 아니라 많은 양의 식량도 수입했는데, 이는 주로 광산에서 나오는 귀금속으로 지불되었고, 광산은 스페인 왕실이 온전히 소유했다.

물론 스페인 제국은 급사하거나 싸움을 멈춘 것이 아니었다. 1590년과 이듬해 다시 네덜란드에 주둔한 제국군은 남쪽으로 방향을 틀었고 프랑스군에 대항하여 전투를 벌였지만 성공하지 못했다. 곧 이 북부군들은 30년 전쟁에 휘말렸다. 그러나 경제 및 군사 분야에서의 소식은 대부분 좋지 않았다. 1596년에 제국은 다시 한번 파산을 선언했고, 1607, 1627, 1647, 1653년에 다시 파산을 선언했다. 1638년에 프랑스군은 라인강의

51   Engerman, Sokoloff, 1997: 264.
52   Breen, 1986.

브라이자흐 요새를 점령하여 이탈리아와 네덜란드를 잇는 스페인로를 폐쇄했다. 이후 스페인군과 보급품은 해상으로만 네덜란드에 도착할 수 있었고, 해상에서는 영국과 네덜란드 해군의 공격을 받을 수 있었다.

이때쯤에는 상황이 돌이킬 수 없을 정도로 바뀌어서 사람들은 이제 "스페인의 쇠퇴"를 설명하기 위한 논문을 출판하기 시작했다. 그러나 쇠퇴한 것은 제국이었다. 스페인은 부흥한 적이 없었다. 더글러스 노스 (Douglas C. North)가 노벨 경제학상을 수상하는 데 도움을 준 책에서 설명했듯이, 스페인의 "경제는 정치적 우위를 차지하기 위해 줄곧 노력하는 중에도 중세에 머물러 있었다. 스페인령 네덜란드에서처럼 스페인이 정치적 영향력을 유지한 곳은 지역 경제가 시들해졌다."[53]

유럽의 군사 혁명

스페인 권력에 대한 마지막 타격은 군사력의 급격한 이동의 결과였다. 스페인의 거대하고 강력한 군대가 자금 부족으로 사라졌듯이, 군사 조직과 기술의 혁명은 다른 유럽 군대를 변화시켰고, 이에 따라서 스페인은 2류 강국으로 전락했다.[54]

이 군사 혁명의 근본적인 원인은 개인 화기의 확산이었다. 모든 보병이 머스킷총을 사용했을 때, 실질적인 전술 변화는 군대의 화력을 최대화할 수 있게 해주었다. 최전선 보병이 일제사격을 한 후 후선으로 이동해

---

53   North, Thomas, 1973: 131.
54   Parker [1988] 2010.

재장전을 시작하고 다른 전선에 있던 보병들이 최전선으로 이동했다. 이런 작전 행동들은 각 대열이 완벽하게 일치하여 움직이고 각 병사가 정밀하게 재장전할 수 있도록 고도로 조정되어야 했다. 이 모든 것을 달성하기 위해서는 끊임없이 훈련하는 전문적인 상비군이 필요했다. 경험이 부족한 병사들은 기동포를 포함한 합동 사격에서 신뢰할 수 없었기 때문에 전문 부대도 필요했다. 게다가 새로운 전투 방식은 고도로 훈련된 장교 군단의 필요성을 만들었다. 따라서 사관학교가 설립되었다. 이 모든 발전은 전쟁의 비용을 매우 비싸게 높였다.

그럼에도 불구하고 네덜란드, 프랑스, 스웨덴, 오스트리아, 그리고 다양한 독일 공국들은 모두 군사 혁명에 참여했다. (영국은 대부분의 돈을 우수한 해군에 쓰는 것에 만족했다.) 16세기 스페인 군대가 이러한 혁신의 많은 부분을 예상했음에도 불구하고, 17세기에는 작고 전문적이지 못했으며 시대에 뒤떨어졌다.

결함 있는 제국의 유산

그럼에도 불구하고 지구촌 사회를 만든 것이 스페인이라는 사실을 간과해서는 안 된다. 청나라가 정화의 함대를 동쪽 아메리카 대륙으로 보낼 수 있었지만 그렇게 하지 않았다. 유럽의 많은 통치자들이 콜럼버스에 자금을 댈 수 있었지만, 실제로 자금을 댄 사람은 이사벨라와 페르디난드였다. 접촉으로 인한 비극적인 전염병은 중국인을 포함한 외부인이 신대륙에 도착했다면 발생했을 일이었다. 그것은 1492년이 아니더라도 이후 수십 년 안에 일어났을 것이 분명했다. 최초의 항해에 자금을 댄 것은 스페인이었고, 빠르게 후속처리를 한 것도 스페인이었다는 것은 여전히 사실이다. 콜럼버스가 세 번째 항해를 했을 때 그들은 이미 카리브해에 행정기구와 분주하게 돌아가는 해양 네트워크를 구축했다.

스페인 제국의 몰락에 대해 말하자면, 아이러니하게도 역사상 카를 5세와 그의 아들 펠리페 2세만큼이나 양심적이고 정직하고 근면한 군주는 없었다. 그들은 조심스럽게 스페인 제국을 건설했고 80년 이상 통치했다. 그리고 매일 일찍 일어나 이 거대한 조직을 부지런히 관리했다. 만약 그들이 방탕자나 바람둥이었다면, 그들이 담당했던 경제에 훨씬 더 적은 피해를 입혔을지도 모른다. 이와 대조적으로 "해적 여왕"은 그녀의 바닷개를 종속된 사람보다는 사업 동반자처럼 대하며 여유롭게 정권을 운영했고, 기발한 진취성으로 대응했다. 결국 스페인 제국의 마지막 실패의 원인은 기업에 자유를 준 영국의 접근이었다.

13장

루터의 종교개혁: 신화와 현실

카를 5세가 스페인의 왕이 된 지 1년 후, 마르틴 루터는 그의 95개 조항을 비텐베르크 교회 문에 못 박았고 종교개혁을 시작했다. 곧 이어진 잔혹한 종교갈등 속에서 두 사람의 생활은 긴밀하게 얽혔다.

종교개혁을 배경으로 놀랄 만큼 많은 신화가 생겼다. 이들 중 다수는 영어로 기록된 것과 독일어로 기록된 것을 오랫동안 지배했던 역사학자들의 반가톨릭적 편향을 반영한다. 기존의 신화들은 개신교의 출현이 읽고 쓸 줄 아는 능력의 확산과 같은 계몽적인 요소들에 의해 일어났으며, 개신교가 대중적 신앙의 놀라운 부활과 종교적 자유의 확산을 포함한 놀라운 결과들을 낳았다고 주장한다. 안타깝게도 종교개혁에 대한 존경할 만한 주장 중 많은 내용이 사실이 아니다. 개신교의 발흥은 관용의 승리가 아니었다. 루터교 독일에서 미사를 집전하는 것은 범죄 행위였다. 장 칼뱅은 반대자들을 용납하지 않았고, 헨리 8세는 반대자들을 불태웠다. 유럽의 개신교나 가톨릭 지역에서 교회에 가는 사람이 거의 없었다는 사실은 대중적 부흥에 대한 모든 주장을 일축한다.

물론 "종교개혁"(*the* Reformation) 그 자체는 잘못된 명칭이다. 루터교, 칼뱅주의, 성공회 등 여러 독립적이고 꽤 다른 종교개혁들(Reformations)이 있었다. 그러나 이 셋 중 가장 분석이 많이 되었고 가장 중요한(따라서 우리가 초점을 맞출) 것은 마르틴 루터가 이끌었던 종교개혁이었다.

루터와 루터교

마르틴 루터(1483-1546년)는 부유한 독일 가정의 아들이었다.[1] 그의 아버지는 소작농 출신이었을지 모르지만 곧 구리 광산과 제련소를 소유했고, 작센의 만스펠트 시의회에서 여러 해 동안 일했다. 4년간의 예비학교 생활 후, 루터는 1501년에 독일에서 아주 오래된 명문대 중 하나인 에르푸르트 대학교에 입학했다. 그의 아버지는 그가 변호사가 되기를 바랐지만, 몇 달 후에 그는 법대에서 신학대로 옮겼다. 루터는 1502년에 학사 학위를 받았고 1505년에 석사 학위를 받았다. 그 후 아우구스티노 수도원에 들어갔고 1507년에 사제 서품을 받았다. 1505년에 비텐베르크 대학교의 교수로 임명된 후, 1512년에 박사 학위를 받았다. 루터는 교회와의 갈등으로 인한 몇 번의 짧은 휴식기를 제외한 여생을 비텐베르크에서 보냈다.[2]

1510년 루터가 독일의 아우구스티노 수도회를 대표하는 2인 중 한 명으로 선발되어 본인이 속한 수도회를 위해 호소하려고 로마로 갔을 때

---

1 이 단락과 이후 단락에서는 『기독교 승리의 발자취』(*The Triumph of Christianity*, 새물결플러스 역간)와 *For the Glory of God*에서 내가 연구하고 기록한 내용에 의존한다. Stark, 2003, Stark, 2011을 보라.

2 Bainton, 1995; Kittelson, 1986; Marty, 2004; McNally, 1969; Oberman, 1992; Schweibert, 1950.

그의 인생에서 중차대한 사건이 일어났다. 그로부터 10년 후 예수회의 설립자인 이냐시오 로욜라(1491-1556년)는 로마에 가지 말라는 권고를 받았다. 로마의 "막대한 부패"로 인해 그의 믿음이 흔들릴 수도 있다는 것이 이유였다.[3] 루터는 그러한 경고를 받지 못했고, 로마 역사와 웅장함에 깊은 인상을 받았음에도 불구하고 미사를 집전하면서 전례문을 패러디하는 것을 즐거워하는 사제들을 포함하여 성직자들의 공개적인 신성모독과 불경스러움에 충격을 받았다. 이것은 나중에 루터가 로마와의 단절을 정당화하기 위해 했던 반가톨릭적인 이야기가 아니었다. 로마를 방문한 다른 많은 독실한 방문객들도 이와 유사한 남용을 보고했다. 예를 들어, 유명한 에라스무스(1466-1536년)는 루터가 로마를 방문하기 불과 5년 전에 "나는 내 귀로 직접 그리스도와 그의 사도들에 대한 가장 혐오스러운 모독을 들었다. 교황청 사제들이 미사 중에도 주위에서 들을 수 있을 정도로 큰 소리로 역겨운 말을 크게 하는 것을 많은 지인이 들었다."[4] 앞선 에라스무스처럼 루터는 도를 넘는 끔찍한 일들을 보고도 교회 안에 남아 있었다. 대신 그는 개혁에 전념했다. 그럼에도 루터는 약 7년이 지나서야 가르치는 것 외에 다른 일을 했다.

마침내 루터를 행동하도록 자극한 것은 지역적으로 판매된 면죄부였다. 면죄부의 근거는 모든 죄에 대한 일시적 형벌이 선행이나 속죄에 의해 면제되어야 영혼이 천국에 들어갈 수 있다는 교리였다. 사망 시 대부분의 사람은 일시적 형벌이 완전히 면제되지 않은 죄를 가지고 있으므로, 영혼이 죄를 제거하기 위해 충분한 처벌을 받거나 정화될 때까지 연옥(반지

---

3   Oberman, 1992: 149.
4   Oberman, 1992: 149.

옥의 일종)에 머물러야 한다는 것이다. 이 교리는 많은 선행을 자극했고, 교회는 각각의 선행이 연옥에 있는 시간을 얼마나 면제해주는지 정했다. 예를 들어, 십자군 원정은 연옥에서의 시간을 전부 면제해주었다. 교회에 내는 헌금이 연옥에 머무는 시간을 줄여준다는 것은 곧 받아들여졌다. 교회는 면죄부라고 알려진 서명되고 봉인된 증서를 판매함으로써 이 관행을 공식화했다. 일부는 감형 기간을 명시했고, 일부는 다양한 죄를 지을 수 있는 허가나 지은 죄에 대한 사면을 제공했다. 그 후 1476년 교황 식스투스 4세는 이미 죽은 사랑하는 사람들이 연옥에서 받는 고통을 줄이기 위해 살아 있는 사람들에게 면죄부를 파는 것을 승인했다. 인기 있는 판매 문구는 이렇다. "금고 안에 동전이 울리는 순간, 연옥에서 영혼이 솟아오른다."[5] 교회가 면죄부로 거둔 수익은 엄청났는데, 그 이유는 특히 현지 판매를 이끌기 위해 훈련된 관리들을 내보냈기 때문이다.

도미니코 수도회 소속의 면죄부 판매원이었던 요하네스 테첼은 로마의 성 베드로 대성당을 재건하고 그의 관직을 사들이기 위해 메츠 대주교가 지불한 막대한 대가를 갚기 위해 1517년 비텐베르크 인근 지역에서 캠페인을 벌였다. 테첼의 몇몇 설교 초안이 남아 있다. 일반적인 발췌문은 다음과 같다. "돌아가신 부모님과 다른 사람들이 비명을 지르며 '나를 불쌍히 여겨라. 나를 불쌍히 여겨라.…우리는 혹독한 처벌과 고통을 당하고 있다. 네가 원한다면 어느 정도의 구호금으로 나를 구할 수 있다'라고 하는 소리가 들리십니까?"[6]

루터는 면죄부 판매에 넌더리가 났다. 사실 그의 95개조는 교회의 관

---

5   Chadwick, 1972: 42.
6   Oberman, 1992: 188.

행에 대해 일반적으로 비판하기보다는 특히 이 관행을 비판하는 데 초점을 맞췄다. 그가 『95개 논제』로 알려지게 된 비텐베르크 성당 문에 못 박은 문서는 이 문제를 토론하기 위한 제안이었다. 일반적으로 알려진 이야기와는 달리 그가 논문을 교회 문에 못 박는 행위는 반항적인 의미가 아니었다. 비텐베르크 교수진은 일상적으로 교회 문을 게시판으로 사용했다.[7] 그러나 루터의 제안은 신속한 반응을 불러일으켰다.

그는 1517년 10월 31일에 (라틴어로 쓰인) 자신의 논지를 게재했다. 12월에 이르러서는 3개 도시에서 최소 3개의 인쇄소가 독일어 번역본을 제작했다. 이후 몇 달 동안 프랑스, 영국, 이탈리아 등지에서 번역본이 출간되었다.[8] 아마도 루터의 비평이 라틴어를 읽는 엘리트들을 넘어 외부에서도 널리 알려졌기 때문에 교회는 분노를 담아 반응했다. 교황 레오 10세는 루터를 로마로 호출했다. 만약 루터가 그에게 갔다면 그는 아마도 또 다른 개혁의 순교자가 되었을 것이다. 그러나 독일 선제후 프리드리히 2세는 루터의 소환에 반대했고(그 역시도 독일에서 로마의 면죄부 판매를 반대했다), 대신 교회는 루터를 아우크스부르크의 카예타노 추기경 앞으로 출두시키는 데 동의했다.

1518년 10월 7일 프리드리히 2세로부터 안전하게 호송받아 아우크스부르크에 도착한 루터는 추기경이 자신의 논지를 철회하는 것 외에는 아무것에도 관심을 두지 않았다는 것을 알게 되었다. 루터가 거절하자 그는 순응할 준비가 될 때까지 격리하라는 명령을 받는다. 곧이어 그는 추기경이 안전통행증을 어기고 그를 쇠사슬에 묶어 로마로 보낼 계획이라

---

7   Schwiebert, 1950: 314.

8   Eisenstein, 1979.

는 소문을 들었다. 친구들이 비텐베르크로 루터의 탈출을 도왔고, 교수진은 루터의 대의를 위해 결집하여 프리드리히에게 그를 보호해줄 것을 간청했다. 이것은 교회 지배층과의 화해할 수 없는 단절로 이어졌다. 루터는 1520년에 유명하고 저항적인 세 가지 글을 출판함으로써 대응했고, 이는 현재 "개혁 논고들"로 알려져 있다.

독일어로 쓰인 루터의 글은 로마교회가 독일을 착취하는 데 대해 비난했다. "매년 30만 굴덴[금화] 이상이 독일에서 로마로 가는 길을 쓸데없이 찾아간다. 우리는 경멸과 멸시만 받는다. 그러나 우리는 왕자들, 귀족들, 도시들, 기본 재산들, 땅들과 백성들이 피폐해졌는지 궁금하다."[9] 그는 로마와 교황에 대해 화려하고 폭력적인 언어로 글을 썼다. "가장 거룩하지는 않지만 가장 죄가 많은 교황이시여, 이것이 들리십니까? 오, 하늘에서 내려온 하나님이 당신의 왕좌를 곧 파괴하고 지옥의 심연으로 가라앉히시기를!…그리스도시여, 나의 주여, 주의 심판의 날이 시작되게 하시고, 로마에 있는 악마의 둥지를 파괴하여 주십시오."[10]

또한 루터는 실천과 교리의 급진적인 변화를 제안했다. 그는 면죄부 판매, 죽은 자에 대한 미사, 일요일을 제외한 모든 "성스러운 날"에 대한 중단을 촉구했다. 그는 사제만이 아니라 모든 회중이 성찬식 포도주를 마실 수 있어야 한다고 선언했다. 게다가 그는 사제들에게 결혼을 허락하고, 구속력 있는 수도원 서약을 30세 이전에 하는 것을 허락하지 않을 것을 제안했다. (나중에 그는 모든 수도회를 해산하고 더 이상 독신 서약은 없어야 한다고 조언했다.) 교리에 관해서 루터는 성경의 절대적인 권위를 주장했고, 각 사

---

9   Luther [1520] 1915: 84.
10   Luther [1520] 1915: 139.

람이 성경의 의미를 발견하고 하나님과 자신만의 인격적인 관계를 구축해야 한다고 주장했다. 가장 급진적인 점은 구원은 자유로이 주어진 하나님의 선물이며 예수님을 구원자로 믿는 믿음으로만 얻는 것이라는 제안이다. 즉 구원은 선한 행위로 얻거나 살 수 없다는 것이다. 따라서 그리스도가 이루어놓은 것 외에는 죄에 대한 속죄가 필요하거나 가능하지 않기 때문에 연옥은 존재하지 않는다. 사람은 믿음이 있어 구원받거나 믿음이 없어 저주받는다는 것이다. 선한 일은 믿음의 결과이거나 열매다.

1520년 6월 15일 교회는 루터의 글을 공식적으로 비난했고, 사본들을 로마에서 불태웠다. 이에 대응하여 비텐베르크의 학생들은 루터에 반대하는 공식 선언문을 불태웠다. 독일에 퍼졌던 루터의 인기에도 불구하고 교황은 1521년 1월에 루터를 공식적으로 파문했다. 다음으로 루터는 보름스에서 열리는 제국회의에 출두하라는 명령을 받았다. 스페인의 왕이자 신성 로마 황제인 카를 5세가 그의 안전통행권을 제공했다. 루터의 목숨이 걱정된 친구들은 그에게 가지 말라고 권고했다. 그러나 루터는 단념하지 않았다. 그것은 그의 인생에서 가장 중요한 결정이었고 서양 역사의 방향을 바꾸었다. 보름스로 향한 루터의 여행은 평범한 파문 수도승의 여행이 아니었다. 루터 학자인 어니스트 고든 럽(Ernest Gordon Rupp)의 말처럼 지지자들이 도로를 따라 몰려들었고, "독일 기사들의 행렬이 그와 함께했다."[11] 의회 청문회에서 루터는 물러서지 않고 "여기 내가 서 있다"라는 영원히 기억되는 말로 마무리했다.

로마에 충성하는 의원들로 조직된 의회의 임시 회의가 루터를 무법자로 선언했지만, 그것은 공허한 행동이었다. 많은 독일 왕자들이 루터를

---

11   Rupp, 1981 : 192.

옹호했고 교회에 대한 반란을 위해 대열을 이루었다(따라서 로마가 그들의 영토에서 뜯어낸 막대한 금액을 간수했다.) 루터는 크게 기뻐하며 "나는 교황의 귀가 울리고 가슴이 터질 만한 개혁을 했다고 선언한다"라고 말했다.[12]

종교개혁의 원인

루터교 종교개혁에 대한 설명은 현상 자체의 호소력(즉 자극)과 루터교에 대한 반응에 영향을 미쳤을 수도 있는 요소를 구별해야 한다. 후자는 가톨릭의 단점과 같은 배경적 요인, 개인과 집단의 특성을 포함하여 그들의 선택을 지배한 작용적 요인, 그리고 선택의 자유와 같은 상황적 요인으로 구분할 수 있다.

안타깝게도 루터의 개혁의 원인에 대한 논의는 개혁을 자극한 것의 미덕, 즉 루터가 제시한 일련의 교리의 호소력에 좁게 집중되었다. 이 논의의 대부분은 루터교를 받아들인 사람 중 극소수만이 이해했거나 관심을 느낀 신학적인 복잡성에 초점을 맞추고 있기 때문에 관계가 없다. 확실히 루터의 기본적인 메시지, 즉 각 개인은 믿음만으로 구원을 얻고 교회의 중재는 불필요하기 때문에 개인이 자신의 구원을 통제한다는 것은 당시 그곳에서 널리 호소력을 가졌을 것이다. 그렇더라도 루터교의 교리는 루터교의 부상을 설명하는 데는 큰 도움이 되지 않는다. 그 교리는 상수였던 반면 루터교의 성패는 변수였기 때문이다. 상황의 추이에 촉각을 세웠던 독일의 사람들은 모두 루터의 메시지를 알고 있었지만, 몇몇 곳의 어떤 사

---

12   Strauss, 1975: 32.

람들만 루터교로 개종했다. 왜 그들만 개종했을까?

많은 배경 요소가 이러한 결점을 가지고 있다. 그것들은 변수가 아니라 사실상 상수다. 가톨릭교회의 결점은 여느 곳에서나 마찬가지였고, 다양했던 것은 그에 대한 반응이었다. 이는 사회과학자들이 모아놓은 다음과 같은 "실제 원인들"에 있어서도 마찬가지다. 봉건주의의 종말(그것이 존재한 적이 있다고 가정할 때), 화폐 경제의 성장, 신용의 상승, 무역의 확대, 산업화, 도시화, 부르주아의 확대, 세금 증가, 인구 증가 등이다.[13] 비록 우리가 이 모든 변화가 일어나고 있다는 것을 받아들인다고 하더라도, 그러한 변화들은 루터교를 받아들인 지역들만큼이나 가톨릭으로 남아 있던 지역들에서도 우세했기 때문에 루터의 종교개혁의 성공에 대해 설명하지 않는다.

역사가들이 루터의 종교개혁에 대해 제시한 두 가지 어리석은 설명에도 같은 결점이 적용된다. 일부 학자들은 흑사병을 원인으로 꼽았는데, 이는 아마도 흑사병이 교회에 대한 신뢰를 전반적으로 상실하게 했기 때문일 것이다.[14] 그러나 7장에서 언급한 바와 같이, 남아 있는 증거는 흑사병에 대한 반응으로 사람들이 종교를 외면했다는 주장에 강하게 이의를 제기한다. 어쨌든 전염병의 발생과 가톨릭교회에 대한 루터의 도전 사이에는 거의 2세기 정도의 차이가 있었다. 일부 역사학자들은 또 다른 우스꽝스러운 원인을 제시했다. 바로 독신주의다. 즉 그들은 루터가 다수의 사제 및 수녀와 함께 그들의 서약을 피할 기회를 잡았다고 주장한다.[15] 복잡

---

13   Brady, 1978; Durant, 1957; Engels, [1873] 1964; Grimm, 1969, 1962; Ozment, 1980; Swanson, 1967; Tracy, 1999; Weber [1904-5] 1958; Wuthnow, 1989.

14   Coulton, 1930; Gottfried, 1985.

15   MacCulloch, 2004.

한 사회 문제를 단순한 성적 문제로 추적하려는 노력에서 흔히 볼 수 있듯이, 이러한 주장은 인간적인 사건들을 하찮게 만든다. 게다가 흑사병은 어디에서나 기억되었고 성적 충동은 보편적인 반면, 루터교의 수용은 가변적이었다.

그렇다면 왜 독일의 일부 지역이 루터교가 되었는지 설명할 수 있는 작용적이며 상황적인 변수를 살펴보자.

소책자와 인쇄소

루터의 종교개혁은 인쇄물이 중요한 역할을 한 최초의 사회운동이었다. 인쇄기는 이제 막 자리를 잡고 있었다. 루터는 로마와의 다양한 의견 차이에 관해 독일어로 기술한 소책자(흔히 4-6쪽에 불과함)를 다수 제작했으며, 독일과 유럽 여러 지역의 인쇄소에서는 복사본을 쏟아냈다. 1517년과 1520년 사이에 루터는 30개의 소책자와 짧은 글을 냈다. 이것들은 20여 개의 인쇄소에서 출판한 것으로, 모두 합쳐 30만 부 이상이 팔린 것으로 추정된다.[16] 1522년에는 루터의 신약성경 번역본이 독일어로 출판되어 그의 인기도서가 되었다.[17]

이 시대에 저작권은 존재하지 않았고 인쇄소는 팔릴 것이라고 생각되는 모든 것에 그들만의 판본을 만들었다는 것을 기억하라. 루터는 비텐베르크에 있는 인쇄업자가 그의 신약성경을 다 팔기도 전에 다른 인쇄소들이 복사본들을 서둘러 내놓자 항의했다. 그러나 루터의 자료를 매우 광범위하고 빠르게 퍼뜨린 것은 공격적인 지역 인쇄소였다. 대부분의 유럽

---

16   Holborn, 1942: 129.
17   Holborn, 1942: 130.

다른 지역에서는 인쇄소가 가장 큰 도시에서만 운영되었지만, 독일에서는 작은 도시에도 인쇄소가 있었다. 따라서 책과 소책자를 먼 거리로 운반할 필요가 없었고, 루터의 저작은 대부분 진취적인 인쇄업자가 다른 곳에서 복사본을 얻자마자 현지에서 구할 수 있었다. 유명한 사건 중 하나는 비텐베르크에 있는 인쇄소에서 루터의 인쇄본 중 하나가 도난당하여 비텐베르크 판이 나오기 전에 뉘른베르크에서 나왔던 것이다.[18]

인쇄소, 인쇄, 종교개혁 간의 연관성은 김효정과 스티븐 파프(Steven Pfaff)의 주목할 만한 새로운 연구에서 잘 검증되었다.[19] 이 젊은 사회학자들은 1520년에 인구 2천 명이 넘었던 독일 도시마다 자료를 수집했다. 그들의 목표는 이 461개의 도시 중 어떤 곳이 루터교로 개종하고 어떤 곳이 가톨릭으로 남았는지를 결정짓는 것을 통해 종교개혁의 성공에 대한 설명을 검증하는 것이었다. 그들은 각 도시가 가톨릭 미사를 집전하는 것을 공식적으로 금지했는지 여부와 그 시기를 척도로 사용했는데, 이는 잘 문서화되어 있다.

김효정과 파프가 각 마을에 대해 연구한 여러 요소 중에는 현지 인쇄소가 있었는지, 그 인쇄소가 루터의 성경판을 제작했는지 여부도 있었다. 방대한 역사 문헌과 일관되게, 사회학자들은 루터의 성경을 출판한 인쇄소들이 있는 마을들이 루터교로 개종할 가능성이 더 크다는 가설을 세웠다. 그리고 그 결과는 어땠을까? 그렇지 않았다! 종교개혁 초기에는 루터교 성경 인쇄소와 루터교로의 개종 사이에 상관관계가 없었다. 나중에는 그 상관관계가 부정적이었다. 루터의 성경이 인쇄된 마을은 루터교로 바

---

18   Holborn, 1942: 131.
19   Kim, Pfaff, 2012.

펼 가능성이 현저히 적었다. 이것은 많은 학자가 제안한 것과는 달리[20] 인쇄소들이 루터의 저작들에 동의했기 때문이 아니라 수익성이 매우 높았기 때문에 찍어냈다는 것을 시사한다. 사실 루터와 그의 많은 동료 개혁가도 그렇게 믿고 있었다. 그들은 인쇄업자들이 단지 그들의 저작으로 이익을 얻고 있다고 종종 불평했다. 루터는 인쇄업자를 "탐욕스러운 용병"이라고 비난했다.[21]

역사학자들이 소책자와 인쇄에 중점을 둔 것은 이해할 수 있다. 그와 같은 것이 이전에는 없었기 때문이다. 그러나 로렌스 스톤(Lawrence Stone)이 말한 것처럼 "인쇄기가 없었다면…종교개혁은 불가능했을 것"이라는 주장은 지나치다.[22] 실제로 루터교 종교개혁의 성공에 대한 인쇄 자료의 영향에 대한 평가는 종종 중요한 요소를 간과한다. 즉 당시 독일인의 5% 정도만 글을 읽을 수 있었다는 사실이다.[23] 이는 종교개혁이 사실상 대중과는 거의 상관없는 중상류층 현상이었던 이유를 설명하는 데 도움이 된다. 대부분의 독일인은 기껏해야 반쪽 기독교인들로서 종교개혁에 전혀 영향을 받지 않았지만, 그들의 공동체가 종교개혁을 받아들이거나 거부한 것을 기반으로 개신교나 가톨릭으로 간주되었다.

교수와 학생

종교개혁은 비텐베르크 대학교에서 시작되었다. 저명한 학자인 폴 그렌들러(Paul Grendler)가 말했듯이, "루터교 종교개혁의 처음 4-5년의 활동

---

20   Cole, 1984; Edwards, 1994; Gilmont, 1998; Holborn, 1942.
21   Holborn, 1942: 134.
22   Stone, 1987: 102.
23   Edwards, 1994; Ozment, 1980: 201.

은 젊은 교수진들의 봉기와 비슷했다."[24] 루터의 활동이 널리 퍼지면서 비텐베르크 대학교는 1520년에 입학생이 거의 두 배가 되었고, 곧 독일에서 가장 큰 대학교가 되었다. 많은 학생이 루터의 신학 강의에 참석했고, 거의 모든 학생이 루터의 절친한 친구이자 협력자인 필립 멜란히톤(1497-1560년)의 강의를 들었다.[25] 비텐베르크에서 학업을 마친 후, 대부분의 학생은 집으로 돌아가 종교개혁을 전파하는 데 헌신했다. 루터교는 다른 많은 대학, 특히 바젤 대학교에서 강력한 지지를 받았다. 많은 학생이 종교개혁을 본국으로 가져갔을 뿐만 아니라, 곧 신학 교수가 되어 더 많은 활동가를 양성하기 시작했다. 저명한 종교개혁 지도자들을 대상으로 한 연구에 따르면 이들 거의 모두가 대학교수였음이 밝혀졌다.[26]

그러나 이는 학계와 종교개혁의 연관성에 대한 일방적이고 오해의 소지가 있는 견해임이 드러났다. 다른 많은 대학교는 반루터주의, 정통 가톨릭의 온상이었다. 예를 들어, 쾰른 대학교는 "독일의 로마"라고 불리게 되었고, 루뱅 대학교 역시 반루터주의였다. 이 대학교의 학생들은 집으로 돌아가 교회의 확고한 옹호자 역할을 했다.

독일의 대학들은 그들의 기록을 잘 간직하고 있다. 16세기에 입학한 학생 개개인에 대한 기록이 남아 있으며, 학생의 고향도 자세히 기록되어 있다. 심지어 루터가 가르친 과목들을 포함한 특정 수업의 등록 목록도 재구성할 수 있다. 김효정과 파프는 그들이 추려낸 461개의 마을과 도시를 대상으로 1517년부터 1522년까지 비텐베르크와 바젤 대학교에 입학한 사람들의 수를 파악했다. 또한 쾰른과 루뱅 대학교에 다닌 사람들의 수도

---

24   Grendler, 2004: 18.

25   Schwiebert, 1996: 471.

26   Grendler, 2004: 19.

확인했다. 마지막으로 그들은 대학에 입학한 마을이나 도시의 학생들의 총 수를 측정하는 척도를 만들었다.

그 결과는 설득력이 있다. 한 마을의 젊은이들이 대학에 진학한 비율은 그 도시가 루터교로 변했는지 아니면 가톨릭으로 남았는지에 전혀 영향을 미치지 않았다. 그러나 더 많은 학생이 비텐베르크나 바젤로 갔다면, 그 도시나 마을은 루터교가 될 가능성이 컸다. 반대로 쾰른과 루뱅 대학교의 학생들이 우세한 곳에서는, 그 마을이나 도시가 가톨릭으로 남았을 가능성이 컸다. 마지막으로 대학가는 대학이 없는 도시와 마을보다 가톨릭교도로 남을 가능성이 더 컸다. 루터교 운동에서 학생들과 교수진들이 현저했음에도 불구하고, 대학들은 전통을 유지한다는 의미에서 보수적인 경향이 있었다. 이것은 또한 인쇄소와 루터교 사이의 부정적인 상관관계를 설명하는 데 도움을 준다. 대학 도시들에는 모두 활발한 인쇄소가 있었다.

대응형 도시관리

루터교 종교개혁의 근간은 인쇄업자와 유리 부는 직공 같은 고도로 숙련된 길드의 구성원뿐만 아니라, 상인, 은행가, 변호사, 의사, 제조업자, 학교장, 가게 주인, 관료, 많은 지역 성직자 등 도시의 중산층이 제공했다. 이것은 물론 이 그룹의 모든 또는 거의 모든 구성원이 루터를 선호했다는 것을 의미하지는 않는다. 루터의 지지자가 대부분 이런 집단에서 나왔다는 의미일 뿐이다.

이러한 도시 집단이 루터교 신자의 기반을 형성했다는 것은 잘 알려져 있다.[27] 하지만 왜 그랬을까? 도시 행정과 관련이 있었는가?

---

27   Brady, 1985; Grimm, 1962; Strauss, 1988, 1978.

독일의 많은 마을과 도시가 외부의 간섭을 받지 않고 루터교를 유일한 합법적 신앙으로 만들기에 충분한 자치권을 가지고 있었기 때문에 이러한 도시의 지지자들은 효과적이었다. 적어도 종교전쟁이 시작되기 전까지는 말이다. 지방 정치적 자치의 중요성은 이른바 자유제국도시를 살펴봄으로써 알 수 있다.[28] 이 도시들은 지역 군주들에게 충성을 다하지 않았고, 신성 로마 황제에게 세금을 직접 납부했으며(이것이 제국의 도시라고 불린 이유다), 자신들의 내부 문제뿐만 아니라 세금 체계에 대한 완전한 통제권을 유지했다.

자유제국도시는 65개 정도 있었지만, 몇 곳은 천 명을 넘지 않는 작은 도시였기 때문에 무시해도 될 것이다.[29] 어떤 사람들은 강력한 영지나 공국에 위치했기 때문에 다른 이들보다 정치적 자유가 적었고, 시 행정 담당자들은 외부의 간섭을 불러오지 않도록 조심스럽게 행동했다. 그러나 대부분의 자유제국도시는 라인강을 따라 "국경지대"로 알려진 지역에 위치해 있었으며, 큰 정부조직이 없었기 때문에 외부 간섭의 위협이 거의 없었다. 다행스럽게도 이 국경지역에 자유제국도시가 아닌 비슷한 규모의 도시들이 많이 있었다는 점은 연구에 도움이 된다. 이 도시 중 일부는 주교가 통치하고, 다른 일부는 인근 군주가 통치했지만, 어느 경우든 평신도들은 거의 권한이 없었다.

지역 부르주아 계급이 지배하고 있는 곳에서 루터교가 채택되었을 가능성이 훨씬 크다는 가설을 시험하기 위해, 나는 43개의 중요한 제국도시와 국경에 위치한 12개의 다른 도시에 대한 정보를 수집했다. 자유제국

---

28   Moeller, 1972.
29   Rörig, 1969.

도시 중 거의 3분의 2(61%)가 개신교 신자가 되었고, 비제국도시의 4분의 3(75%)이 가톨릭 신자로 남았다.[30] 다소 다른 도시들을 살펴본 김효정과 파프는 매우 비슷한 결과를 얻었다.

그러므로 루터의 종교개혁의 성공에 지방의 정치적 자치권이 중요한 역할을 했다. 하지만 전제 군주국도 마찬가지였다. 도시들 외에도, 강력한 군주나 왕들에 의해 통치되는 다수의 더 큰 정치적 지역도 개신교로 넘어왔다.

왕실의 이익

우리는 루터의 종교개혁의 확산에 대한 명백한 모순에 도달했다. 대부분의 유럽에서 루터교를 받아들이거나 가톨릭교회 안에 계속 남아 있기로 한 결정은 왕이나 군주 같은 독재적인 통치자에 의해 이루어졌다. 거의 예외 없이 군주들은 가톨릭교회가 가장 큰 지역 권력을 가진 곳에서는 루터교를 택했고, 가톨릭교회가 극도로 약한 곳에서는 가톨릭을 택했다. 상황이 이렇게 된 이유를 알기 위해서는 프랑스와 스페인을 덴마크와 스웨덴과 대조해 보는 것이 유용할 것이다.

1296년 프랑스의 왕 필리프가 교회의 소득에 세금을 부과하는 데 성공하면서 프랑스에서 교황의 권위는 서서히 약화되었다. 1516년에 교황 레오 10세와 국왕 프랑수아 1세가 체결한 볼로냐 협정에 따라 프랑스 왕정에 대한 교회의 종속이 공식화되었다. 이 협약은 프랑스의 모든 교회의 고위 직위, 즉 10명의 대주교, 82명의 주교, 그리고 수백 개의 수도원과 수녀원의 부원장, 수도원장, 수녀원장을 임명할 권리가 국왕에게 있음을 인

---

30   Stark, 2003: 111.

정했다. 이것은 교회의 모든 재산과 수입에 대한 완전한 통제권을 왕에게 위임했다. 존경받는 역사학자 오웬 채드윅(Owen Chadwick)은 "그[프랑수아]가 교회의 돈을 원했을 때, 그는 우회적인 방법을 쓸 필요가 없었다"라고 말했다.[31] 왕에게 임명받은 사람들은 단순히 순종했다.

스페인 왕실은 교회에 대한 더 큰 권력을 가지고 있었다. 왕실은 오랫동안 대주교와 주교를 지명하고, 성직자에게 벌금을 부과하며, 십일조의 상당 부분을 받을 권리를 갖고 있었다. 1486년 페르디난도 1세와 이사벨라 여왕은 교회의 모든 주요 임명권을 얻었고, 스페인 궁정에서 로마에 대한 항소를 금지하며, 성직자들에게 세금을 부과하고, 스페인에서 교황의 교서와 칙령을 왕실의 사전 동의 없이 공표하는 것을 불법으로 규정했다.[32] 스페인이 신성 로마 제국의 중심이 되면서, 이러한 정책들은 이탈리아의 많은 지역과 포르투갈, 네덜란드, 오스트리아, 독일 남동부로 확장되었다.

이와는 대조적으로 1500년 덴마크에서는 교회가 경작 가능한 땅의 3분의 1에서 절반 정도를 소유했으며, 모든 평신도(귀족 포함)에게 십일조를 내도록 요구했다. 이 수입 중 어떤 것도 왕실과 공유되지 않았고, 대부분의 수입은 로마로 직접 전달되었다. 또한 교황은 덴마크에서 교회 지도자를 임명할 수 있는 유일한 권한을 가지고 있었다. 1534년에 크리스티안 3세가 덴마크의 왕이 되었을 때, 그는 루터교에 대한 지지를 선언하고 그의 영토에 있는 모든 교회 재산과 수입을 몰수함으로써 엄청난 기회를 잡았다.[33]

---

31   Chadwick, 1972: 26.
32   Bush, 1967; Hill, 1967; Latourette, 1975.
33   Latourette, 1975: 735.

한편 스웨덴은 덴마크의 통치에 성공적으로 반기를 들었고 1528년에 구스타브 1세에게 왕관을 씌웠다. 새 왕은 자금이 절실히 필요했고, 이곳에서도 교회는 독보적인 권위와 막대한 부를 소유했다. 그래서 구스타브는 개신교를 선택했고 교회의 모든 소유물과 수입을 몰수했다.[34] 귀족들의 지지를 얻기 위해 그는 전용한 교회 재산을 그들에게 헐값에 팔았다. 그런데도 그가 보관한 교회의 소유는 왕실의 땅을 네 배로 늘렸다.[35]

사리사욕의 동일한 원칙이 다른 통치자들이 내린 결정을 설명해준다. 루터교 신자가 됨으로써 얻을 것이 많은 독일 군주는 그렇게 했다. 이미 교회의 직분과 수입의 통제권을 가지고 있던 주교후 같은 다른 사람들은 가톨릭 신자로 남아 있었다. 그리고 교회의 부와 권력을 빼앗음으로써 영국의 헨리 8세보다 더 많이 얻은 왕이 있었는가? 성 토머스 아 베켓(Thomas à Becket)에게 헌당된 성당에서만 헨리의 대리인들은 금 142kg, 은박 125kg, 은 150kg, 그리고 수레 26대 분량의 보물을 압수했다. 이는 교회로부터 몰수된 재산의 사소한 부분으로 간주되었다.[36]

또한 많은 경우 지역 교회 재산을 몰수하고 교회의 권위를 축소하는 것이 도시 부르주아 계급의 이익에 크게 부합했다. 자유제국도시들에 있던 교회의 상당한 재산(대부분의 도시에 있는 모든 재산의 약 3분의 1)은 과세되지 않았다. 도시 인구의 10%를 차지하는 성직자들과 수도회 신도들은 부담을 가중시켰다. 이 교인들은 모든 세금(교회에 대한 십일조 포함)과 시민의 모든 의무(신체 건강한 모든 비성직자 남성들이 해야 했던 성벽 보초 의무)에서 면제되었다. 그래서 도시들 역시 교회를 추방함으로써 얻을 것이 많았다. 20

---

34   Latourette, 1975: 737.
35   Roberts, 1968.
36   Johnson, 1976: 267.

세기 영국의 가톨릭 작가 힐레어 벨록(Hilaire Belloc)이 요약했듯이, 종교개혁은 "왕부터 대지주까지 크고 작은 영주들에게 주어진, 교회 재산을 약탈할 수 있는 기회"로부터 많은 이익을 얻었다.[37]

우리가 믿음만으로 구원받는다는 교리의 광범위한 호소력에 주목하는 것은 좋은 일이지만, 또한 우리는 지역 통치자나 지방 의회가 아직 교회에 대한 통치를 시행하지 않은 곳에서만 개신교가 우세했다는 것을 인식해야 한다. 재정의 형편 문제가 승리한 것이다.

종교개혁의 결과

놀라운 많은 결과가 루터의 종교개혁에서 비롯한 것으로 드러났다. 어떤 것들은 즉각적이었고, 어떤 일들은 훨씬 나중에 일어났으며, 어떤 것들은 그럴듯하고, 어떤 것들은 히틀러가 루터의 직계 상속인이라는 주장만큼이나 이상하다.[38] (루터가 격렬한 반유대주의자였다는 것에는 동의하지만, 당시의 가톨릭 지도자들을[39] 포함한 다수가 그랬다. 그리고 히틀러는 꽤 호전적인 무신론자였다.)

대중 신앙의 부활?

루터의 종교개혁에 대해 가장 널리 받아들여지는 생각은 그것이 대중적 신앙의 엄청난 부활을 가져올 정도로 독일 대중들의 마음을 감동시켰다는 것이다. 로렌스 스톤이 말했듯이, 루터와 인쇄기의 결합은 "성경을 단순한 사

---

37   Belloc [1928] 1975: 172.
38   Berger, 2002; Michael, 2006; Wiener, 1944.
39   MacCulloch, 2010: 664-73.

람들도 볼 수 있게 만들었다.…그 결과로 역사상 가장 거대한 선교 운동이 일어났으며, 그것은 무관심과 냉소주의 및 이교도와 무지에 대한 복합적인 공격이었다.…이는 16세기를 기독교 유럽이 발흥한 시대로 [만들었다].” 스톤은 종교개혁이 “분리주의와 민족주의의 강력한 감정을 이용할 수 있었기” 때문에 “이런 즉각적인 성공을 거두었다”라고 설명했다.[40]

하지만 그렇지 않았다. 결국 마르틴 루터조차도 수많은 출판물이나 독일의 모든 루터교 설교자들이 대중들의 무지와 불손함 및 소외에 조금도 영향을 미치지 않았다는 것을 인정했다. 루터는 1529년에 이렇게 호소했다. “하나님, 도와주십시오!…평민들, 특히 마을 사람들은 기독교 교리에 대해 전혀 알지 못합니다. 그리고 실제로 많은 목회자가 사실상 가르치기에 부적합하고 무능합니다. 그러나 그들은 모두 그리스도인이라고 불리고, 세례를 받고, 거룩한 성례를 즐깁니다. 주기도문이나 사도신경이나 십계명을 암송할 수 없음에도 불구하고 말입니다. 그들은 짐승처럼 삽니다.”[41]

루터가 절망한 것은 단순히 비현실적인 기대 때문만은 아니었다. 오히려 루터와 동료들은 신중하게 수집한 증거들을 근거로 매우 괴로워했다. 1525년부터 루터가 죽은 1546년까지 공식적인 방문자들은 지역 교회를 체계적으로 관찰하고 기독교인들을 면담하여 공식적인 보고서에 그들의 평가를 작성했다. 저명한 미국 역사학자 제럴드 스트라우스(Gerald Strauss)는 “나는 수백 개의 유사한 보고들이 있는 사례만 골랐다”라며 이 보고서들을 인용했다.[42] 슈트라우스가 발간한 보고서의 샘플은 다음과 같다.

---

40   Stone, 1987: 102-3.
41   루터가 *Kleine Catechismus*에 쓴 서문. 이것은 Parker, 1992: 45에 번역되어 있다.
42   Strauss, 1975: 49.

작센: "예배에 참석 중인 사람보다 낚시하는 사람들이 더 많다. 예배에 참석한 사람들도 목사의 설교가 시작되자마자 밖으로 나온다." 제그레나: "한 목사는 설교를 하지도 않고 예배를 그만두는 경우가 많다고 증언했다.…왜냐하면 아무도 그의 설교를 들으러 나오지 않았기 때문이다." 바룸: "사람들이 일요일에 교회에 가지 않는 것은 이곳의 모든 목회자의 가장 크고 가장 널리 퍼진 불만이다. 아무것도 도움이 되지 않는다. 그들은 오지 않을 것이다.…그래서 목회자들은 거의 텅 빈 교회를 마주하게 된다." 브라운슈바이크-그루벤하겐: "많은 교회가 일요일에는 비어 있다." 바일부르크: "일요일에 교회 결석이 너무 많아 총회는 모든 사람을 안에 가두기 위해 일요일 아침에 성문을 막아야 하는지에 대해 토론했다. 다른 곳에서 나온 증거는 이 방법이 도움이 되지 않았을 것임을 시사한다."

그럼에도 불구하고 일요일 예배에 많은 사람이 참석했더라면 좋았을지는 확실하지 않다. 나사우: "예배를 드리러 오는 사람들은 보통 술에 취해…설교 시간 내내 잠을 잤다. 그리고 때때로 그들이 벤치에서 떨어져 큰 소리를 내거나, 여자들이 아기를 바닥에 떨어뜨리는 경우도 있었다." 비스바덴: "예배 시간에 내 귀를 믿을 수 없을 정도로 코를 고는 사람이 있다. 이 사람들은 자리에 앉자마자 팔로 머리를 베고 바로 잠을 청한다." 함부르크: "사람들은 찬송가를 부르려고 하는 신도들에게 외설적인 제스처를 취하며, 심지어 개들을 교회로 데려와서 큰 소리로 짖게 하여 예배를 방해한다." 라이프치히: "목사가 설교하는 동안 그들은 카드놀이를 하며, 종종 목사의 면전에서 그를 잔인하게 조롱하거나 흉내 낸다.…욕설과 모독, 폭력 및 싸움은 흔하다.…그들은 예배가 반쯤 끝나면 교회로 들어가 곧바로 잠을 청하고 축도 전에 다시 뛰쳐나간다.…아무도 찬송가를 부르지 않는다. 목사와 교회지기만 찬송하는 것을 들으니 마음이 아팠다."

그렇다면 대부분의 독일인이 기독교의 기본 가르침에 무지했다는 것은 놀라운 일이 아니다. 작센: "어떤 마을에서는 십계명을 아는 사람을 한 명도 찾을 수 없었다." 브란덴부르크: "무작위적으로 한 무리의 남자들에게…어떻게 각각의 십계명을 이해하냐고 물었지만, 많은 사람이 전혀 대답하지 못했다.…그들 가운데 아무도 술에 취해 하나님의 이름으로 저주하는 것을 죄악으로 생각하지 않았다." 노텐슈타인: "교회 장로들을 포함한 [교구 사람들은] 십계명 중 어떤 것도 기억하지 못했다." 잘츠리벤할레: "그들의 구원자와 구세주가 누구인지 [아무도 모른다]." 뉘른베르크: 많은 이가 성금요일을 예수님이 돌아가신 날로 알지 못했다. 그라임에서 사역하던 목사는 "그들은 교회에 가지 않기 때문에 대부분 기도조차 하지 못한다"라고 요약했다.

루터교 종교개혁이 일반 대중들 사이에서 부흥을 일으켰다는 주장은 그만하는 것이 좋겠다.

종교 자유

개신교의 발흥이 종교의 자유라는 새로운 풍토를 초래했다는 개념 역시 근거가 없다. 김효정과 파프가 종교개혁을 받아들인 도시와 마을을 식별하기 위해 사용했던 조치, 즉 가톨릭 미사를 금지한 날짜를 상기해보라. 루터의 종교개혁은 종교적 선택의 자유와는 아무 상관이 없었다. 일어난 일은 한 독점적인 교회에서 또 다른 독점적인 교회로 전환한 것이었다. 마찬가지로 헨리 8세는 많은 루터교도를 포함하여 새로 도입한 영국 성공회의 모든 반대자를 불태우고, 참수하고, 교수형에 처했고, 영국인들은 오랫동안 사제들을 찾아내어 처형했다. 그러나 일련의 잔혹하고 유혈이 낭자한 종교전쟁만큼이나 유럽의 종교적 편협함을 입증하는 것은 없었다.

먼저는 독일 농민전쟁이 일어났다. 이는 1524년에 루터교 급진주의자들에 의해 촉발되었다. 전쟁은 1년 동안 지속되었고 진압될 때까지 약 10만 명의 목숨을 앗아갔다. 그 후 신성 로마 황제 카를 5세가 독일 전역에 가톨릭을 재포용하려 했던 슈말칼덴 전쟁을 일으켰고, 루터교를 채택한 군주들은 반발했다. 전쟁은 1555년 아우크스부르크 평화조약에 의해 해결되었고, 이 조약은 개신교 공국들을 인정했다. 그러나 이 평화는 곧 깨졌고, 1618년에 30년 전쟁이 시작되었다. 전쟁이 끝날 무렵인 1648년에 독일은 황폐화되었고, 도시의 3분의 1이 파괴되고 인구의 약 3분의 1이 몰살당했다. 그러나 결국 개신교 지역은 살아남았다. 저지대 국가들에서 가톨릭을 회복하기 위한 전쟁은 80년 동안 지속되었지만, 네덜란드 개신교도들은 스페인 개신교도들보다 더 오래 살아남았다. 물론 종교는 영국 혁명의 중심적인 측면이었다. 또한 평화라고 해봐야 마지못해 관용하는 정도였다. 대부분의 개신교 지역에서는 가톨릭 신자들이 환영받지 못했으며 그 반대의 경우도 마찬가지였다.

이것은 먼 옛날 일이 아니다. 최근 브라이언 그림(Brian Grim)과 로저 핀키(Roger Finke)는 종교생활에 대한 정부의 간섭을 가늠할 수 있는 정량적 측정법을 만들었다.[43] 그들은 미국 정부에 의해 만들어진 매우 높이 평가되는 연례 「국제 종교 자유 보고서」(International Religious Freedom Report)에 기반했다. 그림과 핀키의 척도 중 하나는 "엄선된 종교 또는 소규모 종교 집단에 국가가 제공하는 보조금, 특권, 지원 또는 호의적인 제재"에 근거한 정부의 호감 지수다. 이 지수는 0.0(편애 없음)에서 10.0(극한 편애)까지 다양하다. 미국과 대만이 0.0점, 사우디아라비아와 이란이 각각 9.3점

---

43   Grim, Finke, 2010.

을 받았다. 그리고 아프가니스탄과 아랍에미리트가 7.8점을 받은 반면, 아이슬란드, 스페인, 그리스 역시 같은 점수를 받았다. 벨기에는 방글라데시의 7.3점, 인도의 7.0점보다 약간 높은 7.5점을 받았다. 모로코는 6.3점, 덴마크는 6.5점, 오스트리아 6.2점, 스위스 5.8점, 프랑스 5.5점, 이탈리아 5.3점, 노르웨이 5.2점이다. 물론 이러한 높은 점수는 북유럽의 개신교(종종 공식적인 국교)와 남유럽의 가톨릭에 대한 편애를 반영한다. 따라서 종교적 불평등과 편협함의 오랜 전통은 살아남았다!

청교도 "업적"

종교개혁에 대해 제기된 가장 중요한 결과는 청교도 형태의 개신교가 출현했을 때 발생한 것으로 추정되는 영향과 관련이 있다. 아마도 이것 중 가장 널리 유포된 것은 청교도들이 오늘날까지도 지속적으로 존재하면서 현대인의 삶을 망가뜨리고 있는 극단적인 성적 억압의 시대를 시작했다는 것이다. 버트런드 러셀(Bertrand Russell)은 청교도주의가 "성적 쾌락을 피하려는 결심"으로 구성되었다고 주장했다.[44] 그러나 그와 같은 주장은 악의적이고 근거 없는 믿음으로 밝혀졌다. 청교도인들은 성에 대해 매우 솔직하고 계몽되어 있었다![45]

예를 들어, 매사추세츠에 있는 청교도 목회자들과 신도들은 오르가즘에 대한 아내의 권리를 공개적으로 지지했다. 17세기 동안 제임스 매톡(James Mattock)의 아내가 먼저 목사에게, 그다음에는 신도들에게 남편이

---

44   Russell, 1970: 287-88.
45   이 단락에서는 내가 *America's Blessings*과 『기독교와 이성의 승리』(*The Victory of Reason*, 새물결플러스 역간)에서 연구하고 기록한 내용에 의존한다. Stark, 2012과 Stark, 2005을 보라.

자신에게 성적으로 반응하지 않는다고 불평했을 때, 보스턴 제1교회 신자들은 그가 "2년 동안 아내와 관계를 맺지 않았다"는 이유로 그를 추방했다.[46] 실제로 1639년부터 1711년까지의 법원 기록을 보면, 여성들이 제기한 이혼 소송 6건 중 약 1건이 "남성의 성기능 장애와 관련이 있다"는 것을 알 수 있다.[47] 법원이 인정한 여성 불만의 근거는 발기부전뿐만이 아니었다. 존 윌리엄스(John Williams)의 아내는 남편이 "그녀에게 결혼 의무를 이행하는 것을 거부한다"고 항의함으로써 이혼을 허가받았다.[48] 실제로 아내의 외도에 대한 일차적 책임은 아내를 성적으로 만족시키지 못한 남편들이 지게 됐다는 데 의견이 일치했다. 엘리자베스 제라드(Elizabeth Jerrad)는 남편이 성적으로 무관심했다는 이유로 이혼을 허가받았고 간통죄에 대해 무죄 판결을 받았다. 법원은 "로버트 제라드에게 아내를 결혼 생활에서 해방하여 그녀가 매우 불명예스럽게 부정한 죄에 빠지는 유혹으로부터 자유로울 수 있도록 하라"라고 판결했다.[49] 역사학자 리처드 갓비어(Richard Godbeer)에 따르면 뉴잉글랜드 법원은 "여성들이 침대에서 '만족'을 기대할 권리가 있다는 견해를 일관되게 견지했다."[50]

청교도의 "업적"에 대한 다른 두 가지 주요 주장은 청교도인들이 자본주의를 창안했다는 주장과 그들이 16세기의 "과학혁명"을 만들어냈다는 주장으로서, 청교도의 성적 억압에 대한 주장보다 훨씬 더 중요하다(그러나 역시 근거는 없다).

6장에서 언급했듯이, 20세기 초에 독일의 사회학자 막스 베버는 매

---

46   Godbeer, 2002: 59; Morgan, 1942: 593; Smith, 1954: 11.
47   Foster, 1999: 727.
48   Foster, 1999: 741.
49   Foster, 1999: 742.
50   Godbeer, 2002: 60.

우 영향력 있는 연구인 『프로테스탄티즘의 윤리와 자본주의 정신』(*The Protestant Ethic and the Spirit of Capitalism*, 문예출판사 역간)을 출판했다.[51] 그 책에서 베버는 세계의 모든 종교 중에서 오직 청교도 개신교만이 사람들이 부를 열렬히 추구하면서 물질적 소비를 억제하도록 하는 도덕적 비전을 제공했기 때문에 자본주의가 유럽에서만 기원했다고 주장했다. 베버는 종교개혁 이전에 소비에 대한 제한은 항상 금욕주의와 연결되어 있었고 따라서 상업에 대한 비난과 관련이 있었다고 주장했다. 반대로 부를 추구하는 것은 낭비적인 소비와 연결되었다. 이 두 가지 문화적 패턴은 자본주의에 해가 된다. 베버에 따르면, 개신교 윤리는 이러한 전통적인 연결고리를 깨뜨렸고, 더 큰 부를 추구하기 위해 체계적으로 이익을 재투자하는 것에 만족하는 검소한 기업인들의 문화를 창조했으며, 그 안에 자본주의와 서구의 우세함의 열쇠가 있었다.

너무 우아한 논지라 그런지 그것은 틀렸음에도 불구하고 널리 받아들여졌다. 오늘날에도 『프로테스탄티즘의 윤리와 자본주의 정신』은 사회학자들 사이에서 거의 신성한 지위를 누리고 있다.[52] 물론 경제사학자들은 베버의 놀랍도록 증거 자료가 없는[53] 논문을 유럽에서 자본주의가 종

---

51 Weber [1904-5] 1958.
52 Lenski, Nolan, Lenski, 1995; Smelser, 1994을 보라. 또한 Hamilton, 1996의 요약을 보라.
53 한 가지 사소한 예외를 제외하고, Weber는 유럽 전역에서 개신교가 교육 및 직업적 성취에서 가톨릭을 훨씬 능가하고 개신교 지역이 산업혁명에서 훨씬 앞섰고 또 앞서고 있다는 것을 자명하게 여겼다. 예외는 개신교 학생들이 고전 전문학교보다 수학과 과학을 가르치는 학교에 더 많이 입학했다는, 그의 학생이었던 Martin Offenbacher의 연구를 그가 다소 즉석에서 인용한 것이다. 이것은 방대한 역사적 범위를 다루는 논지에 대한 놀랍도록 희박한 증거일 뿐만 아니라 정확하지도 않았다. Offenbacher의 "발견"의 단점은 충분히 드러났다(Becker, 2000, 1997; Hamilton, 1996을 보라). 어쨌든 Weber의 출발점은 그가 살았던 시대와 장소의 독선적인 반가톨릭주의보다 학문적으로 더 나은 점이 없는 것 같다. Daniel Chirot는 베버의 깊은 반가톨릭주의가 그가 프랑스 학계를 무시한 것을 설명하기도 한다고 나에게 말했다.

교개혁 수 세기 전에 발흥했다는 반박할 수 없는 근거로 재빨리 일축했지만 말이다. 역사학자 휴 트레버로퍼(Hugh Trevor-Roper)가 설명했듯이, "종교개혁 이전에는 대규모 산업자본주의가 이념적으로 불가능했다는 생각은 그러한 자본주의가 이미 존재했다는 단순한 사실에 의해 산산조각이 난다."[54] 유명한 학자 앙리 피렌은 베버가 출판한 지 10년 만에 "자본주의의 모든 본질적인 특징(개인 사업, 신용의 발전, 상업적 이익, 투기 등)이 이탈리아의 도시 공화국인 베네치아, 제노바, 피렌체에서 12세기부터 발견되었음을 확증하는" 여러 문헌을 언급했다.[55] 6장에서 언급한 바와 같이, 자본주의의 첫 번째 예는 9세기 초에 가톨릭 대수도원에서 나타났다.[56]

청교도들이 과학혁명의 주역이었다는 주장은 15장에서 다루어질 것이다. 현재로서는 가톨릭 신자들이 16세기와 17세기의 위대한 과학적 업적에서 개신교 신자만큼이나 중요한 역할을 했다고 간단히 말할 수 있다. 더욱이 개신교 주요 과학자 중에서도 청교도는 극소수였다.

가톨릭 개혁

아마도 개신교 개혁의 가장 심오하고 지속적인 결과는 가톨릭 개혁 또는 반종교개혁을 촉발시켰다는 것이다. 트리엔트 공의회(1551-1552년, 1562-1563년)에서 가톨릭교회는 성직 매매를 중지시키고 성직자의 순결을 강

---

54   Trevor-Roper [1969] 2001: 20-21.
55   Pirenne은 그가 아직 읽지 않았을 Weber의 저작이 아니라 Sombart, 1902와 산업혁명을 자본주의와 동일시하는 다른 마르크스주의자들을 반박하고 있었다.
56   Gilchrist, 1969: 1.

요했으며 지역 언어로 된 공식적이고 값싼 성경을 만들었다. 간단히 말해서, 경건의 교회가 권력의 교회를 영구적으로 대체했다. 트리엔트에서 가톨릭교회는 또한 지역 사제직을 맡을 자들을 훈련하기 위해 신학교 네트워크를 구축하기로 했다. 7대 죄악을 모르거나 산상수훈의 팔복을 모르는 사제들은 더 이상 없을 것이었다. 18세기에 이르러 대부분의 장소에서 교회는 신학에 정통한 식자들로 채워졌다. 더욱 중요한 것은, 신학교들이 공식적이고 제도적인 환경에서 검증받은 사제들을 배출했다는 것이다.[57]

그러나 가톨릭 종교개혁에는 어두운 면이 있었다. 엄격함이라는 새로운 정신은 교회의 경제적·지적 관점을 변화시켰다. 금욕주의를 다시 강조한 것은 개신교가 자본주의를 탄생시켰다는 잘못된 주장을 진지하게 받아들일 수 있을 정도로 가톨릭교회가 사업과 은행에 반대하도록 만들었다.[58] 과학에서도 같은 일이 일어났다. 서구 과학은 기독교 신학에 뿌리를 두고 중세 대학교에서 생겨났지만, 가톨릭 종교개혁은 가톨릭 대학의 과학적 중요성이 쇠퇴할 정도로 심각한 지적 제약을 가했다. 따라서 19세기 후반에는 종교개혁이 과학적 진화를 낳았다는 잘못된 믿음이 팽배해졌다.

---

57   Mullett, 1999.
58   Stark, 2005.

조직화된 다양성

종교개혁이 종교적 자유의 시대로 이어지지 못했다고 하더라도 그것은 적어도 기독교 국가들 안에서 조직화된 다양성을 만들어냈다. 가톨릭과 개신교 간에도 물론 분열이 있었지만 개신교 간의 다양성도 그만큼 중요했다. 사실 초창기부터 개신교(Protestant)라는 용어는 다소 오해를 불러일으키는 명칭으로, 로마 가톨릭 신자가 아닌 기독교인이라는 의미에 지나지 않았다. 가톨릭과 개신교 사이에서뿐만 아니라 개신교도들 사이에서도 관용은 수 세기 동안 유혈사태를 겪은 후에야 이루어졌다.

14장

무슬림의 환상을 폭로하다

카를 5세가 스페인의 왕이 된 지 4년 후이며 마르틴 루터가 95개의 논제를 발표한 지 3년 후인 1520년에 술레이만은 오스만 제국을 통치한 10번째 술탄이 되었다. 26세의 투르크인은 즉시 서부를 정복하고 기독교 이교도에게 참된 신앙을 강요하는 소년 시절의 꿈을 추구하기 시작했다.[1] 그것은 두 갈래의 공격으로 시작했다. 거대한 군대를 발칸 반도를 통해 유럽으로 보내는 것과 이탈리아, 프랑스, 스페인 해안에 군대를 상륙시키기 위해 지중해를 장악하는 것이었다. 그 계획은 너무나 기념비적이어서 술레이만은 계속해서 "훌륭한 술레이만"으로 알려져 있다. 비록 그가 몇 번의 중요하지 않은 승리를 거둔 후, 유럽인들은 십자군 전쟁 동안 수 세기 전에 술레이만의 조상들에게 했던 것처럼 그의 군대를 격파하고 그의 해군을 침몰시켰지만 말이다.

이 기록에도 불구하고 최근 너무 많은 서구 역사학자는 이슬람의 힘

---

1   Ahmed, 2006; Bridge, 1983; Crowley, 2005, 2008; Greenblatt, 2003; Palmer, 1994.

에 대해 "정치적 올바름"에 근거한 환상을 퍼뜨리고 있으며, 옛날 이슬람의 과학기술이 낙후되고 편협한 유럽의 과학기술보다 훨씬 뛰어났다는 거짓된 주장도 제기하고 있다. 하지만 술레이만이 알게 되었듯이, 바란다고 해서 그대로 이루어지지는 않는다.

오해의 소지가 있는 승리

수 세기에 걸쳐 무슬림들은 십자군 왕국들의 정복을 그들의 우월한 군사력을 보여주는 중요한 증거로 기억했다. 하지만 그것은 전혀 사실이 아니었다. 유럽인들이 재정적인 이유로 왕국들을 운명에 내맡기기로 한 후, 성전 기사단과 구호기사단 수백 명을 압도하는 데는 많은 군사력이 필요하지 않았다. 십자군에 대한 무슬림의 우월성 역시, 1291년 아크레의 마지막 십자군 요새가 함락된 후 16년 만에 살아남았던 소수의 구호기사단이 터키 해안에서 겨우 18km 떨어진 섬인 로도스를 점령하고 오스만 함선을 파괴하고 약탈하며 수 세기 동안 그것을 유지했다는 사실에 직면한다. 로도스의 경우를 다시 살펴보겠지만, 무슬림들의 과신에 대한 다른 근거가 먼저 다뤄져야 한다.

콘스탄티노플이 함락되다

1453년 콘스탄티노플의 함락은 동로마 제국의 존재를 종식시켰다. 이는 이슬람 전역에서는 열광적인 기념행사를 열고 서양에서는 큰 경악을 불러일으킨 이유가 되었다. 두 반응 모두 타당하지 않았다. 이때쯤 동로마 제국은 수도 정도만 남아 있었고, 따라서 그것이 오스만에게 함락된 것은 지정학적으로 별로 중요하지 않았다. 마찬가지로 오스만군에 의한 동로마 점령은 인상적이지 않은 군사적 위업이었다.[2]

콘스탄티노플을 방어하고 있던 것은 거대한 성벽뿐이었는데, 1204년에 십자군이 그 도시를 약탈했을 때 성벽은 쉽게 넘을 수 있었다. 오스만 제국의 술탄 메흐메트 2세가 정예군 예니체리의 1만 명을 포함한 8만 명의 군대를 이끌고 콘스탄티노플을 포위했을 때, 동로마 제국은 방어군 7천 명(그중 2천 명은 서방에서 보낸 지원병이었다)만을 성벽에 배치할 수 있었다.[3] 이것은 동로마 지휘관이 기껏해야 성벽의 1.6km당 방어할 수 있는 약 560명의 병사들, 즉 3m당 1명의 수비병들만 데리고 있었다는 것을 의미했다.[4]

그럼에도 술탄의 군대는 십자군이(비잔틴 수비군보다 병력이 훨씬 적었음에도 불구하고) 쉽게 그랬던 것처럼 성벽을 기어올라 수비군을 쓸어버리지 못했다. 대신 술탄은 헝가리 기술자가 만들어준 거대한 대포로 벽에 큰 구멍을 내기로 했다.[5] 이 대포 중 가장 큰 것은 바실리카로 알려지게 되었다. 그것은 8m 길이였고 450kg의 포탄을 발사할 수 있었다. 다른 몇 개의 대포는 길이가 약 6m였다. 그러나 대포들은 술탄의 기대에 부응하지 못했다. 우선 콘스탄티노플로 바실리카를 운반하기 위해서는 황소 70마리와 남자 200명이 필요했다.[6] 현장에 배치된 후 바실리카는 재장전하고 재조준하는 데 너무 오랜 시간이 걸려서 하루에 7번만 발사할 수 있었다. 다른 몇 개의 거대한 대포들 역시 더 빨리 발사할 수 없었다. 그 결과 동로마

---

2   Nicolle, 2000; Norwich, 1995; Runciman, 1965: 85.

3   Nicolle, 2000.

4   Turnbull, 2004.

5   Crowley, 2005; Norwich, 1997: 374; Runciman, 1965: 77.

6   Crowley, 2005: 94.

사람들은 오스만 포병대가 성벽에 구멍을 내는 대로 구멍을 막을 수 있었다.[7] 게다가 동로마 군대는 오스만군의 보안이 허술한 것을 이용하여 포병대원들을 죽이고 대포 몇 개를 망가뜨렸다. 결국 바실리카는 약 일주일 동안 발포한 후 폭발했고, 포병들과 헝가리인 기술자 및 여러 구경꾼을 죽음으로 몰아넣었다. 술탄은 간신히 벗어났다.

메흐메트는 작은 대포로 계속 쏘라고 명령했지만 다른 전술을 시도하기로 결정했다. 그중에는 수천 명의 노예 광부들이 성벽 아래에 굴을 파는 엄청난 노력이 있었다. 그러나 동로마 제국인들 역시 굴을 파서 오스만 굴로 들어가 광부들을 죽일 수 있었다. 메흐메트는 콘스탄티노플을 점령하기 위해서는 수적으로 매우 우세한 병력을 이용하여 성벽을 넘어야 한다는 것을 깨달았다. 1453년 5월 29일 자정 직후 공격이 시작되었다. 한 목격자의 말처럼 도시의 3면을 둘러싼 바다에 "참외처럼" 둥둥 떠다니는 시신들로 가득 찰 정도로 오스만군의 사상자가 매우 많았다.[8] 그러나 결국 오스만군은 몇 개의 성문을 점령했고 수만 명이 성으로 쳐들어갔다.

뒤이어 대량 학살과 노예화가 이루어졌다. 오스만 제국의 한 기록에 따르면, "그들은 젊은이들과 처녀들을 포로로 잡았고…가련한 평민들을 죽였다." 한 기독교 목격자는 오스만이 "모든 노인을 무자비하게 죽였"고 "신생아들을…거리에 내던졌다"라고 썼다.[9] 분명 이슬람의 적이 아닌[10] 존경받는 역사학자 스티븐 런시만(Steven Runciman)은 이렇게 요약했다. "그들은 거리에서 만난 남녀, 어린아이 등 모든 사람을 차별 없이 죽였다.…

---

7   Crowley, 2005; Norwich, 1997: 376.
8   Nicolò Barbaro, 1969에서 묘사한 내용.
9   Bostom, 2005: 616-17.
10   그는 이스탄불 대학교에서 4년간 교수로 있었다.

하지만 곧 살육에 대한 갈망이 진정되었다. 군인들은 포로들이⋯자신들에게 더 큰 이익을 가져다줄 것이라는 점을 깨달았다.⋯매력적인 처녀들과 젊은이 중 다수가 납치범들이 그들을 두고 다투면서 거의 찢겨 죽을 뻔했다.⋯젊은 수녀 중 일부는 순교를 선호하여 우물로 몸을 던졌다.⋯[노예가 될 포로들은] 5만 명 정도였다.”[11] 콘스탄티노플은 이제 텅 빈 도시였고, 오스만 인구를 기다리고 있었다.

이후에 올 술탄들에게는 불행한 일이지만, 이 승리는 그들의 군대가 무적이라는 믿음을 부풀렸다. 오스만이 11대 1의 수적 우위를 점했음에도 불구하고 비싼 대가를 치르고 승리했다는 사실은 염두에 두지 않았다.

콘스탄티노플에서의 승리는 오스만인들에게 명성과 화려한 새 수도, 그리고 발칸 반도를 통해 공격을 개시할 유럽 대륙 내에 자리 잡은 전진기지를 (간신히) 제공했다. 그러나 대체로 그것은 별로 중요하지 않았다. (터키인들이 수도를 터키의 앙카라로 옮기면서 그 성의 이름을 이스탄불로 바꾼 것은 1930년이 되어서였다.)

발칸 반도를 통해 침투하는 것은 오스만인들에게 어려운 일이었다. 콘스탄티노플이 함락된 직후 북서쪽으로 파견된 무슬림 군대는 가시 공작 블라드(Vlad the Impaler, 드라큘라라고도 함)가 이끄는 헝가리 군대에 의해 퇴각당했는데, 이들의 오스만 포로 처형은 터키의 기준에서도 가학적인 것으로 평가되었다. 그리하여 1521년 마침내 베오그라드를 정복하는 것은 술레이만에게 맡겨졌다. 술레이만은 “나와 함께 기뻐하라.⋯나는 베오그라드라는 가장 강력한 요새를 점령하고⋯대부분의 주민을 파괴했다”라고 말하며

---

11   Runciman, 1965: 145-48.

승리를 기뻐했다.[12] 1526년에 술레이만은 모하치에서 수적으로 매우 열세였던 헝가리군을 격파했다. 그러나 이 승리조차도 오스만 제국의 오스트리아 침공으로 이어지지는 못했다. 그것이 이루어낸 일은 카를 5세를 포함한 합스부르크 가문이 전쟁을 준비하도록 자극한 것이었다.

로도스

로도스는 서부 전초기지로서, 성 요한의 기사단(구호기사단이 스스로를 이렇게 개명했다)이 거기서 오스만 해안 선박을 완전히 쓸어버렸기 때문에 오스만 제국은 자신의 군사력에 대해 잠시 생각해보았어야 했다. 1307년 기사단에 의해 점령된 로도스는 적은 수비병력만 있었음에도 불구하고 이슬람에 대항하여 2세기 동안 버텼다. 1480년 오스만 제국은 이 노골적인 모욕을 끝내기 위해 메시 파샤의 지휘 아래 160척의 배와 7만 명의 군대를 보냈다. 기사단은 500명도 채 되지 않았고 용병 2,000명의 지원을 받아 도시 성벽에 대한 반복적인 공격을 격퇴했으며, 마지막 오스만군의 공격은 이슬람 진영을 약탈당하고 "이슬람의 거룩한 군기(軍旗)"를 빼앗기며 끝났다.[13]

1522년 술레이만은 직접 10만 명(20만이었다는 자료도 있음)의 군대를 이끌고 이 "악의 일꾼들"을 제거하고자 시도했다.[14] 다시 한번 로도스섬은 약 5백 명의 기사들에 의해 방어되었고, 기사들 외에도 1,500명의 용병과 소수의 지역 농민이 있었다. 기사들은 섬이 다시 공격받을 것을 알고 있었고, 대포에 맞서기 위해 성벽을 비스듬하게 재건하고, 자신들의 포병

---

12   Crowley, 2008: 3에 인용됨.
13   Crowley, 2008.
14   Crowley, 2008: 11에 인용됨.

대를 위해 위협적인 십자포화를 설치했다. 이 재설계의 대부분은 당대 최고의 군사 공학자였을 가브리엘레 타디노(Gabriele Tadino)의 지휘 아래 이루어졌다. 그들의 훌륭한 단장 필립 빌리에 드 리즐-아담(Philippe Villiers de L'Isle-Adam)이 이끄는 기사단은 그들의 가능성이 희박하다는 것을 알고 있었다. 그러나 그들은 또한 그들의 조상들이 비슷한 역경을 이겨냈다는 것을 알고 있었다.

술레이만은 대규모 공성포를 가져왔지만, 새로 개조된 성벽에 대항하기에는 충분하지 않다는 것을 깨달았다. 그는 수천 명의 광부들을 데리고 와서 성벽 아래로 굴을 파도록 했다. 광부들이 요새 벽의 틈새를 벌리는 데는 성공했지만, 그 틈이 좁아 오스만 보병들이 접점에서 수비병을 압도할 만큼 통과하지는 못했다. 1 대 1로는 오스만군이 기사단의 상대가 되지 못했다. 모두 귀족 출신이었던 기사단이 어릴 때부터 전투 훈련을 받았고,[15] 이후 기사단에 합류하면서 계속 훈련받았기 때문이다. 대조적으로 오스만 군대의 대부분은 노예나 징집병이었으며, 예니체리(종속된 기독교 주민들 가운데서 어릴 때 잡힌 노예)를 제외하면, 평균적인 오스만 병사는 훈련을 거의 받지 못했고 갑옷도 거의 없었다.[16] 또한 기사단은 개인 화기를 보유하고 있었기 때문에 멀리 떨어진 오스만군에 큰 손실을 입힐 수 있었다. 근접전에서는 기사단의 훨씬 뛰어난 검술이 우세했다. 마찬가지로 중요한 것은 타디노가 공격해오는 적군에 대한 기사단의 대포를 근거리용으로 개조했다는 점이다. 한 발의 큰 포탄을 쏘는 대신, 기사들은 각 대포에 수십 개의 작은 공과 고철, 볼트, 못, 쇠사슬 조각들을 장전하여 많은 적군

---

15   입회하기 위해서는 자신이 양가 모두 적어도 4대에 걸쳐 귀족 가문 출신이라는 것을 증명해야 했다.
16   Murphey, 1999.

을 죽이거나 부상을 입혔다. 이 작은 대포들은 빠르게 재장전되고 재조준
될 수 있었다. 그들은 가장 적합한 접근로를 교차 사격하여 수천 명을 사
살했다. 시간이 지남에 따라 오스만군은 점점 사기가 저하되고 교전을 꺼
리게 되었다. 결국 오스만 장교들은 병사들을 벽으로 몰아넣기 위해 검으
로 위협해야만 했다.[17]

　　그러나 그사이 많은 기사가 전사했고, 부상을 입은 기사들도 많았으
며, 생존자들의 식량은 부족해졌다. 6개월간의 전투 끝에 술레이만은 기
사단의 항복을 받아내려고 호의적인 제안을 할 만큼 현실을 직시했다. 기
사 단장 리즐-아담은 싸우러 가는 것을 선호했지만, 섬의 시민들을 구하
는 쪽으로 설득되었다. 항복 조건에 따르면, 기사단은 모든 소지품을 가지
고 섬을 떠날 수 있는 12일의 시간이 주어졌다. 어떤 기독교회도 훼손되
거나 모스크로 전용되지는 않을 것이었다. 민간인들은 향후 3년 동안 언
제든지 자유롭게 떠날 수 있었고, 남은 사람들은 향후 5년 동안 모든 오스
만 세금을 면제받을 수 있었다. 다른 여러 이슬람 지도자와 달리 술레이만
은 그의 약속을 지켰다.

　　그리하여 1523년 1월 1일, 그들의 단장이 이끄는 180여 명의 생존한
성 요한의 기사단은 완전 무장 상태로 깃발을 휘날리고 북을 치며 성에서
항구까지 행진했다. 그곳에서 그들은 베네치아의 배에 올라타고 크레타
로 항해했다.[18] 기사단의 절반 이상이 죽었지만, 술레이만의 거대한 군대
도 절반 정도 사망했다. 사상자 비율은 약 4만 명 대 320명이었다. 그러나
술탄은 병력에 여력이 있었고, 승리를 거둔 후 콘스탄티노플로 돌아왔다.

17　　Crowley, 2008: 15.
18　　Crowley, 2008: 21.

서방 세계를 상대로 거둔 승리가 매우 매력적으로 보였다.

술레이만은 성 요한의 기사단이 크레타로 철수한 후, 매년 훈련받은 매 한 마리를 시칠리아 총독에게 보내는 대가로 카를 5세가 몰타섬을 그들에게 양도했다는 사실을 몇 년 동안 몰랐을지도 모른다. (이것은 대실 해미트 [Dashiell Hammett]의 유명한 소설인 『몰타의 매』[*The Maltese Falcon*]와 험프리 보가트의 1941년 대표적인 영화의 줄거리에 영감을 주었다.) 스스로를 몰타 기사단이라고 개칭하고 여전히 리즐-아담 단장이 이끌었던 그들은 즉시 이 작고 바위투성이의 섬(길이 29km, 너비 14.5km로서 로도스의 약 1/5 크기)을 요새화하고 중요한 유럽 귀족 가문에서 새로운 기사단들을 모집하기 시작했다. 카를 5세가 반겼듯이, 그들은 곧 무슬림 선박에 대한 습격을 재개했다.

빈에서의 실패

술레이만은 자신의 꿈을 이루기 위해 1529년에 빈을 포위했다. 그렇게 함으로써 그는 합스부르크 왕가를 직접 공격했다. 술탄에게는 다행스럽게도, 그 당시 카를 5세는 프랑스와의 전쟁으로 꼼짝할 수 없었고, 오스트리아 국민을 돕기 위해 스페인 화승총병 부대와 일부 독일 용병만 보낼 수 있었다. 그래서 늘 그렇듯 서방 수비군은 수적으로도 열세였다. 적어도 5대 1에서 10대 1까지였을 것이고, 이는 오스만군이 데려온 노예 광부 수천 명은 고려하지도 않은 수다.[19] 빈으로서는 다행스럽게도 저명한 베테랑인 70세의 살름 백작 니콜라스가 독일군을 이끌었고, 모든 병력을 지휘

---

19   Turnbull, 2003.

했다. 그는 즉시 성벽을 강화시키고 4개의 성문을 봉쇄했으며, 주요한 지점들에 분명한 사정 범위를 확보하기 위해 건물을 평평하게 만들었다.

오스만 제국의 침공은 유난히 긴 폭우와 잘못된 계획으로 제한받았다. 폭우로 인한 홍수와 수렁은 길을 거의 막아놓았고, 술탄의 많은 대포는 지나가지 못해 버려질 수밖에 없었다. 대부분의 낙타 부대가 죽었고, 그 부대가 날랐던 보급품들은 길을 따라 남겨졌다. 오스만군의 3분의 1은 경기병으로 구성되어 있었으며, 포위 공격을 하거나 오스트리아 보병대의 기습공격을 방어하는 데는 쓸모가 없었지만 보급품을 많이 축냈다. 결국 행진하는 동안 병사들, 특히 엘리트 예니체리 사이에서 질병이 발생하여 많은 사람이 죽었다.

술레이만과 그의 군대는 9월 말까지 빈에 도착하지 못했고, 그때는 추운 날씨가 얼마 남지 않은 때였다. 술탄은 진창길을 따라 질질 끌고 왔던 경포로 즉시 빈을 폭격하기 시작했다. 하지만 포탄들은 아무런 피해도 입히지 못하고 벽에서 튕겼다. 그는 또한 광부들을 굴을 파는 데 투입했다. 그러나 오스트리아인들 역시 굴을 파서 오스만 광부들을 모두 죽였다. 10월 초에 비가 내리기 시작했다. 그 무렵 술레이만의 군대는 식량이 부족했고, 질병은 여전히 피해를 주고 있었으며, 사상자는 매우 많았고, 탈영도 급증하고 있었다.

10월 12일 술탄은 지휘관들과 회의를 열고 성벽을 정면 공격하는 데 모든 것을 걸기로 결정했다. 비록 살름 백작이 전투 중에 죽었지만, 이 공격은 피비린내 나는 실패로 끝났고 수천 명의 오스만 군인들이 전사했다. 그러고 나서 눈이 내리기 시작했다. 그만둘 시간이었다.

오스만군의 후퇴는 재앙이었다. 오스트리아군은 고립된 부대를 계속 공격하여 수천 명의 낙오자들을 사살하거나 포로로 잡았다. 소규모 오스만군은 짐도 없고 대포도 없이 마침내 헝가리로 돌아왔다.

하지만 그게 끝이 아니었다. 6년 후 술레이만은 다시 침공을 시도했다. 이때 오스만군은 전진하는 과정에서 자주, 그리고 효과적으로 공격을 받았다. 술레이만은 프랑스와의 갈등을 잠시 해결한 카를 5세가 빈을 방어하기 위해 8만 명의 병력을 파견했다는 소식을 듣고는 발길을 돌렸다.

1682년 메흐메트 4세는 12만 명의 병력을 이끌고 빈을 다시 점령하려 했다. 다시 한번 피비린내 나는 재앙이 벌어졌다. 이번에 오스만군은 포위를 완화하기 위해 파견된 폴란드 기사들에 의해 전장에서 궤멸했다.[20]

빈에 대한 공격은 유럽을 향한 이슬람의 육로 침략의 최고조였다. 놀랍게도 최근의 몇몇 역사학자는 유럽인들에 대한 오스만인들의 군사적 우월성의 증거로 빈을 차지하려 했던 세 번의 시도를 언급한다. 그것은 무적함대의 패배가 스페인 해군의 우위를 증명했다고 주장하는 것과 같다.

몰타 포위전

동유럽에서 패배한 술레이만은 약 30년 동안 서유럽에 대한 주요 공격을 중단했고, 그 기간에 그는 동쪽에서의 승리로 상당한 명성을 얻었다. 그러나 1565년에 그의 관심은 지중해에 있는 적들에게로 쏠렸다. 이들 중 가장 골치 아픈 이들은 로도스섬에서 매우 파괴적인 싸움을 벌였던 바로 그 기사들이었다. 그들은 몰타의 새로운 요새에서 그의 상선을 괴롭히고 있었다. 술레이만은 이렇게 말했다. "43년 전에 로도스에서 내가 이미 정

---

20   Millar, 2008; Stoye, 2007.

복했지만 나의 관용 덕분에 살아남은 개자식들이여, 내가 말하노니 그들의 끊임없는 습격과 모욕으로 인해 그들은 결국 으스러지고 파괴될 것이다."[21]

술탄은 71세였고 건강이 악화하여 야전 지휘관 역할을 할 수 없었다. 그는 몰타 정복 임무를 육군 사령관 무스타파 파샤(Mustafa Pasha)와 해군 사령관 피얄레 파샤(Piyale Pasha)에게 맡겼다. 분할된 지휘권에는 항상 위험이 따른다.

로도스를 공격하는 것보다 몰타를 공격하는 것이 훨씬 더 어려웠다. 로도스는 터키 해안에서 18km밖에 떨어져 있지 않았다. 몰타는 서쪽으로 1,300km나 떨어져 있었다. 로도스는 비옥하고 물이 풍부한 강이 있어 침략군을 지원할 수 있었다. 몰타는 메마른 암석이었다. 공격자들이 포위 작전을 위해 목재가 필요하면 각 목재를 수송해야 했다. 이 침공은 엄청난 보급을 필요로 했기 때문에 거대한 기동부대를 만들어야 했다. 작가 로저 크롤리(Roger Crowley)는 "그 비용은 경이적이었다. 아마도 국가 재정 수입의 30% 정도로 추정된다"라고 지적했다.[22] 그러나 술탄은 매우 자신만만했다. 변절했지만 어부 행세를 하며 몰타를 방문한 두 명의 그리스 기술자는 술레이만에게 섬 전체를 며칠 안에 점령할 수 있다고 확신을 주었다.[23]

몰타 공격을 위해 술레이만은 193척의 함대와 약 5만 명의 군대를 보냈다. 여기에는 약 7천 명의 화승총병과 두 개의 거대한 대포를 포함한 60개 이상의 대포도 포함되어 있었다.[24]

---

21   Bradford, 1961: 13.
22   Crowley, 2008: 95.
23   Bradford, 1961: 37.
24   Crowley, 2008: 96.

이 압도적인 군대를 상대하기 위해 약 500명의 기사단이 있었고, 오스만 제국의 갤리선 노예로 1년을 보낸 70세의 노장 장 파리조 드 발레트 (Jean Parisot de Valette)가 그들을 이끌었다. 기사단 외에도 드 발레트에게는 스페인과 이탈리아에서 모집된 약 천 명의 용병들과 무기 사용법을 훈련받지 못한 지역 주민 약 3천 명이 있었다. 교황조차도 유럽의 왕들을 자극하여 기사단을 지원하도록 했지만, 그들은 아무것도 보내지 않았다. 교황에 따르면, 스페인의 펠리페 2세는 "숲으로 물러났고, 프랑스와 잉글랜드와 스코틀랜드는 여성과 소년들에 의해 통치되고 있다."[25] 몰타는 혼자였다. 상대가 되지 않을 것처럼 보였다.

처음부터 드 발레트는 오스만 궁정에 있던 첩보원들로부터 오스만군이 섬의 주요 항구 입구를 지키고 있던 세인트 엘모 요새를 먼저 점령할 계획을 세웠다는 것을 알고 있었다.[26] 맹공에 맞서기 위해 그는 세인트 엘모 요새에 중포의 절반을 주둔시켰다.[27] 오스만군은 결국 요새를 파괴했지만 5주가 걸렸고, 정예군 예니체리의 절반 이상을 포함한 최소 6천 명의 병력을 잃었다.[28] 요새를 점령한 후, 육군 사령관 무스타파 파샤는 전사하거나 부상당한 기사들을 참수하고, 그들의 시신을 나무 십자가에 못 박아 만을 가로질러 떠다니게 하여 기사들을 조롱했다. 드 발레트는 오스만 포로들을 참수하고 그들의 머리를 대포로 상대 진영에 발사함으로써 대응했고, 이는 오스만인들의 사기에 상당한 영향을 미친 것으로 보인다. 그러나 중요한 것은 오스만군이 세인트 엘모 요새에 집중하기로 한 결정이

---

25   Crowley, 2008: 102.
26   Braudel, 1976: 2:1017.
27   Sire, 1993: 68.
28   Sire, 1993: 70.

기사단에게 주요 방어 시설의 재건을 마무리할 시간을 주었다는 것이다.[29]

오스만군은 이 요새들을 계속해서 공격했지만, 그들이 이룬 것은 많은 사상자를 내고 사기를 더욱 떨어뜨리는 것이었다. 전투가 가장 치열했던 곳에는 대장인 드 발레트가 항상 나타나 젊은 기사들에게 맹렬한 본보기가 되었다. 기사단의 믿을 수 없는 우월성은 수백 명의 오스만군이 전사하는 동안 한두 명의 기사만이 죽음을 맞이한 교전으로 입증된다.[30]

급속히 커지는 파멸감이 오스만 진영에 팽배했다. 침략자들의 일일 사상자는 매우 높았고 보급품도 부족해졌으며, 식량과 물뿐만 아니라 화약과 포탄까지 모자랐다. 오스만군은 9월 초에 갤리선을 타고 다시 집으로 돌아갈 준비를 하고 있었지만, 스페인군이 기사단을 지원하기 위해 도착했다. 그 결과 낙담한 오스만군에 대한 공격은 거대한 학살이었고, 흩어져 있던 오스만군의 병력만이 자신들의 배에 도달할 수 있었다. 몰타 포위전이 끝났을 때 기사단의 3분의 2는 여전히 살아 있었다. 오스만 제국의 사상자는 2만 명에 달했던 것으로 보인다. 총계가 어떻든 그것은 대패였다.

이 소식이 전해지자 유럽 전역에서는 축하 행사가 열렸다. 그러나 술레이만은 몰타에서의 패배를 마치 아무 일도 없었던 것처럼 무시했다. 그는 참가한 모든 사람에게 상을 줄 것을 명령했다.

---

29 Braudel, 1976: 2:1017.
30 Beeching, 1982: 85을 보라.

레판토 참사

몰타 점령에 실패한 지 몇 달 후, 술레이만은 슬프고 외롭게 죽었다. 그의 가장 유능하지 않은 아들 셀림만이 그보다 오래 살아남았다. 다른 아들들은 서로 싸우다가 죽었지만, 예외적으로 그가 가장 사랑했고 유능했던 아들 무스타파는 살아남았다. 술레이만은 그의 경호원을 시켜 자신을 상대로 음모를 꾸민 무스타파를 그가 보는 앞에서 목 졸라 죽였으나 나중에야 그것이 거짓 혐의였음이 드러났다.

셀림은 게으른 주정뱅이였다고 전해진다. 그럼에도 불구하고 오스만 제국의 정복 정책은 계속되는 듯 보였고, 오스만 제국이 유럽을 다시 공격해올 것이라는 소문이 끊임없이 돌았다. 지중해의 주요 기독교 군대를 지휘했던 펠리페 2세는 다른 곳에서 싸우느라 너무 바빠서 오스만 제국의 위협에 많은 관심을 기울이지 못했다. 그는 신세계에서 온 스페인 보물선단에 대한 영국의 공격, 반항적인 네덜란드와의 계속되는 전투, 프랑스의 끝없는 술책에 대처해야 했다. 그럼에도 불구하고 펠리페는 1567년까지 100척의 새로운 갤리선을 완성할 정도로 선견지명이 있었다.[31] 교황 비오 5세는 오스만 제국을 완전히 물리치기 위한 신성 동맹의 창설에 헌신했기 때문에 스페인 해군 건설 계획에 보조금을 주었다. 펠리페와 베네치아인들은 1570년에 터키가 키프로스를 공격하여 수많은 잔학 행위를 저지르기 전까지 교황의 노력에 저항했다. 이것은 전쟁을 의미했다.

오스만 함대에 맞서기 위한 준비는 카를 5세의 서자이자 펠리페 2세의 이복형제인 돈 후안 데 아우스트리아(Don Juan de Austria)가 지휘하는

---

31   Crowley, 2008: 196.

해군과 함께 시작되었다. 돈 후안을 세운 것은 훌륭한 선택이었다. 그는 겨우 22세였지만 이미 전투에서 두각을 나타냈으며, 총명하고 싸우기를 열망했다. 게다가 그는 승리를 위해 설계된 함대를 받았다.

신성 동맹 갤리선은 스페인, 베네치아, 제노바, 교황, 사부아, 몰타 기사단을 포함한 여러 출처에서 나왔지만, 거의 모든 갤리선은 화력을 극대화한 새로운 베네치아 디자인의 갤리선이었다. 갤리선 앞쪽에 있던 전통적인 충각은 낮은 포좌로 교체되어 두 개의 거대한 대포와 여섯 개의 작은 대포에 의해 전방 사격을 용이하게 하고, 새로운 갤리선의 함미에는 앞에 있는 포의 균형을 맞추기 위해 무게가 실렸다.[32] 새로운 갤리선은 충각이 필요 없었는데, 적군의 갤리선이 들이받기 전에 불쏘시개로 만들어버리는 것이 목적이었기 때문이다. 이 갤리선에는 300명의 노 젓는 사람과 40명의 선원이 필요했고, 250명의 병사가 탈 수 있었다. 베네치아의 갤리선에 탑승한 노 젓는 사람들은 필요할 때 무기를 들 수 있는 자유민들이 대부분이었다. 기독교 함대의 다른 노 젓는 사람들은 주로 갤리선 선고를 받은 범죄자들이었다. 긴급한 경우에, 노 젓는 범죄자들은 전투 후 자유를 보장받음으로써 전투에 투입될 수도 있었다.

새로운 전진포 갤리선 외에 신성 동맹 함대는 파괴적인 신무기를 보유하고 있었다. 그것은 갈레아스선이었는데, 대서양을 항해하는 강력한 무장상선과 갤리온선의 갤리선 전투에 맞춘 것이었다. 갈레아스선은 돛대 3개와 노를 싣고 있었으며, 한 면에 10문의 중포를 놓을 수 있는 하단 포갑판을 지탱할 정도로 수면에서 높이 솟아 있었다.[33] 이 새로운 갈레아

---

32   Bicheno, 2004: 44-45.
33   포갑판은 일반적으로 노 젓는 사람들 아래에 있었지만 일부 모델에서는 위에 있었다.

스선 중 6척은 202척의 갤리선과 함께 신성 동맹 해군에 합류했다.

신성 동맹을 공격하기 위해 출항한 오스만 함대는 206척의 갤리선과 45척의 소형 갤리선(일반 갤리선보다는 작지만 빠름)으로 구성되어 있었다. 오스만 함선은 다소 시대에 뒤떨어진 유럽의 디자인을 모방한 것이었고(술탄은 베네치아와 나폴리에서 조선업자들을 고용했다) 열등한 재료로 건조되었다.[34] 또한 오스만 갤리선은 대포의 수가 훨씬 적었고, 포구도 훨씬 작았다. 오스만 함대의 노 젓는 사람들은 모두 노예였고, 그들 중 다수는 기독교인 포로들이었다. 따라서 그들은 승선 중에 종종 반란을 일으켜 공격자들을 도왔다. 게다가 오스만 제국의 갤리선 선장 중 다수는 그리스와 베네치아 용병들이었고, 그들 중 일부는 탈영병이었다.[35]

오스만 함대는 술탄 셀림의 처남 알리 파샤(Ali Pasha)의 지휘하에 그리스 서부 해안에 있는 레판토 만에 집결했다. 1571년 10월 7일에 기독교 함대가 도착했고, 즉시 전투에 투입되었다. 돈 후안의 군대는 빠르고 훌륭한 일격으로 오스만 함대를 만 안에 가두어 그들의 기동력을 제한시켰다. 전투가 시작되자 오스만군은 나머지 기독교 함대에서 800m 정도 앞에 배치된 갈레아스선을 상선 보급선으로 착각하고 총공격을 개시했다. 밀집한 터키 갤리선들이 근거리에 진입하자 갈레아스선들은 포문을 열어 재앙적인 결과를 낳았다. 다른 오스만 갤리선들의 운명도 별로 다르지 않았는데, 앞으로 발사되는 기독교 대포에 의해 격파되었고 승선한 스페인 부대들에 의해 괴멸당했다. 스페인 부대는 알리 파샤의 기함을 탈취하여 그를 죽이고 창끝에 그의 머리를 끼워 높이 흔들었다. 오후 4시에 전쟁이 끝

---

34   Beeching, 1982: 192; Hanson, 2001: 260.
35   Beeching, 1982: 192.

났다. 오스만군은 침몰이나 나포로 인해 210척의 배를 잃었고, 기독교군은 20척을 잃었다.

17년 후, 스페인 함대는 영국으로 항해했다. 130척의 거대한 배들이 었는데, 이와 비교해 볼 때 레판토의 갤리선은 과거의 진기한 유물이었다. 그러나 오스만 제국은 오랫동안 갤리선에 매달렸다. 물론 갤리선에 의지하여 서방에 대항하지 않을 만큼 충분한 분별력이 있었음에도 불구하고 말이다.

레판토 해전에 대해 특이한 일화를 덧붙이자면, 승리를 거둔 기독교 선원들이 여전히 떠다니거나 좌초되어 있던 오스만 선박들을 약탈하면서 알리 파샤의 나포된 기함인 술타나에서 엄청난 양의 금화를 발견했다. 다른 몇몇 무슬림 제독들의 갤리선에서도 거의 비슷한 거금이 발견됐다. 빅터 데이비스 핸슨(Victor Davis Hanson)이 설명했듯이, "은행이라는 제도가 없었기에 술탄을 실망시키면 재산을 몰수당할 것을 두려워했고, 세금 징수원들로부터 항상 주의 깊게 재산을 숨겼던 알리 파샤는 그의 막대한 재산을 레판토로 가지고 갔었다."[36] 알리 파샤는 수확의 잉여분을 숨기는 소작농이 아니라 상류층의 일원이었다. 그런 사람이 안전한 투자처를 찾지 못하고 감히 돈을 집에 두고 갈 수 없었다면, 어떻게 다른 사람이 그보다 더 나은 방법을 상상할 수 있었겠는가? 오스만 제국의 발전이 부족했던 이유와, 서방과 경쟁하기 위해 오스만 제국이 유럽으로부터 군사 기술과 전문가들을 사들여야 했던 이유를 설명하는 것은 바로 이러한 억압적인 통제 경제였다.

---

36   Hanson, 2001 : 262.

이슬람 문화에 대한 환상

유럽이 "암흑시대"를 헤매는 동안 과학과 학문이 이슬람에서 번성했다는 것은 오랫동안 받아들여진 통념이었다.[37] 유명한 역사학자 버나드 루이스(Bernard Lewis)는 이슬람이 "문명의 예술과 과학에서 지금까지 인류 역사상 가장 높은 수준에 도달했다"며 "중세 유럽은 학생이었고 어떤 면에서는 이슬람 세계에 의존했다"라고 썼을 때 이러한 관점을 발전시켰다.[38] 그러나 루이스는 유럽인들이 갑자기 "과학적, 기술적, 그리고 결국 이슬람 세계의 문화적 유산을 뒤로하고 비약적으로 진보하기 시작했다"라고 주장했다.[39] 루이스는 그의 책 제목에서 다음과 같은 질문을 던졌다. **무엇이 잘못되었는가?**

아무것도 잘못되지 않았다. 옛날에 이슬람 문화가 유럽의 문화보다 우월했다는 믿음은 기껏해야 환상이다. 무엇이 잘못되었는지를 묻는 것은, 스페인 제국의 붕괴로 스페인이 사실 결코 부흥한 적이 없고 낙후된 중세 사회로 남아 있었음이 드러났음에도 스페인이 왜 몰락했는지를 묻는 것과 맞먹는다. 이슬람도 마찬가지다.

딤미 문화

무슬림 엘리트들이 습득한 세련된 문화는 그들의 피지배민들로부터 배운 것이었다. 루이스의 표현에 따르면(그 의미를 완전히 인식하는 것처럼 보이지 않지만) 아랍인들은 "고대 중동, 그리스, 페르시아의 지식과 기술"을 물려

---

37   Goldstone, 2009; Saliba, 2007.

38   Lewis, 2002: 6.

39   Lewis, 2002: 7.

받았다.[40] 즉 이슬람교도들이 만들어냈다고 보아왔던 세련된 문화(종종 "아랍" 문화라고도 한다)는 사실은 정복당한 민족인 딤미족의 문화였다. 이는 콥트교와 네스토리우스파와 같은 기독교 이단 집단의 주목할 만한 학문과 더불어 조로아스터교 페르시아의 광범위한 지식, 힌두교도의 위대한 수학적 업적(무슬림들의 초기 인도 정복을 기억하라)이 결합된 동로마 제국의 유대-기독교/그리스 문화였다. 고대 그리스에서 기원한 많은 학문을 포함한 이러한 학문적 유산은 아랍어로 번역되었고, 그중 일부는 이슬람 문화에 동화되었다. 그러나 번역된 후에도 이러한 학식은 주로 무슬림 정권 하에서 살고 있는 딤미 주민들에 의해 지속되었다. 예를 들어, 학자 사무엘 마페트(Samuel H. Moffett)가 관찰했듯이, "이슬람의 언어로 된 가장 오래된 과학책"은 "알렉산드리아에 있는 시리아 기독교 사제의 의학에 대한 논문으로서 페르시아 유대인 의사가 아랍어로 번역한 것"이었다.[41] 이 예에서와 같이 딤미족이 대부분의 "아랍" 과학과 학문의 기원을 이루었을 뿐만 아니라 아랍어로의 번역도 대부분 담당했다.[42] 그렇다고 해서 이 지식이 아랍 문화로 바뀌지는 않았다. 오히려 저명한 이슬람 역사학자 마셜 호지슨(Marshall G. S. Hodgson)은 "자연과학을 추구한 사람들은 아랍어로 작업을 할 때조차도 딤미족의 오래된 종교적 헌신을 유지하는 경향이 있었다"라고 말했다.[43]

높이 평가받는 이슬람 건축 양식도 페르시아와 동로마 제국을 바탕으로 한 딤미의 업적이었던 것으로 밝혀졌다. 칼리프 알만수르(al-Mansūr)

---

40   Lewis, 2002: 6.
41   Moffett, 1992: 344.
42   Hodgson, 1974: 1:298.
43   Hodgson, 1974: 1:298.

가 762년에 바그다드를 세웠을 때, 그는 조로아스터교도와 유대인에게 도시 설계를 맡겼다.[44] 이슬람 예술로 여겨지는 위대한 걸작 중 하나는 예루살렘에 있는 황금돔 사원이다. 그러나 칼리프 압드 알말릭(Abd al-Malik)이 7세기에 이 사원을 지었을 때, 동로마 제국의 건축가들과 장인들을 고용했고, 이것이 성묘 교회와 매우 흡사한 이유가 바로 여기에 있다.[45] 사실 많은 유명한 이슬람 사원은 원래 기독교 교회로 지어졌고 단지 외부에 뾰족탑을 추가하고 실내장식을 다시 하는 것으로 개조되었다. 이슬람 예술과 건축에 대한 권위자가 표현했듯이, "황금돔 사원은 진정으로 오늘날 우리가 이슬람 예술로 이해하고 있는 것을 나타내지 않고, 반드시 무슬림에 의해 만들어진 것이 아니라 대부분의 사람 혹은 가장 중요한 사람들이 무슬림이었던 사회에서 만들어진 예술 작품을 나타낸다."[46]

무슬림 학식에 대한 많은 찬탄을 불러일으킨 지적 영역에서도 비슷한 예가 많다. 과학과 공학에 대한 아랍인들의 "엄청난" 공헌을 인정하기 위해 쓴 널리 존경받는 책에서 도널드 힐(Donald R. Hill)은 아랍의 기원으로 추적할 수 있는 것이 거의 없으며, 이러한 기여의 대부분이 정복된 사람들에게서 비롯되었다는 것을 인정했다. 이슬람 세계의 많은 유명한 학자는 아랍인이 아닌 페르시아인이었다.[47] 이는 브리태니커 백과사전이 "모든 이슬람 철학자-과학자 중 가장 영향력 있는 사람"으로 꼽은 이븐 시나(Avicenna)와 오마르 카이얌(Omar Khayyám), 알비루니(al-Bīrūnī), 라지(Razi)를 포함한다. 또 다른 페르시아인 알콰리즈미(al-Khwārizmī)는 대수

44　Hill, 1993: 10.
45　Kollek, Pearlman, 1970: 59; Gil, 1992: 94.
46　Bloom, 2007: 7.
47　Hill, 1993.

학의 아버지로 여겨진다. 분수를 도입한 알우크리디시(Al-Uqlidisi)는 시리아인이었다. 바흐트이슈(Bakht-Ishū')와 이븐 이샤크(ibn Ishaq)는 네스토리우스파 기독교인이었다. 유명한 천문학자이자 점성가였던 마샤알라 이븐 아타리(Masha'allah ibn Atharī)는 유대인이었다. 이 목록은 여러 장으로 확장될 수 있다. 많은 역사학자를 오도했을지도 모르는 것은 아랍어가 그 땅의 공용어였기에 "아랍 과학"에 기여한 사람들 대부분이 아랍어로 명명되었고 그들의 저작물들이 아랍어로 출판되었다는 것이다.

수학을 고려해보라. 소위 아라비아 숫자는 전적으로 힌두교에서 유래되었다. 0이라는 개념을 바탕으로 한 화려한 힌두교 번호 체계는 사실 아랍어로 출판되었지만 수학자들만이 채택했다. 다른 이슬람교도들은 그들의 거추장스러운 전통적인 시스템을 계속 사용했다. 기하학과 정수론에 많은 공헌을 한 것으로 유명한 타비트 이븐 쿠라(Thābit ibn Qurra)는 보통 "아랍 수학자"로 인식되지만, 사실 그는 이교도 사비 종파의 일원이었다. 물론 훌륭한 무슬림 수학자들이 있었는데, 아마도 수학이 종교적인 비판으로부터 실무자들을 보호할 정도로 추상적인 학과이기 때문일 것이다.

천문학에 대해서도 같은 말을 할 수 있겠지만, 여기서도 대부분의 공적은 아랍인이 아니라 힌두교도와 페르시아인에게 돌아간다. 지구가 자전한다는 "발견"이 페르시아의 알비루이(al-Bīrūnī)에게서 기인한다고 하지만, 그는 브라흐마굽타(Brahmagupta)와 다른 인도 천문학자들로부터 그것을 배웠다는 것을 인정했다.[48] 또한 알비루이는 이 문제에 대해 확신하지 못했으며, 그의 『카논 마수디쿠스』(*Canon Masudicus*)에서 "지구가 움직이는 것으로 받아들이든 하늘이 움직이는 것으로 받아들이든 똑같다. 왜

---

[48]   Nasr, 1993: 135-36.

냐하면, 두 경우 모두 천문과학에 영향을 미치지 않기 때문이다"라고 말했다.[49] 또 다른 유명한 아랍 천문학자는 알바타니(al-Battānī)였지만, 그는 타비트 이븐 쿠라처럼 이교도 사비 종파의 일원이었다(그들은 별을 숭배했고, 이는 천문학에 대한 그들의 특별한 관심을 설명해준다).

아랍인들이 이전 문화권 사람들보다 훨씬 더 정교한 의학을 성취했다는 여러 주장은 "아랍식" 숫자에 관한 주장만큼이나 잘못되었다.[50] "무슬림" 혹은 "아랍" 의학은 사실 네스토리우스파 기독교의 의학이었다. 심지어 선도적인 무슬림과 아랍의 의사들도 시리아의 니시비스에 있는 거대한 네스토리우스 의료 센터에서 교육을 받았다. 니시비스는 의학뿐만 아니라 모든 범위의 고급 교육을 제공했다. 이는 네스토리우스파 사람들이 세운 다른 배움의 기관에서도 마찬가지였다. 저명한 과학사학자 조지 사튼(George Sarton)이 "당대의 가장 위대한 지적 중심지"라고 불렀던 페르시아의 준디샤푸르에 있던 기관도 그중 하나였다.[51]

학자 마크 디킨스는 네스토리우스파 사람들이 "아랍인들에게 훌륭한 회계사, 건축가, 점성가, 은행가, 의사, 상인, 철학자, 과학자, 필경가, 교사라는 평판을 얻었다고 지적했다. 사실 9세기 이전에 [이슬람] 지역의 거의 모든 학자는 네스토리우스파 기독교인들이었다."[52] 윌리엄 브릭만(William W. Brickman)에 의하면 "그리스어 필사본, 특히 히포크라테스, 갈레노스, 플라톤, 아리스토텔레스의 원고를 모아 시리아어와 아랍어로 번역하고 수정하고 감독한" 사람은 주로 네스토리우스파 기독교인 후나인

49 Nasr, 1993: 136.
50 그런 주장에 대한 예들은 Ajram, 1992을 보라.
51 Brickman, 1961: 85에 인용됨.
52 Dickens, 1999: 8.

이븐 이샤크 알이바디(Hunayn ibn Ishaq al-'Ibadi)였다.[53] 11세기 중반에 이슬람 작가 나시르이 흐루사우(Nasir-i Krusau)는 "이집트의 경우와 마찬가지로 실제로 여기 시리아에 있는 필경가들은 모두 기독교인들이며…의사들이 기독교인이 되는 것은…가장 일반적이다"라고 보고했다.[54] 무슬림 통치하에 있던 팔레스타인에서, 모세 길(Moshe Gil)의 기념비적인 역사서에 따르면, "기독교인들은 막대한 영향력과 지위를 누리고 있었다. 유능한 기독교인들은 기독교인들을 [관직에] 고용하는 것을 금했던 무슬림 법에도 불구하고 관직을 차지했고, 뛰어난 과학자, 수학자, 의사 등으로 지식층에 속해 있었다."[55] 10세기 후반 압드 알자바르(Abd al-Jabbār)도 기독교 관료들의 중요성을 인정하면서 "이집트, 알샴, 이라크, 자즈라, 파리스의 왕들과 그 주변의 모든 사회는 공직사회, 중앙행정, 자금 운용을 기독교인들에게 의존하고 있다"라고 썼다.[56]

이슬람으로 개종했고 코란을 번역한 유명한 영국인 마마듀크 픽톨(Marmaduke Pickthall)을 포함한 가장 당파적인 이슬람 역사학자들도 세련된 이슬람 문화가 정복된 사람들에게서 비롯되었다는 데 동의한다.[57] 대체로 무시되어온 점은 소위 무슬림 문화가 복잡한 딤미 문화의 혼합 위에 놓여 있는 착시현상이었기 때문에 서구를 따라가지 못했다는 것이다. 딤미가 이단으로 탄압받는 순간 그 문화는 사라질 것이었다. 따라서 14세기에 무슬림들이 거의 모든 종교적 불일치를 근절했을 때, 무슬림의 후진성은 표면화되었다.

---

53   Brickman, 1961: 84.
54   Peters, 1993: 90.
55   Gil, 1992: 470.
56   Gil, 1992: 470에 인용됨.
57   Pickthall, 1927.

이슬람과 아리스토텔레스

무슬림들이 기독교 서방보다 학식과 교양이 더 높았다는 믿음의 바탕에는 그리스 철학과 문학에 젖지 않은 사회는 암흑 사회였다는 가정이 깔려있다. 따라서 지난 몇 세기 동안, 많은 서양 작가는 이슬람이 고대인들의 지혜에 접근할 수 있었기에 훨씬 우월한 문화였다고 가정하면서, 아랍이 고전 작가들을 소유했음을 강조해왔다. 사실 정복된 대부분의 아랍 사회에서 비잔티움/그리스 문화가 지속되었기 때문에, 교육을 가장 많이 받은 아랍인들은 플라톤이나 아리스토텔레스와 같은 고전 그리스 작가들의 작품에 대해 더 많은 지식을 가지고 있었다(그러나 중세 유럽 학자들은 주장되어 온 것보다는 이러한 작품들에 더욱 친숙했다). 그리스 학문을 접했던 것이 아랍 학문에 부정적인 영향을 미쳤다는 사실은 덜 알려져 있다.

플라톤과 아리스토텔레스의 작품은 7세기 말에 시리아어로 번역되었고 9세기에 그 번역본들이 시리아인에 의해 아랍어로 번역되면서 아랍에 도달했다. 그러나 이슬람 지식인들은 이 작품들을 다양한 질문에 답하기 위한 그리스 학자들의 시도로 취급하기보다는 코란을 읽는 것과 같은 방식으로 읽었다. 즉 질문이나 반박 없이 이해되어야 하는 확정된 진실로 말이다. 존경받는 무슬림 역사가 시저 파라(Caesar Farah)는 이렇게 설명했다. "무슬림 사상가들은 아리스토텔레스에게서 위대한 지도자를 발견했고, 그들에게 그는 '첫 번째 교사'가 되었다. 이것을 선험적인 것으로 받아들인 무슬림 철학은 이후 세기에 진화해가면서 단지 이러한 노선을 이어갔고 혁신하기보다는 아리스토텔레스를 확대하기로 선택했을 뿐이다."[58] 그래서 12세기 학자 이븐 루시드(Averroes)와 그의 추종자들은 아리스토텔

---

58   Farah, 1994: 199.

레스의 물리학은 완전하고 결점이 없으며, 만약 실제 관찰 결과가 아리스토텔레스의 가르침 중 하나와 일치하지 않는다면, 그 관찰은 오류이거나 환상일 것이라고 주장했다.[59]

그러한 태도는 그리스인들이 지식을 추구하며 남겼던 것을 이슬람이 이어가지 못하게 했다. 대조적으로 아리스토텔레스의 연구에 대한 지식은 초기 기독교 스콜라주의 학자들 사이에서 실험과 발견을 촉진했다. 지금처럼 그때도 학자는 자신이 받은 지식에 동의하지 않음으로써 또한 혁신과 교정으로써 자신의 명성을 높였다. 그것이 스콜라주의 학자들로 하여금 그리스인들의 단점을 찾게끔 동기를 부여했다. 그리고 많은 결함이 발견되었다.[60]

"관용적인" 무슬림들

유대인과 이단자에 대한 기독교의 만행과는 대조적으로, 이슬람은 피정복자들에게 괄목할 만한 관용을 보여주었고, 존중하는 마음으로 그들을 대했으며, 그들이 간섭 없이 그들의 신앙을 추구하도록 허용했다는 것이 학자들이나 대중들이 일반적으로 반복하는 말이다. 따라서 무어인이 다스린 스페인은 "문명화된 계몽의 빛나는 본보기"이자[61] "세계의 장신구"로[62] 칭송되어왔다.

무슬림 통치하에서의 삶에 대한 진실은 상당히 다르다.

코란이 강제 개종을 금지하고 있는 것은 사실이다. 그러나 많은 피지

---

59   Jaki, 1986: 208.
60   Colish, 1997; Stark, 2003: ch. 2을 보라.
61   Fletcher, 1992: 172에 인용된 Stanley Lane-Pool.
62   Menocal, 2002.

배인이 종종 죽음이나 노예 생활의 대안으로 개종을 "선택"할 수 있도록 했기 때문에 그것은 공허한 형식에 불과했다. 그것은 이교도들에게 주어진 일반적인 선택이었다. 유대인들과 기독교인들은 종종 그러한 선택이나 단지 조금 덜 극단적인 선택에 직면했다.[63] 원칙적으로 유대인과 기독교인은 "경전의 사람들"로서 그들의 신앙을 따르도록 용인되어야 했다. 하지만 꽤 억압적인 상황에서만 용인되었다. 죽음은 유대교나 기독교로 개종한 모든 무슬림의 운명이었다. 새로운 교회나 회당도 지을 수 없었다. 유대인과 기독교인들은 이슬람교도들이 우연히 들을 것을 우려해 집이나 교회, 회당 등에서도 큰 소리로 기도하거나 경전을 낭독하는 것이 금지됐다. 마셜 호지슨이 지적했듯이 이슬람 당국은 이슬람으로의 개종을 거부한 유대인과 기독교인들을 모욕하고 처벌하기 위해 많은 노력을 했다. 호지슨은 딤미족이 "열등감을 느껴야 하고 '그들의 분수'를 알아야 한다"라는 것이 공식 방침이었다고 했다. 이슬람 당국은 "예를 들어, 기독교인과 유대인은 말을 타지 말아야 하며 기껏해야 노새를 탈 수 있고, 심지어 이슬람교도들 사이에 있을 때는 그들의 옷에 종교의 특정한 표시를 해야 한다"라는 제한적인 법을 시행했다.[64] 일부 지역에서는 비이슬람교도들이 무슬림들과 비슷한 옷을 입고 무장하는 것이 금지되었다.[65] 게다가 비이슬람교도들은 무슬림들에 비해 항상 과도한 세금을 부과받았다.[66]

이것이 이슬람 국가의 유대인과 기독교 신자들이 처한 일반적인 상황이었다. 상황은 종종 훨씬 더 나빴다.

---

63   Hodgson, 1974: vol. 1.
64   Hodgson, 1974: vol. 1: 268.
65   Payne [1959] 1995: 105.
66   Hodgson, 1974; Payne [1959] 1995.

"불신자" 근절

동방 기독교의 딤미 공동체는 결국 14세기에 파괴되었다.[67] 역사적 기록에는 상세한 내용이 없지만, 카이로의 무슬림 폭도들은 1321년에 콥트 교회를 파괴하기 시작했다. 역사학자 도널드 리틀(Donald P. Little)에 따르면, 이러한 반기독교 폭동은 "이집트 전역에서 조심스럽게 조직되었고" 많은 교회와 수도원을 파괴했다.[68] 집권 당국이 결국 폭도들을 진압했지만 소규모 반기독교 공격과 방화, 약탈, 살인 등은 만성적이었다. 1354년에 폭도들은 다시 한번 "미쳐 날뛰어 교회를 파괴하고…기독교인들과 유대인들을 거리에서 공격하며 (알라를 진정한 신으로 인정하기 위해) '샤다다타인'을 발음하지 않으면 모닥불에 던져버렸다."[69] 이집트 역사가 알마크리지 (Al-Maqrizi, 1364-1442)에 따르면, 곧 "이집트의 북쪽과 남쪽 모두, 파괴되지 않은 교회는 하나도 남아 있지 않았다.…그렇게 이슬람교는 이집트의 기독교인들 사이에서 확산되었다."[70]

기독교인 학살과 교회와 수도원의 파괴가 이집트에만 국한된 것은 아니었다. 이슬람교로 개종한 후, 메소포타미아, 아르메니아, 시리아의 몽골 통치자들은 훨씬 더 엄격한 조치를 취했다. 1295년에 가잔(Ghāzān)이 이란의 몽골 왕위에 올랐고, 대중의 지지를 얻기 위해 이슬람교로 개종했는데(그는 기독교인으로 자랐다가 불교도가 되었었다) 대중의 압력을 이기지 못해 기독교인들을 박해하기 시작했다.[71] 네스토리우스파 총대주교 마르 야

---

67   이 단락에서는 내가 『기독교 승리의 발자취』(*The Triumph of Christianity*, 새물결플러스 역간)에서 연구하고 기록한 내용에 의존한다. Stark, 2011을 보라.
68   Little, 1976: 563.
69   Little, 1976: 567.
70   Little, 1976: 568에서 인용됨.
71   Browne [1933] 1967: 163.

발라하 3세(Mar Yaballaha III, 1245-1317)가 쓴 기록에 따르면, 모든 기독교인과 유대인을 무슬림으로 만들려는 그의 목표에 따라, 가잔은 다음과 같은 칙령을 내렸다.

> 교회는 뿌리째 뽑히고, 제단은 뒤집히고, 성체 성사는 멈추고, 찬송과 기도하는 소리도 없앨 것이다. 그리스도인들의 지도자와 유대인의 회중 지도자 및 그들 가운데 있는 위인들은 모두 죽을 것이다.[72]

1년 만에 가잔은 마음을 바꿔 기독교인들에 대한 박해를 끝내려고 했지만, 그때는 폭도들을 통제할 수 없었다. (이슬람 역사가 Laurence E. Browne의 말에 따르면) "기독교를 버리지 않고 그의 신앙을 부정하지 않는 사람은 모두 죽어야 한다"라는 것이 널리 받아들여졌다.[73]

한편 몽골 아르메니아(Mongol Armenia)는 기독교인들을 이슬람교로 몰아넣기 위해 교회 예배를 금지하고 치명적인 세금을 부과했다. 또한 지방 당국은 기독교인 남성을 각각 붙잡아 수염을 뽑고 어깨에 검은 자국을 새기라는 명령을 받았다. 그럼에도 불구하고 소수의 기독교인만 믿음을 버렸고, 칸은 모든 기독교인 남자를 거세하고 한쪽 눈을 제거하도록 명령했다. 항생제가 없던 당시에 이로 인해 많은 사람이 죽음을 맞이했지만, 많은 이들이 기독교로 개종했다.[74]

비슷한 잔학 행위가 동아프리카와 북아프리카 전역에서 일어났다.[75]

---

72   Foltz, 2000: 129.
73   Browne [1933] 1967: 167.
74   Browne [1933] 1967: 169.
75   Jenkins, 2008.

1310년에 메소포타미아에서 학살이 있었다.[76] 1317년 시리아의 도시 아미드는 반기독교적인 공격의 현장이었다. 주교는 맞아 죽었고, 교회는 불탔으며, 기독교인 남자들은 모두 살해당했고, 12,000명의 여성과 아이들은 노예로 팔렸다.[77]

그리고 타메를란이 왔다.

튀르크-몽골 출신인 무슬림 타메를란("티무르"라고도 알려짐)은 1336년 페르시아의 도시 사마르칸트 근처에서 태어났다. 몽골 제국을 회복하기 위해 그는 아시아의 광대한 지역을 정복했다. 타메를란은 계속해서 거대한 학살을 저질렀고 희생자들의 머리로 우뚝 솟은 피라미드를 만들었다.[78] 아마도 20만 명에 달하는 포로들(남자, 여자, 아이들)이 델리 행군 중에 살해되었을 것이다. 그의 정복은 너무 야만적이어서, 크리스토퍼 말로우 (Christopher Marlowe)가 그의 훌륭한 연극(1587년)에서 묘사한 것처럼, 그는 "신의 재앙"이라는 별명을 얻었다.[79] 타메를란이 엄청난 수의 이슬람교도와 힌두교도 및 불교도들을 죽였지만, 그는 사실상 동양의 기독교인들과 유대인들을 전멸시켰다. 사무엘 마페트는 타메를란이 조지아에서만 "700개의 큰 마을을 파괴하고, 거주민들을 전멸시켰으며, 모든 기독교 교회를⋯파편으로 만들었다"고 보도했다.[80] 타메를란에게서 살아남은 기독교 공동체는 그의 손자 울루그 베그(Ulugh Beg)에 의해 파괴되었다.[81]

기독교인들은 그들 중 딤미인들이 가장 많았고 서방과의 갈등으로

76   Browne [1933] 1967: 170.
77   Browne [1933] 1967: 171.
78   Marozzi, 2004: 264.
79   Hookham, 1981: 424.
80   Moffett, 1992: 485.
81   Jenkins, 2008: 138.

인해 반기독교 정서가 고조되었기 때문에 이 공격의 주요 표적이 되었다. 그러나 유대인을 포함한 모든 비신자가 이 시대에 박해를 받았다. 유대인이라는 이유로 유대인을 학살한 첫 사건은 무함마드에 의해 자행되었는데, 그는 메카의 마지막 유대인 공동체 구성원들에게 참호를 파도록 했고 참호를 따라 늘어선 600-900명의 유대인 남성들을 참수해 그 안으로 던졌다.[82] 유대인 여성과 아이들은 노예로 팔렸고, 무함마드는 유대인 여성 중 한 명을 첩으로 삼았다.[83] 무함마드의 두 번째 후계자인 우마르는 아라비아 반도에서 모든 유대인을 추방했다.

"계몽된" 무어인이 다스리는 스페인에서는 1066년에 약 4천 명의 유대인이 살해되었고, 1090년에는 수천 명의 유대인이 살해되었다.[84] 1492년에 페르디난드와 이사벨라가 스페인을 재점령하면서 모든 유대인에게 기독교로 개종하거나 떠나라고 명령했다는 사실이 많이 부각되었다. 그러나 어느 곳에서도 그렇게 함으로써 그들이 단지 이슬람의 앞선 정책을 반복했을 뿐이라는 언급은 거의 없다. 1148년에 모든 기독교인과 유대인은 목숨을 위협받았으며 즉시 이슬람교로 개종하거나 무어인의 스페인을 떠나라는 명령을 받았다.[85] 결과적으로 위대한 유대인 학자 모세 마이모니데스(Moses Maimonides, 1135-1204)는 이슬람으로 개종하는 척했고 이집트로 도망친 후에도 들킬까 두려워하며 여러 해를 살았다.[86]

무슬림의 박해로 거의 완전히 말살되었기에 14세기 말에 이르러서는 소수의 기독교인과 유대교인만이 중동과 북아프리카에 흩어져 있었

---

82   Hodgson, 1974; Kister, 1986; Rodinson, 1980.

83   Rodinson, 1980: 213.

84   Stark, 2001.

85   Stark, 2001.

86   Alroy, 1975.

다. 그리고 딤미인들이 사라지면서 "선진적인" 무슬림 문화도 사라졌다. 딤미인들이 사라지고 남은 문화는 서양 기술을 모방하지도 못하고 구입해야 했으며, 심지어 그것을 사용하기 위해 서양인을 고용해야 할 정도로 낙후되었다.

환상

그렇다면 무슬림 문화가 사라지거나 뒤처지게 된 "미스터리"에 대해서는 이쯤하기로 하자. 중세 시대에 이슬람 문화가 유럽을 훨씬 뛰어넘어 발전했다는 개념은 최근의 "아랍의 봄"만큼이나 환상에 가깝다. 당시 이슬람 세계는 후진적이었고 지금도 그렇다.

15장

과학이 성년기에 이르다

아이작 뉴턴(Isaac Newton, 1642-1727)은 "만약 내가 더 멀리 보았다면 그것은 내가 거인의 어깨 위에 서 있기 때문이다"라는 유명한 말을 했다. 불행하게도 이 말을 인용하는 사람 중 극소수만 뉴턴이 꽤 진지했을 뿐만 아니라 꽤 정확했다는 것을 깨닫는다. 과학은 뉴턴의 시대에 갑자기 거대한 지적 혁명으로 폭발한 것이 아니다. 이 뛰어난 업적의 시대는 수 세기 동안 지속된 정상적인 과학적 진보의 정점이었다. 결국 뉴턴의 제1운동법칙은[1] 물체가 움직이기 시작하면 마찰과 같은 어떤 힘이 작용하지 않는 한 계속 움직인다는 오컴의 윌리엄(1295-1349년)의 통찰을 확장한 것이다. 이것은 관성의 원리(외부 힘에 의해 작용하지 않는 한, 정지 중인 물체는 정지 상태를 유지하고 움직이는 물체는 이동 상태를 유지한다는 것)를 발전시킨 장 부리단(1300-1358년)에 의해 다듬어졌다. 관성은 갈릴레이(1564-1642년)에 의해 더욱

---

[1] "모든 물체는 힘을 가해서 상태를 바꾸도록 강요받는 경우를 제외하고 정지 상태 또는 직진 상태로 유지된다." Newton [1687] 1971: 13.

정교해졌는데, 그는 독특하게도 그가 마땅히 받아야 할 것보다 더 많은 공로를 주장했다. 물론 뉴턴의 제1법칙은 그의 훌륭한 물리학 체계의 출발점이었을 뿐이지만, 소위 계몽주의 철학자들이 그를 위해 주장한 것과는 달리 뉴턴은 처음부터 시작할 필요가 없었다. 오히려 8장이 증명했듯이, 16세기와 17세기의 영광스러운 과학적 돌파구는 오랜 시간 동안 많은 자연철학자가 작업한 내용에 기초했다.

그럼에도 불구하고 과학 혁명이 16세기에 일어났다는 개념은 우리의 지적 문화에 너무 깊게 뿌리 박혀 있어서 과학사학자 스티븐 샤핀(Steven Shapin)은 다음과 같은 매력적인 말로 연구를 시작했다. "과학 혁명 같은 것은 없었고, 이 책은 그것에 관한 책이다."[2] 이 시대에 일어난 일을 묘사하자면 서양 과학이 이제 성년기에 이르렀다고 말하는 편이 더 정확해 보인다. 나는 이전 세 권의 책에서 이 시대에 대해 상세히 썼지만,[3] 다뤄야 할 중요하고도 새로운 질문들을 발견했기 때문에, 이어지는 부분에서 반복되는 내용은 거의 없다.

나는 특히 널리 지지되지만 비논리적인 여러 주장을 불식시킬 것인데, 각 주장은 교회가 충분히 약해져 더 이상 과학을 억압할 수 없었던 "계몽" 기간에만 과학이 발전했다는 논지에 대한 변형이다. 이것은 명백한 거짓이기 때문에, 그것으로부터 파생된 주장도 마찬가지다. 이러한 주장 중 첫 번째는, 이 시대 대부분의 위대한 과학계 인사들이 초자연주의와 믿음의 테두리에서 벗어났다는 것이다. 두 번째는, 개신교 종교개혁이 영국과 유럽 대륙의 많은 지역을 "가톨릭교회의 압박"[4]으로부터 해방시켜주

---

2   Shapin, 1996: 1.
3   Stark, 2003, 2005, 2011.
4   Gribbin, 2005: xiv.

었기 때문에 진정한 과학적 사고(또는 청교도주의의 경우 도덕적 의무)를 가능케 했다는 것이다. 세 번째 주장은 과학이 대학교 밖에서 생겨났다는 것인데, 이는 대학교들이 교회의 통제하에 있었기 때문에 새로운 사상에 적합하지 않았다는 것이다. 마지막으로 이 모든 요소가 합쳐져서 영국이 왜 이 모든 것의 중심이었는지를 설명한다고 한다.

압도적인 증거가 이 주장들을 모두 거짓으로 만든다. 실제로 기독교는 과학의 발흥에 필수적이었고, 이것이 과학이 순수하게 서구적인 현상이었던 이유다.

과학이란 무엇인가?

아리스토텔레스는 과학자가 아니었다. 그가 많은 자연 현상을 설명하려고 시도한 것은 사실이다. 그의 설명이 대개 과학적 이론과 마찬가지로 추상적 일반화의 형태를 취했던 것도 사실이다. 그러나 그의 설명이 체계적인 관찰과 연결되지 않았기 때문에 아리스토텔레스의 연구 중 어느 것도 과학으로 여겨지지 않았다. 그것은 단지 그가 그의 주장에 대한 확실한 검증을 하지 않았다는 것이 아니다. 그는 그러한 검증이 관련이 있다는 것을 인식하지 못했다. 그는 자신의 설명이 이성에 근거했기 때문에 그것의 진실이 의심받지 않는다고 추정했다. 이것은 그리스 철학자들의 전형적인 견해였다. 플라톤은 심지어 현실은 추상적인 것의 열등한 표현이라고 믿었고, 따라서 경험적 관찰을 신뢰할 수 없었다. 이와 대조적으로 로저 베이컨이 추운 날 찬물 한 통과 뜨거운 물 한 통을 내놓고 어느 것이 먼저 얼었는지 살펴봄으로써, 뜨거운 물이 찬물보다 더 빨리 언다는 아리스토텔레스의 일반화를 반증했다는 8장의 내용을 떠올려보자. 같은 이유로 만약 아리스토텔레스가 과학자였다면, 그는 적어도 갈릴레이가 했다고 주장한 방법으로(갈릴레이가 피사의 탑에서 두 개의 돌을 떨어뜨린 이야기가 십중팔구 지어낸 것이라는 점은 차치하고서라도) 무거운 물체가 가벼운 물체보다 더 빨리 떨어진다는 그의 주장을『천체에 관하여』(On the Heavens)에서 시험할 필요성이 있음을 인식했을 것이다. 아리스토텔레스는 그의 "이론들"을 적절한 관찰을 통해 검증하는 것에 대해 신경 쓰지 않고 논리에 근거했기 때문에 과학자가 아니었다. 결과적으로 제임스 한남(James Hannam)이『과학의 기원』(The Genesis of Science)에서 썼듯이, "아리스토텔레스의 이성의 힘조차도 그의 주장에서의 실수를 막을 수 없었다."[5]

과학은 철학과 혼동되어서는 안 된다. 거창한 아이디어는 과학적일 수도 있고 아닐 수도 있다. 과학과 기술이 혼동되어서는 안 된다. 고대 중국은 철을 제련하는 법, 폭죽 만드는 법, 도자기 접시를 제조하는 법 등을 알면서도 과학이 없었다.

과학은 자연을 설명하기 위한 조직적인 노력에 사용되는 방법으로서 체계적인 관찰을 통해 항상 수정될 수 있는 것으로 가장 잘 정의된다. 다른 말로 하자면, 과학은 이론과 연구라는 두 부분으로 이루어져 있다. 과학적 이론은 자연(인간 사회 생활 포함)의 일부분이 어떻게 그리고 왜 서로 들어맞고 작용하는지에 대한 추상적인 진술이다. 그러나 자연에 대한 추상적인 진술, 심지어 설명을 제공하는 진술이 전부 과학적 이론으로 적합한 것은 아니다. 오히려 추상적인 진술은 관찰될 것에 대한 확실한 예측과 금지를 그 진술로부터 추론할 수 있을 때만 과학적이다. 바로 여기서 연

---

5   Hannam, 2011b: 48.

구가 필요하다. 그것은 이론의 경험적 금지 및 예측과 관련된 관찰을 하는 것으로 구성된다.

이론과 연구 사이의 연관성을 고려한다면, 과학은 자연과 물질적인 현실(적어도 원칙적으로 관찰할 수 있는 것들)에 대한 진술로 제한된다. 그러므로 신의 존재와 같은 문제를 포함하여 과학이 전혀 다룰 수 없는 담론의 영역이 존재한다. 그렇다면 과학이 종교를 반박한다는 개념은 말이 되지 않는다.

과학을 조직적인 노력으로 정의하는 것은 과학이 무작위적 발견이 아니라 의도적이고 지속적인 행동을 수반한다는 것과, 과학이 개인적으로 추구되는 경우는 거의 없음을 주목하는 것이다. 물론 일부 과학자들은 혼자 일했지만 고립되지는 않았다. 초창기부터 과학자들은 네트워크를 구성했고 매우 활발하게 소통했다. 8장에서 언급했듯이, 그것은 중세 시대에도 사실이었고, 16세기에 이르러서는 과학자들 사이의 의사소통이 잘 조직되었다. 비록 과학적 발견을 출판하고 회람할 수 있는 학술지는 없었지만, 과학자들은 활발하게 연락을 주고받았다. 파리 대학교는 13세기 초에 개인 우편 시스템을 시작했다. 17세기 초 프랑스의 수사이자 뛰어난 수학자인 마랭 메르센(Marin Mersenne, 1588-1648)은 과학자들에게 서로의 연구를 알리려는 특정한 목적을 위해 광범위한 통신망을 유지했다. 그와 연락을 주고받는 사람 중에는 르네 데카르트(René Descartes)와 갈릴레이가 있었다. 또한 과학자들은 정기적으로 모여 지식을 나누기 위해 학회들을 형성했다. 런던 왕립 학회는 약 1645년에, 파리의 아카데미 로얄은 1666년에 모이기 시작했다.

대부분의 현대 과학사학자의 견해와 일관되게, 과학에 대한 위의 정의는 대부분의 인류 역사에서 물질세계를 설명하고 통제하려는 노력, 심지어 초자연적인 수단을 수반하지 않는 노력도 배제한다. 그것은 역사가 마르크 블로흐(Marc Bloch)의 표현대로 최근 시대까지 "기술적 진보(때로는 상당한 수준)가 단순한 경험주의였기" 때문이다.[6] 즉 진보는 관찰과 시행 착오의 산물이었지만 설명이나 이론화가 부족했다. 아리스토텔레스와 그의 그리스 동료들과 달리, 많은 고대인은 정상적인 조건에서 차가운 물이 뜨거운 물보다 더 빨리 언다는 것을 알았지만, 왜 어는 현상이 있는지에 대한 이론은 없었다. 그들의 업적은 기법, 공예, 기술, 전승, 기량, 지혜, 공학, 심지어 지식으로 더 잘 묘사된다. 하지만 과학은 아니다.

진정한 과학은 단 한 번, 즉 유럽에서 생겨났다는 점에 역사가, 철학자, 그리고 심지어 사회과학학자들 사이에서도 이제 의견이 일치하고 있다. 그런 점에서 중국, 이슬람, 인도, 고대 그리스와 로마에서 연금술이 고도로 발달했지만 유럽에서만 연금술이 화학으로 발전했다는 사실은 교훈적이다. 같은 맥락에서 많은 사회가 점성술의 정교한 체계를 발전시켰지만 오직 유럽에서만 점성술이 천문학으로 이어졌다.

과학계 인사들: 1543-1680

역사학자들은 종종 비정형적인 예에 의존하여 오도되기도(오도하기도) 한다. 이 문제는 계량적 방법을 적절히 사용함으로써 해결할 수 있다. 개신교도이거나, 비종교인이거나, 안수받은 성직자이거나, 대학 소속이었던 초기 유명 과학자들의 사례를 인용하기보다는, 이 시대의 모든 유명한 과

---

6   Bloch [1940] 1961: 83.

학자의 분석을 바탕으로 훨씬 신뢰할 수 있는 결과를 얻을 수 있다.

따라서 나는 1543년에 출판된 코페르니쿠스의『천구의 회전에 관하여』(*De Revolutionibus*)를 시작으로 1680년 이전에 태어난 모든 과학자를 포함하여 그 시대의 중요한 과학계 인사들을 확인했다. 나는 여러 전문 백과사전과 인명사전에 제공된 명단에 대한 연구를 바탕으로 과학자들을 선택했는데, 그중에서도 아이작 아시모프(Isaac Asimov)의『과학과 기술 백과사전』(*Encyclopedia of Science and Technology*, 1982)이 특히 유용하고 믿을 만했다. 나는 활동적인 과학자로 선발을 제한했고, 따라서 프랜시스 베이컨과 조제프 스칼리제르(Joseph Scaliger) 같은 당대의 유명한 지식인들은 제외시켰다. 목록을 작성한 뒤 각각의 사례에 대해 부호로 처리하려고 했던 사실을 결정하려고 개별 전기 등 여러 자료를 참고했다. 결국 나는 52명의 과학자로 구성된 자료를 얻었다.[7]

1. 브레이어, 요한(Brayer, Johann, 1572-1625)

2. 보렐리, 조반니(Borelli, Giovanni, 1608-1679)

3. 보일, 로버트(Boyle, Robert, 1627-1691)

4. 브라헤, 티코(Brahe, Tycho, 1546-1601)

5. 브릭스, 헨리(Briggs, Henry, 1561-1630)

6. 카시니, 조반니(Cassini, Giovanni, 1625-1712)

7. 코페르니쿠스, 니콜라우스(Copernicus, Nicolaus, 1473-1543)

8. 데카르트, 르네(Descartes, René, 1596-1650)

9. 파브리키우스, 히에로니무스(Fabricius, Hieronymus, 1537-1619)

---

7 이 자료들은 이전 버전에 수록된 자료들과 약간 다르다. Stark, 2003을 보라.

10. 팔로피우스, 가브리엘(Fallopius, Gabriel, 1523-1562)

11. 페르마, 피에르(Fermat, Pierre, 1601-1665)

12. 플램스티드, 존(Flamsteed, John, 1646-1719)

13. 갈릴레이, 갈릴레오(Galilei, Galileo, 1564-1642)

14. 가상디, 피에르(Gassendi, Pierre, 1592-1655)

15. 겔리브랜드, 헨리(Gellibrand, Henry, 1597-약 1637)

16. 길버트, 윌리엄(Gilbert, Willia, 1544-1603)

17. 글라우버, 요한(Glauber, Johann, 1604-1668)

18. 그라프, 레그니에 드(Graaf, Regnier de, 1641-1673)

19. 그루, 느헤마이어(Grew, Nehemiah, 1641-1712)

20. 그리말디, 프란체스코(Grimaldi, Francesco, 1618-1663)

21. 괴리케, 오토(Guericke, Otto, 1602-1686)

22. 할리, 에드먼드(Halley, Edmond, 1656-1742)

23. 하비, 윌리엄(Harvey, William, 1578-1657)

24. 헬몬트, 얀 밥티스타 판(Helmont, Jan Baptista van, 1579/80-1644)

25. 헤벨리우스, 요하네스(Hevelius, Johannes, 1611-1687)

26. 후크, 로버트(Hooke, Robert, 1635-1703)

27. 호록스, 제레마이어(Horrocks, Jeremiah, 1619-1641)

28. 호이겐스, 크리스티안(Huygens, Christiaan, 1629-1695)

29. 케플러, 요하네스(Kepler, Johannes, 1571-1630)

30. 키르허, 아타나시우스(Kircher, Athanasius, 1601-1680)

31. 레이우엔훅, 안톤(Leeuwenhoek, Anton, 1632-1723)

32. 라이프니츠, 고트프리트(Leibniz, Gottfried, 1646-1716)

33. 말피기, 마르첼로(Malpighi, Marcello 1628-1694)

34. 마리오트, 에드메(Mariotte, Edme, 1620-1684)

35. 메르센, 마랭(Mersenne, Marin, 1588-1648)

36. 네이피어, 존(Napier, John, 1550-1617)

37. 뉴턴, 아이작(Newton, Isaac, 1642-1727)

38. 오트레드, 윌리엄(Oughtred, William, 1574-1660)

39. 파팽, 드니(Papin, Denis, 1647-1712)

40. 파스칼, 블레즈(Pascal, Blaise, 1623-1662)

41. 피카르, 장(Picard, Jean, 1620-1682)

42. 레이, 존(Ray, John, 1628-1705)

43. 레디, 프란체스코(Redi, Francesco, 1626-1697)

44. 리치올리, 조반니(Riccioli, Giovanni, 1598-1671)

45. 로메르, 올라우스(Roemer, Olaus, 1644-1710)

46. 샤이너, 크리스토프(Scheiner, Christoph, 1573-1650)

47. 스테노, 니콜라우스(Steno, Nicolaus, 1638-1686)

48. 스테비누스, 시몬(Stevinus, Simon, 1548-1620)

49. 토리첼리, 에반젤리스타(Torricelli, Evangelista, 1608-1647)

50. 베살리우스, 안드레아스(Vesalius, Andreas, 1514-1564)

51. 비에타, 프란치스쿠스(Vieta, Franciscus, 1540-1603)

52. 월리스, 존(Wallis, John, 1616-1703)

표 15-1은 이들 52명의 인사들이 추구했던 과학 분야의 분포를 보여준다.

이 자료에서 가장 놀라운 점은 여러 분야가 균등하게 분포되어 있다는 것이다. 이것은 개신교와 가톨릭 가운데서도 그렇고, 유럽 내륙과 영국 인사들에서도 그렇다.

표 15-1: 과학 분야

분야	인원	퍼센트
물리학	15	29%
천문학	13	25%
생물학/생리학	13	25%
수학	11	21%
합계	**52**	**100%**

"계몽된" 과학자들

18세기 철학자 집단이 기독교의 평판을 떨어뜨리기 위해 "암흑기"라는 개념을 창안한 것처럼, 그들은 종교적 어둠이 세속적 인문주의에 의해 마침내 사라졌다는 것을 근거로 자신들의 시대를 "계몽주의 시대"라고 명명했다. 버트런드 러셀이 나중에 설명했듯이, "계몽은 본질적으로 지금까지 어둠이 지배했던 곳에 빛을 퍼뜨리는 것을 목표로 한 독립적인 지적 활동의 재평가였다."[8] 따라서 볼테르, 루소, 로크, 흄 등은 세속주의의 승리를 축하하면서 자신들을 "과학혁명"의 업적으로 포장했고, 이는 결국 신은 이제 불필요한 가설이라는 라플라스(Laplace) 후작의 주장에 도달했다.

물론 이 "계몽된" 인물 중 어느 누구도 과학 사업에 관여하지 않았다. 과학에 관여한 사람들은 어떤가? 그들도 회의론자였나? 전혀 그렇지 않다.

우선 과학계 인사 중 13명(25%)이 성직자였고, 이 중 9명이 가톨릭 신자였다. 게다가 나는 52명의 인사를 개인적인 신앙심과 관련하여 분류

---

8   Russell, 1959: 232.

했다. 누군가를 독실한 사람으로 규정하기 위해서는 특히 그 사람이 종교에 깊이 관여했다는 명확한 증거가 필요했다. 예를 들어, 로버트 보일(Robert Boyle)은 성경을 비서구권 언어로 번역하는 데 많은 돈을 썼다. 아이작 뉴턴은 물리학보다 신학에 대해 더 많은 글을 썼다. 그는 심지어 재림의 날짜(1948년)도 계산했다. 요하네스 케플러는 신비주의와 성경적 질문에 깊은 관심을 두고 있었다. 그는 창조의 날짜를 알아내는 데 많은 노력을 기울였고 기원전 3992년으로 결론지었다.

회의론자였다는 증거는 없지만 그들의 동료들에게 만족감을 주는 것 외에는 신앙심이 두드러지지 않는 사람들을 식별하기 위해 나는 "관습적으로 종교적인"이라는 항목을 사용했다. 예를 들어, 마르첼로 말피기(Marcello Malpighi)가 있는데, 병아리의 심장에 대한 그의 관찰은 17세기 생물학에서 가장 주목할 만한 업적 중 하나로 여겨진다. 말피기의 전기는 보일이나 뉴턴처럼 신에 대한 관심사를 드러내는 직접적인 증거를 제공하지 않는다. 반면에 그는 로마로 물러나 교황 인노첸시오 12세의 개인 주치의로 일했는데, 인노첸시오 12세는 반종교개혁적인 매우 경건한 교황이었고 자기 주변 사람들에게 비슷한 수준의 경건을 요구했다. 그렇다면 내가 말피기의 개인적 경건 수준을 낮게 평가했고, 다른 경우에도 그랬을지 모르지만, 나는 어떤 이의 경건 수준을 과장하지는 않았다.

마지막으로 나는 회의론자라는 꼬리표를 지각이 있는 신의 존재에 대한 불신이나 적어도 깊은 의심을 가졌다고 추론할 만한 사람을 위해 남겨두었다. 52명 중 1명인 에드먼드 헬리(Edmond Halley)만 여기에 해당되었다. 그는 "무신론" 때문에 옥스퍼드 대학교의 교수직을 거절당했다.

표 15-2는 이 과학계 인사 52명의 종교적 자세를 보여준다.

표 15-2: 개인적 경건

경건성	인원	퍼센트
헌신적	31	60%
관습적	20	38%
회의적	1	2%
합계	**52**	**100%**

분명히 16세기와 17세기의 뛰어난 과학적 업적은 회의론자들이 아니라 적어도 60%는 독실한 기독교인들의 업적이었다. "계몽주의" 시대는 같은 사람들이 같은 이유로 함부로 내세운 신화인 "암흑시대"만큼이나 상상의 시대다.

개신교 혁명?

미국의 가장 영향력 있는 사회학자가 된 로버트 머튼(Robert K. Merton)은 1938년에 과학사지 「오시리스」(*Osiris*)에 "17세기 영국의 과학, 기술, 사회"("Science, Technology, and Society in Seventeenth-Century England")라는 장황한 논문을 발표했다. 머튼은 당시 마르크스주의와 세속주의의 정설을 거부하고, 개신교 청교도주의가 "과학 혁명"을 일으켰다고 주장했다. 머튼에 따르면, 과학 혁명은 청교도들이(아마도 그들은 그렇게 한 최초의 기독교인이었을 것이다) 세상이 하나님의 피조물이므로, 하나님을 찬양하는 수단으로서 이 피조물을 연구하고 이해하는 것이 그들의 의무라고 추론했기 때문에 일어났다. 따라서 머튼은 17세기 영국의 청교도 지식인들 사이에서 과학은 종교적 소명으로 정의되었다고 주장했다.

머튼의 모든 주장은 자본주의의 발흥에서 개신교 윤리가 담당한 역할에 대한 막스 베버의 주장의 연장선에 불과했다. 그리고 베버의 입장과 마찬가지로 머튼의 입장은 옹호될 수 없다. 머튼은 그가 인용한 과학자들의 개인적 경건(그 과학자들이 신앙이 있는 척했다는 초기 비평가들의 주장에도 불구하고)에 대해서는 확실히 옳았다. 하지만 그는 두 가지 면에서 잘못되었다. 첫째, 영국에 대한 좁은 관심을 유지함으로써 당시 과학에 대한 가톨릭의 실질적인 참여를 무시했다. 둘째, 영국 개신교 과학자들 대부분이 전통적인 영국 성공회 신자였음에도 그들을 청교도들로 오인했다.[9] 실제로 머튼의 "청교도"에 대한 정의는 매우 광범위하여 본질적으로 어떤 기독교인도, 심지어 가톨릭교도도 배제되지 않았다.[10] 바바라 샤피로가 간결하게 요약했듯이, "[머튼이] 말하고 있는 것은 본질적으로 영국인들이 영국 과학에 기여했다는 것이다."[11]

과학혁명이 개신교(특히 청교도들은 고사하고)의 업적이라는 주장은 표 15-3의 자료에 의해 명백하게 약화된다. 52명의 인사 중 절반만 개신교인이었고, 영국인을 배제하면 가톨릭 신자가 개신교 신자보다 26 대 11로 더욱 많았다. 이는 당시 유럽 대륙의 개신교 신자와 가톨릭 신자의 분포와 얼추 맞아떨어진다. 폴 코허(Paul J. Kocher)가 적절하게 관찰한 것처럼, "천주교, 성공회, 청교도 교리에는 그들 중 어느 누구를 다른 사람들보다 전반적으로 과학에 다소 호의적으로 만드는 것이 없었다.…과학은 신학의 충실한 하녀로 환영받아야 한다는 의견이 [다수를 차지했다]."[12]

---

9   Kearney, 1964: 특히 95.
10 Kearney, 1964; Rabb, 1965.
11 Shapiro, 1968: 288.
12 Kocher, 1953: 4.

표 15-3: 종교적 소속

	전체	유럽 대륙
개신교	26	11
가톨릭	26	26
합계	**52**	**37**

대학에서 탈출

아마도 로저 베이컨이 대학을 "과학의 진보에 반대된다"라고 공격했기 때문인지, 과학의 발흥에 대한 대부분의 현대 역사학자는 대학들을 비난했다. 특히 그렇게 하는 것이 종교를 공격할 추가적인 근거를 제공하기 때문이다.[13] 이 관점의 전형은 리처드 웨스트폴(Richard S. Westfall)이었다. 그는 1971년에 "유럽의 대학들은 과학 활동의 초점도 아니었고, 과학은 대학과 독립적으로 활동의 중심지를 개발해야만 했다. 게다가 대학은 현대 과학이 자연에 대해 생각한 새로운 개념들에 대항하는 주요한 중심이었다"라고 말했다.[14]

8장에 비추어 볼 때, 이것은 매우 놀라워 보인다. 적어도 이전에 저명한 과학적 진보의 세대를 지속해왔던 대학들이 어떻게 과학에 등을 돌렸고 사회적 통념의 보루가 되었는지에 대한 설명이 필요하다. 그런 설명은 제공되지 않았다. 그런 일이 없었으니까 말이다! 대학교들은 앞선 세기 동안 그랬던 것처럼 이 영광스러운 시대에 과학의 주요한 기반 역할을 한 기관

---

13 Gascoigne, 1990.
14 Westfall, 1971: 105.

으로 남아 있었다.

예를 들어, 후에 간단히 런던왕립학회로 알려진 유명한 "자연지식 향상을 위한 왕립 학회"는 1640년대에 한 무리의 과학자들이 옥스퍼드 대학교에서 정기 회의를 개최하면서 시작되었다.[15] 런던으로의 이주는 런던에 위치한 그레샴 칼리지의 유명세와 맞물려 이루어졌으며, 많은 영국 과학자가 그레샴과 옥스퍼드, 케임브리지에서 공동 직책을 맡고 있었다.

또한 역사가 휴 키어니(Hugh F. Kearney)가 지적했듯이, 52명의 인사 중 48명(92%)은 "2-3년이라는 관습적인 의미에서가 아니라 10년 이상의 장기간에 걸쳐 대학 교육을 받았다."[16] 현대적 용어로 표현하자면, 이 인사들은 대학원을 다녔다. 예를 들어, 코페르니쿠스는 크라쿠프 대학교에서 4년을 보낸 후 이탈리아로 가서 볼로냐, 파도바, 페라라 대학교에서 6년을 더 보냈다. 코페르니쿠스가 이탈리아에서 훈련을 받지 않았다면 그가 천문학에 상당한 기여를 했을 것이라고는 상상도 할 수 없다. 이러한 발견은 1550년부터 1650년까지 알려진 과학자 720명의 경력을 분석한 결과로 뒷받침되며, 이 중 87%는 대학교육을 받았다.[17] 게다가 52명의 유명 인사 중 거의 절반에 가까운 24명은 적어도 한동안은 교수로 근무한 경력이 있다.

이 시대의 대학교들이 과학에 반대하기보다는 특히 과학에 전념했기 때문에 이는 당연한 현상이다. 저명한 과학사학자 에드워드 그랜트(Edward Grant)가 말했듯이, "중세 대학은 현대의 대학보다 과학에 훨씬 더 중점을 두었다."[18]

---

15   Gribben, 2005: 125.
16   Kearney, 1964: 94.
17   Gascoigne, 1990: table 5.1.
18   Grant, 1984: 68.

왜 잉글랜드인가?

많은 사람이 잉글랜드가 이 과학 시대의 주요한 배경이라고 주장해왔다. 머튼은 잉글랜드에만 집중하여 과학의 진보를 청교도의 업적으로 설명하는 주장을 밀어붙였고, 런던의 과학계에서 비학계 사람들이 두드러지면서 다수가 대학의 역할을 경시하게 되었다. 비록 이 두 가지 해석이 모두 틀렸지만, 표 15-4에서 볼 수 있듯이 잉글랜드가 예외적으로 과학자들을 많이 배출해냈었다는 견해에 대한 약간의 근거가 있다.

표 15-4: 국적

국적	인원	퍼센트
잉글랜드	14	27%
프랑스	11	21%
이탈리아	9	17%
독일	8	15%
네덜란드	4	8%
덴마크	3	6%
플랑드르	1	2%
폴란드	1	2%
스코틀랜드	1	2%
합계	52	100%

특히 이 시대에 이탈리아는 잉글랜드 인구의 약 2배였음을 고려하면, 사실 잉글랜드가 두드러진다.[19] 왜 잉글랜드인지 묻는 것은 정당하다. 나의

---

19   Ozment, 1980: 191.

설명은 영국이 산업혁명을 주도한 것과 같은 이유로 과학 분야도 이끌었다는 것이다. 잉글랜드의 상당히 큰 정치적·경제적 자유는 상대적으로 개방적인 계급 체계를 만들어냈고, 이는 부르주아라고 불리는 야심 차고 창의적인 중상류층을 출현시켰다. 부르주아 계급의 발흥은 서유럽 전역에서 일어났지만, 잉글랜드(그리고 네덜란드)에서는 훨씬 더 일찍 그리고 더욱 많이 일어났다. 이 문제들은 17장에서 자세히 다룰 것이다. 여기서는 몇 가지 예비 사항을 확립하는 것으로 충분하다.

첫째는 초창기부터 지식의 추구는 귀족보다 지위가 낮은 사람들의 일이었다는 것이다. 아리스토텔레스는 장차 왕이 될 후계자들을 가르쳤지만, 그는 의사의 아들이었다. 역사학자 헤이스팅스 래쉬달이 대다수 중세 대학교 학생의 사회적 지위가 "기사와 자작농, 무역상, 소매상인, 검소한 장인 등 최고와 최하위 사이에 있었다"라고 관찰한 것을 8장에서 언급했다.[20] 서유럽 전역에 대학교가 있었지만, 키어니가 지적했듯이 17세기에는 "19세기에 이르기까지의 그 어느 시대보다도 더 많은 학생이 잉글랜드 대학교"에 등록했다.[21] 사실 1540년대부터 잉글랜드는 모든 수준의 교육이 놀랄 만큼 폭발적으로 증가하여, 읽고 쓰는 능력의 엄청난 증가와 함께 그에 상응하는 책 판매의 증가를 가져왔다.[22] 이는 존 호킨스(John Hawkins)나 프랜시스 드레이크(Francis Drake)와 같은 "평민들"이 여왕을 섬기는 데 중요한 역할을 했던 엘리자베스 여왕의 궁정 상황과 완전히 일치했다.

이 시기에 잉글랜드에서 또 한 가지 주목할 만한 일이 벌어지고 있었

---

20   Rashdall [1936] 1977: 3:408.
21   Kearney, 1964: 100.
22   Stone, 1964.

다. 하위 귀족들이 사실상 위에서 부르주아 계급에 합류하고 있었다. 역사학자 로렌스 스톤은 "그들이 대학과 법학원에 쏟아져 나왔다"라고 했다.[23] 이러한 이유로 그 시대 잉글랜드의 과학계 인사들은 대륙 과학자들보다 더 부르주아 출신이 많았을 것이다. 이는 표 15-5에서 볼 수 있다.

표 15-5: 계급 출신

	잉글랜드	대륙
귀족	7%	14%
상류층	7%	38%
중산층	79%	43%
하류층	7%	5%
합계	100%	100%

이 항목들은 각 과학자의 가족에게 적용된다. 귀족은 아버지가 작위를 가졌다는 것을 의미한다. 상류층에는 사회적 지위가 높지만 작위는 없는 사람들, 예를 들어, 정부 관리, 대지주, 그리고 데어드레 맥클로스키(Deirdre McCloskey)의 표현에 따르면 "귀족 바로 아래의 위엄 있는 사람들"이 포함된다.[24] 부르주아 아버지들은 사업을 하거나 전문직, 성직자, 교수 등의 일원이었다. 하층민이란 농민이나 노동계 출신에서 출세한 사람을 말하며, 이 인사 중 오직 세 명만 하층민 출신이다. 마랭 메르센의 부모는 소작농이었고, 요한 글라우버의 아버지는 이발사였으며, 존 레이는 대장장이의 아들이었다. 잉글랜드가 더 많은 과학자를 배출했지만, 이 멋진 과학 시대

23   Stone, 1972: 75.
24   McCloskey, 2010: 403.

에 관한 가장 중요한 사실은 과학이 서유럽 전역으로 퍼져나갔다는 것이다. 거기에는 충분한 이유가 있다. 그것은 기독교의 근본이 되는 체계적인 지식 추구의 정상적인 결과였다.

과학의 기독교적 기초

중세 유럽인들만이 과학이 가능하고 바람직하다고 믿었기 때문에 과학은 오직 기독교 유럽에서만 생겨났다. 그리고 그들의 믿음의 기초는 하나님과 그의 창조물에 대한 그들의 인상이었다. 이것은 영국의 위대한 철학자이자 수학자인 알프레드 노스 화이트헤드(Alfred North Whitehead)가 1925년 하버드 로웰 강의에 참석한 저명한 학자들에게 극적으로 주장했는데, 그는 과학이 "중세 신학에서 파생된…과학의 가능성에 대한 [널리 퍼진] 믿음" 때문에 유럽에서 발전했다고 설명했다.[25] 이 주장은 그의 청중들뿐만 아니라 그의 강의가 책으로 출판되었을 때 서구 지식인들 전반에게 충격을 주었다. 버트런드 러셀과 함께 기념비적인 『수학 원리』(*Principia Mathematica*, 1910-13)의 공동 저자이기도 한 세계적으로 유명한 이 사상가는 어떻게 종교가 과학의 집요한 적이라는 것을 모를 수 있었을까?

화이트헤드는 비기독교 신학이 다른 모든 곳에서 과학적 모험심을 억압했던 것처럼, 기독교 신학이 과학의 발달을 위해 필수적이라는 것을 인식했다. 그는 이렇게 설명했다.

---

25   Whitehead [1925] 1967: 13.

중세주의가 과학 운동의 형성에 가장 크게 기여한 부분은 밝혀낼 수 있는…
비밀이 있다는 확고한 믿음을 제공한 것이었다. 어떻게 이런 확신이 유럽인
들의 마음에 생생하게 심어졌을까?…그것은 분명 신의 합리성에 대한 중세
의 주장에서 비롯된다. 이는 여호와의 개인적인 힘과 그리스 철학자의 합리
성과 더불어 표현되었다. 모든 세부 사항은 감독되고 정돈되었다. 자연에 대
한 탐구는 합리성에 대한 믿음의 정당성을 입증하는 결과를 낳을 수밖에 없
었다.[26]

물론 화이트헤드는 많은 초기 과학자가 말했던 것을 요약했을 뿐이다. 르
네 데카르트는 신이 완벽하고 "가능한 한 지속적이고 불변하는 방식으
로 행동"하기 때문에 자연의 법칙이 존재해야 한다는 것을 근거로 그러한
"법칙"에 대한 그의 탐구를 정당화했다.[27] 즉 우주는 합리적인 규칙이나
법칙에 따라 기능한다는 것이다. 위대한 중세 스콜라 학자인 니콜 도레스
메(Nicole d'Oresme)는 신의 창조는 "사람이 시계를 만들고 시계 스스로 돌
아가고 움직임을 계속하게 하는 것과 매우 비슷하다"라고 했다.[28] 더 나아
가 신이 인간에게 사유의 힘을 주었기 때문에 우리가 신이 세운 규칙을 발
견하는 것이 가능해야 한다.

　　많은 초기 과학자는 화이트헤드가 지적했듯이 이러한 비밀을 추구해
야 할 도덕적인 의무가 있다고 느꼈다. 이 위대한 영국 철학자는 비유럽의
신앙, 특히 아시아의 신앙에서 발견되는 신과 피조물에 대한 이미지는 과
학을 지속하기에는 너무 비인간적이거나 비이성적이라고 지적하며 발언

26　　Whitehead [1925] 1967: 12.
27　　René Descartes, *Oeuvres*: book 8, ch. 61.
28　　Crosby, 1997: 83.

을 마무리했다. 어떤 특정한 자연적인 "발생은 비합리적인 폭군의 지시" 때문일 수도 있고, 또는 "어떤 비인간적이고 불가해한 기원"에 의해 생성될 수도 있다는 것이다. "여기에는 인격적인 존재의 이해할 수 있는 합리성에 대한 확신과 같은 것은 없다."[29] 유대교와 기독교의 공통적인 뿌리를 고려할 때 신에 대한 유대교적 개념은 기독교의 개념과 마찬가지로 과학을 유지하는 데 적합하다는 점에 주목해야 한다. 그러나 유대인들은 적고 흩어져 있었으며, 이 시기 동안 자주 억압받고 과학의 발흥에 참여하지 않은 유럽의 소수민족이었다. 물론 유대인들은 19세기에 해방된 이후 과학자로서 뛰어난 업적을 쌓았다.

대조적으로 유대-기독교 전통 밖의 대부분의 종교는 창조를 전혀 상정하지 않는다. 우주는 시작도 목적도 없이 영원하다고 여겨진다. 우주가 창조된 적이 없으므로 창조주도 없다. 이 관점에서 우주는 최고의 미스터리이며, 일관성이 없고, 예측할 수 없으며, (어쩌면) 제멋대로다. 이 견해를 가진 사람들에게 지혜로 가는 유일한 길은 명상이나 영감이다. 사유할 것이 전혀 없다. 하지만 만약 우주가 완벽하고 이성적인 창조자에 의해 합리적인 규칙에 따라 만들어졌다면, 우주는 그 비밀을 이성과 관찰에 넘겨줄 수밖에 없다. 그러므로 자연은 읽혀야 하는 책이라는 자명한 말이 생겼다.

물론 존경받는 중국 기술 역사학자인 조지프 니덤(Joseph Needham)이 설명했듯이, 중국인들은 "이러한 생각이 그들이 직관한 우주의 미묘함과 복잡성에 비해 너무 순진하다고 경멸했을 것이다."[30] 또한 그리스인 중 다수는 우주를 영원하고 창조되지 않은 것으로 여겼다. 아리스토텔레스가

---

29   Whitehead [1925] 1967: 13.
30   Needham, 1954: 581.

"우주가 어떤 시점에 생겨났다는 생각을…상상할 수도 없는 것"이라고 비난했던 것을 기억해보라.[31] 2장에서 보았듯이, 그리스인들은 우주와 보다 일반적으로 무생물들을 생명체로 취급했고, 따라서 그들은 천체의 움직임과 같은 자연 현상들을 무생물의 작용이 아닌 어떤 동기의 결과로 보았다. 이슬람교의 경우, 알라에 대한 정통적인 개념은 과학적 탐구에 대해 적대적이다. 코란에는 알라가 자신의 창조물을 움직이게 한 다음 그것이 스스로 돌아가도록 했다는 어떠한 암시도 없다. 오히려 그는 종종 세상에 끼어들어 자신이 원하는 대로 일을 바꾸는 것으로 추정된다. 따라서 수 세기에 걸쳐 많은 영향력을 끼친 이슬람 학자들은 자연법을 제정하려는 노력이 알라의 행동의 자유를 부정하는 것처럼 보이기 때문에 신성 모독이라고 주장해왔다. 따라서 신과 우주에 대한 중국, 그리스, 무슬림의 이해는 과학적 노력을 방해했다.[32]

유럽인들은 하나님을 합리적 우주의 지적인 설계자로 믿었기 때문에 창조의 비밀을 추구한 것이다. 요하네스 케플러는 "외부 세계에 대한 모든 조사의 주된 목적은 신이 그 세계에 부과하고 수학의 언어로 우리에게 밝힌 합리적인 질서와 조화를 발견하는 것이어야 한다"라고 말했다.[33] 17세기의 위대한 화학자 로버트 보일은 유언장에서 런던왕립학회의 회원들이 "신의 업적의 진정한 본질을 발견하려는 그들의 칭찬할 만한 시도"에 계속 성공하기를 기원했다.[34]

아마도 과학의 발흥에서 가장 주목할 만한 측면은 초기 과학자들이

---

31   Lindberg, 1992: 54.
32   이에 대해서 나는 Stark, 2003: ch. 2에서 자세하게 다루었다.
33   Bradley, 2001: 160.
34   Merton, 1938: 447.

자연법칙이 존재한다고 확신하며 자연법칙을 탐구한 것이 아니라 그것을 발견했다는 것이다. 우주의 지적 설계자가 있다는 명제는 모든 과학 이론 중 가장 근본적이며, 여러 차례 성공적으로 검증되었다고 할 수 있다. 알베르트 아인슈타인이 말했듯이, 우주에 대해 가장 이해할 수 없는 점은 우리가 그것을 이해할 수 있다는 것이다. "선험적으로 우리는 어떤 식으로도 이해될 수 없는 혼란스러운 세계를 예상해야 한다.…그것은 우리의 지식이 확장됨에 따라 끊임없이 강화되는 '기적'이다."[35] 그리고 그것은 의도와 합리성에 의해 인도함을 받는 창조세계를 증언하는 "기적"이다.

물론 과학의 발흥은 초기 개신교뿐만 아니라 가톨릭교회와도 약간의 갈등을 일으켰다. 그것은 과학을 정당화하고 동기를 부여하는 데 있어서 신에 대한 기독교 개념의 본질적인 역할을 결코 감소시키지 않는다. 그것은 단지 많은 기독교 지도자가 과학과 신학 사이의 중요한 차이점을 이해하는 데 실패했다는 것을 반영할 뿐이다. 기독교 신학자들은 성경을 통해 신의 본질과 의도를 추론하려고 시도하지만, 과학자들은 경험적 수단을 통해 신적 창조물의 본질을 발견하려고 한다. 원칙적으로 두 노력은 겹치지 않지만, 실제로 신학자들은 때때로 과학적인 입장이 신앙에 대한 공격이라고 느껴왔다(그리고 일부 현대 과학자들은 실제로 종교를 공격했다. 비록 거짓된 근거에 기반했지만 말이다). 초기에는 천주교와 개신교 신학자들 모두 지구가 우주의 중심은커녕 태양계의 중심도 아니라는 사실을 받아들이기를 꺼렸기에 큰 논쟁이 벌어졌다. 루터와 교황 모두 코페르니쿠스의 주장에 반대했지만, 그것을 물리치려는 그들의 노력은 거의 영향을 미치지 않았고 결코 강력하지도 않았다.

---

35   Einstein, 1987, 131.

갈릴레이는 어떤가?

불행하게도 이 작은 갈등은 종교가 과학의 냉혹한 적이라는 것을 보여주기로 결심한 사람들에 의해 기념비적인 사건으로 번졌다. 그들은 갈릴레오 갈릴레이를 맹목적인 믿음에 의한 영웅적인 순교자로 만들었다. 볼테르는 "위대한 갈릴레이는 여든의 나이에 지구의 움직임을 반박할 수 없는 증거로 증명했기 때문에 종교재판소의 지하감옥에서 신음하며 하루하루를 보냈다"라고 보고했다.[36] 이탈리아의 논쟁가 주세페 바레티(Giuseppe Baretti, 1719-1789)는 갈릴레이가 "지구가 움직인다고 말한 것으로 인해 고문을 당했다"라고 덧붙였다.[37]

갈릴레이가 로마의 종교재판소 앞에 불려가 지구가 태양 주위를 돈다는 이단적 가르침으로 기소된 것은 사실이다. 그리고 그는 자신의 견해를 철회하도록 강요받았다. 그러나 그는 투옥되거나 고문당하지 않았고, 안락한 가택연금을 선고받았으며, 가택연금 기간에 78세의 나이로 사망했다. 더 중요한 것은 갈릴레이가 교회와 마찰을 일으킨 것은 그의 과학적 신념보다는 오만한 이중성 때문이었다는 것이다. 이런 식으로 일이 진행되었다.

마페오 바르베리니(Maffeo Barberini)는 교황 우르바노 8세(1623-144년)가 되기 훨씬 전 추기경이었을 때부터 갈릴레이를 알고 좋아했다. 1623년 갈릴레이는 『시금자』(Assayer)를 출판하면서 바르베리니에게 책을 헌정했다(책 표지에 바르베리니 가문의 문장이 등장함). 그리고 새 교황은 여러 예

---

36   Finocchiaro, 2009: 68에서 인용됨.
37   Finocchiaro, 2009: 68.

수회 학자들을 향해 그 책에 적힌 추잡하고 모욕적인 표현들로 인해 기뻐했다고 한다. 『시금자』는 주로 예수회 수학자인 오라치오 그라시(Orazio Grassi)에 대한 공격이었다. 그는 혜성을 (정확하게) 작은 천체로 취급하는 연구를 출판했다. 갈릴레이는 혜성이 단지 지구로부터 발생하는 증기에 대한 반사일 뿐이라고 (잘못) 주장하면서 이 주장을 조롱했다.[38] 어쨌든 『시금자』는 교황 우르바노가 천문학의 영예에 대한 시를 쓰도록 자극했다. 그럼 무엇이 잘못되었는가?

갈릴레이 사건을 역사적 맥락으로 보는 것은 중요하다. 이때 북유럽에서는 종교개혁이 도전적이었고, 30년 전쟁은 격렬했으며, 가톨릭 반종교개혁은 한창이었다. 가톨릭교회가 성경에 충실하지 못했다는 개신교의 비난에 대한 부분적인 반응으로 수용 가능한 신학의 한계가 좁아지고 있었고, 이는 학문적·과학적 논의에서 교회의 간섭을 증가시켰다. 그러나 도시 관료와 다른 주요 관료들은 과학자들을 단속할 준비가 되어 있지 않았다. 대신 그들은 영역을 분리함으로써 과학과 신학 사이의 충돌을 피할 수 있는 방법을 제안했다. 그리하여 마랭 메르센 수사는 그가 연락을 주고받던 선두적인 과학자들에게, 하나님은 그분이 원하는 곳에 지구를 둘 자유가 있으며, 그가 지구를 어디에 두었는지 알아내는 것이 과학자들의 의무라는 것을 근거로, 그들의 연구를 변호하라고 조언했다.[39] 좀 더 신중한 초기 과학자들은 과학적 결론을 가정적이거나 수학적인 것으로 봄으로써 직접적인 신학적 함축이 없다는 전략을 채택했다.

그리고 그것이 교황이 갈릴레이에게 부탁한 것이다. 우르바노는 갈

---

38   Drake, O'Malley, 1960.
39   Brooke, Cantor, 1998: 20.

릴레이가 그의 출판물에서 (John Hedley Brooke과 Geoffrey Cantor의 말에 의하면) "자연과학에서는 결정적인 결론에 도달할 수 없다. 전지전능한 신은 어떤 방법으로든 자연현상을 만들어낼 수 있으며, 따라서 어떤 철학자든 자신이 독특한 해결책을 알아냈다고 주장하는 것은 주제넘은 일이었다"라고 인정하기를 원했다.[40] 그것은 쉽게 회피할 수 있는 문제로 보였다. 그리고 갈릴레이가 망원경과 같은 다른 사람들의 발명품을 자신의 공로로 주장하고, 피사의 탑에서 물체를 떨어뜨리는 것과 같은 십중팔구 그가 하지도 않은 연구를 수행했다고 주장하는 경향을 볼 때, 교황과 함께 가는 것이 그의 윤리적인 기준을 확장한 것 같지는 않다. 그러나 다소 모욕적인 방법으로 교황에게 반항하는 것은 갈릴레이의 자존심과 꽤 일치했다.

1632년에 갈릴레이는 사람들이 기다렸던 『두 가지 주요 세계 체계에 관한 대화』(*Dialogue Concerning the Two Chief World Systems*)를 출판했다. 이 책의 표면적인 목적은 조석 현상을 설명하는 것이었지만, 관련된 두 가지 체계는 태양이 지구를 도는 프톨레마이오스의 체계와 지구가 태양을 도는 코페르니쿠스의 체계였다. 대화에는 세 명이 참여했는데, 그중 두 명은 철학자였고 한 명은 평신도였다. 프톨레마이오스를 지지하는 전통적인 견해를 제시한 사람은 평신도 심플리치오(Simplicio)였다. 이 이름이 "얼간이"(Simpleton)와 닮았다는 것은 모두에게 명백했다. 이것은 갈릴레이가 그의 반대자들을 조롱하기 위해 전통적인 허수아비 논증을 이용할 수 있게 해주었다. 갈릴레이는 교황이 제안한 변명을 포함시키기는 했지만, 그 말을 심플리치오의 입에 넣음으로써 그것을 부인했다.

그 책은 큰 파문을 일으켰고 교황은 당연히 배신감을 느꼈다. 갈릴레

---

40   Brooke, Cantor, 1998: 110.

이는 결코 그 사실을 파악하지 못했고 자신이 당면한 문제에 대해 예수회 사람들과 대학교수들을 계속 비난했다. 그럼에도 불구하고 교황은 갈릴레이를 심각한 처벌로부터 보호하기 위해 자신의 힘을 사용했다. 불행하게도 갈릴레이의 반항적인 행동은 반개혁주의 교회로 하여금 지적 자유를 전반적으로 탄압하도록 자극했다.

아이러니하게도 갈릴레이가 이 책에서 올바른 과학으로 제시한 많은 것이 그렇지 않았다. 예를 들어, 그의 조석 이론은 알버트 아인슈타인이 갈릴레이의 악명 높은 책의 1953년판 역서 서문에서 지적했듯이, 말도 안 되는 것이었다. 마찬가지로 아이러니한 것은 갈릴레이에 대한 판단이 부분적으로 점성가를 억압하려는 노력에 의해 동기가 부여되었다는 사실인데, 이는 일부 신학자들이 지구가 움직인다는 주장을 운명이 천체의 움직임에 의해 지배된다는 교리와 혼동했기 때문이다.

그렇다면 갈릴레이의 사례는 무엇을 말해주는가? 그것은 강력한 단체와 조직들이 종종 그들의 신념을 강요하기 위해 권력을 남용한다는 것을 분명히 보여주는데, 이러한 단점은 확실히 종교 단체에만 국한되지 않는다. 소비에트 연방의 공산주의 정권은 모든 특성이 환경에 의해 발생한다는 이유로 멘델의 유전학을 금지했다. 그러나 이는 갈릴레이가 무식하고 편협한 무리의 희생양이 된 순진한 학자가 아님을 보여준다. 이 같은 "편협한 사람들"은 수십 명의 다른 저명한 과학자도 무시했다. 그 과학자 중 다수는 이탈리아에 거주하고 있었다.

어떤 경우에도 이 유명한 사건은 과학의 발흥이 기독교 신학에 뿌리를 두고 있었다는 사실을 바꾸는 데 아무런 도움이 되지 않는다. 사실 갈릴레이는 그러한 태도에도 불구하고 여전히 신앙심이 깊었다. 역사학자 윌리엄 시어(William Shea)는 "갈릴레이가 덜 독실했더라면 (종교재판소로 소환되었을 때) 로마로 가기를 거절할 수 있었을 것이다. 베네치아는 그에게 망명을 제안했다"라고 지적했다.[41] 하지만 그는 베네치아로 도망하지 않았고 재판이 끝난 후 그의 딸과 친구들에게 개인적인 믿음을 종종 표현했다.

물론 기독교가 서양 과학의 발전에 필수적이었지만, 그 의존성은 더 이상 존재하지 않는다. 제대로 시작되기만 하면 과학은 스스로 설 수 있다. 또한 자연의 비밀이 장기간의 탐구에 굴복할 것이라는 확신은 본래 기독교적이었던 것만큼이나 이제 세속적인 신념이기도 하다. 독립적인 과학 기득권의 부상은 신학과 과학 사이에 새로운 긴장을 낳았다. 교부들이 신학을 위한 과학의 함의에 대해 조심스러워했다면, 오늘날은 실제 과학자들인 일부 공격적인 무신론자들이 존재하는데, 이들은 종교가 미신적인 난센스라고 공격하며 과학이 신의 존재와 기적의 가능성을 반박한다고 주장한다. 놀랍게도 이들 중 가장 유명한 몇 명은 신과 같은 존재가 먼 행성에서 진화했다고 확신하고 있다.

개별 영역에서의 진척

어떤 사람들은 과학 기업이 특히 영국에서 기술의 실질적인 진보에 대한 관심에 의해 움직이고 유지되었다고 주장한다.[42] 이러한 관점의 문제점은 16세기와 17세기 동안 가장 중요한 과학적 업적으로부터 기술적 응용이

---

41   Shea, 1986: 132.

42   Mason, 1950.

발전한 경우는 거의 없다는 것이다. 과학적 응용의 부족은 물리학이나 천문학 같은 더 이론적인 과학뿐만 아니라 생리학처럼 거의 응용된 과학에서도 마찬가지였다. 예를 들어, 가브리엘 팔로피우스(Gabriel Fallopius)가 난소에서 나오는 관(그의 이름으로 명명됨)을 확인한 것이 의학적으로 유의미한 결과로 이어지기까지는 몇 세기가 더 걸렸다. 또한 의사에게든 연인에게든 그가 "질"(vagina)이라는 용어를 만든 것은 중요하지 않았다.

이 영광스러운 과학적 업적의 시대가 많은 기술적 진보로 특징지어진 것 역시 사실이다. 하지만 발명가들과 과학자들은 서로 다른 세계에 거주했던 것 같다. 그 예로는 과학계 인사 중 하나인 드니 파팽(Denis Papin)이 있다. 파팽은 영국의 광산에서 물을 퍼올리기 위해 토머스 세이버리(Thomas Savery)가 설계한 것보다 더 나은 펌프를 발명했다고 주장했다. 파팽은 자신의 주장을 입증하기 위해 왕립학회에 세이버리의 펌프를 상대로 자신의 펌프를 시험해볼 것을 촉구했지만 회원들은 이 펌프에 관심이 없었다.[43] 파팽은 펌프를 가져다가 광산 소유주들에게 시연할 생각은 없었던 것 같다.

비록 과학과 기술 혁신 사이에 직접적인 연관성은 없었지만, 과학과 기술은 모두 급격하게 성장했으며 점점 더 교육을 받은 성취 지향적인 부르주아 계급에 의한 적극적인 진보의 추구에 기인하고 반영되었다.

그리고 물론 과학과 기술의 발전은 기독교에도 불구하고 일어난 것이 아니라 기독교 때문에 일어났다. 기존의 이야기와는 달리, 소위 계몽주의 시대에 유럽이 종교적 "미신"을 버리고 나자 과학이 갑자기 번성한 것이 아니다. 과학은 서양에서(그리고 서양에서만) 정확히는 신에 대한 유대-

---

43   Landes, 1994: 649.

기독교의 개념이 이러한 추구를 장려하고 심지어 요구했기 때문에 발달하기 시작했다.

제5부

근대

(1750-)

16장

산업혁명

인간의 삶의 질에서 가장 중요한 변화는 석기 시대에 일부 동식물이 길들여진 결과다. 인간은 더 이상 야생에서 자라는 먹이나 잡아 죽일 수 있는 사냥감에 전적으로 의존하지 않았다. 그러나 석기 시대의 이러한 발견 이후, 발전은 더뎠다. 삶의 수준 측면에서, 그 후 7천 년 동안 상황은 거의 비슷했을 것으로 추정된다.[1] 사람들은 거의 같은 양의 음식을 먹었고, 거의 같은 수명을 살았으며, 거의 비슷한 태아 사망률을 겪었다. 서양에서도 17세기만 해도 삶은 힘들고 짧았다.

그러나 그 후 발명과 혁신의 물결이 삶의 거의 모든 측면을 변화시키면서 영국에서 거대하고 놀라울 정도로 빠른 진보의 시대가 시작되었다. 1750년에서 1850년 사이에 영국의 평균 생활수준은 두 배가 되었다. 그것은 시작에 불과했다. 산업혁명은 계속되었고 확산되어 오늘날 서구 국가의 평균적인 사람은 1700년에 살던 사람에 비해 16배나 높은 삶의 수

---

1   Rosen, 2010: xvi.

준을 누리고[2] 거의 3배나 오래 산다.[3] 사실 오늘날 콩고 공화국에서 태어난 아기는 1800년 프랑스에서 태어난 아기보다 25년 더 오래 살 것으로 예상된다.[4] 근대에 온 걸 환영한다.

삶의 질이 이렇게 엄청나게 높아진 이유는 간단했다. 갑자기 사람들은 훨씬 적은 노동력으로 음식을 포함한 훨씬 더 많은 상품을 생산할 수 있게 되었다. 이러한 "기적"이 일어난 이유는 지칠 줄 모르고 정확하며 불평하지 않는 기계가 주요 생산 수단으로 인간을 대체하면서 생산의 속도와 실적이 크게 향상되었기 때문이다. 간단한 예를 들면, 스콧과 치점(Scott and Chisholm)의 완두콩 껍질 까는 기계는 600명의 노동자가 손으로 껍질을 까는 것과 맞먹는 결과물을 내놓았다.[5]

불행하게도 이 모든 진전과 함께 새로운 우려와 환멸이 찾아왔다. 기계는 인간을 힘든 노동으로부터 해방시켰지만, 사람들은 기계 조작자가 됨으로써 통일성과 규율의 대상이 되었다. 이는 종종 사람들을 분개하게 만들고 때로는 심한 비난을 받게 하기도 했다(특히 육체노동을 해본 적이 없는 지식인에 의해). 최초의 공장들은 석탄으로 작동되었고, 현대적인 여과 장치가 부족했기 때문에 심각한 오염을 야기했다. 기대수명이 크게 늘어남에 따라 의료시설에 대한 수요가 높은 노령인구를 부양하는 일이 사회문제가 되었다. 그리고 상황이 그런 식으로 흘렀다. 무지한 사람들만이 "소박했던 시간"으로 돌아가자고 제안하는데, 그때는 태어난 사람 중 절반이 어린 시절에 죽었고, 대가족이 연기 자욱한 단칸방에서 살았으며, 집에서

---

2   McCloskey, 2010: 48.

3   Fogel, 2004.

4   Rosen, 2010: xvii.

5   Klein, 2007: 28.

16km 이상 여행한 사람은 거의 없었다. 여하튼 산업혁명 시기에 일어난 생산의 변화는 이 장에서 우리가 주로 다룰 매혹적인 이야기를 만들어냈다. 왜 이 시간과 장소에서 그런 일이 일어났는지가 17장의 주제가 될 것이다.

산업혁명은 매우 빠르게 일어났고 다양한 산업에서 너무 많은 발명과 혁신을 수반했기에, 다수의 두꺼운 책도 그것을 충분히 다룰 수 없다.[6] 이어지는 내용은 단지 무슨 일이 일어났는지에 대한 감을 잡을 수 있도록 개요를 제공할 뿐이다. 산업혁명 기간 중 생산성의 가장 극적인 도약이 목화산업에서 일어났기 때문에, 여기서 시작하는 것이 최선이다.

목화의 혁명

1760년 영국은 113톤이 넘는 원면을 수입했는데, 이것을 실로 만든 후에 수작업을 통해 천으로 엮였다. 이 작업은 주로 집에서 혹은 직조 장인의 가게에서 진행되었다. 1787년까지 목화 수입은 연간 998톤으로 증가했고, 기계들이 제조 과정의 일부 단계에 투입되기 시작했지만, 대부분의 작업은 여전히 가정과 작은 가게에서 이루어졌다. 그 후 면직물을 생산하기 위해 기계를 사용하는 방직 공장이 생겨났다. 1830년대에 원면의 수입은 15만 톤으로 증가했다.[7]

영국 면직물의 총 가치는 1770년에 약 60만 파운드에서 1805년에

---

6   이 주제에 관한 가장 좋은 책들은 다음과 같다. Ashton, 1955; Landes, 2003; Mokyr, 2009;
     Rosen, 2010; Wrigley, 2010.
7   Landes, 2003.

1,050만 파운드로 급증했다. 맨체스터시에서만 1790년에 2개였던 방직 공장의 수가 1821년에 66개로 늘어났다. 1830년에 이르러서 면직물 제조는 상품의 가치와 고용된 사람들의 숫자 면에서 영국의 주요 산업이 되었다. 이 모든 것은 수작업을 대체할 수 있는 직조 기계를 만든 기술의 빠른 발명과 발전 덕분이었다.[8]

대서양 건너편에서, 1793년에 미국인 엘리 휘트니(Eli Whitney)가 솜 꼬투리의 씨앗을 빠르게 제거하기 위해 조면기를 개발했다. 이 작업을 손으로 할 때는 느리고 지루했다. 미국 남부의 면직물 생산량은 1830년에 75만 포대에서 1850년에 285만 포대로 늘어났다(한 포대는 227kg).[9] 이로 인해 원면에 대한 영국 공장들의 급증한 수요를 충족시킬 수 있었다.

면직물을 생산하는 기계가 복잡해짐에 따라, 물레방아를 돌릴 수 있는 하천에 공장을 세워야 했다. 하지만 1770년대에 다른 모든 것의 기초가 되었던 발명품인 증기 기관이 등장했다.

증기

산업혁명에 가장 크게 기여한 사람은 제임스 와트(1736-1819년)였다.[10] 와트는 스코틀랜드의 부르주아 부모 사이에서 태어났다. 그는 글래스고 대학교에서 악기 제작자가 되었다. 그곳에서 그는 토머스 뉴커멘(Thomas

---

8   너무 많은 발명가와 너무 많은 개별 발명품이 관련되어 있어서 관심 있는 독자들은 전문 자료를 찾아봐야 한다.

9   Smith, 2009: 82.

10   Dickinson, 1935; Rosen, 2010.

Newcomen)의 원시적이고 비효율적인 증기 엔진에 관심을 갖게 되었다. 이 증기 기관은 광산으로부터 물을 퍼올리는 데 사용되었다. 뉴커멘의 엔진은 크고 강력하지 않았으며 유지보수하기가 어려웠고 증기의 80% 이상을 낭비했다. 와트는 꽤 다른 원리를 가지고 1765년에 매우 뛰어난 엔진을 설계했다.

와트의 엔진과 모든 후속 엔진은 이런 방식으로 작동한다. 물은 밀폐된 용기인 보일러에서 나무나 석탄 또는 기름으로 가열된다. 물이 화씨 212도(섭씨 100도)에 이르면 수증기로 변하기 시작해 부피가 크게 늘어나고 보일러에 압력을 가한다. 보일러가 계속 닫혀 있으면, 결국 증기의 압력이 보일러를 터트려 열게 했다. 이것이 증기 엔진에 관련된 기본적인 동력원이다. 그러나 보일러가 폭발하도록 놔두는 대신, 엔진은 증기가 보일러에서 실린더로 빠져나갈 수 있도록 열어주는 밸브로 증기의 힘을 이용한다. 실린더에는 피스톤이 들어 있고, 들어가는 증기는 피스톤을 실린더의 끝으로 밀어붙이는데, 그 끝 지점에서 증기가 빠져나갈 수 있게 된다. 사용 후 증기가 방출되면 피스톤은 실린더의 다른 쪽 끝으로 되돌아가며, 거기서 새로운 증기가 실린더로 강하게 들어오면서 그 과정이 반복된다. 피스톤은 엔진이 동력을 공급하기 위해 사용되는 모든 것(기관차의 바퀴 또는 동력 직기 같은 산업용 기계)을 회전시키는 캠축에 연결된다. 따라서 실린더에서 일어나는 피스톤의 상하운동이 동력을 제공한다.

와트는 그의 발명품을 광고하려고 했지만 자금이 부족했다. 1775년에 그는 부유한 매튜 볼튼(Matthew Boulton)과 동업 관계를 맺었고, 다음 해에 그들은 혁명적인 "볼튼과 와트 엔진"을 도입했다. 와트는 계속해서 엔진을 개선했고, 엔진은 곧 많은 응용 분야로 널리 퍼져나갔다.

증기 엔진이 모든 것을 바꿨다. 가장 먼저 어떤 물레방아보다도 더 강력한 엔진이 나왔다(와트는 마력 측정법을 발명했다. 1마력은 말 한 마리의 견인력과 같다). 둘째, 공장은 더 이상 강과 하천에 위치할 필요가 없었다. 수증기로 움직이므로 공장은 편리한 곳이라면 어디든 세울 수 있었다. 게다가 만들고 활용할 수 있는 증기 기관의 수는 제한이 없었다. 사실상 무제한의 동력을 쉽게 구할 수 있게 되면서 번거로운 제조 기계도 실용화되었다. 아마도 가장 중요하고도 즉각적인 효과는 철을 제련하는 데 새로운 시대를 연 것이었을 테다.

신철기 시대

9장에서 언급했듯이 용광로는 중세의 위대한 발명품 중 하나였다. 용광로는 철광석을 이전보다 훨씬 더 높은 온도에서 제련했는데, 이는 더 좋은 철을 더 저렴한 가격으로 더 많이 생산할 수 있게 했다. 용광로(blast furnace)라는 이름은 화실 내에 "강한 바람"(blasts)을 불어넣어 불길의 강도를 높임으로써 제련의 효율을 높인 데서 착안된 것이었다. 소형 용광로의 경우 이것은 손으로 작동하는 풀무를 사용하여 해결되었다. 더 큰 용광로의 경우 풀무는 물레방아로 작동되었다. 하지만 물레방아가 동력을 공급할 수 있는 풀무의 크기에는 심각한 제한이 있는 것으로 밝혀졌다. 와트의 증기 기관은 1776년에 이 한계를 극복했다.

그러나 그것만으로 새로운 철기 시대를 열기에는 역부족이었다. 생산된 철의 대부분은 주철이었는데, 이것은 인장 강도가 부족하여 구부러지지 않고 쉽게 부서졌다. 연철(또는 조철)은 강철과 마찬가지로 이러한 단점을 극복했지만, 이 시대에는 생산하기가 매우 어려웠다. 유일하게 알려진 방법은 숯으로 반복해서 가열하는 것이었다. 철을 강철로 변환하는 것은 또 다른 문제를 야기했다. 물레방아로 구동되는 망치가 사용되었을 때도, 쇠 조각을 두드리고 반복적으로 가열하는 과정은 느리고 적당히만 효과적이었다. 이 두 가지 문제는 아내가 작은 철공소를 물려받은 훌륭한 영국인에 의해 해결되었다.

헨리 코트(Henry Cort, 1740-1800)는 연철을 생산하기 위한 정련법과 강철을 생산하기 위한 망치질을 대체하는 압연기를 발명했다. 정련법은 용해된 철을 막대로 젓는 것을 포함했는데, 이 과정에서 막대도 녹아들었다. 이러한 처리는 철의 탄소를 감소시키고 인장 강도를 증가시켰다. 그 연철을 더욱 높은 인장 강도를 지닌 강철로 바꾸기 위해 코트는 금속을 강철로 압착시키는 홈이 있는 일련의 롤러들 사이로 철봉을 통과시키는 기술을 생각해냈다. 그의 첫 번째 압연 공장은 하루에 망치로 생산할 수 있는 양의 15배에 달하는 강철을 생산했다.[11] 이러한 야금학의 엄청난 발전은 석탄을 코크스로 바꾸어 더 뜨겁게 연소시키고 연료를 덜 소비하도록 하는 것을 포함한 여러 다른 발전을 촉진시켰다.

그 결과 산업혁명이 시작되면서 영국에서 더 좋고 강한 철과 강철을 쉽게 구할 수 있게 되었고, 이로 인해 더 강력하지만 더 작고 가벼운 증기기관을 만들 수 있게 되었다. 이것은 휴대용 동력원을 제공하는 매우 혁명적인 결과를 가져왔다. 증기 기관은 그 자체뿐만 아니라 철도와 증기선 등 증기 기관에 붙어 있는 구조물도 움직일 수 있을 만큼 충분히 강력하고 작아졌다.

---

11   Roberts, 1978: 6.

철도

앞서 9장에서 언급한 바와 같이, 철도 운송은 증기 기관보다 오래전에 이루어졌다. 레일이 마찰을 크게 줄이기 때문에 말은 레일 위를 달리는 수레를 끌 때 훨씬 더 큰 짐을 더 빨리 끌 수 있었다. 이것은 특히 석탄과 철광석 같은 무거운 자재를 옮기는 데 필수적이었다. 결과적으로 엘리자베스 여왕의 통치 기간 동안 많은 철도가 부설되었다. 증기 기관이 발명되었을 때, 다수의 중요한 철도 노선이 이미 존재했다. 철도의 효용성을 입증하기 위해 선로를 부설할 필요가 없었기 때문에 증기 기관차를 이용하는 성공적인 철도 시설을 만들기 위해 발명가들 사이에 상당한 경쟁이 벌어졌다.

최초의 시도는 1804년 리처드 트레비틱(Richard Trevithick, 1771-1833)에 의해 이루어졌다. 그의 증기 기관차는 웨일스에 있는 기존 선로를 이용했으며 70명의 승객을 태운 5대의 차량과 10톤의 철괴를 14km나 끌고 갔다. 그러나 트레비틱의 열차는 기존의 철제 레일에 너무 무거웠으며 세 번의 운행 끝에 버려졌다.[12] 최초의 성공적인 철도 모험은 1812년 매튜 머레이(Matthew Murray, 1765-1826)에 의해 이루어졌는데, 그의 기관차 "살라망카"는 훨씬 가벼워 레일에 손상을 입히지 않았다. 그럼에도 불구하고 철도 사업은 진정으로 자수성가한 청년이 레일과 기관차를 모두 완성한 1825년이 되어서야 시작되었다.

조지 스티븐슨(George Stephenson, 1781-1848)은 가난하게 태어났고 아무런 교육도 받지 못했다. 그는 17세에 야간 학교에 다니면서 읽고 쓰는 것을 배웠다. 처음에 그는 탄광에서 펌프 엔진을 작동시키는 것을 돕기

---

12   Ellis, 1968.

위해 고용되었고, 부업으로 돈을 벌기 위해 시계 고치는 법을 독학했다.[13] 1814년에 스티븐슨은 유명한 프로이센 장군의 이름을 따서 블뤼허라는 기관차를 만들었으며, 이것은 바퀴와 선로 사이에 충분한 마찰력을 제공함으로써 오르막을 오를 수 있는 최초의 기관차가 되었다. 그러나 선로가 너무 부서지기 쉬워서 열차의 무게를 견디지 못하는 것이 문제였다. 스티븐슨은 선로의 설계를 개선했고 새로 공급된 연철을 이용하여 선로를 만들었으며, 결국 스톡턴-달링턴 선로를 건설하기에 이르렀다. 이 선로는 석탄을 바지선에 실어 나르는 티스강과 다양한 탄광들을 연결하는 40km의 노선으로 구성되었다. 스티븐슨이 새롭게 설계한 교통 기관을 사용한 이 철도는 증기로 움직이는 최초의 대중 철도가 되었다. 그러나 스티븐슨의 궁극적인 성공은 그에게 "철도의 아버지"라는 칭호를 안겨준 "로켓"의 건설과 함께 이루어졌다.

로켓은 리버풀과 맨체스터 철도회사가 1829년에 주최한 대회에서 우승하기 위해 만들어졌다(Stephenson은 노선과 노반을 설계하는 데 주요한 역할을 했다). 그 대회의 규칙은 꽤 엄격했다. 경쟁하기 위한 기관차는 바퀴가 6개면 6톤, 바퀴가 4개면 4.5톤을 넘지 않아야 했다. 기관차는 16km 이상의 속도로 20톤의 화물을 끌고 2.4km의 코스를 40번 완주해야 했다.[14] 스티븐슨의 로켓은 이 대회에서 쉽게 우승했고 56km를 달리는 최초의 도시 간 여객철도에서 그를 중요한 인물로 만들었다.

로켓의 앞부분에는 높은 굴뚝이 있어서 석탄 연기가 객차를 뒤덮는 것을 방지했고, 둥근 보일러 구역도 있었다. 뒷부분에는 화실을 설치하여

---

13   Davies, 1975.
14   Rosen, 2010: 304-5.

엔진실 바로 뒤에 있는 차에 실은 석탄으로 연료를 계속 공급할 수 있었다. 이는 증기 기관차의 표준 설계가 되었고 1950년대에 증기 기관차가 디젤 기관차로 대체되었을 때도 변하지 않았다. 리버풀과 맨체스터 철도의 성공적인 운영은 철도 건설 붐을 일으켰다. 1830년에는 영국에 158km의 철도가 있었다. 1840년에 이르러서는 2,400km로 늘어났다. 이것은 1845년에 두 배가 되었고 1850년에 다시 두 배가 되었다. 1860년에 영국에는 16,790km의 철도가 있었다.[15]

미국에서도 양상이 비슷했다. 볼티모어 오하이오 철도는 1830년에 시작되었으며, 처음에는 길이가 64km밖에 되지 않았다. 최초의 기관차는 영국에서 수입되었지만, 곧 미국제 엔진이 주도권을 잡았다. 첫 번째는 1830년대 초에 완성된 드윗 클린턴이다. 1840년까지 미국인들은 영국보다 더 많은 철로(4,434km)를 부설했다(미국 땅이 넓기에 놀랍지 않다). 1860년에 이르러서 미국의 기차는 거의 48,280km 이상의 선로를 누볐다. 그리고 기차가 지나가는 쓸쓸한 휘파람 소리는 시뿐만 아니라 삶의 주요한 부분을 차지하게 되었다.

영국이나 미국보다 출발이 늦었지만, 유럽도 곧 철도에 뛰어들었다. 하지만 전형적인 유럽식 결점들을 가지고 있었다. 특히 프랑스에서 말이다. 프랑스 철도 시스템은 파리에서 퍼졌다. 프랑스의 철도는 6개의 민간 기업이 부설했지만 정부의 엄격한 통제를 받았고, 각 회사는 특정 지역에 대해 정부가 인가해준 독점권을 가지고 있었다. 프랑스 정부는 국내 기술을 개발하기보다는 모든 기관차와 자동차를 영국에서 구매하도록 지시했

---

15   Wikipedia, "History of Rail Transport." http://en.wikipedia.org/wiki/History_of_rail_transport, 2014년 1월 11일에 접속함.

다. 처음부터 정부는 운임과 화물운송비 및 일정을 정했다. 노선과 일정이 경제적 요인보다는 정치적 요인에 의해 결정되는 경우가 많았기 때문에 비효율성은 피할 수 없는 결과였다.[16] 또한 프랑스는 독일과의 국경으로 병력을 이동하는 것과 같은 군사적 목적을 부분적으로 수행하기 위해 철도 체계를 만들었다.

독일인들은 재빨리 영국의 발전에 주목했고, 몇몇 민간 회사는 영국에서 스티븐슨이 만든 기관차를 사용하여 노선을 건설했다. 첫 운행을 시작한 것은 바이에른 루트비히 철도였고, 1835년 12월부터 기차가 다니기 시작했다. 노선은 겨우 10km밖에 되지 않았다. 그리고 나서 1839년에 120km의 길이로서 세계 최초로 철도 터널을 통과했던 라이프치히-드레스덴 철도가 나왔다. 그러나 독일은 기관차와 자동차를 계속 영국에 의존하는 것에 만족하지 않았다. 그들은 그들만의 기관차를 만들기 시작했고 1850년에는 영국의 수입품으로부터 완전히 독립했다. 이러한 순조로운 출발 이후, 관련된 여러 정부(독일은 1871년까지 통일되지 않았다)가 그 자리를 이어받았다. 그러나 프랑스와 달리 이 정부들은 철도의 경제적 중요성을 인식하고 산업화된 도시와 주요 항구를 연결하는 데 집중했다. 독일은 곧 선로와 열차의 수에서 프랑스보다 훨씬 앞섰다. 독일은 다소 늦게 서부 전선(프랑스와 마주보는 전선)과 동부 전선(러시아와 마주보는 전선)에 군사 물자를 공급하기 위해 철도를 확장했다.

철도의 주요 결과는 국가 경제를, 그리고 유럽에서는 국제 경제를 창출하는 것이었다. 철도가 생기기 전에는 말이 끄는 마차로 사치품이나 직물 같은 가벼운 것 외에는 물건을 멀리 운반하는 것이 너무 비싸고 느렸

---

16   O'Brien, 1983.

다. 예를 들어, 곡물의 운송은 오직 수로로만 가능했다. 따라서 멀리서부터 부피가 큰 물자를 얻을 수 있는 곳은 항구나 항해가 가능한 강에 있는 장소뿐이었다. 이는 대부분의 경제가 국지적이어서 이용 가능한 상품과 물자가 제한적이었음을 의미했다. 예를 들어, 철도 이전에 미국 서부에 대규모의 목장을 세우는 것은 무의미했을 것이다. 왜냐하면 가축이나 고기를 동부의 소비자들에게 보낼 방법이 없었기 때문이다. 철도는 이러한 한계를 극복했다. 긴 열차에 적재된 서부의 소들은 이제 며칠 안에 동부의 시장에 도착할 수 있었다. 피츠버그에서 만들어진 강철은 적당한 비용으로 애틀랜타로 운송될 수 있었다. 유럽에서는 덴마크 농산물을 베를린에서 먹을 수 있었다. 그리고 물론 기차는 사람들을 이동시키기도 했다. 여행의 시대가 시작된 것이다.

증기선

배에 동력을 공급하기 위해 와트의 증기 엔진을 사용하는 것은 어렵지 않은 일이었다. 철로가 필요하지 않고 엔진이 가벼울 필요가 없기 때문이다. 그 결과 증기선을 건조하려는 노력은 거의 동시에 시작되었다(이것은 비효율적인 뉴커먼 엔진을 사용하여 보트에 동력을 공급하려 했던 여러 번의 그다지 만족스럽지 못한 시도 후에 시작되었다). 프랑스, 이탈리아, 스코틀랜드, 미국 등에서 초창기 배들은 적절한 성능을 발휘한 것으로 보이지만 계속되지는 않았다. 그리고 로버트 풀턴(Robert Fulton, 1765-1815)이 등장했다.

풀턴은 미국인이었지만, 그의 빛나는 경력을 프랑스에서 시작했다. 거기서 그는 나폴레옹 보나파르트로부터 의뢰를 받아 최초의 성공적인 잠수함인 노틸러스호를 만들었다. 1803년에 그는 20m 길이의 대형 증기선을 만들어 센강에서 시험했다. 그것은 성능이 좋았고 물살을 거스르면서도 시속 5-6km의 속도를 냈지만, 이후의 시험 운항 중 가라앉았다. 그 시점에 풀턴은 나폴레옹과 결별하고 런던으로 이주하여 프랑스의 침략 위협에 맞서기 위한 영국군의 준비를 도왔다. 이를 위해 그는 최초의 해군 어뢰를 설계하고 성공적으로 시험했다. 그러나 1806년에 트라팔가 해전에서 영국 함대가 (어뢰를 사용하지 않고) 프랑스 함대를 격파한 이후 영국은 신형 무기에 흥미를 잃었다. 이에 풀턴은 귀국하기로 결정했다.

미국으로 돌아갈 준비를 하면서 풀턴은 볼튼과 와트에게 최신 증기 엔진 모델을 주문했다. 그는 그것을 미국으로 운송했고(물론 범선으로), 1807년에 클레르몽으로 알려지게 된 증기선에 동력을 공급하기 위해 사용했다. 이 배는 길이 46m, 폭 5m였고 양쪽에 노가 달렸는데, 이것이 전형적인 증기선 디자인이 되었다. 속도는 시속 8km를 유지할 수 있었다. 클레르몽호는 즉시 상업적인 성공을 거두어 뉴욕시와 주도인 올버니 사이에서 허드슨강을 타고 승객들을 실어 날랐다. 이 배는 241km 정도인 여정을 약 30시간 안에 주파할 수 있었는데, 이는 다른 어떤 이동 수단보다도 훨씬 빠른 속도였다. 그리고 그것은 훨씬 더 저렴했다. 화물을 짐마차로 같은 거리를 운송하는 것은 수백 배의 비용이 들었다.[17]

클레르몽호가 길을 제시하자 증기선들은 곧 미국의 수로, 특히 오하이오, 미시시피, 오대호를 가득 메웠다. 증기선이 미국에 국한된 것도 아니었다. 곧 서유럽의 강들도 증기선으로 붐볐다. 마침내 원양 증기선이 만들어졌다.

---

17   North, 1982: 103.

도시화와 농업

공장 노동자에 대한 수요가 급증하면서 농촌에서 도시로 많은 사람이 몰렸다. 여기서도 영국이 세계를 이끌었다. 1700년에는 잉글랜드 거주자의 약 13%가 인구 1만 명 이상의 마을에서 살았다. 한 세기 후에는 24%가 그렇게 했다. 1600년에 런던의 인구는 약 20만 명이었고, 1700년에는 57.5만 명으로 증가했으며, 1800년에는 약 96만 명이 런던에 살았다.[18] 20세기 초에 영국은 인구의 과반수가 도시 지역에 살았던 최초의 국가가 되었다.

초기에 노동자들이 빠르게 농촌에서 도시로 이주할 수 있었던 것은 농업 생산성이 이에 상응하여 증가했기 때문이었다. 1700년에서 1850년 사이에 영국의 농업 생산량은 3배 이상 증가했다.[19] 18세기 초 기계가 농업 노동력을 대체하기 전에도, 영국의 농장은 서유럽의 농장들보다 더 생산적이었다. 우선 다음 장에서 논의하듯이, 영국은 세금이 너무 낮아서 농부들이 대륙의 유럽인들과 달리 개선에 투자하는 것을 주저하지 않았다. 게다가 도시화로 인해 농산물의 가격이 상승했고, 많은 농민이 늘어난 소득을 더 많은 땅을 사는 데 사용했다. 영국 농장의 평균 규모가 크게 증가하여 예금을 일정하게 늘리는 데도 도움이 되었다. 게다가 영국의 농업은 유럽의 발전을 저해했던 전통적인 농민-지주 관계에 더 이상 빠져 있지 않았다. 대신 지주들은 자유롭게 새로운 방법과 새로운 작물을 추구했다.

그러나 농장 기술이 막대한 이익을 창출했음에도 불구하고, 영국의

---

18   Wrigley, 2010: 59-61.
19   Allen, 1997.

인구는 너무 많이 증가하여 수입 식품에 의존하게 되었다. 물론 영국 제조품의 큰 수출량을 고려하면, 이것은 순조로운 교환이었다.

근대와 불만족

처음부터 산업혁명은 삶의 질을 황폐화시킨 재앙이라는 비난을 받아왔다. 비평가들은 아무도 굶주리거나 떨지 않으며, 모두가 창조적인 일을 즐기고, 짧은 시간만 일함으로써 자신들의 텃밭을 가꾸며 친밀한 가정 생활을 즐길 충분한 시간을 갖는, 지금은 잃어버린 목가적 유토피아를 상상해왔다. 사실 산업화 이전의 시골 마을에서의 삶은 토머스 홉스(Thomas Hobbes)의 표현처럼 "고독하고, 가난하고, 지저분하고, 야만적이고, 짧았다." 대부분의 사람은 자기 마을에서 8km 이상 떨어진 세상에 대해 거의 또는 전혀 알지 못했다. 대부분의 가정은 원룸형 오두막집에서 사생활 없이 살았다. 겨울에는 종종 가축과 함께 생활했다. 아무도 목욕을 하지 않았다. 대부분의 사람은 때때로 주린 배를 붙잡고 잠자리에 들었다. 옷을 두 벌 이상 가진 사람이 드물고 그마저도 없는 경우가 많았다. 대부분은 힘든 노동을 하며 살았다. 아이들의 절반이 5살까지 살지 못했다. 그리고 사람들은 40세에 이미 노인이었고, 대개는 치아가 없었다.

이러한 현실을 염두에 두고 우리는 이제 산업화의 "악" 중 일부를 검토하는 것으로 눈을 돌린다.

아동 노동

의심할 여지 없이 초기 산업혁명 단계에서는 아이들을 공장에서 노동시키며 착취했다. 1788년 잉글랜드와 스코틀랜드에 있는 143개의 수력식 면직공장에서 일하는 노동자의 3분의 2가 어린이였고, 그들 중 일부는 12세 미만이었다.[20] 노동 시간은 길었다. 하루에 12시간 노동은 이례적인 일이 아니었다. 보수는 적었다. 근무환경은 대개 위험했고 심신을 쇠약하게 만들기도 했다.

그러나 자본주의의 폐해를 규탄하는 시위대에 합류하기 전에 이 점을 고려하라. 산업혁명은 아동 노동을 시작한 것이 아니라 끝냈다. 산업화가 시작되기 오래전부터 대부분의 아이는 길고 힘든 노동을 했다. 산업화는 어린이 노동자들을 공장에 모음으로써 그들을 눈에 띄게 만들었다. 이것은 품위 있는 감성에 충격을 주었고, 정부는 이러한 관행을 개혁하고 종식시키고자 법을 제정하기 시작했다. 영국 의회는 1833년과 1844년에 나이 제한을 적용하고 아이들이 일할 수 있는 시간을 줄인 공장법을 통과시켰고, 이 규칙들을 시행하기 위해 정부 조사를 시작했다. 미국도 곧 아동 노동을 제한하기 시작했다. 그 규칙들은 몇 년 동안 점진적으로 규제를 더해갔다. 서구 세계를 통틀어 16세 미만의 아동이라면 어떤 종류의 직업도 가지기가 매우 어려워졌다.

기술 공포증

산업혁명의 기술적 기반은 특히 도시 지식인들 사이에서 항상 두려움과 적의를 불러일으켰다. 예술, 음악, 그리고 특히 문학에서의 낭만적인 운동

---

20   Galbi, 1997.

은 부분적으로 새로운 기술에 내재된 합리성에 대한 반작용이었고, 자연의 "오염"과 기계적 발흥으로 인한 즉흥적 감정이라는 "오염"에 대한 반작용이었다. 기술에 대한 공포증은 워즈워스와 블레이크 같은 시인들로부터 시작되었으며, 메리 셸리(Mary Shelley)의 『프랑켄슈타인』(1818년)에서 칭송받았고, 찰리 채플린(Charlie Chaplin)의 〈모던 타임즈〉(1936년)부터 〈지구가 멈추는 날〉(*The Day the Earth Stood Still*, 1951)과 〈터미네이터〉(*The Terminator*, 1984) 및 〈아바타〉(*Avatar*, 2009)에 이르기까지 기술이 인간을 비인간화하거나 공격하는 영화 시리즈들을 탄생시켰다. 정치권에서 기술에 대한 공포증은 소위 녹색 제안을 추진한다. 예를 들어, 중서부의 모든 농경지를 자연 상태로 되돌리고 화석과 원자력 연료뿐만 아니라 댐까지 포함한 대부분의 형태의 전기 발전을 금지하는 것 등이 있다.[21]

기술에 대한 이러한 혐오와 두려움은 가장 초기의 공장을 방문했다가 빠르게 움직이는 기계가 인간의 행동을 제한하는 방식에 거부감을 느낀 지식인들로 거슬러 올라갈 수 있다. 그들은 사람들이 기계와 협력하여 일하는 것이 비인간적이라는 것을 알았다. 그러나 이 비평가 중 다수는 육체노동을 한 적이 없기 때문에 더 자연스럽고 인간적이라고 생각되는 전통적인 노동 형태보다 공장 노동이 육체적으로 덜 힘들다는 것을 이해하지 못했다. 현장 인부들이 공장에 몰린 것은 급여가 훨씬 더 높을 뿐만 아니라 일이 덜 힘들었기 때문이다. 안타깝게도 이 같은 비평가들의 지적인 후손들 가운데 너무나 많은 이들이 이를 이해하는 데 실패했다.

---

21   Rirdan, 2012.

신기술 반대자의 공상

1811년 11월 양말과 레이스 직조공 한 무리가 영국 노팅엄셔에서 여러 대의 방직기를 부서트렸다. 기계들이 직조 기술을 장악함에 따라 그들이 비숙련 노동자로 전락할 것이라는 두려움 때문이었다. 이 기계 파괴자들은 "신기술 반대자"(Luddite)로 알려지게 되었다. 그들의 활동은 곧 끝났지만, 그들은 산업혁명이 많은 숙련 기술자를 대체했다는 전제를 받아들일 뿐만 아니라 오늘날 기술이 노동자들을 없애고 있다고 주장하는 좌파 역사학자들과 다른 사람들 사이에서 여전히 옹호되고 있다. 경제학자들은 두 주장이 모두 틀렸다는 것을 입증했다.

첫째, 기술이 몇몇 숙련된 직업을 대체한 것은 사실이지만, 그것은 없앤 것보다 훨씬 더 많은 숙련된 직업을 만들어냈다. 물론 숙련된 방직공에 대한 수요는 동력식 방직기가 품질에서 그들을 따라올 수 있게 되면서 거의 사라졌다. 그러나 고도로 숙련된 많은 직업은 동력식 방직기를 디자인하고, 만들고, 설치하고, 수리해야 하는 필요성에 의해 새롭게 생겨났다. 따라서 신기술 반대자와 그들의 지적인 지지자들은 산업화가 노동자들의 생활수준을 떨어뜨릴 것이라고 비난했지만, 그 반대 현상이 일어났다.

두 번째 주장과 관련하여, 컴퓨터와 로봇 및 다른 진보된 기술들이 인간의 노동력을 대체할 것이며 수백만 명의 영구 실직자를 남길 것이라는 새로운 경보가 몇 년마다 울리고 있다.[22] 1961년에 월터 버킹엄(Walter Buckingham)은 그의 저서 『자동화: 사업과 사람에 미치는 영향』(*Automation: Its Impact on Business and People*)에서 "부분적으로는 자동화가 그들의 직업을 빼앗아갔기 때문에 디트로이트에는 자동차 제조업으로 다시는 돌아가지

---

22   요약은 Ford, 2009.

못할 실업자가 약 16만 명 있다"라고 말했다.[23] 사실 그 후 4년 동안 디트로이트의 자동차 공장에는 30만 개의 새로운 일자리가 생겼다.[24] 1965년에 존 스나이더(John Snyder)는 자동화가 한 주에 4만 개의 미국 일자리를 파괴하고 있으며 끝이 안 보인다고 주장했다.[25] 지금쯤이면 약 1억 개의 일자리가 사라졌을 것이다. 이 전문가들이 놓치고 있는 것은 기술로 인해 일부 일자리가 사라지지만 다른 일자리가 생긴다는 것이다. 삽을 든 도랑꾼들은 다양한 기계로 대체되었다. 그러나 이러한 기계들은 일자리를 창출한다. 직접적으로는 이를 만들고, 설계하고, 심지어 판매하기 위한 작업자와 기계공이 필요하기 때문이다. 간접적으로는 그것이 건설 및 기타 경제 활동을 증가시키기 때문이다. 새로운 일자리를 창출하기 위해 새로운 욕구가 끊임없이 발생하는 상황에서, 수요는 고정되어 있다고 가정하는 것 역시 비평가들이 잘못 본 것이다. 예를 들어, 이러한 경보주의자들은 서비스 분야의 거대한 확장을 놓쳤다.

세기를 가로지르는 직선

산업혁명은 27세기 전 그리스에서 시작된 서구 문명의 발흥의 정점이었다. 그것은 인간의 자유와 지식 추구의 산물이었고, 이는 산업혁명이 바로 그곳에서, 그때 일어난 이유다.

---

23   Buckingham, 1961: 17.
24   Mabry, Sharplin, 1986.
25   Mangum, 1965: 56에 인용됨.

17장

자유와 번영

역사와 사회 구조에 대한 카를 마르크스의 설명은 거의 맞지 않았다. 하지만 어떤 것들은 반쯤 맞췄다. 부르주아 계급이 산업혁명에 주도적인 역할을 했다는 주장이 그중 하나다.

마르크스는 부르주아라는 용어를 프랑스로부터 차용했는데, 부르주아는 부유한 도시 평민을 식별하기 위해 사용되었다. 그는 부르주아를 자본주의 지배계층으로 식별하기 위해 그 용어를 왜곡했다. 마르크스와 엥겔스는 『공산당 선언』(*Communist Manifesto*, 1848)에서 이 그룹이 산업혁명을 일으켰다고 주장했다. "부르주아 계급은 기껏해야 100년의 통치 기간 동안 모든 앞선 세대를 합친 것보다 더 거대하고 엄청난 생산력을 만들어냈다." 부르주아 계급이 만들어낸 부는 앞으로의 공산주의 국가에 자금을 대기에 충분할 것이라고 그들은 말했다. 그러나 이 상태를 이루기 위해 국민(프롤레타리아)은 부르주아 계층을 무너뜨려야 한다고 한다. 마르크스에 따르면 이것은 불가피했다. "부르주아 계급이…생산하는 것은 무엇보다도 그들 자신의 무덤을 파는 자들이다. 그들의 몰락과 프롤레타리아들의 승리도 마찬가지로 불가피하다."

물론 마르크스주의 정권이 세상에 등장했을 때 그것은 예전과 똑같은 통제 경제체제에 지나지 않았다. 차이점이 있다면 이오시프 스탈린과 마오쩌둥에 비해 오스만 술탄과 이집트 파라오는 계몽되었고 절제된 폭군처럼 보인다는 점이다.

그러나 마르크스가 산업혁명을 부르주아, 즉 새롭게 존경받는 중상류층에서 기인했다고 본 것은 옳았다. 부르주아 사회의 두드러진 측면은 지위와 권력이 상속보다는 공로를 통해 달성되어야 한다는 믿음이다. 혁신은 가치 있게 여겨지고 보상받는다는 것이다. 결과적으로 부르주아 사회의 두 가지 주요 지지층은 교육과 자유다.

부르주아 사회는 모든 곳에서 동시에 일어난 것이 아니다. 처음에 이 부류는 네덜란드와 특히 영국에서만 나타났다. 아담 스미스(1723-1790년)는 그의 유명한 연구인 『국부론』(*The Wealth of Nations*)에서 영국을 "상인의 나라"라고 언급했다.[1] 여기에 영국이 왜 산업혁명을 주도했을 뿐만 아니라 과학에서도 이례적으로 많은 성과를 내었는지에 대한 답이 있다. 영국에서는 공로와 야망이 지배할 충분한 자유가 있었고, 이는 세습 귀족이 아니라 "노력하는 사람"과 "성취하는 사람"이 지배하는 사회를 만들었다. 영국에서 부르주아 계급의 부상은 어린 귀족 자제들이 그 계급으로 쇄도하면서 가속화되었고 공고해졌다.

영국과 비교했을 때 유럽 대륙의 국가들은 자유와 교육에서 뒤처져 있었고, 더 늦게 그리고 덜 온전한 근대를 이루었다. 대서양 반대편의 미

---

1   Smith [1776] 1981: 2:613. 이러한 특성은 나중에 나폴레옹 보나파르트에 의해 반복되었다.

국은 처음부터 부르주아 사회였고, 산업과 경제 발전에서 빠르게 영국을 따라잡았으며 그 후 영국을 앞질렀다.

산업혁명이 영국에서 시작된 이유를 충분히 설명하려면 영국이 왜 부르주아 사회가 되었는지 설명할 필요가 있다.

자유와 재산권

재산권이 확보되지 않을 때 생산성을 올리는 것은 무의미할 수 있다. 예를 들어, 아무리 수확량이 많아도 영주가 농민에게 생존할 만큼만 남겨준다면, 농민들은 수확량을 높이기보다는 작물의 일부를 감추는 편이 더 낫다. 그것은 역사를 통틀어 대부분의 사회 상황이었다. 농민들뿐만 아니라 거의 모든 다른 사람들에게도 마찬가지였다. 14장에서 우리는 레판토 전투에서 오스만 제국의 지휘관이었던 알리 파샤가 술탄의 처남임에도 불구하고 자신의 재산을 집에 두고 오기를 두려워했다는 것을 보았다. 오스만 술탄은 중국의 황제처럼 모든 것에 대한 소유권을 주장했는데, 경제학자 윌리엄 바우몰(William K. Baumol)이 관찰한 것처럼 그들은 자금이 필요할 때마다 "부유한 사람들의 재산을 몰수하는 것이 전적으로 정당했다"라고 말했다.[2] 그리고 그것이 바로 위대한 제국의 통치자들은 부유했지만 그들의 사회는 가난하고 비생산적이었던 이유다. 또한 이것이 산업혁명이 중국이나 심지어 프랑스가 아닌 영국에서 일어난 이유이기도 하다.

9장에서 우리는 대헌장이 영국 시민들뿐만 아니라 외국 상인들의 재

---

2   Baumol, 1990: 901.

산권도 보장했음을 보았다. 그러므로 중국에 있는 기업가들과 달리 영국의 기업가들은 정부의 몰수로부터 안전했다. 제임스 와트가 증기기관을 완성한 해인 1776년에 아담 스미스는 자유와 안정적 재산권이 왜 진보를 낳는지 다음과 같이 설명했다.

> 영국의 법이 모든 사람에게 자기 노동의 과실을 누릴 수 있도록 부여한 안전은 어떤 나라든 번영시키기에 충분하다.…모든 개인의 자연스러운 노력은 자신의 조건을 향상시키는 것이며, 자유와 안보를 위해 노력하도록 허용되었을 때, 그것은 너무 강력한 원칙이기 때문에, 그 사회는 어떠한 도움도 없이…부와 번영으로 이어질 수 있다.…영국에서 산업은 완벽하게 안전하다. 그리고 그것은 완전히 자유롭지는 않지만, 유럽의 다른 어떤 지역만큼 혹은 그 이상 자유롭다.[3]

대조적으로 프랑스에서는 세금을 심하게 징수했다. 스미스가 지적했듯이 프랑스 농부는 "좋은 무리의 말이나 소를 갖는 것을 두려워했고, 그가 할 수 있는 한 가장 형편없는 농기구로 경작하려고 했다." 세금 징수관에게 가난해 보이려고 말이다.[4] 볼테르는 영국을 방문했을 때 프랑스에 있는 친구에게 편지를 보내면서 영국 농부가 "다음 해에 세금이 인상될까 봐 소의 수를 늘리거나 지붕을 타일로 덮는 것을 두려워하지 않는다"라고 놀라워했다.[5]

---

3   Smith [1776] 1981: 1:540.
4   Root, 1994: 62.
5   Root, 1994: 62.

높은 인건비

산업혁명의 필수적인 요소는 영국 농부의 생산성이었고, 이것은 영양을 충분히 섭취한 노동자들이 산업 현장으로 더욱 자유롭게 갈 수 있도록 했다. 예를 들어, 프랑스 농부들은 생산성이 낮았고, 18세기 동안 20%에 달하는 프랑스인들이 가벼운 일조차 하루에 3시간 이상 할 수 없을 정도로 못 먹었다.[6] 1700년대 후반 영국군의 평균 키는 프랑스군의 평균 키보다 10cm나 더 컸다.[7]

관련 요인은 영국의 높은 인건비였다. 로마인들이 수력에 대해 잘 알고 있었지만, 그들이 수력을 거의 사용하지 않았다는 것을 기억하라. 왜 그랬을까? 물레방아를 건설하고 유지하는 데 투자하는 것보다 노비를 사서 곡식을 빻는 등의 일을 시키는 것이 더 저렴했기 때문이다.

이와는 대조적으로 영국 회사들은 종종 기계가 할 수 있는 일을 하기 위해 노동자들에게 돈을 지불하는 것보다 노동의 필요성을 줄이기 위해 기계에 투자하는 것이 더 저렴하다는 것을 알게 되었다. 1775년에 런던의 노동자들은 델리 노동자의 12배, 베이징, 피렌체, 빈 노동자의 4배, 암스테르담 노동자보다 3분의 1을 더 벌었다.[8]

영국의 노동비용 상승은 13세기와 14세기의 산업 및 경제 발전과 함께 시작되었다(9장에서 논의). 이러한 발전은 국제 시장에서 영국 제품, 특히 모직 제품에 대한 높은 수요를 창출했다. 영국인들은 고급 모직이 부유한 유럽인들에게 인기가 있지만, 대량으로 팔리고 비싸지 않은 상품들로

---

6   Fogel, 1991: 46.
7   Allen, 2009: 48.
8   Allen, 2009: 34.

훨씬 더 많은 돈을 벌 수 있다는 것을 빠르게 깨달았다. 프랑스의 한 귀족이 언급했듯이, "영국인들은 부자들보다는 대중을 위해 물건을 만드는 재치가 있다."[9] 대중 시장을 성공적으로 개발함으로써 영국은 지속적인 생산 확대의 필요성에 직면했고, 그것은 영국 회사들 사이에서 노동자들의 경쟁을 유발했다. 모직 산업(이 시대 영국의 주요 산업)의 "선대" 제도로 임금이 더욱 인상되었는데, 이는 한곳에 모여서 일하기보다 가정에서 일할 수 있게 해주었다. 경영진은 시설 제공과 인력감독 비용을 절감했고, 이 절감액의 일부를 근로자에게 전달해 좋은 노동자를 모집했다.

높은 임금은 1700년 이전에 출산율을 낮추었기 때문에 훨씬 더 높은 임금으로 이어졌다. 그리고 출산율이 낮은 곳에서는 잠재적 노동자에 대한 수요가 공급을 초과하는 경향이 있다. 로버트 앨런(Robert C. Allen)은 영국 산업혁명의 경제사를 다루면서 높은 임금은 "젊은 사람들, 특히 젊은 여성들이 부모로부터 독립하여 자신의 생활과 결혼을 통제할 수 있도록" 했으며, "여성들은 자신에게 적합할 때까지 결혼을 미루었고 적절한 짝을 찾았다"라고 썼다.[10] 영국 여성의 평균적인 결혼 연령은 26세인 데 비해 유럽 다른 곳에서는 10대의 결혼이 많은 편이었다.[11] 영국의 임금은 상승했지만 물건의 가격은 다른 곳과 거의 같았기 때문에 영국 노동자들은 유럽 대륙의 노동자들보다 더 소비할 수 있었다.[12]

이러한 모든 이유로 인해 높은 임금은 영국의 산업이 노동력 절약 방법에 투자하는 것을 이윤으로 전환시켰고, 이것은 산업혁명에 박차를 가

---

9   Landes, 1998: 222.
10   Allen, 2009: 14.
11   Mokyr, 2009에 괜찮은 논의가 있다.
12   Allen, 2009: 33, 49.

하는 데 도움을 주었다.

값싼 에너지

9장에서 언급한 바와 같이, 영국은 주요 연료를 나무에서 석탄으로 전환하는 데 세계 다른 나라보다 훨씬 앞서 있었다. 석탄이 목재보다 훨씬 더 높은 온도를 발생시켰기 때문에 이러한 변화는 금속 산업에 여러 중요한 결과를 가져왔다. 영국이 석탄을 채택한 일은 또한 광업 기술과 운송에서 영국을 단연 세계 최고의 석탄 생산국으로 만드는 혁신을 촉발시켰다.[13] 1560년대에 영국은 연간 227,000톤의 석탄을 생산했고, 1750년에는 연간 520만 톤으로 증산했으며, 1800년에는 연간 1,500만 톤을 생산했다.[14] 결과적으로 석탄은 다른 어느 곳보다 영국이 훨씬 더 저렴했다. 이것은 말 그대로 산업혁명을 부채질했다.[15]

상거래를 받아들이다

영국 문화는 안정적인 재산과 높은 임금 및 저렴한 에너지를 갖추었을 뿐만 아니라 상업에 호의적이었다. 그것은 역사적으로 상업 활동을 모욕적인 것으로 여겼던 대부분의 사회와 영국을 다르게 만들었다.

---

13   Allen, 2009: 82.
14   Wrigley, 2010: 37.
15   Nef, 1932; Wrigley, 2010.

아리스토텔레스는 『정치학』에서 부의 "다양한 획득 형태"를 탐구하는 것이 유용할 수 있지만 그렇게 하는 것은 "고상하지 못하다"고 지적했다. 그는 상업이 부자연스럽고 불필요하며 "인간의 미덕"과 모순된다고 비난했다.[16] 플루타르코스는 독창적인 고대 인물 중 하나인 아르키메데스가 모든 실용적인 사업을 "구차하며 천박하다"라고 간주한 것이 특히 고결하다고 생각했다.[17] 키케로는 "작업장에는 고귀한 것이 없다"라고 경멸하며 썼다.[18]

로마인들은 특히 소유욕이 강했지만 산업이나 상업에 참여하는 것은 모욕적이라고 여겼다.[19] 콘스탄티누스 황제는 "누구도 최하위의 상인, 환전상, 하찮은 관리, 다양한 불명예스러운 직업의…더러운 사람들과 함께하기를 염원하지 말라"라고 선언했다.[20] 로마의 상업과 산업 활동은 주로 해방 노예들이 담당했다. 한때 노예였기 때문에 그들은 이미 낙인찍혔고 그러한 사업에서 지위상 어떠한 손실의 위험도 없었다.[21] 해방 노예들의 거취는 물론 국가에 의해 좌우되었고, 그들의 재산은 불안정했다.

동로마 제국에서도 사정은 크게 다르지 않았다. 829년에 황제 테오필로스는 아름다운 상선이 콘스탄티노플 항구로 들어오는 것을 지켜보았다. 그는 그 배가 누구의 소유인지를 물었다가, 그것이 자기 아내의 배라는 사실을 알고는 몹시 화를 냈다. 그는 그녀에게 "신은 나를 황제로 만들었는데 당신은 나를 선장으로 만들려고 하는구려!"라고 소리쳤다. 그는

---

16   Lewis, 2002: 69.
17   Finley, 1965: 32-33.
18   Childe, 1952: 53.
19   Baumol, 1990: 899.
20   MacMullen, 1988: 61.
21   Veyne, 1961.

즉시 배를 불태웠다.[22]

이전 장에서 보았듯이 중국에서는 고위 공무원들이 상업 행위를 매우 경멸하여 주요 상업 사업체를 불법화했다.

비슷한 태도가 유럽의 많은 지역에서 만연했다. 1756년에 가브리엘 프랑수아 코예(Abbé Gabriel François Coyer)는 다음과 같이 썼다. "상인은 자신의 직업에서 자부심을 느끼지 못하며, 만약 그가 프랑스에서 '중요한 존재'라고 불리는 데 성공하고 싶다면, 그는 그것을 포기해야 한다. 이것은…많은 피해를 준다. '중요한 존재'가 되기 위해, 다수의 귀족은 아무것도 되지 않는다."[23]

이 모든 것을 엘리자베스 여왕이 상선 항해자 및 사략업자들과 빈번히 합작한 금융 사업과 대조해보라. 엘리자베스는 영국 계급 제도가 주요한 변환기를 지나고 있을 때 통치했다. 이는 산업혁명을 만들어낸 혁신가, 발명가, 관리자들을 뒷받침한 변환이었다.

이러한 변화는 영국이 신세계와의 무역을 받아들였기 때문에 일어났다. 최근의 정교한 연구는 부르주아 계급의 발흥이 대서양 무역에 가장 많이 관여하고 상대적으로 자유로운(비전제주의적) 정치 제도를 가진 유럽 국가들에서 먼저 일어났다는 전통적인 견해를 입증했다.[24] 이것이 영국과 네덜란드가 최초의 부르주아 사회로 부상한 이유이고, 전제주의는 다른 대서양 무역 국가들인 스페인, 포르투갈, 프랑스에서 우세했다. 절대주의 국가가 부르주아의 발흥을 제한한 이유는 설명하기 어렵지 않다. 통제경제를 도입함으로써 국가는 귀족의 지위와 권력 그리고 상업에 대한 경멸

---

22   Lopez, 1976: 65-66.
23   Stark, 2005: 193.
24   Acemoglu, Johnson, Robinson, 2005.

적인 태도를 유지했다. 게다가 이 국가들은 실제로 상업을 방해했다. 예를 들어, 프랑스에서는 거의 모든 상업 기업이 국가로부터 매입한 독점 허가증으로 운영되었다.[25] 그러나 왜 대서양 무역이 비전제주의 국가에서 부르주아 계급의 발흥을 촉진시켰을까? 세 가지 요소가 관련되었다. 첫째, 활발한 대서양 무역은 이 무역에 직간접적으로 관련된 상인 집단을 확장하고 강화시켰다. 둘째, 이들 집단이 성장하고 부유해지면서, 그들은 자신들의 영역을 넓히는 더 많은 재산권을 포함한 변화를 요구하기에 충분한 힘을 모았다. 세 번째 요인은 아마도 가장 중요한 요소였을 것이다. 부르주아는 그들의 성공과 영향력 덕분에 존경과 품위를 얻었다.[26]

서구의 발흥이 신세계와의 무역 이익(식민주의와 노예제)에 의해 이루어졌다는 주장은[27] 그러한 이익이 너무 적어서 서유럽의 경제 성장에 크게 기여하지 못했다는 단순한 사실로 반박된다.[28] 그러나 역사가 J. V. 베켓(Beckett)의 말에 따르면, 이러한 이익은 상인 집단을 "17세기와 18세기 유럽의 기준으로 볼 때 매우 부유하고, 전형적으로 정치적·사회적으로 매우 강력"하게 만들 만큼 충분했다.[29]

MIT의 경제학자 다론 아세모글루(Daron Acemoglu)와 그의 동료들은 1500년부터 1800년까지 다음과 같은 점들을 제안하는 방대한 역사 문헌을 실증적으로 확인했다.

- 모든 대서양 항구 도시는 지중해의 내륙도시나 항구들보다 훨씬

25 Stark, 2005: 188-89. 또한 McCloskey, 2010: 395을 보라.
26 McCloskey, 2010을 보라.
27 Frank, 2011; Wallerstein, 1974, 2004.
28 Engerman, 1972; Inikori, 2002; O'Brien, 1982.
29 Acemoglu, Johnson, Robinson, 2005: 550.

더 빠르게 성장했다. 이 도시들은 신세계와 수출입 무역에 종사하는 상인들이 장악하고 있었다.

- 영국과 네덜란드에서는 급속한 도시화가 이루어졌지만 프랑스와 스페인에서는 훨씬 덜 진행되었고, 도시화와 1인당 소득 사이에는 강한 상관관계가 있었다. 도시에서는 상업이 왕이었기 때문이다.
- 재산권(특허법 포함)을 크게 개선한 법적 변화가 영국과 네덜란드에서 일어났지만, 다른 곳에서는 거의 혹은 전혀 일어나지 않았다.
- 상인들이 영국 의회와 네덜란드 의회를 지배하게 되었다.

그러나 영국에서는 떠오르는 부르주아 계급만이 상업에 개방된 것이 아니었다. 영국의 귀족들은 유럽 대륙의 귀족들이 상업 활동에 보인 경멸을 거의 보이지 않았다. 한 가지 예로, 영국의 귀족들은 런던에서 살거나 궁정에서 시간을 보내는 것을 별로 선호하지 않았다(16세기의 몇몇 왕이 귀족들이 궁정에서 시간을 보내는 것을 막기 위한 조치를 취했기 때문이다).[30] 대조적으로 대부분의 프랑스 귀족은 파리에서 살았고 그들의 영지를 거의 방문하지 않았다. 그러므로 대부분의 영국 귀족은 보이지 않는 지주가 아니었고 자신들의 땅을 관리하는 데 적극적인 역할을 했다. 이런 의미에서 그들은 실제로 생계를 위해 "일했다." 게다가 그들은 시장 경제에 온전히 관여했고, 그들의 수입은 농작물, 가축, 모직, 광물과 같은 상품들의 가격에 의해 좌우되었다. 콜린 무어스(Colin Mooers)라는 학자의 말에 따르면, 1560-1640년에 영국 귀족의 3분의 2가 실제로 식민지, 무역, 산업 사업에 종사

---

30   Beckett, 1988: 325.

했다고 한다.[31]

베켓이 지적했듯이 영국 귀족들의 중요한 측면은 귀족의 어린 아들들이 "자동적으로 상류층으로 하강했다"는 것이다. 그들은 "경"이라는 예우 경칭을 사용할 수 있었지만, 그들의 자식들이 아니라 그들 자신만을 위해 사용할 수 있었다.[32] 예를 들어, 윈스턴 처칠(Winston Churchill)의 아버지는 랜돌프 처칠(Randolph Churchill) 경이었는데, 이는 그가 제7대 말버러 공작의 셋째 아들이었기 때문이다. 그러나 그의 아들 윈스턴은 자신을 "경"으로 부를 수 없었다. 그리하여 압도적인 수의 잉글랜드 귀족 자손들이 평민들의 인구 속으로 "사라졌다." 또한 더 어린 아들들은 (유럽 대륙에서 흔히 볼 수 있듯이) 가족의 땅에서 살기를 기대하지도 않았다. 오히려 베켓이 언급했듯이, 많은 어린 아들은 "독립하기 위해 최대한 현금을" 받았다.[33] 세대마다 많은 귀족의 어린 아들들이 돈벌이가 되는 직업과 직종을 찾도록 강요받았다. 그들은 교회와 장교 부대뿐만 아니라 법률, 학계, 은행, 광업, 제조업, 그리고 다른 형태의 상업 분야에서도 활동했다. 이러한 직업들에 몰려든 잘 교육받고 인맥이 좋은 젊은이들은 상당한 명망과 권력을 가지고 있었다.

---

31   Mooers, 1991: 157.
32   Beckett, 1988: 23.
33   Beckett, 1988: 23.

영국 교육의 확대

부르주아 계급의 발흥은 로렌스 스톤(Lawrence Stone)이 "영국의 교육 혁명"이라고 부르는 것을 동반했다.[34]

15장에서 언급한 바와 같이, 16세기 중반에 대규모 교육의 변화가 시작되었다. 첫 번째는 "많은 사람에게 기본적인 읽고 쓰는 능력"을 가르치기 위한 목적으로 수천 개의 "작은 학교"를 설립한 것이다.[35] 이런 시도는 어디서도 한 적이 없었다. 이러한 노력은 정부의 자금이 아니라 지방 학교 설립을 위해 기증된 막대한 양의 민간 유산으로 이루어졌다. 약 1640년에 이르러서 잉글랜드는 4,400명당, 즉 "약 19km마다 하나"의 소규모 학교를 세웠다.[36] 또한 읽기뿐만 아니라 문법, 쓰기, 산수, 부기를 가르치는 학교들도 무료였다. 물론 학생들의 대학 입학을 준비하기 위한 중등학교와 법학회관(로스쿨)도 있었다. 놀랍게도 중등학교들은 귀족 가문의 아이들에게만 국한되지 않았다. 예를 들어, 1636년부터 1639년까지 노리치 중등학교는 케임브리지 대학교에 "한 명의 향사, 네 명의 상류층, 두 명의 성직자, 한 명의 의사, 상인, 변호사, 직조공, 목수, 생선장수, 그리고 두 명의 코르셋 제조자, 두 명의 포목상" 아들들을 보냈다.[37]

그 목록이 증명하듯이, 이 시대에 다수의 비천한 출신이 옥스퍼드와 케임브리지의 훌륭한 대학교로 갔다. 사실 1560년부터 1629년까지 "상류층"으로 분류되는 대학생들은 별로 없었다.[38] 이 시대는 부르주아 아

---

34   Stone, 1964: "The Educational Revolution in England, 1560-640."

35   Stone, 1964: 42.

36   Stone, 1964: 44.

37   Stone, 1964: 45.

38   Simon, 1963.

들들의 입학이 극적으로 많아졌다. 예를 들어, 무역상과 상인의 아들들이 1580-90년에 케임브리지 카이우스 칼리지의 학생 중 6%를 차지했고, 1620-29년에 그 숫자는 23%로 증가했다. 이와 비슷하게 성직자와 전문인 아들들의 입학도 5%에서 19%로 증가했다. 따라서 1620-29년에는 학생의 거의 절반(42%)이 부르주아 출신이었다.[39]

산업혁명이 일어나기 훨씬 전인 1630년에 영국은 단연코 세계 최고의 교육을 받은 인구를 보유하고 있었다. 게다가 산업과 상업에 관련된 많은 사람이 엘리트 대학에 다녔고, 산업혁명을 일으킨 교육받은 지도자들의 핵심 집단을 형성했다. 역사학자 프랑수아 크루제(François Crouzet)가 1750년부터 1850년까지 영국의 대기업 설립자 226명을 근거로 진행한 주목할 만한 연구는 9%가 귀족의 아들이고, 60%가 부르주아 계급의 아들이라는 것을 밝혀냈다. 사회학자 라인하르트 벤딕스(Reinhard Bendix)가 1750년부터 1850년 사이에 활동했던 132명의 주요 산업가를 대상으로 실시한 비슷한 연구에서는 3분의 2가 이미 사업에 뿌리를 내린 가정 출신이라고 보고했다.[40]

미국의 "기적"

1750년경 영국에서 산업혁명이 시작되었을 때, 북아메리카는 지역에서 공급받은 풍부한 목재와 다른 재료를 기반으로 한 대형 조선업을 제외

---

39   Simon, 1963.
40   Bendix, 1956.

하고는 제조업이 거의 없었다(1773년 미국 조선소는 638척의 원양선을 건조했다).[41] 선박을 제외한 미국에서의 제조는 지역 시장을 위한 신발, 마구, 못, 양동이, 간단한 수공구 같은 물건들을 만드는 소규모 공방으로 제한되었다. 새로 발명된 소총을 제조하는 데 전념했던 많은 작은 총기 제작소들만이 품질 면에서 영국 상품들과 경쟁할 수 있었다. 그 밖의 거의 모든 생산품은 영국에서 수입되었다.

100년 후 미국은 제조 강국인 영국을 따라잡았고, 표 17-1에서 볼수 있듯이 영국과 다른 모든 나라를 앞질렀다. 1870년 영국은 전 세계 공산품의 약 3분의 1(31.8%)을 생산했고, 미국은 약 4분의 1(23.3%)을 생산했다. 1900년에 이르러서 미국은 전 세계 공산품의 3분의 1 이상(35.3%)을 생산했으며, 영국은 14.7%, 독일은 15.9%를 생산했다. 1929년에 이르러 미국은 11.6%를 생산하던 독일과 9.4%를 생산하던 영국을 압도하는 42.2%를 더 생산하며 세계의 제조업 강자로 우뚝 섰다.

이러한 생산의 "기적"은 미국도 산업혁명에서 앞섰기 때문에 가능했다. 실제로 19세기 동안 모든 발명가가 미국에 사는 것처럼 보였다.[42]

왜 이런 일이 일어났을까? 산업혁명이 영국에서 시작된 것과 같은 이유, 즉 정치적 자유, 안정된 재산권, 높은 임금, 저렴한 에너지, 고학력 인구 그리고 풍부한 자원과 원자재 및 거대하고 빠르게 성장하는 국내 시장이 있었다. 사실 19세기 초에 미국은 이 모든 중요한 요소에서 영국을 앞질렀다.

---

41   Bureau of the Census, 1955: vol. 2: table Z 294.
42   Byrn [1900] 2010.

재산 및 특허

초기 미국 식민지들은 영국의 관습법 아래에 있었다. 그러므로 개인은 합법적으로 얻은 재산에 대한 무한한 권리를 가졌고, 심지어 국가조차도 적절한 보상 없이는 그 권리를 축소할 수 없었다. 결국 그것은 미국 재산법의 기초가 되었다. 따라서 국가는 중국에서 일어난 것처럼 철 주조 공장을 압류할 수 없었다. 그러나 그렇게 하는 것이 바람직해 보이면 구입할 수는 있었다. 제2차 세계대전 직후 영국의 사회주의 정부가 대부분의 기초 산업을 국유화했던 것처럼 말이다(이러한 산업에 대한 정부의 통제가 수익성이 없어 민간 기업으로 전환될 때까지).

표 17-1: 전 세계 제조 생산량 비율

국가	세계 제조 생산량 퍼센트		
	1870	1900	1929
영국	31.8	14.7	9.4
미국	23.3	35.3	42.2
독일	13.2	15.9	11.6
프랑스	10.3	6.4	6.6
러시아	3.7	5.0	4.3
벨기에	2.9	2.2	1.9
이탈리아	2.4	3.1	3.3
캐나다	1.0	2.0	2.4
스웨덴	0.4	1.1	1.0
인도	–	1.1	1.2
일본	–	0.6	2.5
핀란드	–	0.3	0.4
라틴아메리카	–	–	2.0
중국	–	–	0.5
그 외 다른 나라들	11.0	12.3	10.7

출처: 국제 연맹, 1945

그러나 재산법에 대한 이러한 접근법은 발명품과 다른 형태의 지적재산을 보호하는 데 불충분했다. 증기 엔진을 생각해보라. 분명히 제임스 와트는 그가 만든 증기 엔진을 소유하고 있었다. 그것은 그의 개인 재산이었고 그것을 훔치는 것은 범죄가 될 수도 있었다. 하지만 만약 누군가가 그것을 똑같이 만들어냈다면 어떻겠는가? 그것이 그 사람의 것인가? 만약 그렇다면 와트나 다른 발명가가 발명의 혜택을 어떻게 받을 수 있을까? 해결책은 발명품에 대한 특허권을 부여하는 것이었다. 예를 들어, 와트는 판매, 임대, 허가 또는 발명에 대한 그 밖의 권리를 포함하여 여러 해 동안 자신의 원칙에 따라 모든 증기 기관의 독점적 소유권을 확보했다. 영국 왕실은 처음에 특허를 내주었고, 정부는 앤 여왕(1702-1714년)의 통치 기간 동안 그 과정을 공식화했으며, 출원인들은 그들의 발명에 대한 충분한 설명을 제출해야 했다.

미국의 설립자들은 특허권을 매우 중요하게 여겨 헌법에 다음과 같이 적었다. 제1조 제8항은 "국회는…저자와 발명가들에게 각자의 글과 발견에 대한 독점권을 제한적으로 보장함으로써 과학과 유용한 예술의 발전을 촉진할 권한을 가진다"라고 명시하고 있다. 이러한 권한에 따라 1790년 의회는 발명가들에게 14년 동안 발명에 대한 독점권을 부여하는 미국 특허법을 통과시켰다. 이것은 나중에 21년으로 수정되었다. 처음에는 특허를 출원한 사람이 거의 없었다. 1790년에서 1793년 사이에 발행된 특허는 55건뿐이었다. 그러나 1836년에 이르러서는 만 개의 특허가 등록되었다. 그리고 나서 창의적인 연구가 폭발적으로 일어났고, 1911년까지 백만 개의 특허가 승인되었다. 그중에는 전구, 영화, 녹음, 전화기, 지퍼 등의 발명을 다루는 특허가 있었다.

종종 간과되어왔음에도 불구하고 파산에 관한 미국 법률 역시 산업 발전을 촉진시켰다. 영국과 대부분의 유럽에서는 부채에 관한 법이 잔인했다. 역사학자 모리 클라인(Maury Klein)은 영국에서 빚을 갚지 못하는 사람들은 "새로운 직업을 구하는 것은 고사하고 채무를 아예 갚을 수 없는" 채무자 교도소에 보내졌다. 그러나 미국은 채무자들의 교도소를 없앴고, 법은 "채무자들이 몰락에서 살아남고 게임에 다시 참여할 수 있도록 충분한 숨통을 틔워주기 위해" 법적 책임을 충분히 제한했다.[43] 미국의 여러 유명한 사업가와 발명가들은 초기의 실패에서 살아남았다. 무엇보다도 기업가들은 위험을 무릅썼다.

높은 임금

영국에서 임금이 높았다면, 미국에서는 임금이 하늘을 찔렀다. 미국의 임금이 매우 높았던 것은 고용주들이 자격을 갖춘 노동자들을 적절히 유치하기 위해 자영업이라는 예외적인 기회와 경쟁해야 했기 때문이다. 알렉산더 해밀턴(Alexander Hamilton)은 미국 독립 직후 "덜 독립적인 조건을 가진 장인이 더 독립적인 조건을 가진 농부로 쉽게 바뀔 수 있다는 점은…생산물로 이어지며, 이는 제조업 노동자의 부족으로 인한 전반적인 노동에 대한 소중함을 한동안 체감하도록 한다"라고 설명했다.[44] 좋은 농지는 매우 풍부하고 매우 싸서, 아무런 자금 없이 미국에 도착한 사람들도 몇 년 안에 좋은 농장을 사서 비축할 수 있을 만큼 저축할 수 있었다. 1820년대에 연방 정부가 좋은 땅을 에이커당 1.25달러에 판 반면 숙련된 노동자의 임금은 하루에 1.25달러에서 2달러 사이였음을 고려해보라.[45] 또한 미국

---

43   Klein, 2007: 24.

44   Klein, 2007: 24.

45   Habakkuk, 1967: 11-12.

에는 의무적인 교회 십일조가 없었고 세금이 낮았다는 것도 고려해보라.

높은 인건비를 감안할 때 어떻게 미국 제조업체들이 가격경쟁을 할 수 있었을까? 더 나은 기술을 통해 그렇게 했다. 미국의 산업가들은 노동 생산성의 충분한 증가가 기대되면 유망한 신기술을 적극적으로 받아들였다. 신기술을 갖춘 노동자가 기계화가 덜 된 유럽의 노동자보다 더 많은 양을 생산할 수 있다면, 이는 품목당 미국 노동자의 상대적 비용을 줄일 수 있었다. 기술은 미국 근로자들이 유럽 근로자들보다 시간당 5-6배를 더 생산한다면 그들보다 예를 들어 3배 더 많은 임금을 받는 것을 무관하게 만들었다. 향상된 생산성은 노동자의 높은 임금과 고용주들이 신기술에 투자한 자본을 전부 상쇄시켰다. 19세기에 걸쳐 미국인들은 새로운 기법과 기술을 개발하고 채택하는 데 앞장섰다. 그리고 그들은 19세기 영국 자본가들이 자주 직면했던 혁신에 대한 노동계의 반발을 자극하지 않고 그렇게 했다. 미국에서는 신기술 반대자들이 기계를 부수지 않았다. 왜 그러지 않았을까? 왜냐하면 노동력이 지속적으로 부족했기 때문에, 미국 제조업자들은 노동자들을 유치하기 위해 서로 경쟁했고, 임금 인상과 더 매력적인 조건을 제공하는 데 생산성 증가로 얻은 이익의 상당 부분을 사용했기 때문이다.

노동자의 생산성은 표 17-1에 나타난 미국 제조업의 놀라운 성장의 기초가 되었고, 그러한 성장이 영국을 희생시키면서 이루어진 것에 대한 이유다. 미국인들은 더 인간적인 고용주가 아니었다. 그들은 자기 일에 만족하는 생산적인 근로자들이 가장 큰 자산이라는 것을 인식한 좀 더 세련된 자본가들이었다. 노동에 대한 이러한 태도는 숙련되고 동기부여가 된 영국과 유럽의 많은 노동자들을 미국으로 데려왔고, 늘어난 노동력은 산업 성장을 더욱 지속시켰다. 미국 산업의 성장에 대해 토론하는 책 가운데 너무 많은 본문이 "악덕 귀족"과 "재벌"이 노동력을 착취했고 특히 이민자들을 학대했다고 비난한다. 마치 1850년의 공장 화장실에 수세식 변기가 있었어야 했다는 듯이, 당시의 노동 관행을 오늘날의 것과 비교하는 것은 시대착오적이다. 적절한 비교는 같은 시대의 다른 산업화 국가의 노동자와 미국 노동자 간의 상황이다.

높은 임금을 받고 최신 기술을 갖춘 것 외에도, 미국의 노동자들은 또 다른 면에서 눈에 띄었다. 그들은 (캐나다를 제외한) 세계 어느 곳의 노동자보다 훨씬 더 좋은 교육을 받았다.

국가 교육

1818년 미국을 방문한 영국의 지식인 윌리엄 코벳(William Cobbett)은 "미국에는 **무지한** 남자가 거의 없다.…그들은 모두 어릴 때부터 **읽을 줄 아는** 사람들이었다"(강조는 원저자의 것임).[46] 정착 초기부터 미국 식민지 주민들은 현대 경제학자들이 말하는 "인적 자본"에 많은 투자를 했다. 그리고 여기에 종교가 가장 중요한 역할을 했다.

종교개혁 동안 논쟁의 주요 논점은 성경을 읽는 것과 관련이 있었다. 수 세기 동안 교회는 하나님의 말씀에 대한 끝없는 논쟁을 피하는 가장 좋은 방법은 오직 잘 훈련된 신학자들만이 성경을 읽도록 권장하는 것이라고 생각했다. 이를 위해 교회는 성경을 현대 언어로 번역하는 것을 금지했고, 따라서 대부분의 성직자도 잘 모르는 라틴어나 그리스어에 능통한 독자들만 성경을 읽을 수 있도록 제한하려고 했다. 인쇄기 이전에는 성경 사본이 너무 적어서 대부분의 주교도 성경 사본을 보기가 어려웠다. 결과적

---

46   Habakkuk, 1967: 12-13.

으로 성직자들은 그들을 교화하고 설교에 적합한 인용구를 제공하기 위해 쓰인 2차 자료로부터 성경에 대해 배웠다. 대중이 성경에 대해 알고 있는 것은 그들의 사제들이 말해준 것이 전부였다.

그러고 나서 인쇄기가 등장했다. 성경은 구텐베르크가 출판한 최초의 책이었다. 이 책은 라틴어로 쓰였지만, 곧 모든 주요 "저속한"(vulgar) 언어("불가타"[vulgate] 성경)로 출판되어 최초의 인기도서가 되었다. 우려했던 대로 개혁자들이 잇따라 교회의 각종 가르침과 활동을 비성경적이라고 비난하면서 갈등이 빠르게 일어났다. 그리고 반대하던 다양한 개신교 운동들 사이에서 가장 널리 공유된 교리는 모두가 스스로 성경을 보아야 한다는 것이었다. 그래서 1620년에 청교도들이 미국에 도착했을 때, 가장 먼저 한 일은 그들의 아이들을 교육시키는 것이었다.

매사추세츠 식민지는 모든 아이는 학교에 다녀야 한다는 법을 1647년에 제정했다.[47] 50가구가 사는 군구에서는 아이들에게 읽고 쓰는 것을 가르칠 사람을 한 명 임명해야 하며, 교사의 임금은 부모나 주민이 부담해야 했다. 100가구 이상의 군구에서는 학교가 설립되어야 하고 "교장은 청소년들을 대학에 적합하도록 지도할 수" 있어야 한다. 이러한 교육 서비스를 제공하지 못한 지역사회는 "이 명령을 이행할 때까지" 벌금을 물어야 했다. 다른 주들도 이를 따랐고, 무료 공립학교는 미국 생활의 정착물이 되었다. 국가가 서쪽으로 확장되면서, 원룸형 학교 건물은 술집, 감옥, 교회와 함께 정착민들이 가장 먼저 지은 건물 중 하나였다. 캐나다에서도 비슷한 일이 일어났고, 18세기 말에 이르러서 북아메리카는 글을 읽고 쓰

---

47   Cobbett [1818] 1967: 195-96.

는 인구를 세계에서 가장 많이 가지고 있었다.[48]

　　매사추세츠 법은 교사들이 학생들을 대학에 보낼 수 있는 자격을 갖추도록 요구하고 있다는 것을 주목하라. 이것은 보이는 것만큼 불합리하지 않았다. 그들이 이 법을 통과시키기 10년 전, 그리고 플리머스록(Plymouth Rock)에 상륙한 지 16년 만에 청교도들은 하버드를 설립했다. 이것은 자신들만의 대학을 설립하기 위해 종교 종파들 사이에 300년에 걸쳐 벌어진 치열한 경쟁을 촉발시켰다. 미국 독립 이전에 10개의 고등교육 기관이 미국 식민지에서 운영되기 시작했다(잉글랜드에서는 2개). 이들 중 벤저민 프랭클린(Benjamin Franklin)이 사업가를 양성하기 위해 설립한 펜실베이니아 대학교만이 교단에 소속되어 있지 않았다. 예수회 학자들이 1789년에 설립한 조지타운 대학교를 포함하여 1800년 이전에 적어도 20개의 대학이 더 설립되었다. 다음 세기 동안 말 그대로 미국에서 수백 개의 단과대학과 종합대학이 생겨났고, 이들 중 대부분은 특정 교단에 뿌리를 두었다(비록 다수는 20세기에 교단과의 끈을 버렸지만). 1890년에는 18세에서 24세 사이의 미국인 100명 중 2명이 대학에 등록했다. 1920년에는 100명당 5명으로 증가했다.[49] 당시 세계 어디에서도 이런 일이 벌어지고 있지 않았다.

이민

영국령 북아메리카는 시작부터 놀라운 속도로 성장했다. 1640년에서 1760년 사이에 대략 60만 명의 사람이 영국에서 왔고,[50] 다른 많은 사람은

48　Mariscal, Sokoloff, 2000: 161.
49　Bureau of the Census, 1955: vol. 1: table H 700–715.
50　Engerman, Sokoloff, 1997: 254.

네덜란드, 프랑스, 독일 및 유럽의 다른 지역에서 왔다. 13개의 식민지에는 1760년에는 160만 명, 1770년에는 210만 명, 1780년에는 거의 300만 명, 1790년에는 400만 명이 거주했다.[51] 1770년대 영국의 인구가 약 800만 명에 불과했던 것을 감안하면,[52] 독립 전쟁은 흔히 생각하는 것만큼 열세는 아니었다. 게다가 1830년에 이르러서는 미국의 인구(1,300만 명)가 영국의 인구와 같아졌고, 1850년에는 미국의 인구가 영국의 인구보다 훨씬 많았다(2,300만 명 vs. 1,700만 명). 1900년에는 7,600만 명의 미국인이 있었고 영국인은 3,200만 명이었다.[53] 따라서 미국의 국내 시장은 영국 시장을 훨씬 앞질렀다.

또한 어떤 사람이 미국으로 오기로 선택했는지에 대한 강력한 선택적 요인이 있었던 것 같다. 그들은 아주 야심차고 기민한 사람들이었다. 사실 이민자들은 가난에서 벗어나기보다는 기회를 추구하기 위해 왔을 가능성이 더 컸다. 유명한 역사학자 버나드 베일린(Bernard Bailyn)은 이민 기록을 바탕으로 한 그의 주목할 만한 연구에서 1773년부터 1776년까지 영국에서 온 이민자 중 23%만이 노동자(대부분 하인)로 분류되었고, 절반은 숙련공으로, 다른 20%는 독립적인 농부들로 분류되었다는 것을 발견했다. 귀족들은 영국 이민자들의 2%를 차지했다.[54] 이는 귀족의 어린 아들들이 미국으로 몰려온 사실과 일치한다.[55] 예를 들어, 19세기 후반 와이오밍 목축업자 협회와 그 유명한 샤이엔 클럽의 회원 자격은 영국 귀족

---

51 Bureau of the Census, 1955: vol. 2: table Z 1-19; Bureau of the Census, 1955: vol. 1: table A 1-5.
52 Mitchell, 1962: table 2.
53 Bureau of the Census, 1955: vol. 1: table A 1-5; Mitchell, 1962: table 2.
54 Bailyn, 1986: table 5.11.
55 Pagnamenta, 2012.

의 어린 아들들과 작위가 있는 프랑스인과 독일인들에 의해 지배되었다.[56] 1880년대에 뉴멕시코 준주에서 가장 큰 목장은 4대 워터포드 후작의 막내아들이 소유했다.[57]

　미국의 발명 폭증에 관여한 많은 사람이 이민자들이었다는 것은 의미심장해 보인다. 전화기를 발명한 알렉산더 그레이엄 벨(Alexander Graham Bell)은 스코틀랜드에서 온 이민자였다. 형광 조명과 교류 전기 시스템을 발명한 니콜라 테슬라(Nikola Tesla)는 현재의 크로아티아에서 자랐다. 토머스 에디슨(Thomas Edison)의 가장 중요한 두 조수는 이민자였는데, 한 명은 스위스 출신이었고 다른 한 명은 영국 출신이었다.

조직화된 발명품

우연한 발명은 꿈에서나 일어날 일이다. 거의 항상 발명가는 중요한 필요를 충족시키기 위해 노력하기 시작한다. 보통 그는 어떻게 해야 하는지 상당히 잘 알고 있다. 사실 대부분의 "발명"은 실제로 향상이며, 따라서 목표는 잘 정의되어 있다. 그러나 산업혁명의 여파로 발명의 홍수는 발명과 발견 자체에 대한 일반적인 헌신이라는 새로운 접근을 낳았다. 이 운동을 이끈 사람은 토머스 알바 에디슨(Thomas Alva Edison, 1847-1931)이었다. 에디슨이 현대 생활을 발명했다고 할 수 있다. 그는 전구, 소리 녹음, 영화, 형광 투시경을 발명했고, 전화와 전신을 크게 개선했으며, 전기 철도에 대

56　Griske, 2005.
57　Rickards, 1966.

한 기초 연구도 진행했고, 총 1,093건의 특허를 취득했다.

그러나 그의 가장 중요한 기여는 새로운 기술이 필요하다는 것을 발견하고 그것을 발명하기 위한 연구를 시작하는 주된 사명을 가지고 연구실을 발명한 것이었다. 뉴저지 멘로 파크에 있는 에디슨의 실험실은 "발명 공장"으로 알려질 정도로 필요와 해결책을 발견하는 데 매우 성공적이었다. 오늘날 우리는 그러한 접근을 당연하게 여긴다. 대부분의 주요 기업은 효과적인 연구개발 부서를 유지하며 살아남는다. 소비자들은 새로운 제품과 오래된 제품의 지속적인 개선을 기대한다. 그 기대 그리고 그것이 반영하는 현실이 근대의 전형이다.

자유에서 번영으로

초창기부터 서구 근대화의 발흥은 자유의 기능이었다. 혁신할 수 있는 자유와 노동의 결실을 몰수당하는 것으로부터의 자유 말이다. 그리스인들이 자유로워졌을 때 그들은 세계 그 어떤 것보다도 진보된 문명을 창조했다. 로마가 서부 전역에 제국 통치를 시행했을 때 진보는 천 년 동안 중단되었다. 로마의 몰락은 다시 한번 창의력이 활개를 칠 수 있게 했고, 분열되고 경쟁하는 유럽인들은 곧 세계의 다른 나라들을 앞질렀으며, 무적의 군사력과 해군력뿐만 아니라 우수한 경제력과 생활수준을 소유했다. 이 모든 요소가 합쳐져 산업혁명이 일어났고, 그 결과 지구상의 모든 삶이 바뀌었다.

18장

세계화와 식민주의

이 장은 서구 근대성의 모든 요소가 세계로 퍼진 방식에 대해 논한다.

문화적 전달의 주요 수단은 식민주의였다. 1800년에 유럽인들은 세계 육지의 35%를 지배했다. 1878년에는 이 수치가 67%로 증가했다. 그 후 20년 동안 유럽인들이 거의 모든 아프리카를 장악했고, 1914년 제1차 세계대전 전야에 유럽인들은 세계 국토 면적의 84%를 지배했다.[1] 대영제국은 단독으로 지구 인구의 약 25%를 통치했다.[2] 유럽인들이 통치하는 모든 곳에 서구 문화가 빠르게 침투했고, 이는 대부분의 식민지 정권이 상당한 수의 현지 학교를 설립했다는 사실로 촉진되었다.

현대의 거의 모든 설명은 탐욕과 인종차별을 유럽의 식민지 확장의 근간으로 강조한다. 물론 둘 다 중요한 요소들이었지만, 특히 기독교 선교사들 입장에서는 세계를 그리스도로 개종시키는 것만큼이나 외국 땅을

---

1   Fieldhouse, 1973: 3.

2   Ferguson, 2004.

교육하고 현대화하는 것에 관심을 가지는 이상주의와 자선도 중요했다. 예를 들어, 1910년까지 영국과 미국의 해외 선교 단체들은 아시아와 아프리카에 86개의 단과대학과 종합대학, 522개의 사범대학, 수천 개의 초등학교를 설립했다.[3] 거기에 관여된 이상주의자는 선교사만이 아니었다. 영국군의 아프리카 침입은 초기에 주로 노예무역을 근절하는 데 집중되었다.[4] 영국 해군은 서아프리카 해안에서 1840년 한 해 동안만 노예선 425척을 나포하여 노예 상인들을 교수형에 처하고, 노예들을 시에라리온으로 돌려보낸 후 해방시켰다.[5]

물론 유럽 식민주의의 일부 경우는 잔인하고 착취로 점철되었다. 벨기에 국왕 레오폴트 2세의 콩고 통치가 가장 악명 높은 예다. 그러나 몇몇 개인과 회사는 식민주의로부터 많은 이익을 얻었지만, 보통 그들의 동포들을 희생시킴으로 그렇게 했다. 왜냐하면 정부 지출을 고려하면, 유럽 국가들은 보통 그들의 식민지 제국에서 돈을 잃었기 때문이다.[6] 미국 독립혁명이 주로 13개 식민지에서 발생하던 손실에 지친 영국 의회가 이들을 관리하고 방어하는 비용을 충당하기에 충분한 세금을 부과하려 했기 때문에 일어났다는 사실을 기억할 필요가 있다.

그렇다면 왜 유럽인들은 식민지를 설립하고 그것들을 보존하기 위해 그렇게 열심히 노력했을까? 부분적으로 그것은 위신의 문제였다. 많은 유럽의 지도자들은 "세계 강대국"의 자격을 얻기 위해 그들의 제국을 확장하려고 했다. 그리고 모두가 식민지의 경제적 이익을 언급했는데, 이는 전

---

3   Dennis, Beach, Fahs, 1911: 83-84.
4   Trench, 1979.
5   Ferguson, 2004: 139.
6   Fieldhouse, 1973; McCloskey, 2010; O'Brien, 1982.

부는 아니더라도 대부분의 식민지가 적자를 내는 활동이라는 것이 명백하지 않고 종종 복잡한 계산이 필요했기 때문이다. 예를 들어, 거대한 대영제국은 영국 해군의 우월성이 없었다면 존재할 수 없었을 것이다. 그러나 해군 비용은 식민지에 부과되지 않았다. 또한 그 누구도 많은 식민지를 통치하고 운영하는 데 필요한 엄청난 수의 영국 공무원들을 유지하는 납세자들의 비용에 대해 걱정하는 것 같지 않았다. 이 관리들은 특권층 중에서 압도적으로 뽑혔고, 그들 다수가 옥스퍼드와 케임브리지에서 "A" 학점을 받은 사람들이었다.[7] 한편 영국의 여러 강력한 가문과 기업들은 식민지 무역으로 부자가 되었고, 식민지가 국가 자산임을 증명하는 "증거"가 되었을 뿐만 아니라 제국 정책을 위한 강력한 로비 활동을 펼쳤다. 그것은 다른 유럽 국가들도 마찬가지였다. 그럼에도 불구하고 일반 유럽인들에게 식민주의는 실패하는 사업이었다.[8]

안타깝게도 많은 사회과학자는 식민주의가 비서구 세계에 "저개발" 또는 심지어 상당한 경제적 쇠퇴를 야기하면서 주로 서구에 부를 가져다주었다고 확신한다.[9] 사실은 그렇지 않다. 서구의 주요 영향이 세계의 다른 지역의 삶의 질을 엄청나게 향상시킨 것은 분명하다.

---

7   Whitehead, 2003.
8   McCloskey, 2010: 231-38.
9   Frank, 1998, 2011; Hobson, 2004; Wallerstein, 1974, 2004.

제국의 기술

경제와 명성을 위한 동기는 차치하고라도, 아마도 19세기 유럽 식민주의의 거대한 물결의 주요 요인은 다른 사회들을 복속시키는 일이 그 어느 때보다도 용이했다는 점이었다. 의학, 선박, 화기, 통신의 혁명적인 발전으로 인해, 다른 세계에 대한 서방의 이점은 코르테스와 피사로가 아즈텍인과 마야인들을 상대로 누렸던 것보다 훨씬 더 컸다. 그리고 다시 한번 그런 우월함의 유혹은 뿌리칠 수 없었다.[10]

의학

수 세기 동안 사하라 이남의 아프리카는 토착 아프리카인들 대부분이 면역력을 가지고 있던 미생물로 서구의 침입자들을 훌륭하게 방어했다. 1485년 콩고강을 탐사한 포르투갈인들을 시작으로 하여 서양인들은 말라리아로 인한 사망률이 끔찍해 아프리카 탐사를 잇달아 포기해야 했다. 예를 들어, 1832년에 영국의 상인이자 모험가인 맥그리거 레어드 (Macgregor Laird)는 증기선을 타고 니제르강으로 올라갔다. 48명의 유럽인 중 9명만이 돌아왔고 나머지는 대부분 말라리아로 사망했다.[11] 1804년에서 1825년 사이에 서아프리카로 간 영국인 선교사 89명 중 54명이 사망하고 14명이 건강이 악화되어 고향으로 돌아갔다.[12] 역사학자 필립 커틴 (Philip Curtin)은 1817년부터 1836년까지 시에라리온에 주둔한 영국군의

---

10 이 단락에서는 Daniel R. Headrick과 그의 멋진 책 *The Tools of Empire*(1981)에 의존했음을 밝힌다.
11 Lloyd, 1973.
12 Headrick, 1981: 63.

사망률이 48%이며 황금 해안에 주둔한 영국군의 사망률은 67%라고 보고했다.[13] 아프리카 군사방위군이 아무리 잘 무장하고 훈련받았다고 해도 이러한 손실을 입힐 수는 없었을 것이다. 아프리카는 사실상 무적이었다.

그리고 키니네가 등장했다. 17세기에 페루의 예수회원들은 기나나무 껍질이 말라리아 치료에 효과가 있다는 것을 발견했다. 그러나 유럽의 의사들은 그 나무껍질 가루의 효과에 대한 주장을 거의 받아들이지 않았고, 수년 동안 돌팔이 치료법이 선호되었다. 1830년대에 들어서야 프랑스 군 의관들이 임상실험을 통해 키니네의 효과를 입증했다. 곧 기나나무 껍질은 라틴 아메리카의 주요 수출품이 되었고, 1860년의 907톤에서 1881년에는 9,070톤으로 증가했다.[14] 키니네가 널리 사용되면서 사하라 이남의 아프리카는 더 이상 "백인의 무덤"이 아니게 됐고, 이 지역 전체를 식민지로 만들기 위한 분주한 움직임이 시작됐다.

물론 아프리카와 아시아에는 서구 식민주의를 저지하는 다른 질병들이 많았다. 그중에는 수면병과 황열병도 있었다. 이것들 역시 서양의학에 의해 극복되었다.

증기선

세계를 식민지로 만들기 위해 서양인들은 적당한 시간 안에 그리고 보통 바다를 통해 그곳으로 오갈 수 있어야 했다. 프랜시스 드레이크 시절에는 어디든 항해하는 데 오랜 시간이 걸렸다. 드레이크의 골든힌드와 같은 갤리온은 시속 13km의 속도를 낼 수 있었다. 그때도 범선들은 목적지를 향

---

13   Curtin, 1964: 483–87.
14   Headrick, 1981: 71.

해 바로 항해하지 못하고 바람의 방향 때문에 지그재그로 바람을 안고 가야 했다. 또한 바람이 불지 않는 기간에는 지연되거나 강풍으로 인해 항로를 이탈하는 것도 예상되었다. 이 시대에 영국에서 인도까지의 여행은 6개월에서 8개월이 걸렸다. 설상가상으로 가장 큰 범선들도 상대적으로 작았고, 골든힌드의 길이는 겨우 30m였다.

영국과 포르투갈이 그 시대에 이미 식민지를 가지고 있었지만, 증기기관들이 원양선에 동력을 공급하기 시작하면서 식민지화가 훨씬 쉬워졌다. 더 중요한 것은 외륜을 대체할 스크루프로펠러의 도입이었다. 항해에서의 이러한 혁명은 1843년 증기선 그레이트브리튼의 출범과 함께 시작되었다. 그 증기선은 스크루프로펠러를 포함했을 뿐만 아니라 철로 만들어졌고 길이는 100m였다. 그레이트브리튼은 시속 19-21km의 속력을 낼수 있었고, 목적지를 향해 곧장 항해할 수 있었다. 1845년에 그 배는 14일만에 대서양을 건넜다(범선의 경우 약 65일이 소요되었다). 지구는 이제 훨씬 작아졌다.

민간 기업가들이 이러한 혁신에 일조했지만, 서구의 해군도 곧 합류했다. 영국 해군 본부는 1869년에 HMS 데버스테이션을 출범시켰다. 그것은 94m의 철갑선으로서, 2개의 스크루프로펠러를 돌리는 2개의 증기엔진에 의해 동력을 공급받았다. 흘수선에는 20인치 두께의 장갑 벨트가 둘려 있었다. 데버스테이션은 2개의 중무장한 회전포탑을 실었고, 각 포탑은 270kg의 포탄과 다수의 소형 포를 발사했다. 이 육중한 함선은 시속 26km의 속도를 낼 수 있었다.[15]

데버스테이션은 광란의 군비 경쟁의 시작에 불과했다. 영국, 프랑스,

---

15   Brown, 2011.

독일, 러시아가 전함대를 건조했고, 미국도 그랬고, 놀랍게 일본도 전함대를 건조했다. 그 전함들은 급속하게 더 커지고, 더 빨라지고, 더 무장되었다. 1905년 5월 27일, 지구를 반 바퀴 항해한 러시아 함대는 시베리아 태평양 연안에서 일본 함대와 전투를 벌였다. 러시아 전함 열 척은 모두 침몰하거나 항복했으며, 심하게 파손된 일본 함선은 한 척도 없었다.

그러나 바로 다음 해, HMS 드레드노트가 출범되면서 영국은 다른 모든 해군을 쓸모없게 만들었다.[16] 그 전함의 길이는 160m였고, 전체가 강철로 만들어졌다. 각각 증기 터빈에 의해 구동되는 4개의 스크루로 움직이는 드레드노트호는 최고 시속이 36km에 달했다. 함선의 12인치 포 10문의 포대는 유효 사거리가 5km 이상이었다. 1914년에 제1차 세계대전이 발발할 때까지 영국은 드레드노트급 전함 29척을 보유했다. 독일군은 16척을 가지고 있었다. 그러나 덴마크 해안에서 일어난 유일한 해상 전투(유틀란드 인근)는 독일군과 영국군 모두 전면전을 원하지 않았기 때문에 결말이 나지 않았다.[17]

물론 제1차 세계대전은 식민전쟁이 아니라 유럽 국가들 간의 전쟁이었다(부분적으로는 더 나은 식민제국을 가질 수 있는 나라가 어디인가에 대한 전쟁이었다. 베르사유 조약이 독일의 식민지를 빼앗았기 때문이다). 전함들은 그러한 전쟁을 위해 건조되었지만, 식민지를 얻고 지배하기 위해서는 강을 거슬러 항해할 수 있는 훨씬 작은 배들이 중요한 역할을 했다.

---

16   Massie, 1992.
17   Massie, 2003.

포함

중국은 오랫동안 서양 상인들의 무역과 접촉을 엄격하게 제한하여, 몇몇 항구 도시에 있는 작은 지역들로 서양 상인들을 제한했다. 사실 유럽인들의 압도적인 해군력이 없었다면 서양인들은 이 항구들에서조차 배제되었을지도 모른다. 결국 일부 영국 관리들은 증기력이 중국의 주요 강들을 관통하는 열쇠를 쥐고 있다는 것을 깨달았다. 그들의 큰 범선들이 강을 잘 항해할 수 없게 되자, 1839년 영국은 네미시스라고 불리는 혁명적인 배를 건조하기 시작했다. 스코틀랜드의 조선업자 존 레어드(John Laird)는 철판을 구부리고 그것들을 리벳으로 고정하여 철선을 만드는 새로운 기술을 개발했다(나무로 만들어진 후 무장되었던 장갑선과는 다르다). 네미시스는 포를 장착한 최초의 철선이었다. 2개의 증기 기관으로 구동되는 그 함선은 길이 56m, 폭 9m였지만, 완전히 적재된 상태에서도 1.5m 미만의 흘수를 가지고 있어서 강을 항해하기에 이상적이었다.[18] 1841년 1월, 네미시스는 광동 바로 아래에 있는 주장강을 거슬러 올라가 여러 요새를 파괴하고 많은 범선을 침몰시켜 영국의 힘을 보여주었다. 청나라가 화친을 청하려고 하지 않자, 영국은 네미시스를 모델로 한 포함을 더 가져왔다. 이 소함대는 1842년에 양쯔강을 거슬러 올라가 반발하던 중국인들을 완전히 짓밟았고, 중국 조정과 강제로 평화 조약을 체결했다.[19]

몇 척의 미국 함정을 포함한 서양 포함은 다음 세기 동안 양쯔강을 순찰했다. 1937년에 일본 비행기들은 난징 근처에 정박해 있던 미국 포함 USS 파나이를 폭격했다. 또한 포함은 아프리카와 인도의 갠지스강에 침

---

18   Brown, 1978.
19   Headrick, 1981: 51-54.

투하는 데 중요한 역할을 했다.

속사포 소총

1898년에 영국의 작가 힐레어 벨록은 유럽의 군사적 우위를 다음과 같이
요약했다.

> 무슨 일이 일어나든 우린 맥심 총을 가지고 있지만
> 그들은 가지고 있지 않다.

맥심 총은 최초의 현대식 기관총이었다. 1884년 영국으로 이민 온 미국인
히람 맥심(Hiram Maxim)에 의해 발명된 이 총은 수랭식이었고, 벨트를 달
고 분당 600발씩 발사할 수 있었다. 1894년 아프리카 남동부의 샹가니 전
투에서 맥심 총 4문을 든 50명의 영국군이 전장식 소총과 창으로만 무장
한 5천 명의 마타벨레 전사를 무찔렀다. 그럼에도 불구하고 맥심 총과 다
른 진보된 무기들은 유럽 식민주의의 확산에 부차적인 역할을 했다. 단발
소총으로만 무장한 영국군의 소규모 중대가 앞서 15년 전 줄루스에 맞섰
을 때도 거의 똑같이 치명적이었기 때문이다.

　진정한 돌파구는 1820년대에 후장식 소총의 발명과 함께 찾아왔다.
머스킷총의 총신에 화약을 붓고 이어서 꽂을대로 종이뭉치를 넣은 후 납
탄과 또 다른 종이뭉치를 박아넣는 대신, 병사는 약실(총신 뒷부분)을 열고
화약과 총알이 모두 담긴 종이 카트리지를 넣어 새로운 소총을 장전했다.
이것은 재장전 시간을 극적으로 줄였고, 군인이 무릎을 꿇거나 엎드린 채
로 재장전할 수 있게 해주었다. 후장식 소총은 다수의 일제사격을 가능하
게 했던 반면, 전장식 소총은 한 번의 일제사격만 할 수 있었다. 사회과학

자인 대니얼 헤드릭(Daniel Headrick)에 따르면, 후장식 소총은 머스킷총이 활과 화살보다 뛰어난 만큼이나 머스킷총보다 뛰어났다.[20]

1866년에는 놋쇠 탄창이 발명되면서 반복 사격과 속사격이 가능해졌다. 맥심포 한 자루는 300명의 소총병이 1분에 두 번 발사하는 것과 맞먹었다.

전신 및 케이블

현대가 시작되기 전까지만 해도 느린 의사소통은 조직화된 사회생활의 골칫거리였다. 침략군에 대한 소식은 그 군대가 수평선 너머로 보이기 시작할 때에야 전해지곤 했다. 전령이 침입자보다 아주 빠를 수는 없었다. 현대 마라톤 경주가 42.195km인 이유는 그것이 기원전 490년에 그리스의 전령 페이디피데스가 아테네로 달려가 그리스군이 마라톤 전투에서 페르시아군을 물리쳤다는 소식을 전했을 때의 추정 거리이기 때문이다. 그는 숨을 헐떡이며 "승리"를 외치다가 쓰러져 죽었다고 한다.

느린 의사소통은 오랫동안 식민주의를 방해했다. 인도 주재 영국 관리들은 런던으로 보낸 서신에 대한 답장을 받기까지 최소 1년을 기다려야 했다. 미국은 1812년 전쟁에서 전투원들이 루이지애나에서 몇 주 동안이나 전투를 지속한 후에야 평화 조약이 체결되었다는 소식을 들었다. 그 후 1837년에 미국인 새뮤얼 모스(Samuel F. B. Morse, 1791-1872)가 전신을 발명했다.

예일대 졸업생이자 성공한 초상화 화가인 모스가 이 현상에 관심을 두게 되었을 때 전선을 통해 전기 신호가 전송될 수 있다는 것은 이미 잘

---

20   Headrick, 1981: 84.

알려져 있었다. 문제는 신호를 전선으로는 멀리 보낼 수 없었고 단지 몇 백 미터 만에 신호가 사라진다는 것이었다. 모스는 신호를 반복하는 메커니즘인 릴레이를 발명했다. 중계기가 유선을 따라 삽입되어, 메시지를 보낼 수 있는 거리에 더 이상 제한이 없었다. 메시지에 관해서 말하자면, 이것은 전화선이 아니었으므로 통화를 할 수는 없었다. 할 수 있는 것은 단지 전선을 따라 보내지는 전하를 차단하는 것이었다. 모스는 이것을 더 짧고 긴 전하 방해(모스 부호의 유명한 단음과 장음)를 사용하여 메시지 전송 신호로 변환했다. 모스는 알파벳의 각 글자에 대해 코드 그룹을 지정했다. 예를 들어 A = 단음 장음, B = 장음 단음 단음 단음, Z = 장음 장음 단음 단음 등이다. 이 암호로 어떤 메시지든 쓸 수 있었다. 얼마 지나지 않아 교환원들은 분당 약 40단어의 속도로 메시지를 보낼 수 있을 정도로 능숙해졌다. 최고 기록은 분당 75단어다. 모스는 그의 시스템을 전신이라고 이름 지었다. 곧 미국뿐만 아니라 유럽에서도 한 주요 도시에서 다른 도시로 전신선이 뻗어 나갔고, 도시마다 적은 요금을 받고 전보가 계속 이어졌다.

하지만 그것은 바다를 건너 통신 속도를 높이는 데는 아무런 도움이 되지 않았다. 런던과 인도 사이의 메시지는 여전히 6개월 혹은 그 이상이 걸렸다. 그리고 1850년에 브레트(Brett) 형제가 영국 해협을 가로질러 케이블을 설치했다. 물로 인한 손상을 막기 위해 단열성이 높았던 케이블은 20세기까지 계속 작동했다.[21] 해저 케이블을 설치하는 열풍이 불기 시작했다. 하나는 1857-58년에 영국에서 미국까지 대서양을 가로질러 놓였고, 엄청나게 긴 일련의 케이블은 1859년에 영국에서 인도까지 80만 파운드의 엄청난 비용으로 놓였다. 미국과 인도로 가는 케이블에 장애가 발

---

21   Headrick, 1981: 158.

생하자 영국 정부는 해저 케이블 문제를 해결하기 위한 위원회를 임명했다. 저명한 물리학자 켈빈(Kelvin, 1824-1907) 경이 이끄는 위원회는 관련된 어려움을 빠르게 극복했고 해저 케이블을 놓기 위한 분주한 움직임이 재개되었다. 1865년에 이르러 런던은 인도 및 미국과 케이블로 연결되었다. 그 후 곧 영국은 거대하고 빠르게 성장하는 제국의 모든 전초기지와 연결되었다.

제국주의 시대

제국주의 시대는 많은 사람이 알고 있는 것보다 더 짧았고 더 최근이었으며, 1870년부터 1914년까지가 전성기였다.[22] 저명한 역사학자 D. K. 필드하우스(Fieldhouse)는 서구 제국주의의 범위에 대해 이렇게 말했다. "유럽의 지배하에 있지 않았던 몇몇 장소를 열거하는 것이 유럽의 지배를 받았던 장소들을 밝히는 것보다 쉽다. 터키, 아라비아 일부 지역, 페르시아, 아프가니스탄, 티베트, 중국, 몽골, 시암, 일본, 북극, 남극의 여러 작은 섬 등이 그렇다."[23] 다른 모든 지역은 서부의 일부였거나 식민지였다. 심지어 실제로 식민지가 아닌 일부 지역도 서방의 상당한 통제 대상이었는데, 그 좋은 예가 바로 중국이다.

　　19세기까지 실제로 식민지 강국으로 인정받은 유럽 국가는 거의 없었다. 스페인이 한때 중남미에서 가지고 있던 막대한 재산은 사라진 지 오

22　Wesseling, 2004: x.
23　Fieldhouse, 1973: 3.

래였다. 1822년에 브라질을 잃은 포르투갈은 아프리카의 일부만을 점령했고, 벨기에는 콩고라는 단 한 곳의 식민지만을 가지고 있었다. 독일과 이탈리아는 1880년대까지 식민지를 획득하지 못했으며, 대부분은 아프리카를 분할할 때 얻었다. 대조적으로 네덜란드의 식민지는 전 세계에 퍼져 있었고, 그들의 가장 중요한 식민지는 아시아에 있었다. 프랑스 제국은 북미의 모든 영토를 잃거나 팔았지만, 면적 면에서는 대영제국에 이어 2위를 차지했다. 프랑스는 인도차이나를 점령하고 1830년에 알제리를 침공했으며 1880년대에 북서아프리카의 대부분을 차지했다. 그리고 거대한 대영제국이 있었다.

다양한 유럽 국가들이 그들의 식민지를 다루는 방식에는 상당한 차이가 있었다. 벨기에령 콩고만큼 심한 대우를 받은 식민지는 없었다.[24] 처음에 콩고는 레오폴트 2세의 개인 소유물이었고, 그는 군사를 파견하여 주민들을 잔인하고 살인적인 제도로 다스리면서, 밀림 깊은 곳에서 야생 고무나무액을 받도록 강요했으며, 불평하는 사람들은 불구로 만들어 죽였다. 영국 영사 로저 케이스먼트(Roger Casement)는 수백만 명의 아프리카인이 사망했으며 강제 노동으로 인해 현지인들이 농사를 지을 수 없게 되자 많은 사람이 기아로 죽었다는 보고서를 1904년에 발표했다. 가톨릭 선교사와 개신교 선교사에게 자극을 받은 국제 위원회는 콩고의 상황을 조사하고 반인류적인 범죄가 일상적으로 일어나고 있음을 확인했다. 벨기에 정부는 왕으로부터 콩고를 넘겨받았다. 하지만 끔찍한 학대는 계속되었다. 1960년에 콩고는 벨기에로부터 독립했지만, 슬프게도 자치 체제 역시도 사람들에게 더 나은 삶을 안겨주지는 못했다. 일련의 아프리카 폭군

---

24   Fieldhouse, 1973; Wesseling, 2004.

들은 스스로를 부유하게 만들고 사람들을 가혹하게 억압했다.

스펙트럼의 반대편에는 영국의 식민지들이 있었다. 물론 영국인들도 때때로 억압적이고 무자비했지만, 동시에 그들은 식민지 주민들의 환경을 개선하는 데 신경을 썼다. 이러한 의무감은 러디어드 키플링의 "백인의 짐"이라는 말로도 표현되었다. 오늘날 이 문구는 완화되지 않은 인종차별주의로 계속해서 비난받고 있으며, 의심의 여지 없이 당시의 일상적인 인종차별주의를 떠올리게 한다. 그러나 해외에서 봉사하는 많은 영국 공무원과 선교사에게, 그것은 또한 현대성의 혜택을 누리는 사람들이 불우한 사람들과 그것을 공유할 의무가 있다는 그들의 신념을 반영했다.

흥미롭게도 영국의 식민지 기록에서 가장 어두운 두 가지 흠집은 백인 종속국 국민들에 대한 잔인한 학대와 관련이 있다. 첫 번째는 아일랜드에서의 감자 기근(1845-51년)이었다. 아일랜드인들이 굶주리고 있었지만 영국의 지주들은 곡물 조령을 준수하여 곡물을 잉글랜드로 수출했다. 두 번째는 남아프리카에서 일어났다. 영국은 보어 공화국을 점령하기 위해 네덜란드 정착민들을 상대로 길고 피비린내 나는 전쟁(1899-1902년)을 벌였다. 영국 식민지 군대와 관련한 대부분의 다른 사건에서 그들은 영국의 이익뿐만 아니라 식민지 주민들도 보호했다. 예를 들어, 1885년 수단에서 일어난 마흐디 반란군은 하르툼을 점령했고, 유명한 영국 장군인 찰스 "중국인" 고든(Charles "Chinese" Gordon)을 죽음에 이르게 했다. 영국의 대응으로 이집트와 수단 주민들은 대량 학살의 위협에서 벗어났다.

영국 식민주의의 가장 존경스러운 측면은 교육과 의료에 엄청난 노력을 쏟아부었다는 점이다.[25] 식민지 관리자들과 그들이 고용한 교육자들

---

25   Windel, 2009.

은 이러한 업적에 일정한 역할을 감당했다.[26] 식민지로 몰려든 수천 명의 선교사(영국인뿐만 아니라 미국인)도 마찬가지로 중요했다.

선교사 효과

아마도 (일반 식민주의자들과 함께) 기독교 선교사들에게 씌워진 모든 혐의 중 가장 기이한 것은 그들이 대부분의 비서구 세계에 "근대를 강요"했다는 것이다. 선교사들이 "토속 민족"에게 서양의 기술과 학문을 전파함으로써 서양 문화만큼이나 유효한 그들의 문화를 타락시켰다는 것은 인류학자와 다른 문화상대론자들 사이에서 오랫동안 받아들여진 통념이었다. 이 "문화 제국주의"는 비서구 문화권에 서양의 취향과 믿음과 관행을 강요하는 것으로 정의된다. 인정하건대 영국인들이 그렇게 많은 식민지 주민을 크리켓 게임에 빠지게 만든 것은 혐오스러운 일일지도 모르고, 코카콜라의 세계적인 인기는 세상을 더 나은 곳으로 만들지 못했을지도 모른다. 그러나 문화제국주의라는 근본적인 메시지를 받아들이려면 여성을 상대로 한 전족, 여성 할례, 사티의 관습(남편을 화장하는 장작더미에 과부를 묶어 화형시킨 것), 강간 피해자들에게 간통의 혐의를 씌워 돌팔매질을 하는 것과 같은 범죄를 아무렇지 않게 받아들여야 한다. 그것은 또한 폭정이 민주주의만큼이나 바람직하며, 지역의 관습에 따른 것이라면 노예제도마저도 용인해야 한다는 것에도 동의해야 한다. 마찬가지로 높은 유아 사망률, 이른 성년기의 치아 손실, 그리고 어린 소년들의 거세를 문맹률과 함께 지

---

26   Whitehead, 2003.

역 문화의 유효한 일부분으로 소중히 여겨야 한다. 특히 선교사와 다른 식민주의자들에 의해 근대가 "부여"된 것은 비서구 문화의 이러한 측면과 관련이 있었기 때문이다.

게다가 선교사들은 식민지 관리들의 부당한 착취로부터 지역민들을 보호하기 위해 여러 과격한 행동을 취했다. 예를 들어, 1700년대 중반에 예수회는 라틴 아메리카의 인디언들을 노예화하려는 유럽인들로부터 그들을 보호하려고 애썼다. 포르투갈과 스페인의 식민지 관리들은 그 일을 방해했다는 이유로 예수회를 잔인하게 쫓아냈다.[27] 개신교 선교사들은 특히 인도와 아프리카의 지역 주민들을 지원하기 위해 상업 및 식민지 지도자들과의 격렬한 분쟁에 자주 연루되었다.[28]

그러나 아마도 선교사들의 영향을 평가하는 가장 좋은 방법은 성경의 명령(마 7:16)을 따라 열매로 그들을 아는 것이다. 자료에 따르면 한 세기 또는 그 이상의 기독교 선교사들의 노력이 오늘날에도 여전히 결실을 맺고 있다.

로버트 우드베리(Robert D. Woodberry)가 실시한 주목할 만한 새로운 연구는 개신교 선교사들이 비서구권에서 안정된 민주주의의 성장과 확산에 대한 공로를 대부분 차지할 수 있다는 것을 결정적으로 입증했다.[29] 즉 1923년에 지역 인구 1만 명당 개신교 선교사 수가 많을수록 오늘날 한 국가가 안정된 민주주의를 이룩했을 확률이 높아진다. 선교사들의 영향은 국내총생산(GDP)과 한 국가가 영국의 식민지였는지를 포함한 50개의 다른 관련 통제 변수보다 훨씬 크다.

---

27   Stark, 2003: 336.
28   Hiney, 2000.
29   Woodberry, 2012.

우드베리는 이러한 선교사의 영향을 확인했을 뿐만 아니라 왜 그러한 결과가 발생했는지에 대한 중요한 통찰을 얻었다. 그는 선교사들이 대중 교육, 지역 출판, 신문, 민족주의 및 반식민지적 성향을 가진 사람들을 포함한 지역의 자원봉사 단체를 후원했기 때문에 안정적인 민주주의의 발흥에 기여했다는 것을 보여주었다.

이 결과는 사회과학자들을 매우 놀라게 했기 때문에 아마도 어떤 연구도 출판 전 이만큼 집중적인 검토를 받은 적이 없을 것이다. 우드베리는 자신의 데이터베이스를 「미국 정치학 리뷰」(*American Political Science Review*)의 편집자들에게 모두 넘겨주어야 했고, 편집자들은 이 자료를 광범위하고 독립적으로 재분석했다. 그러나 이 자료를 검토한 후 편집자들은 탄탄한 통계 결과가 정확하다는 것에 만족했다. 사실 그들은 우드베리가 발견한 내용을 상세히 발표할 수 있도록 평상시 최대치보다 더욱 많은 지면을 허락해주었다.

개신교 선교사들은 비서구 사회에 민주주의를 발전시키는 것 이상을 했다. 그들이 설립한 지역 학교와 대학은 그 사회에 지대한 영향을 끼쳤다. 그들이 시작한 학교들은 몇몇 학생을 영국과 미국에서 공부하도록 보내기도 했다. 영국 식민지에서 성공적인 반식민지 운동을 벌인 다수의 지도자가 영국에서 대학 학위를 받은 것은 놀라운 일이다. 인도에는 마하트마 간디와 자와할랄 네루가, 케냐에는 조모 케냐타가 있었고, 케냐타는 마우 마우 반란을 주도해 독립 국가 케냐의 초대 대통령이 됐다.

의료와 건강에 대한 선교적 헌신이 남겼던 지속적인 혜택은 덜 알려져 있다. 미국과 영국의 개신교 선교사들은 비서구 국가의 의료 시설에 엄청난 투자를 했다. 1910년까지 그들은 111개의 의과대학, 1,000개 이상의 조제실, 576개의 병원을 설립했다.[30] 이러한 엄청난 노력을 지속하기 위해 선교사들은 지역의 의사와 간호사를 모집하고 훈련시켰는데, 이들은 곧 서양 선교사들보다 수가 훨씬 더 많아졌다. 이러한 노력은 현대 의학을 접하기 어려웠던 장소들에 큰 변화를 가져왔다. 그리고 그 혜택은 계속되었다.

다시 한번 말하지만, 장기적인 영향을 밝혀낸 것은 로버트 우드베리의 연구다.[31] 그의 연구는 1923년의 인구 천 명당 개신교 선교사 수가 많을수록 2000년의 유아 사망률이 낮아진다는 것을 보여주었다. 이것은 현재 1인당 GDP의 효과보다 9배가 넘는 효과다. 마찬가지로 1923년의 선교사들의 숫자는 2000년의 한 국가의 평균 수명과 밀접한 관련이 있었다.

만약 이러한 결과가 "문화제국주의"를 구성한다면, 그렇다고 치자.

식민주의와 "개발도상국"

1902년에 영국의 경제학자 J. A. 홉슨(Hobson)은 유럽 산업 국가들이 그들의 식민지를 약탈하여 원자재를 너무 싸게 팔고 공산품을 너무 비싸게 사도록 강요했다고 비난한 『제국주의』(*Imperialism*)를 출판했다. 러시아 혁명을 이끈 V. I. 레닌(Lenin)은 홉슨(Hobson)의 저서(통계까지 포함)를 표절하여 1915년에 『제국주의, 자본주의의 최고 단계』(*Imperialism, the Highest Stage of Capitalism*)라는 제목의 책을 냈다. 그 이후 서방 국가들이 비서방 국가들

---

30   Dennis, Beach, Fahs, 1911.
31   Woodberry, 2007a.

로부터 재산을 훔쳤고, 그 결과 비서방 국가들이 근대화되는 것을 막았다는 것은 극좌파의 신조였다. 물론 이 말은 개발도상국에서 인기가 있었다. 그것은 그들이 진보하지 못한 것이 그들의 잘못이 아니라 선진국 때문이라고 말한다.

불행하게도 이 주장은 서양의 사회과학자들 사이에서도 인기가 있는 것으로 드러났다. 1970년대에 스스로를 "세계 시스템" 이론가라고 밝힌 사회과학자들이 생겨났다. 임마누엘 월러스타인(Immanuel Wallerstein), 안드레 군더 프랭크(Andre Gunder Frank), 그리고 조연들이 이끈 세계 시스템 이론은 기본적인 사실들과 명백히 양립할 수 없음에도 불구하고 수십 년 동안 학계에서 지배적인 견해로 자리 잡았다.

예를 들어, 홉슨을 떠올리게 하는 세계 시스템 이론가들은 세계를 원자재를 수출하는 가난한 나라와 공산품을 수출하는 부유한 나라로 나누고, 이 제도가 어떻게 가난한 나라들을 계속 가난하게 두어야만 하는지를 상세히 설명한다. 이러한 주장은 매우 발달한 나라인 캐나다와 미국이 다른 나라들을 합친 것보다 더 많은 식량을 수출하고, 19세기의 산업화 기간에 미국이 엄청난 양의 원면, 담배, 목재, 모피, 석탄을 수출했다는 사실로 인해 즉각 반박된다. 그러한 주장을 더 훼손하는 점은 59개국에 대한 세계무역통계를 면밀히 분석한 결과 1인당 국내총생산(GDP) 성장과 원자재 수출 비중 사이에 아무런 상관관계가 없다는 것이다.[32] 세계 시스템 지지자들은 개발도상국들의 GDP 증가가 그 사회의 부자들에게만 이익이 되었다고 응답했다.[33] 그것 역시 그렇지 않은 것으로 밝혀졌다.[34]

---

32   Delacroix, 1977.

33   Wimberly, Bello, 1992.

34   Firebaugh, Beck, 1994.

옥스퍼드의 경제사학자 패트릭 오브라이언(Patrick O'Brien)은 아마도 세계 시스템이라는 관점에 대해 가장 파괴적인 반박을 했을 것이다.[35] 오브라이언은 1750년으로 거슬러 올라가는 여러 무역통계 자료를 이용하여 선진국과 가난한 나라들 사이의 무역량이 미미했기 때문에 선진국이 가난한 나라들의 재산을 착취할 수 없었다는 것을 보여주었다. 홉슨을 비롯한 세계 시스템 분석가들의 실수는 그들이 일부 유럽인들이 서양 외의 세계와의 무역으로 부를 쌓았고 일부 항구 도시들 또한 번창했다는 명백한 사실에 초점을 맞추고 있지만 이러한 점들을 국가 경제와 관련하여 일반화시켰다는 데 있다. 그러나 이 재산은 너무 적었기 때문에 국가 경제에 큰 영향을 끼치지 못했다. 사실 제국주의 시대에 유럽 국가들 전체가 식민지에서 손해를 본 것은 분명하다.[36] 분명한 예외는 신세계 식민지로부터 금과 은을 수입함으로써 대번영의 시대를 누렸던 스페인이다. 그러나 이러한 부의 급증은 스페인이 낙후되고 가난해짐에 따라 장기적인 이득이 없었다. 또한 이런 귀금속의 "유출"은 라틴 아메리카의 경제 발전에 어떠한 유의미한 영향도 미치지 않았다.[37]

세계 시스템 학파의 또 다른 기이한 명제는 덜 발전된 사회와 산업 국가 간의 접촉이 클수록 덜 발전된 사회의 경제 발전이 더 지연된다는 안드레 군더 프랑크의 주장이었다.[38] 나의 동료 아서 스틴치콤(Arthur Stinchcomb)은 만약 이것이 사실이라면, 해안에서 가장 멀리 사는 라틴 아메리카의 집단이 해안 근처에 사는 집단에 비해 경제적으로 더 발전되었

35   O'Brien, 1982, 1983a.
36   Fieldhouse, 1973; McCloskey, 2010.
37   Stark, 2005: ch. 7.
38   Frank, 1966, 1967.

을 것이라고 지적함으로써 그의 버클리 대학원생들을 미소 짓게 했다. 아직 아무도 접촉하지 못한 아마존의 깊은 곳에 사는 인디언들이 분명히 증명해주었듯이 말이다.

물론 그러한 문제에서 전형적으로 드러나듯이, 부정적인 증거는 세계 시스템 지지자들을 전향시키지 못했다. 그러나 소련의 붕괴는 그들을 깜짝 놀라게 했고 그들의 사회가 가차 없이 추종해야 한다고 굳게 믿었던 모범 사회가 제거됨으로써 그들의 호소력은 상당히 떨어지게 되었다. 대니얼 키로트(Daniel Chirot)가 지적했듯이, "세계 시스템 이론은 궁극적으로 정치적 목적에 동의하지 않는 사람들을 몰아냈기 때문에 신빙성을 많이 잃었다."[39]

부분적 근대

비록 근대성이 전 세계로 퍼져나갔지만, 많은 곳에서 생겨난 것은 서구적 근대성이 아니다. 대신 근대의 기술적 측면은 서구 문명과 같은 기본적인 정치적·도덕적 측면이 상당히 부족한 비서구 문화 체계에 접목되었다. 사무엘 헌팅턴이 매우 통찰력 있게 지적했듯이, 많은 관찰자는 코카콜라와 리바이스 같은 서구 소비재의 세계적인 인기가 "보편적인 문명"의 발전을 반영한다고 잘못 보고 있다. 그렇게 보는 것은 "서양 문화를 하찮아 보이게 만든다."[40]

---

39   Chirot, 2012: 15.
40   Huntington, 1997: 58.

아랍 사회의 많은 사람이 휴대폰을 가지고 있고, 자동차를 운전하며, 군대는 현대식 무기를 대량으로 보유하고 있다. 그러나 이것이 현대성을 반영하는 한, 그것은 구매와 수입에 의한 근대성이다. 이런 사회들은 산업 사회가 아니다. 또한 그 사회들은 대부분의 다른 면에서 현대적이지 않다. 아랍의 민주주의는 존재하지 않는다. 여성은 권리가 거의 없고, 종교적 편협함이 규칙이다.

산업화된 사회를 성공적으로 건설하는 것도 중국의 사례가 보여주듯이, 서구적 감각으로 현대화되는 것과는 다르다. 반세기 이상 전에 칼 비트포겔(Karl A. Wittfogel)이라는 학자가 만든 대표적인 표현을 빌린다면, 현대 중국은 여전히 "동양의 전제주의"로 남아 있다.[41]

상당한 정도의 개인의 자유는 서구의 근대성과 불가분의 관계에 있으며, 이는 여전히 비서구권에서는 부족한 부분이다.

의심할 여지 없이 서구의 근대성에는 한계와 불만이 있다. 그래도 알려진 대안보다는 훨씬 낫다. 첨단 기술뿐만 아니라 자유, 이성, 인간의 존엄성에 대한 근본적인 헌신 때문이다.

---

41   Wittfogel [1957] 1981.

참고문헌

Aberth, John. 2005. *The Black Death: The Great Mortality of 1348–1350: A Brief History with Documents*. Boston: Bedford/St. Martin's.

Abler, Thomas S. 1980. "Iroquois Cannabalism: Fact Not Fiction." *Ethnohistory* 27: 309–16.

Acemoglu, Daron, Simon Johnson, and James Robinson. 2005. "The Rise of Europe: Atlantic Trade, Institutional Change, and Economic Growth." *American Economic Review* 95: 546–79.

Aczel, Amir D. 2002. *The Riddle of the Compass*. New York: Mariner Books.

Adams, Marilyn. 1987. *William of Ockham*. Notre Dame, IN: University of Notre Dame Press.

Africa, Thomas W. 1969. *The Ancient World*. Boston: Houghton Mifflin.

_____. 1974. *The Immense Majesty: A History of Rome and the Roman Empire*. New York: Crowell.

Ahmed, Syed Z. 2006. *The Zenith of an Empire: The Glory of Suleiman the Magnificent and the Law Giver*. West Conshohocken, PA: Infinity Publications.

Ajram, K. 1992. *The Miracle of Islamic Science*. Cedar Rapids, IA: Knowledge House.

Allen, Robert C. 2009. *The British Industrial Revolution in Global Perspective*. Cambridge: Cambridge University Press.

_____. 1997. "Agriculture During the Industrial Revolution." In Roderick Floud and D. N. McClosky, *The Economic History of Britain Since 1700*, 96–122. Cambridge: Cambridge University Press.

Alroy, Gil Carl. 1975. *Behind the Middle East Conflict*. New York: G. P. Putnam's Sons.

Alvarez, Gonzalo, Francisco C. Ceballos, and Clesa Quinteiro. 2009. "The Role of Inbreeding in the Extinction of a European Royal Dynasty." *Plos ONE* (April 15, 2009). http://www.plosone.org/article/info%3Adoi%2F10.1371%2Fjournal. pone.0005174. Accessed January 14, 2014.

Ames, Glenn J. 2005. *Vasco da Gama*. New York: Pearson.

Anonymous (translation by Rosalind Hill). [ca. 1102] 1962. *Gesta Francorum: The Deeds of the Franks and Other Pilgrims to Jerusalem*. Oxford: Clarendon Press.

Arens, William. 1979. *The Man-Eating Myth*. New York: Oxford University Press.

Arkush, Elizabeth N., and Mark W. Allen, eds. 2008. *The Archaeology of Warfare: Prehistories of Raiding and Conquest*. Gainesville: University of Florida Press.

Armstrong, Karen. 2001. *Holy War: The Crusades and Their Impact on Today's World*. 2nd ed. New York: Random House.

Arnold, Christopher J. 1984. *Roman Britain to Saxon England*. London: Croom Helm.

Ashton, T. S. 1955. *The Industrial Revolution, 1760–1830*. Oxford: Oxford University Press.

Asimov, Isaac. 1982. *Asimov's Biographical Encyclopedia of Science and Technology*. Rev. 2nd ed. New York: Doubleday.

Austin, M. M., and P. Vidal-Naquet. 1972. *Economic and Social History of Ancient Greece: An Introduction*. Berkeley: University of California Press.

Ayton, Andrew. 1999. "Arms, Armour, and Horses." In Maurice Keen, ed., *Medieval Warfare*, 186–208. Oxford: Oxford University Press.

Axtell, James. 1981. *The European and the Indian*. Oxford: Oxford University Press.

Babcock, W. H. 1922. *Legendary Islands of the Atlantic: A Study of Medieval Geography*. New York: American Geographical Society.

Bailyn, Bernard. 1986. *Voyagers to the West*. New York: Knopf.

Bainton, Roland H. [1950] 1995. *Here I Stand*. New York: Meridian.

Bairoch, Paul. 1988. *Cities and Economic Development: From the Dawn of History to the Present*. Chicago: University of Chicago Press.

_____. 1993. *Economics and World History: Myths and Paradoxes*. Chicago: University of Chicago Press.

Baker, Alan. 2000. *The Gladiator: The Secret History of Rome's Warrior Slaves*. New York: Thomas Dunne.

Baldwin, John W. 1959. *The Medieval Theories of the Just Price*. Philadelphia: American Philosophical Society.

Baldwin, Marshall W., ed. 1969. *A History of the Crusades*. Vol. 1. *The First Hundred Years*. Madison: University of Wisconsin Press.

Barbaro, Nicolò. 1969. *Diary of the Siege of Constantinople, 1453*. New York: Exposition Press.

Barbero, Alessandro. 2004. *Charlemagne: Father of a Continent*. Berkeley: University of California Press.

Barbour, Violet. 1930. "Dutch and English Merchant Shipping in the Seventeenth Century." *Economic History Review* 2: 261–90.

Barnes, Timothy D. 1981. *Constantine and Eusebius*. Cambridge: Harvard University Press.

Barton, Carlin A. 1993. *The Sorrows of the Romans: The Gladiator and the Monster*. Princeton: Princeton University Press.

Batey, Richard A. 1991. *Jesus and the Forgotten City*. Grand Rapids, MI: Baker Book House.

Bauer, Susan Wise. 2010. *The History of the Medieval World*. New York: W. W. Norton.

Baumol, William J. 1990. "Entrepreneurship: Productive, Unproductive, and Destructive." *Journal of Political Economy* 98: 893–921.

Bawlf, Samuel. 2004. *The Secret Voyage of Sir Francis Drake*. New York: Penguin.

Beacham, Richard C. 1999. *Spectacle Entertainments of Early Imperial Rome*. New Haven: Yale University Press.

Bean, Richard N. 1975. "British-American and West African Slave Prices." In *Historical Statistics of the United States*, 1174. Washington, DC: Bureau of the Census.

Beckett, J. V. 1988. *The Aristocracy in England 1660–1914*. Oxford: Basil Blackwell.

Beckles, Hilary. 1989. *White Servitude and Black Slavery in Barbados, 1627–1715*. Knoxville: University of Tennessee Press.

Beeching, Jack. 1982. *The Galleys at Lepanto*. New York: Charles Scribner's Sons.

Bellitto, Christopher. 2004. *Introducing Nicholas of Cusa*. Mahwah, NJ: Paulist Press.

Belloc, Hilaire. [1928] 1975. *How the Reformation Happened*. Rockford, IL: Tan Books and Publishers.

Bendix, Reinhard. 1956. *Work and Authority in Industry*. New York: Harper and Row.

Benedict, Ruth. 1946. *The Chrysanthemum and the Sword: Patterns of Japanese Culture*. Cambridge: Houghton Mifflin.

Benedictow, Ole J. 2004. *The Black Death 1346–1353: The Complete History*. Rochester, NY: Boydell Press.

Benin, Stephen D. 1993. *The Footprints of God: Divine Accommodation in Jewish and Christian Thought*. Albany: State University of New York Press.

Benjamin, Francis S. Jr., and G. J. Toomer. 1971. *Campanus of Novara and Medieval Planetary Theory*. Madison: University of Wisconsin Press.

Bennett, Judith, and C. Warren Hollister. 2006. *Medieval Europe: A Short History*. New York: McGraw-Hill.

Bensch, Stephen P. 1998. "Historiography: Medieval European and Mediterranean Slavery." In Seymour Drescher and Stanley L. Engerman, eds., *A Historical Guide to World Slavery*, 229–31. New York: Oxford University Press.

Berger, Ronald. 2002. *Fathoming the Holocaust: A Social Problems Approach*. New York: Aldine De Gruyter.

Berman, Joshua A. 2008. *Created Equal: How the Bible Broke with Ancient Political Thought*. Oxford: Oxford University Press.

Bernal, Martin. 1987. *Black Athena: The Afroasiatic Roots of Classical Civilization*. New Brunswick, NJ: Rutgers University Press.

Beye, Charles Rowan. 1987. *Ancient Greek Literature and Society*. Ithaca, NY: Cornell University Press.

Bicheno, Hugh. 2004. *Crescent and Cross: The Battle of Lepanto 1571*. London: Phoenix.

Bickerman, Elias. 1979. *The God of the Maccabees*. Leiden: Brill.

Bishop, Morris. 1948. *Champlain: The Life of Fortitude*. New York: Knopf.

Björkenstam, N. 1995. "The Blast Furnace in Europe During the Middle Ages." In G. Magnusson, ed., *The Importance of Ironmaking*, 143–53. Stockholm: Jernkontoret.

Black, Jeremy. 1998. *War and the World*. New Haven: Yale University Press.

Bloch, Marc. [1940] 1961. *Feudal Society*. 2 vols. Chicago: University of Chicago Press.

_____. 1975. *Slavery and Serfdom in the Middle Ages*. Berkeley: University of California Press.

Bloom, Jonathan. 2007. "Islam on the Temple." *Times Literary Supplement*, December 7, 7–8.

Blum, Jerome. 1978. *The End of the Old Order in Rural Europe*. Princeton: Princeton University Press.

Boardman, John. 1988. "Greek Art and Architecture." In John Boardman, Jasper Griggin, and Oswyn Murray, eds., *The Oxford History of Greece and the Hellenistic World*, 330–61. Oxford: Oxford University Press.

Bolton, Jim. 1996. "'The World Upside Down': Plague as an Agent of Economic and Social Change." In W. M. Ormrod, and P. G. Lindley, eds., *The Black Death in England*, 17–78. Stamford, UK: Paul Watkins.

Bonnassie, Pierre. 1991. *From Slavery to Feudalism in South-Western Europe*. Cambridge: Cambridge University Press.

Bostom, Andrew G. 2005. *The Legacy of Jihad*. Amherst, NY: Prometheus Books.

Boutell, Charles. [1907] 1996. *Arms and Armour in Antiquity and the Middle Ages*. Conshohocken, PA: Combined Books.

Bowersock, G. W. 1996. *Hellenism in Late Antiquity*. Ann Arbor: University of Michigan Press.

Bradford, Ernle. 1961. *The Great Siege, Malta 1565*. New York: E-Reads.

Bradley, Walter I. 2001. "The 'Just So' Universe: The Fine-Tuning of Constants and Conditions in the Cosmos." In William A. Dembski and James M. Kushiner, eds., *Signs of Intelligence: Understanding Intelligent Design*. Grand Rapids: Brazos Press: 157–70.

Brady, Thomas. 1978. *Ruling Class, Regime, and Reformation at Strasbourg, 1529–1555*. Leiden, Brill.

Braudel, Fernand. 1977. *Afterthoughts on Material Civilization and Capitalism*. Baltimore: Johns Hopkins University Press.

_____. 1979. *Civilization and Capitalism, 15th–18th Century*. Vol. 1, *The Wheels of Commerce*; Vol. 2, *The Perspective of the World*; Vol. 3, *The Structures of Everyday Life*. New York: Harper and Row.

_____. 1976. *The Mediterranean and the Mediterranean World in the Age of Philip II*. 2 vols. New York: Harper and Row.

Breen, T. H. 1986. "An Empire of Goods: The Anglicization of Colonial America, 1690–1776." *Journal of British Studies* 25: 467–99.

Brett, Stephen F. 1994. *Slavery and the Catholic Tradition*. New York: Peter Lang.

Brickman, William W. 1961. "The Meeting of East and West in Educational History." *Comparative Education Review* 5: 82–98.

Bridbury, A.R. 1969. "The Dark Ages." *The Economic History Review* 22: 526–37.

_____. 1962. *Economic Growth: England in the Later Middle Ages*. London: George Allen and Unwin.

_____. 1982. *Medieval English Clothmaking: An Economic Survey*. London: Heinemann Educational Books.

Bridge, Anthony. 1983. *Suleiman the Magnificent, Scourge of Heaven*. New York: F. Watts.

Bridges, John Henry. 1914. *The Life and Work of Roger Bacon*. London: Williams and Norgate.

Brockett, Oscar G., and Franklin J. Hildy. 2007. *History of Theater* 10th ed. Upper Saddle River, NJ: Allyn and Bacon.

Brøndsted, Johannes. 1965. *The Vikings*. Baltimore: Penguin Books.

Brooke, John, and Geoffrey Cantor. 1998. *Restructuring Nature*. Oxford: Oxford University Press.

Brown, David K. 1978. "Nemesis, The First Iron Warship." *Warship* 8: 283–85.

_____. 2011. *Warrior to Dreadnought: Warship Development 1860–1905*. Annapolis, MD: Naval Institute Press.

Browne, Laurence E. [1933] 1967. *The Eclipse of Christianity in Asia*. New York: Howard Fertig.

Brown, Elizabeth A. R. 1974. "The Tyranny of a Concept: Feudalism and Historians of Medieval Europe." *American Historical Review*. 70: 1063–88.

Brown, Gordon S. 2003. *The Norman Conquest of Southern Italy and Sicily*. Jefferson, NC: McFarland.

Brown, Peter. 1996. *The Rise of Western Christendom*. Oxford: Blackwell.

_____. [1971] 1989. *The World of Late Antiquity, AD 150–750*. New York: W. W. Norton.

_____. 1997. "The World of Late Antiquity Revisited." *Symbolae Oslosenses* 72: 5–30.

Brueggemann, Walter. 2009. *An Unsettling God: The Heart of the Hebrew Bible*. Minneapolis: Fortress Press.

Buckingham, Walter. 1961. *Automation: Its Impact on Business and People*. New York: Harper and Row.

Bureau of the Census. 1975. *Historical Statistics of the United States*. 2 vols. Washington, DC: U.S. Government Printing Office.

Burman, Edward. 1989. *The World Before Columbus 1100–1492*. London: W. H. Allen.

Burmeister, Stefan. 2000. "Archaeology of Migration: Approaches to an Archaeological Proof of Migration." *Current Anthropology* 41: 539–67.

Burtt, Edwin A. 1951. *Types of Religious Philosophy*. Rev. ed. New York: Harper.

Bush, M. L. 1967. *Renaissance, Reformation, and the Outer World, 1450–1660*. London: Blandford.

Butzer, Karl W. 1992. "The Americas Before and After 1492: An Introduction to Current Geographical Research." *Annals of the Association of American Geographers* 82: 345–68.

Byrn, Edward W. [1900] 2010. *The Progress of Invention in the Nineteenth Century*. Charleston, SC: Nabu Press, 2010.

Caird, Edward. 1904. *The Evolution of Theology in the Greek Philosophers*. Glasgow: James MacLehose and Sons.

Calvin, John. [ca. 1555] 1980. *John Calvin's Sermons on the Ten Commandments*. Grand Rapids, MI: Baker Bookhouse.

Cantor, Norman F. 1993. *The Civilization of the Middle Ages*. New York: HarperCollins.

_____. 2002. *In the Wake of the Plague: The Black Death and the World It Made*. New York; Harper Perennial.

Carcopino, Jerome. 1940. *Daily Life in Ancient Rome*. New Haven: Yale University Press.

Cardini, Franco. 2002. *Europe and Islam*. Oxford: Blackwell.

Carpenter, David. 2004. *The Struggle for Mastery: The Penguin History of Britain 1066–1284*. New York: Penguin.

Carrasco, David. 1999. *City of Sacrifice: The Aztec Empire and the Role of Violence in Civilization*. Boston: Beacon Press.

Carroll, James. 2004. *Crusade: Chronicles of an Unjust War*. New York: Metropolitan Books.

Cartwright, Frederick E. 1972. *Disease and History*. New York: Dorset Press.

Carus-Wilson, Eleanora. 1941. "An Industrial Revolution of the Thirteenth Century." *Economic History Review* 11: 39–60.

_____. 1950. "Trends in the Export of English Woollens in the Fourteenth Century." *Economic History Review* 3: 162–79.

_____. 1952. "The Woollen Industry." In *The Cambridge Economic History of Europe*. Vol. 2, *Trade and Industry in the Middle Ages*, 355–428. Cambridge: Cambridge University Press.

Carus-Wilson, Eleanora, and Olive Coleman. 1963. *England's Export Trade, 1275–1547*. Oxford: Clarendon Press.

Chabas, Jose, and Bernard R. Goldstein. 2000. *Abraham Zacut*. Darby, PA: Diane Publishing.

Chacon, Richard J., and Ruben G. Mendoza, eds. 2007. *North American Indigenous Warfare and Ritual Violence*. Tucson: University of Arizona Press.

Chadwick, Henry. 1966. *Early Christian Thought and the Classical Tradition*. Oxford: Oxford University Press.

_____. 1972. *The Reformation*. Rev. ed. London: Penguin.

Chandler, Tertius. 1987. *Four Thousand Years of Urban Growth: An Historical Census*. Lewiston, NY: Edwin Mellen Press.

Chase, Kenneth. 2003. *Gunpowder: A Global History to 1700*. Cambridge: Cambridge University Press.

Cheetham, Nicholas. 1983. *Keeper of the Keys: A History of Popes from St. Peter to John Paul II*. New York: Scribner's.

Chibnall, Majorie. 2000. *The Normans*. Oxford: Blackwell.

Childe, Gordon. 1958. *The Prehistory of European Society*. Baltimore: Pelican.

_____. 1952. "Trade and Industry in Barbarian Europe till Roman Times." In *The Cambridge Economic History of Europe*. Vol. 3, *Trade and Industry in the Middle Ages*, 1–32. Cambridge: Cambridge University Press.

Chirot, Daniel. 2012. "Revisiting the Rise of the West." *Contemporary Sociology* 41: 12–15.

_____. 1985. "The Rise of the West." *American Sociological Review* 50: 181–95.

Cipolla, Carlo M. 1994. *Before the Industrial Revolution: European Society and Economy, 1000–1700*. 3rd ed. New York: W. W. Norton.

_____. 1965. *Guns, Sails and Empires: Technological Innovation in the Early Phases of European Expansion, 1400–1700.* New York: Minerva Press.

Clagett, Marshall. 1968. *Nicole Oresme and the Medieval Geometry of Qualities and Motions.* Madison: University of Wisconsin Press.

Clark, Gordon H. 1989. *Thales to Dewey.* Jefferson, MD: Trinity Foundation.

Clarke, H. B. 1999. "The Vikings." In Maurice Keen, ed., *Medieval Warfare,* 36–58. Oxford: Oxford University Press.

Clarke, John R. 1998. *Looking at Lovemaking: Constructions of Sexuality in Roman Art, 100 BC–AD 250.* Berkeley: University of California Press.

Clegg, Brian. 2004. *The First Scientist: A Life of Roger Bacon.* Cambridge, MA: Da Capo Press.

Clendinnen, Inga. 1991. *Aztecs: An Interpretation.* Cambridge: Cambridge University Press.

Cliff, Nigel. 2011. *Holy War: How Vasco Da Gama's Epic Voyages Turned the Tide in a Centuries-Old Clash of Civilizations.* New York: Harper Collins.

Clough, Bradley S. 1997. "Buddhism." In Jacon Neusner, ed., *God,* 56–84. Cleveland: Pilgrim Press.

Cobbett, William. [1818] 1967. *Journal of a Year's Residence in the United States of America.* Excerpted in Milton B. Powell, ed., The Voluntary Church. New York: Macmillan.

Cohen, Abraham. 1975. *Everyman's Talmud.* New York: Schocken.

Cohen, Edward E. 1992. *Athenian Economy and Society: A Banking Perspective.* Princeton: Princeton University Press.

Cohen, J. Bernard. 1985. *Revolution in Science.* Cambridge: Belknap Press of Harvard University Press.

Cole, Richard G. 1984. "Reformation Printers: Unsung Heroes." *Sixteenth Century Journal* 15: 327–39.

Colish, Marcia L. 1997. *Medieval Foundations of the Western Intellectual Tradition, 400–1400.* New Haven: Yale University Press.

Collins, Randall. 1998. *The Sociology of Philosophies: A Global Theory of Intellectual Change.* Cambridge: Harvard University Press.

_____. 1986. Weberian Sociological Theory. Cambridge: Cambridge University Press.

Columbus, Christopher. [1492–93] 2005. *The Journal of Christopher Columbus during His First Voyage.* Boston: Adamant Media.

Comnena, Anna. [ca. 1148] 1969. *The Alexiad.* London: Penguin Classics.

Conrad, Alfred H., and John R. Meyer. 1958. *The Economics of Slavery and Other Studies in Econometric History.* Chicago: Aldine.

Cook, Nobel David. 1998. *Born to Die: Disease and the New World Conquest, 1492–1650.* Cambridge: Cambridge University Press.

Cook, Ramsay. 1993. *The Voyages of Jacques Cartier.* Toronto: University of Toronto Press.

Corrigan, John A., Carlos M. N. Eire, Frederick M. Denny, and Martin S. Jaffee. 1998. *Readings in Judaism, Christianity, and Islam.* Upper Saddle River, NJ: Prentice-Hall.

Coulton, G. G. 1930. *The Black Death.* New York: Cope and Smith.

Crombie, A. C. 1953. *Robert Grosseteste and the Origins of Experimental Science.* Oxford: Clarendon Press.

Crosby, Alfred W. 1997. *The Measure of Reality.* Cambridge: Cambridge University Press.

Crouzet, Françis. 1985. *The First Industrialists.* Cambridge: Cambridge University Press.

Crowley, Roger. 2008. *Empires of the Sea.* New York: Random House.

_____. 2005. *1453: The Holy War for Constantinople and the Clash of Islam and the West.* New York: Hyperion.

Culotta, Elizabeth. 1999. "Neanderthals Were Cannibals, Bones Show." *Science Magazine* 286 (October 1): 18–19.

Cuomo, S. 2007. *Technology and Culture in Greek and Roman Antiquity.* Cambridge: Cambridge University Press.

Curtin, Philip D. 1969. *The Atlantic Slave Trade: A Census.* Madison: University of Wisconsin Press.

_____. 1964. *The Image of Africa: British Ideas and Actions 1780–1850.* Madison: University of Wisconsin Press.

Dales, Richard C. [1973] 1994. *The Scientific Achievement of the Middle Ages.* Philadelphia: University of Pennsylvania Press.

Daniel, Ralph Thomas. 1981. "Music, Western." *Encyclopaedia Britannica*, vol. 12, 704–15. Chicago: University of Chicago Press.

Daniell, Christopher. 2003. *From Norman Conquest to the Magna Carta: England 1066–1215.* London: Routledge.

Danielson, Dennis Richard. 2000. *The Book of the Cosmos: Imagining the Universe from Heraclitus to Hawking.* Cambridge, MA: Perseus.

Davies, Hunter. 1975. *George Stevenson.* London: Weidenfeld and Nicolson.

Davis, David Brion. 1966. *The Problem of Slavery in Western Culture.* Ithaca, NY: Cornell University Press.

Davis, Paul K. 2001. *Besieged: An Encyclopaedia of Great Sieges from Ancient Times to the Present.* Santa Barbara, CA: ABC-CLIO.

Davis, R. H. C. 1970. *A History of Medieval Europe.* Rev. ed. London: Longman.

Dawson, Christopher. [1929] 2001. *Progress and Religion: An Historical Enquiry*. Washington, DC: Catholic University of America Press.

_____. 1957. *Religion and the Rise of Western Culture*. New York: Doubleday Image Books.

Dawson, Raymond. 1972. *Imperial China*. Harmondsworth, Middlesex: Penguin Books.

Delacroix, Jacques. 1977. "The Export of Raw Materials and Economic Growth: A Cross-National Study." *American Sociological Review* 18: 795–808.

Delbrück, Hans. [1920] 1990. *The Barbarian Invasions: History of the Art of War*. Vol. 2. Lincoln: University of Nebraska Press.

Deloria, Vine. 1969. *Custer Died for Your Sins*. New York: Macmillan.

Demandt, Alexander. 1984. *Der Fall Roms*. München: C. H. Beck.

Dempsey, Bernard W. 1943. *Interest and Usury*. Washington, DC: American Council on Public Affairs.

Dennis, James S., Harlan P. Beach, and Charles H. Fahs. 1911. *World Atlas of Christian Missions*. New York: Student Volunteer Movement for Foreign Missions.

de Roover, Raymond. 1958. "The Concept of the Just Price: Theory and Economic Policy." *Journal of Economic History* 18: 418–34.

_____. 1946. "The Medici Bank Financial and Commercial Operations." *Journal of Economic History* 6: 153–72.

_____. 1948. *Money, Banking, and Credit in Bruges*. Cambridge, MA: Medieval Academy of America.

_____. 1963. "The Organization of Trade." In M. M. Postan, E. E. Rich, and Edward Miller, eds., *The Cambridge Economic History of Europe*. Vol. 3, *Economic Organization and Policies in the Middle Ages*, 42–118. Cambridge: Cambridge University Press.

_____. 1966. *The Rise and Decline of the Medici Bank, 1397–1494*. New York: W. W. Norton.

Diamond, Jared. 1998. *Guns, Germs, and Steel*. New York: W. W. Norton.

Díaz, Bernal del Castillo. [ca. 1555] 1996. *The Discovery and Conquest of Mexico*. New York: Da Capo Press.

Dickens, A. G. 1991. *The English Reformation*. University Park: Pennsylvania State University Press.

Dickens, Mark. 1999. "The Church in the East." Accessed January 16, 2014. http://www.oxuscom.com/ch-of-east.htm.

Dickinson, H. W. 1935. *James Watt: Craftsman and Engineer*. Cambridge: Cambridge University Press.

Diffie, Bailey W., and George D. Winius. 1977. *Foundations of the Portuguese Empire 1415–*

1580. Minneapolis: University of Minnesota Press.

Dockès, Pierre. 1982. *Medieval Slavery and Liberation*. Chicago: University of Chicago Press.

Donald, Leland. 1997. *Aboriginal Slavery on the Northwest Coast of North America*. Berkeley: University of California Press.

Dopsch, Alfons. 1969. *The Economic and Social Conditions of European Civilization*. New York: H. Fertig.

Drake, Stillman, and C. D. O'Malley. 1960. *The Controversy of the Comets of 1618*. Philadelphia: University of Pennsylvania Press.

Dresbeck, LeRoy. 1976. "Winter Climate and Society in the Northern Middle Ages: The Technological Impact." In Bert S. Hall and Delno C. West, eds., *On Pre-Modern Technology and Science: Studies in Honor of Lynn White, Jr.*, 177–199. Malibu, CA: Undena Publications.

Dreyer, Edward L. 2007. *Zheng He: China and the Oceans in the Early Ming Dynasty, 1405–1433*. New York: Pearson Longman.

Duby, Georges. 1974. *The Early Growth of the European Economy*. Ithaca, NY: Cornell University Press.

Duffy, Eamon. 1997. *Saints and Sinners: A History of Popes*. New Haven: Yale University Press.

Duncalf, Frederic. 1969. "The First Crusade: Clermont to Constantinople." In Baldwin, 1969, 253–9.

Dunn, Richard S. *Sugar and Slaves: The Rise of the Planter Class in the English West Indies, 1624–1713*. New York: Norton, 1972.

Durant, Will. 1957. *The Reformation*. New York: Simon and Schuster.

Easterlin, Richard A. 1961. "Regional Income Trends, 1840–850." In Seymour Harris, ed., *American Economic History*, 525–47. New York: McGraw-Hill.

Easton, Stewart C. 1952. *Roger Bacon and the Search for a Universal Science*. New York: Columbia University Press.

Edelstein, Ludwig. 1967. *The Idea of Progress in Classical Antiquity*. Baltimore: Johns Hopkins University Press.

Edwards, Mark U., Jr. 1994. *Printing, Propaganda, and Martin Luther*. Minneapolis: Fortress Press.

Einstein, Albert. 1987. *Letters to Solovine*. New York: Philosophical Library.

Elliot, J. H. 1966. *Imperial Spain 1469–1716*. New York: Mentor Books.

Ellis, Hamilton. 1968. *The Pictorial Encyclopedia of Railways*. London: Hamlyn.

Engerman, Stanley L. 1972. "The Slave Trade and British Capital Formation in the Eighteenth Century. *Business History Review* 46: 430–43.

Engerman, Stanley L., and Kenneth L. Sokoloff. 1997. "Factor Endowments, Institutions, and Differential Paths of Growth Among the New World Economies." In Stephen Haber, ed., *How Latin America Fell Behind*, 260–304. Stanford: Stanford University Press.

Engels, Friedrich. [1873] 1964. "Dialectics of Nature." Reprinted in Karl Marx and Friedrich Engels, *On Religion*, 152–93. Atlanta, GA: Scholars Press.

Epstein, Steven A. 1996. *Genoa and the Genoese, 958–1528*. Chapel Hill, NC: University of North Carolina Press.

Erdoes, Richard. 1988. *A.D. 1000: Living on the Brink of the Apocalypse*. New York: Harper and Row.

Esposito, John, ed. 1980. *Islam and Development: Religion and Sociopolitical Change*. Syracuse, NY: Syracuse University Press.

Evans, James. 1998. *The History and Practice of Ancient Astronomy*. Oxford: Oxford University Press.

Fagan, Brian. 2008. *The Great Warming: Climate Change and the Rise and Fall of Civilizations*. New York: Bloomsbury Press.

————. 2000. *The Little Ice Age: How Climate Made History 1300–1850*. New York: Basic Books.

————. 2004. *The Long Summer: How Climate Changed Civilization*. New York: Basic Books.

Fairweather, William. 1924. *Jesus and the Greeks*. Edinburgh: T&T Clark.

Farah, Caesar E. 1994. *Islam: Beliefs and Observances*. 5th ed. Hauppauge, NY: Barron's.

Febvre, Lucien, and Henri-Jean Martin. [1958] 2010. *The Coming of the Book: The Impact of Printing 1450–1800*. London: Verso (New Left Books).

Feldman, Louis H. 1981. "Judaism, History of, III, Hellenic Judaism." *Encyclopaedia Britannica*. Chicago: University of Chicago Press.

Ferguson, Niall. 2004. *Empire: The Rise and Demise of the British World Order and the Lessons for Global Power*. New York: Basic Books.

Ferguson, Robert. 2009. *The Vikings: A History*. New York: Viking.

Fernandez-Armesto, Felipe. 1987. *Before Columbus: Exploration and Colonisation from the Mediterranean to the Atlantic 1229–1492*. Philadelphia: University of Pennsylvania Press.

————. 1999. "Naval Warfare After the Viking Age ca. 1100–500." In Maurice Keen, ed., *Medieval Warfare*, 230–72. Oxford: Oxford University Press.

Ferrill, Arther. 1986. *The Fall of the Roman Empire: The Military Explanation*. London: Thames and Hudson.

Fieldhouse, D. K. 1973. *Economics and Empire 1830–1914*. Ithaca, NY: Cornell University Press.

Findlay, Ronald, and Kevin H. O'Rourke. 2009. *Power and Plenty: Trade, War, and the World Economy in the Second Millennium*. Princeton: Princeton University Press.

Finegan, Jack. 1992. *The Archeology of the New Testament*. Rev. ed. Princeton: Princeton University Press.

Finlay, Robert. 2004. "How Not to (Re)Write Wold History: Gavin Menzies and the Chinese Discovery of America." *Journal of World History* 15: 229–42.

Finley, M. I. 1973. *The Ancient Economy*. Berkeley: University of California Press.

_____. 1980. *Ancient Slavery and Modern Ideology*. New York: Viking Press.

_____. 1981. *Economy and Society in Ancient Greece*. New York: Viking Press.

_____. 1965. "Technical Innovation and Economic Progress in the Ancient World." *Economic History Review* 18: 29–45.

_____. 1959. "Technology in the Ancient World." *Economic History Review* 12: 120–35.

Firebaugh, Glenn, and Frank D. Beck. 1994. "Does Economic Growth Benefit the Masses? Growth, Dependence, and Welfare in the Third World." *American Sociological Review* 59: 631–53.

Fisher, N. W., and Sabetai Unguru. 1971. "Experimental Science and Mathematics in Roger Bacon's Thought." *Traditio* 27: 353–78.

Fleming, Peter. 1960. *The Siege at Peking*. London: Readers Union.

Fletcher, Richard. 1997. *The Barbarian Conversion: From Paganism to Christianity*. New York: Henry Holt.

_____. 1992. *Moorish Spain*. Berkeley: University of California Press.

Finocchiaro, Maurice A. 2009. "Myth 8: That Galileo Was Imprisoned and Tortured for Advocating Copernicanism." In Ronald L. Numbers, ed., *Galileo Goes to Jail: And Other Myths About Science and Religion*, 68–78. Cambridge: Harvard University Press.

Fogel, Robert William. 1991. "The Conquest of High Mortality and Hunger in Europe and America: Timing and Mechanisms." In Patrice Higonnet, David S. Landes, and Henry Rosovsky, eds., *Favorites of Fortune*, 33–71. Cambridge: Harvard University Press.

_____. 2004. *The Escape from Hunger and Premature Death, 1700–2100*. Cambridge: Cambridge University Press.

_____. 1989. *Without Consent or Contract: The Rise and Fall of American Slavery*. New York: W. W. Norton.

Fogel, Robert William, and Stanley L. Engerman. 1974. *Time on the Cross: The Economics of*

American Negro Slavery, 2 vols. Boston: Little, Brown.

Ford, Martin R. 2009. *The Lights in the Tunnel: Automation, Accelerating Technology and the Economy of the Future*. Sunnyvale, CA: Acculant Press.

Forsythe, Gary. 2005. *A Critical History of Early Rome*. Berkeley: University of California Press.

Foster, Thomas A. 1999. "Deficient Husbands: Manhood, Sexual Incapacity, and Marital Sexuality in Seventeenth Century New England." *William and Mary Quarterly* 56: 723–74.

Fox, Robin Lane. 2008. *The Classical World*. New York: Basic Books.

France, John. 1994. *Victory in the East*. Cambridge: Cambridge University Press.

Frank, Andre Gunder. 1967. *Capitalism and Underdevelopment in Latin America*. New York: Monthly Review Press.

———. 1966. *The Development of Underdevelopment*. New York: Monthly Review Press.

———. 1998. *ReOrient: Global Economy in the Asian Age*. Berkeley: University of California Press.

———. 2011. *World Accumulation*. New York: Monthly Review Press.

Freeman, Charles. 1999. *The Greek Achievement: The Foundation of the Western World*. New York: Penguin Books.

Fremantle, Anne, ed. 1954. *The Age of Belief: The Medieval Philosophers*. New York: New Amsterdam Library.

French, A. 1964. *The Growth of the Athenian Economy*. New York: Barnes and Noble.

Frend, W. H. C. 1984. *The Rise of Christianity*. Philadelphia: Fortress Press.

Fried, Morton H. 1967. *The Evolution of Political Society: An Essay in Political Anthropology*. New York: Random House.

Fritze, Ronald H. 2002. *New Worlds: The Great Voyages of Discovery 1400–1600*. Westport, CT: Praeger.

Fryde, E. B. 1963. "Public Credit, with Special Reference to North-Western Europe." In *The Cambridge Economic History of Europe*. Vol. 3, *Economic Organization and Policies in the Middle Ages*, 430–553. Cambridge: Cambridge University Press.

Fulcher of Chartres. [ca. 1127] 1969. *A History of the Expedition to Jerusalem 1095–1127*. Knoxville: University of Tennessee Press.

Fuller, Russell. 2003. "The Rabbis and the Claims of the Openness Advocates." In John Piper, Justine Taylor, and Paul Kjoss Helseth, eds., *Beyond the Bounds*, 23–41. Wheaton, IL: Crossway Books.

Futrell, Alison. 1997. *Blood in the Arena*. Austin: University of Texas Press.

Galbi, Douglas A. 1997. "Child Labor and the Division of Labor in the Early English Cotton Mills." *Journal of Population Economics* 10: 357–75.

Galloway, James A., Derek Keene, and Margaret Murphy. 1996. "Fuelling the City: Production and Distribution of Firewood and Fuel in London's Region, 1290–400." *Economic History Review* 49: 447–72.

Gardiner, Helen, and Sumner Crosby. 1959. *Art through the Ages*. New York: Harcourt, Brace, and World.

Garnsey, Peter, and Richard Saller. 1987. *The Roman Empire: Economy, Society, and Culture*. London: Duckworth.

Gascoigne, John. 1990. "A Reappraisal of the Role of the Universities in the Scientific Revolution." In Lindberg and Westman, 1990, 207–60.

Gay, Peter. 1969. *Enlightenment: An Interpretation*. New York: W. W. Norton.

Gerschenkron, Alexander. 1970. *Europe in the Russian Mirror: Four Lectures in Economic History*. Cambridge: Cambridge University Press.

Ghirshman, Roman. 1955. "The Ziggurat of Choga-Zanbil." *Archaeology* 8: 260–63.

Gibbons, A. "Archaeologists Rediscover Cannibals." *Science* 277: 635–37.

Gies, Frances, and Joseph Gies. 1994. *Cathedral, Forge, and Waterwheel: Technology and Invention in the Middle Ages*. New York: HarperCollins.

Gies, Joseph, and Frances Gies. 1969. *Leonard of Pisa and the New Mathematics of the Middle Ages*. New York: Crowell.

Gilchrist, John. 1969. *The Church and Economic Activity in the Middle Ages*. New York: St. Martin's Press.

Gilfillan, S. C. 1945. "Invention as a Factor in Economic History." *Journal of Economic History* 5: 66–85.

———. 1965. "Lead Poisoning and the Fall of Rome." *Journal of Occupational Medicine* 7: 53–60.

Gilmont, Jean-Francois. 1998. *The Reformation and the Book*. Aldershot, UK: Ashgate.

Gil, Moshe. 1992. *A History of Palestine, 634–1099*. Cambridge: Cambridge University Press.

Gimpel, Jean. 1961. *The Cathedral Builders*. New York: Grove Press.

———. 1976. *The Medieval Machine: The Industrial Revolution of the Middle Ages*. New York: Penguin Books.

Goffart, Walter. 1971. "Zosimus: The First Historian of Rome's Fall." *American Historical Review*. 76: 412–41.

Glick, Thomas F., Steven Livesey, and Faith Wallis. 2005. *Medieval Science, Technology and Medicine: An Encyclopedia*. London: Routledge.

Godbeer, Richard. 2002. *Sexual Revolution in Early America*. Baltimore: Johns Hopkins University Press.

Goldstone, Jack. 2009. *Why Europe? The Rise of the West in World History, 1500–1850*. New York: McGraw-Hill.

Golvin, Jean-Clause. 1988. *L'Amphithéâre romain*. Paris: E. de Boccard.

Gombrich, E. H. 1978. *The Story of Art*. New York: E. P. Dutton.

Goodenough, Erwin Ramsdell. 1962. *An Introduction to Philo Judaeus*. 2nd ed. Oxford: Blackwell.

Gordon, Murray. 1989. *Slavery in the Arab World*. New York: New Amsterdam Books.

Gottfried, Robert S. 1985. *The Black Death*. New York: The Free Press.

Goveia, Elsa V. 1969. "The West Indian Slave Laws of the Eighteenth Century." In Laura Foner and Eugene D. Genovese, eds., *Slavery in the New World: A Reader in Comparative History*, 113–37. Englewood Cliffs, NJ: Prentice-Hall.

Graetz, Heinrich Hirsh. 1894. *History of the Jews*. Vol. 3. Philadelphia: Jewish Publication Society of America.

Graham, Loren. 1993. *Science in Russia and the Soviet Union*. New York: Cambridge University Press.

Grant, Edward. 1996. *The Foundations of Modern Science in the Middle Ages*. Cambridge: Cambridge University Press.

———. 2007. *A History of Natural Philosophy: From the Ancient World to the Nineteenth Century*. Cambridge: Cambridge University Press.

———. 1971. *Nicole Oreseme and the Kinematics of Circular Motion*. Madison: University of Wisconsin Press.

———. 1994. *Planets, Stars, and Orbs: The Medieval Cosmos, 1200–1687*. New York: Cambridge University Press.

———. 1984. "Science and the Medieval University." In James M. Kittekson and Pamela J. Transue, eds., *Rebirth, Reform, and Resilience: Universities in Transition, 1300–1700*. Columbus: Ohio State University Press.

———. 1974. *A Sourcebook in Medieval Science*. Cambridge: Harvard University Press.

Grant, Michael. 1988. *The Rise of the Greeks*. New York: Charles Scribner's Sons.

Gray, Charles Edward. 1958. "An Analysis of Greco-Roman Development." *American Anthropologist* 60: 13–31.

———. 1966. "A Measurement of Creativity in Western Civilization." *American Anthropologist* 68: 1384–417.

Gray, H. L. 1924. "The Production and Exportation of English Woollens in the Fourteenth Century." *English Historical Review* 39: 13–35.

Greenblatt, Miriam. 2003. *Sülyman the Magnificent and the Ottoman Empire.* New York: Benchmark Books.

Greif, Avner. 1994. "On the Political Foundations of the Late Medieval Commercial Revolution: Genoa During the Twelfth and Thirteenth Centuries." *Journal of Economic History* 54: 271–87.

Grendler, Paul F. "The Universities of the Renaissance and Reformation." *Renaissance Quarterly* 57: 1–42.

Gribbin, John. 2005. *The Fellowship: Gilbert, Bacon, Harvey, Wren, Newton, and the Story of a Scientific Revolution.* New York: Overlook Press.

Grim, Brian J., and Roger Finke. 2010. *The Price of Freedom Denied.* New York: Cambridge University Press.

Grimm, Harold J. 1969. "The Reformation and the Urban Social Classes in Germany." In John C. Olin, James D. Smart, and Robert E. McNally, SJ, eds., *Luther, Erasmus, and the Reformation*, 75–86. New York: Fordham University Press.

Griske, Michael. 2005. *The Diaries of John Hunton.* New York: Heritage Books.

Grossman, Gregory. 1963. "Notes for a Theory of the Command Economy." *Soviet Studies* 15: 101–23.

Gurney, Alan. 2004. *Compass: A Story of Exploration and Innovation.* London: Norton.

Habakkuk, H. J. 1967. *American and British Technology in the Nineteenth Century.* Cambridge: Cambridge University Press.

Haensch, S., R. Bianucci, M. Signoli, M. Rajerison, M. Schultz, et al. 2010. "Distinct Clones of *Yersinia pestis* Caused the Black Death." *PLoS Pathog* 6, no. 10. http://www.plospathogens.org/article/info%3Adoi%2F10.1371%2Fjournal.ppat.Accessed January 13, 2014.

Haines, Michael R., and Richard H. Steckel. 2000. *A Population History of North America.* New York: Cambridge University Press.

Halpern, Louis. 1924. "The Church from Charlemagne to Sylvester II." *The Cambridge Medieval History.* Vol. 3, 443–57. New York: Macmillan.

Hamerow, Helena. 1997. "Migration Theory and the Anglo-Saxon 'Identity Crisis'." In John Chapman and Helena Hamerow, eds., *Migrations and Invasions in Archaeological Explanation. British Archaeological Reports International Series* 664: 33–44.

Hamilton, Bernard. 2000. *The Leper King and His Heirs: Baldwin IV and the Crusader Kingdom of Jerusalem.* Cambridge: Cambridge University Press.

Hamilton, Earl J. 1929. "Imports of American Gold and Silver Into Spain, 1503–1660." *Quarterly Journal of Economics* 43: 436–72.

Hamilton, Edith. [1930] 1993. *The Greek Way.* New York: W. W. Norton.

Hamilton, Richard F. 1996. *The Social Misconstruction of Reality.* New Haven: Yale

University Press.

Hannam, James, 2011a. *The Genesis of Science: How the Christian Middle Ages Launched the Scientific Revolution*. Washington, DC: Regnery.

———. 2011b. "Modern Science's Christian Origins." *First Things* (October): 47–51.

Hansen, Mogens Herman. 2006a. *Polis: An Introduction to the Ancient Greek City-State*. Oxford: Oxford University Press.

———. 2006b. *The Shotgun Method: The Demography of the Ancient City-State Culture*. Columbia, MO: University of Missouri Press.

Hanson, Victor Davis. 2001. *Carnage and Culture: Landmark Battles in the Rise of Western Power*. New York: Doubleday.

———. [1994] 2009. *The Western Way of War*. Berkeley: University of California Press.

———. 2002. *Why the West Has Won*. London: Faber and Faber.

Hanson, Victor Davis, and John Heath. 2001. *Who Killed Homer?* New York: Encounter Books.

Harkness, Deborah E. 2007. *The Jewel House: Elizabethan London and the Scientific Revolution*. New Haven: Yale University Press.

Harnack, Adolf von. 1905. *The Expansion of Christianity in the First Three Centuries*. Vol. 2. New York: G. P. Putnam's Sons.

Harris, Marvin. [1977] 1991. *Cannibals and Kings*. New York: Vantage.

———. 1964. *Patterns of Race in America*. New York: Walker.

———. 1963. *The Nature of Cultural Things*. New York: Random House.

Harris, William V. 1989. *Ancient Literacy*. Cambridge: Harvard University Press.

Hartwell, Robert. 1971. "Historical Analogism, Public Policy, and Social Science in Eleventh-and Twelfth-Century China." *American Historical Review*. 76: 690–727.

———. 1966. "Markets, Technology, and the Structure of Enterprise in the Development of the Eleventh-Century Chinese Iron and Steel Industry." *Journal of Economic History* 26: 29–58.

Haskins, Charles Homer. [1923] 2002. *The Rise of Universities*. New Brunswick, NJ: Transaction.

Hatch, Edwin. [1888] 1957. *The Influence of Greek Ideas on Christianity*. New York: Harper and Brothers.

Hayek, F. A. 1988. *The Fatal Conceit: The Errors of Socialism*. Chicago: University of Chicago Press.

Hayes, Carlton J. H. 1917. *Political and Social History of Modern Europe*. 2 vols. New York: Macmillan.

Haywood, John. 1999. *Dark Age Naval Power*. 2nd ed. Norfolk, GB: Anglo-Saxon Books.

Headrick, Daniel R. 1981. *The Tools of Empire: Technology and European Imperialism in the Nineteenth Century*. New York: Oxford University Press.

Heather, Peter. 2010. *Empires and Barbarians: The Fall of Rome and the Birth of Europe*. Oxford: Oxford University Press.

_____. 2006. *The Fall of the Roman Empire: A New History of Rome and the Barbarians*. Oxford: Oxford University Press.

_____. 1998. *The Goths*. Oxford: Blackwell.

_____. 1999. *The Visigoths*. Rochester, NY: Boydell Press.

Hemming, John. 1970. *The Conquest of the Incas*. Boston: Houghton Mifflin.

Hengel, Martin. 1989. *The 'Hellenization' of Judea in the First Century After Christ*. London: SCM Press.

_____. 1974. *Judaism and Hellenism: Studies in their Encounter in Palestine during the Early Hellenistic Period*. 2 vols. Philadelphia: Fortress Press.

Henige, David. 1998. *The American Indian Contact Population Debate*. Norman: University of Oklahoma Press.

Henry, Margaret Y. 1927. *Cicero's Treatment of the Free Will Problem*. Transactions and Proceedings of the American Philological Association 58: 32–42.

Herlihy, David. 1997. *The Black Death and the Transformation of the West*. Cambridge: Harvard University Press.

_____. 1957. "Church Property on the European Continent, 701–200." *Speculum* 18: 89–113.

_____. 1989. "Demography." In Joseph R. Strayer, *Dictionary of the Middle Ages*. New York: Scribner.

Hickey, Anne Ewing. 1987. *Women of the Roman Aristocracy as Christian Monastics*. Ann Arbor, MI: UMI Research Press.

Hill, Donald Routledge. 1993. *Islamic Science and Engineering*. Edinburgh: Edinburgh University Press.

Hilton, Rodney (also R. H.) [1973] 2003. *Bond Men Made Free: Medieval Peasant Movements and the English Rising of 1381*. London: Routledge.

_____. 1952. "Capitalism—hat's in a Name?" *Past and Present* 1: 32–43.

_____. 1969. *The Decline of Serfdom in Medieval England*. London: Macmillan.

_____. 1967. *A Medieval Society*. London: Weidenfeld and Nicholson.

Hilton, Walter. 1985. *Toward a Perfect Love*. Translated by David L. Jeffrey. Portland, OR: Multnomah Press.

Himmelfarb, Gertrude. 2005. *The Roads to Modernity*. New York: Vintage Books.

Hiney, Tom. 2000. *On the Missionary Trail*. New York: Atlantic Monthly Press.

Hitchins, H. L., and William E. May. 1951. *From Lodestone to Gyro-Compass*. London: Hutchinson's Scientific and Technical Publications.

Hitti, Philip K. 2002. *History of the Arabs: From the Earliest Times to the Present*. New York: Palgrave Macmillan.

Hobhouse, Henry. 2005. *Seeds of Change: Six Plants that Transformed Mankind*. Berkeley, CA: Counterpoint.

Hobson, J. A. [1902] 1938. *Imperialism: A Study*. London: Allen and Unwin.

Hobson, John M. 2004. *The Eastern Origins of Western Civilization*. Cambridge: Cambridge University Press.

Hodges, Richard. 1989a. *The Anglo-Saxon Achievement: Archaeology and the Beginnings of English Society*. London: Duckworth.

_____. 1989b. *Dark Age Economics: The Origins of Towns and Trade AD 600–1000*. 2nd ed. London: Duckworth.

Hodgson, Marshall G. S. 1974. *The Venture of Islam*. 3 vols. Chicago: University of Chicago Press.

Holborn, Louise W. 1942. "Printing and the Growth of the Protestant Movement in Germany from 1517 to 1524." *Church History* 11: 123–37.

Holmqvist, Wilhelm. 1979. *Swedish Vikings on Helgö and Birka*. Stockholm: Swedish Booksellers' Association.

Holt, Richard. 1988. *The Mills of Medieval England*. Oxford: Blackwell.

Hookham, Hilda. 1981. "Timur." *Encyclopedia Britannica*. Chicago: University of Chicago Press.

Hopkins, Keith. [1978] 2007. *Conquerors and Slaves*. Cambridge: Cambridge University Press.

Hunt, Edwin S. 1994. *The Medieval Super-Companies: A Study of the Peruzzi Company of Florence*. Cambridge: Cambridge University Press.

Hunt, Edwin S., and James M. Murray. 1999. *A History of Business in Medieval Europe, 1200–1550*. Cambridge: Cambridge University Press.

Huntington, Samuel P. 1997. *The Clash of Civilizations and the Remaking of the World Order*. New York: Touchstone Book.

Hurbon, Laennec. 1992. "The Church and Afro-American Slavery." In Enrique Dussell, ed., *The Church in Latin America*. Maryknoll: Orbis Books.

Hvalvik, Reidar. 2007. "Jewish Believers and Jewish Influence in the Roman Church until the Early Second Century." In Oskar Skarsaune and Reidar Hvalik, eds., *Jewish*

Believers in Jesus: The Early Centuries, 179–216. Peabody, MA: Hendrickson Publishers.

Ingstad, Helge, and Anne Stine Ingstad. 2001. *The Viking Discovery of America.* New York: Checkmark Books.

Inikori, Joseph E. 2002. *Africans and the Industrial Revolution in England: A Study in International Trade and Economic Development.* Cambridge: Cambridge University Press.

Irwin, Robert. 2006. *Dangerous Knowledge: Orientalism and Its Discontents.* Woodstock and New York: Overlook Press.

Israel, Jonathan L. 1998. *The Dutch Republic: Its Rise, Greatness, and Fall, 1477–1806.* Corrected paperback ed. Oxford: Clarendon Press.

Issawi, Charles. 1957. "Crusades and Current Crisis in the Near East: A Historical Parallel." *International Affairs* 33: 269–79.

———. 1980. "Europe, the Middle East, and the Shift in Power: Reflections on a Theme by Marshall Hodgson." *Comparative Studies in Society and History* 22: 487–504.

Jahoda, Gloria. 1975. *Trail of Tears.* New York: Holt, Rhinehart and Wilson.

Jaki, Stanley L. 2000. *The Savior of Science.* Grand Rapids, MI: Eerdmans.

———. 1986. *Science and Creation.* Edinburgh: Scottish Academic Press.

Janin, Hunt. 2008. *The University in Medieval Life, 1170–1499.* Jefferson, NC: McFarkand.

Jankuhn, Herbert. 1982. "Trade and Settlement in Central and Northern Europe up to and during the Viking Period." *Journal of the Royal Society of Antiquaries of Ireland* 112: 18–50.

Janson, H. W. 1986. *The History of Art.* New York: Harry N. Abrams.

Jenkins, Philip. 2008. *The Lost History of Christianity.* San Francisco: HarperOne.

Johnson, Paul. 2003. *Art: A New History.* New York: Harper Collins.

———. 1976. *A History of Christianity.* New York: Atheneum.

Jones, A. H. M. 1964. *The Later Roman Empire, 284–602: A Social, Economic, and Administrative Survey.* 2 vols. Norman, OK: University of Oklahoma Press.

Jones, Archer. 2001. *The Art of War in the Western World.* Urbana: University of Illinois Press.

Jones, E. L. 1987. *The European Miracle.* 2nd ed. Cambridge: Cambridge University Press.

———. 2003. *The European Miracle.* 3rd ed. Cambridge: Cambridge University Press.

———. 1988. *Growth Recurring: Economic Growth in World History.* 2nd ed. Ann Arbor: University of Michigan Press.

Jones, Evan T., and Alwyn Ruddock. 2008. "John Cabot and the Discovery of America."

Historical Research 81: 224–54.

Jones, Gwyn. 1986. *The Norse Atlantic Saga: Being the Norse Voyages of Discovery and Settlement to Iceland, Greenland, and North America*. Oxford: Oxford University Press.

_____. 1984. *A History of the Vikings*. 2nd edition. Oxford: Oxford University Press.

Jones, W. T. 1969. *The Medieval Mind*. New York: Harcourt, Brace, and World.

Joravsky, David. *The Lysenko Affair*. Chicago: University of Chicago Press.

Jung-Pang Lo. 1955. "The Emergence of China as a Sea Power during the Late Sung and Early Yuan Periods." *Far Eastern Quarterly* 14: 489–503.

Kaelber, Lutz. 1998. *Schools of Asceticism: Ideology and Organization in Medieval Religious Communities*. University Park, PA: Pennsylvania State University Press.

Kadushin, Max. 1965. *The Rabbinic Mind*. 2nd ed. New York: Blaisdell.

Kamen, Henry. 1978. "The Decline of Spain: A Historical Myth." *Past and Present* 1: 24–50.

_____. 2002. *Spain's Road to Empire: The Making of a World Power, 1492–1763*. London: Allen Kane.

Karsh, Efraim. 2007. *Islamic Imperialism: A History*. New Haven: Yale University Press.

Kearney, H. F. 1964. "Puritanism, Capitalism, and the Scientific Revolution." *Past and Present* 28: 81–101.

Keegan, John. 1993. *A History of Warfare*. London: Hutchinson.

Keen, Maurice. 1999. "The Changing Scene: Guns, Gunpowder, and Permanent Armies." In Maurice Keen, ed., *Medieval Warfare*, 273–91. Oxford: Oxford University Press.

Kehr, Marguerite Witmer. 1916. "The Doctrine of the Self in St. Augustine and in Descartes." *Philosophical Review* 25: 5687–615.

Kelsey, Harry. 1998. *Sir Francis Drake, the Queen's Pirate*. New Haven: Yale University Press.

Kemp, Peter, ed. 1976. *The Oxford Companion to Ships and the Sea*. Oxford: Oxford University Press.

Khalidi, Tarif. 1975. *Islamic Historiography*. Albany, NY: State University of New York Press.

Kimball, Roger. 2008. *Tenured Radicals*. 3rd ed. Chicago: Ivan R. Dee.

Kim, Hyojoung, and Steven Pfaff. 2012. "Structure and Dynamics of Religious Insurgency: Students and the Spread of the Reformation." *American Sociological Review* 77: 188–215.

King, Peter. 1999. *Western Monasticism: A History of the Monastic Movement in the Latin Church*. Kalamazoo, MI: Cistercian Publications.

King, P. W. 1973. "The Production and Consumption of Iron in Early Modern England and

Wales." *Economic History Review* 57: 1–33.

Kister, James. 1986. "The Massacre of the Banu Qurayza: A Reexamination of a Tradition." *Jerusalem Studies of Arabic and Islam* 8: 61–96.

Kittleson, James. 1986. *Luther the Reformer*. Minneapolis: Augsburg Fortress.

Klein, Herbert S. 1969. "Anglicanism, Catholicism, and the Negro Slave." In Laura Foner and Eugene D. Genovese, eds., *Slavery in the New World: A Reader in Comparative History*, 138–69. Englewood Cliffs, NJ: Prentice-Hall.

_____. 1967. *Slavery in the Americas: A Comparative Study of Virginia and Cuba*. Chicago: University of Chicago Press.

Klein, Maury. 2007. *The Genesis of Industrial America, 1870–1920*. Cambridge: Cambridge University Press.

Kleinberg, Andreas, Christian Marx, Eberhard Knobloch, and Dieter Leigemann. 2011. *Germania und die Isle Thule*. Darmstadt: WBG.

Klima, Gyula. 2008. *John Buridan*. New York: Oxford University Press.

Kocher, Paul H. 1953. *Science and Religion in Elizabethan England*. San Marino, CA: The Huntington Library.

Kollek, Teddy, and Moshe Pearlman. 1970. *Pilgrims in the Holy Land*. New York: Harper and Row.

Kollias, Elias. 2003. *The Knights of Rhodes—the Palace and the City*. Athens: Ekdotike Athenon.

Konstam, Angus. 2003. *Lepanto 1571*. Oxford: Osprey.

_____. 2008. *Sovereigns of the Sea: The Quest to Build the Perfect Renaissance Battleship*. New York: Wiley.

Kox, Willem, Wim Meeus, and Harm t'Hart. 1991. "Religious Conversion of Adolescents: Testing the Lofland and Stark Model of Religious Conversion." *Sociological Analysis* 52: 227–40.

Kreutz, Barbara M. 1973. "Mediterranean Contributions to the Medieval Mariner's Compass." *Technology and Culture* 14: 367–83.

Kroeber, A. L. 1944. *Configurations of Culture Growth*. Berkeley: University of California Press.

Lacey, Jim. 2011. *The First Clash: The Miraculous Greek Victory at Marathon and Its Impact on Western Civilization*. New York: Bantam Books.

Lamb, Hubert. 1965. "The Early Medieval Warm Epoch and its Sequel." *Palaeography, Palaeoclimatology, Palaeoecology* 1: 13–37.

LaMonte, John L. 1932. *Feudal Monarchy in the Latin Kingdom of Jerusalem, 1100–1291*. Cambridge, MA: Harvard University Press.

Landes, David S. 2003. *The Unbound Prometheus*. 2nd ed. Cambridge: Cambridge University Press.

———. 1998. *The Wealth and Poverty of Nations*. New York: W. W. Norton.

———. 1994. "What Room for Accident in History? Explaining Big Changes by Small Events." *Economic History Review* 47: 637–56.

Lane, Frederic Chopin. 1973. *Venice: A Maritime Republic*. Baltimore: Johns Hopkins University Press.

Larner, John. 1999. *Marco Polo and the Discovery of the World*. New Haven: Yale University Press.

Latouche, Robert. 1961. *The Birth of Western Economy*. London: Methuen.

Latourette, Kenneth Scott. 1975. *A History of Christianity*. Vol. 2. Rev. ed. San Francisco: HarperSanFrancisco.

LeBlanc, Steven A. 2007. *Prehistoric Warfare in the American Southwest*. Salt Lake City: University of Utah Press.

League of Nations. 1945. *Industrialization and Foreign Trade*. Geneva: League of Nations.

Leff, Gordon. [1969] 1999. *Heresy in the Later Middle Ages*. London: Sandpiper Books.

Leighton, Albert C. 1972. *Transport and Communication in Early Medieval Europe, A.D. 500–1100*. Newton Abbot, UK: David and Charles.

Lenski, Gerhard, Patrick Nolan, and Jean Lenski. 1995. *Human Societies: An Introduction to Macrosociology*. 7th ed. New York: McGraw-Hill.

Lester, Toby. 2009. *The Fourth Part of the World*. New York: Free Press.

Levathes, Louise. 1994. *When China Ruled the Seas: The Treasure Fleet of the Dragon Throne*. New York: Simon and Schuster.

Levine, Lee I. 1998. *Judaism and Hellenism in Antiquity*. Seattle: University of Washington Press.

Lewis, Archibald R. 1969. *Emerging Medieval Europe, AD 400–1000*. New York: Knopf.

———. 1951. *Naval Power and Trade in the Mediterranean, A.D. 500–1100*. Princeton: Princeton University Press.

Lewis, Bernard. 1990. *Race and Slavery in the Middle East*. Oxford: Oxford University Press.

———. 2002. *What Went Wrong?* Oxford: Oxford University Press.

Lewis, M. J. T. 1997. *Millstone and Hammer: The Origins of Water Power*. Hull, UK: University of Hull Press.

Lieberman, Saul. 1945. *Greek in Jewish Palestine*. New York: Jewish Theological Seminary of America.

_____. 1962. *Hellenism in Jewish Palestine*. 2nd ed. New York: Jewish Theological Seminary of America.

Liebeschuetz, J. H. W. G. 1979. *Continuity and Change in Roman Religion*. Oxford: Clarendon.

Lilley, Samuel. 1966. *Men, Machines, and History*. New York: International Publishers.

Lindberg, David C. 1992. *The Beginnings of Western Science*. Chicago: University of Chicago Press.

_____. 1986. "Science and the Early Church." In David C. Lindberg and Ronald L. Numbers, eds. *God and Nature: Historical Essays on the Encounter between Christianity and Science*, 19–48. Berkeley: University of California Press.

_____. 1978. *Science in the Middle Ages*. Chicago: University of Chicago Press.

Lindberg, David C., and Ronald L. Numbers, eds. 1986. *God and Nature: Historical Essays on the Encounter between Christianity and Science*. Berkeley: University of California Press.

Lindberg, David C., and Robert S. Westman, eds. 1990. *Reappraisals of the Scientific Revolution*. Cambridge: Cambridge University Press.

Little, Donald P. 1976. "Coptic Conversion to Islam under the Mahri Mamluks, 692–755/1293–1354." *Bulletin of the School of Oriental and African Studies*, University of London 39: 552–69.

Little, Lester K. 1978. *Religious Poverty and the Profit Economy in Medieval Europe*. Ithaca, NY: Cornell University Press.

Lloyd, Christopher. 1973. *The Search for the Niger*. London: Collins.

Lloyd, T. H. 1982. *Alien Merchants in England in the High Middle Ages*. New York: St. Martin's Press.

Lofland, John, and Rodney Stark. 1965. "Becoming a World-Saver: A Theory of Conversion to a Deviant Perspective." *American Sociological Review* 30: 862–75.

Lopez, Robert S. 1967. *The Birth of Europe*. New York: M. Evans.

_____. 1976. *The Commercial Revolution of the Middle Ages, 950–1350*. Cambridge: Cambridge University Press.

_____. 1969. "The Norman Conquest of Sicily." In Baldwin, 1969, 54–67.

_____. 1979. "The Practical Transmission of Medieval Culture." In David Lyle Jeffrey, ed., *By Things Seen: Reference and Recognition in Medieval Thought*, 125–42. Ottawa: University of Ottawa Press.

_____. 1952. "The Trade of Medieval Europe: The South." In Michael Postan and E. E. Rich, eds., *The Cambridge Economic History of Europe*. Vol. 2, *Trade and Industry in the Middle Ages*, 257–354. Cambridge: Cambridge University Press.

Luther, Martin. [1520] 1915. *Works*. Vol. 2. Philadelphia: Muhlenberg Press.

Luce, J. V. 1971. "Ancient Explorers." In Geoffrey Ashe, et al., eds. *The Quest for America*, 53–95. New York: Praeger.

Luttwak, Edward N. 1976. *The Grand Strategy of the Roman Empire*. Baltimore: Johns Hopkins University Press.

Lyons, Martyn. 2010. *A History of Reading and Writing: In the Western World*. New York: Palgrave Macmillan.

Mabry, R. H., and A. D. Sharplin. 1986. "Does More Technology Create Unemployment?" *Policy Analysis* 68 (March 18, 1986).

MacCulloch, Diarmaid. 2010. "Evil Is Just." *London Review of Books* 32 (May 13): 23–24.

_____. 2004. *Reformation*. New York: Viking.

Mackensen, Ruth Stellhorn. 1935. "Background of the History of Moslem Libraries." *American Journal of Semitic Languages and Literature* 51: 114–25.

MacMullen, Ramsay. 1988. *Corruption and the Decline of Rome*. New Haven: Yale University Press.

_____. 1981. *Paganism in the Roman Empire*. New Haven: Yale University Press.

Macmurray, John. 1938. *The Clue to History*. London: Student Christian Movement Press.

MacQuarrie, Kim. 2008. *The Last Days of the Incas*. New York: Simon and Schuster.

Madden, Thomas F. 1999. *A Concise History of the Crusades*. Lanham, MD: Rowman and Littlefield.

Magnus, Shulamit S. 1997. *Jewish Emancipation in a German City, Cologne, 1798–1871*. Stanford, CA: Stanford University Press.

Major, J. Kenneth. 1996. "Water, Wind and Animal Power." In Ian McNeil, ed., *An Encyclopedia of the History of Technology*, 229–71. London: Routledge.

Maltby, William S. 2002. *The Reign of Charles V*. New York: St. Martin's Press.

_____. 2009. *The Rise and Fall of the Spanish Empire*. New York: Palgrave/Macmillan.

Man, John. 2000. *Alpha Beta: How 26 Letters Shaped the Western World*. New York: John Wiley and Sons.

Manchester, William. 1993. *A World Lit Only by Fire*. New York: Little, Brown.

Mangum, Garth L. 1965. *The Manpower Revolution: Its Policy Consequences*. New York: Doubleday.

Marcus, G. J. 1961. *A Naval History of England I: The Formative Centuries*. Boston: Little, Brown.

Mariscal, Elisa, and Kenneth L. Sokoloff. 2000. "Schooling, Suffrage, and the Persistence of

Inequality in the Americas, 1800–1945." In Stephen Haber, ed., *Political Institutions and Economic Growth in Latin America*, 159–217. Stanford, CA: Hoover Institution Press.

Marozzi, Justin. 2004. *Tamerlane: Sword of Islam, Conqueror of the World*. Cambridge, MA: De Capo Books.

Marty, Martin. 2004. *Martin Luther*. New York: Viking.

Marx, Karl. [1845] 1998. *The German Ideology*. Amherst: Prometheus Books.

Mason, Stephen F. 1962. *A History of the Sciences*. Rev. ed. New York: Macmillan.

———. 1950. "Some Historical Roots of the Scientific Revolution." *Science and Society* 14: 237–64.

Massie, Robert K. 2003. *Castles of Steel: Britain, Germany, and the Winning of the Great War at Sea*. New York: Random House.

———. 1992. *Dreadnought: Britain, Germany, and the Coming of the Great War*. New York: Ballantine Books.

Matthew, Donald. 1992. *The Norman Kingdom of Sicily*. Cambridge: Cambridge University Press.

Mattingly, Garrett. 1962. *The Armada*. Boston: Houghton Mifflin.

Mattingly, Harold. 1967. *Christianity in the Roman Empire*. New York: W. W. Norton.

Mawer, Allen. 1924. "The Vikings." *The Cambridge Medieval History*, vol. 3, 309–39. New York: Macmillan.

May, William E., and John L. Howard. 1981. "Compass." *Encyclopedia Britannica*. 15th ed.

Mayr-Harting, Henry. 1993. "The West: The Age of Conversion (700–1050)." In John McManners, ed., *The Oxford History of Christianity*. Oxford: Oxford University Press: 101–29.

McBrien, Richard P. 2000. *Lives of the Popes*. San Francisco: HarperSanFrancisco.

McCloskey, Deirdre N. 2010. *Bourgeois Dignity: Why Economics Can't Explain the Modern World*. Chicago: University of Chicago Press.

———. 2007. *The Bourgeois Virtues: Ethics for an Age of Commerce*. Chicago: University of Chicago Press.

———. 1994. "The Industrial Revolution, 1780–860: a Survey." In Roderick Floud and Deirdre McCloskey, eds., *The Economic History of Britain Since 1700*, vol. 1, 242–73. New York: Cambridge University Press.

McCormick, Michael. 2001. *Origins of the European Economy: Commerce and Communication A.D. 300–900*. Cambridge: Harvard University Press.

McGarry, Daniel D. 1976. *Medieval History and Civilization*. New York: Macmillan.

McLendon, Hiram J. 1959. "Plato without God." *Journal of Religion* 39: 88–102.

McNeil, Ian, ed. 1996. *An Encyclopedia of the History of Technology*. London: Routledge.

McNeill, William H. 1972. *Plagues and Peoples*. Garden City, NY: Doubleday.

_____. 1982. *The Pursuit of Power: Technology, Armed Force, and Society Since A.D. 1000*. Chicago: University of Chicago Press.

_____. 1963. *The Rise of the West*. Chicago: University of Chicago Press.

McNickle, D'Arcy. 1975. *They Came First: the Epic of the American Indian*. New York: Harper and Row.

Mead, Simon, Michael P. H. Stumpf, Jerome Whitfield, Jonathan A. Beck, Mark Poulter, Tracy Campbell, James B. Uphill, David Goldstein, Michael Alpers, Elizabeth M. C. Fisher, and John Collinge. 2003. "Balancing Selection at the Prion Protein Gene Consistent with Prehistoric Kurulike Epidemics." *Science* 25 (April): 640–43.

Medina-Elizalde, Martin, and Eelco J. Rohling. 2012. "Collapse of Classic Maya Civilization Related to Modest Reduction in Precipitation." *Science* 24: 956–59.

Meeks, Wayne A. 1983. *The First Urban Christians*. New Haven: Yale University Press.

Meltzer, Milton. 1993. *Slavery: A World History*. New York: Da Capo Press.

Mendelsson, Kurt. 1976. *The Secret of Western Domination*. New York: Praeger.

Menocal, Maria Rosa. 2002. *The Ornament of the World: How Muslims, Jews, and Christians Created a Culture of Tolerance in Medieval Spain*. Boston: Little, Brown and Company.

Menzies, Gavin. 2002. *1421: The Year China Discovered America*. New York: Harper Perennial.

Merton, Robert K. 1938. "Science, Technology and Society in Seventeenth Century England." *Osiris* 4 (1938): 360–632.

Messenger, Charles. 1996. "Weapons and Armour." In Ian McNeil, ed., *An Encyclopedia of the History of Technology*. London: Routledge: 967–1011.

Metcalf, D. M. 1967. "The Prosperity of North-Western Europe in the Eighth and Ninth Centuries." *Economic History Review* 20: 344–57.

Meyer, Hans. 1994. *The Philosophy of St. Thomas Aquinas*. St. Louis: B. Herder.

Michael, Robert. 2006. *Holy Hatred: Christianity, Antisemitism, and the Holocaust*. New York: Palgrave Macmillan.

Migeotte, Leopold. 2009. *The Economy of Greek Cities*. Berkeley: University of California Press.

Millar, Simon. 2008. *Vienna 1683: Christian Europe Repels the Ottomans*. New York: Osprey.

Miller, Edward. 1965. "The Fortunes of the English Textile Industry during the Thirteenth

Century." *Economic History Review* 18: 64–82.

Mitchell, B. R. 1962. *Abstract of British Historical Statistics*. Cambridge: Cambridge University Press.

Mitchell, Joseph B., and Edward S. Creasy. 1964. *Twenty Decisive Battles of the World*. New York: Macmillan.

Moeller, Bernd. 1972. *Imperial Cities and the Reformation: Three Essays*. Philadelphia: Fortress Press.

Moffett, Samuel Hugh. 1992. *A History of Christianity in Asia*. Vol. 1. San Francisco: HarperSanFrancisco.

Mokyr, Joel. 2009. *The Enlightened Economy: An Economic History of Britain 1700–1850*. New Haven: Yale University Press.

_____. 1992. *The Lever of Riches: Technological Creativity and Economic Progress*. Oxford: Oxford University Press.

_____. 2003. "Why Was the Industrial Revolution a European Phenomenon?" *Supreme Court Economic Review* 10: 27–63.

Monroe, Arthus Eli. 1975. *Early Economic Thought: Selections from Economic Literature Prior to Adam Smith*. New York: Gordon Press.

Montgomery, Field-Marshal Viscount (Bernard). 1968. *A History of Warfare*. New York: World.

Moody, Ernest A. 1970. "Albert of Saxony." *Dictionary of Scientific Biography*, vol. 1, 93–95. New York: Charles Scribner's Sons.

Mooers, Colin. 1991. *The Making of Bourgeois Europe*. London: Verso (New Left Books).

Morford, Mark. 2002. *Roman Philosophers*. New York: Routledge.

Morgan, Edmund S. 1942. "The Puritans and Sex." *New England Quarterly* 15: 591–607.

Morison, Samuel Eliot. 1971. *The European Discovery of America: The Northern Voyages*. New York: Oxford University Press.

_____. 1974. *The European Discovery of America: The Southern Voyages*. New York: Oxford University Press.

_____. 1972. *The Oxford History of the American People*. New York: Mentor.

Moritz, Ludwig Alfred. 1958. *Grain-Mills and Flour in Classical Antiquity*. Oxford: Oxford University Press.

Mornet, Daniel. 1947. *Les origines intellectuelles de la Révolution française 1715–1787*. Paris: Librairie Armand Olin.

Morris, Colin. 1993. "Christian Civilization (1050–400)." In John McManners, ed., *The Oxford History of Christianity*, 205–42. Oxford: Oxford University Press.

_____. [1972] 2000. *The Discovery of the Individual, 1050–1200*. Toronto: University of Toronto Press.

Morris, Ian. 2010. *Why the West Rules—For Now*. New York: Farrar, Straus and Giroux.

_____. 2009. "The Greater Athenian State." In Ian Morris and Walter Scheidel. eds., *The Dynamics of Ancient Empires*, 99–177. Oxford: Oxford University Press.

Morris, Ian, and Walter Scheidel. eds. 2009. *The Dynamics of Ancient Empires*. Oxford: Oxford University Press.

Morrison, James E. 2007. *The Astrolabe*. London: Janus.

Mullett, Michael A. 1999. *The Catholic Reformation*. New York and Oxford: Routledge.

Mumford, Lewis. 1967. *The Myth of the Machine*. Vol. 1. New York: Harcourt Brace Jovanovich.

_____. 1939. *Technics and Civilization*. New York: Harcourt Brace.

Murphey, Rhoads. 1999. *Ottoman Warfare 1500–1700*. New Brunswick, NJ: Rutgers University Press.

Musset, Lucien. [1965] 1993. *The Germanic Invasions: The Making of Europe AD 400–600*. New York: Barnes and Noble.

Nafzinger, George F., and Mark W. Walton. *Islam at War*. Westport: Praeger.

Nash, Ronald H. 1992. *The Gospel and the Greeks*. Richardson, TX: Probe Books.

Nasr, Seyyed Hossein. 1993. *An Introduction to Islamic Cosmological Doctrines*. Albany: State University of New York Press.

_____. 1968. *Science and Civilization in Islam*. Cambridge: Harvard University Press.

McNally, Robert E., SJ. 1969. "The Reformation: A Catholic Reappraisal." In John C. Olin, James D. Smart, and Robert E. McNally, SJ, eds., *Luther, Erasmus, and the Reformation*, 26–47. New York: Fordham University Press.

Needham, Joseph. 1954. *Science and Civilization in China*. Vol. 1. Cambridge: Cambridge University Press.

_____. 1956. *Science and Civilization in China*. Vol. 2. Cambridge: Cambridge University Press.

Nef, John. 1932. *The Rise of the British Coal Industry*. London: Routledge.

Nelson, Benjamin. 1969. *The Idea of Usury: From Tribal Brotherhood to Universal Otherhood*. 2nd ed. Chicago: University of Chicago Press.

Newton, Isaac. [1687] 1971. *The Motion of Bodies*. Vol. 1 of *Principia*. Berkeley: University of California Press.

Nicholas, David. 1997. *The Growth of the Medieval City: From Late Antiquity to the Early Fourteenth Century*. London: Longman.

_____. 1991. "Of Poverty and Primacy: Demand, Liquidity, and the Flemish Economic Miracle, 1050–1200." *American Historical Review* 96: 17–41.

Nickerson, Colin. 1999. "In Iceland, Spirits Are in the Material World." *Seattle Post-Intelligencer*, December 25, A12.

Nicolle, David. 2000. *Constantinople 1453: The End of Byzantium*. Oxford: Osprey Publishing.

_____. 1964. "Byzantium and the Papacy in the Eleventh Century." *Journal of Ecclesiastical History* 13: 1–20.

_____. 1999. *Medieval Warfare Sourcebook: Warfare in Western Christendom*. London: Brockhampton Press.

Nisbet, Robert. 1980. *History of the Idea of Progress*. New York: Basic Books.

_____. 1973. "The Myth of the Renaissance." *Comparative Studies in History of Society* 15: 473–92.

Norris, John. 2003. *Early Gunpowder Artillery, ca. 1300–1600*. Ramsbury, UK: Crowood Press.

North, Douglass C. 1982. *Growth and Welfare in the American Past*. Englewood Cliffs, NJ: Prentice-Hall.

North, Douglass C., and Robert Paul Thomas. 1973. *The Rise of the Western World: A New Economic History*. Cambridge: Cambridge University Press.

Norwich, John Julius. 1991. *Byzantium: The Apogee*. New York: Alfred A. Knopf.

_____. 1995. *Byzantium: The Decline and Fall*. New York: Alfred A. Knopf.

_____. 1997. *A Short History of Byzantium*. New York: Vintage Books.

Oakeshott, R. Ewart. [1960] 1996. *The Archaeology of Weapons*. Mineola, NY: Dover.

Oberman, Heiko. 1992. *Luther: Man between God and the Devil*. New York: Doubleday.

O'Brien, Patrick. 1982. "European Economic Development: The Contribution of the Periphery." *Economic History Review* 35: 1–18.

_____. 1983a. "European Economic Development: A Reply." *Economic History Review* 36: 584–85.

_____. 1983b. *Railways and the Economic Development of Western Europe, 1830–1914*. London: Palgrave Macmillan.

O'Donnell, James J. 2009. *The Ruin of the Roman Empire*. New York: Ecco.

Olsen, Glenn. 1969. "Italian Merchants and the Performance of Papal Banking Functions in the Early Thirteenth Century." In David Herlihy, Robert S. Lopez, and Vsevold Slessarev, *Economy, Society, and Government in Medieval Italy: Essays in Memory of Robert L. Reynolds*. Kent, OH: Kent State University Press.

Oppenheim, A. Leo. 1977. *Ancient Mesopotamia*. Rev. ed. Chicago: University of Chicago Press.

Osborne, Roger. 2006. *Civilization: A New History of the Western World*. New York: Pegasus Books.

Ozment, Stephen. 1980. *The Age of Reform 1250–1550: An Intellectual and Religious History of Late Medieval and Reformation Europe*. New Haven: Yale University Press.

———. 1975. *The Reformation in the Cities*. New Haven: Yale University Press.

Pagnamenta, Peter. 2012. *Prairie Fever*. New York: Norton.

Palmer, Alan. 1994. *The Decline and Fall of the Ottoman Empire*. New York: Barnes and Noble.

Panaccio, Claude. 2004. *Ockham on Concepts*. Aldershot, UK: Ashgate.

Panzer, Joel S. 1996. *The Popes and Slavery*. New York: Alba House.

Parker, Geoffrey. 1972. *The Army of Flanders and the Spanish Road*. Cambridge: Cambridge University Press.

———. [1988] 2010. *The Military Revolution: Military Innovation and the Rise of the West, 1500–1800*. Cambridge: Cambridge University Press.

———. 1970. "Spain, Her Enemies, and the Revolt of the Netherlands 1559–1648" *Past and Present* 49: 72–95.

———. 1992. "Success and Failure during the First Century of the Reformation." *Past and Present* 136: 43–82.

Payne-Gallwey, Ralph. 2007. *The Crossbow: Its Military and Sporting History, Construction, and Use*. New York: Skyhorse Press.

Payne, Robert. [1959] 1995. *The History of Islam*. New York: Barnes and Noble.

Pederson, Olaf. 1985. "In Quest of Sacrobosco." *Journal for the History of Astronomy* 16: 175–221.

Peters, F. E. 1993. *The Distant Shrine: The Islamic Centuries in Jerusalem*. New York: A. M. S. Press.

Phelps Brown, E. H., and S. V. Hopkins. 1962. "Seven Centuries of prices of Consumables, compared with Builders' Wage-Rates." In E. M. Carus-Wilson, ed., *Essays in Economic History*, vol. 2, 179–96.

Phillips, Jonathan. 1995. "The Latin East 1098–291." In Jonathan Riley-Smith, ed., *The Oxford Illustrated History of the Crusades*, 112–40. Oxford: Oxford University Press.

Phillips, J. R. S. 1998. *The Medieval Expansion of Europe*. Oxford: Clarendon Press.

Pickthall, M. M. 1927. *The Cultural Side of Islam*. New Delhi: Kitab Bhanan.

Pirenne, Henri. [1927] 1939. *Medieval Cities: Their Origins and the Revival of Trade*.

Princeton: Princeton University Press.

Pomeranz, Kenneth. 2000. *The Great Divergence: China, Europe, and the Making of the Modern World Economy*. Princeton: Princeton University Press.

Ponting, Clive. 2000. *World History: A New Perspective*. London: Chatto and Windus.

Porter, Roy. 1998. *The Greatest Benefit to Mankind: A Medical History of Humanity*. New York: W. W. Norton.

Pounds, N. J. G. 1974. *An Economic History of Medieval Europe*. London: Longman.

Prawer, Joshua. 1972. *The Crusaders' Kingdom: European Colonialism in the Middle Ages*. New York: Praeger.

Privat, Karen L., Tamsin C. O'Connell, and Michael P. Richards. 2002. "Stable Isotope Analysis of Human and Faunal Remains from the Anglo-Saxon Cemetery at Berinsfield, Oxfordshire: Dietary and Social Implcations." *Journal of Archaeological Science* 29: 779–90.

Postan, Michael. 1973. *Medieval Agriculture and General Problems*. Cambridge: Cambridge University Press.

_____. 1952. "The Trade of Medieval Europe: The North." In Michael Postan and E. E. Rich, eds., *The Cambridge Economic History of Europe*. Vol. 2, *Trade and Industry in the Middle Ages*, 119–256. Cambridge: Cambridge University Press.

Pyle, Howard. 1888. *Otto of the Silver Hand*. New York: Charles Scribner's Sons.

Rabb, Theodore K. 1965. "Religion and the Rise of Modern Science." *Past and Present* 31: 111–26.

Raftus, J. A. 1958. "The Concept of Just Price: Theory and Economic Policy: Discussion." *Journal of Economic History* 18: 435–37.

Rahner, Karl. 1975. *Encyclopedia of Theology*. New York: Seabury Press.

Rait, Robert S. 1918. *Life in the Medieval University*. Cambridge: Cambridge University Press.

Randall, John Herman, Jr. 1970. *Hellenistic Ways of Deliverance and the Making of the Christian Synthesis*. New York: Columbia University Press.

Rashdall, Hastings. [1936] 1977. *The Universities of Europe in the Middle Ages*. 3 vols. Oxford: Oxford University Press.

Read, Conyers. 1933. "Queen Elizabeth's Seizure of the Duke of Alva's Pay-Ships." *Journal of Modern History* 5: 443–64.

Reden, Sitta von. 2007. "Classical Greece: Consumption." In Walter Scheidel, Ian Morris, and Richard Saller, 2007, 385–406.

Reilly, Robert R. 2011. *The Closing of the Muslim Mind*. Wilmington: ISI Books.

Reuter, Timothy. 1999. "Carolingian and Ottonian Warfare." In Maurice Keen, ed.,

Medieval Warfare, 13–35. Oxford: Oxford University Press.

Reynolds, John Mark. 2009. *When Athens Met Jerusalem*. Downers Grove, IL: IVP Academic.

Reynolds, Susan. 1994. *Fiefs and Vassals: The Medieval Evidence Reinterpreted*. Oxford: Oxford University Press.

Reynolds, Terry S. 1983. *Stronger than a Hundred Men: A History of the Vertical Water Wheel*. Baltimore: Johns Hopkins University Press.

Rickards, Colin. 1966. *Bowler Hats and Stetsons: Stories of Englishmen in the Wild West*. Woodinville, WA: Bonanza Press.

Ricketts, Glenn, Peter W. Wood, Stephen H. Balch, and Ashley Thorne. 2011. *The Vanishing American West: 1964–2010: The Disappearance of Western Civilization from the American Undergraduate Curriculum*. Princeton: National Association of Scholars.

Riley-Smith, Jonathan. 1973. *The Feudal Nobility and the Kingdom of Jerusalem, 1174–1277*. New York: Macmillan.

———. 1997. *The First Crusaders, 1095–1131*. Cambridge: Cambridge University Press.

Rirdan, Daniel. 2012. *The Blueprint: Averting Global Collapse*. Louisville, CO: Corinno Press.

Roberts, J. M. 1998. *The Triumph of the West*. New York: Barnes and Noble.

Roberts, Michael. 1968. *The Early Vasas: A History of Sweden, 1523–1611*. Cambridge: Cambridge University Press.

Roberts, William L. 1978. *Cold Rolling of Steel*. Boca Raton: CRC Press.

Rodinson, Maxime. 1978. *Islam and Capitalism*. Austin: University of Texas Press.

———. 1980. *Muhammad*. New York: Random House.

Rodney, Walter. 1984. *How Europe Underdevloped Africa*. Washington, DC: Howard University Press.

Rogers, Clifford. 1999. "The Age of the Hundred Years War." In Maurice Keen, ed., *Medieval Warfare*, 136–60. Oxford: Oxford University Press.

Ronald, Susan. 2008. *The Pirate Queen: Queen Elizabeth I, Her Pirate Adventurers, and the Dawn of Empire*. New York: Harper Collins.

Root, Hilton L. 1994. *The Fountain of Privilege*. Berkeley: University of California Press.

Ropars, Guy, Gabriel Gorre, Albert Le Floch, Jay Enoch, and Vasudevan Lakshminarayanan. 2011. "A Depolarizer as a Possible Precise Sunstone for Viking Navigation by Polarized Skylight." *Proceedings of the Royal Society: A Mathematical, Physical, and Engineering Science*. http://rspa.royalsocietypublishing.org/content/468/2139/671. Accessed January 14, 2014.

Rorig, Fritz. 1969. *The Medieval Town*. Berkeley: University of California Press.

Rose, Susan. 2002. *Medieval Naval Warfare 1000–1500*. London: Routledge.

Rosen, Edward. 1971. *Three Copernican Treatises*. 3rd ed. New York: Octagon Books.

Rosen, William. 2010. *The Most Powerful Idea in the World: A Story of Steam, Industry, and Invention*. Chicago: University of Chicago Press.

Rosenberg, Nathan, and L. E. Birdzell Jr. 1986. *How the West Grew Rich: The Economic Transformation of the Industrial World*. New York: Basic Books.

Rostovtzeff, Michael. 1926. *The Social and Economic History of the Roman Empire*. Oxford: Clarendon Press.

Royal, Robert. 1992. *1492 And All That*. Washington, DC: Ethics and Public Policy Center.

Ruby, Robert H., and John A. Brown. 1993. *Indian Slavery in the Pacific Northwest*. Spoke, WA: Clark.

Runciman, Sir Steven. 1965. *The Fall of Constantinople 1453*. Cambridge: Cambridge University Press.

———. 1951. *A History of the Crusades*. 3 vols. Cambridge: Cambridge University Press.

———. 1969. "The Pilgrimages to Palestine Before 1095." In Baldwin, 1969: 68–78.

Rupp, Ernest Gordon. 1981. "Luther, Martin." *Encyclopaedia Britannica*. 15th ed. Chicago: University of Chicago Press.

Russell, Bertrand. 1970. *Marriage and Morals*. New York: Liveright.

———. 1959. *Wisdom of the West*. New York: Doubleday.

Russell, Josiah Cox. 1958. *Late Ancient and Medieval Population*. Transactions of the American Philosophical Society, n.s., 48, no. 3: 3–152. Philadelphia: American Philosophical Society.

———. 1987. *Medieval Demography*. New York: AMS Press.

———. 1972a. *Medieval Regions and Their Cities*. Newton Abbot, UK: David and Charles.

———. 1972b. "Population in Europe." In Carlo M. Cipolla, ed., *The Fontana Economic History of Europe*. Vol. 1, *The Middle Ages*. Glasgow: Collins/Fontana: 25–71.

Russell, Jeffrey Burton. 1991. *Inventing the Flat Earth: Columbus and Modern Historians*. New York: Praeger.

Russell, Peter. 2000. *Prince Henry "the Navigator": A Life*. New Haven: Yale University Press.

Russell, W. M. S. 1967. *Man, Nature, and History*. London: Aldus Books.

Russell-Wood, A. J. R. 1998. *The Portuguese Empire 1415–1808*. Baltimore: Johns Hopkins University Press.

Ruyle, Eugene R. 1973. "Slavery, Surplus, and Stratification on the Northwest Coast." *Current Anthropology* 14: 603–31.

Saeed, Abdullah. 1996. *Islamic Banking and Interest*. Leiden: E. J. Brill.

Saggs, H. W. F. 1989. *Civilization Before Greece and Rome*. New Haven: Yale University Press.

Sale, Kirkpatrick. 1990. *The Conquest of Paradise: Christopher Columbus and the Columbian Legacy*. New York: Knopf.

Saliba, George. 2007. *Islamic Science and the Making of the European Renaissance*. Cambridge: MIT Press.

Sanders, Jason L. 1997. *Greek and Roman Philosophy After Aristotle*. New York: The Free Press.

Sanders, John. 1994. "Historical Considerations." In Clark Pinnock, Richard Rice, John Sanders, William Hasker, and David Basinger, eds., *The Openness of God*, 59–100. Downer's Grove, IL: InterVarsity Press.

Sawyer, P. H. 1982. *Kings and Vikings*. London: Methuen.

Sawyer, P. H., and Birgit Sawyer. 1993. *Medieval Scandinavia*. Minneapolis: University of Minnesota Press.

Schachner, Nathan. 1938. *The Medieval Universities*. New York: Frederick A. Stokes.

Scheidel, Walter. 2007. "Demography." In Walter Scheidel, Ian Morris, and Richard Saller, eds. 2007. *The Cambridge Economic History of the Greco-Roman World*. Cambridge: Cambridge University Press: 38–86.

Scheidel, Walter, Ian Morris, and Richard Saller, eds. 2007. *The Cambridge Economic History of the Greco-Roman World*. Cambridge: Cambridge University Press.

Schele, Linda, and David Freidel. 1990. *A Forest of Kings: The Untold Story of the Ancient Maya*. New York: William Morrow.

Schlaifer, Robert. 1936. "Greek Theories of Slavery from Homer to Aristotle." *Harvard Studies in Classical Philology* 47: 165–204.

Schwiebert, Ernest. 1950. *Luther and His Times*. St. Louis: Concordia.

_____. 1996. *The Reformation*. Vol. 2, *The Reformation as a University Movement*. Minneapolis: Fortress.

Schafer, Judith Kelleher. 1994. *Slavery, the Civil Law, and the Supreme Court of Louisiana*. Baton Rouge: Louisiana State University Press.

Shapin, Steven. 1996. *The Scientific Revolution*. Chicago: University of Chicago Press.

Shapiro, Barbara J. 1968. "Latitudinarism and Science in Seventeenth-Century England." *Past and Present* 40: 16–41.

Shaw, Jane S. 2012. "Study of 'Western Civ' Essential Here and Now." *Albuquerque Journal*, May 19, A7.

Shaw, Stanford. 1971. *Between Old and New: The Ottoman Empire under Selim III: 1789–*

1807. Cambridge, MA: Harvard University Press.

Shea, William R. 1886. "Galileo and the Church." In Lindberg and Numbers, 1986, 114–135.

Shedd, Thomas Clark. 1981. "Railroads and Locomotives." *Encyclopaedia Britannica*. Chicago: University of Chicago Press.

Siberry, Elizabeth. 1995. "Images of the Crusades in the Nineteenth and Twentieth Centuries." In Jonathan Riley-Smith, ed., *The Oxford Illustrated History of the Crusades*, 365–385. Oxford: Oxford University Press.

Simon, Joan. 1963. "The Social Origins of Cambridge Students, 1603–1640." *Past and Present* 26: 58–67.

Singman, Jeffrey L. 1999. *Daily Life in Medieval Europe*. Westport, CT: Greenwood Press.

Sire, H. J. A. 1993. *The Knights of Malta*. New Haven: Yale University Press.

Skelton, R. A., Thomas E. Marston, and George D. Painter. 1995. *The Vinland Map and the Tarter Relation*. New ed. New Haven: Yale University Press.

Sluiter, Engel. 1998. *The Gold and Silver of Spanish America*. Berkeley: University of California Press.

Smail, R. C. 1995. *Crusading Warfare, 1097–1193*. Cambridge: Cambridge University Press.

Smelser, Neil. 1994. *Sociology*. Cambridge, MA: Blackwell-UNESCO.

Smilde, David. 2005. "A Qualitative Comparative Analysis of Conversion to Venezuelan Evangelicalism: How Networks Matter." *American Journal of Sociology* 111: 757–96.

Smith, Adam. [1776] 1981. *An Inquiry into the Nature and Causes of the Wealth of Nations*. Glasgow ed. 2 vols. Indianapolis: Liberty Fund.

Smith, Chad Powers. 1954. *Yankees and God*. New York: Heritage House.

Smith, Morton. 1956. "Palestinian Judaism in the First Century." In Moshe Davis, *Israel: Its Role in Civilization*, 67–81. New York: Harper and Brothers.

_____. 1987. *Palestinian Parties and Politics that Shaped the Old Testament*. 2nd ed. London: SCM Press.

Smith, N. Jeremy. 2009. "Making Cotton King." *World Trade* 22 (July 2009): 82.

Smith, William. 1867. *Dictionary of Greek and Roman Biography and Mythology*. 3 vols. Boston: Little, Brown.

Smoller, Laura A. 1994. *History, Prophesy, and the Stars: The Christian Astrology of Pierre D'Ailly, 1350–420*. Princeton: Princeton University Press.

Sombart, Werner. 1902. *Der moderne Kapitalismus*. Leipzig: Duncker and Humblot.

Sordi, Marta. 1986. *The Christians and the Roman Empire*. Norman, OK: University of Oklahoma Press.

Southern, R. W. 1953. *The Making of the Middle Ages*. New Haven: Yale University Press.

_____. 1970a. *Medieval Humanism and Other Studies*. New York: Harper Torchbooks.

_____. 1970b. *Western Society and the Church in the Middle Ages*. London: Penguin Books.

Sowell, Thomas. 1998. *Conquests and Cultures: An International History*. New York: Basic Books.

Stannard, David E. 1993. *American Holocaust*. New York: Oxford University Press.

Stark, Rodney. 2006. *Cities of God*. San Francisco: HarperSanFrancisco.

_____. 2007a. *Discovering God: The Origins of the Great Religions and the Evolution of Faith*. San Francisco: HarperOne.

_____. 2004. *Exploring the Religious Life*. Baltimore: Johns Hopkins University Press.

_____. 2003. *For the Glory of God: How Monotheism Led to Reformations, Science, Witch-Hunts, and the End of Slavery*. Princeton: Princeton University Press.

_____. 2009. *God's Battalions: The Case for the Crusades*. San Francisco: HarperOne.

_____. 2001. *One True God: Historical Consequence of Monotheism*. Princeton: Princeton University Press.

_____. 2007b. *Sociology*. 10th ed. Belmont, CA: Wadsworth.

_____. 2011. *The Triumph of Christianity: How the Jesus Movement Became the World's Largest Religion*. San Francisco: HarperOne.

_____. 2005. *The Victory of Reason: How Christianity Led to Freedom, Capitalism, and Western Success*. New York: Random House.

Stark, Rodney, and Roger Finke. 2000. *Acts of Faith: Explaining the Human Side of Religion*. Berkeley: University of California Press.

Stark, Rodney, Eva Hamberg, and Alan S. Miller. 2005. "Exploring Spirituality and Unchurched Religions in America, Sweden, and Japan." *Journal of Contemporary Religion* 20: 1–21.

Stone, Lawrence. 1972. *The Causes of the English Revolution*. New York: Harper and Row.

_____. 1964. "The Educational Revolution in England, 1560–640." *Past and Present* 28: 41–80.

_____. 1987. *The Past and the Present Revisited*. Rev. ed. New York: Routledge.

Stoye, John. 2007. *The Siege of Vienna*. New York: Pegasus Books.

Strauss, Gerald. 1978. *Luther's House of Learning: Introducing the Young in the German Reformation*. Baltimore: Johns Hopkins University Press

_____. 1988. "The Reformation and Its Public in an Age of Orthodoxy." In *The German People and the Reformation*, 194–214. Ithaca, NY: Cornell University Press.

_____. 1975. "Success and Failure in the German Reformation." *Past and Present* 67: 3063.

Subrahmanyam, Sanjay. 1997. *The Career and Legend of Vasco da Gamma*. Cambridge: Cambridge University Press.

Suttles, Wayne, and Aldona Jonaitis. 1990. "History of Research in Ethnology." In Wayne Suttles, ed., *Handbook of North American Indians*, vol. 7, 73–87. Washington, DC: Smithsonian Institution.

Swanson, Guy E. 1967. *Religion and Regime: A Sociological Account of the Reformation*. Ann Arbor, MI: University of Michigan Press.

Swatos, William H., Jr., and Loftur Reimar Gissurarson. 1997. *Icelandic Spiritualism*. New Brunswick, NJ: Transaction.

Taagepera, Rein. 1978. "Size and Duration of Empires: Growth and Decline Curves, 3000 to 600 BC." *Social Science Research* 7: 180–96.

_____. 1979. "Size and Duration of Empires: Growth and Decline Curves, 600 BC to 600 AD." *Social Science History* 3: 115–38.

Tcherikover, Victor. [1959] 1999. *Hellenistic Civilization and the Jews*. Peabody, MA: Hendrickson.

Thomas, Hugh M. 1994. *Cortés and the Downfall of the Aztec Empire*. New York: Simon and Schuster.

_____. 2003. *English and Normans*. Oxford: Oxford University Press.

_____. 2010. *The Golden Empire*. New York: Random House.

_____. 2005. *Rivers of Gold*. New York: Random House.

_____. 1997. *The Slave Trade: The Story of the Atlantic Slave Trade, 1440–1870*. New York: Simon and Schuster.

Thomas, Rosalind. 1992. *Literacy and Orality in Ancient Greece*. Cambridge: Cambridge University Press.

Thornton, Bruce. 2000. *Greek Ways: How the Greeks Created Western Civilization*. San Francisco: Encounter Books.

Thornton, John. 1998. *Africa and Africans in Making the Atlantic World, 1400–1800*. 2nd ed. Cambridge: Cambridge University Press.

Tod, M. N. 1948. *Greek Historical Inscriptions*. 2 vols. Oxford: Oxford University Press.

Toynbee, Arnold J. 1936. *A Study of History*. Vol. 4, *The Breakdown of Civilizations*. London: George Allen and Unwin.

Tracy, James D. 1999. *Europe's Reformations, 1450–650*. Lanham, MD: Rowman and Littlefield.

Trench, Chales Chenevix. 1979. *The Road to Khartoum: A Life of General Charles Gordon*.

New York: Doreset Press.

Trevelyan, Raleigh. 2002. *Sir Walter Raleigh*. New York: Henry Holt.

Trevor-Roper, H. R. [1969] 2001. *The Crisis of the Seventeenth Century: Religion, the Reformation, and Social Change*. Indianapolis: Liberty Fund.

Truesdell, Clifford. 1968. *Essays in the History of Mechanics*. New York: Springer-Verlag.

Turnbull, Stephen. 2003. *The Ottoman Empire 1326–1699*. New York: Osprey.

_____. 2004. *The Walls of Constantinople AD 324–1453*. New York: Osprey.

Turner, Christy G., II. 2011. *Man Corn: Cannibalism and Violence in the Prehistoric American Southwest*. Salt Lake City: University of Utah Press.

Turner, Ralph H., and Lewis M. Killian. 1987. *Collective Behavior*. 3rd ed. Englewood Cliffs, NJ: Prenstice-Hall.

Turney-High, Harry. 1971. *Primitive War: Its Practice and Concepts*. 2nd ed. New York: Columbia University Press.

Tyerman, Christopher. 2006. *God's War: A New History of the Crusades*. Cambridge: Belknap Press.

Udovitch, Abraham L. 1970. *Partnership and Profit in Medieval Islam*. Princeton: Princeton University Press.

Ulrich, Homer, and Paul Pisk. 1963. *A History of Music and Musical Style*. New York: Harcourt Brace Jovanovich.

Unger, Richard W., and Robert Gardiner. 2000. *Cogs, Caravals, and Galleons*. New York: Chartwell Books.

Urbach, Efraim. 1975. *The Sages: Their Concepts and Beliefs*. Jerusalem: Magnes.

Usher, Abbott Payson. 1966. *A History of Mechanical Inventions*. Cambridge, MA: Harvard University Press.

Van Doren, Charles. 1991. *A History of Knowledge*. New York: Ballantine.

Van Houts, Elisabeth. 2000. *The Normans in Europe*. Manchester: Manchester University Press.

Verhulst, Adriaan. 1994. "The Origins and Early Development of Medieval Towns in Northern Europe." *Economic History Review* 47: 362–73.

Veyne, Paul. 1961. "Vie de trimalcion." *Annales: Économies, Societés, Civilisations* 16: 213–47.

Voigtländer, Nic. and Hans-Joachim Voth. 2006. "Why England? Demographic Factors, Structural Change. and Physical Capital Accumulation during the Industrial Revolution." *Journal of Economic Growth* 11: 319–61.

Vries, P. H. H. 2001. "Are Coal and Colonies Really Crucial?" *Journal of World History* 12:

407–46.

Waley, Daniel. 1988. *The Italian City-Republics*. 3rd ed. London: Longman.

Wallerstein, Immanuel. 1974. *The Modern World-System*. Vol. 1. New York: Academic Press.

———. 2011. *The Modern World-System*. Vol. 2. Berkeley: University of California Press.

———. 2004. *World-System Analysis: An Introduction*. Durham, NC: Duke University Press.

Walton, Timothy R. 2002. *The Spanish Treasure Fleets*. Sarasota, FL: Pineapple Press.

Walzer, Michael. 1985. *Exodus and Revolution*. New York: Basic Books.

Ward-Perkins, Bryan. 2006. *The Fall of Rome and the End of Civilization*. Oxford: Oxford University Press.

Washburn, Wilcomb. 1975. *The Indian in America*. 6th ed. New York: HarperCollins.

Waterbolk, H. T. 1968. "Food Production in Prehistoric Europe." *Science* 162: 1093–1102.

Watkins, Ronald. 2004. *Unknown Seas: How Vasco da Gama Opened the East*. London: John Murray.

Watt, W. Montgomery. 1965. *Muhammad at Medina*. London: Oxford University Press.

———. 1961. *Muhammad: Prophet and Statesman*. London: Oxford University Press.

Weber, Max. [1904–5] 1958. *The Protestant Ethic and the Spirit of Capitalism*. London: Routledge.

Wegg, Jervis. 1924. *The Decline of Atwerp under Philip of Spain*. London: Methuen.

Wells, Peter S. 1999. *The Barbarians Speak*. Princeton: Princeton University Press.

———. 2008. *Barbarians to Angels: The Dark Ages Reconsidered*. New York: W. W. Norton.

Wesseling, H. L. *The European Colonial Empires, 1815–1919*. Harlow, UK: Pearson.

West, Martin. 1988. "Early Greek Philosophy." In John Boardman, Jasper Griggin, and Oswyn Murray, eds., *The Oxford History of Greece and the Hellenistic World*, 126–141. Oxford: Oxford University Press.

Westermann, William Linn. 1941. "Athenaeus and the Slaves of Athens." *Harvard Studies in Classical Philology*, supplemental volume, 451–70.

Westfall, Richard S. 1971. *The Construction of Modern Science*. New York: Wiley.

Whitehead, Alfred North. [1929] 1979. *Process and Reality*. New York: The Free Press.

———. [1925] 1967. *Science and the Modern World*. New York: Free Press.

Whitehead, Clive. 2003. *Colonial Educators: The British and Indian Colonial Educational Service 1858–1983*. London: I. B. Tauris.

White, K. D. 1984. *Greek and Roman Technology*. Ithaca, NY: Cornell University Press.

White, Lynn, Jr. 1962. *Medieval Technology and Social Change*. London: Oxford University Press.

_____. 1975. "The Study of Medieval Technology, 1924–974: Personal Reflections." *Technology and Culture* 16: 519–30.

Whitmarsh, Tim. 2004. *Ancient Greek Literature*. Cambridge: Polity Press.

Wickham, Chris. 1989. *Early Medieval Italy: Central Power and Local Society 400–1000*. Ann Arbor: University of Michigan Press.

Wiedemann, Thomas. 1992. *Emperors and Gladiators*. London: Routledge.

Wiener, Peter F. 1944. *Martin Luther: Hilter's Spiritual Ancestor*. London: Hutchinson.

Wigelsworth, Jeffrey R. 2006. *Science and Technology in Medieval European Life*. Westport, CT: Greenwood Press.

Wild, John. 1949. "Plato and Christianity: A Philosophical Comparison." *Journal of Bible and Religion* 17: 3–16.

Wilford, John Noble. 2000. *The Mapmakers*. Rev. ed. New York: Vintage Books.

Wilkinson, Toby. 2010. *The Rise and Fall of Ancient Egypt*. New York: Random House.

Williams, C. F. 1903. *The Story of the Organ*. New York: Charles Scribner and Sons.

Williams-McClanahan, Robin. 2006. *Out of the Ashes: The Rise of Towns and Trade in the Early Medieval West*. New York: iUniverse, Inc.

Williams, Neville. 1975. *The Sea Dogs*. New York: Macmillan.

Wilson, Andrew. 2002. "Machines, Power and the Ancient Economy." *Journal of Roman Studies* 92: 1–32.

Wimberly, Dale, and Rosaria Bello. 1992. "Effects of Foreign Investment, Exports, and Economic Growth on Third World Food Consumption." *Social Forces* 70: 895–921.

Windel, Aaron. 2009. "British Colonial Education in Africa: Policy and Practice in the Era of Trusteeship." *History Compass* 7: 1–21.

Windschuttle, Keith. 1996. *The Killing of History*. San Francisco: Encounter Books.

Wittfogel, Karl A. [1957] 1981. *Oriental Despotism*. New York: Vintage Books.

Wolfram, Herwig. 1988. *History of the Goths*. Berkeley: University of California Press.

_____. 1997. *The Roman Empire and Its Germanic Peoples*. Berkeley: University of California Press.

Wolfson, Harry Austryn. 1947. "The Knowability and Describability of God in Plato and Aristotle." *Harvard Studies in Classical Philology* 56: 233–49.

Wood, Frances. 1995. *Did Marco Polo Go to China?* London: Secker and Warburg.

Woodberry, Robert D. 2007a. "The Medical Impact of Missions." Paper presented at the

American Society for Church History, Atlanta, January 5.

_____. "The Missionary Roots of Liberal Democracy." *American Political Science Review* 106: 1–30.

_____. 2006. "Reclaiming the M-Word: The Legacy of Missions in Nonwestern Societies." *Reveiw of Faith and International Affairs* 4, no. 1: 3–12.

_____. 2011. "Religion and the Spread of Human Capital and Poltiical Institutions." In Rachel M. McCleary, ed. *The Oxford Handbook of the Economics of Religion*, 111–31. New York: Oxford University Press.

_____. 2007b. "The Social Impact of Missionary Higher Education." In Philip Yuen Sang Leung and Peter Tze Ming Ng, eds., *Christian Responses to Asian Challenges*, 99–120. Hong Kong: Centre for the Study of Religion and Chinese Society, the Chinese University of Hong Cong.

Wrigley, E. A. 2010. *Energy and the English Industrial Revolution*. Cambridge: Cambridge University Press.

Wroth, Lawrence C. 1970. *The Voyages of Giovanni de Verrazzano, 1524–1528*. New Haven: Yale University Press.

Wuthnow, Robert. 1989. *Communities of Discourse*. Cambridge: Harvard University Press.

Yamaki, Kazuhiko. 2001. *Nicholas of Cusa: A Medieval Thinker for a Modern Age*. New York: Routledge.

Ziegler, Philip. 1971. *The Black Death*. New York: Harper Torchbooks.

Zinsser, Hans. 1963. *Rats, Lice, and History*. New York: Black Dog and Leventhal.

Zoll, Amy. 2002. *Gladiatrix: The True Story of History's Unknown Woman Warrior*. New York: Berkley.

Zupko, Jack. 2003. *John Buridan: Portrait of a Fourteenth-Century Arts Master*. Notre Dame, IN: University of Notre Dame Press.

서구는 어떻게 역사의 승자가 되었는가?

근대의 승리에 관해 무시된 이야기

Copyright ⓒ 새물결플러스 2022

1쇄 발행 2022년 7월 30일

지은이 로드니 스타크
옮긴이 한바울
펴낸이 김요한
펴낸곳 새물결플러스

편 집 왕희광 정인철 노재현 정혜인 이형일 나유영 노동래
디자인 박인미 황진주
마케팅 박성민 이원혁
총 무 김명화 이성순
영 상 최정호 곽상원
아카데미 차상희

홈페이지 www.holywaveplus.com
이메일 hwpbooks@hwpbooks.com
출판등록 2008년 8월 21일 제2008-24호
주 소 (우) 04118 서울시 마포구 마포대로19길 33
전 화 02) 2652-3161
팩 스 02) 2652-3191

ISBN 979-11-6129-235-9 93230

책값은 뒤표지에 있습니다.